# 非洲踏寻郑和路

邵华泽题

李新烽 著

中国社会科学出版社

# 图书在版编目(CIP)数据

非洲踏寻郑和路/李新烽著.—北京：中国社会科学出版社，2013.4
(2017.11 重印)
ISBN 978-7-5161-2517-5

Ⅰ.①非… Ⅱ.①李… Ⅲ.①郑和下西洋—研究②文化交流—文化史—研究—中国、非洲—14 世纪~15 世纪 Ⅳ.①K248.105②K203③K400.3

中国版本图书馆 CIP 数据核字(2013)第 080673 号

| | |
|---|---|
| 出 版 人 | 赵剑英 |
| 责任编辑 | 陈雅慧 |
| 责任校对 | 李　莉 |
| 责任印制 | 戴　宽 |

| | |
|---|---|
| 出　　版 | 中国社会科学出版社 |
| 社　　址 | 北京鼓楼西大街甲 158 号 |
| 邮　　编 | 100720 |
| 网　　址 | http://www.csspw.cn |
| 发 行 部 | 010-84083685 |
| 门 市 部 | 010-84029450 |
| 经　　销 | 新华书店及其他书店 |
| 印刷装订 | 北京君升印刷有限公司 |
| 版　　次 | 2013 年 4 月第 1 版 |
| 印　　次 | 2017 年 11 月第 2 次印刷 |

| | |
|---|---|
| 开　　本 | 710×1000　1/16 |
| 印　　张 | 34.75 |
| 字　　数 | 595 千字 |
| 定　　价 | 148.00 元 |

凡购买中国社会科学出版社图书，如有质量问题请与本社营销中心联系调换
电话:010-84083683
版权所有　侵权必究

山一程，水一程，身向世界行。
风一更，雪一更，心怀天下事。

温家宝

二零零六年刘十月
于民航专机上

中共中央政治局常委、国务院总理温家宝为本书题词

研究郑和
宣传郑和
服务祖国
走向世界

中共中央委员、中国社会科学院院长、党组书记、学部主席团主席王伟光为本书题词

三宝沉舟究为何
泛泛沧海疑云多
纵横万里寻遗迹
谁道额人名郑和

为李新烽新著非洲踏寻郑和路题
丙戌冬日 吴郡范敬宜

清华大学新闻与传播学院院长、人民日报社原总编辑范敬宜教授为本书题词郑和原姓马,皇帝赐姓"郑"。马有灵性,志在千里,能负重远行。郑和胸怀远大,奉皇帝之命七下西洋,"马"到成功,完成了人类历史上最伟大的航海创举。当代画马名家、北京画院国家一级美术师韦江凡教授感慨道:"郑和真乃一匹良马也。"遂欣然应邀作画,祝贺本书出版。

《志在千里》——为《非洲踏寻郑和路》一书而作　　　　韦江凡　画

# 获奖证书

云南省委宣传部：

您单位报送的《记者调查：非洲踏寻郑和路》荣获第十届精神文明建设"五个一工程"入选图书奖。

中共中央宣传部
2007年9月5日

---

# 中国新闻奖

李新烽 同志：

你的作品 踏寻郑和在非洲的足迹 在第十六届中国新闻奖（2005年度）评选中获 系列 二等 奖。特颁发证书。

中华全国新闻工作者协会
二〇〇六年七月

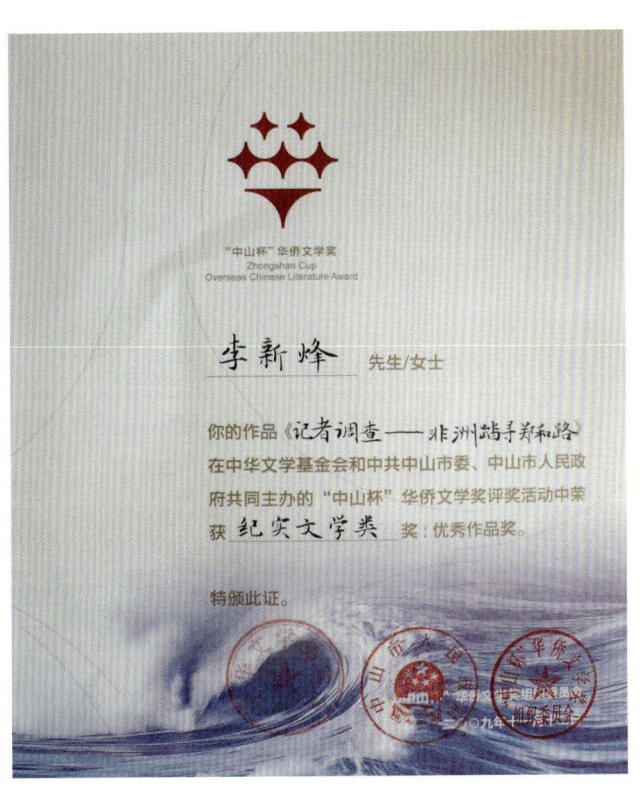

## 荣誉证书
### HONORARY CREDENTIAL

李新烽《非洲踏寻郑和路》荣获"中国改革开放优秀报告文学奖",特颁发此证。

中国报告文学学会
二〇〇九年五月

# 荣誉证书

李新烽同志在 2002 年度工作中，爱岗敬业，表现突出，被评为先进个人。

人民日报社
2003 年 1 月 17 日

# 荣誉证书

李新烽同志：

荣获环球时报 2003 年度"特殊贡献奖"。特发此证。

环球时报编辑部
2004年1月

南非前总统曼德拉十分重视南非与中国、非洲与中国的关系。在他任总统期间，南中两国于 1998 年 1 月 1 日正式建交；他多次在公开场合感谢中国政府和中国人民支持南非人民反对种族隔离的斗争；他曾于 1992 年、1999 年两次访华。2003 年初，获悉南非国民议会展出世界上最早最大的世界地图——《大明混一图》，该图准确描绘了非洲大陆的位置与形状，他欣然前往参观。

2004 年 6 月 1 日，曼德拉在南非黄金城约翰内斯堡自己的家中举行记者会，正式宣布退出公众生活。图为曼德拉与本书作者亲切交谈。

　　赞比亚前总统卡翁达是中国人民的老朋友，曾多次访华。2000年8月、2001年7月和2003年7月，他先后三次分别在纳米比亚首都温得和克、赞比亚首都卢萨卡和莫桑比克首都马普托接受本书作者的采访。他每次都称赞坦赞铁路是"中非友谊的丰碑"和"南南合作的典范"，感谢中国政府和中国人民对非洲国家民族解放运动的大力支持和经济建设的无私援助。

　　图为卡翁达第一次接受本书作者采访。

2012年7月19日，中非合作论坛第五届部长级会议在北京开幕。南非总统祖马在开幕式上致辞时强调："今年是中非合作论坛成立12周年。早在20世纪之前的明朝，中国著名航海家郑和就率领船队四次抵达非洲海岸，中非合作论坛的创立标志着非洲和中国这种传统友谊的升华和完善。"

图为2012年2月20日，在位于南非约翰内斯堡的执政党非国大总部，本书作者向祖马总统讲述郑和下西洋访问非洲的故事。

2004年,在纪念民主南非十周年和中非伙伴关系论坛上,姆贝基总统指出:"历史告诉我们,在几百年前,不论是非洲人还是亚洲人,都没有把对方看成是野蛮人。虽然远隔重洋,但双方都认为自己的福祉依赖于另一方的幸福生活,这一意愿所反映的基本思想闪耀着人类的理性光辉。正是基于这一意愿,15世纪中国船队到访非洲港口所带来的是互惠互利的合作,而不是随着阿拉伯人和欧洲人而来的奴隶贸易和殖民主义所带来的毁灭与绝望。"

图为本书作者2010年1月与南非前总统姆贝基在苏丹首都喀土穆。

2005年7月,在纪念郑和下西洋600周年之际,肯尼亚马林迪市市长姆拉穆巴(右)与郑和船员后裔、"中国学生"姆瓦玛卡应邀前来参加第三届中国太仓郑和航海节。永乐十三年(1415年),郑和船队访问东非海岸时,马林迪国王曾向中国皇帝敬献了一头"麒麟"——长颈鹿,被传为中非友好交往的一段佳话。这次,郑和船员后裔来华寻根问祖,又续写着中非友谊的新篇章。

肯尼亚内陆草原上的长颈鹿。600年前郑和下西洋时，长颈鹿曾活跃在肯尼亚东部沿海一带。如今时过境迁，长颈鹿退居内陆，活动范围缩小，沿海附近再无长颈鹿的踪影了。

（右图）2002年12月，帕泰岛渔民在"上加岩石"附近海域打捞出一对"双龙坛"，图为其中之一。当地居民普遍知道，"龙"是中国的象征。考古专家认为，"双龙坛"作为当地打捞出来的第一个完整的中国文物，不但填补了一大空白和缺憾，对考古研究具有重要意义，特别是对研究长期沉睡海底的文物提供了难得的证据，而且更重要的是，为中国古代宝船在帕泰岛附近海域沉没提供了有力物证。

（下图）在肯尼亚小岛帕泰岛附近，当年郑和船队的一艘船只触礁遇难，水手们在上加海滩登陆，定居孤岛，与当地女子通婚，繁衍后代至今。图为传说中郑和船队那艘船只触礁沉没的岩石，因岩石距离上加村最近，又被称为"上加岩石"。

（上图）肯尼亚帕泰岛"中国村"风情。当年郑和船队的水手登陆帕泰岛后，遂将定居的村子更名为"上加村"。当地居民和专家学者普遍认为，"上加"村名源自中国的"上海"，以表达游子思念祖国的深情。随着时间的推移，当地居民习惯将"上加村"称为"中国村"。

（下图）当年中国人把中国的瓷器、丝绸和茶叶等贵重物品带到帕泰岛，岛民把中国瓷器和丝绸作为"黄金"收藏。二十多年前，西方考古学家在发掘上加遗址时，从中挖掘出大量的中国古代瓷器。中国丝绸因受当地气候条件的影响而无法长期保留。图为一名曾参与发掘工作的当地青年向本书作者展示从上加遗址发掘出来的中国瓷器碎片。

（上图）帕泰岛西游村"中国医生"法基伊为本书作者把脉。法基伊是郑和"舟师"的后裔，出身于杏林世家，其祖父、父亲和叔父都是中医大夫，深受岛民爱戴。针灸、推拿、按摩和用当地植物制作中草药是其祖传医术。法基伊告诉作者，他非常向往中国，梦寐以求有朝一日能够赴中国深造中医。

（下图）中国水手不但给帕泰岛带来了瓷器和丝绸，而且为岛民带来了中华医术——按摩、针灸、拔火罐和中草药等。数百年来，中医在帕泰岛上代代相传，至今仍造福于当地居民。图为"中国村"村长向本书作者展示中医拔火罐。当地人早已用兽角代替了传统拔火罐所用的瓷罐。

帕泰岛西游村的"中国人"至今还继承着祖先的劳动习惯——用扁担挑水，这与当地居民用车拉水和用木棍抬水形成十分鲜明的对比。当然，区别中国后裔与当地居民，根本无须拿来一条扁担作"试金石"，"中国人"的外表特征——肤色浅、头发长、眼睛小、嘴唇薄、个子矮——就能说明一切。

中国人即使走到天涯海角也不忘记自己的"根",帕泰岛上中国人的坟墓形状——半圆形,明显有别于当地人的坟墓。专家学者和当地居民认为,半圆形的坟墓是"中国人"坟墓的标记,坟墓旁竖立有墓柱表明死者的身份是男性,否则是女性。当地人常在坟墓上镶嵌瓷器,是否镶嵌有瓷器及镶嵌的数量多少,是死者身份的一个标志。"中国人"的坟墓也受到这一风俗的影响。

（上图）帕泰岛西游村"中国人"的坟墓。因坟墓旁没有竖立垒柱，表明死者是一名女性；又因坟墓的形状大、四周镶嵌的瓷器多，表明死者的身份不一般。该坟墓四周镶嵌的瓷器早已被人盗走。

（下图）研究人员指着坟墓底层残留的一个瓷片说："这里原来镶嵌着瓷器。"

帕泰岛西游村一户"中国人"的全家福。家中的小女儿姆瓦玛卡因当时正在拉木女子中学读书而缺席。本书作者紧接着赴学校采访了姆瓦玛卡，得知学校的师生习惯将她称为"中国学生"，并向她捐助了 10000 肯尼亚先令（约合人民币 1000 元）的学杂费，鼓励她努力学习。

"中国人"手持"丰收牌"中国搪瓷盆。

作者在西游村采访时,当地人在巷道里向他讲述当年织布机的构成情况。郑和船队的水手当年把中国的织布和缫丝技术带到了帕泰岛,这一工艺五六十年前在岛上失传。

索马里过渡政府总统阿布迪卡西姆·萨拉特·哈桑的两个女儿——戴卡（左）姐妹。郑和船队曾访问过索马里，并在首都摩加迪沙"入关"停留。索马里自1991年1月爆发内战以来，一直处于军阀割据的无政府状态之中，全国上下一片混乱，外国人更是不敢入境。2004年，本书作者第二次赴索马里采访期间，曾得到戴卡姐妹的鼎力相助。该图片是在摩加迪沙总统府拍摄的，右边是索马里国旗。

在索马里首都摩加迪沙五十公里机场附近的大树下，当地居民在搓麻将，不时传出阵阵欢笑声。有人把麻将视为中国的"国粹"，也有人认为麻将起源于郑和时代。尽管非洲人打麻将是否与郑和下西洋有关尚需进一步考证，但是从非洲人会搓麻将的事实可以看到中国文化在非洲的影响。

世界上最早最大的世界地图——《大明混一图》。该地图因在世界上首次准确描绘了非洲大陆的位置和形状而闻名于世，2003年在南非国民议会展出时曾引起轰动。南非前议长金瓦拉博士认为：《大明混一图》以无可辩驳的事实表明，中国人先于欧洲人抵达非洲，所谓欧洲人"发现"非洲的事实是应该得到纠正的时候了。更有学者认为，《大明混一图》佐证了最早通过好望角的航海家是中国人。该照片是在南非国民议会展出期间拍摄的。

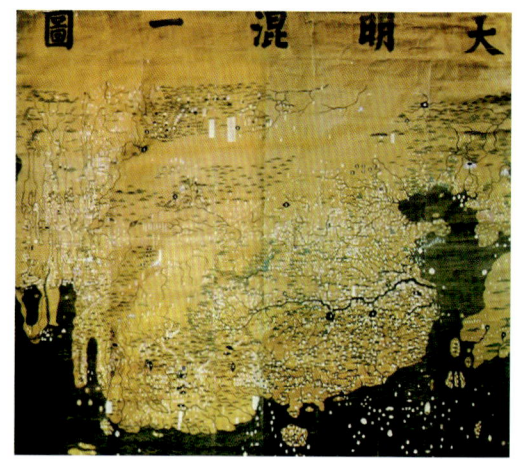

桌山夕照。南非立法首都开普敦是南非的"母亲城"，遐迩闻名的桌山是开普敦的标志，也是古代航海家的天然航标。据南非媒体报道，十年前，南非考古学家曾在桌山山麓发现了中国明朝以前的瓷器和其他生活用具，说明中国人是最早在南非留下生活遗迹的外国人。南非学者韦勒斯指出："第一批看到著名桌山的外来人是中国皇帝的船队水手。他们在永乐皇帝的大太监郑和率领下，于1431年—1433年以前来到非洲，绕过了好望角。"

对绝大多数中国人而言,非洲大陆遥远而神秘,辽阔而美丽,传统而现代。蓝天白云下,传统的民居和现代化的交通工具形成强烈反差,昭示着非洲正在走向复兴之路、走向现代化。

祖鲁族是南部非洲一个能歌善舞、热情奔放的民族。祖鲁男子勇猛善战、剽悍顽强，右手握矛、左手持盾是他们的典型特征，头上和胸前佩戴豹子皮是他们地位的象征，雪白如丝的服饰是青春活力的展示。图为2002年7月出席非洲联盟成立庆典的祖鲁男子和祖鲁少年。

（下图）生活中充满笑声和乐趣。海椰子是奇特的，奇特到雌雄两性海椰子树的果实酷似人类的外生殖器官。图为一名调皮的塞舌尔妇女在海椰林里表演雌雄两性海椰子的"结合"。

（下图）下"非洲象棋"是东非地区居民的一种消遣娱乐活动。这种象棋与中国象棋一样也是两人对弈，不同的是棋子采用一种天然树籽、棋盘用木板刻成。图为两名乌干达男子在下棋。

排成长龙的坦赞铁路乘客

《榜葛剌进麒麟图》
这幅图是清人陈璋按沈度原图临摹而成。

中国政府援建的非洲联盟会议中心位于非洲联盟总部——埃塞俄比亚首都亚的斯亚贝巴。项目于 2009 年 1 月破土动工，2012 年 1 月落成并正式启用。其间共有 1200 名中国和埃塞俄比亚工人参与建设。大楼高 100 米，大会议厅能容纳 2500 人。在大楼落成典礼上，非盟轮值主席、赤道几内亚总统特奥多罗·奥比昂·恩圭马称赞中国送给非盟的这一新礼物"是新非洲的象征，是我们这个组织生涯中一个极其重要的时刻。"图为正在建设中的非洲联盟会议中心，摄于 2011 年 3 月。

上图是本书作者与姆瓦玛卡在拉木女子中学校园合影。作者2003年5月再次赴帕泰岛采访，在该岛西游村中国人后裔谢女士的家中，得知其二女儿姆瓦玛卡当时正在拉木女子中学读书，且家中经济困难。作者前往该中学采访了姆瓦玛卡，向她捐助了半学年的学杂费。这一捐助行为使她感到"祖国"的温暖。高中毕业后，姆瓦玛卡鼓足勇气向中国驻肯尼亚大使馆写信，表达自己想去中国学习中医的愿望。2005年9月，她如愿以偿，成为南京中医学院的一名学生。下图为2009年11月姆瓦玛卡在南京中医学院留学生宿舍。

2012年9月，姆瓦玛卡成为南京中医学院的一名研究生。图为2012年深秋，她在北京为本书作者诊脉。

2010年2月23日，中国国家博物馆、北京大学和肯尼亚国立博物馆在北京王府井饭店举行了肯尼亚合作考古项目签约仪式

整个项目分为三部分：1.水下考古项目，主要是寻找传说中那条沉船，从学术角度讲，就是调查、试掘肯尼亚沿海的沉船，特别是与中国贸易相关的沉船；2.陆上考古项目，发掘地点选在马林迪市附近，目的是寻找古代马林迪王国的遗址；3.课题研究部分，对肯尼亚沿海地区已经考古发掘和调查的27处古代遗址中出土的中国瓷器进行调研。

肯尼亚考古项目的陆上考古发掘项目于2010年7月下旬启动，对肯尼亚共和国马林迪市周边地区的古代遗址进行考古发掘。图为曼布鲁伊出土的龙泉窑南宋—元代青瓷片（上图）和明"永乐通宝"铜钱（下图）。永乐是明成祖朱棣的年号，始于公元1403年，终于1424年，凡22年。郑和下西洋历时33年，从1405至1433年。

为踏寻郑和在非洲的足迹,本书作者曾四次赴肯尼亚拉木群岛采访。由于拉木群岛的帕泰岛四周水位较低,即使是小木船也难以靠岸,作者每次登陆帕泰岛时,必须趟一段海水。

2010年6月,本书作者与《1421:中国发现世界》的作者、英国退休海军军官加文·孟席斯在其伦敦家中会晤。图为二人在排放满《1421:中国发现世界》一书不同版本的书柜前合影。

端坐时髦

端庄典雅

我在考试

我在校园

骑着毛驴多自由

喜爱玩闹多开心

偷看一眼多俏皮

面对镜头多自然

昂首挺角

同步前进

走过坦桑尼亚 塞伦盖蒂国家公园

我们是一对

我们黑白分明

头顶两重天，
手领小男儿

摩洛哥风情

马塞男子：民族服饰从头到脚

嘴里有钱

面不改色看镜头

# 非洲露天自由市场

赶集

拿张方纸躲镜头

米那宫饭店（下图），享有"通往金字塔（上图）的大门"之美誉。1943年11月22—26日，著名的开罗会议在此举行，美国总编罗斯福、英国首相丘吉尔、中华民国政府主席蒋介石出席，会议签署了著名的《开罗宣言》。

猴面包树下的友谊，本书作者 2010 年 1 月和苏丹南达尔富尔州尼亚拉大学师生在一起

本书作者与非洲姐妹在一起（上图）

本书作者和非洲兄弟手拉手（下图）

# 目　录

**序言** …………………………………………………………… (1)
　"长颈鹿的故事"历久弥新 ………………………… 肯雅塔(1)
　智库合作　喜结成果
　　——序李新烽博士《非洲踏寻郑和路》(英文版) …… 王伟光(5)
　另一种发现：平等和尊严
　　——序李新烽博士《非洲踏寻郑和路》(英文版) …… 索迪安(8)

**序曲　四度相见成"亲戚"** ……………………………………… (1)

**第一章　北上帕泰岛** …………………………………………… (7)
　第一节　船员后裔居非洲 ……………………………………… (8)
　第二节　"中国路桥"通孤岛 …………………………………… (10)
　第三节　"郑和纪念碑"之谜 …………………………………… (14)
　第四节　走访"麒麟"之故乡 …………………………………… (16)
　第五节　"麒麟"远洋赴中国 …………………………………… (20)
　第六节　中国"泰坦尼克"号 …………………………………… (24)
　第七节　船长讲述帕泰岛 ……………………………………… (27)
　第八节　帕泰村长说海难 ……………………………………… (29)

**第二章　发现"中国村"** ………………………………………… (33)
　第一节　星夜借宿西游村 ……………………………………… (34)
　第二节　"你就是我的爷爷" …………………………………… (37)
　第三节　中国人建西游村 ……………………………………… (39)
　第四节　"上加"就是"中国村" ………………………………… (44)

第五节　中国按摩在"上加" …………………………………（46）
　　　第六节　"中国村"有三请求 …………………………………（48）

第三章　再访"中国人" ……………………………………………（53）
　　　第一节　海底惊现"双龙坛" …………………………………（54）
　　　第二节　上加村名探源头 ………………………………………（57）
　　　第三节　"中国学生"思故土 …………………………………（62）
　　　第四节　遥想当年织布机 ………………………………………（66）

第四章　踏遍帕泰岛 ………………………………………………（71）
　　　第一节　融入非洲大家庭 ………………………………………（72）
　　　第二节　他们人人姓"中国" …………………………………（75）
　　　第三节　寻觅"龙坛"打捞人 …………………………………（81）
　　　第四节　中华医术有传人 ………………………………………（85）
　　　第五节　做客"中国人"家中 …………………………………（90）

第五章　海上觅沉船 ………………………………………………（97）
　　　第一节　一叶扁舟觅沉船 ………………………………………（98）
　　　第二节　拉木岛上"中国风" …………………………………（102）
　　　第三节　"驴岛"风情醉游客 …………………………………（105）
　　　第四节　当年沉舟索马里 ………………………………………（112）

第六章　走进难民营 ………………………………………………（115）
　　　第一节　边城雨夜话郑和 ………………………………………（116）
　　　第二节　难民营里问"郑和" …………………………………（118）
　　　第三节　管理难民费苦心 ………………………………………（126）
　　　第四节　何日走出"难民圈" …………………………………（129）

第七章　深入索马里 ………………………………………………（133）
　　　第一节　塑料袋里装"公章" …………………………………（134）
　　　第二节　"押运"乘客到首都 …………………………………（136）
　　　第三节　夜半惊魂起枪声 ………………………………………（139）
　　　第四节　今日中国大使馆 ………………………………………（140）

第五节　绝对自由令人忧 …………………………………… (144)
　　第六节　中国医院重开业 …………………………………… (147)
　　第七节　知识分子谋救国 …………………………………… (149)
　　第八节　当年"关卡"被瓜分 ………………………………… (152)

第八章　重访索马里 …………………………………………………… (157)
　　第一节　总统深情谢中国 …………………………………… (158)
　　第二节　寻觅沉舟再北上 …………………………………… (160)
　　第三节　一波三折话南下 …………………………………… (163)
　　第四节　偶闻路边搓麻声 …………………………………… (168)

第九章　探寻"索法拉" ……………………………………………… (173)
　　第一节　破解"双龙坛"之谜 ………………………………… (174)
　　第二节　扑面而来"中国风" ………………………………… (177)
　　第三节　非洲怀念毛主席 …………………………………… (181)
　　第四节　"去中华绝远"之地 ………………………………… (184)

第十章　遍访四岛国 …………………………………………………… (189)
　　第一节　关帝庙前话郑和 …………………………………… (190)
　　第二节　"天堂之岛"有传闻 ………………………………… (194)
　　第三节　活的生物实验室 …………………………………… (197)
　　第四节　造福人类建奇功 …………………………………… (199)
　　第五节　远洋航行重科技 …………………………………… (203)

第十一章　绕过好望角 ………………………………………………… (207)
　　第一节　明朝地图绘非洲 …………………………………… (208)
　　第二节　祖鲁王笑谈王后 …………………………………… (214)
　　第三节　欣闻南非"郑和村" ………………………………… (218)
　　第四节　谁人首航好望角 …………………………………… (221)

第十二章　北寻"郑和碑" …………………………………………… (227)
　　第一节　"十字角"旁"猪"吼声 ……………………………… (228)

第二节　石油滚滚钻石闪 …………………………（230）
　　第三节　海滨奴隶纪念馆 …………………………（233）
　　第四节　民族英雄纪念塔 …………………………（236）
　　第五节　刚果河畔"郑和碑" ………………………（242）

**第十三章　非洲内陆行** ……………………………（245）
　　第一节　"石头城"里中国瓷 ………………………（246）
　　第二节　借鉴中国好经验 …………………………（249）
　　第三节　铭记历史大悲剧 …………………………（252）
　　第四节　古老王陵守灵人 …………………………（254）

**第十四章　铁路传友谊** ……………………………（259）
　　第一节　"中非友谊的丰碑" ………………………（260）
　　第二节　"钢铁斑马"跨山川 ………………………（262）
　　第三节　人间伤别情悠长 …………………………（264）
　　第四节　运量不足设备旧 …………………………（267）
　　第五节　管理不善员工老 …………………………（269）
　　第六节　坦赞铁路私有化 …………………………（271）
　　第七节　"我们高唱《东方红》" ……………………（273）
　　第八节　"友谊之路"永不朽 ………………………（275）

**第十五章　回老家寻"根"** …………………………（279）
　　第一节　回国踏寻郑和路 …………………………（280）
　　第二节　"中国学生"喜"回家" ……………………（291）
　　第三节　如沐春风学中医 …………………………（295）
　　第四节　回击"中国威胁论" ………………………（297）
　　第五节　壮丽的郑和史诗 …………………………（301）

**第十六章　中非交往录** ……………………………（305）
　　第一节　从传说到新发掘 …………………………（306）
　　第二节　官民交往双渠道 …………………………（320）
　　第三节　列强操纵非正常 …………………………（327）

第四节　独立友好真伙伴 …………………………………… (337)
　　第五节　中非关系五特点 …………………………………… (341)

**第十七章　华人居东非** ……………………………………………… (345)
　　第一节　海外华侨华人图 …………………………………… (346)
　　第二节　非洲华侨数量说 …………………………………… (349)
　　第三节　非洲华侨史述评 …………………………………… (360)
　　第四节　非洲首批华人说 …………………………………… (366)
　　第五节　华人异于殖民者 …………………………………… (370)

**第十八章　提前意义说** ……………………………………………… (375)
　　第一节　戳穿"欧洲发现论" ………………………………… (376)
　　第二节　支持非洲"向东看" ………………………………… (377)
　　第三节　树立学习新楷模 …………………………………… (380)
　　第四节　批驳"新殖民主义" ………………………………… (382)

**尾声　此情可待成追忆** …………………………………………… (395)

**初版和再版附录** …………………………………………………… (405)
　　一　各界评说 ………………………………………………… (406)
　　二　读者来信 ………………………………………………… (408)
　　三　采写体会 ………………………………………………… (411)
　　四　采访路线图 ……………………………………………… (420)
　　五　拉木群岛图 ……………………………………………… (421)

**修订本附录一** ……………………………………………………… (423)
　　一　《明史》关于郑和本人访问非洲的记载 ……………… (424)
　　二　郑和七下西洋年代及经历主要国家表 ………………… (426)
　　三　中国历史朝代公元对照简表 …………………………… (428)
　　四　主要参考资料 …………………………………………… (430)

**修订本附录二** ……………………………………………………… (439)
　　跨越六百年的和谐
　　　　——郑和下西洋与当代中国对非政策比较 ……… 李新烽(440)

"去中华绝远"的航程
　　——郑和与非洲关系研究述评 …………… 李新烽(456)

## 修订本附录三 ……………………………………… (471)
　　研究非洲　宣传郑和 ………………… 王伟光(472)
　　读《非洲踏寻郑和路》 ………………… 李　瑛(478)
　　时代呼唤更多非洲研究力作 …………… 刘贵今(482)
　　寻访郑和　走读非洲 …………………… 李炳银(485)

## 修订本附录四 ……………………………………… (489)
　　谁道报人无"郑和" ……………………… 范敬宜(490)
　　引人入胜的"踏寻" ……………………… 于　宁(493)
　　独特的研究视角 ………………………… 陆庭恩(496)
　　六百年后有新篇 ………………………… 郑一钧(500)

## 修订本附录五 ……………………………………… (505)
　　一　续写悲壮美丽的故事
　　　　——访《非洲踏寻郑和路》作者李新烽博士 … 杨　慧(506)
　　二　作家的灵感和社会责任
　　　　——访报告文学作家李新烽 …………… 曾祥书(510)
　　三　谁道报人无"郑和"
　　　　——专访《非洲踏寻郑和路》作者李新烽 ……… 王莹莹(512)
　　四　到东非找寻郑和沉船 ………………… 邸利会(516)

## 初版后记 …………………………………………… (521)

## 修订本后记 ………………………………………… (523)

## 修订本再版后记 …………………………………… (526)

## Contents ………………………………………… (528)

# 序　言

## "长颈鹿的故事"历久弥新

肯尼亚中国之间有着深厚的传统友谊，2013年8月我访华期间，在与习近平主席会谈时，习主席指出："中肯友好交往源远流长"，"中国明代著名航海家郑和曾率远洋船队多次访问肯尼亚"。我们肯尼亚人同样铭记着：远在600多年前，中国大航海家郑和就率领庞大的船队访问了肯尼亚。1415年（明永乐十三年），作为对郑和来访的回访，位于今肯尼亚马林迪的麻林国，遣使臣携带长颈鹿等珍贵礼品，远赴中国明朝首都北京。长颈鹿当时在中国被称作"麒麟"，被看作是千载难逢的瑞兽，只有在天下太平祥和、百姓安居乐业的时代才会出现，是吉祥与瑞和的象征。这只来自遥远的麻林国的"麒麟"显示出在历史上中国官方首次对麻林等东非沿岸国家所进行的访问取得了圆满成功，成为明朝兴盛时期在对外关系上取得重大进展的重要标志。由于具有如此重大的意义，当年肯尼亚麻林国赴中国敬献长颈鹿之际，引起明朝宫廷的轰动，在麻林等国使者进京的那天，明朝皇帝朱棣率领诸位大臣亲往奉天门主持隆重欢迎仪式，接受麻林国进献"麒麟"，为非中关系史上的一大盛事。"长颈鹿的故事"作为肯尼亚与中国友好交往史上的一段佳话，在肯尼亚也广为流传，成为肯中友谊源远流长的一个象征。当年，郑和船队的一艘宝船沉没在了肯尼亚帕泰岛附近，留有郑和船员后裔的信息，这一考古发现又为郑和船队访问肯尼亚增添了新的例证，赋予了新的内涵。

本书作者李新烽博士曾是人民日报社常驻非洲记者，在获知这一信息后，为寻找郑和在非洲的遗迹，在非洲进行了广泛的采访活动，自1999年6月至2005年5月，用了整整6年时间，走遍非洲大陆，以独特的视角探索并解开郑和使团访问非洲之谜。特别是他于 2002 年 3 月只身赴肯尼亚帕泰岛采访，成为报道帕泰岛郑和船员后裔、发现"中国学生"姆瓦玛卡·沙里夫的第一位中国记者。他的系列报道在《人民日报》和《环球时报》发表后，立即引起广大读者的强烈兴趣和普遍好评。此后，他又三次赴肯尼亚帕泰岛深入采访，发现和掌握了大量第一手关于郑和船员后裔现今生活的素材，采访了中国后裔和中医大夫，见证了从帕泰岛附近海域打捞出来的两个"双龙坛"。在掌握大量世人鲜知的第一手资料的基础上，写出了这部优秀的著作，使人们得以了解郑和使团当年在非洲留下的遗迹与郑和船员后裔今天的生活，拉近了郑和下西洋与现今的时空距离，为发展肯中传统友谊谱写了新篇章。

作为李新烽《踏寻郑和在非洲遗迹》系列报道的后续行动，肯尼亚与中国签订了联合考古协议，以期进一步揭开肯中关系的历史谜团。从 2010 年起，肯尼亚国立博物馆与中国国家博物馆水下考古中心和北京大学考古文博学院积极实施这一联合考古项目，并取得了重大阶段性收获，我也曾赴水下考古现场进行过视察。我们两国联合考古使得麻林王国的神秘面纱得以逐步揭开，郑和等航海先辈所曾见到的肯尼亚古代沿海王国的辉煌得以逐渐呈现，使得肯尼亚学者和政府能以新的视角审视肯尼亚与中国源远流长的友好关系，进一步认识到中国人历史上就对我们平等相待，彼此相互尊重，双方互惠互利，与欧洲人来到非洲时对待我们的态度迥然相异。另一方面，也表明肯尼亚早在葡萄牙人到达之前，已与外界有了紧密联系。肯尼亚与中国有着比欧洲人更为古老并且是公平的贸易关系，当今中国对肯尼亚贸易的发展实际上正是这一优良传统的延续，今日非洲国家的"向东看"政策有着深远的历史源流。从李新烽 10 多年前对肯尼亚郑和船员后裔的报道到今天的肯中联合考古项目，多年持续的辛勤努力和取得的一系列成果和发现，给肯尼亚的政治家们坚定执行"向东看"政策提供了充足理由，因为早在 600 多年前我们肯尼亚就是如此。一直以来，无数事实证明"向东看"完全符合我们国家和民族的利益。

郑和访问肯尼亚之后，肯尼亚一直是连接非洲和中国的重要纽带。中国长期以来支持肯尼亚国家独立和民族解放事业，两国建交 50 多年来，双边关系保持全面快速发展。中国成为肯尼亚第一大直接投资来源国和第二大贸易伙伴，双方在基础设施、经济特区建设、投融资等领域合作不断得到加强，由中国援建、中资企业承建的公路、桥梁、体育场、输变电等大型基础设施项目极大地促进了当地经济和社会发展。建成通车的蒙巴萨至内罗毕铁路，不仅将惠及肯尼亚，而且将惠及东非国家和非洲大陆，在非中关系史上具有重要里程碑意义。作为双边关系的重要组成部分，肯中经贸合作发展迅速，2015年两国贸易额同比增长29%，达到32.9亿美元，截至2014年底中国企业在肯尼亚投资8.54亿美元。两国人文交流日趋活跃，在教育、旅游等领域的合作势头良好，中国赴肯尼亚游客2016年达5.0万人次。今后，两国将在新能源、农业、环境和野生动物保护等领域培育新的合作，同时共同采取措施，便利人员往来，鼓励文化、旅游、青年工作、人力资源培训等领域交流合作，共同努力发展平等互信、互利共赢的全面合作伙伴关系。

习近平主席用"一带一路"倡议提升中国与古代海上丝绸之路沿线国家的联系，这条海上丝绸之路通过西太平洋和印度洋把中国与东南亚、南亚次大陆、地中海以及非洲东海岸连接起来。600多年前在访问海上丝绸之路沿线国家的过程中，中国著名航海家郑和数次造访肯尼亚古代麻林国，这具有特别重要的意义。"长颈鹿的故事"成为千古佳话，中国著名画家沈度所画的"贡奉麒麟图"也给我们肯尼亚人留下了深刻印象。进入新世纪以来，肯中两国领导人保持高层互访，两国间真诚友好、平等相待，互利共赢，共谋发展，政治互信巩固深化，务实合作快速发展，人文交流高潮迭起……肯中两国共商合作大计、共建合作平台、共享合作成果。肯中两国都庆祝了建立外交关系五十周年；2014年1月第十五支中国护航舰队到达肯尼亚，访问了蒙巴萨这一通往肯尼亚和东非的港口，为肯中友谊写下了新的篇章；2014年5月李克强总理访问了肯尼亚；目前，肯中两国正在密切经贸、投资、能源、旅游、基础设施建设合作，加强在非洲和平与发展问题上的协调合作，发展强劲的肯中全面战略合作伙伴关系和非中关系。"一带一路"伟大倡议正在把我们紧紧连接在一起，郑和播下的肯中传统友谊和开辟的海上丝绸之路正在向前不断延伸！

我这里要特别提到，在人文交流方面，肯尼亚是拥有孔子学院最多的非洲国家之一，已建有3所孔子学院，1个孔子课堂，中国每年向肯尼亚提供500多个政府奖学金名额和高层培训机会。越来越多的中国游客来肯尼亚欣赏壮丽的非洲风光，体验人与自然的和谐之美，越来越多的肯尼亚各界人士赴中国旅游考察、订货购物，受到中国各界热烈真诚的接待和欢迎。中国文艺团体频频在内罗毕的舞台上展现东方文化的多彩魅力，我们的艺术家也不时为中国观众送上劲歌热舞。继刚刚结束的肯中联合考古取得重要成果之后，李新烽以追寻肯中传统友谊为主线的《非洲踏寻郑和路》英文版在非洲刚刚出版，又为肯中、非中人文交流丰富了新的内容，为非洲研究开辟了新的蹊径。该书修订本在初版和再版的基础上，作者运用有关郑和船队访问肯尼亚等丰富的历史事实和鲜为人知的生动故事，通过对肯中、非中关系史的论述和对非洲华人移民史的研究，将华人移民非洲的时间提前了二三百年，用铁一般的事实批驳了所谓的"新殖民主义论"，并为非洲"向东看"和非中贸易发展提供了理论根据和实践支持。此书英文版在非洲的出版发行，将会使我们进一步领悟到"21世纪海上丝绸之路"构想的深厚历史底蕴，必将为促成"一带一路"倡议在肯尼亚结出丰硕果实做出新的贡献。这是我们的共同期待，也是我乐为此书中文版修订本再版作序的原因。

(本序作者为肯尼亚总统乌胡鲁·肯雅塔)

# 智库合作　喜结成果

## ——序李新烽博士《非洲踏寻郑和路》（英文版）

王伟光

欣闻李新烽博士的专著《非洲踏寻郑和路》（英文版）即将由南非人文科学理事会出版社出版，这是中国社会科学出版社与和南非人文科学研究理事会出版社合作出版的第一本专著，是中国与非洲国家智库之间出版合作的成功开端，可喜可贺！

李新烽博士曾作为人民日报社记者和人民网特派记者，在世纪之交的重要历史节点，在南非生活工作了八年，报道和纪录了南非和非洲大地发生的重大变化，其足迹遍布非洲大陆，即将出版的这本英文专著就是他在此期间踏寻郑和足迹的真实纪录。这一专著在中国出版后曾多次再版，引起强烈反响，荣获多个全国性文学奖项，受到中国读者普遍喜爱。已故中国著名学者、人民日报社总编辑范敬宜教授称赞道："他用笔向世界展示了一段悲壮美丽的中国历史，为中国历史续补了一页悲壮美丽的篇章。"我在这里再加上一句："为中非关系史增添了一个悲壮美丽的故事"！这次该书英文版在南非出版，让郑和在非洲的故事回到非洲大陆，想必会受到非洲读者的青睐。

600多年前，中国明朝大航海家郑和从中国海港启锚，率领庞大船队，不畏艰险、不远万里、不辞辛劳，横跨印度洋，抵达东非海岸。这一人类历史上的伟大壮举，开辟了中国与非洲之间的海上丝绸之路，开启了中国与非洲国家的官方外交，开拓了中国与海外经贸往来的新疆土，在中国与非洲之间架设起一座真诚友好、平等相待的友谊桥梁，把长江和好望角连接在一起。600多年后的今天，在新的历史时期，习近平主席高瞻远瞩提出"一带一路"伟大倡议，"21世纪海上丝绸之路"建设让人想起郑和下西洋。当谈论郑和四次访问非洲之时，人们一定会问：郑和船队在非洲留下了哪些遗迹？船队访问非洲有哪些感人的故事？船队出访非洲对中非关系有何现实意义？这些问题，都可以在李新烽博士的专著《非洲踏寻郑和路》（英文版）中找到满意的答案。正如南非出版社对该书作出的评价："《非洲踏寻郑和路》是李新烽博士走遍非洲研究著名航海家郑和所留遗迹的专著，从分享他的感悟中，我们也可以体验他在南非数年多彩的记者生涯。该研究以肯尼亚帕泰岛为开端，作者走遍非洲大陆的南部和东部地区，为的是寻找600年前郑和舟师下西洋时留下的印记。""本书不仅仅是个人对一位传奇历史人物的追溯：郑和已经成为中国人民以及爱好和平的文化交流界的重要符号。李新烽博士对这位标志性人物的全面研究对后殖民世界提出了挑战，突出了为了互利共赢而进行的平等交流与殖民主义之间的鲜明对比。作者对全面取消殖民关系持续不断的呼吁、以及对推进友好合作关系的奔走呼号，是贯穿其丰富旅程的主线。"

郑和船队访问非洲，比欧洲殖民者早了数十年，带给非洲的是相互尊重、平等相待、互利共赢，是丝绸、瓷器和茶叶，与其后登陆非洲的殖民者形成鲜明对照。作为当时世界上最强大的海军舰队、拥有最先进的武器装备，中国没有侵略非洲、掠夺非洲、殖民非洲，这铁一般的历史事实清楚表明，中国人民是非洲人民的真诚朋友，中非人民平等相待、世代友好。郑和船队用历史事实回击了所谓的"中国威胁论"和"新殖民主义论"！

李新烽博士通过研究认为，居住在肯尼亚帕泰岛的郑和船员后裔是非洲最早的中国移民，他们比西方殖民者早到了数十年；郑和下西洋四次访问非洲，是中非关系史上的第一次高峰。其后，中国与非洲之间的直接交往被西方殖民者阻断，直到新中国成立后才得以继续。正如2012年南非总统祖马在中非合作论坛第五届部长级会议致辞中所强调的："中非合作论坛的成立是600多年前郑和访问非洲的一个延续和升华"。

自2000年11月中非合作论坛成立以来，中非关系全面、迅速、健康发展。作为国家重要智库，中国社会科学院与南非人文科学研究理事会之间正在进行合作课题研究，进而为两国政府提供政策咨询和对策建议，促进两国关系不断稳步健康发展。我们之间的成功合作已取得良好阶段性成果。该书的出版标志着中南、中非智库在出版方面开始了成功的合作，希望中国与南非智库之间的合作交流为中国与非洲国家智库之间的合作交流树立一个典范。

2013年中国国家主席习近平提出了"一带一路"建设倡议，这一倡议的提出具有深厚的历史渊源和人文基础，得到沿线各国积极回应。2014年中国通过了《丝绸之路经济带和21世纪海上丝绸之路建设战略规划》，2015年对外发布了《推动共建丝绸之路经济带和21世纪海上丝绸之路的愿景与行动》。"一带一路"建设从无到有、由点及面、由线成片，进度和成果超出预期。600多年前，郑和船队访问东非沿岸，开辟了中非之间的海上丝绸之路，促进了中非之间的文化交流。跨文化交流是"海上丝绸之路"的重要历史传统，今天"21世纪海上丝绸之路"建设需要人文社会科学。中非携手打造绿色丝绸之路、健康丝绸之路、智力丝绸之路、和平丝绸之路，社会科学工作者更是责无旁贷，相信该书英文版的问世，能够为促进中非之间的交流与了解尽一点绵薄之力。

2015年12月举行的中非合作论坛约翰内斯堡峰会是中非关系新的里程碑。中国国家主席习近平和50个非洲国家的领导人和代表团团长、非盟委员会主席共叙传统友谊，共谋互利合作，共绘发展蓝图，中非关系被提升为全面战略合作伙伴关系，标志着中非关系迈向合作共赢、共同发展的新时代。在这次峰会上，习近平主席宣布了中非"十大合作计划"，"人文合作计划"名列其中，这对我们哲学社会科学研究者是信任和鼓舞，更是激励和鞭策，我们深感自己肩上的担子更重、责任更大。我们一定加倍努力，完成时代赋予的伟大历史使命。我们深信，包括人文合作在内的中非全面战略合作伙伴关系必将开出双赢、多赢、共赢的累累硕果，造福中国、造福非洲、造福世界！

（本序作者为中共中央委员，中国社会科学院院长、党组书记、学部委员会主席）

# 另一种发现：平等和尊严

——序李新烽博士《非洲踏寻郑和路》（英文版）

说起探索世界的重大发现，人们几乎自然而然会想到哥伦布（Christopher Columbus）、达伽马（Vasco da Gama）和迪亚士（Bartholomieu Dias）的辉煌成就。其中，哥伦布发现了我们今日所谓的美洲大陆，作为"美洲之父"在历史上留下了几乎不可磨灭的一笔。在我们的史书中和脑海里，达伽马和迪亚士同样也是世界东方和欧洲南部的伟大探险家。这些人是我们讲述传奇"发现故事"的出发点。他们使我们关于历史的起点的讲述更加生动，并为这些讲述提供了主观、具体的词汇：种族、性别和文化。这些讲述总是有肤色、有性别、有性情的：它们总是白人的、男性的、文明的。就像达芬奇笔下的维特鲁威人一样，它们的理想中的人是这样的，这是存在论的高潮。

几乎自然而然，几乎不可磨灭。

接下来，传奇人物郑和该上场了，这几乎自然而然的节奏就要改变了。就追溯全球南部——尤其是非洲大陆——社会政治空间的起源而言，我们的主角另有其人。无论以哪种标准衡量，郑和都是开拓人类世界最重要的连接者之一。当然我也注意到各种民族中心论的误区。比如，我看到评论家马森（JR Masson）对中国人探险证据的解读提出质疑，并将其归为地图类的发现。然而就我们目前了解到的情况，我们有必要用"连接者"这个词来描述郑和所做的一切，以此将他的壮举与欧洲人所谓的探险区分开来。对于走出舒适区而进入别人的世界这种挑战性的工作，郑和赋予了它一个友善的目的。他的目的是建立连接、了解差异，并在尊重的基础上处理差异。他的使命不是征服，而是与别人建立纽带。于他而言，发现是了解他人，而不是无礼地进行比较。2010 年，在马来西亚马六甲举行了第一届郑和国际学术研讨会，当时的马六甲州元首敦拿督斯里·莫哈莫卡立（Tun Datuk Seri Utama Mohd Khalil bin Yacoob）自称是郑和的超级粉丝，他在会议开幕式上表示，"在大西洋的航行中，郑和舰队可以征服每一个人，但是他们没有征服任何人，而是为所到之处带去了和平。在世界眼中，郑和是和平的使者，因他的大将风范和非凡力量而受世人尊重和敬仰。"

那么，郑和是何许人也？郑和是公元1405年明朝派出的外交官，出使当时中国档案里记录的中国以西的"阿拉伯国家"。1405年至1433年间，他七下西洋，其中四次抵达非洲海岸。他的足迹遍布当时中国人所称的"西洋"，即今天的印度洋。沿着非洲海岸线，他的舰队最北航行至佛得角。也有种说法至今未得到证实，该说法认为郑和舰队在中途分成三队，其中一队几乎环游了世界，而且郑和抵达了美洲大陆。除了无畏的精神，相对于维特鲁威人所代表的白人、基督教、男性中心主义，郑和还是个伊斯兰教信徒和宦官。他带着阿拉伯语翻译在西洋上航行，因为他需要与西洋西海岸的人们打交道，他深知理解当地语言和风俗的必要性。

本书讲述的是另一个中国人的旅程。作者李新烽博士曾经是人民日报社驻南非记者，他对中国人在非洲的存在十分好奇。这种好奇心驱使他竭尽全力挖掘这段历史，去找寻这片大陆最遥远、最有趣的部分。从2002年开启这段旅程至今，他始终把非洲人民当成兄弟姊妹，这种情感让他牢牢把握住了郑和下西洋的外交本质，从而真正地"踏寻郑和路"。他到过肯尼亚东北部海滨的拉木群岛，整个群岛由拉木、曼达、帕泰和基瓦尤四个大岛以及周围的若干小岛组成。郑和的船队曾经四次到非洲，其中有一次（具体时间未详）一艘船撞上了帕泰岛的岩石而沉没。事故的幸存者最后抵达帕泰岛，并以郑和的方式与岛上的人打交道，最终融入了当地的生活。在拉木群岛上，李新烽记者努力寻找海难幸存者的后代，并发现了中国文化的独特痕迹，尤其是中医的痕迹。李新烽博士对拉木群岛之行给予了好几章的篇幅，其中对肯尼亚、中国和南非水下专家寻找失事船只残骸的描述尤为精彩。遗憾的是，这次残骸找寻之旅并没有什么成果。故事本可以就此结束，但是越到书的后面，我们越能发现过去600年间中国人在非洲的存在比我们以前想象的更广泛、更有影响力。通过遍及非洲的足迹，作者揭示了中国在这片大陆的广泛影响力。全书有丰富的主要是中文的文献佐证，其中包括加文·孟席斯（Gavin Menzies）编著的《1421：中国发现世界》，前面提到的马森的文章就是对这本书作的书评。但是这一文献中的观点鲜有人知。本书为普及这种观点作了非常有价值的探索。它极大地拓宽了我们的认识。而且即使有人，如马森，对这种观点提出挑战，它也提出了一系列可供探讨的线索。本书最核心的就是，中国人的非洲之旅与欧洲人的非洲之旅是基于完全不同的原则上进行的这一论点。最有说服力的是，作者并没有对他所经历的非洲给出任何轻蔑的判断。虽然通过观察他得出了充满悲伤和失望的结论，但是这不是基于任何优越感和高人一等的姿态。他所作的判断完全是人之常情。他为非洲大陆上真切的贫困和痛苦感到悲伤，他对本来可以做出而未做出的改善感到失望。但是这两种情绪都没有使他把讨论的对象——非洲人民，视为他者。这就是为什么本书对中非关系研究是一个重要贡献。

最后我想谈一谈所谓的哥伦布遗产。虽然哥伦布作为寓言对我们对现代世界，即我们的存在的解释逻辑而言有点夸张，但是我们不能就此认为这种故事很愚蠢并想抹杀这一段历史，否认哥伦布曾经为全球发展开启了一段新篇章。事实上，他开启的新篇章给我们人类生活的方方面面都带来了巨大影响。这些影响有好有坏。它们是我们作为生活在这个现代世界的现代人的一部分。我们无法也不能逃避哥伦布遗产所带来的技术发展，从航海仪器到枪支都是这其中的一部分。我们也必须接受人类生活观念的复杂性。这些观念有的很令人反感，有的也让人很容易接受。人类就是这样，有着各种各样、高低不一的能力，所以我们能对自己作出这样的贡献，这也是其它生命形态所不能企及的。我们就是这样复杂。我们可以部分排斥这种复杂性，但我们不能假装不知道。我们的任务就是批判性地对待这段历史，但首先我们需要更好地了解这段历史。比如，在更好地了解过程中，我们就会批判性地学到，欧洲在技术和知识基础上从零开始自我建构这种说法是错误的。欧洲是全球发展的继承者，它继承了埃及、美索不达米亚，还有近代伊斯兰世界的发展。欧洲是在它们的基础上以一种奇妙、有意义的方式建立起来的，从印刷机到步枪都是如此。

李新烽博士的著作有助于我们进一步批判性地学习。它可以帮助我们认清复杂的人类遗产，即过去 600 年间人类在地球上相处而留下的遗产。为了避免一个人类群体对另一个群体在种族、纯洁性、性别、文化或阶级上的优越感,我们也必须深知如何讲述过去那600年的故事。我们正处在深度的全球化中。本书为我们介绍了讲述这个故事的另一种方式。它是对哥伦布传统的回应。南非人文科学研究理事会出版社能出版此书我深表荣幸。我们南非人文社会科学理事会致力于无条件的平等和尊严,而本书就是这种精神的一个例证。

(本序作者是南非人文社会科学理事会首席执行官、教授克莱恩·索迪安)

# 序曲 四度相见成"亲戚"

2012年季秋，北京。

秋风送爽。一阵宜人的秋风吹来，香山的脸庞泛起了红晕，昆明湖绽开了笑容，位于这美丽湖光山色之间的十月天传媒公司今天迎来了一名特殊客人。她来自遥远的非洲大陆，根却深植于脚下这片土地；她不是中国人，但能讲一口流利的汉语普通话；她曾梦想成为一名中医大夫，可她连做梦也不敢想自己能来华学习中医……她就是来自肯尼亚帕泰岛的姑娘——姆瓦玛卡·沙里夫（Lali Mwamaka Sharif），目前正在南京中医药大学读研究生，她的中国老师将"Sharif"音译为其取名——夏瑞馥，她自称"小夏"。

这是一次特殊的聚会，参与者均有一段特殊的"非洲缘"，或对这"非洲缘"情有独钟。小夏是非洲人自不待言；北京大学考古文博学院教授秦大树曾两次带队赴肯尼亚考古发掘，与肯方同行一道寻找中非交往的历史证据；十月天传媒公司董事长袁熙伯曾任青岛啤酒南非公司总经理，在非洲工作八年，与笔者在非洲当人民日报社记者的时间几乎重合；山东卫视对小夏来华深造产生了浓厚兴趣，有意从跨文化的视角揭示其中蕴含的秘密……

从1405年到1433年，郑和七下西洋，其中四次远访东非沿海一带。当年的一艘船只在航行到肯尼亚沿海时触礁沉没，船员利用大船上携带的小船逃生，登陆附近的帕泰岛，将自己所带的中国宝物——丝绸、瓷器和茶叶与当地居民交换以谋生，继而落地生根，与当地女子结婚，繁衍生息。至今，当年中国船员的后代还顽强地保持着中国传统，承认自己的中国血统，并用从祖先那里传承下来的医术——中医按摩和中草药，为当地岛民救死扶伤，驱赶病痛，赢得交口称赞。当地居民还把中国船员当年最早居住的村庄叫做"中国村"，把中国船员的后代称为"中国人"。夏瑞馥就是当年中国落难船员的后代之一，是闻名当地的"中国学生"……

这是我和小夏之间的第五次相见。他们几位和小夏虽是初次见面，但一见如故，就像多年的老朋友，一见面就有说不完的话，气氛轻松活跃。大家尚未落座，健谈的节目主持人焉兵就开了腔："小夏，你再叫一声你叔叔，我刚才没听见。"说着还用手示意小夏面向我。这突如其来的话题真让小夏有点措手不及，她不好意思地笑了。毕竟女士心细，节目导演张音急忙为小夏解围，招呼各位先坐下再谈。

刚一落座，焉兵就言归正传："小夏，你叔叔当年'踏寻郑和在非洲的足迹'的系列报道在《人民日报》及其海外版发表后，产生轰动效应。其中两个最直接的效果，一是你能够如愿以偿来华深造，二是中国与肯尼亚签订了合作考古协议，秦老师是中方考古队队长，我们今天也特意把他请来了。这样，你先说说你在中国的学习和工作情况。你是哪一年来中国的？"

"2005年7月，我应邀来中国参加纪念郑和下西洋600周年活动；当年9月开始在南京中医药大学学习，现在已经七年了。前两年学习汉语，接着上了五年大学，主修中医药课题。今年9月开始读研究生。"小夏回答道。

"你当初怎么想要学中医？非洲人知道中医吗？你们岛上有本土中医大夫吗？"节目主持人似乎对非洲、特别是对偏僻的东非孤岛上有没有中医大夫感到好奇。

"我们岛上有中医，他们是郑和船队带过去的，传承600年至今。"讲到这里，小夏看着我，似乎让我接着讲。

我仍惦记着当年采访过的帕泰岛中医大夫法基伊（Fakii Maka Mohed），便问小夏："法基伊现在回家了还是在马林迪（Malindi）？"

"他还在马林迪，我这次回家还去马林迪看过他一家。他是我姑姑的前夫，他女儿佐贾特（Zaujat Fakii Maka）比我小三岁，小时候常来我家里玩。"小夏说。

法基伊是帕泰岛上有口皆碑的名医。他也是数百年前郑和船员的后裔，出身"杏林"世家，勤学好思，不但熟练掌握中医按摩，而且诊脉水平高，还就地取材，运用岛上的各种植物做成中草药，为贫穷的乡亲们免费治病，药到病除。小夏当初学习中医的理想就是深受其影响而萌生的。

主持人把话题一转："小夏，你读研究生，这学期开几门课？"

"伤寒论、温病学、中医儿科、中医内科、西医内科……"她如数家珍，一一道来。

主持人听后感到就点奇怪："学习中医却没有实习课，将来如何给患者瞧病？"

"大学期间我去南京的大医院实习过，今年暑假还去大学附近的诊所实习了，直接给患者看病。"小夏为主持人释疑。

这时，袁熙伯插话到："那你今天也给我们把把脉，瞧瞧我们有什么病。"

主持人焉兵笑着挽起右胳膊袖子，示意小夏为自己诊脉。小夏开始有点不好意思，在大家的鼓励下，她便开始当起医生来。目睹其动作和神情，在场者几乎异口同声地称赞"像个中医大夫"！可当大家问她诊断结果时，小夏欲言又止，笑而不语。焉兵忙插话："如果当众人面不便说，待会儿单独对我讲。"

接着，大家提议小夏为我切脉，众目睽睽下她显得有些为难。"是不是给长辈看病不好意思，没关系。"主持人这样鼓励小夏，"可以当众不告诉诊断结果"。

小夏问是否有类似脉枕那样的棉垫，说是运用脉垫利于触及脉象、诊断病情。有人拿来一个沙发靠垫，我左胳臂放到上面几乎陷入其中，引来大家一片笑声。

夏瑞馥近照

"没有合适的，就不用了。"小夏边说边取走靠垫。

她略带腼腆地伸出右手，无名指、中指和食指分别按在我左手腕上的尺中、关上和寸口三个穴位上，专注的神情就像这里是医院，我就是她的患者。眼看她如此进入角色，刚才欢声笑语的室内顿时一片寂静……

室内茶香缭绕，安静的气氛似乎增添了几分绿茶的清香，一股股怡人的香味扑鼻而入，沁人心脾。常言道，茶能提神醒脑，让人心旷神怡，而这一人类感官世界的奥秘直到最近才被两名美国科学家揭开。2012年的诺贝尔化学奖授予罗伯特·莱夫科维茨（Robert J. Lefkowitz）和布赖恩·科比尔卡（Brian K. Kobilka），表彰他们在"G蛋白偶联受体"研究上取得的突破。"G蛋白偶联受体"是一个重要的细胞成分，其中包括光受体、味道受体、肾上腺受体等。这些受体散布在细胞表面，对光线、味道、气味以及肾上腺素等做出的反应十分敏感，随之触发细胞内的连锁生化反应。比如，约有一半药物是通过"G蛋白偶联受体"发挥药效的，人能识别颜色、辨别味道同样归功于"G蛋白偶联受体"。

在生物学上，接受其他分子的蛋白质是受体，而被接受者则是配体，两者之间准确的一对一关系被称为特异性。"G蛋白偶联受体"相当高的特异性保证了我们不会颠倒黑白、把苦当甜。正如一位诺贝尔评委举起一杯咖啡所言，人们能够看见这杯咖啡、闻到咖啡的香味、品尝咖啡的美味，以及喝下咖啡后心情愉悦等，都离不开受体作用。[①] 闻名世界的中国茶当然毫不逊色于咖啡，与其有异曲同工之效。现在正值秋天，我由此猜想，刘禹锡那首赞美秋天的名诗大概就是在饮茶后"G蛋白偶联受体"发生连锁反应而一气呵成的："自古逢秋悲寂寥，我言秋日胜春朝。晴空一鹤排云上，便引诗情上碧霄。"[②] 此时，一杯新茶端上来，茶香四溢，我的思绪仿佛随着那袅袅上升的香韵飘浮，定格在与小夏前四次见面的情景：

第四次见面：2009年11月，南京。

我利用参加《首届中国科技论坛》会议的时机，抽空去南京中医药大学去看望她。当时，夏瑞馥已适应大学生活，能讲一口流利的汉语。见面时，她把我叫"叔叔"。（详见本书第十五章第三节）

第三次见面：2005年7月，太仓。

夏瑞馥应邀来华参加江苏省纪念郑和下西洋600周年活动，我那时前往采访，我们在太仓举行的记者会上再次相逢，她激动得热泪盈眶，一时讲不出话来，那夺眶欲滴、闪闪发光的泪珠告诉我们：如果没有肯尼亚的相识，哪有今日之重逢？（详见本书第十五章第二节）

第一、二次见面：2003年5月，肯尼亚拉木岛，拉木女子中学。

2002年3月初，作为首位采访帕泰岛的中国记者，我走进了"中国村"，并在相邻的西游村见到了"中国人"。因夏瑞馥的母亲当日下地劳动，我错过采访机会。

2003年5月9日，我第二次去帕泰岛采访，当我来到夏瑞馥的家时，她母亲——巴莱卡·巴蒂·谢（Baraica Badi Shee）——就像接待中国

---

[①] 参见《美国两科学家共享诺贝尔化学奖》，载《参考消息》2012年10月11日，第七版；《化学奖授予感官世界揭秘者》，载《齐鲁晚报》2012年10月11日，第八版。

[②] （唐）刘禹锡：《秋词》。

"老家"的客人一样，亲切友好之情溢于言表。她先带着我参观她的房子，接着我们就拉起了家常。在她讲述了自己祖先那段充满传奇的经历后，我们的话题转到了她家中当时的生活状况。她告诉我，家中经济困难，主要收入靠丈夫捕鱼，除养家糊口外，还要供养夏瑞馥上中学，并加重语气表示，自己这辈子就这样了，夏瑞馥是她的"唯一希望"。当天傍晚时分，我一回到下榻的拉木岛，就直奔夏瑞馥就读的拉木女子中学。该校位于沙城拉木郊外，当我沿着沙路深一脚浅一脚来到校门口时，深沉的夜幕已悄然降临，这所封闭式管理的学校用威严的铁将军迎接我，热情的同学们帮助我找到"中国学生"——夏瑞馥，我们只能隔着铁栅栏式的校门谈话。5月13日上午，我再次来到这所女子学校，采访了夏瑞馥和她的班主任老师。为了让她安心学习，我给她赞助了下学期的学费和生活费。我当时还告诉她，如果读高三或是上大学遇到困难，就直接与我或者与中国驻肯尼亚大使馆联系，她一定会得到答复。（详见本书第三章第三节）

2004年12月，夏瑞馥高中毕业未能如愿考取大学，回到帕泰岛家中。不愿向命运屈服的她，经过一番激烈的思想斗争，终于鼓足勇气向中国驻肯尼亚大使馆写信。接到夏瑞馥的信，中国大使决定前往帕泰岛了解详情。于是，那座偏远的东非孤岛迎来了中国大使！

这是一个时间久远、距离遥远、影响深远的故事。1405年（永乐三年），郑和开始七下西洋的伟大壮举；从1413年（永乐十一年）第四次下西洋起，郑和本人带领船队远访东非沿岸各城邦，至1433年（宣德八年）七下西洋结束时共出使非洲四次。今年是郑和下西洋首航非洲600周年，此时此刻，我仿佛重返非洲，中国船队抵达东非海岸的壮观场面和当地民众欢迎远方宾客的热烈情景似乎就在眼前……

# 第一章　北上帕泰岛

1999年6月，获悉肯尼亚帕泰岛上居住着郑和船队的后裔和索马里有个"郑和村"，记者喜出望外，兴奋不已。然而，索马里内战连绵，肯尼亚东部沿海一带土匪不时出没，考虑到安全因素，记者为前往采访进行了必要的准备工作，于2002年2月从南非北上肯尼亚。

在中国路桥公司的帮助下，记者先从内罗毕驱车到港口城市蒙巴萨，走进耶稣堡博物馆，参观了那里展出的从东非沿海一带发掘出来的大量中国瓷器；然后从蒙巴萨沿着海岸线北上，途中参观了格迪遗址，来到"麒麟"的故乡——马林迪；接着乘飞机继续北上，登陆拉木岛。中国古瓷器伴随着记者一路行。

坐在拉木岛海滨的石头上，一位船长告诉记者，他不久前专程去帕泰岛的"中国村"接受"中医按摩"。"中医"是当年郑和船队从中国带去的，代代相传，至今仍受当地岛民欢迎。于是，记者迫不及待地从拉木岛乘小船前往帕泰岛——郑和船队水手后裔居住的地方。

当记者只身冒险登上帕泰岛时，发现这座非洲孤岛竟与遥远的中国有着千丝万缕的联系。在帕泰村，村长向记者讲述了当年那次中国船难的经过……

## 第一节　船员后裔居非洲

2002年2月28日上午,约翰内斯堡国际机场。南非航空公司一架波音767飞机腾空北航,窗外是探手可及的朵朵白云,四周是碧蓝如洗的万里晴空。机舱内的我无意欣赏这大自然的秀美景色,心头却似海浪般翻滚不息。我此行是奔赴肯尼亚的一座孤岛,踏寻郑和当年的足迹,探访郑和部属的后代们今日的生活,发掘一个鲜为人知而又引人入胜的真实故事。尽管近三年来我为此行从思想、精神、材料和信息等方面做了比较充分的准备,但是此次探险能否全程顺利、能否如愿以偿,自己心中毫无把握。而此行的成功与否,首先取决于旅途的安全。我不但将要乘坐一叶扁舟漂浮大海,而且还要冒险只身独往,深入孤岛,如果缺乏人身安全,这次采访将无疑失败,而又有谁能为你的安全做出保证呢?可是,有关郑和船队当年在东非沿海沉船的报道、特别是郑和部属后裔现居孤岛的新闻,一直在吸引着我,终于促使我今天踏上采访征程。此时,有关新闻报道就像机窗外一掠而过的片片白云在我脑海中飘浮……

1999年6月12日和15日,南非中文报纸《侨声日报》①先后以《郑和部下后裔现居东非肯尼亚》和《东非肯尼亚小村"上加"之名源出"上海"》②为题,报道今日肯尼亚东海岸的帕泰岛上,居住着郑和部属后裔这一新闻。③

该报道摘译自《纽约时报杂志》(New

《侨声日报》的有关报道

---

① 该报创刊于1931年,是非洲创办最早的一份华文报纸,蒋介石曾为其题写刊头。该报因故于2004年3月底宣告"暂时停刊",现尚未复刊。

② 我国台湾省把Kenya(肯尼亚)翻译为"肯亚"。

③ 关于肯尼亚拉木群岛的"中国村",张铁生著《中非交通史初探》第十一页注1指出:"一位肯尼亚朋友曾经告诉我,他听说中国人约在五百年前到过拉木和蒙巴萨(即《郑和航海图》上的慢八撒),肯尼亚也有这样的传说,中国人曾在十五世纪到那里进行贸易。"该书由生活·读书·新知三联书店1973年9月出版。

York Times Magazine)的长篇文章——《1492：前传》。①作者纪思道在文中强调，他通过三个渠道获得这一新闻线索：一是一本学术期刊上提供的似是而非的信息，二是一名肯尼亚人数年前在与自己聊天时提及此事，三是美国女作家雷瓦西（Louise Levathes）的郑和传——《当中国称霸海上》②。李约瑟曾请雷瓦西协助修订《中国科技史》中的航海技术部分，她因此产生了研究郑和的兴趣。作者在其著作中认为，中国当时完全可以称霸世界，但是中国没有这样做。她还在书中提出了这样一个大胆假设：假如郑和下西洋的时间晚80年，那么郑和与达·伽马（Vasco da Gama）在海上相遇会出现什么情况？认识到郑和的巨船和明朝的强大，达·伽马还敢乘其小船继续穿越印度洋吗？目睹武装到牙齿的葡萄牙船只，郑和会不会将那些"小蜗牛"轻而易举歼灭掉、从而阻止欧洲人开辟东方的贸易航线呢？③

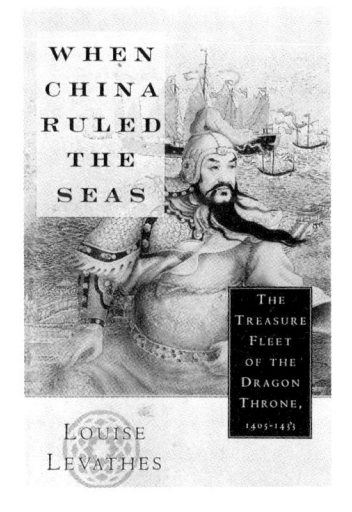

《当中国称霸海上》一书封面

在为写作收集材料期间，雷瓦西访问了数个非洲国家。在肯尼亚，她遇到过一名自称是数百年前帕泰岛上中国海难幸存者的后裔。当年，郑和船队的一艘船只在该岛附近沉没，船员挣扎着登陆海岸，并且定居下来，后与当地土著女子结婚，延续后代至今。新千年到来之际，这段被尘封数百年的往事引起《纽约时报》记者纪思道的强烈兴趣。他于1999年2月前往肯尼亚，冒险登上丛林密布、无路无电的帕泰岛，发现那里人们的眼睛、头发和皮肤带有明显的亚裔特征。尽管《侨声日报》转载的有关报道好似蜻蜓点水，加之人名地名翻译成中文后令人难以辨认清楚，但是它引起我的

---

① Nicholas D. Kristof, "1492: The Prequel", *New York Times Magazine*, June 6, 1999. Nicholas D. Kristof曾任《纽约时报》驻华记者，为自己起了一个中文名字——纪思道。新千年到来之际，郑和下西洋的壮举引起了他的浓厚兴趣，时任《纽约时报》东京分社社长的他远赴肯尼亚帕泰岛采访。

② 该书的英文名为 When China Ruled The Seas, 也可意译为《中国的海洋时代》，于1994年由牛津大学出版社出版。作者雷瓦西为自己取了个中文名字"李露晔"。她曾为美国《国家地理》(National Geographic) 杂志长期撰稿，1988年访问过英国汉学大师、《中国科技史》(Science and Civilzation in China) 总编辑李约瑟 (Joseph Needham) 博士。

③ 参见 Louise Levathes *When China Ruled the Seas*, Oxford University Press, New York, Oxford, p. 21。

极大兴趣。我想，如果中国记者登上这座孤岛，收获一定会比美国同行大得多——因为我们毕竟受到中国文化的熏陶，更加了解、理解自己的祖国，而东非地区正是我的业务管辖范围。

1999年8月10日，《侨声日报》又报道说，1988年，中国台湾的一位商人在索马里首都摩加迪沙的一家旅馆里，遇到过一位自称是华裔的混血服务员。据这位服务员讲，在摩加迪沙和索马里其他地方，至今仍可找到冠以读音似"林"、"黄"等中国姓氏的当地人。他还特别提到，在首都以南500千米的海滨城市基斯马尤，有一个村子就叫做"郑和村"，[①] 村民多为中国人后裔。为此，台湾《经典》杂志1998年曾派记者前往采访，只是由于索马里战乱未能如愿，后转到肯尼亚海岸，又因帕泰岛安全无法保障继而进行了迂回采访，并表示有关郑和部属后裔的文章有待日后再做。

索马里有个"郑和村"，肯尼亚的海岛上居住着中国人的后代……这一新闻线索不时在我的脑海中浮现，一种强烈的使命感和职业本能不断促使我尽快踏上采访征途。然而，索马里内战不止无法入境，肯尼亚孤岛上的安全尚不能保证，我一次次的采访冲动只能被一次次地强压回去。

## 第二节 "中国路桥"通孤岛

2月28日，我从南非来到肯尼亚首都内罗毕。原计划直接前往帕泰岛采访，可是当我在当地打问帕泰岛的社会治安时，几乎所有的人都告诉我那里治安很乱，不要轻易只身前往。于是，我改变行程安排，先去布隆迪和卢旺达采访，以便进一步了解情况。在卢旺达首都基加利，我让中国路桥公司卢旺达办事处的朋友与肯尼亚办事处取得联系，请求他们帮助我。

3月6日下午，飞机在内罗毕国际机场徐徐停稳，我再次来到了肯尼亚，中国路桥公司肯尼亚办事处的朋友来到机场迎候。此时的潜意识告诉我，此后一周的海陆空连环式探险采访，将会在充满矛盾、徘徊、失望与惊喜，伴随着艰辛、汗水、希望与收获的情况下一步步进行。

又是一个罕见的雨夜，上次是在埃塞俄比亚边城季季加（Jijiga）的

---

[①] 关于索马里的"郑和村"，人民日报社记者屠培林在《中索人民情深似海》一文中说，索马里布拉瓦有一个人口最繁荣的村子，现在叫"中国村"。该文载《人民日报》1962年10月17日第三版。

宾馆，这次是在位于内罗毕的中国路桥公司肯尼亚办事处招待所，雨点不停地敲打着窗户，室外摇摆着树叶的风声紧一阵慢一阵，我在室内焦急地等待着办事处副总经理薛铁柱的到来，询问沿海一带的治安情况，商谈此行的采访安排。由于路桥公司即将在坦桑尼亚上马新工程，目前正在紧锣密鼓地做准备工作，办事处又仅剩下薛铁柱一个负责人，自然是忙得不亦乐乎。晚十时许，他急急忙忙从外边赶回来了。为节约时间，我们单刀直入，我先将此行的目的、意义、顾虑、选择路线和需要帮助等讲述了一番，他听罢说了三点：自己去过拉木岛，岛民多是信奉伊斯兰教的阿拉伯人，社会治安应该不成问题，但肯尼亚东北沿海一带土匪经常出没，去拉木岛（Lamu Island）必须乘飞机不能走陆路；他对这个故事很感兴趣，又是学阿拉伯语的，很想同行并当翻译，只是近日太忙无法抽身，如能另行安排时间一定结伴前往；路桥公司蒙巴萨（Mombasa）分点已经撤离，安排当地人与我同行比较困难，不过，明天公司正好有人去蒙巴萨附近的一个工地，我可一起先到那里，接着他再安排一名当地司机把我送到马林迪（Malindi）。他可保证我从内罗毕经蒙巴萨到马林迪之行的安全，至于帕泰岛，他也没有去过，情况不明，一路要当心。

对他的热情相助，我非常感激。按照我们商议的路线，我 3 月 7 日下午启程，当晚住在蒙巴萨附近的路桥工地。工地宿舍是集装箱改成的，晚上闷热自不待言，因为工地四周是茂密的非洲丛林，夜间常有动物来访，如果是大象光临，一鼻子可以将宿舍拱翻。为保证安全，工人们在大院内准备了几个旧轮胎，夜间一旦听到大象走过来的声音，立即点燃，用大火赶走大象。

在路桥工地宿舍，我度过了一个闷热与不安的夜晚。次日上午八时，与路桥 28 岁的黑人司机爱德华·奥格尔（Edward Ogel）同行前往蒙巴萨，参观蒙巴萨博物馆。

蒙巴萨博物馆里展出的 17 世纪的中国坛子，上面写有"盛桥"二字

博物馆设在当年葡萄牙人建筑的城堡内。史料记载，蒙巴萨最早出现

在书面上是 1154 年，15 世纪发展到繁荣期，成为亚、非、阿拉伯之间最大的滨海商贸中心，中国的陶瓷和丝绸也在交易之列，当地人主要以香料、黄金和象牙换取。中国元朝著名旅行家汪大渊曾到过此地，[①] 郑和船队也访问过蒙巴萨。[②] 1498 年，葡萄牙航海家达·伽马在东渡印度途中经过这里。16 世纪，葡萄牙侵略者曾四次烧抢该城，于 1589 年最终将其占领，并将其海军总部从马林迪迁至蒙巴萨。从 1593 年起，葡萄牙占领者动用人力物力财力大兴土木，开始修建这一军事防御堡垒，三年后竣工。百余年后的 1697 年，阿拉伯人击败葡萄牙人夺取蒙巴萨，后又在 1888 年被英军夺走，至 1963 年国家独立时才重归肯尼亚。

博物馆里第一件吸引我注意力的是墙上画的一艘帆船，仔细一看是 1498 年达·伽马首次抵达蒙巴萨时所乘的船只，与郑和毫无关系。刚一转身，就在入口处，摆放着一个坛子，上面用中文写着"盛桥"二字，英语说明指出，这是从蒙巴萨出土的中国 17 世纪的瓷器。由此进入瓷器展厅，橱窗里摆放的各种中国瓷品令人目不暇接，其中一个中心是龙图案的青瓷带釉花盘构图精美，吸引着不少参观者的目光。该展厅的序言中这样写道：在 15 世纪的蒙巴萨，中国的青瓷用具比伊斯兰的玻璃器皿更为流行。我此前翻阅的一本介绍蒙巴萨城堡内《中国瓷器》(Chinese Porcelain in Fort Jesus) 的书籍中，还专门对"中 (chung)"、"国 (kuo)"、"瓷 (tz'u)"、"器 (ch'i)"等汉字做出解释[③]，以便于读者阅读，足见这一带出土的中国瓷器的数量之多。

我在正午的艳阳下告别了博物馆，在奔赴马林迪的途中找到一家中餐馆。去中餐馆吃饭，"醉翁之意不在酒"，主要是想了解沿海一带的治安情况。未料，当我匆匆用餐后与主人告别时，那位好心的香港朋友再三嘱咐我，他来蒙巴萨多年，一直没有北上，连马林迪也不敢去。"北部沿海地区土匪经常出没，一路可要多加小心！"

---

① 汪大渊，江西南昌人，约生于公元 1311 年（元武宗至大四年），"冠年尝两附舶东西洋"，两次浮海共为八年。1349 年（元顺帝至正九年）撰《岛夷志略》，全书所收域外地名总计 220 个，其中包括东非沿海的数个城市。

② 在"郑和航海图"上，蒙巴萨为"慢八撒"。

③ 参见 Caroline Sassoon *Chinese Porcllain in Fort Jesus*, Published in Mombasa by the National Museums of Kenya in 1975.

格迪城邦遗址

## 第三节 "郑和纪念碑"之谜

我的司机是位诚实精干的小伙子,在马林迪长大,十多年前举家迁往蒙巴萨,已在路桥公司工作五年。他告诉我,常有朋友从马林迪到蒙巴萨,在这两个城市 121 千米的路途不会出现险情,不过,你一个人千万不要走马林迪以北的陆路,去拉木岛一定要乘飞机。我在感谢他的一番好意后告诉他,从内罗毕出发前,我在路桥公司办事处新近成立的旅行社购买了马林迪至拉木岛的机票。

蒙巴萨以北约 105 千米处,有一个著名的古城遗址——格迪(Gedi)城邦,20 世纪中叶,这里出土的大量的中国古瓷片一时成为世界考古学界的热门话题,中国元朝著名旅行家汪大渊曾到此一游。仅就这两点而论,格迪与中国交往可谓源远流长。为寻找郑和船队的遗迹,3 月 8 日中午,我站立在这座古城邦的废墟前。

英国学者詹姆斯·柯克曼(James Kirkman)是从事格迪古城发掘的考古学家。他依据发现的伊斯兰釉陶器物上的剔花装饰认为,格迪城邦始建于 13 世纪末期或 14 世纪初叶,至 15 世纪中叶达到鼎盛时期,17 世纪初期被废弃闲置。格迪一词源出东非盖拉语,意为"珍贵"。格迪古城占地面积 45 英亩,城内的主要建筑有皇宫、大清真寺、城墙和墓群。皇宫由十座建筑组成,其中两座的命名与中国有关:中国钱币室和中国瓷器室。考古发掘时,考古学家在中国瓷器室的地面上发现了一个完整的 16 世纪初期制造的中国青瓷碗,碗上有荷花和标志喜庆之意的图案。中国瓷器室内还发现了大量的 15 世纪的中国瓷器,包括青瓷、青白瓷、青白花瓷和橄榄绿色的碗、碟、坛、罐等;仅大清真寺遗址中就出土了 305 件中国

马林迪海边的达·伽马纪念塔

古瓷，部分出土的瓷器陈列在格迪博物馆内。从考古发掘情况看，中国瓷器是当时格迪城内王公贵族、富商巨贾珍藏的艺术品和餐具器皿。考古学家认为，发掘出土的大量中国瓷器说明，繁华的格迪城邦与遥远中国的商贸往来是多么密切！①

我国元朝的汪大渊曾到过该城，这在其《岛夷志略》中有记载，格迪出土的元代釉瓷也许可作为佐证。那么，郑和船队是否到过格迪？皇宫中还有三个室，即铁制照明灯室、剪刀室和贝壳室。铁器、丝绸和瓷器是中国元明时期出口的主要产品，而贝壳当时在东非地区充当货币进行交易，足见格迪与中国的商贸往来比较频繁。郑和访问过马林迪和蒙巴萨是不争的事实，格迪处于二者之间，距离马林迪仅16千米，且是海滨城邦。由此可见，郑和船队访问过格迪，而且从格迪发掘的15世纪后期中国的青花瓷和青瓷判断，在郑和船队到访之后，中国与格迪的贸易往来仍未间断。

当我与格迪博物馆的黑人青年讲解员告别时，他笑言第一眼就看出我就不是一位普通的游人，果然，讲解过程中我连珠炮似的问题曾不止一次使他瞠目结舌。

由于行程安排得十分紧张，我也就成为一名匆匆的游客。告别这位刚结识的黑人朋友，我又踏上开往马林迪的征途。就在抵达马林迪前，司机奥格尔给我提供了一个非常重要的信息：十多年前他在马林迪居住时，曾听朋友说过海边附近矗立着一个中国纪念碑，上面还刻有方块形的汉字。他以前虽不知道郑和其人其事，可从我们一路的谈话中得知，这方中国纪念碑应为"郑和纪念碑"，只因当地无人认识汉字才称其为"中国纪念碑"，以区别于"达·伽马纪念碑"。马林迪有"郑和纪念碑"，我不禁喜出望外。

抵达马林迪已是下午四时，我们根据奥格尔的朋友当年所谈及的地点，直奔"郑和纪念碑"。可是，原是海边空地的纪念碑所在地现已被一家名为"白象宾馆"和几家住户所占领，宾馆还在建设之中，由于当天是星期六，无人施工，大门紧锁。好不容易叫开大门，在里边转了好几圈，未见纪念碑的踪影；跨过宾馆院墙四处寻找，也一无所获。奥格尔皱起了眉头："应该就在这附近，当年自己要是亲眼看到就好了。"宾馆保安告诉我们，几年前在宾馆后院建水塔时，曾将原地的一个石碑挖走，那

---

① 本段内容参见 James Kirkman *Gedi* (*Eighth Edition*)，Printed by Printwell LTD, Mombasa, 1975。

个石碑长时间就放在水塔旁边，不知何时又不见了。问起更多的情况，对方只是摇头不语。

我们在失望中仍不死心，接着去海滨、进住户、串巷道、问路人，想方设法要找到那块刻有汉字的纪念碑。天色已暗，我们仍毫无所获。

第二天一早，按照我们的计划，一是千方百计找到奥格尔的老朋友，二是找当地的年长者，三是找博物馆，从这三方面来继续寻找纪念碑。奥格尔的朋友天各一方，一时难以寻觅。问了几位老者，其中一个将我们带到城内一个二三丈高的砖塔前，一看才知根本不是什么纪念塔，而是当地原穆斯林的一个有身份者的墓碑。当我们费了九牛二虎之力找到博物馆馆长阿博埃拉·阿利（Aboalla Ali）时，他只说马林迪过去与中国有过交往，但一口咬定没有什么中国纪念碑。

奥格尔对此仍不以为然，他纳闷这些人为什么要拒绝承认"中国纪念碑"之事实。"无非是因为他们破坏了这一稀有文物，惟恐因之受到牵连？位于马林迪湾与银沙湾交界处尖角上的'达·伽马纪念碑'要比中国纪念碑晚半个多世纪，近年来却得到了政府的重视和保护……"

郑和当年在起锚地江苏太仓刘家港和行经地东南亚一带都曾立石碑纪念下西洋的壮举，目前已出土的十几块石碑足以为证，马林迪是否有"郑和纪念碑"却成为一个谜，又有谁能破解开呢？

## 第四节　走访"麒麟"之故乡

麻林国王向中国明朝皇帝赠送长颈鹿的史实是中非关系史上的一段美谈，直到今天，仍是中国和肯尼亚、乃至非洲大陆各国家喻户晓的故事。南非总统姆贝基谈到中非友好交往史时曾几次提及"麻林"遣使赠送"麒麟"这段往事，南非前议长金瓦纳（Frene Ginwala）女士对此更是津津乐道。

"麻林"即马林迪，长颈鹿就是中国古代认为的神兽"麒麟"，被视为吉祥之物。值得一提的是，在索马里语中，长颈鹿（girin）恰巧与中国的麒麟同音。1414 年，孟加拉国王把自己从马林迪获得的一头长颈鹿作为礼物赠送给明成祖，在中国朝廷引起轰动。1415 年 12 月，马林迪直接遣使将一头长颈鹿送到京城，明成祖朱棣亲临奉天门迎接非洲使臣。《明史》这样记载这件事："麻林，去中国绝远。永乐十三年遣使贡麒麟。将至，礼部尚书吕震请表贺,帝曰:'往儒臣进《五经四书大全》,请上表,朕许之,以此书有益于治也。麟之有无,何所损益?其已之。'已而麻林与诸蕃使者以麟及天马、神鹿诸物进,帝御奉天门受之。百僚稽首称贺。"①

我现在就来到马林迪——中国古人眼中"麒麟"的故乡,听长颈鹿的故乡人讲述"长颈鹿的故事"。这一故事之所以在当地人人皆知,与肯尼亚政府重视中非友谊关系密切。《肯尼亚的过去与现在》(Kenya Past And Present)1979年第10期的封面就是中国明朝翰林院侍讲学士奉训大夫沈度所画的麒麟进贡图——永乐十二年岁次甲午秋九月,一位榜葛剌国(今孟加拉)使者牵着一头长颈鹿送到中国时的情景。这期刊物中有一个童话故事,题目是"麒麟,神圣的长颈鹿"(K'i—Lin the Celestial Giraffe)。该文以长颈鹿为第一人称,讲述郑和船队访问马林迪及自己被送往中国的经过,并配有郑和船队的插图,读来引人入胜。在《马林迪历史》(The History of Malindi)一书,作者马丁认为,郑和不远万里访问马林迪的动机,就是为了寻找"麒麟",因为在孟加拉国王1414年赠送长颈鹿后,中国皇帝得知非洲是长颈鹿的故乡,遂派遣郑和前来查找。1415年,马林迪国王向中国皇帝敬献了一头长颈鹿,由郑和船队带回中国。两年后,郑和第五次下西洋,特意建造了一艘107米长、3000吨位的巨船,护送马林迪前来敬献长颈鹿的使者回国。②

中国皇帝为何对麒麟如此情有独钟呢?这是因为中国古代对麒麟的认识已达到了图腾崇拜的程度,认为麒麟是神物,是古兆、吉祥、吉利的明证,是圣德、圣朝、圣世的象征。即使是东汉的"无神论者"王充也在《论衡》中指出:"麒麟,兽之圣者也。"我国古代还认为"龙与牛交,则麒麟产焉",且说雄者为麒,雌者为麟,可见神乎其神了。那么,作为圣兽和瑞兽的麒麟到底为何物呢?于是就有人说,麒麟是"麋身牛尾"、"角在鼻上"、"五彩、腹黄、高丈尺"等。既然麒麟难以见到,它的出现就非同一般,人们自然又为其涂上一层神秘色彩,赋予神权的象征。明人沈度说:"臣闻圣人有圣仁之德,通乎幽明,则麒麟出。"明代儒臣全幼孜说得更为具体:"臣闻麒麟天下之大瑞也,帝王之德,上及太清,下及

---

① (清)张廷玉等撰:《明史》(全28册),中华书局2003年版,第8451—8452页。
② 参见 Esmond Bradly Martin, *The History of Malindi, a Geographical Analysis of the East African Coastal Town From the Portuguese Period to Present*, East African Literature Bureau, Nairobi, 1973, pp. 12 – 13。

马林迪曼布鲁伊村一个镶嵌着中国瓷盘的圆柱形墓碑

大宁，中及万灵，则麒麟见。又云天不爱道，地不爱宝，人不爱其情，则麒麟见。"明朝的达官显贵和翰林学士纷纷咏赞麒麟，仅编选的《瑞应麒麟诗》就达 16 册之多。[①]

据著名郑和研究专家郑鹤声、郑一钧先生考证，永乐年间，亚非各国向明王朝馈赠麒麟共有五次：第一次是永乐十二年（1414 年）秋九月，榜葛剌国馈赠；第二次是永乐十三年（1415 年）秋九月，麻林国馈赠；第三次是永乐十五年（1417 年）秋，阿丹国馈赠；第四次是宣德八年（1433 年）秋八月，古里、阿丹等国馈赠；第五次是正统三年（1438 年）十月，榜葛剌国馈赠。

马林迪博物馆馆长还特别提到，长颈鹿的故事只是中肯友谊的一个侧面，就当年而言，马林迪国王曾几次派使者访问中国，还送去了斑马、驼鸟等动物，"时过境迁，动物不知从何时起开始从沿海向内地迁移，现在的马林迪很少能看到这些动物了，特别是长颈鹿"。就双方交往来看，"马林迪使者带回了中国皇宫的特产，郑和船队带来了中国的茶叶、瓷器和丝绸等，深受当地人欢迎。中国瓷器一时成为贵重物品和财富的象征，富裕人家以收藏中国瓷器为时尚，就是在墓碑上也以镶嵌中国瓷碗和瓷盘作为身份与地位的象征"。

在馆长的带领下，我们来到马林迪城北 11 千米处的曼布鲁伊（Mambrui）村的西北角，走进杂草丛生的一片墓地，其中有一个保存尚好的墓柱，约一人高，四周镶嵌着中国瓷盘，总共十个，其中六个被人偷走，剩下的四个也被敲打得残缺不全，顶部还保存有一件龙泉青瓷莲瓣大罐。"当地人把中国瓷器视为财富，别说是完整的盘子，即使是从盘子周围敲打下来一些碎片，偷回去也是藏在自己家中的箱子里当做宝贝保存起来。"博物馆长如是说，"由此可以看出，中国在马林迪的影响，中国瓷器在马林迪的地位。令人遗憾的是，尽管两国当时的交往频繁，中国古代的航海技术高超，但是马林迪后来被葡萄牙人占领了，中国在这里的影响逐渐减弱了。"

中国的影响在马林迪减弱了，但长颈鹿的故事代代相传。

---

[①] 本段内容参见胡廷武、夏代忠主编《郑和史诗》，云南人民出版社、云南美术出版社、晨光出版社 2005 年版，第 354 页。

## 第五节 "麒麟"远洋赴中国

在《肯尼亚的过去与现在》一刊中,收录了这样一篇根据历史事实而创作的童话故事——麒麟,神圣的长颈鹿。下面是这篇作品的概况。

"我们为什么不重要?"全身布满小方格的长颈鹿拉贾(Raja)向自己的母亲问道,"狮子凭什么成为百兽之王?我们最大,我们的外衣上有漂亮的格子,这才神奇哩。还有,我们是世界上最高的动物,为什么不能统治动物世界?"

"我们曾经辉煌一时,"他的母亲回答说,"现在是你应该知道我们的祖先——麒麟的故事的时候了。人类认为麒麟来自天国。孟加拉国王将麒麟作为礼物赠送给中国皇帝。当看到麒麟时,中国皇帝向麒麟鞠了一躬,因为他认为麒麟是能给人类带来祥瑞之气的圣兽。这虽是五百多年前发生的事情,但我们今天想起来仍然感到惊奇"。

"请给我讲述麒麟的故事,它是怎么到中国去的?"拉贾恳求母亲。

"这都是几百年前的事了,那时候,世界上的动物比现在多得多。"拉贾的母亲这样开头说,"不过,麒麟就像我们一样,仅生长在非洲,世界上其他地方的人从未见到过我们。从前,飞机和船只都不十分安全,几乎无人出国旅游"。

拉贾问道:"那个时候的船只有发动机吗?"

"船上有长条形的风帆,那时的风帆是用布块或棕榈叶做成的,船只依靠风力航行。"母亲回答说,"麒麟就是乘坐帆船去中国的。路途花费了整整半年,大海上有时会出现惊涛骇浪,麒麟因不习惯海上生活,还生了病"。

"可怜的麒麟,"拉贾同

你知道麒麟长什么样子吗?这是成都三星堆遗址出土的麒麟雕塑

情地叹了口气,"在大海上航行那么长时间,麒麟愿意吗?"

"他为自己被选中而感到自豪。"母亲说。

"他怎么会被选中?"拉贾问。

"人类一直是冒险动物,期望能找到新的大陆。他们从印度航行到非洲,用香料和盐换取木材与象牙,甚至还有男人。孟加拉国王来到非洲,停留在马林迪港口,看到内陆不远处的麒麟像我们一样来回走动,吃树枝顶部的叶子。"

拉贾合上自己的眼睛,一个巨大的麒麟高耸在眼前。

我的名字叫麒麟,我给你讲述自己的故事。我长得很高大,父母为我深感自豪。我们从来不会忍饥挨饿,因为我可以够到树枝顶部的叶子,把树枝压下来,经常让其他家庭成员饱餐。一天,我独自在平原上散步,当我刚走到一片茂盛的丛林时就听见有人喊叫。就在我回头观看是谁在大喊的时候,又听到一声哨音,一卷绳子从我头上落下,套在脖子上。我想挣脱,未料绳子越来越紧,前腿开始跛行。担心再动一下就会摔倒在地,就没有抬起脚去踢捕捉者。我于是决定保持安静,不失尊严地俯视着我的捕捉者们。

"他是个美丽的动物。"一个捕捉者说。

"他是我们能找到的最好的。"另一个捕捉者接着讲到。

"献给皇帝的最合适的礼物。"第三个捕捉者也开了腔。

听到这里,我竖起耳朵。皇帝是非常重要的人物,相当于国王。听他们的谈话,他们抓我并非自己所担心的被美餐一顿,而是听从孟加拉国王的命令,作为孝敬的礼物,不是赠奉给别人,而是中国皇帝!

尽管有十几个人在场,但我知道,如果我站着不动,即使他们共同行动起来,也抬不动我。我还明白,只要我抬起前腿踢一下,就能踢死一个人,不过我感到他们不会伤害我,所以在他们给我双腿松绑时,便主动配合。他们把我带到港口,站在那里不知道如何把我弄上船。尽管以前我经常到家附近的河里饮水,但是我从来没有像现在这样离大海近过。海洋到底与河流不一样,不时掀起白浪,浪花四溅,涛声不断,我感到害怕。

一个捕捉者被指定为我的贴身侍卫。"我领着他沿海边走走。"他说完,就抓住套脖子绳的另一端,拉着我走下一个小坡来到海滩,我巨大的四脚深深陷入松软的白沙里。孩子们跑过来,站在我的脚印里,抬起头惊奇地看着我。他们从来没有见到过像我这样高大的动物。我让海水从脚下

非洲长颈鹿，一般寿命28—30年。雄性高达6.2米，重达1900千克。雌性高5米，重1200千克。喜吃金合欢属植物，这种植物为非洲半干旱地区最常见，四季常绿，多刺。豹子是长颈鹿的天敌，长颈鹿视力极好，常能提前发现敌人而逃离。长颈鹿的怀孕期为15个月，哺乳期10个月，3周后能吃色拉。站着生育，刚生下来时约两米高。

流淌，感到海水有点冰凉，好像在安抚着我。我分开前腿，低头饮水，但不喜欢咸味，咸水不解渴。

侍卫把我领进一个棚子，我在那里呆了一夜。棚子高处的瓦缸里盛放着清洁水，角落堆放着椰子树叶。我对新的食物和饮料并不特别感兴趣，而是十分想念父母和兄弟姐妹。尽管我愿意离开他们，因为我感到自豪，但是现在感到孤独，想和家人在一起。我竭尽全力猛踢棚门，整个棚子坍塌下来压在我身上，我跌倒在地。侍卫冲了过来，让他的同伴拿走压在我身上的东西，还帮助把我扶起来。他们和蔼可亲，十分爱护我，观看我身上是否受伤。"咋会发生这种事情？"他们互相问着，感到不可思议。他们一点也不知道是我把棚子弄坍塌的。

我没有受大伤，但受了一大惊。可能伤及自己的脖子和四条腿，但站立起来没有问题。站在身旁的侍卫说："我们将去中国，是出国，中国人制造了世界上最大的帆船，伟大的航海家郑和与他的船队将全程陪同你去中国。你应该为此感到荣幸，麒麟。"

几周后，我已经习惯在海滩上行走。一天，在海水低潮时，侍卫陪护我来到暗礁旁，郑和与他的大船在礁石的另一边。郑和走到礁石上，冒着生命危险带领我经过海浪来到大船前。当我从水里迈上船时，水手们都惊呆了。郑和与我的侍卫带我来到船中间的一个大舱内，他们知道我特别喜爱吃带刺的灌木，费尽周折为我准备了许多，一层一层地放好。郑和向我鞠躬，称我是"尊贵者"、"礼仪之士"、"神兽"、"圣物"、"国王献给皇帝最珍贵的礼物"。

大船随着海浪上下颠簸，我在船舱内感到不适，六个月的海上旅行似乎没完没了。我渴望着四脚能踩上坚硬的土地，四处漫游，寻找自己喜欢吃的食物。可是，侍卫和他的同事们总是寸步不离，耐心细致地照顾我，我有足够的新鲜水和食物吃喝，却从来没有独自待过一会儿。

期待的那一天终于来到了。我们在中国的港口靠岸，我从船上下到平静的海水里，三大步就踩到不远处松软的白沙子。我已经习惯船上的来回颠簸了，刚踩到坚硬的岩石时差点跌倒在地。

郑和从船上来到我面前，给我鞠了一躬，说："圣兽，我们带你去见皇帝。"

我走在侍卫和他的同事们中间，脖子上没有绳索，也没有人触摸我。当我来到皇宫时，一大群人集合在大院内，我长得很高，一眼就从人群中发现皇帝坐在宝座上，他的身旁站满了文武百官。

人群向两边后退，我与皇帝之间出现了一条通道。当我朝皇帝走过去时，人们下跪磕头。中国人从来没有见过像我这样的动物，以为我是个神兽。这时，皇帝的大管家站了起来，视线从我身上转移到皇帝身上。"我以前见过这一神兽，"他用敬重的语气说，"是做梦时梦见的，同时我总是听到这样一个声音：'只有当一个国家的统治者是特别仁善正义的皇帝时，麒麟才出现在地球上。'"

当文武百官向他表示祝贺时，皇帝显得谦虚起来："这一神兽之所以能在我们国家出现，是因为我的父亲是一位如此仁善正义的皇帝，我的文武百官们帮助我继承了他的传统。"

这时，所有的人都面对着我，他们期待着我讲话。我站在皇帝身旁，俯视着人群。

"我叫麒麟，"我告诉他们，"我从遥远的非洲大陆的马林迪来到中国，旅行的时间很长。尽管一路上经历了风暴和疾病的侵袭，但是我仍然健壮，感觉很好。"

当我从皇宫大院向我居住的宫殿大踏步走过去的时候，我在中国、乃至世界上成为"完美的象征"：完美的仁政，完美的皇权，完美的和谐。

这时，拉贾睁开双眼，忽闪着长睫毛。母亲说："这都是很久以前发生的事情了。"拉贾立起来站在母亲身旁，用自己的两个长角触摸着母亲的肩部。在拉贾的眼中，母亲非常高大，因为自己没有见过其他长颈鹿。

"麒麟给我讲了一个多么好的故事啊！"拉贾说，"这样说中国人认为我们来自天国，我希望全人类都能这样想。"

"人类正在开始信任我们，"他母亲说，"我们现在受到总统政令的保护。"

"我想成为麒麟，"拉贾渴望地说，"我想高大、强壮和出名"。

"你会的，"他母亲说，"你是麒麟的曾祖孙、曾祖孙、曾祖孙的曾祖孙，麒麟向你讲述了他自己的故事！"

## 第六节　中国"泰坦尼克"号

三月的东非海岸，白天太阳火辣，酷暑难当，入夜潮湿闷热，蚊虫飞蹿，我下榻的位于马林迪海滨的伊甸园岩石宾馆的房间里更是闷热不堪，这无疑更加搅乱了我的心绪，令人焦躁不宁。明天，3月9日，我将孤身一人北上拉木岛，继而乘船登临帕泰岛，那里的社会治安状况好吗？此时的我，对此毫无把握，何去何从呢？"明天是继续北上还是打道回府，今晚必须做出决断。"

时针指向晚上十点，我步出房间，走到宾馆后院，独自一人坐在游泳池旁的椅子上。这是一家滨海酒店，游泳池与印度洋为邻，节奏感强烈的滚滚涛声直贯脑海，那拍击洋岸的阵阵波涛好似在我的脑海里翻卷。经过一番激烈的思想斗争，我拿定主意，有在宾馆进一步了解情况，否则无法决定明天的行程。在宾馆接待处，我向刚上夜班的总经理万德里（Wanderly）打听拉木岛和帕泰岛的情况。这位中年男子热情地向我介绍了拉木岛的独特风情，强调拉木岛上的西方游人不断，治安状况良好，他本人曾去过该岛，岛上也有他们所属的浪漫宾馆集团的一个连锁店拉木宫殿宾馆。不过，他没有去过帕泰岛，不了解该岛的情况。在听我讲述了此行的目的与忧虑后，这位黑人总经理诚恳地说："中国记者朋友，请相信我，拉木岛上的安全没有问题，你可先到那里，然后再决定下一步的行动。你要采访的故事太吸引人了，希望安全问题不要使你半途而废。"万德里的一席话犹如一粒神奇的定心丸，帮助我拿定了继续北上的主意。次日中午，我踏上了飞往拉木岛的航班。

这是一架仅能乘坐35人的小型飞机，我前面坐着一对白人青年情侣。攀谈中，得知对方是第二次去拉木岛度假，而他们也对我的此行发生了兴趣，并留下了他们要下榻的宾馆的名称与联系方法，表示他们与该宾馆的总经理是朋友，如有困难他们可帮助我。

拉木群岛由大小不同的五个岛屿组成，拉木岛（Lamu）、曼达岛（Manda）、帕泰岛（Pate）、恩多岛（Ndau）和基瓦尤岛（Kiwayu）从南向北沿着大陆海岸线依次排列，其中拉木岛和曼达岛二者之间相距最近，且面积几乎相同。帕泰岛面积最大，约75平方千米。最北边的两个岛屿面积最小。拉木城是五个岛屿中仅有的一座城市，也是五个岛屿的行政首府所在地。飞机在位于曼达岛的简易机场降落，机场简易到无法再简的地步，与其说是机场，毋宁说是一段宽大的马路，因为从空中鸟瞰不过是一个飞机跑道而已。

拉木群岛与大陆在地理上虽一步之遥，相望之隔，而在发达程度上却相距甚远，一般人认为在三四百年之间。下飞机后，行李车是人力架子车，取行李也是乘客自己指认，机场大门是几根木棍栅栏组合而成的，简陋的候机室没有围墙，从远处就可看到宫殿宾馆的工作人员举着写有我姓名的牌子。曼达岛与拉木岛相隔约一海里水域，宾馆备有渡船，离开渡船上岸后，毛驴

**黑白两兄弟，右为惠勒**

便成为交通运输工具。

　　一到宾馆，我就四处打问帕泰岛的情况。一位黑人女副经理告诉我，帕泰岛比较安全，宾馆可以安排此行，问题是通往该岛的航道狭窄，水位较浅，即使小船只一般情况下也难以通行，必须查看月球的引力情况，以此判断水位深浅，决定旅行的时间。她取来一本日历，查看半天后告诉我，近几天的水位都很低，需要等待。至于我提到的郑和的故事，她闻所未闻，说是宾馆的经理可能知道一些情况，不过经理明天下午才能从伦敦回来。天色已晚，帕泰岛之行仍未有着落，我想起了飞机上遇到的那两位朋友，一问才知道，他们下榻的佩波尼斯宾馆在该岛的最南端，往返少说也需要步行近两个小时，只好作罢。

　　昨夜下榻在临海的房间，海风劲吹不止，海浪哗哗作响，好似下了一整夜的雨，清晨起床方知不过是假象而已。大清早，当我愁绪满怀地独自一人在宾馆吃早餐时，刚从楼上下来的一个白人胖子在楼梯里热情地向我打招呼，自我介绍是惠勒（David Wheeler）先生。他是一位健谈的美国商人，娶了当地的一名黑人教师为妻，常来拉木，他说自己上个月去过中国，还买了中国茶，并热情地拿来与我同饮。交谈中，他判断我不像一个商人，不知为何来到如此偏僻之地。得知我为郑和的故事而来，他高兴地一拍双手："这可是中国的'泰坦尼克'号啊，你的报道发表后，一定会引起中国有关方面的注意，再组织人员来打捞这艘沉睡海底近600年的宝船。朋友，你知道我是一名商人，如果没有人感兴趣的话，我就组织人马去打捞，那船里的宝物一定不会少。"他把袖子一挽，激动得笑出声来，接着将头伸向我，诡秘地一笑："要么咱俩达成一项秘密协议，你不公开报道此事，咱们合起来打捞那艘古宝船，让中国的'泰坦尼克'号一鸣惊人，震惊世界。"

　　玩笑过后，惠勒说自己曾去过帕泰岛，乘的是一条小船，他认识那个胖子船长，因为两个都是胖兄弟，谈得很投机，还说胖子上次腿痛，请他捎中药，他访问中国时专门为他买了药，船长说效果相当好。我迫不及待要见到那个胖子，让他证实中国沉船的史实，讲述帕泰岛上"中国村"的动人故事和中国按摩的神奇疗效。于是我们狼吞虎咽吃完早饭，一起去海边寻找阿巴斯·马科科（Abass Makoko）船长，因为惠勒说胖子船长会经常坐在海边……

## 第七节　船长讲述帕泰岛

阿巴斯·马科科船长五十开外，性格直率，一见我就风趣地说，你是从遥远的中国来的，不是从帕泰岛上的"中国村（China Village）"来的。我们的话题自然从帕泰岛谈起，他说自己生长在拉木岛，常年往来于拉木群岛之间，对这一带十分熟悉。帕泰岛上的几个村庄，几乎全与中国有关系。"我们把上加（Shanga）不叫'上加村'，而叫'中国村'，凡岛上来的居民，我们先问他们是否从'中国村'来。"

"为什么要先问这个问题呢？"我脱口而出。

"'中国村'里的按摩大夫水平比较高，拉木岛上的人，要是谁扭了胳膊崴了腿，大都乘船去治疗，我常拉病人过去，自己也常去岛上看病，上周才去过。"体态肥胖的阿巴斯，因常年腿痛，走起路显得比较吃力，左摇右晃，步履维艰。"有一次我把腿扭伤了，立即开船到岛上，大夫给我按摩，见效很快，还说如果配合一种中药，效果会更好，我便请惠勒先生给我从中国捎药。"惠勒插话说，是一种治疗跌打损伤的中药，具体名称他说不上来了。阿巴斯对惠勒笑着说："这也就是我们俩成为朋友的原因，是中药把我们连在了一起。"

"拉木人个个知道中国村，中国村里的人个个知道他们与中国有渊源关系，这个久远的故事与帕泰岛附近的一艘中国古船触礁沉海有关。"他

上加海滩，传说中当年郑和船队的水手在船难发生后登陆帕泰岛的地方

继续说，那些礁石现在还能清楚地看到，船只每行到附近都要倍加小心。

我把自己知道的帕泰岛上五个村庄的名字说给阿巴斯，请他核实其准确度。阿巴斯接过我手中的笔和纸，画了一个草图，标明几个沿海村庄的大概位置。他边画边说，帕泰、上加和西游（Siyu）是三个主要的村庄，位置由西至东再向北，形成一个三角形，其他两个村子——法扎（Faza）和琼庄（Tundwa）分布在东北海岸。

根据阿巴斯介绍的情况，我再次讲明自己此行的目的，与他商谈采访的路线与时间及其费用。根据帕泰岛四周的航道分布情况和码头的位置，他提议第二天清晨出发，按照西南——南——东——北的方向绕行帕泰岛，依次采访帕泰、上加、琼庄、法扎和西游村，天黑前回到拉木。我担心时间过于紧迫，他说可在岛上居住一晚，不过不能住在帕泰岛，那里条件太差，蚊虫太多，只能住在基瓦尤岛，该岛有树顶旅馆，夜晚凉爽安全，免受蚊虫和野兽干扰。

关于帕泰岛上的安全和周围水位能否使船只靠岸这两个问题，阿巴斯说，岛上相对安全，为保险起见，让他的小助手奥马里（Omaly）陪同我上岸采访，这样有当地人同行方便些。近日水位低也不成问题，一是他熟悉这一带的航道情况，再则船开不动时可用木桨划船靠岸。

为节约时间，我们决定当日下午一时出发，今天，即3月10日，先采访帕泰村和上加村，晚上投宿基瓦尤岛，明天再访问其他三个村子。这样，阿巴斯便去准备，主要是今天的晚餐和明天的午餐以及为船加油和此行的饮料。

巧遇黑白两胖兄成为我此行的一个转折点。应我的请求，惠勒下午一时陪我一起到码头等候阿巴斯，再次叮咛船长我是他的好朋友，一定要注意安全，确保平安归来。惠勒给我使了个眼色，无不幽默地说："我到时在码头迎接你们凯旋，商谈打捞'泰坦尼克'号计划。""防人之心不可无。"一人孤身在外，人地两生，又是漂浮海上，在向阿巴斯发出我和惠勒是在拉木"故友重逢"的信息后，我在上船后特别告知阿巴斯，除随身携带的照相机和洗漱用具外，我的现金和其他行李都存放在宾馆，明天返回后再向他支付费用。

仅能乘坐五六个人的小型电动船徐徐驶出海榄雌（一种马鞭草属植物，在东非沿海一带常见）相夹的通道，接着来到四面宽广的印度洋，船长立即加速前进，一股海水迎面打来，让我亲口尝到海水的咸味。海风劲吹，深蓝色的海水掀起层层波浪，小船在大洋中划出一道长长的白浪。

强烈的阳光照耀下,不远处的天际间出现了"海上生云烟"的美景。前方帕泰岛的附近,一排礁石犹如一头头怪兽匍匐在水面上,初看是五六个,细看又成为七八个。阿巴斯告诉我,当年郑和的船只就是在那里触礁下沉的。我请他靠近一些以便拍照,他说附近暗礁密布,仅靠近了一点就不能再向前了。

距离帕泰岛越来越近,水位越来越浅,船长关闭了发动机,将其从船尾移回船舱,拿出撑杆划向岸边。不一会儿,船底接触到水底,船无法向前了。船长示意我下船步行上岸,我背起相机包,赤脚下到水里。临下船时,阿巴斯告诉我,目前水位正在下降,他不能在原地等我,必须将船远离岸边,最好是趁航道现在尚能通行时,他将船开到帕泰岛北边的西游村海岸等待我们,因为那里的航道水深可以靠岸。"你快点采访,然后从这里租一辆自行车或是骑毛驴到上加,采访完上加后再骑毛驴到西游村,我在那里等你们,不见不散,一言为定。"说罢,他急忙撑起杆子,将船划向海里。事实证明,他的这一安排使我吃尽了苦头。

## 第八节 帕泰村长说海难

近年来,帕泰村成了拉木岛外国游人的必到之地。西方游客普遍认为,与世界现代化的脚步相比,拉木岛至少落后三四百年,到此一游,就是为了看拉木的原始与落后,找一种返璞归真的感觉,图个放松与清静。来后方知,帕泰村比拉木城更落后,正是帕泰村的落后劲把西方游客吸引了过来。

南京宝船遗址博物馆展出的郑和宝船模型,宝船内载有小船,验证了当年郑和船队的一艘船只在帕泰岛附近海域触礁遇难时,水手们将大船内的小船投入大海逃生的说法。

帕泰村成了旅游点，人们的脑袋瓜也就慢慢开了窍。村民常常站在村头岸边，有的还带来自制的微型船，等待游人到来。我刚走上岸，村长就迎上来自我介绍叫阿斯曼·莫德（Athman Mohd），表示愿当参观帕泰村遗址的导游，导游费300先令（1美元当时约合78先令）。

帕泰遗址与帕泰村毗连，同样位于海岸。在村长的带领下，我首先穿过一片香蕉林，来到了满目残垣断壁的遗址。总体而言，从普通民居到清真寺，遗址的建筑风格属于阿拉伯式样。由于年轻的村长对村史一无所知，特意请来的一位长者告诉我，这个村子最早的首领叫巴塔威（Batawi），其家族14世纪初至17世纪统治着帕泰村。后来，纳巴汉（Nabhan）来到帕泰村，为便于统治，他首先向村民传播伊斯兰教，受教化的居民也就屈从于他，他便逐渐取代了巴塔威的领导地位。后来，阿拉伯人从坦桑尼亚的桑给巴尔岛北上至此，推翻了纳巴汉的统治，直到英国人占领之日。不过，帕泰村的传统一直没有多大变化。

在从遗址到村庄的短途中，村长告诉我，进村后我会十分容易地发现"中国的影响，就连不少人的长相也与你相近"。话音未落，迎面走来一名背着草包去田地劳动的中年男子，村长问我是否像中国人。走进狭窄的巷道，看见不少家门前，妇女们席地而坐，正在用椰子树叶的窄条编织大小草包和炕席，其中有的精心编织一种小巧玲珑、类似筷子笼的器具。她们看见陌生人进村，纷纷急忙放下手中的活儿躲回家中。走到一个双扇木门前，村长示意门上的锁子是中国式，村里的房子也类似中国的建筑风格。

在村长家中，我看到从室内顶棚中央吊下来的一盏马灯，顿感似曾相识，而村长却觉得诧异，连忙解释村里没有通电，晚上要用马灯照明。落座后，莫德强调帕泰村之所以受到中国影响，与附近的一只沉船关系密切："很久以前，一艘中国船只因迷失方向驶入帕泰岛沿岸，在上加村附近不幸触礁下沉，慌忙之中，船上的数百人纷纷抛出载运的小船逃命，并从大船上快速搬下瓷器和丝绸等贵重物品。他们当中，有400人划向帕泰岛，沿着杂草丛生的海岸在上加村登陆，用随身携带的中国瓷器和丝绸与当地人交换食物和钱财。后来，除40人留在上加村外，其余的人分两路走了，100人向西来到了帕泰村，260人北上去了西游村。当时的帕泰村很大，由于缺乏饮用水，不少人被迫离开了，加之又流行过一次严重的疟疾，帕泰村的人口锐减。就中国人而言，目前只剩下三户了。"

听着村长的讲述，我的脑海开起了小差：此前翻阅的有关材料表明，郑和船只并非是因为迷失方向误入帕泰岛附近进而触礁沉没的，也许这艘船只就是来与帕泰岛进行互市贸易的，未料遇到海风而遇难，因为帕泰岛当时相当发达，富人以收藏和使用中国瓷器、穿戴中国丝绸为荣。

中国人登陆帕泰岛后，逐渐与当地女子成家，入乡随俗，落地生根，生儿育女，融入当地社会。据莫德介绍，目前帕泰村的总人数是2350名，分两大部分，由两大部落组成，两个部落的名字分别为纳巴汉和波科姆德（Pokomd），中国人仅剩下三户，瓦法茂（Wafamau）是他们的共同姓氏，也成为帕泰岛上"中国人"的代称。这时，刚才打发出去寻找"中国人"的那名少年满头大汗匆匆走进来，气喘吁吁地告诉我们，"瓦法茂"家的大门都上着锁，人全下地干活去了。这样，只好通过村长间接采访"中国人"。

问："中国人"是否富裕？

答：如同世界各地一样，哪里都有穷人和富人。比较而言，"瓦法茂"是富人，他们的祖先当年带来的瓷器和丝绸为他们垫了家底，现在每家都有地，加上他们比较勤劳，生活也就宽裕一些。说到这里，村长从室内取出一个瓷坛子，说是近年来不断有人来岛上"淘金"，问我是否需要，价格可以便宜点。我走近一看，是英国制造，年代很近，便笑着摆了摆手。

问："中国人"的饮食情况如何？

答：这一带的主食是玉米和香蕉，除农民外，"瓦法茂"中也有渔民、商人等，在海上捕鱼或做水果买卖。也就是说，他们与当地大多数人的饮食结构差不多。帕泰岛上不产蔬菜，就连土豆、葱头这类蔬菜也要到拉木岛去买，而且价钱很贵，因为拉木岛的蔬菜也是从大陆那边贩运过来的。因交通不便和经济困难，帕泰岛上的人常年基本上吃不到蔬菜。

时针已指向下午四时，我和小陪同奥马里必须赶路。谁知，当我提出租用自行车或是毛驴去上加村时，村长连连摆手说："不行不行，只有一条崎岖不平的羊肠沙道，中途还有水洼，骑毛驴都十分困难，哪能骑自行车？"看我有些纳闷，奥马里提示说，船长每次来帕泰岛都是走水路，不了解陆路的情况。我提出步行，村长说沙路难走，至少需要两个小时，恐怕天黑前也赶不到上加。我们急忙向海岸边走去，赶巧登上了一条回上加的小木船。

## 第二章　发现"中国村"

阿巴斯船长常年奔波在大海上，对帕泰岛的地形并不十分了解。他对采访路线的安排，使记者吃了不少苦头。第一次赶到被当地人称为"中国村"的上加村时，已是傍晚，而记者当天必须赶到西游村与船长碰头，对"中国村"的采访无法进行。

黑夜中从上加村向西游村赶路，快行在丛林中的羊肠沙道上，惊恐之情可以想象。然而，西游村之行给记者留下了深刻印象，绝不是因为这次星夜沙道行和借宿西游村，而是因为在这个中国人创建的村子里，记者偶遇"中国人"——一位自称是"华裔"的岛民向远道而来的"老家人"，讲述了自己祖先那段鲜为人知而又令人荡气回肠的故事……

参观了西游村和上加村两个遗址后，记者再次来到"中国村"，采访了几位女按摩师，她们尽管不是"中国人"，然而是中国按摩的传人。临别时，年轻的村长向记者表达了自己的心愿。

## 第一节　星夜借宿西游村

　　茂密的海榄雌构成帕泰岛沿岸的一大奇特景观，小船沿着海榄雌密布的蜿蜒海岸自西向东行进。一叶扁舟，行进在茫茫印度洋中，晚霞映照在海面上，碧波与霞光交映，景色别致美丽。晚风徐徐吹来，顿觉一股凉意。由于我心急赶路，总觉得船只速度太慢，看看两名年轻船夫，他们恨不得将撑竿加长划船。为加快速度，我和奥马里拿起双桨划了起来。谁料迎面风越来越大，逆水行舟，四人形成的合力也被大打折扣。快到上加村时，两名船夫有意将船驶过一段距离，以借东南风将小船直接吹到码头，可当他们立稳帆樯开始扬帆时，风帆尚未立稳，大风差点将船只吹翻，四个人不约而同地惊叫起来。我在惊叫声中抱紧相机包，他们三人也无不惊慌失色。

　　终于上岸了，夜色也降临了，采访上加村的计划只好推迟到第二天。急忙找到上加村长，简要说明来意后，村长眼睛一亮，十分高兴和意外。"欢迎中国记者来'中国村'。今天是来不及了，你最好今晚就住在这里，明天我带你到上加遗址参观，再到现在的村里转转，向你介绍'中国村'的情况。"我告诉他，因与船长有约，今晚必须到西游村会面，约定的时间早已过去，船长一定等急了，我们现在就要赶往西游村。

　　帕泰岛布满丛林，到处是沙子，上加至西游只有一条交通要道——羊肠沙路，没有交通工具，我们惟有步行而去。奥马里对岛上的道路又不熟悉，我们临时决定雇用了一名船夫做向导，三人快步走在四周布满树木杂草的小路上。脚底是厚厚的一层沙子，深一脚浅一脚，他们二人都是赤脚，走起沙路来倒也轻快，可我的鞋里不停地灌进沙子来，不一会儿脚就被磨得难受，心里越是着急脚下就越是走不快。天空没有月亮，惟有星光使得四周不至于一团漆黑，依稀可看到一条小路蜿蜒伸向前方。我担心丛林中会有野兽跑出来，他们表示岛上基本没有野兽，不过毒蛇之类还是经常能见到。

　　大约走了一个半小时，我们来到西游村口。一名自称是渔民的中年男子站在那里，告诉我们船长在岸边等待着，他可带我们过去。

　　西游村离海边还有两千米，也是一条羊肠小道，我们左穿右拐来到码头时，根本看不到船长的影子，听到我们的声音，船长在船上大声喊道：

"今晚只能在船上过夜了，你们快过来。"这时，我们借着船长从海面上照过来的手电光，摸索着沿着石台阶下海。因船长的大船无法靠岸，那名男子先下到海里，推过来他的小木船，我跳上船后再划向船长。问题出在海风使两船难以接近，黑暗中相互位置又看不清楚，当船长伸出手拉我过船时，两船相碰差点把我们同时颠簸到海里，这把我这个不谙水性者委实吓得半天目瞪口呆。尽管黑夜中船长看不清我的表情，但无论他怎样解释睡在船上的好处，诸如凉爽、安静、没有蚊虫等，我始终坚持要回西游村投宿。

西游村是帕泰岛上最大的村庄，现约居住着3500人。岛上无电，村民晚上仍用煤油灯照明，从远处看，整个村子被沉重的夜幕笼罩得严严实实，黑暗而沉寂。进村之后，才可看见有些人家屋内的微弱灯光。这里罕有外人光临，没有正式的旅馆和饭店，偶有外人来访而需要吃住时，可与较为富裕的人家商议。陪同我们的那个渔民主动提出住在他家，不过条件不好，两人的住宿费500先令。考虑到即使不住他家，还要给他付小费，况且别人家的条件也好不到哪里去，我们答应了。何处吃饭呢？饥渴交加早已让位于担惊受怕。这时已是晚上11点多，我才感到口干舌燥、饥肠

**作者在西游村借宿的那户人家**

作者在西游村吃饭的那户人家的厨房

辘辘，可我们携带的干粮还放在船上。

我们找到一户兼营饭馆的人家，吃饭的方桌子和客厅墙的装饰图案很像中国。主人家的小女孩先给我们提来一热水瓶糖茶水，当地人多吃雨水积攒起来的窖水，水质不好，糖茶水可以掩饰水的味道和颜色；等待半天后端来一盘主食：椰子面做成的面包片和炸三角（Samasa）。也许是肚子饿了，吃起来味道还不错。次日的早餐是椰子面烙饼（Chapati），到简易的厨房一看，其做法与中国的烙饼几乎一模一样。

我们下榻的是一户清贫人家，用家徒四壁来形容恐有夸张之嫌。室内一片漆黑，主人不好意思地问我能否先付住宿费，因无钱购买煤油，否则今晚无法照明。当他匆忙打煤油回来时，好半天又找不到马灯，说明长时间没有用灯照明了。室内共四间房子，其中一间放了一张上面铺着一层破旧棉垫、高低不平的床，主人从墙角的旧篮子里取出两个半成新的浴巾大小的花布分别递给我们，说是夜里御寒用的"被子"。我的洗漱用具放在船里了，就是随身带来也派不上用场，哪有水呢？今晚只好和衣而睡，带着浑身上下的汗味和沙土味。房子的窗户很小，闭门后几乎不通气了，尚未入静，蚊子便飞过来凑热闹。即使没有蚊子，这大热天躺在棉垫上，怎能睡着？后来，我俩只好搬到客厅，将家门敞开，可蚊子还是不时飞入袭击。这一夜，尽管长途跋涉奔波劳累一天，我却是在似睡非睡中度过的。

## 第二节 "你就是我的爷爷"

这里是伊斯兰教的天下，次日黎明通知祈祷的高音喇叭声把我喊起床。当地不通电，仅有一个小发电机，发电专供高音广播用。

白天才能看清楚西游村的真面目，全村的房子大同小异，房顶都是用椰子树叶或是用其编织的简易席子搭成的。巷道缺乏统一规划，弯曲、狭窄而不平。村民不分男女老少，除个别穿着讲究的年轻人外，都不穿裤子，而是用一大块方布缠裹在腰间，区别在于男人多用单色布，妇女都用花色布。除往来打水的人外，不时漫步而过的毛驴成为村子的一道独特风景线。就在我们吃早餐时，一名小伙子主动找上门来要当导游，说是自己参加过西游村和上加村遗址的发掘工作，手里还提着沉甸甸的一塑料袋碎瓷片，说是从两个遗址发掘出来的，问我是否需要。于是，这个叫伊利（Mansoor Ile）的小伙子就成为我的导游。

西游村共有四户"中国人"，严格地说是家中的一个主人带有中国血统。当我迈着沉重的步伐在巷道内左弯右拐来到第一户门前时，迎面碰上了"铁将军"。第二户的女主人是"中国人"，她到农田里劳动去了，仅剩下16岁的儿子留在家里，当他从破旧铁皮大门缝中露出头来时，导游这样告诉我："你看，这男孩的两个眼睛很小，皮肤比我们白，头发比我们黑，典型的中国人形象。"我提出进家门看看，得到的回答是"妈妈说她不在时不让陌生人进门"；我又提出给他照相，他说这要经过他母亲同意。不难看出，家教还是比较严格的。从外观看，村里仅他一家建有围墙，这大概与中国传统建筑风格有关。

今天算是赶巧了，昨天长途跋涉外加提心吊胆，夜里又没有休息好，我头脑发木，腿脚发痛，跑了几圈，好不容易找到第三户"中国人"家庭，男主人又不在家。这位男主人因懂得一点中医，在当地颇有名气，前两年去马林迪开了诊所，几天前回家探亲才走。女主人倒也热情，可谈不了几句话，对中国、中医不甚了解。他六岁的儿子在自己院内玩耍，看到陌生人来有些腼腆。我从木棍围成的大院走进屋门，室内有土炕，墙上有窑窝，这可说是与中国有联系。

作者与西游村华裔老人萨利姆·布瓦纳赫里在其家门口合影，老人左手拿着自家使用的惟一的中国产品——"三环牌锁"

正当我在村道中踌躇时，从对面走过来一位挑水桶的精瘦老人，他一直在注意着我，朝我走来的步伐越来越快，离我还有二三丈远时，他猛地扔下肩上的担子，几乎是小跑着到我面前，老远就伸出的双手一下子紧握住我的双手，渴望的目光注视着我，双唇轻轻嗫嚅着，他显然有些激动："你、你很像我的爸爸，"他暂停了一下接着说，"你就是我的爷爷，你一定是从遥远的中国来的，我的老家在中国。"说着说着，他的眼睛湿润了。这突如其来的感人情景使所有在场者无不感到惊讶万分，吸引来了巷道里所有人的目光。我们的两双手紧紧地握在一起。我仔细地打量着这位近在咫尺的陌生老人，他的长相确实与我非常相似——肤色浅、头发长、眼睛小、嘴唇薄，我俩这时站在一起与在场的其他人的区别顿时泾渭分明。我真有些不知所措，口里说道："见到你非常高兴！"

老人主动邀请我到他家去做客，自我介绍叫萨利姆·布瓦纳赫里（Salim Bwanaheri），今年58岁。他告诉我，他的祖先是从中国经东南亚乘船来到这里的，因船只遇难而久留此地，那是很久以前的事了。先辈对他讲，中国很大，离这里很远，乘船需要很长时间；中国的汉字是方块形的，中国的瓷器和丝绸世界闻名。更多的他就讲不出来了。

他家的房子较高，外形与当地其他人家无大的区别，但室内一贫如洗，没有一件像样的家什。内屋墙上挂着一个大摆钟，早已停止了摆动，说是祖先留下来的。取下来仔细观看，上面没有任何文字。接着，他从后门旁边的墙窑窝取出一把黄色铁锁子说，他用的是"三环牌"锁子，上面写着"中国制造"，这是他家目前惟一与中国有关的东西。谈起目前家中的情况，他说自己有九个孩子，现在都离开了帕泰岛，最小的儿子阿利（Ali Salim Bwanaheri）今年22岁，现在拉木岛。听到"阿利"的名字，我的小陪同奥马里插话说阿利是他的小伙伴，和自己一样，在船上工作。次日上午在拉木岛，奥马里找来了阿利。阿利告诉我，他来拉木是为了学习，可来后没有钱，只好先找份船上的工作，给人当帮手。谈起郑和船队的事，他说："时间太久了，帕泰岛上目前没有一个人能讲清楚这个中国故事，只是知道一个大概情况。"他表示自己有兴趣进一步了解有关详情。

我们一起与老人走出他的家门，陪同他一起去挑水。我们相遇的时间虽十分短暂，但在水窖附近分别时，彼此仍感到依依难舍。我不抽烟，便提出让奥马里给老人一根烟，老人表示能否再给他一点钱作为这次会面的纪念和拍照的小费，我答应了他。

经过近600年的沧桑巨变，虽与当地居民通婚，融为一体代代相传，这些华裔身上还顽强地保留着中国的血统和传统。除眼睛、皮肤和头发都像中国人外，他们重视学习和家教，懂一点中医；新一代不满足现状，自己走出孤岛闯荡；自家筑有院墙，室内还有土炕，这在当地独一无二；使用扁担挑水，而当地人用车运水桶或是用手提；就连当地的饮食习惯也深受中国影响，椰子面烙饼的制作方法、特别是必须使用的小擀面杖，当地人也承认是从中国人那里学来的。

## 第三节 中国人建西游村

采访完几户"中国人"，颇感不足的是，他们皆对郑和船队的事不甚了解。此前阅读的肯尼亚历史书告诉我，肯尼亚沿海居住着九大部落，他们的历史几乎都没有像样的文字材料，仅有的除考古发掘外，也是根据口头传说整理而成的。根据这一情况，我决定寻找熟悉村史的当地老人。最终在村外的丛林中找到了正在修理自家木船的西游村"头人"，58岁的库

西游村的头人,他在西游村口告诉作者,西游村是中国人创建的

布瓦·穆罕默德(Kubwa Mohamed)。

　　这里的"头人"类似中国的老年协会会长,在当地德高望重,受人尊敬。谈起西游村史,穆罕默德首先强调:"西游村是由中国人最先创建的,没有中国人,也就没有现在的西游村。"他指出,西游村原是一片荒野,它靠近海岸,水源又比较充足,逃难到上加村的中国人首先为寻找水源而来到这里定居。"后来,帕泰村的统治者从西面打到上加村,用武力征服上加村,打得村民无处藏身,其余的中国人和当地居民纷纷来到这里,西游这个最早由中国人创建的居民点也就逐渐发展成为村落。"

　　"以后的情况呢?起初大批中国人来到这里,到现在只有四户了。"我提出这样的问题。"头人"继续说:"后来,葡萄牙人又登陆帕泰岛,从上加村一路打将过来,打得西游村人仰马翻,鸡犬不宁,伤亡惨重。接着,阿拉伯人从桑给巴尔岛北上至此,以后又是斯瓦希里人抵达,西游村从此成为帕泰岛上最大的村庄,直到今天也是人口最多的村庄。"据史料记载,西游村自中国人创建后,人口悄然激增,一时成为"整个地区跳动的脉搏",人口始终高居帕泰岛之首,1873年的人数是一万名。1885年前后发生的一场天花夺去了约1400人的性命,不少人为逃命而移居大陆,

**西游村城堡**

至 1897 年人口锐减到 5000 人。而在 1750 年至 1850 年的百年间，帕泰岛达到顶峰时期，当时帕泰村的人口在 2 万—2.5 万之间，西游村的人数则高达 3 万人，超过 1890 年桑给巴尔岛的总人口。

"那后来中国人的情况呢？"穆罕默德回答道："来到帕泰岛的中国人全是男人，他们在上加时就与当地妇女结婚成家，生儿育女。举家来到西游时，又不断地受到骚扰，加之西游村的自然条件不断恶化，为了生计和逃命，他们逐渐地离开了，沿着大陆海岸南下，不知具体去向。有的讲他们去了马林迪，有人说他们去了蒙巴萨，总之是沿海一带的城市。"据马林迪博物馆长讲，葡萄牙人到马林迪时，就遇到过当时在马林迪居住的中国人。根据这一情况，中国人从西游村去马林迪的可能性最大。那次船难发生后，明王朝改变了对外政策，郑和从此暂时停止了下西洋，帕泰岛的中国人在等不到郑和船队再访时，满怀希望沿着东非海岸寻找郑和船队的可能性是存在的。因为长颈鹿是马林迪国王赠送中国皇帝的，到马林迪等待中国船队再次来访应在情理之中。

"头人"认为，中国人创建了西游村，西游村无疑受到中国人的影响。比如，村里现在还有铁匠，打造劳动工具，据说这是由中国人传授的；也有个别人懂一点中医，这当然是中国人带来的。他停了一会儿接着说，听村里的先辈们讲，很早以前西游村的中国人有个传统：人们去世后不是就地埋葬，而是把灵柩抬到上加村埋葬，因为他们最早到达的是上加村。"头人"不明白其中的缘由，我向他解释说，这可能与中国人讲究落叶归根的传统有关系，既然回不了中国，权且将上岸后最早抵达的上加村当做"老家"。

"头人"不会讲英语，导游在翻译的同时补充道，中国人的坟墓也与当地人不同，是一个大的半圆形冢，现在的西游村遗址还有这样的坟墓，坟墓周围还镶嵌有瓷盘，后来被人窃走了。

我在西游村参观了位于村北头的古城堡。一般认为，该城堡是葡萄牙人修筑的，持异议者认为是阿拉伯人修建的。我原计划采访位于城堡旁边的西游村卫生所——一间不起眼的小房子，未料门上锁了。

在村南头的西游遗址，我见到几个半圆丘形状的坟墓，大小不同，有的将瓷盘镶嵌在墓冢周围，有的镶嵌在圆柱形的墓柱上，但早都被人偷走了，现仅留下一个个印记。考古发掘认为，西游村遗址包括19座石头房子、三个清真寺和一组重要的墓群。离遗址不远处的一间草棚里，传来一阵打铁声，走进一看，一位老人正在打造一个铁锹。他告诉我："这手艺是祖先传下来的。"

告别西游村时，我想起肯尼亚大学历史学教授艾伦（J. dev. Allen）对西游村所下的定义：位于肯尼亚北海岸的帕泰岛的蜂腰地带，涨潮时可从沿途布满海榄雌的西部小湾乘船登陆；如果要从东部大洋登陆则更加不易。提起西游村，人们大都会想起那里的城堡。在这篇题为《18 至 19 世纪的西游村》（Siyu in 18th And 19th Centuries）的论文中，艾伦认为西游村早期的人口分为九类：马谢里夫、瓦上加、瓦阿拉布、瓦哈迪穆、马法齐、瓦法茂、瓦塞格朱、瓦卡特瓦和瓦斯瓦希里。如果从前缀词来看，则分为"马"

西游村一位老人在村外的一个小房间里打铁，他说这种手艺是祖先留传下来的

**作者与"中国村"的孩子**

和"瓦"两大类,前者意为"外来户",后者特指"土著人";前缀词后的词语或表示他们的来源地,如瓦上加的"上加",或代表他们所讲的语言,如瓦斯瓦希里的"斯瓦希里"。按此分类法,作者把"瓦法茂"归入"土著人"之列,足见瓦法茂居住在西游村的历史之久。作者在文中还强调,"瓦法茂是指中国人,土石圆丘是瓦法茂人坟墓的特征"。由是观之,"瓦法茂"不应该是中国人的姓氏,而应是其类名。久而久之,两者混为一谈了。

义伦指出,18世纪末叶,西游村遭受外敌入侵,一个名叫马塔卡(Mataka)的年轻"瓦法茂"人挺身而出,带领村民英勇顽强御敌,击退了敌人的进攻,被群众推举为首领。作者还表示,历史上的西游村曾一度繁盛,吸引来周围不少手艺人和学者,被誉为"手艺人之城",使西游村成为多种文化的交汇点。作者在列举西游村发现的各种各样的艺术品后指出,其中的"高靠背方椅"是西游村的一个特产,坐上去比较舒坦,有后背可倚靠。作者在考证时认为,这种椅子既不属于阿拉伯式样,又不是从海湾一带传入,也在当地找不到同类物,因而成为一个"谜"。① 其实,这种椅子来自中国,应是"瓦法茂"人的贡献。

事实上,中国人创建西游村,其贡献不仅限于"高靠背方椅",更重要的是他们在继承和传播着中国文化。

## 第四节 "上加"就是"中国村"

正当我准备告别西游村南下上加村时,在村口迎面碰上了一位风尘仆仆的老人,他二话没说就递给我一瓶矿泉水,尚未等我开口,又从腰间掏出一张纸条递给我,自我介绍是上加村长的父亲,奉阿巴斯船长之命,特前来为我送水和报信。这瓶矿泉水无异于雪中送炭,雨中送伞,口口似甘露,滴滴润心田;那张纸条是船长的亲笔信,告诉我他正在上加村头的海边等待,犹如给我吃了颗定心丸。

在导游的带领下,我们沿着昨晚走过的小道从西游返回上加。艳阳高照,行走在丛林密布之间的沙土道,热空气似凝固了一般,我们如同置身于一个硕大无比的温室,汗水好似蒸桑拿浴般从头上往下流,再与浑身冒出的汗水相交汇,被汗水浸湿的衣裳接着又被太阳晒干。途经一所小学时,一群学生课间休息正在玩耍,看到陌生人举起照相机,活像一群受惊的小羊羔,哗啦一声跑回教室,扬起一道沙尘。

我们先来到上加遗址,在一座坟墓前,导游指着墓柱上凹圆形的印记讲解说:"这是一个中国人的坟墓,墓柱上原来镶嵌着瓷盘子。"我反问:"何以见得?有钱人的墓柱上同样镶有瓷器。"导游解释说,他在参加发掘上加遗址时,考古专家在挖出坟墓时告诉他,坟墓里的死者,面向北者是穆斯林,因为伊斯兰教徒墓葬时面朝麦加圣地,否则就不是穆斯林。坟前立有墓柱的,一般都有半圆形墓冢,尚未发现面朝北者。我深信其说,也由此推断出,那些中国人可能不信奉伊斯兰教。

我们走进上加村,在强烈的阳光照射下,巷道内鲜有行人往来,显得十分平静。在村长家门前,几名小朋友在骆驼背上向我们微笑致意,勃勃生气让人为之精神一振。不远处的一个墙角,一个水窖孤苦伶仃地静卧在阳光下。由于昨天约定今天中午时分再次造访,加之村长的老父亲为我送

---

① 以上两段内容参见:J. dev. Allen *Siyu in 18th And 19th Centuries*, A Paper in Lamu Library。

情报，听到门外的说话声，村长主动迎了出来，他微笑着请我们进屋入座，其热情程度使我俩之间的第二次握手如同故友重逢，采访也就显得轻松自然，如拉家常一般。

31岁的村长名叫斯瓦雷·穆罕默德（Swaleh Mohamed），他开门见山地这样介绍上加村：目前的上加村由四个位于上加遗址附近的小村子组成，村民总人数480名，这是根据国家独立时的行政区划形成的。"上加村的原名叫姆坦噶尼（Mtangani），意为沙漠之地，中国人来后将村名改为上加（Shanga），源自中国的上海市。"这时我想，从上加易名来看，除思念故乡之意外，大概与这里同样位于"海上"不无关系。村长接着笑言，"当上加村民、特别是孩子们去拉木城时，拉木人就问他们'Are you from Shanghai, China？'（你们是从'中国上海'来的吗？）或者干脆问：'Are you from China？'（你们是从'中国'来的吗？）久而久之，'上加村'也就变成了'中国村'。"

问及上加更名的出处，村长讲：一是根据当地传说，代代相传至今；二是他曾在本国出版的一本世界历史书中读过这段历史。当我追问这本书的具体书名以及现在能否找到时，他遗憾地说："时间太久了，恐怕一时难以找到。"谈起当年中国船员到达上加的情况，村长这样讲，"中国人到来之前，居住的是阿拉伯人，中国船只遇难后，上加距离遇难地点最近，加之易于登陆，逃难时的中国人自然首先选择了上加。他们的突然而至出现了一系列新问题，诸如，与当地居民的语言交流困难，使这里本来饮用水不足的状况加剧，特别是中国文化与阿拉伯文化的融合出现摩擦与碰撞，宗教方面表现尤为突出。在这种情况下，再加上战乱和疾病流行等原因，本已在此安家落户的中国人逐渐离开了，这也是今天的上加村没有'中国人'的原因。"说到这里，他眼珠子一转，"顺便提一句，村里的老人常常讲起马林迪国王向中国皇帝赠送长颈鹿的故事，我也在肯尼亚历史书中读到过这个真实故事。这个故事发生的时间与中国人登陆上加村的时间大致相同。"

至此，根据帕泰、西游和上加三个村子的采访情况，可以得出这样的结论：当年中国船难发生后，船员们先登陆上加村，后因种种原因，一部分人向西去了帕泰村，另一部分朝北创建了西游村。上加遗址的考古专家认为，上加遗址的年代在8世纪中叶至15世纪初期，其中发掘的中国瓷器和陶器的年代从唐朝一直延伸至明朝，包括唐朝的漆陶器、橄榄绿陶器，以及明朝的青瓷和花瓷。考古学家进而认为，早在中国人登陆帕泰岛之前，中国瓷器和丝绸贸易已远抵这座孤岛和非洲东部沿海地区，只是由于沿海一带的气候不适宜丝绸制品长期保存，今天在这一地区的考古发掘中尚未发现。

根据已知的历史事实可以判断，当年那艘中国船只在帕泰岛附近遇难发生在郑和时代。这是因为，如果船难发生在郑和下西洋之前，船难的幸存者不可能听说过长颈鹿的故事，在当时的交通和通信条件下，深居孤岛的他们不可能从外界获知这一消息；如果发生在郑和下西洋之后，逃难的水手们不可能在上加村安家落户——据英国考古学家在上加遗址发掘考证，上加遗址的年代介于公元8世纪至15世纪前期。主要根据是，该遗址发掘出的年代最早的瓷器是接近公元800年的一口橄榄绿粗陶瓷缸，时间最晚的是宋朝和明前期的一些瓷器，其中还有14世纪前期的龙泉瓷，这些瓷器均来自遥远的中国。换言之，上加村在郑和最后一次下西洋后不久，约在公元1440年遭到毁灭。[①]

## 第五节 中国按摩在"上加"

"中国村"年轻的村长强调，尽管今天的上加村里没有"中国人"，但是作为"中国村"，中国文化在这里的影响比帕泰村和西游村都大得多，最明显的例子莫过于中国按摩与拔罐，附近诸岛的居民常慕名前来接受治疗。"目前，上加村有14名按摩大夫，另有七人懂得拔罐治病，她们多是中老年妇女。我已为你约好了四人，分属四个家庭，她们都在等着你，咱们一起到她们家去吧！"

在村长的带领下，我们首先来到村长家对面不远处的一位专业按摩大夫家。刚步入家门，一名五十开外的妇女闻声掀开门帘从里屋迎了出来。看得出来，她家中的摆设在当地颇为讲究。村长为我们相互介绍后，按摩大夫不好意思地笑了笑，就地坐在室内大厅的单人床上，半天不开腔。后来我才明白，在她的脑海里，来自按摩故乡的中国人个个都是医术高明的按摩专家，让她向我讲述行医之道，无异于班门弄斧。

---

[①] 参见 Mark Herton, Helen W Brown, Nina Mudida *Shanga*: *The Archaeology of a Muslim Trading Community on the Coast of East Africa*, British Institute in East Africa, London, 1996, p. 22.

在我的一再开导下，这位在当地久负盛名的按摩师终于开了腔，她的手艺是祖母传授的，祖母是从中国人那里学来的。谈起诊治疾病的种类，她用病例回答问题："当病人关节脱节时，他们找到我，我为他们正骨还原，如下巴颌骨脱节、胳膊脱臼等。""治疗的方法先是用双手慢慢地摸准位置，然后右手或双手突然猛使劲让其归位。复原后病人一般还能感到一点不舒服，再用手轻柔一阵以减轻患者痛苦，他们逐渐就会感到正常。"

"有人肚子疼找上门来，我一般先为他们泡一杯生姜茶，也就是用当地的一种类似茶的树叶与生姜片一起

"中国村"的女按摩大夫

冲泡，病人饮后再给他们轻轻按摩，效果比较显著。""还有，按摩身体的某个部位时，特别是治疗腰背疼痛，一般用椰子油或是类似之物作为按摩油，这样双方都会感到舒适点，按摩效果也能好一些。"

"治疗的次数因人因病而异，如头疼病人，一般一天按摩两次。再就是，治疗头疼时，我先用毛巾或是类似的东西在头部紧紧缠绕一周，然后再开始按摩，这样有助于消除病痛。"

"您按摩治病时除用椰子油外，是否还用其他辅助疗法，如中国的针灸或是其他办法？""我不会用针灸治疗，也不懂得更多的其他办法，不过有时治疗时会用 Kuumika。"村长解释说，是用动物的角制成的，制作的方法是：将动物的一个角锯下来，下端取齐，再取掉顶端。治疗时，先在角里面点燃火苗，然后快速按在皮肤上，再用食指按住顶端。对此，我觉得像是拔罐又感到似是而非。后来，村长在另一家专用 Kuvmika 治疗疾病的大夫家取来一个，放在自己的胳膊上示范，我才恍然大悟：他们的"按角"方法是中医拔罐的变种，或者说是具有中国特色的"非洲拔罐"。

这位名叫姆瓦纳布里（Mwanabule）的按摩大夫最后问我，中国是否有类似的疗法，是否有治疗跌打损伤的配合药物。她讲，这里的按摩医生

都是祖传的，没有学习和进修的机会，缺乏现代医药知识，只知道中国非常遥远，中国按摩如同中国功夫一样享誉世界。

到上加村采访，未料在当地人的眼中，我竟是一位谙熟医术的中国大夫。还未等我们去第二个大夫家采访，按摩师就带着病人来找我了。原来，一名少年眼睛红肿，特别是左眼充满血丝，这名专治眼病的大夫问我有什么办法，因为这种情况按摩只会加剧病情。她的治疗办法是：用鲜生姜片与当地一种树叶混合，捣成泥状，贴在眼睛周围和太阳穴附近，促使眼睛发凉，以减轻病痛。这时，我突然想起随身携带的几盒清凉油，立即掏出来，告诉她清凉油与她们的土方子的使用方法相同，具有异曲同工之效，或许效果会更好些。这一举动无疑强化了当地人形成的中国人个个精通医术的错觉，我便被他们围起来问这问那。与那位大夫交谈后方知，她治疗眼病的方法类似眼睛保健操，同时按摩头部，以减缓眼睛压力，消除病痛。

另外两名接受采访的按摩大夫恰好在一起等待我，一个专治眼睛，一个专治妇科，怀中还抱着一个婴儿。妇科大夫讲了半天，主要是用手为孕妇在产前调整胎位。与其说是按摩治疗，毋宁说是用经验办事，在临产前的一段时间为孕妇正好胎位，以减少分娩的痛苦，降低胎儿死亡率。这在缺医少药、设备简陋的帕泰岛上，不但非常需要，而且非常见效，广受大家欢迎。

上加村的中国拔罐和按摩给外人一种高深莫测的神秘感，另一个古老的传说又为上加村增添了几分魔力。那是数百年前帕泰村入侵上加村时，洗劫财物，杀戮男子，掠走妇孺老幼关进监狱。其时，一个侵略者发现一名美女正在用碾子碾碎香料，当他企图抓获她时，地面上顿时裂开一条缝，将那名少妇"吃"了进去，仅留下她的衣角露在外面。帕泰村的统治者苏丹惊闻此事后，命令在原地为其修建一座陵墓，让那名士兵为其守灵。令人遗憾的是，今人不知那座陵墓的具体地点，这个故事却代代相传，给上加村涂上一层神秘色彩。[①]

## 第六节 "中国村"有三请求

采访完几名女按摩师，时间已不早了，我原计划返回拉木，年轻的村

---

① 参见 Mark Herton, Helen W. Brown, Nina Mudida *Shanga*: *The Archaeology of a Muslim Trading Community on the Coast of East Africa．British Institute in East Africa*, London, 1996, pp. 15–16.

长似乎意犹未尽，看得出来有话要说。他指着自己家斜对面的一个房子告诉我，那是村里的录像放映室，由于岛上不通电，无法看电视，观看录像就成为村民的主要娱乐活动。"我们知道今日的中国是从观看武打片开始的，李小龙（Bruce Li）、成龙（Jackie Chan）、李连杰（Jet Li）的名字在我们这里可谓家喻户晓，这应归功于这个放映室。"他接着讲述了当地人对中国的理解，"对于遥远的中国，老年人说中国人医术高明，个个都是医生，用手按按压压就能治病，神奇无比；年轻人讲中国功夫名扬天下，中国人个个都是武艺高手，无意中举手投足便能击倒任何一个外国壮汉，力大无比。这些大概都不会错吧！"

中国村

"岛上无电，怎能放录像？"村长没有直接回答我的提问，而是把我领到他家的一个小房间，地上放着一台小型发电机，他于是蹲下身子启动了发电机，再从家中抱起电视机和单放机直奔放映室，边走边向我介绍有关情况。我好不容易来到"中国村"，恰好收获季节已过，他要给我放映一段村民庆祝丰收的录像，以便我对他们的认识全面些。对于他的此番好意，我连声致谢。经过半天调试，荧光屏上的图像还是不停地上下跳动。

最后我提议："就这样播放吧，能够看个大概就行。"

电视屏幕上，跳动着的图像没有背景音乐：夜幕降临，在村外丛林中的一片空地上，一群中年男子赤脚露背围绕着一堆熊熊燃烧的篝火翩翩起舞，手中的木棍不时和着舞步上下挥动，口里唱着欢快的歌曲，单调而悠长……村长的解释似乎成为录像和谐的画外音：我们这里的主要农作物是小米、高粱和少量大米，同时种一些棉花，基本上没有蔬菜，村民用海鲜补充副食。

观看录像成为孤岛生活的最佳调剂品。就在村长为我这位远客放映庆丰收画面的时候，一群老人和孩子闻声而至，悄悄坐在长条凳子上，目不转睛地看着图像上下跳动的荧光屏，个别调皮的孩子在我面前摆出中国功夫的架势。机灵寡言的村长笑了笑，我们离开了放映室。这时，他父亲正好在门口等着我们，村长父子与我同时向村口的海边走去。指着不远处的那个水窖，村长告诉我，几百年来，上加村的饮水问题始终未能得到彻底解决，他们吃的还是窖水，土地沙漠化日益严重，地面雨水回收后的卫生处理成为难题。讲到这里，他把话锋一转："由于上加村与中国的渊源关系，我一直关注着中国的发展，知道中国正在快速前进，正在走向富裕强大。"他停顿了一下，观察着我的表情说，"多年来，我有三大愿望，或者说是请求。"听到这里，我立即停住脚步，示意他继续讲下去。

近在咫尺的我们三人驻足相视，村长说："作为'中国村'，我们一向把中国视为自己的老家，至少是半个老家，恳请富裕起来的老家帮助我们打一眼水井，从根本上改变当地目前的饮水状况；我们的另一大困难是缺医少药，中医享誉世界，能否为我们办一所中医学校，培养一批医学人才，提高我们的按摩和医务水平；为解决当务之急，最好能为我们先建一个诊所。"平心而论，这三个请求并不为过，起码说明年轻的村长不是为了谋一己私利，而是从长计议为村民着想，更何况这些请求与中国之间存在着特殊联系。看着村长父子认真的神情和期盼的目光，我一时手足无措，不知如何作答。怎样的答案才能使他们比较满意而又不是用虚情假意取悦对方呢？我这样对他说："我一定用我的报道把你的愿望转达给中国有关方面，我可以向你保证，我会告诉广大读者一个真实的上加村。"

话音刚落，村长就有些不好意思，这倒使我感到几分难堪。他下面的一席话帮助我读懂了他的这一表情，也似乎为我解了围："我另有两个小小的请求：我父亲今天恰好有事要去拉木，能否让他搭乘你们的顺船；再就是，刚才放录像时，发电耗费了一点油，能否给点油钱，我们这里……"尚未等他说完，我便满口答应，并为自己的粗心表示歉意。

"斜阳流水推蓬坐，翠色随人欲上船"。① 小船开动了。当我们一个在海里、一个在岸边挥别时，眼望着渐渐远去的上加村和站在村头的村长，我的思绪好似大海一样难以平静。置身于印度洋上的扁舟里，遥望帕泰岛沿岸蜿蜒不断的红树和大海里撞沉中国古船的那排礁石，我脑海里储存的关于拉木群岛形成与郑和船队远航非洲的信息一下子活跃了起来。拉木群岛位于赤道附近三条古老河流的入海口，岛上平坦的地势是由河流入海口石化了的珊瑚礁形成的，除东南面的一些沙丘外，整个岛屿仅高出海平面几米。近千年前，拉木群岛是适合人类居住的好地方：河水将大陆肥沃的土壤冲到岛上，赤道附近的海洋性气候带来充沛的雨量，这两项保证了农作物的生长；珊瑚礁形成的海岛，沿岸一带底层坚硬，赤道海潮涨时利于船只靠岸，而当落潮时船只又可就地泊位，这在古代堪称天然良港，而上加村的港口最为优良；沿海密布的红树和海榄雌为建筑房屋提供了难得的木料，红木与大象成为外地商人寻觅和宠爱的对象；赤道季风和洋流为非洲与亚洲之间的海上贸易提供了天然条件，这也是郑和船队能够远航非洲的主要原因之一。这些，就是造就帕泰岛成为古时商贸中心的外因，遂使拉木群岛成为非洲、特别是东非的"入口处"。仅就帕泰岛而言，考古学家认为三个主要城市在历史上的繁荣期依次是：上加在12—16世纪，帕泰在16—18世纪，西游在16—19世纪之间。

"成也萧何，败也萧何"。肥沃的土壤养育了超负荷的人口，对大自然的过度掠夺加速了自然环境的退化，特别是土壤的沙漠化和贫瘠化，进而使帕泰岛的发展步伐远远落后于外部世界，几乎与世隔绝。

万里晴空下，小船在印度洋里乘风破浪，颠簸前进。当年撞沉郑和船只的那几块礁石又映入眼帘，我不由自主地发出慨叹：冒出海面的礁石啊，你可知道，正是你击沉了中国的一艘古船，从而使中国与这里结下了绵长的难解之缘。情悠悠，意绵绵，时至今日，郑和部属的后裔——那些世代扎根在这座孤岛的远方来客的子孙，还自称是"中国人的后代"，念念不忘遥远的故土——中国。正是因为他们，中国文化在这里落地生根，中国的影响在这里昭彰至今。谁说郑和远航非洲没有矗立纪念碑？这一排

---

① （清）纪昀：《富春至严陵山水甚佳》。

礁石就是最好的"郑和纪念碑"！奠基在万丈深渊之中，挺拔在中国沉船之侧，滔滔海水常年为你歌唱，万里长风四季为你洗尘，任凭大浪冲击，屹立六百年，俨然不动！你是一方鲜活的、具有强烈生命力的"郑和纪念碑"，称颂于帕泰岛民的口头，得到世代传颂！你就是中非人民友好交往的历史见证！你的身上雕刻着郑和这一光辉的名字，留存着郑和船队不朽的足迹！假如有朝一日，在此打捞你脚下的那艘宝船，你的名字将随之遐迩闻名。今天，我这位中国记者站立在你面前，就是为了踏寻郑和的足迹，续写郑和的故事！

当我收敛起那"信天游"式的遐想之时，小船已经驶过红树与海榄雌相夹的狭长通道，拉木城出现在眼前。我看了眼手表，正是11日下午五时。尚未靠岸，就看见惠勒和宾馆副经理等人在码头迎接我们。惠勒在拉我上岸时说，他一直在惦念着我，惟恐此行出现差错，毕竟是深入孤岛，人地两生，"见到你我就放心了"。这一席热情话语，令我感慨万千，特别是它出自一位萍水相逢的异域朋友之口。

3月12日正午，当我乘船离开拉木岛时，激动的心情取代了来时的忐忑不安，我为此行的顺利与收获感到浑身轻松，尽管几天来马不停蹄地奔波使我腰酸腿痛，肌肉发僵。当我与新结识的朋友们在拉木机场挥别时，我的脑海中顿时闪现出这样的念头：郑和在非洲的故事还仅仅是个开头，我还会再次来到这里，续写这一悲壮美丽的中国故事，讲述这段中非友谊的佳话。特别是当索马里人民铸剑为犁步入和平生活后，我将带领广大读者走进非洲的"郑和村"，向大家讲述那里发生的一切。

# 第三章　再访"中国人"

第一次采访郑和船队后裔的系列报道发表后，即引起强烈反响，促使记者于2003年5月6日再次前往拉木群岛采访。一到拉木城，记者就得知附近渔民从海里打捞上来两个"双龙坛"，很快见到了其中之一。"双龙坛"作为在拉木群岛打捞出来的第一个完整的中国文物，填补了一大空白和缺憾，为中国古代宝船沉没帕泰岛附近海域提供了最有力的物证。

登陆帕泰岛，在研究人员带领下，记者再次参观了上加遗址，并进一步探讨了上加村名的来源问题。在众多的村名说中，"上海"最为流行。

艳阳高照，沿着上次走过的羊肠小道再次从上加村步行到西游村，与上次披星戴月赶行夜路不同，心中的感受相异，采访的收获更大。在西游村，访问了上次失之交臂的那户"中国人"家庭，与一家人促膝谈心。当天回到拉木岛后，又赶往拉木女子中学，采访了她家的小女儿——"中国学生"或称"中国女孩"的姆瓦玛卡。在村头与当地老人的闲聊中，得知当年的中国水手把中国的缫丝和织布工艺传到了这里。71岁的姆温耶（Mwenye Omar）老人向记者描绘了当年见到的织布机，把人们的思绪带回到过去。

## 第一节　海底惊现"双龙坛"

从空中俯瞰，拉木机场与其说是一个小型机场，不如说是一段宽敞公路。飞机正在调整方向准备降落，在艳阳照耀下，绿色丛林环绕中的简易机场显得相当炎热。时隔一年多后的 2003 年 5 月 6 日，我再次来到拉木——一个与中国结下特殊关系的肯尼亚小岛。

与上次相同，我还是为踏寻郑和的足迹而来；不同的是，受恐怖袭击的严重影响，这里的旅游业与肯尼亚全国一样，显得十分萧条，滨海大道上几乎不见游人的身影。昔日忙忙碌碌的阿巴斯船长现在就坐在路旁，东望着从机场西驶而来的船只。他一看见我就站起来格外热情地打招呼，握手时不停地说："我的朋友，很高兴又见面了。"或许是近来过于寂寞，或许是故友重逢的缘故，他主动陪同我来到宾馆，一路上说长道短，还带着几分神秘感，若有其事地说，有"要事"密告。

阿巴斯告诉我，去年 12 月，帕泰岛的渔民从附近海域里捞出一对"双龙坛"，人们都说坛子是从那艘沉没在附近海域的中国古船里漂流出来的，因为当地人不但知道沉船的故事，而且懂得"龙"是中国的象征。这消息不胫而走，一名居住在拉木城谢拉（Shela）镇的英国白人便收买了那对中国坛子。"再具体的情况就要向博物馆打听了，由于博物馆是'官方'，我不便出面陪同你前往。"说完，他不好意思地"嘿嘿"一笑，做出一个爱莫能助的无奈手势。

得知这一消息，我急忙向博物馆奔去。这时已是下午两点半，好在拉木城不大，博物馆设在当年葡萄牙人建筑的古城堡里，我所下榻的宾馆距离古城堡仅七八分钟的路程。博物馆副馆长加兹扎尔·斯沃里（Ghazzal H. Swaleh）故作深沉，言谈中只字不提双龙坛，而是谈起我上次采访后在当地引起的反响。他从办公桌的抽屉里取出一份当地报纸，并把有关中国记者来拉木踏寻郑和足迹的报道读给我听。当他读到"郑和船队当年远航到肯尼亚沿海是为了寻找一种特殊的动物——老虎，因为中国皇帝认为老虎是吉祥物"时，我情不自禁地笑了。他顿时停下来，追问何以发笑，我说："不是老虎，非洲根本就没有老虎，是麒麟，中国古人误为是非洲的长颈鹿。"他当即表示，那是写这篇文章的宾馆女老板的错误。

见我不是外行，斯沃里便放下架子，单刀直入地说："你是为'双龙坛'而来的吧，一定想看一眼了。"说着，他拿起电话就开始联系。

我们从拉木乘坐一条小木船南行，经过十多分钟来到谢拉镇。上岸后，在狭窄的沙子巷道里左穿右拐，来到一个大户人家，一位穿着格子花裙的高个子白人吉勒斯·特尔（Gillies Turle）热情地把我们迎进门。院落很大，满地是白沙子。从沙海滩、沙巷道到沙院子，拉木岛真不愧是一座沙岛，拉木城也是名副其实的一座沙城。走进院子一个浓阴遮蔽的角落，吉勒斯蹲在楼梯旁，用手抚摸着一个淡红色的坛子说："就是这个坛子。"一眼看去，坛子上的"龙"比较清楚。我急于想知道坛子上是否有关于制造年代和地点的标记，提出能否观看坛子的里外底部。吉勒斯解释说，由于年代久远，长期置于海底，里外底部都粘贴有海洋生物，特别是外底部的珊瑚已形成块状，与坛子紧紧粘在一起，使坛子无法稳定放置。"为了稳定坛子，同时起到保护作用，我特意给坛子下面堆放了一厚层沙子，还给坛子里面装了一些沙子。"

我们将坛子里面的沙子倒掉，将坛子搬到大院，以便观察得更加清楚。这是一个六耳陶坛，重约10千克，高约70厘米，口径约20厘米，中部最大直径超过50厘米。在明亮的光线下，尽管坛子表面被各种海洋生物和海水腐蚀，"双龙戏球"的图案却清清楚楚。"龙身上的纹路也比较清晰，留有一道道深深的小圆点。"仔细观看，两条"龙"都是三个爪子，其中一条龙的一个爪子掉落了，吉勒斯用手摸着掉落处说，"爪子能够掉落，说明他们可能是坛子烧制后粘贴上去的，而三爪龙

帕泰岛海域打捞出来的第一个"双龙坛"

又说明这个坛子来自民间，不代表官方，因为在中国古代，五爪龙代表皇帝，是皇权的象征。"吉勒斯的这番话说明，他这个古董商还挺内行。遗憾的是，翻来覆去、里里外外地认真察看，坛子上没有留下任何文字痕迹，无法准确判断其具体年代。

拉木群岛一带以前曾发掘出不少中国古瓷和其他中国文物，但都是一些碎片，残缺不全。当地考古专家表示，"双龙坛"作为打捞出来的第一个完整的中国文物，不但填补了一大空白和缺憾，对考古研究具有重要意义，特别是对研究长期沉睡海底的文物提供了难得的证据。而且更重要的是，为中国古代宝船沉没帕泰岛附近海域提供了最有力的物证。作为一名古董商，能够收藏到当地发现的第一个完整的中国文物，吉勒斯自然如获至宝，十分高兴。目前，他急于想知道这一特殊文物的经济和文化价值，特地热情邀请记者到室内"喝茶"。

吉勒斯除大院摆设着从海里打捞出来的船上用具，如铁球、木轮、方向盘等用具外，室内还陈列着不少东方工艺品，有中国的茶具和日本的瓷罐等。他对古老的中国文化、尤其是瓷器和航海颇感兴趣，首先拿出两本有关中国的著作让我看，一本是《中国瓷器》，一本是《季风帝国——印度洋及其入侵者史》（Empires of the Monsoon：A History of the Indian Ocean and Its Invaders）。吉勒斯翻到后一本的插图部分，其中一页从上到下、从左到右，依次排列着明成祖的画像、郑和下西洋的大船和那幅著名的麒麟图。"不用细读内容，这三张图就告诉人们，中国当年是海上霸主。"他接着拿起另一本书，翻到书中关于瓷器上"龙"图案的介绍："在早期青瓷和白瓷上，龙是最常见的设计图案。该图案上的龙是三个爪子，而五爪龙被认为是皇帝的象征，只允许在皇家的瓷器上出现……"吉勒斯希望我能够帮助判定"双龙坛"的年代，我答应回国后就"龙之说"请教有关专家，再反馈消息给他。

谈到"双龙坛"的来历，吉勒斯介绍说，自己很早就从英国来到肯尼亚，以前在内罗毕，六年前来到拉木。不言而喻，他知道这一带中国文物不少，就是冲着文物而来的。"2002年圣诞节前夕，我正在家中修炼瑜伽功，一名宾馆的小伙子急匆匆来找我，说是帕泰岛的渔民在捕捞龙虾时，从海里打捞出来两个中国坛子，原以为打捞时特别沉重，是几个大龙虾，未料是坛子，无不失望，差点又放回到海里去。他们正在宾馆寻找买主，我们餐厅可不需要这些东西，经理让我来找你，不知是否有兴趣。"

吉勒斯津津有味地继续讲述道,"我到宾馆时,另一个'双龙坛'已被人买走,只剩下这一个了"。

问及坛子的价格,精明的吉勒斯不愿透露实情,只是讲文物难以定价,记者、古董商、捞虾人和宾馆经理对坛子的出价会迥然不同,各种人对"双龙坛"都会有自己的不同价值标准。他沉默了一会儿说:"在渔民眼中,坛子等同于龙虾,甚至还不如龙虾值钱,捞虾人也许会把坛子以低于龙虾的价格出售。"当地的龙虾售价是每千克四五美元。由此可以判断,吉勒斯是以很低的价格收购"双龙坛"的。

当话题转到另一个坛子时,吉勒斯以肯定的口气说,自己见过另一个"双龙坛","和这个不一样,比这个要好得多"。至于那个坛子是谁买了,现在何处,他不正面回答,只是说还在拉木。那么,究竟在哪里?是否就在他家?他是否担心博物馆出面干预"收购",因为博物馆曾表示过此想法,才首先抛出这个"不好"的坛子,以便探测气候,"丢卒保车"呢?

## 第二节　上加村名探源头

我此行的主要目的是弥补上次因行程匆匆、担惊受怕而留下的不少遗憾,因而计划跑遍拉木群岛和帕泰岛上的所有村庄,寻找那里与中国相关的所有故事,并利用时间到拉木图书馆,查阅与郑和下西洋有关的资料。见到"双龙坛",可说是此行的一个意外收获,也为此行增加了一项新内容:寻找打捞到"双龙坛"的帕泰岛上的渔民,以便确定郑和沉船的大体位置。

次日,在博物馆副馆长斯沃里及其一名馆员的陪同下,我前往帕泰岛的上加村和西游村采访。他们二人分别来自帕泰岛的法扎村和上加村,对当地情况熟悉,加之斯沃里毕业于历史专业,对当地历史和中国沉船的史实进行过一些研究。

我们乘坐的小船快要靠近上加海滩了,传说当年中国沉船的水手们就是从这里爬上岸的。海水越来越浅,机动小船难以前行,阿巴斯船长关闭发动机,取出撑竿用力划向岸边。一会儿,小船终于搁浅,我们只好挽起裤腿下船趟水。艳阳高照,海水温暖,可当赤脚踩上岸边的白沙滩时,滚烫的沙子让人差点跳了起来。这是一片原始沙滩,沙子细小而洁白,岸边的野生树木茂密，给人一种走进大自然的荒野美感。站在这里极目远望，可以看见一排冒出大海的大小不等的岩石，斯沃里对我说，那一排岩石叫瓦哈斯萨尼（Wahassani），因为离上加村最近，当地人又称其为上加岩石。

我们顺着上加海滩前行，穿过一片丛林，来到上加遗址。斯沃里介绍道，肯尼亚东海岸大约有120多个历史遗迹，最古老的位于拉木群岛，而拉木群岛最古老的就是上加遗址。该遗址始建于公元8世纪，至14世纪中后期因战乱频繁和淡水缺乏而遭到废弃，其间曾达到繁荣昌盛时期，成为这一带的商贸中心。那艘中国古船访问这里，不幸在附近触礁，中国船为何远道而来，当地流行着两种说法：当年这里商贸繁荣，中国人为了商贸远道而来，夜间航行时朝着上加村的灯塔行驶，未料触礁沉没；1415年，马林迪国王将一只长颈鹿赠送给中国皇帝，中国人来东非是为了去马林迪，以便从那里带回更多的长颈鹿，未料一只船行至这里迷航触礁。斯

上加村遗址

沃里强调，不管哪种说法更接近事实，但可以肯定的是，船上满载着中国宝物。以前人们对此只是猜测而已，现在打捞出来的两个"双龙坛"提供了最好的例证。

上加村遗址位于海岸，面对大海，容易寻找。中国宝船触礁后，几乎所有的船员都乘坐备用的小船登陆来到上加村，逃难到此暂居下来。据说他们初来乍到时，大多半裸着身子，一副失魂落魄的样子，加之语言不通，面孔特殊，宗教信仰不同，遭到当地人拒绝。为什么后来又接纳了这些陌生的中国人呢？当地有两个传说，一说当地有一条凶猛的蟒蛇，为害多年，一位勇敢的船员利用其高超的刀法为民除了害，赢得当地居民的赞誉，使中国人得以定居。一说中国人初次被拒绝后，乘坐自己的小船去了帕泰岛对面的大陆海岸，自己动手建造了一座小镇，后来被称为栋多（Dondo），该词在当地语言中意为"失望、失落"，即那些逃难的中国人居住的地方。可是不久，栋多因气候恶劣和野兽凶猛而无法生存，他们又求助于海对面的上加人。这次，他们被接纳了，但前提条件是必须信奉伊斯兰教。于是，这些中国水手们渐渐地融入当地社会，与当地妇女通婚。而当上加古城遭到废弃时，他们各奔东西，大多数北上创建了西游村，有的去了帕泰村和法扎村，也有个别人离开帕泰岛去了拉木，甚至沿海岸南下，远到蒙巴萨和桑给巴尔。

斯沃里介绍说，目前的上加村民不是上加的原住民，他们是后来从肯尼亚和索马里边境一带来的，在上加遗址旁边定居下来。如果当初这一带能够生存下去的话，上加古城也不会遭到遗弃。

我们来到一个清真寺遗址前，虽经五百多年的风雨侵蚀，清真寺的三面墙壁依然笔立，中央还残留着一个柱石。斯沃里认为，从这些残垣断壁中，可以清楚地看到中国古老的建筑风格对当地建筑的强烈影响，"中国人擅长石头建筑，墙壁很厚，黏合力强，整体建筑高大壮观。"与上加村目前的清真寺相比，这一特点非常突出。

我们沿着丛林中的小土道向上加村走去，前面路边出现一座古墓，斯沃里以肯定的口气说："那是一座中国人的坟墓。"这座坟墓与当地坟墓不同，不是在平地上竖立一块墓碑，而是个土丘，上面用沙石混合物保护了一层，前面矗立着一根六七米高的石柱子纪念碑。而且大多数石柱子上都粘贴着瓷器，因为瓷器是地位和财富的象征。他径直走到坟墓旁，蹲下去仔细寻找着什么，接着用手抚摸墓壁，不无遗憾地说："好几年前，我曾在这里看到过汉字，现在不见了，也许是被风雨侵蚀掉了。"他补充道，当时曾用铅笔和白纸在上面小心翼翼做了一张拓片，存放在办公室，不知怎么搞的，后来却四处找不到了。

我走进上加村道时，正碰上放学回家的师生，一群活泼可爱的小朋友手里提着塑料袋书包，热情地向我打招呼，几个男孩子还跑到我面前，"笑问客从何处来"？① 在与一名教师交谈中，我问他是否知道上加村名的来源，他说，听老人讲过，也在书中阅读过，"上加来自中国的上海"。

在这次采访中，就上加村名的来源，特别是上加是否来源于"上海"，我询问过上加村民、帕泰岛的其他岛民、拉木城的居民和博物馆馆员，他们普遍认为，上加源自"上海"，而且当地人还把上加村称作"中国村"。当地的研究人员也普遍支持这一传统说法，不过，当地有些专家学者认为，上加之名也许与上海无关。总括起来，大概有这样几种说法：

"蜜蜂说"：上加（Shanga）一词在斯瓦希里语中意为"蜜蜂"，上加村取此名原意为"有蜜蜂的地方"。然而，目前尚未在上加村附近发现蜜蜂，此说缺乏必要证据。而历史上这一带是否有蜜蜂，现无资料证实。

"惊讶说"：这一说法将上加一词与古代一次外敌入侵事件联系在一起。侵略者入侵后，将上加村的男人全部杀害，只留下妇女和孩子。此后，妇女和儿童悲伤地离开了这个村庄。这种令人大为"惊讶"的状态和事件被形容为Shangaa或其他词汇。此说法一直受到质疑，不但这个形容"惊讶"的单词比上加的拼写最后面多了一个"a"，而且既然事件后妇女和儿童离开了村子，那该村在这次悲剧发生前叫什么名字呢？

"贝壳项链说"：据传说，上加一词在当地语中含有"贝壳项链"之意。这是因为上加海滩一带常能找到一些贝壳，而古代贝壳在东非沿海一带曾被当做货币流通。不过，既然贝壳是货币，人们自然不会用货币制造项链，而现在上加村也没有人将贝壳做成项链。

支持"上海说"的专家学者认为，除中国人定居上加村的史实和民间传说普遍认同这一观点外，从语言学角度考察，斯瓦希里语与汉语的发音特点和差异就是最有力的证据。Shanga（上加）的斯瓦希里语读音转化为汉语拼音为Shanggai；而在斯瓦希里语中，Shanghai中的h不发音。由此可见，上加的读音与上海完全一样。中国人定居后，取居住地的村名为

---

① （唐）贺知章：《回乡偶书》。

上海，是为了怀念故乡，不断提醒自己是从中国来的，说明中国人的乡土观念强烈，始终眷恋着自己的故国。中国人之所以能够做到更改村名，一是因为他们从船上带来了瓷器和其他物品，比较富有；二是他们多是能工巧匠，有一技之长，因而在当地有一定影响。

除以上几种说法外，我提出"想家说"，认为上加村的更名与"上海"无关。其理由有三：首先，上海当时的影响很小，中国人不足以将其作为"中国"的代称，寄托思乡之情。从"上海"的历史沿袭来看，在郑和下西洋之时，上海并非像现在这样大名鼎鼎。唐朝时，上海称为"华亭"，元朝在1291年始建上海县。1368年明朝代替元朝，1405年郑和开始七下西洋。从设立上海县到郑和开始下西洋的114年中，虽时间横跨元明两个朝代，但上海的名声当时仍是十分有限。上海扬名海内外是近代才发生的事情。

在当时，上海与南京、太仓等城市相比，可谓小巫见大巫。郑和开始下西洋时，南京是明朝都城，是下西洋的策源地。南京作为中国古代都城史上第一个在江南定都的统一王朝的首都，当时的上海难以望其项背。别说是南京，就是当时的太仓——郑和下西洋的起锚地，上海也是望尘莫及。元明时期，太仓刘家港是有名的良港，是"海洋之襟喉，江湖之门户"，享有"东方大都会"和"天下第一码头"之美称。由此不难看出，上海在当时的地位与影响。

其次，"上加"的"加"在中国南方某些方言中与"家"发音一致，而"上"的发音又与"想"相似，故"上加"应为"想家"之意。我国南方一些地区把"家"（jia）发成"嘎"（ga），这与"Shanga"（上加）中"ga"（加）的拼写完全一致。而"Shanga"（上加）中的"shang"（上）与汉语中的"想"发音接近。可以推想，中国人定居帕泰岛后，对上加村的更名，不是运用标准的汉语拼音，而是使用当地的斯瓦希里语。因郑和船队中南方水手占绝大多数，这样就采用中国南方的某一方言发音、运用斯瓦希里语的书写形式，遂使"想家"经过斯瓦希里的书写，转音读成"上加"。

再次，"想家说"与"上海说"表示的对村子更名的含义相一致：表达了中国人怀念故乡、思念故土的游子情、赤子心，用村子更名这一方式不断提醒自己来自遥远的中国，寄托思乡情怀。

至于"想家"为何以后成为"上海"，我认为有两方面的因素：一是经过代代相传，中国水手的后裔渐渐对汉语陌生，他们不知道"想家"的具体含义；二是上海作为"东方大都会"在近代崛起，名声远扬，遂使帕泰岛的"中国人"和当地居民误将"想家"当"上海"，而上海又与中国密切相关，进而使"上海说"广为流传。

## 第三节 "中国学生"思故土

中国记者再次来到"中国村"的消息不胫而走，当我离开上加村时，一大堆男女老少微笑着与我热情挥手告别："欢迎再来'中国村'，祝一路平安！"

离开上加村，我们先走过一片美丽的椰林，接着穿过荆棘丛林中的羊肠沙道，北上西游村。上次来帕泰岛采访时，我曾往返于这条小道，这次重走老路，感到几分亲切。西游村是上加村被遗弃后，中国人北上创建的。两个村子，一南一北，遥遥相对，均位于帕泰岛的海岸。

我们首先参观了西游村遗址。遗址内既有残垣断壁的古建筑，也有四处散落的大小墓丘。在一个大丘形的坟墓前，斯沃里介绍说，这是一座中国女性的坟墓，因为坟墓前面没有竖立石柱子，石柱子被认为是男性的象征。"这座坟墓很大，说明墓主人是一位重要人物，四周粘贴的数量众多的瓷盘和瓷碗就是证明。这些瓷器是二十多年前被文物贩子偷走的，现在仅留下瓷器的痕迹。"我们转到墓的后面，在靠近地面的杂草丛中，斯沃里指着仅存的一个瓷碗的底部告诉我，那是留下的惟一物证。那是一个青花瓷，碗底上还绘有图案。

在西游村口，正巧碰上一个小伙子，他身着白长袍，正要去清真寺做祈祷。见到我，他有些不好意思地笑了，做出请我到他家去的手势，并说他母亲在家中。说完，一溜烟地跑了。看到这一情景，随行的斯沃里和他的同事无不感到意外。原来，我上次来采访时，这名小伙子一个人在家中，告诉我他母亲不在家，陌生人不能进屋。既然有如此严格的家教，我的亲访也就只好作罢，尽管他们是一家中国人后裔。

与村中大多数住户没有围墙不同，他家建有又高又厚的院墙。刚一踏进院门，一名怀抱婴儿的中年妇女就笑吟吟地迎上前来，热情地招呼我们到屋内入座。她五十开外，中等身材，皮肤微黑，头发有些花白。如果不是置身于帕泰岛，你会误以为她是中国南方的一位农村妇女，而不是一位非洲人。与当地人相比，她的确与众不同。

天气很热，我们就坐在大院台阶的简易床上与她攀谈起来，而她一直抱着外孙女站在柱子旁。她的名字叫巴莱卡·巴蒂·谢，按照信奉伊斯兰教人的姓名组合，最后的一个单词是其祖父的名字。"我的祖先来自中国。很久以前，他们的船只在附近海域遇难，先到了上加村，后又从上加来到西游定居。"巴莱卡向我讲述着她的家史，"几百年过去了，更具体的情况就不知道了。我祖父和父亲曾告诉我，他们都是中国人，但中国离我们太遥远了，无法回去。我们的祖祖辈辈都没有回去过。"她带着几分遗憾地说着，中国人来这里后信奉了伊斯兰教，没有再受到中国文化的影响，他们的后代早已不会讲汉语，更谈不上认识汉字了。

问及家中是否还保留有祖传的中国遗物，巴莱卡说以前有几个古老瓷盘瓷碗，二十多年前被收购走了。现在家里与中国有关的惟一用品是一个

作者在"中国学生"姆瓦玛卡家中采访

"中国人"家中的孩子在做饭,女孩正在过滤椰子汁

中国搪瓷盆——中国制造的"丰收牌"洗脸盆。盆子基本完好,连周围和底部的花纹也清清楚楚,估计是国内"文化大革命"期间生产的。

交谈中得知,巴莱卡一家主要靠其丈夫捕鱼维持生计,供养孩子上学。她丈夫也不是纯粹的本土人,而是阿拉伯人的后代。他们生育了五个孩子——三个女儿和两个儿子。两个大女儿都已成家,共有五个外孙,她怀中抱的就是其中之一。"两个儿子和小女儿都在读书,你刚才见的是大儿子,今年17岁。小女儿正在拉木读高中,明年毕业,是家中惟一的高中生,也是家中的惟一希望。"巴莱卡告诉我,自己兄弟姐妹三人,兄弟在蒙巴萨,妹妹在拉木,就她一人留在帕泰岛。"我这一辈子也就这样了,希望孩子们多读些书,有些出息。"说到这里,她欲言又止,啜嘴了一下。斯沃里告诉我,对当地人而言,供养一个学生上高中,经济上是非常紧张的,而她家同时有三个孩子读书。

巴莱卡热情地邀请我们进屋参观。她家共两座房子,这种房子不是砖墙瓦顶,而是珊瑚礁石筑成的墙壁和椰子树叶组成的屋顶。主房内是几个卧室,室内的家具和用品十分简单,当地气候一年四季较热,床上也都没有被褥,铺着椰子树叶编织而成的粗糙席子,床角放着晚间盖的几块大花布。前房更加简易,主要的是一间厨房,没有灶台,就在地面上支上小锅煮饭,炊具不过几件而已。

当我离开巴莱卡家时,她家人把我送到大门外,热情地欢迎我再次访问"中国家庭"。我又一次强烈地感到,博大精深的中国文化的生命力是如此之大,一个人漂泊海外,数百年后,他的后代们尽管早已融入当地社会,与当地人通婚,但只要他身上流淌着祖先的血液,他就始终忘记不了他那深沉的"中国根"。

当天回拉木岛后,踩着厚厚的沙路,我来到了位于城郊的拉木女子中学,前来采访巴莱卡的女儿姆瓦玛卡·沙里夫。由于不习惯走沙路,当我深一脚浅一脚、满头大汗来到学校时,夜幕降临,这所封闭式管理的女子中学的大门已经紧锁,值班人员谢绝入内。姆瓦玛卡的同学们对中国记者的来访感到好奇和兴奋,她们热情地为我找到了姆瓦玛卡,我仅与她隔着大门聊了几句。

三天后,我再次来到这所高中,学校值班教师金格里(Kingori J. M.)向记者介绍了学校和姆瓦玛卡的情况。该校目前有教师18名,学生350名,她们都是从沿海各省来,其中大多数来自拉木,西游村有四名学生。谈到姆瓦玛卡,这位老师表示,她在学生中比较突出,一是她的特殊家史,不少学生说她是"中国学生";二是她学习一直刻苦认真,学校认为如果不出意外的话,明年毕业的姆瓦玛卡能够考取大学。

姆瓦玛卡个子不高,圆脸,大概与来自海岛有关,她身体健壮,不善言谈。与她的同学相比,她因有中国血统,头发乌黑较长。她所知道的那段特殊的"中国故事",大都是从老人们那里听来的。作为西游村的一名高中生,她对中国的了解自然多于她的父老乡亲。她表示,自己非常向往祖先的土地——中国,并对中医怀有特殊的兴趣。这主要因为西游村有一家"中医",也是"中国人",他们为当地群众祛除病痛,受到人们尊敬。问起她的理想,姆瓦玛卡告诉我,目前主要是集中精力学习,力争考取大学,最好能学习医学。不过,拉木没有大学,上大学必须去内罗毕或是蒙巴萨,如果真的考上了,必将给家中带来更大的经济压力,因为全家人都靠父亲捕鱼为生。

谈到目前的学费时,姆瓦玛卡说,最后一学期的学费为8000先令,约相当于100美元。为了鼓励她学习,我当即捐助她一万先令,希望她能在高考中如愿以偿。她显然对这突如其来的解囊相助感到意外,但没有拒绝这对她来说犹如雪中送炭的一点钱。为了释疑,我告诉她,我访问过她家,知道家中的情况,希望这点钱能对她有所帮助。我还告诉她,你是"中国学生",如果在中国,家庭困难的孩子能够得到"希望工程"的资助,我的这点钱也算是一个小小的海外"希望工程"吧!她笑了,笑得很甜很美。

## 第四节　遥想当年织布机

据说,中国水手们当年来到帕泰岛后,不但带来了中医、中国的古老建筑技术,而且带来了民间的缫丝和织布工艺。这些民间工艺代代相传,直到几十年前才失传。这一传说是否属实、是否存在相关的物证呢?

离开巴莱卡家,我们来到另一个"中国人家庭"。他叫杜米拉（Dumila Yonus Dumila）,今年58岁,是西游城堡的管理员。他自己具有中国血统,虽善言谈,但对中国及其这里发生的中国故事说不上来几句,除家中的大木床像中国南方的木床外,再也看不出家中有什么与中国有联系了。他带领我们去参观城堡,该城堡由一名叫萨伊基（Said）的首领于1843年建成,其建筑风格明显地受到中国的影响。杜米拉刚一走到城堡门前,就强调大门的风格具有中国特点,并说城堡内部结构也与其他西方城堡不同。

我们来到的第三个"中国人家庭"是一位老妇人。与前两家相比,其家境更加糟糕,真正的家贫如洗,徒有四壁。她似乎不愿意承认自己是中国人后裔,对这一问题避而不答,感兴趣的是向我兜售家藏的瓷器和铜锁。她从一个角落里取出珍藏的一个破旧篮子,从中像是取宝贝似的拿出几个旧瓷片,仔细观看,那些瓷碗碎片年代不久,无法确认是中国古瓷。老太太最看好的是其中的一个多半个瓷碗,上面有一个孔雀图案,翻到碗底一看,印有英语"和睦家用器皿"。她还拿出一个旧铜锁子,说是中国的,商标是"999"。

我原计划在"中国人"家中发现一些蛛丝马迹,进而挖掘出一段鲜为人知的历史故事。然而眼前的现实告诉我,这一想法过于理想化。帕泰岛上的居民普遍贫穷,数百年前中国水手们落难到此,与当地人融为一体,世世代代都在为最基本的生计四处奔波,他们不大可能将自己特殊的家史记录下来,留传给后代,且不言当年郑和船队的水手们基本上是清一色的文盲;后代们也不大可能将祖先们的用品作为文物收藏至今,恐怕他们的祖先们也会因生活所迫,早就把传家宝变卖了。仅剩下的几个瓷碗瓷盘，没有摔坏的，也在一二十年前被文物贩子廉价收购走了。关于中国人的故事，惟有口头传说，不大可能存在文字记载和实物证明。为此，我改变主意，决定访问西游村的长者，也许会从他们那里获取一些历史信息。

我们在巷道里转了好几个弯，找到了一位和善的老人，他叫姆温耶·奥马尔，今年71岁，正在别人家门前的台阶上与大家聊天。姆温耶老人在村民中享有一定威望，不但对本村历史、而且对上加村和帕泰村的情况都比较了解。谈到"中国人"的故事，老人微笑着说："我说的'中国人'不是指像你这样的中国人，而是特指当年中国水手们的后裔，他们经过一代一代繁衍，

西游村71岁的姆温耶老人，他告诉作者中国人当年把织布和缫丝技术带到帕泰岛上，自己小时候还见过织布机和缫丝机

有些人的'中国特征'已不十分明显。目前，这三个村子惟有西游村居住着'中国人'，共有十家左右，其中五家承认自己的中国血统，其余几家，别人知道他们是'中国人'，而他们自己却不承认。因为"中国人"在村里属于少数派，承认是外来户，有时会给他们带来一些麻烦。由此可以想象，他们的祖先初来乍到时，与当地人相处，一定会遇到不少困难。"

我告诉老人，这次和上次来，我共访问过五户"中国人"，其中三家对自己拥有中国人血统引以为荣，对来自中国的记者也十分热情。谈到那次去过的"中国医生"家，我说上次没有见到法基伊（Fakii Mmaka），家人说他去了马林迪，不知今年回来没有。"自上次离开村子后，法基伊一直没有回来过。前几天我去找他看病，他爱人说他来信讲，最近不会回来，目前在马林迪的一家医院工作，情况还不错，估计短时间内回不来。"老人感叹道，"这里的情况你也了解一些，人们普遍贫穷，大多连病都瞧不起，法基伊经常免费为大家看病，在村民中有口皆碑。"

说起中国人在当地的影响，中医当数第一，从古延续至今。此外还有

什么呢？老人说，瓷器的影响也很大，镶嵌在坟墓上的瓷器20年前还能看到，以前有些人家中也有，不过现在没有中国古瓷了。他回忆说："更远一点，四五十年前，我还听村里的老人讲，西游村以前曾经出现过缫丝业和织布业，也就是养蚕用蚕茧缫丝，种棉花用棉絮纺线织布，或者用蚕丝织布。在中国人到此之前，岛上没有这类手工艺，它们是中国人带来的。"

"这两个行业当时在岛上很兴盛吗？"

老人回答说："据说曾兴盛过一个时期，不过都是家庭作坊。后来，也只有个别人家保留了这个手艺。我小的时候，听到这个觉得很新奇，还去几家看过，见过织布机和缫丝机。"

缫丝机

构造复杂的织布机

"这两个机器什么样子？听您说起这些，我也感到有些新奇。"我穷追不舍地问道。

他向我描绘着缫丝机的形状与结构，试图追忆起那段往事。可是，讲了没有几句，他好像有些淡忘了，不好意思地笑着说："可能本村有几家还保留着这种机器，是木制的，你可以去看看。不过，他们都不是'中国人'。"

根据老人的建议，我们先来到一家。老人曾表示，这家最有可能还保存着这些旧机器。从外观看，这户人家在当地算得上富有，家境相当不错。得知我们的来意后，一个小伙子急忙问家长是什么东西，他父亲不好意思地说："现在没有了，前几年觉得那些东西再也派不上用场，就当柴火烧了。"我心想，要是早来几年就好了，或许还能看到。

又在村子里转了一圈，找到了另一户，主人阿布巴卡尔（Abubakar Mohamed Chuoni）正准备在自己家中做下午三点的祈祷。当地人信奉伊斯兰教，一天从早到晚祈祷五次。他客气地笑了笑，让我先在门外等待。祈祷完，我们就坐在他家门前的巷道里聊了起来。阿布巴卡尔今年五十岁上下，看上去十分精明也精干，谈起缫丝机和织布机，他遗憾地说："这两种机器他家原来都有，他父亲曾教过他如何使用。可是，现在不知去向了。"

"能否再找一找，或许还能找到。"我急于想看到那些机器。

"我们曾多方寻找，找不到了，也问过几个邻居，都说没有借过。"他笑着说。

也许是为了安慰我，他说自己还清楚地记得机器的构造，甚至还有将其复原的计划，待完工会再作为"镇家之宝"传后。"过几天我就开始制作，你下次来就能看到。"

我请求他给我画一个织布机的草图，他一边绘声绘色地讲解着，一边用笔在纸上描绘着。平面图说明不了问题的地方，他就从地上捡来树枝等物品比划："织布机是制作布料的简易机器，主要由主体、梭子和挡板组成，手工操作，可以用棉花或是蚕丝作原料，能制作一整块布，或是类似的装饰品，如花布、头巾等。"他补充说，"缫丝机相对简单一些，但我记得不清楚，重做起来也比较困难"。

"机声咿轧到天明，万丝千缕织得成"。[①] 在我的记忆里，阿布巴卡尔描绘的织布机与中国北方农村妇女过去使用的织布机相比，虽有大小繁简之差异，但二者在构造原理和机样模式方面，确实给人以一脉同源之感。要说最大的区别，恐怕是织女变成了织男，那些曾在大海上与风浪搏斗的男人坐在织布机里来回穿梭，织出了他们柔情似水的乡愁，织出了他们如

---

① （宋）叶适：《机女叹》。

丝一样绵长的思念……

　　中国人给帕泰岛带来了缫丝和织布的工艺，由于时间的流逝和历史的变迁，最终没能流传下来。尽管如此，它们毕竟在西游村的历史上留下一道靓丽的印迹，并为中非友好交往续写了又一段感人佳话。

# 第四章　踏遍帕泰岛

再次登临帕泰岛，采访上加村和西游村后，记者走访了帕泰岛上的所有村庄，以及恩多和基瓦尤两座小岛。

采访帕泰村时，记者就"瓦法茂"一词的含义，在帕泰遗址前和帕泰村民家中，分别与研究人员和帕泰村长咬文嚼字，探究来源。在法扎、琼庄、姆布瓦朱姆瓦里（Mbwajumwali）和基津吉蒂尼（Kizingitini）等村子，以及恩多岛的恩多村和基瓦尤岛的基瓦尤村，虽然没有找到"中国人"，却知道他们共同拥有一颗"中国心"；虽然没有找到"双龙坛"的打捞人，难免有点失望，但此行无疑给记者留下了深刻印象。

当天傍晚在小岛海滨野餐后，夜幕已经降临，伴随着密集的雨点，记者乘船行进在茫茫大海上。当船长在漆黑一团的海面上看到前方万点灯火的拉木城时，他松了一口气说："我们没有迷失方向。"

上次是沿着肯尼亚东部海岸从蒙巴萨北上拉木岛，这次则是从拉木岛南下蒙巴萨。两次采访路线相反，采访的日的却相同。

"功夫不负有心人"，在马林迪的茫茫人海中，记者意外顺利地寻觅到西游村的"中国医生"法基伊，听他讲述祖传的古老而神奇的中医；在蒙巴萨城内的小胡同里，寻找到来自帕泰岛的"奇纳"，听她叙说自己的特殊家史。

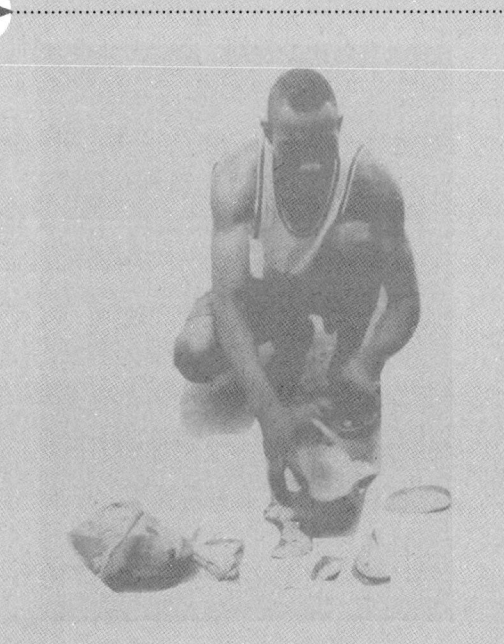

## 第一节　融入非洲大家庭

2003年5月初的一个早晨，海水深蓝，波涛翻滚，我们乘着小船，迎着朝阳和海风，穿过一条狭长的海峡，向帕泰岛的帕泰村进发。

与我们同行的有一位来自帕泰岛的"中国人"。他叫萨义德（Said Abdalla Said），今年52岁。第一眼看去，他的确像中国人，皮肤比当地人白得多，头发比当地人直得多，中等身材，身体健壮。他说自己的祖先从上加村先去了帕泰村，后又离开帕泰岛来到拉木，接着就各奔东西，现仅他一人留在拉木，没有固定职业，终日漂泊不定，靠给人当导游和打零工为生。闲聊中，得知他至今未婚，但目前与一名来自肯尼亚大陆的女子同居，连房子也是临时租借的。包括拉木群岛在内的整个肯尼亚全国的旅游业近一两年来不景气，他的生活也就相对更加艰难。他毛遂自荐执意要为我当导游，还不停地说："'中国人'为中国记者当导游，比当地人要好得多。"他的英语算不上标准，但沟通起来还不算太困难，我便同意了他的要求。

下地劳动去的帕泰村人，村中有人说他长得像中国人

上次来帕泰村采访，年轻的村长告诉我，"瓦法茂"家的人下地劳动了，因时间过于紧张，我必须赶往上加村与阿巴斯船长会合，失去了采访他们的机会。据村长讲，"法茂"或是"瓦法茂"特指中国人。这次来，就是为了弥补上次的未了心愿。

在萨义德的带领下，我在帕泰村又窄又短的巷道里不时拐弯，在一个粉碎机房找到了第一个"法茂人"。当时，"法茂人"正在维修机器，天气炎热，机房很小，光着背的他还满身大汗。他走出机房与我打招呼时，我眼前的这位老人与当地人的确不同，主要是皮肤较白。了解到我的来意后，他自我介绍说："名叫法鲁克（Faruk Mohamed Faruk），今年67岁，哥哥叫阿利（Ali Mohamed Faruk），今年75岁，我们到他家与他一起谈吧！他知道的情况比我多。"

阿利的家是两层楼房，典型的阿拉伯式建筑，楼梯很窄，背个相机包若不小心就要碰墙壁。看到记者拿着相机，光着背的阿利憨厚地一笑，急忙取出破旧的衬衫穿上，示意我为他兄弟俩合影。谈到他的家史，他只知道祖先不是当地人，至于何时来、从何地来，他只是摇头微笑。他们哥俩都不会说英语，萨义德的英语也难以达意，于是阿利活泼开朗的孙女前来充当翻译，她的英语是从学校刚刚学来的几句，我的采访陷入窘境。

无奈，我只好告别他家，去找村中其他的"法茂人"。据说帕泰村有四五家"法茂人"，只是因为居住得比较分散，寻找起来不大容易。第三家"法茂人"的主人是一位老太太，他与家人正在院内挑选大米中的石粒。仅此就能看出，她家在当地属于富裕家庭，帕泰岛不出产大米，玉米和香蕉是当地人的主食，一般人家是吃不起大米的。于是，我就坐在院子里与她们攀谈起来，这样他们也不会耽误手中的活儿。据女主人讲，我刚才见的两个老人是她大哥和二哥，帕泰村的几家"法茂人"其实本来就是一家。

哦，原来如此！正在这时，一名中年男子来到大院，与记者热情地打招呼："听说你刚才去我家了，又打听到你来到我姑姑家，于是就紧追过来。"他是阿利的儿子，帕泰村的大村长，名叫布瓦纳雷赫马（Bwanarehema Ali Mohamed）。他开门见山地说，"帕泰村由两个村子组成，你上次来见到的是帕泰村的一个小村长，他提供的情况不准确。我们的祖先不是当地人，他们最早从也门来，先定居于大陆沿海的栋多，再从栋多来到这里，被当地人称为'法茂'或'瓦法茂'，但我们这个大家庭与中国没有关系。"

他的这番话引起了我们对"法茂"和"瓦法茂"这一基本概念的追

究。在斯瓦希里语中，"Famau"一词由"fa"和"mau"两个单词组成，前者意为"死亡"，后者是指"水"，组合在一起的意思是"淹死在水里"，也可引申为"正在水里挣扎"。"wa"是代词，指自己和对方以外的某个人或若干人，即"他"或"他们"。"Wafamau"意即"他们是死在水里的人"或"他们是从大海里挣扎上来的人"，简言之，"死里逃生者"。"由于我们的祖先是乘船从也门南下而来的，当时的船只普遍较小，极易发生海难，当地就称他们是 Famau 或 Wafamau。"不难看出，这是一个蔑称，清楚地反映出帕泰岛的原住民对外来者的态度。布瓦纳雷赫马继续解释道，"以我之见，瓦法茂专指祖先从也门来，现今居住在帕泰村和西游村的人。而瓦奇纳（Wachina）才专指来帕泰岛的'中国人'，他们现在居住在西游和法扎等村子，帕泰村和上加村没有'中国人'。"

对于"瓦法茂"一词的解释，肯尼亚的专家学者们意见不一。根据我在拉木图书馆查阅到的各种资料和从帕泰岛居民了解到的情况，大概可归纳为以下几种：

第一种意见从"瓦法茂"的基本含义出发，认为它"泛指从外国远道而来帕泰岛的人，而今主要是指他们的后裔"。从这一前提推断，"瓦法茂"包括也门等国的阿拉伯人、中国人和葡萄牙人等后裔，他们的祖先多为进行商贸来到这里，进而落地生根。

第二种意见也是从"瓦法茂"的基本含义出发，但把这一概念具体化，各持一端，分别主张它特指也门等阿拉伯人，或是中国人，或是葡萄牙人，将三者对立起来，互不包含，而不是泛指他们组成的外来人共同体。

第三种意见认为"瓦法茂"特指"中国人"，但他们的理由各不相同。理由之一认为，"瓦法茂"是来到帕泰岛后，第一个皈依伊斯兰教的中国人的称呼，随后当地人就把这一名字代称"中国人"。理由之二认为，"瓦法茂"是当时的中国人首领的名字，当地人以此代称"中国人"。理由之三认为，"瓦法茂"是中国人将"Wafamaji"（溺死者，死在水中的人；复数形式为 mfamaji）读转音了，发成"Wafamau"的读音，后来当地人就把"中国人"称作"瓦法茂"。在斯瓦希里语中，"Wafamaji"一词也因为中国人的误读反而变成"Wafamau"了，以至于不少人已经将"Wafamaji"遗忘。

第四种意见与第三种意见针锋相对，认为"瓦法茂"不是特指"中国人"，原因是"中国人"有自己的专有名词——"瓦奇纳"，而也门人和葡萄牙人则没有他们的专有名词。在西游村,"瓦上加"一词专指从上加村来的人,因为"中国人"是从上加村北上来创建西游村的,因此"瓦上加"一词自然包括中国人在内。既然"瓦奇纳"和"瓦上加"都指中国人,那么"瓦法茂"就不应该再将中国人囊括在内。他们还举例说,在西游村、法扎村和琼庄村,当地人直接把中国人称为"瓦奇纳",就连"中国人"自己也这样称呼自己,很少有人称他们是"瓦上加",更没有人叫中国人是"瓦法茂"。

针对"瓦法茂"而产生的一系列分歧,阿巴斯船长发表了自己的看法:学者与当地人的区别是,大多数学者只懂得书本知识,而当地人能知道实际情况。例如,学者仅仅告诉你那里有一个杯子,而当地的知情者能够向你讲述,杯子是什么形状,杯子里面有什么东西。阿巴斯的这番话真可谓:"农家别有农家语,不在诗书礼乐中。"①

从现实的角度来看,无论"瓦法茂"、"法茂人"和"瓦奇纳"有着怎样的历史背景,彼此之间有着怎样的差异,一个不容否认的事实是,他们早已与当地人、当地社会融为一体,成为帕泰岛、肯尼亚乃至整个非洲大家庭中的一员。

## 第二节 他们人人姓"中国"

拉木群岛由拉木、曼达、帕泰、恩多和基瓦尤等五个岛屿组成,其中曼达岛无居民。从采访中得知,当年中国水手的后裔们,现今主要居住在帕泰岛的西游村,但不排除极少数后裔定居在帕泰岛的其他村庄,甚至是恩多和基瓦尤两个岛屿。为了能够采访到更多的中国人,尽最大可能收集有关信息,同时为了寻找打捞出"双龙坛"的帕泰岛渔民,我决定踏遍帕泰岛的其他村子和恩多、基瓦尤两个岛屿。

这三个岛分属两个行政管理区,法扎区包括帕泰岛的上加、帕泰、西游、法扎和琼庄等村子,基津吉蒂尼区管辖帕泰岛的姆布瓦朱马里(Mbwajumali)、基津吉蒂尼两个村子,以及恩多岛的恩多村和基瓦尤岛的基瓦尤村。鉴于这些村子离拉木岛较远,行程非常紧张,我们的小船在天亮前就出发了。

---

① (明)王世贞:《暮秋村景即事》。

法扎村位于帕泰岛北海岸，是管理区首府所在地。距离村子还有三四千米时，阿巴斯船长遗憾地说，这一带水位浅，船无法靠近岸边，你们只好多趟一段水。这样，我高挽起裤腿，背起相机，手提鞋子，向村头步行。

我们先找村长，好不容易找到家门，村长下地干活了。萨义德认识这里的一个商店老板，我们就四处打听商店的位置，天气炎热，巷道里很少能见到人，寻找起来比较困难。拐了好几个弯，看到一家门开着，正巧是朋友的商店。原来，他把门房开成商店，自己住在后面的屋子。走进一看，是一家小杂货店，高个子老板奥马尔（Omar Bunuvae）热情地接待了记者。他高兴地介绍说："你是光临我商店的第一位中国人，也是第一个外国人。"接着，他向我介绍商店里的中国货，从小卷尺、清凉油到小玩具、剃须刀，再从自行车零配件、缝纫机小零件到"象牌"磨砂电灯、小收音机，都是中国制造的，主要来自上海。想不到在这样偏远的孤岛小商店里，中国货还挺齐全。一问才知，他主要从拉木进货，很少去蒙巴萨和内罗毕买。"小本生意，惨淡经营，经不起长途路费的折腾嘛！"开朗活泼的他笑着回答，并强调他喜欢中国货，物美价廉，且不说帕泰岛与中国有特殊渊源，"上加村名就是来自上海"。

商店老板顺手拿出中国商品——上海生产的象牌磨砂电灯

**村头织风帆**

除销售中国货外，法扎村与中国还有什么联系吗？老板说："法扎有清真寺遗址，也有一两座古墓，这些与中国几乎没有关系，只是原来墙壁上镶嵌有中国瓷器。至于'中国人'，倒是有几家，但好像都离开了，最多也就剩下一家了。她们都是从西游村嫁到这里来的。"在他带领下，我们先去看村外的遗址。走进一片丛林，看到一座古墓，墓碑上的字是不久前才写的，说明墓主人是12世纪的一位阿拉伯英雄，带领法扎人赶走了侵略者，受到大家尊敬，后代特意在其死后立墓碑纪念。村头的清真寺遗址仅留下一大堆土石碴和一道几乎要坍塌的墙，墙壁上留有被人挖走的瓷器印迹。回到村道，又在一大片空地的中央看到一个用水泥筑成的坟墓，墓碑上镶嵌着一个残缺不全的碗片。奥马尔解释道："当地人过去以家中拥有中国瓷器为荣，就像上加村和西游村一样，这个传统是他们继承下来的。但这里镶嵌的是新瓷器，否则早被人偷走了。"同处于一个岛上，"中国人"也给这里带来了一定影响。

当我们在巷道中寻找"中国人"家庭时，我眼前不时出现孤岛上的独特风情。在村头的一棵大树下，四五个小伙子正在编织风帆，风帆旁边放着一台正在播放音乐的收音机；这里的村民多以捕鱼为生，巷道里的房檐下晾晒着一串串鱼干，这是当地储藏剩余鲜鱼的方法；在村中心的一个凉棚下，一位老妇人正在摇动一个简易机器，走近一看，铁兜里盛放着玉米粒，当地人常用这台机器免费粉碎粗粮；拐进另一条村道，一长排大大小小、五颜六色的水桶非常引人注目，一群妇女正在等待着从集体大水窖里打水……奥马尔说，除下地务农外，男人捕鱼、妇女打水是村民生活的基本内容。"法扎缺乏淡水，家家户户都有水窖，收集雨水。同时，村里有公共水窖。"我还特意到他家中去，观看了水窖和农具。

经过一番打问得知，法扎村的"瓦奇纳"多年前都离开了帕泰岛，最后一家是去年离开的。他们走后都没有再回来过，也没有与其他人联系过，因而不知其具体下落。人们都说，他们去了蒙巴萨或是桑给巴尔。

热情的奥马尔一直将记者送到村头，还一再表示，一旦得知"瓦奇纳"的有关情况，一定用 E-mail 告诉我。与他握别后，我们向琼庄进发。琼庄和姆布瓦朱姆瓦里是两个内陆村子，按照事先商定的采访路线，阿巴斯船长在基津吉蒂尼海岸等待我们。

法扎与琼庄之间约距离五六千米，用羊肠沙土路连接。路途上，记者不时遇见两地之间的主要交通工具——毛驴，多数毛驴背驮着水桶和塑料水箱，足见水在当地居民生活中的位置。离琼庄村口约有一千米时，在杂

帕泰岛琼庄村的清真寺

草丛中的道路边，我们看到一个清真寺的遗址。这个清真寺的规模比较大，四周的墙壁基本完好，墙上被挖走的瓷器印迹十分明显。

刚一走进村，看到一座新清真寺，完全的新式建筑，两层楼，楼顶架着一个高音喇叭。与遗址相比，其规模更大，但墙壁没有遗址的厚。新老建筑反映出一个问题，这里曾受到中国文化的影响。

村长鲍西（Bausi）是一个年轻人，刚一迈进他家门，我就发现家具和墙壁上的装饰画都与中国的相像。看出我对这些感兴趣，村长开门见山地说，"帕泰岛几百年前来过中国水手，上加村的村名来自中国的上海，这些连村子里的年轻人都能知道，比如我吧！"谈到琼庄是否有中国人，他继续说："啊，'奇纳'，过去有，他们是从西游村来的，有的结婚嫁到这里，有的是来做生意留在这里，但是现在他们都离开了。"

"全都走了吗？"

"是，全部走了，据我所知是去了内罗毕和蒙巴萨。"村长胸有成竹地回答。

"他们是否有时还回来看看？"

"前年，其中一家从蒙巴萨回来，专门为家中的老奶奶办丧事。其他几家一直都没有人回来过。"看来，这个村长似乎对村民的情况比较了解。

"其他几个村子都习惯于称呼'中国人'是'瓦奇纳'，你却叫'中国人'是'奇纳'，不知为什么？"

"他们的姓名里都含有'奇纳'一词，我们也习惯于这样称呼他们。'瓦奇纳'用来泛指'中国人'，'奇纳'则专指琼庄村的几家'中国人'。比如，我们把他们家的大人和小孩，统一称呼为'奇纳'。他们之中有两名女士去了蒙巴萨，都在耶稣城堡博物馆工作，她们的同事也习惯于这样称呼她们。"

"你怎么知道？"

"我去过蒙巴萨的博物馆，见过两个'奇纳'，所以知道这一情况。"村长从我手中接过采访本，不假思索地连续写了四个"奇纳"的姓名，其中两个在蒙巴萨，两个在内罗毕。"我不知道内罗毕那两个的具体地址，蒙巴萨的两个都在博物馆工作，比较容易找到。她们一个是技术院校毕业后分配去的，一个是随家人移居去的。只要你去博物馆问'奇纳'，大家都知道。"

（上图）帕泰岛与世界现代化连接在一起
（下图）帕泰岛风情

我接过采访本一看，果然四个人的姓名中都有"奇纳"。他们的姓名与当地人不同，当地人的姓名由三个单词组成，依次是自己的名、父亲的名和祖父的名，他们的姓名只有两个单词，前面是自己的名，后面都是"中国"。村长解释道："这些'中国人'共同姓'中国'，说明他们不忘祖先的故土，思念老家。"

尽管在琼庄没有见到一个中国人，但是村长提供的情况也令人感到欣慰。这几家"中国人"，从西游来到法扎，更加成为少数派，但他们对自己的祖先更加思念，并以中国作为自己的姓氏，牢记自己的根。他们虽然离开了法扎，但他们的影响还留在这里。

我掏出随身携带的小礼品送给村长，向他表示感谢。

## 第三节　寻觅"龙坛"打捞人

告别村长，我的下一个目标是姆布瓦姆瓦马里和基津吉蒂尼两个村子。萨义德从来没有去过那里，便提议找他在该村的年轻朋友莫德（Mohd）当向导。骄阳似火，大地炙热，当我们找到莫德家时，口干舌燥，满脸通红，汗流浃背。热情的莫德与我们打过招呼，就朝腰中别一把利刀，走向大院内的椰子树，像猫一样伶俐地爬了上去，一会儿就上到树梢，随着一阵阵砍刀声，一个个椰子从树上落到地面。喝这样新鲜的椰汁，我平生还是第一次。

琼庄与姆布瓦姆瓦马里之间的沙道上，人来人往。当地人似乎习惯了炎热天气，个个头顶烈日，三三两两边走边说，悠然自得。走进姆布瓦姆瓦马里村道，传来一阵响亮的读书声，一群小学生正在老师的带领下朗读课文。当记者从巷道通过时，也许是他们从来就没有见过外国人，活泼的孩子们手拿课本就冲出教室，大喊大闹地与我打招呼，示意我为他们拍照。

**帕泰岛风情**

高个子的卡西姆（Kassim SheeBwana Mohamed）村长身体健壮，为人诚实，这是他给我留下的第一印象。也许是作为一村之长，他家有大院，院墙上开了一个门洞，安着一个小门。当我跨进大院小门时，村长低着头从屋内走出来，我一看，房门更小更矮。刚一见面，尚未来得及相互自我介绍，他就把手一挥，做出一个请的手势，示意我走进大院内用麻袋片围成的"房子"，十分自豪地说："这是我的办公室，请进。"

　　办公室共三面墙，两面墙和屋顶是用破麻袋片缝合而成的，能够随风摆动；一面借用的是院墙，墙上贴着早已过时的全国大选宣传画，与其说是竞选宣传，不如说是用宣传画裱糊墙面。办公室内有一个破旧的办公桌和一把同样破旧的办公椅，靠着院墙摆着，供村长专用；另有两张十分简易的单人床靠着两面的麻袋片墙放着，专供客人们坐。对我的突然来访，村长十分重视，作为一次重要的外事活动来安排。他先让我坐在一个单人床上，接着从家中叫出他夫人坐在我对面的单人床上，然后自己庄严地走上办公桌，正襟危坐。这样，我们三人形成一个三角形，相互斜对面坐着，村长示意我讲话。得知我的来意后，村长把头一摇："我们村没有'中国人'。据我所知，'中国人'从西游村最远到了琼庄，没有来我们村。我们村子周围也没有留下任何'中国人'的遗迹。"

村长夫妇

"村里是否有渔民下海捞虾？有没有听说他们从海里捞出过中国坛子？"

"中国坛子？"村长夫人睁大双眼，不解地问道；"中国龙坛？"村长也露出惊讶的神态。当我解释一番后，村长说："没有，没有，没有听说过，更没有见过。我们村子不靠海边，打捞龙虾要下到海里，需要一定的技术，捞虾人都住在基津吉蒂尼村。"

村长回答问题比较果断，为了赶时间，我准备告别，村长却一直看着我的照相机，我便提议给他们夫妻合影，村长一笑，全身上下打量一番自己，先瞧瞧横道T恤衫，再看看花布裙子，最后再看看夫人的衣服，觉得都很干净，便走过去与夫人坐在一起，神情严肃地对着镜头……

在村口，莫德向我们指了去基津吉蒂尼的路，接过我付给他的小费，我们互道感谢后就分手了。朝基津吉蒂尼赶路的途中，村长的形象、做客村长办公室的情景，一直萦绕在我的脑际。

基津吉蒂尼村居住着5000多村民，是闻名拉木群岛的渔民之乡，打捞龙虾者都是该村的渔民。他们下海捞龙虾，没有现代化的潜水设备，凭借的是传统的捕捞手段。由于世代出身渔民，生长在海边，他们水性很好，对附近海域的情况比较熟悉，对龙虾和鱼类活动的区域比较了解，下海前，仅戴上脚蹼和潜水镜，一手拿着短小的尖刀，长长地吸一口气，一个猛子就扎进水中，看到龙虾就猛刺一下，浮出水面。很显然，每次潜水都是憋一口气的时间，足见技艺不凡。

与采访过的其他几个村庄相比，"渔民之村"基津吉蒂尼名不虚传。村头和海滨，不少人家都在忙着"造船"，大船小船都有。另外这里的码头尽管是土石堆成的，但是又宽又长，村子沿海而建，海滨热闹非凡。我们先在村道中走了走，主要询问碰见的老人们，该村是否有"中国人"。问了几位老人，他们都说村里没有"中国人"居住。

我们接着来到村头海滨，询问打捞龙虾者。于是，一大堆年轻人围了过来，都说自己是打捞龙虾的，但是从来没有打捞上来过"中国坛子"和其他文物，尽管他们知道帕泰岛海域沉没过一艘中国古船。我告诉他们，拉木人讲，"双龙坛"是他们基津吉蒂尼村的渔民打捞上来，拿到拉木出售给白人的。他们表示，村子大了，打捞龙虾的人多了，也许是自己村里的人，但一下子难以找到。再者，有些人打捞出这种东西来也不愿声张出去，惟恐给自己带来麻烦。

"会带来什么麻烦呢?"我表示疑问。

一个年龄稍大点的说:"迷信的人认为,从海里抓到鱼类以外的东西不是一种吉兆。"这使我想起关于兵马俑发现的故事:陕西临潼附近的一户农民,早年在自己家里打井时,打出一个"人头"来,全家人认为那可不是一个吉兆,于是悄悄将"人头"又扔下去,把打了半截的井填平,停止打井了,更重要的是还对这件事守口如瓶。其实,那个"人头"就是兵马俑中的一个"将军头"。直到后来兵马俑的发现震惊天下时,这家人才说出这一秘密。要不,兵马俑的发现比实际的时间会更早。

一个年轻人补充道:"从海里打捞出文物应该交给国家,送到博物馆,不能私自出卖。"他又说出了人们的另一担心。

从他们的言谈中猜测,也许他们知道龙坛是谁打捞出来的,甚至打捞者就在他们中间,然而,他们谁都不愿讲出来,谁也不会承认自己打捞出"龙坛"来。

阿巴斯船长早已在码头等待,上船后,我们直奔基瓦尤岛。抵达海滩时,已是傍晚时分,海滩有宾馆,可以在此留宿。阿巴斯和萨义德开始准备晚餐,我们一天忙得还没有顾上吃饭哩!我一路上又渴又饿,已把随身携带的水果糖与萨义德分吃光了。

就在他们准备晚餐时,我看了看海滩的几家宾馆,都十分简易,是用当地的树枝和椰子树叶搭成的。因为长时间无人入住,里面的蚊子成群,刚一走进门,就能看见蚊子飞舞迎接客人。走上海滩的高地,看到基瓦尤村就在跟前,我便快速前往了解情况。这个村子不大,村民住得比较分散。碰见几个村民一问,都说这里没有"中国人"。接着,我找到了村长,村长证实了村民提供的基瓦岛上没有"中国人"的说法。

萨义德用捡拾来的柴火烧开了一小锅水,阿巴斯取出随身携带的茶叶、生姜、牛奶和白糖,分别投放到锅里,用勺子搅拌均匀后,倒到三个杯子中。他接着取出冷藏箱里的饭菜,有烤鱼、沙拉和米饭,我们便在沙滩开始了野餐。经过商议,我们今天不准备在此过夜,饭后先到恩多岛做短暂停留,然后赶回拉木。

恩多岛距离基瓦尤岛不远,恩多村就在海边。村子不大,居民不多,但清真寺比其他几个岛的都威风,成为这里的标志性建筑。刚一踏上海滩,几个当地居民就迎上前来,问及村里是否有"中国人",他们一口否定:"这个岛从来就没有来过'中国人',他们都居住在帕泰岛上。"

太阳就要落山了，海上的日落，就像太阳从天边在大海里划了一道长长的光线，接着又吝啬地将余晖徐徐全部收回。夜幕降临，海风乍起，海水涨潮，阿巴斯船长提高航速，小船在浪尖上飞跳，浪花朝两侧飞溅，我们向拉木飞驰。我坐在船里，好似踩在滑板上冲浪，又像是跨上骏马飞奔。海风越来越大，空中落下雨点，海风夹带着雨点落在脸上，失去了往昔的轻柔，直打得人感觉到疼。而我最担心的是，阿巴斯在黑夜中迷失方向。当我们航行在无垠的海面上，在沉沉黑夜中看到拉木城微弱的灯光时，阿巴斯松了一口气，放慢了船速，我们几个人紧张的神经也得到一丝松弛。

回想这一天，在大海里航行，在海水中行走，在丛林间穿越，在巷道内打问，在海滩上寻觅，经受烈日暴晒，雨水拍打，海风劲吹，黑夜封锁，这一经历，实难忘记！尽管没有寻找到"中国人"，没有寻找到"龙坛"的打捞者，未免滋生出失望感，但是，如果不来又怎能知道这里的实际情况呢？再说，"中国人"的后代离开了除西游村外的其他村庄，我为之感到高兴：他们是好样的，不愿再像祖辈们那样，死守在那座曾经落难的贫穷孤岛上，而是离开小岛，走出封闭，寻找新生活，开辟新天地。这，难道还不令人欣慰吗？！

次日清早醒来，尽管感到很累，但我担心的感冒终于没有发生，真该感谢阿巴斯的姜茶，否则昨晚在大海上受了冷，淋了雨，免不了要感冒一场。

## 第四节　中华医术有传人

我已完成此行的采访任务，按原定计划，今天（2003年5月13日）应该直飞内罗毕。然而，西游村的中国大夫法基伊去了马林迪至今未回，我两次采访西游村均未遇上；琼庄的"奇纳"现在蒙巴萨博物馆工作，我也想采访一下他们。为此，我临时改变行程，从拉木到马林迪，再南下去蒙巴萨。

当飞机降落在马林迪机场时，已是下午两点多。为抓紧时间，坐上出租车，我直接开始寻找法基伊，没有具体目标，大方向是先找到医院或诊所，再从中询问情况。出租车司机对我说，马林迪有20万人，医院和诊所也难计其数，大小规模的皆有，挂牌的不挂牌的兼备，甚至不少是家庭式诊所，这样毫无目标地找人，无异于"大海捞针"；像我这样的乘客，他还是第一次碰到。为活跃气氛，我问司机："您叫什么名字？"他脱口应答："Michael M. Ngeta（迈克尔·恩格塔）"。话音刚落，他似乎对问其名字感到不解，有些疑惑地看我一眼。我忙开玩笑说："我在非洲乘坐过许多次出租车，今天是我第一次问一位出租车司机朋友的名字。"他听后会意地哈哈大笑。经过商议，我们先从市中心的医院和诊所开始，哪家医院寻找起来方便，就先到哪家去询问。

此时的马林迪，烈日当头，酷暑难耐，车水马龙，熙来攘往。我们首先在一家诊所门前找到车位。诊所的门面就一间房子那么大，门上的黑字招牌写着斯瓦希里语"您好"（Jambo），诊所名与问候语合二为一，简洁易记，醒目热情。走进门，接待台的黑人小姐先问我瞧什么病，得知我的来意后，她给我写了一个序号，让我加入排队的行列，像患者一样去瞧医生。我前面有三四个病人，只好耐心等待。我认真观察周围的环境，诊所不大，但每样东西却摆放得井井有条，打扫得干干净净，不但环境十分卫生，而且"五脏"齐全，化验室、注射室和X光室齐备，大夫坐在最里面的一间空调室应诊。40开外的黑人男大夫见到中国朋友来就诊，满面笑容相迎，热情起身让座。别小瞧了这个小小的私人诊所，它清楚地告诉我这位远方来客非洲人的两大特点：爱整洁，讲卫生；乐观坦诚，热情好客。当得知我是来打问法基伊的情况时，他思索了片刻，接连回答："不认识，不知道，没有听说过马林迪有帕泰岛来的医生。"对于这一新情况，他似乎比我还感兴趣，反问我帕泰岛的医生长什么样子，主治什么疾病，医术是否高明，直问得我张口结舌，无法应答。

在"您好"诊所"碰壁"后，我改变主意，先去大医院。大医院人多，相对容易打问情况。出租车司机恩格塔（Michael M. Ngeta）也同意我的看法，认为去大医院了解情况能节约时间。我们来到一家三层楼的大医院——胜利医院，医院的大厅内人来人往，排成一条长龙的患者正在等待就医。我看恩格塔比较机灵，就让他先出面，到每个诊室先简单问一句："对不起打扰一下，请问帕泰岛来的法基伊大夫是否在这里工作？"如果对方回答不知道，就不要再追问了，接着再问下一个；如果对方知道一点情况，我再去详谈。

未料，恩格塔去第一个诊室刚一问，就急忙跑回大厅找我。我们快步走进第一个诊室，一位留着长胡子的矮个子大夫站起来，笑着与我握手：

"你算找对人了，我认识法基伊，但他在马林迪不是当大夫，而是教书。"他接着介绍说，"我叫穆罕默德·科姆博（Mohamed Kombo），来自帕泰岛的法扎，法基伊来自西游。"

我忙插话："我刚从帕泰岛来，去过你们的老家法扎和西游。"这句话一下子拉近了我们之间的距离。"真没有想到，你能够访问落后、偏远、封闭的帕泰岛。"科姆博有些不解地问道，"是什么吸引你去我们老家？"当得知我是中国记者，为了一个"中国故事"去了帕泰岛，又来到这里时，他哈哈大笑，"我也知道那个闻名拉木的'中国故事'，法基伊会知道得更多，我和法基伊合租一间房子同住，找到我就等于找到他了"。

科姆博因正在坐诊不便外出，我手持他画的简易路线图向他致谢、与他握别。当我乘坐出租车来到一所清真寺兼阿拉伯语小学时，一位蒙面妇女告诉我，法基伊正在给学生上课，让我在门口等待。约十分钟后，一名头戴白圆帽、身穿白长袍的高个中年男子走出来，自我介绍是法基伊，与我们握手后，热情、礼貌而略显拘谨的他从屋内搬出一个长条凳子放在门厅让我坐："我要去做祈祷，请再等一会儿。"

法基伊不善言谈，再次出来时，请我跟他上楼。在二楼一个拐角的小房间，他介绍说是自己的办公室，仅有一张桌子、一个书架和两条凳子。"你刚才在胜利医院见到的科姆博是我的同乡，也是我的阿拉伯语业余学生。要不是找到他，你就很难找到我。我来这里两三年了，当时有两个目的，一是购买农具，主要想买些铁丝，回去制作铁丝网，同时想找一份工作，本想当一名专职医生，没想到当时这所学校需要阿拉伯语教师，就来应聘，一干就是几年，一直没有回去过。"

法基伊是利用课间休息时间来接待我的，他还有最后一堂课要上。我约请他晚上一块出去吃饭，饭间再好好谈谈。

找到宾馆安排好住宿后，我急忙去学校接法基伊。法基伊是个虔诚的伊斯兰教徒，不但自己不喝啤酒，也不愿意在出售啤酒的饭馆进餐。这样，我们找了好几家餐馆都不合他意，最后终于在一家烤鸡店坐下来，这里只卖饮料，不售任何酒类。法基伊点了一份烤鸡——由鸡肉、土豆、西红柿和大米饭组成的拼盘，外加一份色拉和一瓶雪碧。

法基伊这样介绍自己的家史：祖父母都有中国血统，头发和皮肤都像中国人，他们同时都是医生。这样，他的父亲和叔叔就长得非常像中国人。"你上次去我家时见过我小儿子,他叫阿纳斯(Anas),今年六岁,我自己小时候,如同他现在一样,村里人都叫'中国人',头发长,皮肤白、眼睛小。"说到这里,法基伊笑了,"我有四个孩子,女儿最大,今年16岁,其余三个都是儿子,最大的14岁"。

法基伊出身于"杏林"世家。"我家是祖传的医生,据祖父讲,他的医术就是上一辈传下来的,祖父母、父亲和叔叔、我们兄弟仨都是医生,主要是中医。"法基伊告诉我:"我的医术主要是父亲传授的,父亲去世后,就跟着叔叔继续学习。叔叔是一名教师,我的阿拉伯语也是他教的,后来又在内罗毕接受过阿拉伯语培训,而当地人说的都是斯瓦希里语。"

"听说你的医术在你们大家庭中最高明,在当地也最有名。"我问道。

"家传的医术主要是按摩治病和中草药的制作方法,除从父亲和叔叔那里学习外,我后来有机会去蒙巴萨深造过,增加了针灸和脉络知识。"说到这里,我请法基伊为我把脉,想试试他对脉象的判断。他说,"一般情况下,把脉应在患者手腕下垫一个小枕头,既然这里没有脉枕,把手放在桌子上也可以"。就把脉的位置和手感而言,他不是一个外行。

接着,我又请他为我按摩。从头部开始,一直按摩到腰部,他能

"中国大夫"——法基伊的小儿子阿纳斯,长得像中国孩子吗?

够变换运用指、掌、肘等手法，按摩时的手劲也拿捏得分寸到位。"你知道中医的穴位吗？"他边按摩边回答说，知道一些穴位的名称，是父亲告诉他的。"后来看书才知道，人身上的穴位很多，自己只知道一部分，对于绝大多数穴位，能找到准确位置，但讲不出具体名称。"他还说，"按摩主要根据穴位，有时，腿上的病却需要从腰部按摩治疗"。

我们的话题一回到祖传医术上，就打开了法基伊的话匣子。他首先让我观看了自己携带的两个小盒子：一个是装胶卷的小黑塑料盒子，一个是稍大一点的装擦脸油的白塑料盒子。前者里面装着黄色药膏，很像清凉油。"这种药外用，主治头痛、皮肤病，例如被蚊虫叮咬等。"听到这里，我从相机包里取出一盒清凉油送给他，并说两者的功效是一样的，他接过去看了看，觉得盒子很小，打开一闻，味道很浓，便像孩子一样好奇地笑了。

他打开第二个盒子让我瞧，里面是黑色的汤剂。"这种汤药早晚各服一次，主治食欲不振，也能治疗疟疾。"他说，自己能制作十多种药，这些药能治疗几十种病，主要是一些当地的常见病。制作的方法分为三类：一是汤药，将各种药放在小锅里水煎30—60分钟；二是药丸，将各种草药先碾成细末或是捣成末状，再用蜂蜜和水相拌做成药丸，一般是黑色；三是药膏，将草药先制作成粉末，把蜡烛烧成液体，再加一些植物油与之搅拌……

"制药用的中草药从哪里来？"我问。

"都是从村子周围采集来的，如树根、树枝、树叶、树籽、草根、藤蔓、花卉，等等。"他脱口而出。

"你怎么知道这些植物具有药效？"

"父亲和叔叔告诉我的，我从小就跟着他们到村外采集。"

"你知道那些草药的名称吗？"

"我只知道草药的阿拉伯语名称，不知道英语叫什么。"应我的请求，他不假思索地一口气在我的采访本上写了一大串草药的阿拉伯语名称，我一数，共18个。

接着，法基伊详细介绍了两种汤剂处方和煎制方法。第一剂汤药主治关节炎，第二剂汤药主治浑身乏困无力。从中可以看出，汤药煎制时，不是同时放入锅内，而是区分先后顺序；个别药材还要先在水中浸泡一天后，才开始煎制；煎药时在煮沸阶段还需要搅拌；汤药煎好时，有的因药味太苦,在饮用时需要加糖;有的汤剂煎好后因过于浓,饮用时需要加水,等等。"这些药物的作用及其制作和饮用办法,主要是祖传的,也有的处方和制作办法是我自己创新的,除对症下药外,还要根据病情和患者的身体状况加减药量。"法基伊强调,关于治疗全身乏困无力的汤药具有"治疗和滋补"双重功效。另外,他还有自己的"绝活",而这些"压轴戏"多是在紧急关头匆忙上演的,诠释着这位救死扶伤的杏林赤子常怀忧民之心、急患者所急的高尚职业道德。比如,耳闻目睹身边的妇女因难产而痛苦不已,他研制了一种具有催产作用的口服药;一次,他哥哥腰部受外伤出血,大家都说需要手术治疗,而他根据病情研制的汤药处方却治好了病。"我目前正在对治疗眼病的草药成分进行研究。"

西游村,乃至整个拉木群岛的许多患者都是法基伊医术的受益者,村里的"中国人"更是如此。当我问及他家中还有什么与中国有关的东西时,法基伊说:"除祖传的中医外,其他都没有了。20多年前,家中还有些中国瓷盘,当时有人来收购,也就卖了。"

谈到今后的打算,他说自己今年42岁,想继续在这里教书,这里的师生对他的教学很满意。"我不想回去,想把家人接到这里来。你去过西游,知道那里的情况,人们太穷了,大多瞧不起病,我对多数人都是免费治疗。当然,如果在这里不能继续教书,挣不到钱,那就只好回去了。至于当医生,这里的医院一般不需要中医,我只能兼职行医。"

由于自己的家族与中国之间的特殊关系,法基伊说他十分留意来自中国的消息,关注中国的经济发展。"如果有朝一日能有机会访问中国,去那里深造中医,将是再好不过的事了"。法基伊表示,他不但要继续提高自己的中医水平,还要将这门祖传的医术子子孙孙传承下去。

## 第五节 做客"中国人"家中

"一年三百六十日,都是横戈马上行。"[①] 采访完法基伊的次日清晨,我乘坐一辆出租车,从马林迪南下。此行的两个目的地——格迪遗址和蒙巴萨博物馆。对我而言,尽管这两个地方都是故地重游,但目的大不相同。上次在格迪遗址因时间关系停留得太短,这次要认真参观一番;上次

---

① (明)戚继光:《马上作》。

格迪遗址发掘出来的一个近乎完整的中国瓷碗

在蒙巴萨博物馆仅是参观，这次主要是寻找从帕泰岛来这里工作的"中国人"。

格迪遗址位于丛林环绕之中，遗址中间和周围不乏参天大树，朝阳照耀下，斑驳陆离，平添几分沧桑感。我是今天的第一位参观者，博物馆尚未开门，工作人员得知我是远道而来的中国记者，特意为我开了绿灯。博物馆分四大部分：格迪遗址、文物展览室、历史图片展览室和瓷器碎片展厅。首先，我走进遗址，从不同的角度拍照。20世纪四五十年代，考古学家在发掘时认为，格迪遗址反映了12—17世纪时期，斯瓦希里城邦独特的建筑风格。

刚步入文物展室，我驻足在门口的"说明"前，其中有这样一段话："遗址发掘出来的文物包括从中国和伊斯兰世界来的瓷器、玻璃和贝壳珠子、金银首饰和钱币。当地的陶器数量最多，主要是炊具和储藏器皿。"这里陈列的文物全是遗址发掘出来的，每一件都十分珍贵，其中的中国钱币和中国瓷器皆来自遗址的中国瓷器室和中国钱币室。一个几乎完整的大花瓷碗为展室增色不少，它是格迪遗址发现的惟一近乎完整的中国瓷器。其下面的说明这样写着："这个大青白瓷花碗表面绘着盛开的荷花和卷曲的三片叶，碗内侧有长寿的图案。这是格迪遗址发现的明朝初期的中国瓷器。"五号展柜和六号展柜放置着中国古钱币,图片说明中对钱币年代的介绍自相矛盾,将元朝与明朝混为一谈。顺便提一句,外国学者对中国历史普遍知之甚少,对中国文物的断代更是缺乏精确。

历史图片展览室介绍格迪的历史渊源,从创建、发展、兴盛到消亡,记录了这座古城的全部兴衰史。其中的两大重点,一是郑和船队来访,一是达·伽马船队通过。在郑和船队到访的图片中,既有郑和本人的画像,也有明成祖的画像;既有船队中国出征地的照片,也有当年格迪城的照片;既有郑和巨船1431年的图片,长140米,也有哥伦布(Christopher Columbus)船只的图片,长30米,布展者特意将两者排列在一起进行比较,其大小与气势一目了然,相比之下,哥伦布的帆船可谓小巫见大巫了。

在关于郑和船队在中国的图片中,有一幅是郑和泉州行香碑。郑和在永乐十五年(1417年)第五次下西洋时,到泉州灵山圣墓行香,祈求圣灵庇佑。《泉州灵山回教先贤行香碑》载:"钦差总兵太监郑和前往西洋忽鲁谟厮(斯)等国公干。永乐十五年五月十六日于此行香。望灵圣庇佑。镇抚蒲和日[①]记立。"在这组关于郑和船队图片的说明中,有如下这段

格迪博物馆展出的中国瓷器碎片,你能看清楚上面的"福"字吗?

---

[①] 有学者认为,"镇抚蒲和日"乃"镇抚蒲日和"之误,蒲日和实有其人。

文字:"第一支来到东非沿海的葡萄牙船队应该得出这样的结论,15世纪末叶的印度洋海域是穆斯林的天下。事实上,这正是身为穆斯林的中国船队队长郑和得出的结论,他1405—1433年七下西洋的探险活动比达·伽马早了约90年。然而,葡萄牙人未能得出这一结论,相反认为该地区的部分居民是基督教徒,因为他们之中有商人。"

在瓷器碎片展厅里,那些大小不等的瓷片几乎全来自古代中国,有的上面留有清晰的花纹,青白瓷上的荷花叶线条流畅;有的底部的汉字清晰可见,一个几乎完整的"福"字表达着美好的祝愿;有的上面是动物图案,"奔马"扬蹄飞驰……放置在玻璃展柜中,这些文明的碎片简直就是一部活的历史资料,讲述着中非交往的那段友谊佳话。可以想象,如果没有中国瓷器,格迪城的历史今人恐怕难以讲述得如此清清楚楚。

我在几个展室流连忘返,从不同的角度拍照,以期最大限度地收集资料。展室内空空荡荡,惟有我与这些中国瓷器和有关中国的图片默默

**蒙巴萨的象牙大街**

进行着对话。为了节约时间，我有时也对着随身携带的小录音机朗读有关的图片说明，以免匆忙之中记录下的潦草文字，回去后难以辨认而留下遗憾。

当我从格迪古城邦来到蒙巴萨城堡博物馆时，正值骄阳当空的正午时分，一些参观者坐在门前的树阴下悠闲地喝冷饮，而我却急着寻找帕泰岛来的"瓦奇纳"——斯瓦希里语对"中国人"的称呼。走进深深的城堡门洞，来到博物馆接待室，得知博物馆有两个"瓦奇纳"：一个回家吃午饭去了，一个正在休假。至于第三个，他们也未曾听说，仅知道这两位。

我利用等待回家吃饭的那个"瓦奇纳"的时间，再次参观了博物馆的瓷器展室。当我从展室走出来时，一个穿着黑袍的年轻女子径直向博物馆的小卖部走去。一眼看去，她很像中国人的后裔，尽管她的皮肤有些黑。她打开小卖部门上的铁锁，将门敞开，说明下午的营业时间到了。我带着几分好奇走了进去，她不仅显得非常友好，还主动递来她正在吃的零食，让我一起分享。在得知我来自中国后，她还笑问中国是否有类似的食物。接着，她又开始向我介绍店里的光盘，说着就手舞足蹈，唱起了非洲名歌《你好》（Jambo），借以表达对我的问候之意。交谈时得知，她来自帕泰岛的法扎村，毕业于蒙巴萨一所技术学院的企业管理专业。她不但知道帕泰岛上"中国人"的故事，而且她本人就带有较为明显的中国人特征：嘴唇较薄，而当地人多数双唇厚；眼睛较小，而当地人眼睛大；身材苗条，而当地女子多肥胖。虽然她待人热情，但是拒绝为她拍照，原因当然是她所信奉的宗教。潜意识告诉我，眼前的这个人就是法扎村商店老板讲的那个"瓦奇纳"。当我就此问题问她时，她只是笑而不答，或许这位姑娘羞于在陌生人面前谈论自己的身世。

下午三时许，我再次到博物馆接待室，得知另一个回家吃饭的"瓦奇纳"下午不来上班了。待我说明来意后，一名热情的工作人员随即拨通了这位"瓦奇纳"家里的电话。对方当即表示，非常欢迎我去她家做客。

大街上车水马龙，不时出现交通堵塞，路程虽短，然出租车时走时停，艰难前行。就在能看见"象牙大街"的明显标记时，博物馆的陪同人员告诉我，"瓦奇纳"的家不远了。于是，我们不得不从堵塞不前的车里下来，穿胡同抄近道前往她家。

未曾想到，蒙巴萨的胡同较窄，但胡同里的住房显得并不那么拥挤，而"瓦奇纳"家还带有一个院子。小院的铁门不大，刚一迈进院门，就见院里坐着一位妇女，看上去35岁左右。用不着介绍，那明显的黄皮肤就已告诉我，她就是"瓦奇纳"。她穿着带有小黄花的连衣裙，头顶一块小白花手帕，先是神情惊奇地看着我，然后站起身来，微笑着与我打招呼，热情地邀请我进屋入座，还沏上一杯茶水，并特意说明是中国茶。

屋子挺宽敞，分里外两大间，里屋铺着地毯，外间铺着地板砖。屋里的家具、家电还比较齐备，有沙发、冰箱、电视和电话，还有缝纫机。缝纫机是中国产的"蜜蜂牌"，上面还放着正在缝制的衣服。见我对缝纫机感兴趣，她笑着解释自己经常自裁自缝，还称赞中国缝纫机的质量好，用了多年，性能依旧如初。从家中的摆设布置和干净整洁程度来看，至少可以得出两点印象：一是按当地水平衡量，这户家庭的经济状况算得上较为富有；二是家中的女主人非常贤惠能干，爱好整洁。我还注意到，家中有小孩用品，却未见到孩子的身影，估计是上课或玩耍去了。

谈起自己的老家，她笑说在帕泰岛，而更远的老家则在中国。不过，她本人出生在蒙巴萨，仅回过帕泰岛的琼庄几次，没有去过中国。"我母亲从帕泰岛来到这里，她是'中国人'，皮肤比我还白，我的肤色是母亲遗传的，与当地人形成鲜明对比，无论走到哪里，人们都说我是'中国人'，叫我'瓦奇纳'。母亲当初为我取名'瓦奇纳'就是这个缘故。"

"你母亲现在哪里？"记者问道。"前几年去世了。""你是否听说过帕泰岛上'中国人'的故事？""听说过，主要是母亲告诉我的。不过只是个大概，详细情况说不清楚。在蒙巴萨，也听到过类似的故事，与母亲讲的大同小异。"她说，由于自己有中国血统，对中国一直怀有某种特殊的情感，也喜欢使用中国产品。"我在博物馆工作，对馆藏的中国瓷器情有独钟。"谈到中国瓷器，她还问起一些有关中国的情况，我都一一作答。此情此景此地此刻，王维的怀乡诗油然浮现在脑海："君从故乡来，应知故乡事。来日绮窗前，寒梅着花未？"

临别时，我曾提出可否为她拍照，她思索了一会儿，最终还是含笑婉拒了："我倒是没有什么，就是怕我丈夫知道了会不高兴的。这也与我们的宗教信仰有关，不喜欢女子抛头露面和拍照。可他恰巧又不在家，无法征求意见，如果他在的话，也许他会同意的，因为你是来自中国的记者。"

如果不是为了赶路,我本应该在这位"中国人"家中再待上一会儿,至少应等到她的先生回家。若是那样的话,我不仅有可能拍到这位"中国人"的照片,或许还能听到她的先生对"中国媳妇"的夸赞。

## 第五章　海上觅沉船

记者于2003年11月第三次来到拉木群岛，不是孤身一人，而是在朋友和潜水员的陪伴下，乘着一叶扁舟，冒着烈日酷暑，迎着惊涛骇浪，在印度洋上寻觅郑和船队当年的那艘沉船。

整日漂浮在大海上的生活，狭小的船舱空间，广阔的周边视野，碧蓝的万里天空，蔚蓝的无垠海水……这一独特的海上生活经历，在记者的脑海里打下了终生难忘的深刻印记。

寻找沉船犹如大海捞针，不过，记者没有空手而归。在拉木岛，他沐浴在强劲的"中国风"中，领略"驴岛"的独特风情，更重要的是得到一个新消息：索马里南部沿海水域有一艘郑和的沉船，基斯马尤（Kismaayo）附近的小岛上有一个"郑和塔"……

## 第一节　一叶扁舟觅沉船

　　2003年11月16日，一只小木船乘风破浪行驶在印度洋上，围绕着帕泰岛附近的上加岩石来回巡视，船内安装的搜寻海底世界的专业仪器——"声呐"随着海底状况的变化不停地变换着数字，船上的六个人各司其职，分头忙碌着。我们一行六人——两名中国人、两名南非白人潜水员和两名当地黑人船夫，为了一个共同的目标——寻找当年郑和船队的一艘沉船，同舟共济，头顶烈日，航行在茫茫大海上。我曾心中暗想，是郑和让我们这几位不同肤色、不同国籍的人走到了一起，来到了海上，这恐怕是他这位伟大的航海家当年始料难及的。

　　这是我第三次来到拉木群岛，第三次乘船来到这个传说中郑和船队的一艘宝船触礁沉没的海域。2002年3月，我第一次来采访。一年后的2003年3月—4月，《环球时报》以五个整版的篇幅连续刊登了《寻找郑和船队的后裔》的独家报道。与此同时，《人民日报》分四次连载了《踏寻郑和足迹》的报道。这两组报道第一次向读者披露了郑和船队当年的一艘船只在东非沿海一带沉没的史实，引起读者的普遍兴趣，在国内外反

作者在帕泰岛上加岩石附近海域寻觅郑和船队当年的那艘沉船

响强烈。包括港台地区在内的国内不少媒体转载了这两组报道，特别是《环球时报》的连载。

报道发表后，国内外数家企业、新闻媒体纷纷与记者联系。中央电视台表示出拍摄有关纪录片的意向。南非金巢国际集团、中国南非文化传播公司和杭州楼兰亭科学探险有限公司等均表示愿意寻找和打捞郑和船队当年的那艘沉船。他们认为：李新烽记者为了寻找郑和船队的后裔，花四年时间冒着危险两次跨国采访，探访了帕泰岛上中国人建造的古老西游村，得到了第一手真实材料，有助于深化郑和研究。由于郑和下西洋至今还留有不少难解之谜，特别是现今尚未找到一艘郑和下西洋所用的完整船只，如果能将沉没帕泰岛附近的那艘沉船打捞上来，对沉船先验明正身，再全面研究，必将对继承中华民族优秀的历史文化遗产，促进史学、考古、探险、航海、造船等领域的科学研究，了解中外交流、特别是中非友好交往，重新认识中华民族在世界古代文明史上作出的巨大贡献具有重大现实意义。

这三家公司还分别制定了"东非帕泰岛探险考察项目"的总体策划。策划提出了宏大目标：以实地考察、探险打捞为主线，拍摄有关纪录片和电视连续剧，写作出版《郑和沉船之谜》长篇纪实文学，举办《踏寻郑和的足迹》大型摄影图片展，等等。遗憾的是，由于国内暴发"非典"，杭州楼兰亭科学探险有限公司的计划只好暂时搁浅。

就在这组系列报道刚刚发表之后的2003年5月，我第二次前往帕泰岛采访，肯尼亚考古专家和拉木博物馆负责人曾急切地表示，希望中国有关方面能够确定那艘沉船的具体位置。回南非后，金巢国际集团股份有限公司董事长、南非中国——非洲工程协会会长王炜表示，作为立足非洲的中国企业，他们愿意提供财力、物力和人力，寻找郑和船队的那艘古老沉船，打捞失落的中华文明。如果寻找和打捞顺利，金巢集团愿将那艘沉睡在海底数百年的古老宝船献给我们亲爱的祖国，为2005年的郑和下西洋600周年庆典奉献一份特殊的厚礼。接着，该公司紧锣密鼓，在南非咨询有关专业人士，购买海上寻觅仪器，联系高水平的潜水员和潜水用氧气瓶。在为此行做好周密细致的准备工作后，派遣公司办公室主任姚辉与我同行，完成这一特殊使命。

根据南非潜水员在本行业内的联系，在拉木岛定居的德国人马丁·舒尔兹（Martin Schuetz）接洽了我们。马丁在拉木从事潜水行业的生意，从潜水器械的销售与修理，到潜水员的接待和培训。在马丁面海的豪宅里，我们首先与马丁商谈租用木船和购买潜水用氧气瓶的费用，接着开始在船上安装声呐。木船是马丁的，约15米长，如果船只太小，不利于潜水员上下水作业，也会因在水中波动太大而难以观测海底情况。声呐主要由观测器和探测器两大部分组成，探测器需要固定在船尾部，淹没在海水里。

次日清晨，我们从拉木城出航，首先穿过一条两岸布满丛林的狭长海峡，两岸绿林相对出，接着孤舟一叶日边去，以20千米的时速朝东向上加岩石前进。根据当地最流行的传说，当年中国船只以上加的灯塔为航标，夜间从茫茫大海向当时最为繁华的上加港口航行，未料在即将驶入帕泰湾时，在上加岩石外围附近触礁沉没。我们手中的《拉木、曼达和帕泰三岛及其附近海域航海图》（the Chart of Lamu, Manda and Pate Bays and Approaches）显示，露出水面的八九个上加岩石与其西南方向的帕扎尔利海脊（Pazarli Ridge），呈现出非常明显的东北—西南走向，构成帕泰湾与大洋之间的一道分水岭。帕泰湾内的水位深度在0.5米—12米之间，由分水岭向大洋方向延伸，水位逐渐加深，从2米、5米，到10米、20米，进入巴罗库塔海峡（Barracouta Channel），水位骤然加深到40米、80米、120米……根据航海图中显示的水位深度，我们采用在上加岩石外围附近进行东北—西南方向的直线巡回搜寻路线。这真是，沉舟侧畔千次过，大洋沿岸万丛春。

随着船只航行，两名潜水员聚精会神地观察着声呐里数字的变化。声呐的显示屏幕上，同时出现所在位置的经纬度、水位深度、海底平面图，以及海底部与海平面之间可能出现的任何东西及其位置。时而，你会看见一条鱼在海平面以下六米处游动；忽而，你会目睹海底的白沙、海草和海带在不停地变换；转而，你会发现海底像一个大盆、一条曲线、一道平梁……11点45分，海底出现一个"山"字形，水位是4—5米深，潜水员立即记下该位置的经纬度：南纬02度11.938分，东经041度02.438分。这时，我们的船只停了下来，潜水员认为这里可能有情况，需要下水察看。

根据潜水员的分析，那艘大船当年沉没时，很可能触礁断裂成两大半，像"泰坦尼克号"那样，经过沉睡海底数百年，其上面一定黏附了各种海底动植物，其中包括大量珊瑚，因为当地海水温度较高。依照这样推测，海中的沉船就应该像一个"山"字形，而不是完全像一个船的形状。可是，当他们从水中上来时才知道，除在海底看见礁石和海草外，并未发现什么异常现象。

时值正午，烈日高照，海风渐止，船内温度不断升高，我和姚辉有些

**两名南非潜水员**

晕船，躺在船舱甲板的席子上，尽量保持相对静止不动。在海浪冲击木船和船只破浪前进的哗哗声中，在发动机有节奏的嘟嘟声里，在波浪式摇摆的船舱内，我们矇矇眬眬，昏昏沉沉，不知不觉进入了梦乡。下午两点多，阳光把我晒得满头大汗，汗流浃背。这时，马达声中止了，船在水中波动，两名潜水员正在忙着穿潜水服，看见我半醒半睡，睡眼惺忪，他们说发现了新情况，准备再次下水观察。我看见姚辉还在睡，仅叮咛潜水员要小心谨慎，接着一翻身又睡过去。我再次醒来是被早已潜藏在睡席下面的一群跳蚤咬醒的，这时我才发现，两腿和背部被跳蚤种满了大大小小的"牛痘"，发红发亮，痛痒难忍。

夕阳西下，海风习习，高密度的氧粒子扑鼻而入，吹醒了我发木的头脑，潜水员建议我吃点东西，饥肠辘辘的我却一点儿也不想吃，我们开始"打道回府"。在宾馆就餐时，潜水员认为沉船不应该在浅水区，而应该在深水区，原因是古船沉没后，洋流会将其卷入深水区海底。"不过也有例外，就是洋流将沉船卷到西游海峡那边，由于那里有海湾，沉船很有可能最终停留在那一带。"考虑到这一建议具有一定道理，我们决定第二天直奔西游海峡。"如果在西游海峡没有找到，我们再回到上加岩石附近海域的深水区搜寻。"

正值东非沿海地区的最热季节，我们在海上整整搜寻了四天，大家都晒得脱了皮，我和姚辉也因不适应海上生活而发生严重的晕船现象，虽然其间曾不时出现令人振奋的情景，我们也不失时机地询问从我们船旁经过的当地渔民，是否看见过中国古老沉船，是否知道打捞"双龙坛"之事，但结果是既没有打问到有关信息，也没有寻找到沉船的遗迹，哪怕是一点点蛛丝马迹。

两名潜水员表示，我们的搜寻手段未免有些落后，每小时20千米的船速，即使整整四天，行驶的航程也非常有限，且不言是在一望无垠的大海上。他们认为，如果能够运用飞机在这一带海域进行空中航寻，结果会大不一样。

## 第二节　拉木岛上"中国风"

我再次走进位于海滨的拉木博物馆。博物馆的前言中介绍，拉木是斯瓦希里语的发源地，深受三大文化——阿拉伯、印度、中国的影响。参观时方知，本地出土的中国瓷器占馆藏的一大部分。一组中国瓷器的说明中写道：14—18世纪，中国瓷器在拉木群岛一带非常流行，中国人用瓷器来这里交换象牙和黄金等。在一个中间带花纹的大青瓷盘子下面，有这样一段文字：敲击此盘子能发出悦耳之音，以焕发人们的精神；据说如盘中盛有含毒饭菜，该盘子会自动破碎。一组瓷器杯子的下面写着：在18世纪，拉木人把中国的青瓷和白瓷杯子用作咖啡杯，这一习俗一直沿袭至今，中国当代瓷器水杯仍是拉木人今天的咖啡杯。另一组包括中国古钱币和筷子在内的实物似乎更能说明拉木过去与中国的联系。

拉木城的建筑风格和饮食习惯受到中国的影响随处可见。走在胡同里，你会发现当地的一种双层饼和"五加里粥"（Ugali），即玉米面粥，其制作方法与中国大同小异。不仅如此，在一本介绍拉木饮食的书中，当地不少食品的制作方法，都或多或少地吸取了中餐的成分。比如，当地有两种面包的制作方法，就分别与我们的发糕、米糕的做法十分类似。[①]

谈到中国对拉木岛的影响，被誉为拉木岛上手工艺品之乡的马汤多尼（Matondoni）村似乎更加直截了当。该村以制作小型木舟和编织各种草垫

---

[①] 这本书的名字叫《拉木烹饪》（a Lamu Cookbook），两名作者是法特马·夏皮和凯蒂·哈尔福德（Fatma Shapi and Katie Halford）。

与篮子而闻名，小型木舟与中国南方渔民的小船十分相似，而编织技术恐怕就是中国人传授给他们的。我在帕泰岛上见到的一些篮子，其形状与这里的大同小异，居民在下地干活时背着，或是放在家里做容器。此前，我在采访中部非洲国家布隆迪时，就看到中国四川省的技术人员正在为当地培训编织骨干。当然，其技艺的难度远远超出目前拉木岛的编织水平。

在拉木岛，我一直思考这样一个问题：遥远的"中国风"为什么能够如此强劲地吹拂到东非沿海一带呢？拉木岛之所以如此受到中国传统文化的深远影响，除张骞的"凿空之旅"所开辟的"陆地丝绸之路"的间接影响与郑和七下西洋所开创的"海上丝瓷之路"的直接影响外，更重要的是中国传统文化受到帕泰岛"中国人"数百年来的不断传承和发扬光大。当年郑和船队的部属意外地定居帕泰岛后，同时带来了中国文化和中国传统。他们之中有水手、厨师、医生、技师和各种手艺人，这些人除随船带来中国瓷器、丝绸等贵重物品外，在与当地居民的长期共处中，也把自己的一技之长传授于他人和自己的后代。这在帕泰、上加和西游这三个村子都有明显的例证。

谈到直接影响，拉木岛与帕泰岛相隔不远，人员往来频繁。除为生计直接来往于两岛之间外，中国水手无论是主动南下寻找自己的船队故友，

拉木岛上的编织技术深受中国影响

还是被迫离开帕泰岛去其他地方逃难谋生,拉木岛都是必经之地。中国水手的往来必然会在这里留下自己的印记。

上加村的更名与西游村的命名无疑体现了中国人思念祖国与家中亲人的游子情怀,其中也渗透着中国文化的深沉内涵。"上加"与"想家"和"上海"的联系,"西游"在纪念他们自己参与的"郑和下西洋"这一壮举的同时,又有谁说它没有受到广为流传的唐僧去西天取经故事的影响呢?就村子的命名而言,就和西游村与中国之间的地理位置相关联,表达着他们这些海外"游子"思念家人的真挚情感。"下西洋"意味着远航中国以西的地方,也就是赴西方游历、周游,而乘船远航者也就成为游人、游子,他们最终在下西洋途中、也就是在"西游"途中定居下来,遂将自己亲手创建的村子命名为"西游村"。就大的方位来讲,帕泰岛位于中国西南方向;就他们最早抵达的上加村与沉船地点的地理位置而言,前者位于后者以西。也就是说,从中国到沉船地点、再从沉船地点到上加村,都是向西游行,"西游村"也应包含这一层意思在内。

次日上午一早,我来到拉木图书馆。刚走上二楼,迎面碰见一个硕大的陶瓷罐子,备感亲切。在这里,我再次翻阅了有关拉木群岛,特别是帕泰岛的书籍与资料。当我带着复印的材料匆匆离开图书馆回到宾馆时,宾馆副经理本森·阿莱康亚(Benson Alaiconya)催促我赶快吃午餐:"游览拉木城的时间安排在下午2点,请赶快用餐。您来拉木好几次,还没有去拉木的胡同里看一看,这是我们特地为您安排的。"热情、淳朴、好客的岛人给我留下了难以抹去的记忆。

拉木博物馆二层楼大厅摆放的中国坛子

## 第三节 "驴岛"风情醉游客

　　拉木城是拉木群岛行政区的中心。因城市建设在沙漠上，人们称之为"沙城"；由于毛驴是城市的主要交通运输工具，人们习惯称其为"驴城"。拉木古城是东非历史最古老、保存最完好的斯瓦希里定居点，具有独特的建筑风格和风土人情，2001年12月被联合国教科文组织宣布为世界文化遗址。在导游查利（Charley）的带领下，我走进了拉木城狭窄的胡同，领略这座"驴城"的独特风情。

　　拉木是一座几乎与外界隔绝的孤岛，世界文化遗产的桂冠使它一下子遐迩闻名，吸引着越来越多的各国游人。拉木古城是怎样赢得这一桂冠的呢？联合国教科文组织认为，拉木古城具有三大特点：城市的结构和建筑图解着数百年来欧洲、阿拉伯和印度文化的综合影响，运用传统的斯瓦希里技术创造出一种独特的文化；东非沿海一带港口的盛衰和班图人、阿拉伯人、波斯人、印度人和欧洲人之间的相互影响，代表着东非沿海地区一个重要的文化和经济的历史发展时期，而拉木古城则是这一时期的缩影；拉木古城特殊重要的作用和对学者、教师的吸引力使其在该地区具有重要的宗教影响力，并将继续成为该地区重要的伊斯兰和斯瓦希里文化的教育中心。

　　城市沙漠建，胡同一米宽，毛驴到处窜。这是绝大多数游人对拉木城的第一印象。拉木岛由珊瑚和沙子堆积而成，拉木城建筑在沙子上，沙子无处不在。就是一米多宽的胡同里，也随处不乏细小的沙粒。走出城市，更是沙漠的世界，沙丘、沙道、沙漠广场、沙漠林区、天然沙滩足球场，就连当地的最高学府——拉木女子中学也是一所名副其实的沙漠学校。校外自不待言，校园到处是白沙，细小而洁白，充满浓郁特色。当地人自然习惯了沙漠上的生活，多数人赤脚行走在沙子上，悠游自在；男孩子更是乐此不疲，在沙漠上踢足球，活泼可爱。

　　说拉木城没有街道，未免有言过其实之嫌，因为拉木的"滨海大道"上可以通行汽车。直至今日，拉木岛上仅有两辆车：一辆是行政区专员的专车——越野车，一辆是县政府的拖拉机。遗憾的是，这两辆车只能在"滨海大道"上通行，或是在沙漠上随处开路，自行其是，拉木古城因其

拉木城狭窄的胡同

道路过于狭窄而"谢绝"车辆入内。严格地说,拉木城里有胡同没有街道,就是胡同也吝啬到只有一米多宽。如果两个人在胡同里迎面走过,也免不了要侧身让道。

表面覆盖着沙子,城市里胡同狭窄,拉木岛上的交通和运输任务便落在了毛驴的背上。毛驴在胡同里随处乱窜,范围不受限制,像人一样的自由。若是碰到不高兴的事儿,毛驴昂起头来,仰天大叫几声,反倒让人觉得走进了乡间田园,远离了现代化。可是,当你抬头一看,拉木古老的建筑上又安装着电视卫星天线,不免自己会暗笑起来。

儿童乐问客,妇女蒙面过,小伙子骑毛驴听歌。这在拉木城是司空见惯的现象。拉木是穆斯林的天下,绝大多数居民信奉伊斯兰教。尽管这里常年阳光充足,气温较高,男子,特别是年长者大多穿着白色长袍,妇女多是黑色长袍裹身。斯瓦希里语中把女子穿的这种黑色长袍称为"布伊布伊"(bui-bui),意为"黑蜘蛛"。受宗教影响,女子一般不能在大庭广众之下抛头露面,特别是见到陌生人,因而,凡是在胡同里碰到游客,她们都急忙用黑头巾把面部遮挡起来,匆匆走过。如果偶遇生人而来不及用头巾蒙面,她们就匆忙用手遮挡一下面部,有点不好意思地侧身而过。孩子则不管这一套,无论男女,看到游客,高兴地用斯瓦希里语的"您好"打招呼。

**穿黑袍的拉木妇女**

与妇女儿童不同,小伙子多以骑毛驴为荣。如果谁骑一头健壮的毛驴从胡同穿过,伴随着节奏感强烈的驴蹄声,那神情犹如大都市的小伙子驾驶着"奔驰"、"宝马"等名牌轿车招摇过市一般。在拉木那条最繁华的胡同里,一个小伙子骑着毛驴迎面走来,他脖子上挂着收音机听歌,左手提着缰绳,举止洒脱。大概是胡同里来往的人太多,毛驴放慢了速度,开起了小差,只见小伙子双腿猛一夹毛驴圆鼓鼓的肚子,毛驴反应迟钝,仍在左顾右盼,这时,小伙子抬起右手,猛地朝毛驴的屁股上一拍,只听"啪"的一声,毛驴顿时加快了速度,胡同里的人闻声闪开了道。

毛驴不但是拉木岛上惟一的交通工具，而且是惟一的运输工具，承担着运载日用品和建筑材料的任务。走在胡同里，游人随处可见驮运各种东西的驴子，从水果到蔬菜，从T恤到拖鞋，从沙子至木棍，从手纸到毛巾……拉木人普遍爱护毛驴，但受环境和条件的限制，毛驴一旦染病，只能用传统方式医治，非但治疗效果不佳，且让人感到有些残忍。例如，给毛驴放血，或用烧红的铁丝刺烫毛驴等。拉木岛的毛驴数量最多时达到3000头，受厄尔尼诺现象的影响，再加上医疗技术落后，目前的毛驴存栏数稳定在2200头左右。

值得一提的是，英国斯温德森（Svendsen）医生1985年首次访问拉木，目睹毛驴所处的恶劣境况，她于1987年7月创办了一所"毛驴医院"，免费为生病的毛驴医治，每年治疗毛驴5000余次，大大改善了毛驴的生存条件。当我来到这所医院时，看到五六头毛驴正在等待接受治疗。医院经理阿卜杜拉（Abdalla）说，现在的毛驴比以前幸运多了，免费治疗使毛驴的健康水平普遍得到提高。

三层建筑有讲究，海上沙滩阳光足，经济收入靠旅游。这是拉木城的旅游特色。拉木人的生活与大海须臾不可分离，从事海运、捕鱼和砍伐海岸的红木等。另外，拉木岛出产的杧果和椰子闻名肯尼亚，特别是椰子还

**拉木岛毛驴医院**

带动了家庭副业的发展，比如，搓绳、编织和榨油等。这当然是传统的生活方式了。随着拉木成为世界文化遗址，旅游成为拉木的新兴产业，有力促进了拉木的经济发展。

旅游者来到拉木，主要项目是参观古城窄胡同和博物馆，去海上兜风和沙滩晒太阳。拉木古城的建筑风格属于典型的斯瓦希里式，三层楼房鳞次栉比，更显得胡同狭窄，形成古城的一大特色。为什么是三层建筑呢？这需要从拉木古城的历史谈起。拉木的历史约有1000年之久，目前看到的古城始建于15世纪。16世纪初期，葡萄牙入侵拉木，未动一枪一炮就占领了拉木。当时，帕泰岛是拉木群岛地区的政治和商贸中心，拉木隶属于帕泰岛。葡萄牙人在该地区失去影响后，拉木想方设法避免卷入帕泰岛与蒙巴萨和马林迪之间的战争，直至17世纪末期基本稳定。接着，拉木城、帕泰村、法扎村和西游村之间爆发了自相残杀的战争，直至1813年拉木击败了帕泰村的猛烈进攻而宣告战争结束。同年，拉木寻求阿曼的保护，刚刚竣工的拉木城堡也由阿曼士兵守卫。

多亏躲藏在阿曼的保护伞下，否则拉木的前景大为不妙。随着势力的迅速扩张，阿曼统治了北起肯尼亚与索马里边境南至坦桑尼亚基尔瓦的东非沿海地区，桑给巴尔是这一地区的统治中心，并成为繁忙的商贸港口，罪恶的奴隶贸易随之应运而生。

拉木是奴隶贸易的受益者。廉价的劳工促进了拉木的经济发展，商人从出口象牙、贝壳、红木和进口丝绸、瓷器和香料中获取高额利润。1907年，英国强迫桑给巴尔当局签订禁止奴隶贸易协定。随着奴隶贸易的终结，拉木的经济步入衰退期，从此一蹶不振，直至近年来旅游业为拉木经济注入新的活力。

拉木古城的房屋是用珊瑚和红木建筑的三层楼，主要由楼房、庭院、阳台和木雕门组成。根据传统，一层是奴隶的住房，二层才是主人居住的地方，三层是小阁楼。由此可见，拉木的建筑风格与奴隶贸易不无关系。说到窄胡同，则与这里常年气候炎热紧密相关。拉木城与赤道为邻，阳光直射，胡同越窄，空间越小，可以防止阳光从门窗照射到室内。受传统气候双重因素影响，这一建筑风格一直延续至今。在导游的带领下，我走进一户正在建房的普通人家，里里外外一看，新建楼房与旧式建筑的结构完全一样。

要进一步认识一座城市，需要参观她的博物馆，全面了解她的过去。拉木不但有博物馆，而且数量不少，且各具代表性。拉木博物馆位于海边，建于 1892 年，是 19 世纪建筑风格的代表作。该建筑最初是当地一个大家族的私宅，后来先后成为英国皇家东非公司代表和英国殖民当局首领的住所。肯尼亚独立后，它又成为拉木地区专员的官邸，直至 1971 年设立博物馆。这里主要展出该地区出土的文物，中国瓷器占相当一部分。

德国邮局博物馆位于拉木城最繁华的街道。初次看到时，我还有点不相信自己的眼睛。经过一番研究，方知肯尼亚拉木南部大陆沿海一带的韦图地区（Witu Land）曾是德国的保护地。18 世纪后期，两名德国人克莱门特·德纳特和 G. A. 费希尔（Clement Denhardt and G. A. Fisher）来到拉木，与韦图首领（the Sultan of Witu）取得了联系。当时，韦图正受到来自拉木和桑给巴尔统治者的威胁，急于寻找一个新盟友。于是，韦图躲在德国的保护伞之下。韦图与德国之间的通信和商贸联络要通过拉木，这个邮局就是为此而设立的，直至 1891 年德国撤离韦图而关闭，其间共运营了两年多时间。1996 年恢复原貌后重新开放，向游人讲述着那段特殊的历史。

去拉木城游览一番后，游客还要到海上和沙滩观光。不少游客喜欢乘坐帆船在海上兜风，更有个别人喜欢自己驾驶帆船远航茫茫大海，过足一把瘾。爱静不好动的游客大多选择去拉木对面的曼达海滩，戴上太阳镜，涂一层防晒霜，躺在白白的沙滩上，仰面朝天享受日光浴。还有人不忘记附庸风雅，手里拿着一本书，半天翻不了几页，本来就是"醉翁之意不在酒"，要的就是那一道风景。

**拉木岛风情**

海上赛帆船，大道比骑驴，节日踩脚唱歌转圆圈。这是拉木城独特文化的具体展示。这次来拉木，巧遇肯尼亚全国旅游节，拉木是旅游城市，举办了地方特色浓郁的庆祝活动。既然是"驴城"，庆祝活动少不了毛驴参与。在"滨海大道"上，小伙子比赛骑毛驴，看谁最先到达终点。毛驴比赛一要毛驴健壮，跑得快；二要小伙子会骑，能驾驭毛驴。拉木的毛驴比赛就像非洲国家的足球赛一样吸引观众，鼓掌声、欢呼声不绝于耳，气氛非常活跃。另一项比赛是帆船，小木船不能使用动力和人力，仅靠风力行驶，同时在同一起跑线上开始，看谁最早冲线。与骑毛驴比赛不同，帆船比赛需要更多的技巧，主要是如何最大限度地利用风力。这样，船帆悬挂的高度、张开的角度，以及船头方向的调整显得格外重要。帆船比赛的获胜者往往是胸有成竹、沉着应战的老船长，而不是手忙脚乱、来回调整风帆和船头的初出茅庐者。

与海边和海上的这两项比赛相呼应，在拉木古城西边一片开阔的沙滩地上，一群男女老少正在围观传统的歌舞表演与武术比赛。七八名男子手持木棍作道具，小腿上裹着"响铃"——由椰子树叶编织成的拳头大的小

**拉木城传统的歌舞表演**

笼子、里面装有当地的一种树籽，伴随着"咚咚"的鼓点，每走一步一跺脚，围成一个圆圈转。每走几步，他们还要停下来，口中念念有词，似是小声歌唱又像是自言自语，大概是为了与此起彼伏的鼓点相呼应。再一看那鼓，不但形状不一，而且打法也不同。有抱在怀里的，有放在地上的，有双脚夹着的，也有高举到头上的，有用双木槌连击的，有用单木槌猛打的，也有直接用手掌轻拍的。据当地人说，以前凡是这类活动，还有一种象牙长笛相伴，声音优美嘹亮。遗憾的是，现在不但不知道象牙长笛的下落了，而且连其他类笛子的声音也难以听到了。

歌舞表演中还有武术比赛。当然，拉木的武术属于非洲的传统棍打，多是一对一，手中各持一根木棍，两棍在空中相遇发出响声。这种传统击

棍法其实称不上是武术,根本无法与中国功夫同日而语,简直就像是孩子游戏,你一打,他就退;你一追,他就跑。围观者看了多是一笑,倒是增添了节日的喜庆气氛。

骑驴、赛船、跳舞、击棍,这就是拉木的风情,外加古城窄胡同,男女黑白长袍,再去海上沙滩放松,游人来后常常乐此不疲。

## 第四节 当年沉舟索马里

游览拉木古城,观赏独特风情,仍未能减轻我惆怅的心绪。回想起在海上漂流数日,未见沉船的任何踪影,失望之感仍不时朝我袭来。尽管我早有思想准备,认为此行无异于"大海捞针",但我还是顽固地认为,我们能够看到那根沉落在大海里的"针",并一直期待着在马林迪茫茫人海中意外顺利地寻找到"中国大夫"的奇迹能够再现。

这是我第三次来到拉木。前两次来,得知这里有从基斯马尤来的索马里商人,我就请阿巴斯船长帮我打问,了解有关郑和在索马里留下的遗迹。这次,热情的阿巴斯为我找来了两批基斯马尤人,据说他们掌握有关信息。

第一批人共两名,他们是战乱之中从基斯马尤逃难而来的,其中一名叫阿图马尼(Athumani Ali Famau),今年54岁。据他介绍,基斯马尤附近共有11个小岛,其中的两个小岛上各有一个"中国塔",塔上也有文字,但不知道是中文还是其他文字,因他没有去过岛上,只是从海里通过时看见过塔。"一个塔在科亚马(Koyama)岛上,我1991年从岛旁边经过时还看见过,十多年的战争,那个塔是否遭到破坏,现在无法确定。不过,在肯尼亚和索马里边境地区还有一个中国塔,我可以带你去看。"

阿图马尼讲斯瓦希里语,阿巴斯便充当我的英语翻译。谈到两国边境地区有"中国塔"这一新情况,对拉木及其附近一带情况十分熟悉的阿巴斯表示怀疑,然而阿图马尼坚持说自己通过边境时亲眼看见过"中国塔"。"索马里国内发生战乱,无法前往,但这个塔位于边境地带,站在肯尼亚境内就能看见。"

我决定次日前往边境地区查看,阿图马尼做向导,具体路线是:乘阿巴斯的船从拉木到肯索两国边境,因为当地治安很乱,上岸前先联系好保安,然后一起前往"中国塔"。这样往返行程需要一整天。我们当即谈到有关注意事项和费用,定于次日清晨出发。当晚,我正准备入睡,阿巴斯来找我，说是阿图马尼提供的情况有误，两国边境地区是有一个塔，但不是"中国塔"，是葡萄牙人的塔，而且已被破坏得面目全非，并非阿图马尼描述的那样。我当即决定取消既定行程，次日再寻找其他索马里人进一步了解情况。

第二批共三个索马里人，他们都是小商人，索马里内战前就往来于基斯马尤与拉木之间做买卖。我们的话题首先从"中国塔"开始，48岁的穆罕马迪（Mohamadi Lali Shelali）脱口就说："科亚马岛上有个中国塔，建筑在岩石上，有七八米高，我曾上岛看过塔，是尖顶石塔。"另外二人点头，对穆罕马迪的话表示认可。

"塔上有文字吗？"我问。

"有，不过我不认识，字迹也不清楚。"穆罕马迪在我的采访本上画了几个文字的形状，可以确定塔上的文字是汉字。

穆罕马迪说，基斯马尤西南方向有一排小岛，岛上基本上无人居住，有时过往的渔民偶尔在岛上作短暂停留。另外还有一个岛上有个"中国塔"，比科亚马岛的塔矮小。说到这里，他眼睛一亮："就在基斯马尤市与科亚马岛之间的水域，有一艘中国的古老沉船！"

"沉船？"我对此表示惊讶。在我的追问下，穆罕马迪对沉船做了这样的描述：他小时候，爷爷讲附近有一艘中国沉船，是很久以前发生的事情。当地的老人还说过，中国船当年遇难时，里面装满了瓷器和丝绸等宝物，遂被抢劫一空。穆罕马迪十多岁时，还和小朋友一起去海里的沉船上玩耍过。船很大，70多米长，30多米宽。船帮由三层组成，外层是铁，已成为红色铁锈；里层是铜，为绿色的铜锈；夹层原是红木，因年代久远被海水腐蚀，朽木已被海水冲走。"由于处于近海，当大海落潮时，还能看见大船的桅杆。当地渔民有时还把自己的小船系在大船上，把沉船当做小船的临时码头使用。"

耳闻眼前这位陌生人对中国沉船绘声绘色的讲述，惊喜交加的我脑海里不时浮现出一团团疑云。转而又想，假如对方虚构这一切，虚构之中也不乏合理成分。大概是看出了我的心思，其他二人证实穆罕马迪所言并无虚假之处，还一再强调，他们并不知道我的意图，没有必要说假话，且不言即使说假话，凭他们的经历，无法编造得那样详细真实。为了进一步确定那艘沉船的长宽尺寸，我还与穆罕马迪走出宾馆，以建筑物作为参照物，让他估计沉船的大体长度。

当话题转到"郑和村"时，他们表示，听说在基斯马尤以南几十千米的海边，有一个"中国村"，中国船员当年就居住在那里，村里还修建了一个"中国塔"。遗憾的是，他们三人均没有去过，讲不出更多的情况。

郑和村、郑和塔、中国古沉船，别说这三者集中发生在基斯马尤附近，就是其中之一，也值得我去一趟。然而，索马里战火纷飞，军阀混战，连本国人都逃避战乱纷纷出国，外国人更是望而却步了。阿巴斯对我说："那边很乱，我们都不敢去，听说外国人一旦被海盗抓住，开价就要几百万美元，否则就……"他把手放在脖子下面，做了一个杀头的动作。"那位美国朋友上次来，在这里停留了一个多月，最后还是不敢去索马里那边。即使他敢去，也不会有人冒险陪他去。上次一个船长拉索马里的乘客过去，船就被海盗扣了，所幸把人放了，可至今没有归还他的船。"言下之意，他自己绝不会冒险深入索马里。

"你们三人经常回基斯马尤吗？"我的话音刚落，阿巴斯就抢着回答："他们是索马里人，会讲索马里语，海盗一般不抓本国人，知道他们没有多少钱。"

看来，从拉木北上去基斯马尤，此路不通。为进一步证实情况，我请穆罕马迪在采访本上画下他所见到的"中国塔"的形状，他毫不犹豫地接过本子，认真仔细地画了一个"尖塔"。我问他如果再次回国，能否帮我拍摄几张"中国塔"的照片，能否再确认一下那艘沉船是否还在，他都满口答应。然而，他短时间内不会回去，再则没有相机，即使有相机，也不会拍照。我把傻瓜相机给他，他真的不知如何使用，教了半天，连相机镜头盖都打不开。尽管如此，我还是耐心地教了他数遍，并不厌其烦地给他讲述照相要领和注意事项，特别强调一定要注意安全，保证此行往返顺利。为了让他尽力完成任务，我特意先支付他100美元费用，并请宾馆副经理本森作证。我还在那张证明信上讲，如果他能如约完成任务，下次见面时，我再付他另外100美元。我们二人和本森均签名为证。

约一年后，当我们再次在拉木见面时，穆罕马迪告诉我，他上次回索马里，当船只经过那座岛时，险些遭遇海盗打劫，连靠近岛屿都不敢，更别说登上岛去给"中国塔"拍照。我从他手中接过久别的相机，打开一看，完好如初，也算"完物归赵"了。至于那100美元，他是不可能归还了，只当付了"学费"，了了一桩心事。现实再次清楚地告诉我，让他"越俎代庖"，犹如异想天开，惟有亲自北上。

# 第六章　走进难民营

　　2000年12月，记者来到埃塞俄比亚——惟一既与索马里相邻又与肯尼亚交界的国家。走进位于该国东南地区的索马里难民营，希望能够通过"迂回战术"，采访到来自"郑和村"的居民。

　　尽管难民营的工作人员自上而下对"郑和的故事"十分感兴趣，也尽全力帮助记者寻找有关线索，然而记者未能如愿以偿。经过多方努力查找，难民营里没有"郑和村"的村民，一名来自基斯马尤的妇女对"郑和村"闻所未闻。埃塞俄比亚吉吉加市里的索马里侨民也未曾听说过"郑和村"。

　　不过，记者不虚此行。他走进难民营，步入难民的临时住所"凸库"（Tooku），来到树枝围成的"露天课堂"，探察难民营设立的临时医院，目睹妇女难民自力更生缝制衣服的场景。与其说是一次特殊的新闻采访，毋宁说是一次充满真情的嘘寒问暖。难民的辛酸生活，真实的难民营"世界"，让人印象深刻，终生难忘……

## 第一节　边城雨夜话郑和

2000年12月，我从南非北上埃塞俄比亚首都亚的斯亚贝巴，采访在非洲统一组织总部举行的非洲经济论坛，遂计划利用这一机会深入索马里难民营，继续运用曲线采访的方式，试图捕捉到有关郑和船队当年访问索马里的蛛丝马迹。

12月8日下午，一架从亚的斯亚贝巴飞来的小型飞机徐徐降落在埃塞俄比亚索马里兰州首府吉吉加机场。飞机在跑道上滑行，扬起滚滚漫天尘土，乘务员在飞机停稳后好久才开启机门，以等待尘埃落定，乘客能够看清楚窗外景物。当我走下飞机，目睹眼前的土跑道、铁皮顶候机室和狭窄的机场大门时，心里顿时形成强烈的"落差"，恍若置身于另一世界。这时，我哪里能想到，次日的难民营之行给我打下的"烙印"不知要比此情此景深刻多少倍？

联合国难民署驻吉吉加办公室司机特沙姆·鲍萨塞（Tesham Bosase）把我从机场接到当地一家旅馆，见我是远道而来的外国客人，旅馆的年轻服务员首先不好意思地介绍说，旅馆卫生间没有自来水，仅放了一塑料桶备用水。就在此时，在场的几位当地人脱口而出："水就是生命。"这不由得使我认识到水在这一干旱地区是多么缺乏和可贵，我翌日要去采访的难民营就位于这一世界上屡遭干旱侵袭的农牧业区。

鲍萨塞临别时告诉我，他的上司将在晚上专程来旅馆，与我商量明天的具体日程。由于职业的特殊性，记者没有节假日。那天是星期六，我的这次来访恰逢周末，给他们的工作带来了不便。为了这次采访能够顺利进行，我首先向联合国难民署驻埃塞俄比亚代表处提出申请，代表处同意后再向埃塞联邦政府难民及回归者事务局为我申请"安全通行证"，以保证我此行的人身安全，并与难民署和埃塞难民及回归者事务局驻吉吉加办公室进行联系，安排接待工作。

是日黄昏，久旱缺雨的吉吉加飘起了小雨，当难民署的文森特·乔德（Vincent Chorde）等三位负责人到旅馆找我商谈此行的安排时，雨声越来越大，密集的雨点不停地敲打着屋面和院内的花草，发出久别重逢、热情相迎、节奏感强烈的非洲鼓点声，似乎要与收音机里的抒情音乐组成别具一格的交响曲。文森特在向我表示欢迎后不无风趣地说，是我这位远方来的中国记者给他们带来了好运,也表明相距遥远的中国与非洲之间存在一种特殊联系。于是,话题自然转到源远流长的中非关系和郑和下西洋四访非洲,我特别提到此行的另一大任务——踏寻郑和的足迹,接着向他们讲述了郑和的故事。

郑和(1371—1433),本姓马,小字三保,出生于中国云南昆阳一个伊斯兰教家庭,12岁时被明军抓进皇宫做内侍,从燕王朱棣起兵,因功被赐郑姓,任内官监太监。被后人尊称为"三保太监"。从1405年(永乐三年)至1433年(宣德八年)奉朝廷之命率大型船队通使"西洋"——当时称加里曼丹岛(Kalimantan Island)至非洲之间(主要指印度洋海域)的海洋,总计七次,先后28年,途经30余国,其中四次远抵非洲东海岸。郑和每到一地,都以瓷器、丝绸和金银等物品,换取当地特产,与亚非各国加强联系。郑和七下西洋,每次动用的船只在一二百艘,随从官兵数万名,所乘最大船只,长44.4丈,阔18丈,可容纳千余人。这些航行比哥伦布和达·伽马等西方航海家的远征早半个世纪以上,船队规模之大,均超过他们数百倍。南洋各地至今还保留着郑和的遗迹,中国皇宫馆藏的郑和下西洋航行卷宗则被毁于战乱中。后人研究郑和航行非洲所依靠的主要资料,一是随行人员马欢、费信和巩珍分别所著的记述途中见闻的《瀛涯胜览》、《星槎胜览》和《西洋番国志》等游记;二是记载明朝皇帝行政记录的《明实录》;三是出土的一些有关下西洋的石碑。

根据现存资料,郑和访问非洲的航线共有四条:从印度洋西海沿岸经西亚航行到非洲;自苏门答剌经溜山直航木骨都束(今摩加迪沙);自苏门答剌经锡兰山、小葛兰直至木骨都束;自苏门答剌经锡兰山直到卜剌哇。其中第一条航线是传统水路,另外三条是郑和开辟的横渡印度洋新航道。资料表明,当年郑和船队并不是所有船只一起行动,而是经常派出分粽到一些国家活动,曾有几次被海风吹散,或失踪或遇难。如海难一旦发生,在当时的交通和通信条件下,失踪者难以与国内取得联系,又因下西洋档案被毁,也就成为千古之谜。由此可见,现今居住在摩加迪沙和基斯马尤的中国人后裔应与木骨都束航线有关,而在帕泰岛附近触礁遇难的船只可能是沿着卜剌哇航线前进的。

关于郑和船队远访东非、特别是肯尼亚东部沿海地区的目的,有多种说法,长颈鹿说是其中之一。换言之,郑和船队出访肯尼亚目的之一是为了寻找长颈鹿，一种被中国古人视为神兽的"麒麟"……

他们三人几乎是屏住呼吸听我讲述这段真实而充满传奇的故事，个个伸长脖子，眼中充满好奇，力排四周的风雨声而全神贯注倾听。显然，他们是第一次听说这个故事，无论是来自法国的文森特，还是来自埃塞和津巴布韦的另外两位非洲朋友，都被故事深深地吸引着。此时此刻此地此景，我这位用英语和他们交谈的中国记者似乎是一名来自东方的故事大王。为舒缓气氛，故事结束时，我特意将故事场景从历史拉近到现实，从海洋转换到陆地，进而提到，这次来埃塞，发现这里的不少东西与中国关系密切，当地人吃的一种食品——因迪拉就与中国的煎饼果子非常相似；甚至现在耳边收音机里的音乐也与中国音乐十分接近。

文森特当即表示，一定尽全力助我一臂之力，帮我找到相关线索。临别时，他特别提醒说，难民营一带社会治安欠佳，沿途常有土匪出没，路上定要多加小心。我们之间紧紧地握别，似乎预示着此行定会安全归来。

次日上午，在难民署办公室，文森特安排好我的行程后，给我做了一个特有风度的再见手势，口里不是说中文，也不是讲英语，而是斯瓦希里语里的"再见"——"潮"。

## 第二节 难民营里问"郑和"

吉吉加是距离索马里边境最近的一座边城。在埃塞东部边境地区自北向南约 400 千米长的地段上，依次排列着八座索马里难民营，其中克卜里贝亚（Kebribeyah）和哈提谢克（Harti Sheik）两座难民营距离吉吉加最近，分别是 55 千米和 72 千米。

次日上午七时，我和向导——难民署司机所罗门·塞尤奥（Solomon Seyouor）先生从吉吉加出发，直奔位于该城东南方向的这两座难民营。对当地人而言，昨晚刚下那场大雨可乃名副其实的久旱逢甘雨。塞尤奥因此显得十分高兴，欣喜之情溢于言表。和我一见面就主动上前双手紧握住我的右手，灿烂的笑容直把那双大眼睛围追成一条细线，其热情程度犹如他乡遇故知。他似乎与文森特事先商量好和我见面讲的第一句话是我这位中国朋友为当地人民带来了好运。往日焦干的黄土地稍显湿润，然而缺少绿树和青草，道路上和田野里不时出现三五成群背着水桶的妇女和赶着驮

克卜里贝亚索马里难民营

难民在排队打水

运水桶的毛驴的孩子,他们正在四处寻找水源。获得水源是当地居民生活中的头等大事。

### 破烂贫旧的住地

快到达克卜里贝亚难民营时,远远望去,蓝天白云下,一大片形状相同、大小不一、斑驳陆离的圆顶"蒙古包"——凸库(tukul)折射出五颜六色,好像一个巨型调色板;走近一瞧,才知道那颜色原来是由蒙盖在凸库上的塑料布、麻袋片、破布料、硬纸板和编织袋等组成的,大小不一,破烂不堪,接缝处用绳子连接。

我们先来到联合国难民署驻克卜里贝亚难民营办公室,再找到政府难民事务局主管该难民营的负责人。在他们的带领下,我们沿着难民营仅有一车之宽的道路左拐右转,车轮扬起的滚滚尘土随着微风撒落在周围的凸库上。汽车的响声把人们从凸库中吸引出来,围观来客似乎成为难民营里大人小孩的一大乐趣。

前面不远处出现的另一番情景吸引了我的目光。数十个黄色塑料桶整整齐齐地排成一队,数十名妇女和儿童站在烈日下等待着打水,两名老妪在一旁摆着地摊出售土豆和西红柿。难民署的工作人员告诉我,水是从附近的蓄水池运来的,每天定时供应,人们按时排队打水。难民营里全是赤贫户,别看地摊上的那几个土豆、西红柿,能摆得起这个地摊的尚属凤毛麟角,偌大的难民营中没有几个。

我们接着来到17千米外的哈提谢克难民营,在难民事务局主管该难民营官员亚伯拉罕·梅勒斯(Abraham Melles)的陪同下进行采访。哈提谢克难民营曾是世界上最大的难民营之一,面积15平方千米,居住的人数最多时高达5.9万名。由于近年来不断被遣返回国,当时尚有11488名难民。看到好几个人在一个凸库前聊天,我提出能否走进凸库看看,主人做出一个请的手势。从里面看,才知道凸库的结构是用一根根树枝纵横交叉形成的圆形支架,交叉处用绳子系在一起。凸库仅有门而没有窗子,除非掀起门帘,否则里面漆黑一团,透过微弱的光线,里面的一切依稀可见。和大多数凸库类似,这个凸库的直径约10米左右,用树枝作为屏风分为里外间。里间是卧室,主人很讲卫生,白天将凉席和毯子收拾起来,露出光光的地面,显然,晚上他们全家人席地而卧;外间是客厅,放着几只旧塑料桶和几件再简单不过的炊具,门旁边是面袋和食油瓶,一盏马灯放在显著位置，是晚上照明用的。由于里面缺乏家具用品，凸库虽小却尽显空旷，如果说是家徒四壁，凸库的四壁不是墙壁而是树枝外加塑料布，用一贫如洗来形容再恰当不过了。主人讲，每年的旱季日子比较好过，如果哪个年份的雨季雨水稍多一点，再刮大风，日子就难过了，千疮百孔的凸库到处都在漏雨，里面遍地皆湿。在这个凸库的旁边还有一个小小的凸库，里面安放着一口做饭锅，前面仅能坐一个人，这就是这家人的厨房，不过他们一般都将锅提出来在露天做饭。

这家人还算不错，有这个小凸库厨房，不少人家连这个厨房都没有。这些索马里难民与埃塞的索马里族虽分属两个国家，却是同一民族，彼此的语言和生活习惯完全一样，从外表上看，他们居住的凸库与当地居民的凸库无甚区别，各家各户门前屋后都有一个用树枝围成的小空间，有的还种一点玉米，不过玉米叶大都因干旱发黄了。

**可怜无辜的孩子**

当天是星期天，难民营也处于休息之中。然而，克卜里贝亚难民营里传来的悦耳读书声引起了我的兴趣。在一个树枝围成的露天课堂里，老师

正在上课的小学生

正在给三四十名儿童教索马里语，跟读单词的稚嫩童声如阵阵银铃。走进一看，教师没有讲台和讲桌，学生没有课桌和板凳，一个个小学生正端坐在地上铺的塑料布上，身边没有书包，手中拿着课本，眼睛注视着前方挂在树枝"墙"上的黑板，跟着老师大声朗读。阳光透过树枝缝散落在他们表情专注的张张小脸上，给他们身上留下半阴半阳的影子。看到我来给他们拍照，孩子们不约而同地把脸转向镜头。

走出这一特殊课堂，我的脚步变得沉重起来。这些可怜的孩子，他们本应与其他国家的同龄人一样，背着书包走进校园，坐在宽敞明亮的教室里读书，而眼前的现实却是他们与大人一起生活在难民营里。这座难民营始建于1991年2月，从孩子们的年龄上看，他们不但生活在难民营，而且就出生在难民营……

联合国难民署在索马里兰州的每座难民营都设有小学，成绩优秀且能读到小学毕业者可以升入当地的中学，与当地学生同校同班。极个别鹤立鸡群者还可能有幸走进大学校园。截至当年，仅有能数得清的几名受到资助被送到大学深造，成为难民中的大学生。由于受到客观条件，特别是校舍的限制，难民营中仅5%—6%的学龄儿童能够入学，他们从一年级免

难民营妇女中心的女子课堂

费读到八年级。当时，这几座难民营中的在校生约 6000 名，共有 103 名难民教师。也就是说，老师也是从难民中选拔出来的。

在哈提谢克难民营，梅勒斯指着一间正在修建的大教室说，前段时间一场不期而至的大风把学校的教室毁坏了，目前正在进行重建。他继续介绍说，由于教室缺乏，他们这座难民营里的几所学校只招收了不到 700 名学生，每班 70 多名。为了在这一艰苦条件下更好地进行教学，学校按不同年级分上下午轮流授课，开设的课程主要有英语、索马里语、阿拉伯语、数学、自然科学、社会科学、美术和体育等。

另外，为了使更多的孩子能够读书，难民营还实行多种形式办学，作为学校教育的一种补充。除上面提到的星期天露天课堂外，在哈提谢克采访妇女中心时，我发现一群女孩子正在一间简易房屋内上英语课。中心主任告诉我，中心的教育面向女孩子，课程主要是英语和索马里语，她们大多利用节假日上课。

走出妇女中心，遇见一名 14 岁的中学生，能讲一口比较流利的英语。他回忆说，1991 年索马里爆发内战时，自己还是一个不懂事的孩子，一天深夜，在一片枪战声中，一家人弃家逃离，步行来到埃塞俄比亚。"当

哈提谢克的一名女青年在门前露天做饭，三名儿童围观

时我很小，母亲抱着我快跑，我哥哥背着行李在后面追赶。""父母亲常说，我们在家时过着好日子，我父亲是一个商人，我们在城里有一套大房子和其他财产，可是来到这里后，和别人一样只能住在自己建造的破烂茅舍里，缺水无粮……我喜爱联合国难民署代表团胜于任何其他代表团，是他们给我们发放粮食、修建学校。"

早在公元前400多年前，古希腊悲剧作家欧里庇得斯（Euripides）就说过："天下最大的悲哀莫过于失去故土家园。"生活在难民营中的人们无疑对这句话体会得更加深刻。

### 漫长辛酸的生活

艳阳高照下，在一个破旧的凸库前，一名青年女子正坐在一个简易的炉子前扇火做饭，火势随着她手中硬纸片来回扇动的速度变化，锅里的油不时带动着糖三角翻滚……当我举起相机时，这名女子出乎意料地快速离开，显然是不想让这一镜头曝光。陪同我采访的难民营官员梅勒斯用嗔怪的口吻劝她回原位，她有点不好意思地坐下来继续扇火，且在拍照后回答了我关于难民粮食配额的提问。

根据联合国难民署与世界粮食组织签订的谅解备忘录，难民的粮食由世界粮食组织按人头供应，不分大人小孩，每人每月12千克小麦、1.05千克食用油、150克食盐和750克食糖。为了使粮、油、盐、糖能准确地分发到各家各户，难民署每年都对难民进行重新登记，同时鼓励难民利用营区内的闲置土地种庄稼，用以弥补粮食短缺。

量入为出、按料做饭是难民饮食的最大特点。他们不但要精于算计、细水长流，不至于寅吃卯粮而揭不开锅，而且要按照分发的粮食合理配料而做饭。首先将小麦在难民营的磨面机房磨成面粉，面粉、糖和油结合在一起最常做的饭就是油炸糖三角了。各家各户常常是"糖三角"一贯制，每天只吃一顿饭，日复一日，年复一年。哈提谢克难民营始建于1988年5月，其中的绝大多数难民已经在此度过了十多年的光阴。

大概是对我这位异国来客充满兴趣，就在我们谈话之时，邻居凸库的一名男青年走了过来。他今年20岁，是七年级的中学生，问及对难民生活的感受，他没有正面回答，而是情不自禁地讲起自己的祖国与自己的未来："索马里曾经是一个强大、富裕和美丽的国家，1988年，索马里民族运动开始了推翻西亚德政权的武装斗争，当战火燃到国家西北地区的哈尔格萨（Hargeysa）城时，我们逃离到埃塞俄比亚。当时，我还是一个二年级的小学生，我们家住着一个有五间房、两个厨房和两个厕所的大房子。"说到这里，他看了看眼前破旧的凸库，面部表情突然严肃起来，"可是现在，我们贫穷了，住在难民营，一住就是十年。我不想再当难民了，我真心希望索马里局势尽快稳定下来，我做梦也想早日回到自己的祖国。"他的这席掏心话，打动了在场的每个人，说得我差点潸然泪下。

在克卜里贝亚难民营，在难民教师阿登（Ahomed Jama Aden）的安排下，我采访了一名来自海滨城市基斯马尤的中年妇女哈迪奥玛（Kadique Hardioma），除了解索马里南部发生战乱外，主要是想询问有关"郑和村"的信息。她这样讲述当年的情景："1991年1月的一天夜晚，我在睡梦中听到乱作一团的枪炮声，不一会儿，我听到一阵急促的敲门声，在反政府武装里当兵的丈夫回来了，他急匆匆地告诉我，让我和孩子们立即逃往埃塞俄比亚，他在路途接应我们。我哪里顾得上收拾东西，背着最小的、一手再领着一个，带着八个孩子就逃出家门，走到大街上时，我们亲眼看到开枪冲锋的士兵，几个孩子都吓哭了。"谈起这段十年前的往事，这位48岁的母亲仍记忆清晰，恍若发生在昨天一般，"我们全家十口人沿途乞讨，一共艰难地跋涉了十多天才来到这里。开始时，我们一贫如洗，晚上只能露宿在外，就这样过了一年。后来难民署给我们发了塑料布和被子毯子，搭了个凸库才算暂时有个归宿。"

"你觉得这里的生活如何？"未料，我的这句简短问话竟触及她心灵深处的伤痛，她反问道："这是什么生活，这能叫做生活吗？在国内时，我们有吃有喝，吃菜吃肉，孩子天天上学读书。可是这十年，几个孩子勉强上学却买不起书本，我们虽有吃的却无钱买菜。"说到这里，她低下了头，看得出来，她已经伤心至极，我试探性地问她能否想法挣点钱，她摇了摇头。"我是身无一文，我这十年连钱见都没有见过。你问我烧饭的柴火从哪里来，我每天步行三个多小时到15千米外，四处找枯木树枝，背回来才能点火做饭。"

问及基斯马尤附近的"郑和村"一事，她摇头表示不知道："我住在城里，很少出门，对城外的事情不了解。"

我的采访是通过一名21岁的青年进行的，这位名叫谢克（Mohamed Shake）的青年是在难民营学校里学的英语，他也是1991年来到这里的，当时才12岁。他告诉我，十年前在国内时，父亲是个商人，一家人过着比较富裕的生活，可是现在……谈起自己，他的英语明显地打起磕巴来。当哈迪奥玛说，只要国内形势稳定，自己随时准备回国时，他在翻译后立即补充道："我也希望回国，一直等待着回国的那一天。"

采访结束时，我提出给阿登老师、哈迪奥玛和谢克三人合影。拍摄第一张照片时，他们的表情严肃得过了头。我让他们笑一笑以便再拍第二张，未料那笑比哭还难看，苦涩、无奈、神色凄然，他们哪能笑得出来呢？

## 第三节　管理难民费苦心

向难民提供国际保护和援助是联合国难民署的主要职责。除帮助难民建造临时住房、按时配发粮食、让儿童接受教育外，提供医疗服务、引导脱贫创收、活跃业余生活、加强难民管理等也属于难民署的职责范围。在埃塞俄比亚，为难民提供生活用水则是难民署面临的首要挑战。

在哈提谢克难民营旁边，我们登上一座大水坝，俯瞰蓄水池中的半池水，烈日照耀下更加显得清澈和难能可贵；从水池入口处遥望，两条引水渠通往远方。梅勒斯介绍说，这一长150米、宽100米、深3米的超大型蓄水池是半年前完成的，目的是收集雨水，经过沉淀后再送到难民营。修建这座蓄水池连同其配套工程——沉淀池和引水池，共花费了近半年时间，投资总额高达9.6万美元。它的建成大大缓解了难民和附近居民的用水问题。

11年前在这一带初建难民营时，联合国难民署就在距离吉吉加75千米的杰雷尔谷打了五眼机井，接着又修建了几座小型蓄水池，为难民和居民提供了可靠的人工水源，保证了他们最基本的生活用水。然而，长途运水不但费时费力，最主要的问题是车辆运输外加路况不佳，难免出现不能按时供水的情形。于是，难民署利用当地一年有大、小雨季的时机，从1997年开始，组织人力开挖大型蓄水池，共建成五座，做到就地取水用水，从而结束了长途运水的历史。为了做到节约用水和有序打水，难民营成立了用水协会，而蓄水池管理委员会是专门管理蓄水池和制定用水条规的。

除用水协会和蓄水池管理委员会外，难民营还成立了难民委员会、长老委员会、青年协会和妇女中心等组织。后两者主要是为了活跃青年男女的业余生活，同时组织大家创收渡难关；前两者主要分担难民营的一些管理工作，处理邻居之间纠纷。在这方面，为了避免不同部族之间的难民发生打斗和集体械斗，难民署尽量将来自不同地区的难民安排在不同营区中。

我们来到难民营的妇女中心，虽然是星期天，中心却没有停止工作，中心主任把我们带进缝纫室，几名妇女正在制作服装，用的是中国制造的蝴蝶牌缝纫机。梅勒斯告诉我，这些缝纫机是用国际援助资金购买的，妇女中心把缝纫作为一种技能培训和创收手段，帮助妇女自食其力、自强不息。除缝纫组外，中心还成立了打字室。青年中心以学习和娱乐为主，成立有足球队、读书组等，青年们可以自由到图书馆看书学习。

难民生病了怎么办？在哈提谢克难民营卫生院的住院室，我看见几名正在住院接受治疗的病人，有大人也有小孩。虽然住院室设备简陋，仅有病床、毯子和打水的塑料桶，但能同时接收40多名患者，包括严重营养不良的儿童。卫生院根据病情不同，在饮食方面对病人予以照顾，如对严重营养不良的儿童，每天分六次进食，食品包括牛奶、米

在哈提谢克难民营的妇女中心，几名妇女正在缝纫，用的是中国制造的蝴蝶牌缝纫机

饭、蔬菜、面条以及高蛋白混合食品。据介绍，难民署在每座难民营都设立了卫生院，每座难民营均配备有一辆救护车和专职医护人员，可做简单的化验检查，重病患者可送往吉吉加医院或埃塞俄比亚的第二大城市德雷达尔市医院治疗。

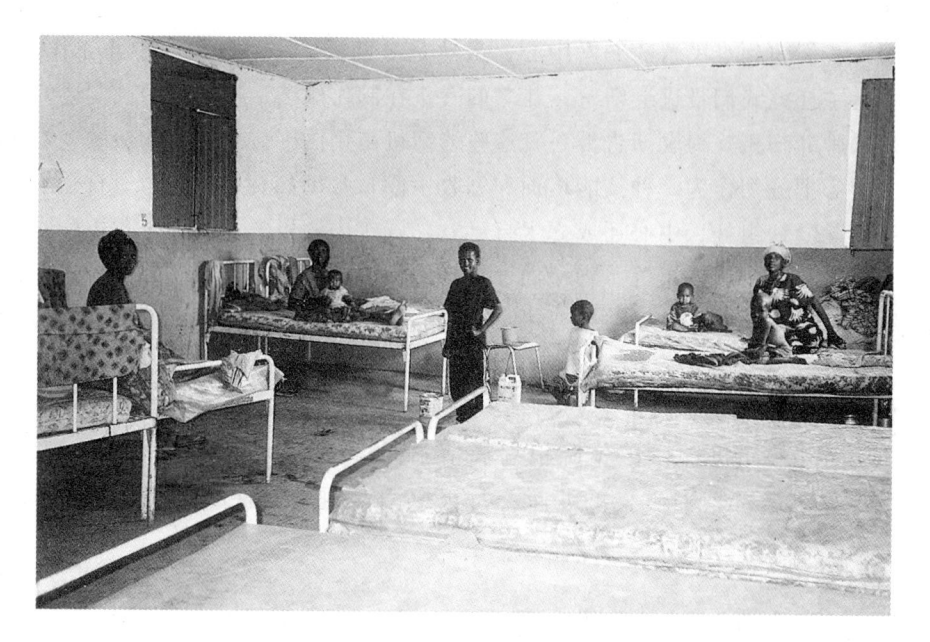

哈提谢克难民营医院

大批难民涌入且长期居住对当地自然生态环境造成的威胁不可小视。这种威胁表现在难民营占用大片土地、砍伐树木修建住房、滥砍树枝烧火做饭、砍伐树木出售以谋生和放牧牛羊过度等。外加埃塞俄比亚本身就处于高原地区，干旱少雨，因而植被锐减，自然生态环境不断恶化，而大批难民的进入无疑加剧了周围自然环境恶化的速度和程度。近年来，难民署已认识到这一问题的严重性，从1997年开始采取措施，弥补难民对驻地周围自然环境的过度损耗。他们一方面在每个难民营建立苗圃、每年在难民营及其周围植树50万棵等；一方面积极推广节能炉灶，并组织就地生产，这种节能炉灶可节约三分之一的柴火，减少了难民烧火做饭对周围树木的砍伐。

除联合国难民署外，深入难民营为难民服务的还有个别非政府组织，如美国的拯救儿童基金会、法国的障碍国际组织等。在难民营中，拯救儿童基金会为儿童修建活动场所，为儿童提供一些娱乐设施；障碍国际组织主要是对难民进行有关地雷知识的宣传工作，以便难民安全返回家园。来自法国的朱利安·舒基（Juliane Shookey）小姐告诉记者，他们的组织共有27人在这里工作，其中每座难民营中各二人。他们首先培训教师，然后通过教师扩大培训对象，深入难民营中的千家万户，向大家宣传讲解地雷及其预防知识。索马里内战爆发以来，全国各地埋设了大量地雷，为了使大家了解地雷及其危害性，他们运用广告牌、宣传册、宣传画、大幅标语等多种形式。对学生的宣传教育主要通过免费向他们发送印有预防地雷知识的材料和讲课等途径。他们的宣传受到难民的普遍欢迎，因为每个难民都盼望着早日返回家园，而地雷则是他们遣返回家时遇到的第一个安全问题。

从难民营返回的路上，我的心情十分沉重，面部显得过于严肃，聪明的司机特意选择了一盘轻松活泼的音乐带播放，可我的心情怎么也轻松不起来。难民营中发生的一幕幕惨状在我的脑海里不停地闪现……随着车辆的一次突然颠簸，大概由于一天没有喝水吃饭，我顿时意识到口干舌燥，喉咙发堵，肚里发慌。这时，我真想面对窗外，大呼一声：人类啊，要珍惜和平生活！

## 第四节　何日走出"难民圈"

根据联合国的定义，难民是指因正当理由畏惧自己的生命和人身自由受到严重危害而被迫离开自己国家的人，这些理由包括种族、宗教、政治见解、武装冲突、外国入侵和自然灾害等。为了生命和自由，难民在逃离时舍弃了一切——财产、家庭和祖国，奔向异国土地，踏上前途漂泊不定的人生征途。只要地球上存在着战争、迫害和歧视，难民就不会消失。

难民是当代世界的一大悲剧。为了向世界各地的难民提供国际保护和援助，并在此基础上求得难民问题的永久性解决，1950年的联合国大会决定于1951年1月1日成立联合国难民事务高级专员公署，简称难民署。难民署成立初期的主要任务是处理两次世界大战遗留下来的欧洲难民问题，因而将期限规定为三年，以期毕其功于一役，在三年之内彻底解决所有难民问题。然而，世界各地不断出现难民的事实使联合国的这一善良愿望无法实现，致使难民署的期限再三延长，从最初阶段的每三年延期一次后来改为每五年一次。

　　非洲难民始于殖民统治时期。不过，随着20世纪六七十年代一浪高过一浪的民族解放运动，非洲大陆的难民人数不断增加，从1969年的90万增加到1977年的100万，至80年代初期达到500万。90年代，由于利比里亚、卢旺达、布隆迪、塞拉利昂、几内亚比绍、苏丹和刚果（金）等国发生武装冲突，非洲的难民人数一度飙升至700多万，另有2000万人流离失所。人类进入新千年的2000年，非洲的难民人数约为600万。

　　自愿返回祖国、在新国度同化和到第三国定居是永久性解决难民问题的三大途径。世上只有家乡好。在三大途径中，难民署首推自愿回国，一旦国内形势安定，回国后安全有了保障，绝大多数难民愿意回国。以索马里难民为例，1988—1992年是索马里内战最激烈的时期，此期间约有50万索马里人为逃避战乱，越境来到邻国埃塞俄比亚成为难民。1994年爆发的新一轮内战又迫使更多的索马里人沦为难民，使索马里在埃塞俄比亚的难民总数达到60万，分别居住在靠近两国边境地区的八个难民营中。

**难民营里摆地摊**

至 1997 年，索西北部的形势相对稳定，在难民署的帮助下，不少难民踏上归程。截至 2000 年底，在埃塞的索马里难民的总人数是 124484 名。鉴于当时索马里国内形势相对稳定，难民署计划在一两年内遣返停留在埃塞的所有难民，关闭那里的难民营。

截至目前，联合国难民事务高级专员公署已存在了 60 多年，大大超出了当初预计的三年时间，且难民人数还在不断增加，联合国难民署面临着来自各方面越来越大的挑战。再以"非洲之角"为例，首先是政局难以稳定，武装冲突时有发生。索马里国内动荡长达十年之久，在难民问题尚未解决之际，埃塞俄比亚和厄立特利亚两国边境地区爆发的大规模武装冲突又制造了数以十万计的难民。第二是侵犯难民人权的事件时有发生，特别是作为弱势群体的妇女和儿童，他们的基本权利有时难以得到保护。第三是受排外主义思想的影响。一些国家的政府不愿意接收难民，难民抵达后易受到当地人的歧视、甚至是仇视。第四是难民的大批涌入对当地自然生态环境的严重影响，特别是埃塞俄比亚东部属干旱地区，当地生态环境本身就比较脆弱。第五是资金困难。多年来，在世界难民人数不断增加的同时，国际援助资金却在不断减少，这一问题在非洲大陆表现得尤为突出。

在我采访过的索马里难民营，不少难民已经在那里生活了近十年之久。他们的生活不能自立，回国后又难以得到帮助，无法工作或找不到工作，他们总不能这样生活一辈子。何时才能走出这个难民怪圈呢？联合国难民署前高级专员绪方贞子一针见血地指出："惟有打破战争的恶性循环。战争制造新的难民与痛苦，又为新的武装冲突埋下种子。"[①] 在战争不断制造更多新难民的同时，难民署的援助工作显得是那么的苍白无力，无异于杯水车薪，扬汤止沸。由此看来，珍惜和平生活，避免武装冲突才是永久性解决非洲难民和世界难民问题的根本出路。

对于郑和这一富有传奇色彩的故事，陪同我采访的司机索罗门也极感兴趣，他表示自己在小学课本里学过孔子，知道中国的万里长城，对郑和却是第一次听说。回到吉吉加市，索罗门热情未减，我们又在市区走街串巷，四处找朋友打听，其中的两位多年前来自索马里，知道中国船队访问过索马里的史实，也听说过"郑和村"一事，但仅是听说而已，说不出

---

[①] 转引自联合国难民署驻埃塞俄比亚代表处宣传广告牌，2000 年 12 月。

详情。

　　从难民营回来的当天晚上，尽管已经十分疲劳，但是我辗转反侧，久久不眠，于是写下这样的采访后记：幸福富裕的生活是多姿多彩的，苦难贫穷的生活是单调雷同的。这聊且做为此行的收获以自慰，不过，就采访郑和的故事而言，此行无疑令人失望。当我与他们在吉吉加机场握别时，索罗门和难民署的朋友一致表示，郑和的故事非常有意义，它说明非洲与中国的交往早于欧洲，他们对此十分感兴趣，表示一定继续在当地寻找有关线索，一旦得知就与我联系。

# 第七章　深入索马里

　　自1990年底爆发内战以来，"非洲之角"索马里一直处于军阀混战、四分五裂的割据状态。可是，对中国记者而言，这个内战不休的国度不但有"郑和村"，而且有"郑和塔"和郑和船队的沉船。为寻访郑和的遗迹，2004年8月4日，记者冒着生命危险，只身深入无政府状态的索马里采访。

　　作为索马里内战14年来深入该国采访的首位中国记者，目睹今日索马里满目疮痍、民不聊生的惨状，无不让人心潮澎湃，思绪翻滚。在混乱不堪的首都街头，在八名武装保安护卫下，记者走进刚刚重新开业的中国医院，采访被侵占的中国大使馆馆舍，来到郑和船队当年的"关卡"门前拍照，倾听当地知识分子谋求救国救民救苦救难的心声。一路上，举目千疮百孔，举步险象环生，举动万般小心，例证不胜枚举。

## 第一节　塑料袋里装"公章"

　　赤道上空的云团就像棉花一样白，纹丝不动地飘浮在空中，好似棉田一般合理密植，株距行距间隔有致，整整齐齐地排列在青空，构成大自然的一大奇观。从内罗毕飞往索马里首都摩加迪沙的班机在云层里颠簸着，恰似一台在田间奔跑的播种机，我的心情比飞机"颠簸"得更加厉害，却并非是担心飞机会出现意外。自 1990 年底爆发内战以来，索马里几乎与外界隔绝，其间发生的一切，目前的局势如何，外界对其真情知之甚少。我这次只身斗胆前往采访，是凭着执着的敬业精神而临时决定的，准确地说，是在肯尼亚机场得知索马里和会正在举行的消息而心血来潮，来不及也无法与索马里方面进行联系。我在索马里连一个人都不认识，对该国的了解，只是通过一些"隔岸观火"式的报道；对摩加迪沙近期局势的判断，仅仅是通过内罗毕与其每周往返三次的航班次数。

索马里首都摩加迪沙 50 千米机场

我乘坐的这次非洲运通（African Express）XU521次航班，三分之二的座位都空着，乘客不足40人。除我以外全是黑皮肤的当地人，多是小摊商贩，大包小包带了一大堆。飞机就要降落了，地面上的绿色草木越来越显得清晰。由此判断，这里并不是人们习惯上认为的那样干旱少雨。当飞机在跑道上滑行时，乘客能明显感受到机场多年失修，表面是粗糙、甚至是凹凸不平的。当我走下飞机时，原以为天气炎热一股热浪会迎面袭来，未料天气爽快，空气湿润。更令我诧异的是，这哪里像个机场？

与非洲多数机场相比，眼前这个机场的面积并不算小。可是，除跑道不平、沙石裸露外，机场没有围墙，更谈不上航站楼了，仅有两座相距百米的"房子"。较大的位于跑道旁边的杂草丛中，屋顶早已不翼而飞，徒有墙壁；另一间是茅草屋顶，没有门窗，正面墙上的一个大洞俨然充当门的功能。乘客们纷纷涌向停在机场上的两辆破烂不堪的小公共车，我手提行李不知去向，显得与此时此地的情形格格不入。

正当我踌躇之时，一位穿着整洁、中等身材的和善老人手提塑料袋走了过来，问我在等谁，受哪个公司的邀请而来。当知道我是主动前来、无人知晓时，他不解地直摇头，似乎是自言自语，又好像是善意提醒："来到这里，没有人接待，那真麻烦了。"我顿时感到情况非常不妙，琢磨着是否转身登上飞机马上离开这片是非之地。因这架班机是经摩加迪沙飞往迪拜的，我可以先到迪拜，安全了再说。看到我面带难色地回头望着呜呜作响的飞机，老人又开腔了："我是管移民的，先跟我去办理入境手续。"

几十米开外的茅草屋位于机场出口处，面积仅有四五十平方米，泥土地面上坑坑洼洼，零乱地摆放着二三十个白色塑料椅子，入口的墙角处摆放着一张白色的塑料圆桌和三把塑料椅。老人示意我坐下，我这时才意识到，这里就是候机室，这张桌子就是他的办公地点。他把塑料袋漫不经心地放在桌子上，从中掏出一本印制粗糙的发票和一个破旧的小塑料袋；"拿你的护照来，请交25美元入境费。"他翻了翻我的护照，找到空白页，从小塑料袋里掏出一个椭圆形的红章子就盖，印油不足，字迹模糊。他看了看，似乎有些不满意，想重盖又没有印泥，犹豫着把护照还给我，收起图章起身要走。这时，飞机起飞了。

我急不可待地问道："城里安全吗？"

"安全，但要有人保护。"

"有没有中餐馆？"

他摇头不语。

"有没有中国人?"

他还是摇头。

"您是政府移民官吧!"他惊奇地瞅了我一眼,没有摇头,没有点头,也没有作答。

"我是第一次来这里,请帮我找个安全的旅馆。"

"既然没有人接待你,你就是航空公司的客人,到城里后他们会帮你安排。"讲话时,他的神情似乎是固定的。

我似乎有点放心了。当我请他帮助找辆出租车去城里时,他指向那两辆小公共车说:"那是航空公司的车,专运乘客,免费服务。"

老人语重心长地告诫我:"索马里连年内战,首都到处混乱。来到这里,你不要相信任何人,更不要一个人独自上街。当地人见钱就变脸,你一定要小心谨慎啊!"我上车前,他向我要了小费。

## 第二节 "押运"乘客到首都

我对眼前发生的一切感到过于陌生。

背着相机包,提着行李箱,好不容易挤上满员的小公共车,车仍在等候。这时,惊魂未定的我才发现,机场没有大门,出入口处摆放着一道铁丝网,由荷枪实弹的保安把守着。机场外脏乱差的小广场上,一群衣着华丽的当地妇女排成一条龙,每人手提一个小黄塑料杯,前面放着一个小黄塑料桶。她们在出售新鲜骆驼奶。花衣、黄桶、黑皮肤组合在一起,充满着浓郁的异国风情。我曾数次冲动着想取出相机,又数次害怕相机遭抢而始终按捺住心中一次次冲动。心想,就是因为一刹那的冲动,才陷入此种担心受惊的被动境地,万万不可再感情用事了。

约半个小时后,汽车开动了,共有四辆。前面是运行李的大卡车,车厢里站立着数名持枪人员;中间是两辆小公共车,载满了乘客;后面是越野车,六名胸前和腰间佩戴着长排子弹、手持冲锋枪和机关枪的武装人员坐满了后车厢,监视着前后左右四个方向。汽车在凹凸不平的公路上颠簸行驶,路面不时出现大坑迫使车辆不得不离开公路,从玉米田和丛林间穿行,真可谓地上本没有路,行的车多了,也就成了路。车速并不快,糟糕的路面使人在车里不停地前摇后晃,形成快速前进的错觉。

索马里全国的公路上到处可以自设路障

　　沿途不时遇到私自设立的关卡，足见车匪路霸横行。每遇到关卡，后面的越野车就冲到最前面，关卡人员看到武装到牙齿的押送队伍，便主动移开路障。目睹其他三辆车顺利通过后，越野车又紧跟其后。

　　摩加迪沙有四个机场。首都国际机场位于城区，内战时成为一大争夺焦点，不但房屋被毁，就连跑道也被炸得弹痕累累，当时处于废置状态，由一派武装占有。其他三个机场皆是军用机场，分别是首都以北18千米的埃萨雷（Esaleey）机场，西南方向的"50千米机场"和西北方向105千米的巴利杜歌（Balidoogle）机场。这三个机场分别在三支武装组织的控制下勉强运营。后两个机场分别是总部设在吉布提的达鲁航空公司和总部位于内罗毕的非洲运通航空公司的中转站。所谓的海关出入境章，是各派武装私自刻制的。

　　经过三个多小时的颠簸，我来到首都的非洲运通办事处。汽车尚未停稳，一群当地人就一哄而来。我处于包围之中，感到很是害怕。车门开启之后，乘客争相下车，四面的人群似乎不约而同地看着我，我本能地抱紧相机包一动不动，心想这下可坏了，如果他们真的动手抢劫，在这个陌生的混乱社会里，反抗不但毫无作用，而且会引发更大的麻烦，或许只有束手就范才比较现实。

索马里首都摩加迪沙一家宾馆大厅摆放的中国家具

其他乘客下完后，周围的人群大多散去。原来，他们是来接亲朋好友的，由于无法直接去机场接人，只好在航空公司门前等待。这时，航空公司的人叫我下车，持枪保安示意其他人后退让路。在保安的护卫下，我提着行李心神不安地走进办事处。

五六分钟后，办事处主任走了出来，告诉我这里有两家较好的旅馆，问我想去哪个。出于习惯性思维，主要从安全因素出发，我不假思索地选择了离总统府较近的那家。他带上持枪保安，亲自驱车陪我前往萨哈菲（Sahafi）宾馆。

作者在摩加迪沙下榻的萨哈菲宾馆

宾馆经理阿韦斯·阿布迪尔卡德（Aweys Abdilkadir）这样介绍说：宾馆有 75 个房间，150 名工作人员，其中绝大多数是武装保安；宾馆大院内十分安全，24 小时有武装人员在四周保卫。但是，"绝对不能独自走出大门，外出必须有武装保安陪同，晚上外出则需二三十名保安护卫"。经理看了一眼办事处主任，接着对我说："据我们所知，近年来有几名西方记者来过摩加迪沙。你是索马里爆发内战 14 年来，来到这里的第一位中国人，也是前来采访的首位东方记者。你的胆识令人佩服。"说着，他们二人同时向惊魂未消的我伸出大拇指。

## 第三节　夜半惊魂起枪声

下午四时许，我走进旅馆房间。饥饿和疲劳感早已被惊恐之状替代。顺手打开电视机，无意中收看到中国中央电视台四频道，此时此地看到电视画面上遥远的祖国，听到熟悉的汉语，顿感无比亲切。

我的内心倒海翻江。经过一整天奔波劳累，仍丝毫没有倦意，夜已过半，辗转难眠。此时，不远处传来清晰的枪声。静等了一会儿，枪声消失，耳边又是旅馆的发电机声。

次日清早，宾馆经理告诉我，昨夜城里发生了枪战，首都附近 20 千米处发生了火并，据说死了六七个人。他轻描淡写地说："这些事情我们已经司空见惯了。如果你是三年前来采访，每天都能听到嗒嗒嗒、嗒嗒嗒的机关枪声。"他不但语言形象，而且还用手做了一个机关枪的姿势，模仿军人向前冲锋……接着，他回到原来的位置，不无伤感地说，"索马里内战死伤了多少人，造成的损失有多大，无人统计也无法统计"。

今年 50 岁的宾馆经理，当过中学历史教员。20 世纪 80 年代中期弃教从商，到一家美国驻索马里石油勘探公司工作。"政府对我离开教学岗位很是恼火，但我有 12 个孩子，一个大家庭需要供养，这是出于无奈的选择。"他这样讲述当年内战爆发时的情景，"1990 年圣诞节，那时已是'山雨欲来风满楼'。我当时在公司的首都食品仓库当保管员。中午时分，公司一名患病的美国员工从外地赶来，哭着请求我把他送到机场，帮他买张机票，他要当天下午乘飞机回国。由于当时尚未发工资，他身上一文不名，但深感身体不适、局势不妙，一定要在当天离开。我苦口婆心说服航空公司为他加了座位，并为他购了票。花光了身上的钱，当天回家只从仓库领了三斤白糖。圣诞之夜，我听到一阵激烈的枪声。次日清晨发现，大街小巷乱作一团，到处是抢劫造成的狼藉一片。到公司一瞧，仓库被洗劫一空，空啤酒瓶子、破烂的面包包装纸扔了一地。这时，我才强烈地意识到形势正在恶化，必将大难临头。此后的几天里，局势急转直下，外国人纷纷逃离，本国人逃往国外。紧接着，政府被推翻，总统逃往尼日利亚，军队卷入冲突之中，国家处于失控状态……"

在无政府状态中，首当其冲的是政府机关、公共设施和街头商店，接着一些民宅也未能幸免。伴随着各派武装之间的残酷厮杀，部族矛盾空前激化，打、砸、抢事件进一步升级，城市变成了战场，全国到处武斗，无辜者受到伤害，生灵惨遭涂炭。

索马里内战的爆发具有深刻的社会根源，它是部族矛盾和党派之争不可调和的必然产物。穆罕默德·西亚德·巴雷（Mohamed Siad Barre）政府1969年上台，长期执政而又缺乏必要的监督，导致腐败严重和裙带之风盛行，这些矛盾又与部族纠纷夹杂在一起，引起全国怨声载道，民众纷纷要求选举产生新政府，但西亚德充耳不闻，置之不理。就在内战一触即发之际，西亚德急调本部族人士从全国各地挺进首都保卫自己，以维护统治。未料此举引发其他部族各自拥兵进入首都抢占地盘，国家军队的官兵各自携枪投奔自己的部族参战，首都局势急剧恶化，西亚德政府立刻土崩瓦解，官员纷纷逃到国外。

在全国失控的无政府状态下，军阀混战抢夺权力，争占地盘；西亚德卷土重来，率残部进逼首都，但遭到迎头痛击；以美国为首的多国部队在摩加迪沙遭到重创，最终被迫撤离；由于冲突各派分歧严重，国际社会的多次干预和调停均未奏效，和解会议时开时散，各派武斗时打时停，和平进程一波三折，举步维艰。

1991年1月，西亚德被推翻后，中国驻索马里大使馆、医疗队和工程队的所有人员被迫撤离，迄今未返。

## 第四节　今日中国大使馆

摩加迪沙曾经是非洲最干净的城市，濒临大海，风景秀美，气候宜人。而今，无论用任何标准评判，它无疑是非洲最脏、最乱、最差的城市。全国通往首都的条条道路年久失修，刚一进入城郊，道路更是坑坑洼洼，难以通行。从郊区到市中心，映入眼帘的大型建筑物无一完整，不是屋顶被揭，就是门窗被挖，残垣断壁，千疮百孔，弹痕累累，到处破败。成片的民居破旧脏乱，一片惨不忍睹的衰败惨景。大街上的各种机动车，基本上全都破烂到早该淘汰的程度，没有车牌照，没有窗玻璃，车身的油漆也已剥落，裸露出生锈的铁皮，上面沾满了灰尘。大街小巷脏乱差到难以复加的地步，大堆垃圾随处可见，牛羊牲畜与人同行。乘车通过布满大坑小沟的街道，你会误以为是在翻山越岭。车辆过后，灰尘四起。步行在大街上，高一脚低一脚，踩下去还软绵绵的，一层尘土会把鞋子灌满。

内战，历时14年的战乱和割据，把美丽的索马里蹂躏得破烂不堪，蓬头垢面；将国家的心脏摩加迪沙折腾得遍体鳞伤，满目疮痍。政府被推翻，国家机器被砸碎，基础设施无一完好，国民经济遭受毁灭性打击，甚至连外国机构也难逃此劫。

中国驻索马里大使馆、中国援建索马里的国家大剧院均位于老城，两者相距不足1000米，遥相斜对面。8月5日下午，在六名保安荷枪实弹的护卫下，我深入老城采访。老城原是首都最繁华地带，战乱中遭受的破坏最为严重，目前是摩加迪沙最危险的区域。刚一进入老城，保安组长就提醒我不能拍照了，车窗玻璃也要关严实。窗外大街两旁，高大建筑物几乎全部没有屋顶，不少已成为废墟，一些古老建筑物更是饱受枪炮之祸而面目全非。稍微完整的，皆有武装人员护卫，外人不得随便出入，外国人更是不能随意靠近。

据介绍，内战期间，土匪流氓横行，武装到牙齿的不法之徒先是打砸抢掠，大发横财，将公共财物抢劫一空。留下空荡荡的房屋后，就开始挖门窗、揭屋顶，直到糟蹋成残垣断壁。对大型建筑物，他们连仅有的墙壁也不放过，还要占领起来，据为己有，外人、特别是外国人想进入，无钱勿来。可以说，大多数公共建筑物都遭到同一命运，中国大使馆和中国援建的国家大剧院当然也不例外。

我们的越野车驶近国家剧院，远远看去，几名抱着枪的懒散人员坐在剧院门前吸烟。车停在街道上，保安一再叮咛我不要下车，他们与看守人员交涉，以便能够允许拍照。中国大使馆则由另外一支武装组织占领，拍照需要另行谈判。经过近一个小时的讨价还价，先是他们之间交谈，后是我与对方直接商议，对方最终将每个建筑物的拍照费从50美元降到40美元，还一再强调，这是给中国记者最优惠的价格，如果是西方记者，价钱比这要高出二三十倍,最少不能低于 1000 美元。

　　国家大剧院曾是摩加迪沙的标志性建筑之一,也是高质量建筑的优秀代表。可是,前墙壁上是炮弹击中的大洞,所有门窗都被挖走,前门被树枝拦着。掀开树枝走进门,再上台阶进入剧院大厅,全部的坐椅不翼而飞。在一排排错落有致的水泥台阶上,原先固定坐椅的钢筋只剩下半寸多高,一排排整整齐齐地争相露出头来,似乎在诉说着这里曾经发生的那场浩劫。前台上一无所有,惟有墙壁上的一幅富有民族特色的绘画残存下来。抬头一看,房顶被拆,上面的钢筋三脚架暴露在外,直接经受着风吹日晒雨淋,出现斑斑锈迹,高级剧院变成了露天剧场,惟有四周的高墙笔直挺立,地面的台阶平整光滑,诠释着中国建筑的高质量、严要求和硬指标。目睹眼前的一切,真令人啼笑皆非。几名同来的保安坐在水泥台阶上戏谑道:"我们是前来观看演出的,请记者为我们拍照。"

　　中国大使馆与意大利大使馆相邻,虽也在劫难逃,但命运似乎比国家大剧院好,主要因为大使馆是三层高的大楼。从剧院驶向大使馆,远远就看见一株艳丽的"非洲红"——三角梅爬出中国大使馆高高的前院墙,正在微风中摆动,仿佛是在欢迎我这位远道而来的中国记者。使馆的大铁门依然完好,浅蓝色的油漆上锈迹斑斑。大院墙上的宣传橱窗被砸碎,墙

今日的中国驻索马里大使馆

根下的玻璃碎片被杂草半遮半露。步入大门，双脚如踩在弹簧上，发出杂乱的响声，一层厚厚的干树叶和泥土混合在一起，好像给整个大院铺了一张大地毯，上面是横七竖八的干树枝和随处乱扔的各种垃圾。门口两层楼的接待室变成了水泥墙，无门窗，空荡荡，真可谓"徒有四壁"。双脚尚未迈进，一股臭气钻鼻而入，接待室变成了临时厕所。

　　大门朝西，前院有数棵大树，夕阳照射下，整个大院斑驳陆离。走到大楼门前时，地面上出现污水道，长期积存的脏水浮出落叶，楼前便是一大片污水和一股浓烈的臭气。大楼门还算完好，用铁链子锁着。走近一看，室内灰尘污垢密布，前厅的两根圆柱子上，还残留着雕刻的装饰图案。走到大楼左侧面，从紧锁着的门缝向里看，是空荡荡的活动大厅，布满了一层灰尘，上面残留着稀少的脚印。后院堆放着大垛垃圾，几乎成为小山丘，当地孩子不时上上下下玩耍。一根斜系着的绳子上晾晒着衣服，一名怀抱婴儿的中年妇女站在门前，正叫喊着在墙脚漫游的一头牛犊和两个孩子。看到陌生人走来，牛犊抬头望着，孩子们也停住脚步，让人顿感误入村庄。三楼的阳台上，不时有人来回走动。据介绍，一个军人家庭现居住在这里，中国大使馆变成了他的"官邸"，拒绝陌生人进楼观看。

摩加迪沙被战火破坏的建筑

这就是中国驻索马里大使馆。环绕大楼一周，细观一番，心中有说不出的滋味和感慨。大院左前方和后院是敞开式的空荡荡的车库，左前方车库的一角堆放着横七竖八的牛角。大院右侧有一棵特殊的植物，好似仙人掌，高达十米，已被破坏得七零八落，当地人说那是一棵中国树，是大使馆栽植的，因当地不生长这种植物。中国大使馆的北邻居是意大利大使馆，两个大使馆之间的界墙已出现大缺口，孩子们常从墙头翻越玩耍。

真该诅咒的战乱！真该诅咒的无政府状态！

## 第五节　绝对自由令人忧

在机场通往首都的公路上，几乎每遇到路面出现大坑，车辆必须缓行或改道行驶时，就会出现私设的关卡。问当地人是什么人设置的路障，回答是谁都可以设置，只要他愿意。在首都街头，人畜并行，井水不犯河水；垃圾

**摩加迪沙街头**

随地乱扔，甚至堆积成山；来往车辆随时随地可以停止，红绿灯早已无踪无影。一天中午，四五辆车围追堵截在一起，大街上尘土飞扬，我看到一名中年男子边吹哨子边指挥交通。一问方知，他以此谋生，想挣点小费。随行的宾馆保安笑言，可想而知，不会有人听他指挥，也几乎无人给他小费。

目睹眼前交通堵塞，我们的车辆拐进胡同里绕行。走进小巷，武装人员随处可见。随行的保安告诉我，内战期间，军队的武器散落民间，现在几乎家家都有一杆枪，真可谓"全民皆兵"了。

谈起耳闻目睹的"自由"，宾馆经理没有直接插言，而是迂回地问我："你想要索马里护照吗？"看我面带疑惑，他严肃认真地说，"我可以给你办理，要多少本都行。"（次日，我在达鲁航空公司看到，一个工作人员的桌子上放着两摞新护照，正在给需要者办理。看我观察得认真，他给我做了个鬼脸。）接着又问道，"你想当索马里总统吗？"我不禁笑出声来，他还是一本正经地说，"给报社一点钱，明天报纸就会报道你是总统。我这可不是和你开玩笑"。

在索马里，新闻当然也是绝对自由的。当地同行告诉我，索马里当时有64家报纸、十家广播电台和三家电视台。这些新闻机构绝大多数集中在首都，除过渡政府拥有一个电台和一个电视台外，其余均属集团或个人所有。受客观条件制约，所谓报纸，虽每日出版，但都只有A3或A4大的版面，每份六七页不等，用订书机订在一起发行，售价一律是1000索马里先令（1美元当时约合15000索马里先令）。我购买了其中的四份报纸翻阅，什么《民族报》、《全民报》、《时代报》和《兴趣报》等，皆是A4纸黑白印刷，索马里文，除头版有一幅人物肖像照片外，整个报纸没有图片，而仅有的这幅图片还模糊不清。

在"绝对自由"的索马里社会中，在全国范围内的无政府状态下，普通民众的生活非常困难。没有组织，缺乏规矩，大家要活命，人人需要钱，只有"八仙过海，各显其能"了。日常生活中，为了鸡毛蒜皮的小事，动辄出言不逊、大打出手的情形时有发生。据不完全统计，内战爆发后，在全国800万的总人口中，四分之一的人逃往国外，沦为难民。留在国内的，提心吊胆过日子自不待言，只能"各人自扫门前雪"，挣扎着生活。如此，经过十多年的动荡不安和不规则的调整组合，如今的索马里社会已经形成一定的"规矩"，达到一种暂时"平衡"，使普通民众的生活能够在这种畸形的平衡和规则中得以运转。比如，战争摧毁了电力资源，大家各找照明门路，一些小社区就自发组织起来"自救"，购买一台小型发电机，这使日本和韩国的小型发电机得以畅销。

　　无情的战争摧毁了国民经济，国家处于混乱和瘫痪之中。人们把政府机关、公共设施、国有资产和个人财产纷纷化整为零、据为己有。机场、港口等遭到哄抢后也被自动"私有化"了。工厂、学校、医院当然也不例外。2004年8月，首都及其附近仅有三家工厂——半月前开业的可乐厂与2000年前后分别恢复生产的纯净水厂和电焊氧气厂。迫于急需，机场和港口在武装保卫下，在极端困难的情形中，在最低程度上恢复了运转。

　　在日用品极度缺乏的情况下，迪拜（Dubai）成为外部世界与索马里之间的货物中转站。无政府状态下的对外贸易由个体商人操办，大商小贩把世界各地的货物先集中在迪拜，再通过空运或海运辗转贩卖到国内。在机场，我就碰见一名当地商人，他曾赴中国广州进口服装。近年来，随着内罗毕——摩加迪沙航线的开通，内罗毕也成为索马里商人的一个采购点。在飞往摩加迪沙的飞机上，不乏托运大箱、身背大包的商人。当我回程时，就与一名前往内罗毕采购手机和电话机的商人同机。由于没有政府和关税，这些商人出入反而自由，据说利润颇丰，不少人大发国难之财，成为和平的障碍。

　　一日清晨，在武装保卫下，我采访了摩加迪沙的两个自由市场。在位

**摩加迪沙街头**

于老城的昔日最繁华的集贸市场，仅有不到五分之一的摊位维持经营，出售粮食、蔬菜、水果和肉类。新城刚刚开业的商场是用帐篷搭起来的，有二三十家摊位，主要经营服装、床垫、书本等日用品。荷枪实弹保卫下的商场，显得更加萧条，鲜有顾客光临。

战乱期间，国家的公、检、法被砸烂了，监狱关押的犯人逃之夭夭。近年来，宗教法庭随之死灰复燃，俨然行使着庄严的职权；宗教监狱"顺理成章"应运而生，可谓适时填补了空白。

自由是相对的，世界上没有绝对的自由。如果说当今世界上还存在绝对自由的话，那就是今日的索马里。这是一种什么样的状况呢？各自为政，自立山头，随心所欲，为所欲为，一个彻头彻尾的无政府社会。在这种状态下，国家机器不复存在，公有财产被肆意抢劫，城市千疮百孔，举国满目疮痍，人民饱受其苦。外国人更是望而却步，胆大入境者也免不了要受"雁过拔毛"的骚扰。

如果你访问过索马里，目睹千疮百孔、满目疮痍的惨景，你定能体会出和平的珍贵，你定能理解自由的深意。

## 第六节　中国医院重开业

尽管国家处于战乱之中，但是索马里人民对中国人民充满了深情厚谊，亲切地称呼两国人民是："兄弟加朋友。"这次采访中，我发现中国在索马里的影响随处可见，索马里人民对中国的钦佩之情、对中国人民的深厚友谊溢于言表，令人难忘。

在我下榻的萨哈菲宾馆，接待室中央悬挂着一个大红灯笼，一进门就让人感到亲切。非洲运通航空公司经理和宾馆经理与我一见面，就津津乐道地谈论起毛泽东、邓小平的故事，并以此为荣。20世纪七八十年代，中国为索马里修建的四大工程——国家大剧院、首都体育馆、首都市中心的巴纳德医院（Banader Hospital）和全国约2000千米的公路——以其优质高效赢得交口称赞，成为中索友谊的象征和里程碑。在经受战乱考验后的今天，四大工程在索马里更是家喻户晓，美名远扬。人们亲切地称中国修筑的公路是"中国路"，"中国路"至今仍路面平坦，鲜有破损；人们称巴纳德医院为"中国医院"，其建筑基本完好如初，在我抵达这里的十天前已重新开业。

8月5日下午，艳阳高照。在武装护卫下，我来到中国医院。摩加迪沙原有七家大医院，在战乱中全部遭到严重毁坏，惟独最大的医院——中国医院受到的冲击较小，虽然所有的设备被哄抢一空，但全部门窗几乎完整无损，墙壁屋顶依然完好如初。中国医院是1975年竣工的，因其工程质量一流，与周围破烂不堪的大小建筑物形成鲜明对照，今天看起来，犹如鹤立鸡群，恰似新落成一般。

　　来中国医院采访，纯属偶然。首都的几名大夫得知中国记者来到摩加迪沙采访，盛情邀请并陪同我参观中国医院。中国医院的负责人、一位在当地颇具影响力的中年妇女在门口迎接我们的到来。她叫玛蒂娜·穆罕默德·埃莉米（Madina Mohamed Elimi），是一位非同寻常的女中豪杰，中国医院能够重新开业，里里外外干净整洁，全是她不懈努力的结果。此前，中国医院由附近一带的五股势力集团共同占领，处于废置状态。看到民众有病无处医、偌大的医院却闲置弃用的现状，曾做过社会福利工作的玛蒂娜心急如焚。她挺身而出，不辞辛劳，苦口婆心地劝服各方人士，最终以其真情打动了各派占领者，各方共同签订了君子协议，为中国医院的重新开张铺平了道路。

　　在玛蒂娜的带领下，我参观了医院的每个房间。大多数屋子是空荡荡

摩加迪沙的中国医院

的。在一间宽敞明亮的手术室,三个固定在天花板上的圆形无影灯依然完好,玛蒂娜指着灯告诉我:"这些手术灯是中国当年赠送给我们的,医院在战乱中被抢劫一空,惟一保留下来的,就要数这几个灯了。"

尽管惨遭浩劫,中国医院里仍能到处看到中国的印记。不但建筑风格是地道的中国式样,就是楼道隔离门的把手上,还钉着"推TUI"、"拉LA"的汉字和汉语拼音。在二楼长廊一间朝西的紧锁着的房门上,一把锈迹斑斑的铁锁格外引人注目。走近定睛一瞧,是中国制造的"地球"牌,上面的汉字清晰可辨。

在一层靠近楼大门的一个诊室,一位戴着眼镜的女大夫正在给患者问诊。看见我站在走廊时,她主动热情地打招呼,自我介绍说:"我叫穆胡溥(Muhubo Ahmed Guce),内战前就在这里工作,当时医院有八位中国大夫,他们个个医术高明,待人热忱,大家相处得十分愉快。其中的一名苏大夫,给大家留下的印象最好。请你回国后代我们向他们问好。""我只知道他们是出色的中国大夫,不知道来自哪个省份①。我们大家一直想念中国大夫,他们都是我们的好朋友。我们希望这里的内战尽快结束,期待着中国大夫能够尽快重返索马里,帮助我们救死扶伤。"

在住院部,我看到,由于贫穷,成人大多"讳疾忌医",患者几乎全是儿童,由家长陪同着。索马里是疟疾多发国,孩子们多是躺在床上挂着吊针。玛蒂娜介绍说:"由于缺钱,大多数成人瞧不起病。就医院而言,缺医少药是目前面临的最大困难。"她指着病床说,除少数单人床和床垫是新购置的外,其他必不可少的桌椅板凳全是医院的工作人员自发从家中搬来的。大家齐心协力,共同为医院重新开业献计献策,出钱出力。"医院的大夫和护士多是以前的老同事,他们听说医院要重新开门,主动找回来要求上班。深知医院目前严重缺乏资金,他们都是义务工作。"在国难当头之际,为了解除普通民众的病痛,这些大夫们的义举,令人闻之动容。

## 第七节 知识分子谋救国

"天下兴亡,匹夫有责。"就在一些非法狂妄之徒把祖国千刀万剐、

---

① 中国援非医疗队是我国政府无偿派往非洲给予医疗支援的医疗队,由我国省、市、自治区实行对口支援。目前,中国在非洲47个国家派驻有医疗队。中国支援索马里医疗队由吉林省选派,索马里内战爆发时撤离,迄今未返。

参加毕业典礼的首都学生

摩加迪沙的一名少年

将国家化整为零、乘战乱之机浑水摸鱼大发国难财的时候，一些流亡在国外的索马里知识分子和在国内的知识界人士，为了国家的未来和人民的幸福，自发组织起来，竭尽全力，以期拯救国家和民族，减少战争给人民造成的巨大痛苦。

一天上午，在下榻的宾馆，我应邀参加了当地一所中学的毕业典礼。与所有公共场所一样，索马里的大中小学也饱受战乱之苦，财产被抢劫一空。该校是在战争的废墟上、在连绵不断的炮火声中开学的。1999年，在内战走向缓和之际，首都的一些中学教师目睹连年战火造成的惨重损失，特别是整整一代人将被沦为文盲的悲惨命运，他们急切地感到，国家虽然没有政府，但绝对不能没有教育。否则，国家和民族的前途将寄托于谁？一位出席毕业典礼的老教师深情地对我感慨道："百年树人啊，教育事关一个民族的前途与命运。"于是，他们主动组织起来，在极其艰难的条件下，创办了这所中学。大家群策群力，没有校舍，共同从废墟上建设；没有桌凳，师生从自己家中搬来；没有教材，教师自己动手编写……校长告诉我，大家当年创办学校的热情和近年来为教学付出的心血，感人肺腑。他把话题一转说，当年开学时，500多名学生入学。由于大多数家庭经济拮据，无法供养孩子继续上学，今天能够参加毕业典礼的只有100多名了。尽管如此，这一毕业典礼在当地还是引起轰动，新闻媒体争相报道，各界名流应邀出席。人们在祝贺这批学生顺利完成学业的同时，还感谢学校创办者为国家培养人才的壮举。

战乱前，首都有六所大学。最早复课的是摩加迪沙大学，内战爆发后的次年就重新开学了。可是不久，该校又惨遭暴徒抢劫，致使教学再次中断。1997年初，当局势出现转机时，教职员工又出钱出力，齐心协力恢复了教学。在市区新开业的商场，我还看到摩加迪沙大学租用的独立摊位和张贴的招生广告。2004年，首都有两所大学步入比较正规的运转轨道。

获悉中国记者远道而来采访，海亚特医院（Hayat Hospital）的五名大夫特意来到我下榻的宾馆，盛情邀请前往采访。海亚特医院由流亡在外的医学界高级知识分子和国内医学界名流共同创办，1997年开业。这些满腔热血的知识分子，为了一个共同的目标走到一起，救死扶伤于国家危难之中。其难能可贵的精神可歌可泣，令人肃然起敬。两年后，他们又联合当地的几个组织，成立了海亚特医学基金会。发展至2004年，除海亚特医院和首都百余千米外的一家医院外，还有一所护士学校和一家医药公司。

前来邀请采访的五名大夫中,三名是从英国归来的,其中的两名曾访问过中国,在上海与中国同行一起研究过疟疾治疗。现任医院董事长的穆罕默德·艾哈迈德(Mohamed Ahmed)大夫介绍说,基金会有 30 个股东,是一个以医学为主的中立性组织,与各大政治集团和部族之间保持一定的距离和必要的交往,因而能够得到社会各界的认同,进而能够在夹缝中生存发展。海亚特医院是全国规模最大、设备最齐全、医疗水平最高的医院,但面临的主要问题是缺医少药。他举例说:"疟疾是索马里的常见病,但我们连注射用的盐水都十分缺乏,需要从国外购买。"

与其他公共场合一样,该医院也是处于武装保卫下,以保证能够正常工作。为了更加安全,医院的两个大门严格区分为"入口"和"出口",手持冲锋枪的保安严守两旁。在他们的热情陪同下,我参观了医院的每个房间,访问了医院的每个部门。在一楼的药房里,大夫们说,按照正常情况,药房应该更大,药品也应更全,但处于非常时期,缺医少药反被视为正常,医院现在仅有急需药品。我问是否有来自中国的药物,工作人员顺手从药架上取出一个给我看,是石家庄制药厂生产的青霉素注射剂。在 CT 室,医院仅有的一台机器坏了,两名技师正在抢修。在住院部,护士们正在为患者查房。

谈起医院的现状,再论及国家的局势,他们无不感慨万千。索马里是一个美丽的国家,拥有非洲最长的海岸线,气候宜人,物产齐全,资源丰富。然而,不幸发生了最不该发生的内战。"我们都期待着这次和会能够组成新政府,恢复国家的和平。战乱使我们从反面深刻体会到,和平是多么珍贵,此类悲剧永远不能重演。"

临别时,他们恳切地表示,希望这种无政府状况尽快结束,希望能够与中国同行合作,解决索马里面临的缺医少药情况。"中国一贯支持索马里,我们对此永远铭记。"

## 第八节　当年"关卡"被瓜分

黎明时分,当浩瀚的大海从漫漫黑夜中苏醒过来时,一轮红日喷薄而出,从滚滚波涛照射到西边海岸的一座座阿拉伯城堡——木骨都束国,即今天的摩加迪沙。600 多年前,郑和船队曾远航到此,还留有一些遗迹。

## 第七章 深入索马里

据记载，木骨都束国的关卡设在海边的一个庭院，庭院内有一所石屋。当年来往木骨都束的商人较多，但须首先通过此"关卡"。在大院内曾发现过中国唐宋两朝的钱币，还挖掘出中国古代陶器和瓷器碎片。

我现在就置身于这座以白色为主要色调的城市，遗憾的是，它已被战火糟蹋得面目全非。这次来索马里，我一定要访问国家博物馆和古关卡，谁知情况大出我之所料。国家博物馆已被战火摧毁，仅剩下倒塌的墙壁，珍贵文物被抢劫一空，下落不明。古关卡后来成为摩加迪沙的市政府，位于老城，战乱中是各方军阀争夺的焦点，现处于"绿线"地带——各方武装在首都地区划分的势力分界线，彼此相互尊重，不得随意侵入，以求达到暂时平衡，否则被对方视为挑衅行为，势必引起武装冲突。

"跨越'绿线'是极大的冒险行为。不带武器和保安，非常危险；带上则不敢通过，如果单方面行动，"我下榻的宾馆经理阿韦斯瞪大眼睛，神情严肃，双手做出手枪状，"就会导致啪、啪、啪的枪战声"。

"如果我们先与对方进行交涉，然后再见机行事呢？"

"市政府大院被多方势力所瓜分，现由六家军人把守，一一打通，至少需四五千美元，还不一定能谈下来。"经理补充说，"他们一看到外国人来访，就张开血盆大口漫天要价。这也是他们的谋生之道嘛。"

看来，现在是各守一

摩加迪沙市政府，当年的"关卡"所在地。据说郑和船队到访时，需首先在此办理"入关"手续

方,以此谋利,对外国人"雁过拔毛"已成为约定俗成的规矩。宾馆保安出主意说,让一个当地人去替我拍照,也许花一点小钱就能办成事。我婉言谢绝了其好意,因为我想亲自看一眼市政府——古关卡。

经理沉默了半晌说,市政府一带白天人多,为安全起见,黎明去最好,但只能看一眼不能入内,且不能走市政府前门大街,那里有重兵把守,只能从后街快速通过,"我明早陪你去"。显然,他已尽了最大努力。

次日黎明,我们从宾馆出发,先到经理家接他上车。经理说,现在的家是租住的,自己的家位于老城,战乱中被抢占了,其时还无法回去。按照事先安排,我先去海边拍摄黎明时分的海滨,然后进入城内通过市政府后大街。

刚到海边,便有几个人围上来。当我举起相机时,不远处传来"为什么要拍照"的叫喊声。一瞧,正是我昨天傍晚在此拍照时,叫喊着"拍照付费"的那个家伙,他正朝海边走来。为了不惹麻烦,与昨天一样,我们快速离开,驶入老城。

市府一带是战乱的重灾区,驶过一条条街道,看不到一幢完整的建筑,国家博物馆、首都电影院、著名的意大利餐馆、大型超市等,已经化为废墟。"拍照不能开车窗玻璃,要迅速。"经理一再提醒我。我提出坐到副驾驶位置,他摆手拒绝,不容商量。这样,我只能在后排低头弯腰抢拍。

越野车在残垣断壁的老城区弯来拐去,当行驶到市政府后大街时,经理提醒我:"右前方就是市政府大院,里面的白楼都是石头建筑。拍照要快。"我快速低头弯腰拍照,却因动作过猛扭了脖子,疼痛难忍。车在迅速前进,我顾不了太多,迅速连按相机快门……

从车内拍照,我对照片的质量无法保证。为弥补这一遗憾,我提议在市政府大院附近停下来,以便瞄准机会及时补拍几张照片。经理告诉我,在街头拍照太危险了,这里有一个自由市场在战乱中遭到重创,部分房屋被毁,现仍有个别小商贩在摆摊。"我们可以进去看看,你可根据情况,抓住时机拍照。"可是,当我在自由市场门口刚举起相机时,一个人猛地抓住我的右肩膀,大声喊道:"把他抓起来,抢他的相机,夺他的背包。"多亏随行的数名保安眼疾手快,双方厮打了一会儿才平息了这场虚惊,避免了一场意外的发生。我们不得不匆匆离开。

这都是战乱带来的麻烦,既扭伤脖子又担心受惊。由于无法进入市政府大院内，至于郑和船队当年在哪个石头建筑中办理入境手续也无法考证和确认。我想，当年郑和船队到来之时，木骨都束国的关卡一定不会是这种情形吧？

当年的木骨都束国是什么样子呢？费信在《星槎胜览》中对其地理位置、风土人情、气候特征和生活方式均作了详尽描述："木骨都束国，自小葛兰顺风二十昼夜可至。其国濒海，堆石为城，垒石为屋，四五层。厨厕待客俱在其上。男子拳发四垂，腰围梢布。女人发盘于脑，黄漆光顶，两耳挂络索数枚，项带银圈，璎珞垂胸。出则单布兜遮，青纱蔽面，足履皮鞋。山连地旷，黄赤土石，田瘠少收。数年无雨，穿井甚深，绞车以羊皮袋水。风俗器顽，操兵习射。其富民附舶远通商货。贫民网捕海鱼，晒干为食……"①

回到宾馆，我又向经理询问首都一带是否有"高、林、毛"等单音节的姓氏。据说，郑和船队水手当年在此留下后裔，当地有这些中国姓氏。经理和在座的几位都不假思索地否认了这一说法，认为此说法缺乏一定根据，首都一带根本不存在中国人后裔和中国姓氏之事。至于提到的几个单音节姓氏。"从未听说过高、林二姓，的确有姓毛的，数量也很少，但不是毛主席的'毛'。"经理说到这里笑了，"前些年，这里的姓'毛'的见了中国人就开玩笑，说自己和毛主席是本家，并引以为荣。"

经理告诉我"毛"的拼写是"MOCOW"，并解释说，单词里的"C"其实等同于"A"，发"啊"的音。也就是说，索马里的这一姓氏，不是一个单音节姓，其意为"甜蜜"。经理是学索马里历史的，曾任中学历史教员。他的这一解释，具有一定的权威性。

为了进一步弄清楚这一细节，我们还一起探讨了阿拉伯人的姓氏问题。阿拉伯人的姓名由自己的名字、父亲的名字和祖父的名字三者组成，即自己的名在前，父亲的名居中，祖父的名位于最后。这样，每个人的姓氏都是一个双姓，即由父亲和祖父的名字共同组成。换言之，到下一代时，他自己现在的名字自然而然地成为其子女的姓氏的一部分。根据阿拉伯人世代姓氏不固定这一文化传统，即使郑和船队水手当年在索马里留下后裔，经过数百年后，融入当地社会的中国人后裔也不大可能会世世代代保留下来自己的中国姓氏。

---

① （明）费信著，冯承钧校注：《星槎胜览校注》，中华书局1954年版，第69—70页。

据我了解到的比较确切的情况，南部港口城市基斯马尤一带至今仍居住着郑和船队水手的后裔。非常遗憾的是，基斯马尤当时局势十分不稳定，不时传来炮火声，加之首都与基斯马尤之间数百千米的道路上不时有车匪路霸拦路抢劫，宾馆经理一再表示无法派遣保安陪同我前往采访，也真诚劝告我不要冒险孤行。

　　这是我第一次来到摩加迪沙，只好放弃南下基斯马尤的既定计划。索马里眼前的形势，让我想起元代著名画家兼诗人王冕的《应教题梅》诗："刺刺北风吹倒人，乾坤无处不沙尘。胡儿冻死长城下，谁言江南别有春？"[①] 不过，如果对这首诗略作改动，似乎更符合实际：虽无北风吹倒人，乾坤无处不沙尘。百姓惨死枪口下，"非洲之角"何时春？

---

[①] 徐东达选编：《儿童经典古诗大全》，晨光出版社2001年版，第205页。

# 第八章 重访索马里

第一次赴索马里采访，受治安因素制约，未能南下基斯马尤采访，记者抱憾而返。在内罗毕，记者采访了正在出席索马里和会的过渡政府总统阿布迪卡西姆（Abdikassim Salat Hassan），他答应让其侄子奥斯曼（Osman Sudi）帮助记者继续完成在索马里踏寻郑和足迹的采访。

2004年11月27日，记者再次来到索马里，奥斯曼驾车到机场迎接，在安全和食宿诸方面鼎力相助。只因基斯马尤的局势突生变化，在总统女儿戴卡（Deka Hassan）姐妹的极力劝说下，南下采访计划再次搁浅。离别时，在距离首都50千米的机场，记者无意中看到非洲人打麻将的场景。这种麻将与我们今天玩的麻将不完全相同，极有可能是当年郑和船队传到非洲的。

## 第一节　总统深情谢中国

八月的内罗毕,恰似金秋的北京,气候宜人。在我第一次从索马里采访归来,途经肯尼亚首都内罗毕时,在下榻的市中心宾馆,正在参加索马里第十四轮和会的该国过渡政府总统阿布迪卡西姆接受了我的专访。

**索马里过渡政府总统阿布迪卡西姆·萨拉特·哈桑在肯尼亚首都内罗毕接受作者采访**

阿布迪卡西姆·萨拉特·哈桑总统首先代表索马里政府和人民,并以他个人的名义,向中国政府和人民表示亲切的问候和诚挚的感谢。他说,索中友谊源远流长,约600年前,中国船队就访问过索马里,还在摩加迪沙和基斯马尤停留过。索马里独立后,积极支持和推动中国重返联合国。自1960年底两国建交后,中国在建筑、医疗、农业等领域给予索马里极大帮助。"中国援建我们的国家剧院、首都体育馆、首都医院和长途公路,在索马里几乎家喻户晓,建筑质量更是有口皆碑。我们始终感谢中国政府和人民对索马里政府和人民的极大帮助和支持,希望《人民日报》能够转达我们对中国政府和人民的这一诚挚谢意"。

阿布迪卡西姆生于 1941 年，毕业于莫斯科大学生物系。1973 年，32 岁的他开始担任政府部长，历任工业部长、新闻和国民指导部长、体育部长、公共工程部长、文化和高教部长和总统府经济事务国务部长。1990 年 9 月出任西亚德政府的副总理兼内政部长，内战爆发后流亡国外。2000 年 8 月 26 日当选为索马里过渡政府总统。他说："我曾有幸应邀于 1978 年 2 月访华，受到中国领导人邓小平的亲切接见。邓小平的伟人风采给我留下了深刻印象。"

谈及索马里局势，阿布迪卡西姆表示，自 1990 年底爆发内战以来，国际社会一直关注和支持索马里和平进程。联合国安理会多次讨论索马里问题并通过决议，同时呼吁各国严格遵守有关决议，重申索马里的主权和领土完整，呼吁有关国家停止干涉索马里内政。总统指出："作为联合国常任理事国，中国一直深切关注和坚决支持索马里的和平进程，积极参与安理会关于索马里问题的讨论，并于 2003 年起担任联合国安理会索马里问题协调员，坚决支持向索马里派遣维和部队。对此，我们再次深表感谢！自 1992 年起，中国政府和人民每年都向我国提供药品和物资援助，对此，我们将永远铭记！"

2000 年，以索马里民间力量为主体的索全国和会在吉布提举行，和会通过了过渡宪章，选举产生了内战十年来的首届议会和首任总统，成立了索马里过渡政府。新政府诞生后，相继提出恢复首都秩序、解除民兵武装、促进部族和解等一系列施政纲领，同时积极寻求国际社会的承认与支持。然而，以文人为主的过渡政府在国内遭到各派军阀的拒绝与联合抵制，无法有效开展工作，国家仍处于军阀割据状态。总统表示，索马里和会已举行了 13 轮，其时正在举行的第十四轮和会是 2002 年开始的，这次主要讨论成立索马里联邦政府的问题。他强调，索马里所有政治、军事派别和部族、民间代表都出席了这次会议，具有最广泛的代表性。这次和会将选举产生新的议会和总统，组成新一届内阁。

他认为，索马里实现全国和平具有良好的基础，这主要表现在两个方面：其一，索马里全国拥有一个传统、一个宗教、一种文化、一种语言和文字，这有利于增强凝聚力，促进各部族之间的协调与团结；其二，经过十多年的战乱，全国人民普遍厌倦了无政府状态，渴望和平宁静的日子。

当话题转到联邦政府成立后面临的挑战时，总统说："首先是各方在一个新政府的框架内和谐一致地开展工作；其次是组建统一的国家军队，收缴武器，解除民间武装；再次是开始重建国家，先从基础设施开始，如水、电、路、学校、医院，等等。"他最后强调，索马里的国家重建离不开国际社会的支持，中国是一个在世界上具有重要影响的大国，中国的建筑工程质量在索马里享有盛誉，"我们真诚地期待着中国能够全面加入到索马里的国家重建进程中来，把我们两国的友好关系进一步发扬光大"。

采访中，总统特意问我为什么孤身深入战乱中的索马里采访，我向他说明了前往采访的两个意图：一是作为一名记者，我要亲眼目睹索马里的现状，以便正确报道，告诉读者一个真实的索马里；二是踏寻郑和的足迹，寻找郑和船队当年的遗迹，续写中索友谊，并特别强调了"郑和村"、"郑和塔"和郑和沉船的故事。总统知道郑和船队当年访问索马里的史实，但对郑和船队在基斯马尤的遗迹了解不多。听完我讲的故事，他立即指示在场的侄儿奥斯曼，让他陪同我一起前往基斯马尤，因为那里是奥斯曼的老家，这样既能保证安全，又方便了解情况。奥斯曼满口答应。

我立即与奥斯曼探讨从内罗毕去基斯马尤的方案。两地之间有小型货机往来，飞机抵达后立即返回，往返一次1750美元。在与租机公司的人员交谈时，他一再强调，机上没有座位，"我们不保证乘客的安全"。这无不使我们再三犹豫。来回四个小时的飞行时间，缺乏必要的安全保证，谁还敢乘坐这样的飞机？且不言个别小军阀近日在基斯马尤惹是生非，制造混乱，以期影响和会正常进行。

奥斯曼提出最佳方案：等总统选举结束后，我们在摩加迪沙会合，一起驱车从陆路前往基斯马尤。安全问题呢？"我哥哥在摩加迪沙可以提供帮助，我又是当地人，我们再雇用数名保安一起前往。再者，选举之后，索马里国内形势将趋于稳定。"奥斯曼充满信心地表示。

## 第二节　寻觅沉舟再北上

本来，从肯尼亚拉木岛到索马里基斯马尤港不过两三百千米，水路更方便。可是，海盗不时出没，不安全因素随时都会出现。据当地渔民讲，基斯马尤一带战火时有耳闻，土匪海盗横行霸道，假如冒险前往，一旦遭到绑架，索要的金钱数目高得吓人，动辄数百万美元，无钱就杀人，让人闻之无不畏惧三分。看来，去基斯马尤，从拉木北上不行，从内罗毕东进此路不通，惟有第二次北上摩加迪沙再南下了。

## 第八章　重访索马里

非洲运通的班机平稳地着陆了,只因机场多年失修,飞机滑行时发出"嘎嘎"的响声,初次而来的乘客大多惊恐失色……时隔三个月,我再次来到索马里。这次主要是前往基斯马尤,完成上次未了的心愿。

再次来到索马里,我的心情与上次大不相同。上次是孤身一人,这次有中国朋友相陪;上次无人接机,这次有索马里朋友到机场相迎。您瞧,刚一走下飞机,提塑料袋的那位老人就迎上前来。

我知道,他是来为我们办理入境签证的,从塑料袋里取出章子一盖,收费 25 美元。正当他要开口时,我的索马里朋友奥斯曼将他拦住,拒绝他与我们接触,一口回绝了签证收费的要求。老人嗫嚅着,不知所措,航空公司的另一个工作人员笑着走过来打圆场。经过双方一阵讨价还价,我们共交了 20 美元的签证费,即每人 10 美元。这大概就是目前索马里的特色之一,入境签证费还能砍价,且能随地办理。不需再走进"办公室",坐在车里掏出护照,对方站在车旁边随即加盖图章。

我们上了朋友的小车。奥斯曼告诉我,特意安排了两辆车,还有一辆越野车,带了六名持枪保安,让我们不用为安全担忧。一路上,他向我们介绍着当时索马里的情况。谈到住宿问题时,他提出两个方案:一是住在他哥哥家,因其兄去了麦加,房子很大,也安全;一是住在宾馆,不如家

奥斯曼在其兄家中

中安全，且与他联系也不方便。他征求我们的意见。看他一片诚意，又考虑到安全问题和避免他来回奔波，我们也没有客气，就"客随主便"了。

奥斯曼是战乱前离开祖国的，时间长达15年之久。期间曾回来过一次，十分短暂。对于自己的祖国，奥斯曼难免有一种隔阂感。但从接触中感到，他不善言谈，为人诚实，信守诺言。索马里和会结束后，他先从内罗毕到开罗与家人团聚，仅一周后又从开罗经迪拜来到摩加迪沙，专程等待我们从南非来，陪同我们一起前往基斯马尤。他的这番真情实意，使我们深受感动。

这次来，奥斯曼就住在其兄家中。其兄是一名精明的商人，在首都拥有一所豪宅，二层楼，家中除专职司机、厨师、佣人外，还雇用了六名保安，昼夜轮流值班。走进这所豪宅一看，室内用品全是现代化的，在当地属于富有人家。不过从室内装饰和摆设观察，给人一种强烈的暴发户感觉。这所豪宅正好坐落在索马里惟一的可口可乐工厂对面，地理位置十分显眼。

伊斯兰教是索马里的国教。正值伊斯兰教的斋月，当地人从日出到日落不吃不喝，奥斯曼特意让厨师给我们准备了午餐，其中的煮羊肉鲜嫩可口。也许是太饿了，我们三下五除二就将羊肉收拾干净了。

我们三人——我、姚辉和奥斯曼开始探讨南下基斯马尤的方案。奥斯曼介绍说，海陆空三条途径，首先海路行不通，一是海盗横行，二是没有大船，500千米的航程，小船需要途中加油，且不言小船经不起风浪，十分不安全。陆路呢？前300千米道路较好，后200千米路面凹凸不平，全程至少需要九个小时。外加一路上车匪路霸横行，到处私设路障，少不了要与之纠缠，甚至冲突，需要花费的时间难以准确估计。总之，陆路需要早出晚到，整整一天。说到这里，奥斯曼笑了："现在是斋月，我们不用吃喝，可你们需要啊，途中吃饭还需要时间。"我说："吃饭是小事，我们早有准备，带了足够的饼干。主要是途中的安全问题。"奥斯曼说，需要三辆车，我们行驶在中间，前后是保安车，共需20名保安，来回至少需要整整三天，其中两个整天跑在路上，非常辛苦。这样，每天最少花费1200美元，包括租车费、汽油费、保安费和食宿费，共需3600美元。细算起来，这一费用不高，只是安全难以保证。20个保安也难以抵挡全副武装的地头蛇！

最后只有乘飞机一条路了。摩加迪沙与基斯马尤之间战乱前曾有定期航班，战乱后一度中断，后来又恢复了，大概是一周一班，另有小型货机不定期往返。现在是否还有定期航班，谁也说不上来。奥斯曼前几天曾四处打听，也未问出个究竟来，几个朋友提供的信息相互矛盾，让人不知到底该信谁的。次日，我们的主要任务是亲自打问南下航班的详情。

"不到索马里，不知办事难"。出发前，先要找保安，且要选择可靠者。索马里时逢乱世，子弹不长眼，安全是办事前的第一考虑。接着再谈费用，保安多是出于生活所迫才持枪上街，用当地人的话说，现在的索马里，人们只相信金钱，无钱寸步难行，哪有免费的保安？好不容易上街后，我们首先去了两大航空公司——非洲运通和达鲁的办事处，他们均没有飞往基斯马尤的航班，建议去另两家——朱巴航空公司和贾西伊拉航空公司咨询。朱巴航空公司位于大街，比较好找，但不经营飞往基斯马尤的业务。贾西伊拉是一家更小的航空公司，据说只经营国内的几条航线，但办公室来回搬迁，当时地处何方无人知晓。鉴于此，加之已是中午，奥斯曼提出回家，到家中用电话询问公司的具体地址。

终于打问到地址，我们立即动身前往。未料，去该公司必须穿过一条商业街，街头车辆横行，人畜随意穿行，汽车喇叭声不绝于耳，坑洼不平的大街上不时出现积水，我们的汽车根本无法通行，当天只好作罢。

## 第三节　一波三折话南下

第三天，奥斯曼特意让其表妹、前总统的女儿戴卡为我们安排保安。因为前总统的保安对当地情况熟悉，办事较为方便。约定保安八点来接，我们提前做好准备，可是保安们直到11时才到。

11月的摩加迪沙，炎热多雨，坑坑洼洼的街道上积满了雨水，使本已混乱不堪的商业街更加乱作一团。街道两旁毫无规则地停放着大小车辆，人为地将街道变窄。行人熙来攘往，绕开泥水走，常常挤成一堆；驴车和汽车并行，争先恐后通过，驴叫声和喇叭声彼此交织。置身于这样的环境之中，人们的心情可想而知。

这种无规则中似乎也有一定之规，因为我们的小车毕竟还在夹道中能够前进，尽管慢如牛行。行进之中，不时有行人从车的前后左右见缝插针穿过，有时也会看到一辆满载干柴的驴车在主人的吆喝声中和皮鞭抽打下强行加塞。这不，又一辆驴车加到了我们前面，司机无可奈何地摇摇头。

索马里风情——藏在骆驼身后躲镜头

车行到十字路口时，我们一直担心的事情发生了：车辆从四个方面同时向前开，明摆着无法通行，但谁也不肯让路，大家还是朝前挤，直至最前面的四辆车顶上牛，四面八方的车辆才止步。天气热得我们在车里直流汗，奥斯曼告诫我们不能轻易下车，因为前面已争吵得剑拔弩张，双方都带着持枪保安，谁也不甘示弱。

见此情景，我们的司机毕竟是总统府出来的人，他上前去调解，以便让对方让路。大约一刻钟后，他笑着回到车里，示意后面的车辆后退，而后退也并不容易，一大串车紧跟着，只好一辆辆慢慢来。司机告诉我们，前面的几个人争吵得不可开交，搞不好要打起来。正值斋月，大家又不需要吃喝，顶起牛来更是没完没了，不知要等到何时，我们既然无法前进，只能后退绕行了。与其说是绕道，不如说是绕开矛盾中心。

我们好不容易退到一个胡同，未料是一个死胡同，后面紧跟的车辆一辆接一辆，只有左拐一条路了。左拐是一条更狭窄的小胡同，路口中央竖着一根铁棍，专门阻挡车辆通行。我们的几个保安匆忙跳下车，不管三七二十一就搬动铁棍，胡同口的几家人随即上前阻止，双方又争吵起来。一方坚持要通过，对方硬是不让移动铁棍，一时相持不下。连索马里人都感叹，本国人的性格过于刚硬，互不相让，否则内战也不会打个没完没了。

第八章　重访索马里　165

（上图）索马里首都摩加迪沙街头的小商贩
（下图）索马里首都摩加迪沙街头

摩加迪沙街头

为抓紧时间，奥斯曼让随行的一个老同学独自步行，前往航空公司了解情况。

最终还是我们的司机提出了一个折中方案解决了问题。根据目测，他认为不需移动，只要把铁棍上端朝左搬动，小车就能从右边过去。于是，几个保安使出浑身解数向外搬铁棍，小车硬是擦边而过，与铁棍之间的距离仅一厘米。我感叹到："原以为中国大城市的司机是世界上最优秀的司机，现在才知道，索马里首都的司机比中国同行还技高一筹！"

经过这样一折腾，几个小时过去了。当我们从小胡同中颠簸着行驶出来时，正好与了解情况的人不期而遇。他告知，早已没有定期客机，次日恰好有货机去基斯马尤，每张票300美元。为安全和快速起见，奥斯曼决定我们回家，让其兄的司机与自己的老同学帮助购票。

前一天晚上，奥斯曼了解到，飞往基斯马尤的小货机从肯尼亚运输一种特殊的新鲜蔬菜，当地人叫"查特"，嚼食后起镇静安眠作用，索马里人大都喜欢晚饭后食用。飞机先到摩加迪沙，再从摩加迪沙到基斯马尤，然后从那里直接回内罗毕，等于飞行一个圆圈，全是单程。从首都到基斯马尤的票价是每人1200美元。这种飞机不定时，据说每周最少一次，而且安全系数不高，加之基斯马尤一带近来很不平静，此行自然充满危险。尽管奥斯曼一再强调，已告知基斯马尤的朋友，他们会到机场接我们，也会安排好保安护卫，但这些并不能排除不安全因素，特别是当地朋友讲的土匪绑架事件。

今日的索马里，消息闭塞，几乎与世隔绝。根据这一情况，我与姚辉商定，由我与奥斯曼去基斯马尤，他留在摩加迪沙，我们保持热线联系。一旦发生意外，特别是遭人绑架，还有姚辉在这里，能够组织人员营救。否则，别说是营救，外界恐怕无人知晓。因此，只购买了我与奥斯曼两人的机票。如果不出意外，我们从基斯马尤飞往肯尼亚首都内罗毕，大家在内罗毕会面。

傍晚时分，司机购票回来了，没有机票，仅是两张购票发票，共400美元，其中奥斯曼因是本国人，机票费100美元。剩下的200美元呢？司机不知道了。我对没有机票不放心，且200美元不知去向，奥斯曼立即给老同学打电话询问，对方关机了。

戴卡来电话了，邀请我们去她家共进晚餐，这使我和姚辉感到意外。因为刚到的那天晚上，她已在总统府邀请过我们吃晚餐。今天再次邀请，必有其他事情。我们刚在她家落座，她妹妹就睁大双眼，惊讶地问我："李博士，你不怕死呵？"对于这一突如其来的问题，毫无思想准备的我一时竟不知如何作答，只好微笑着应对，一语不发。看到我比较轻松冷静，她有些急了："基斯马尤太危险了，没人能保证你的安全。"

还未等我开口，戴卡接着开了腔："李博士，我们叫你们来，就是要告诉你，最好不要去基斯马尤，那里随时都会发生冲突，形势过于危险。"她说，得知我们购买了机票，她曾在电话里一直劝说奥斯曼"不要冒这个险"，可是他就是不听，主要理由是他事先承诺了陪同你前往，因而不能"食言"。26岁的戴卡不像她妹妹那样冲动，接着平心静气地说："奥斯曼是个好人，但他只顾友情，不看实情。我们都以为总统选举过后，全国局势会好转，谁知基斯马尤近来战火不断，随时都会打起来。奥斯曼是知道这一情况的，那边的朋友已将这些告诉了他，让他三思而行。"她们姐妹同时看着坐在我身旁的奥斯曼，他低头一语不发。

"你们对索马里目前的局势是清楚的，无政府，无组织，武器散落民间，谁也无法控制局面。别说是远在500千米以外的基斯马尤，就是在摩加迪沙，我们也要十分小心谨慎。首都已被条块分割，外出一定要倍加小心。为了给你们今天配备保安，我从昨晚就开始考虑合适人选。枪杆子握在他们手中，我一定要挑选可信可靠者，这也就是他们今天去晚的原因，因为其中的一个来晚了，我不敢轻易换成别人。"戴卡继续说，"你们是我们的朋友，我们必须为你们的安全担忧。可是，如果去基斯马尤，一旦发生意外，我们与你们一样，无能为力，束手无策。他们为了钱，什么事都干得出来，一旦绑架外国人，开口就要好几百万美元！"

　　偌大的屋子里寂静无声，大家不约而同地看着我，等待我作决定。我的脑海中如惊涛骇浪翻腾：这次专为去基斯马尤而来，如果半途而废，不知还要等到何时？姚辉用汉语小声说："新烽，这次就别去了，去后如果接不到你的电话，别的不说，我在这里晚上是睡不着的。"戴卡无可奈何地双手一摊："你是记者，是否前往最终由你决定，但是作为朋友，我们无法保证你的安全，因而才提出如此忠告。"正在这时，奥斯曼的手机响了，朋友告诉他："明天飞往基斯马尤的货机取消了。"

　　我们在摩加迪沙呆了一周，剩下的几天里，主要任务是追回购票的600美元，首先是索要未用的200美元。可是，直到我们登上返程的飞机，连一分钱也没有要回。奥斯曼一直感慨："在索马里，我谁都不敢相信了。"

　　索马里，我真诚地祝愿"和平之鸽"早日赐福予你！

## 第四节　偶闻路边搓麻声

　　两次来索马里，均是为了完成一桩心愿：从首都摩加迪沙南下基斯马尤市，寻访那里的郑和船队遗迹——"中国塔"、"中国村"和"中国古沉船"。这些情况是我在肯尼亚拉木岛采访时得知的。

　　与上次一样，此次索马里之行未能完成南下任务，我不得不抱憾离去，前往机场搭乘班机飞赴下一个目的地。

　　好不容易赶到距离城区50千米开外的机场，班机却无故晚点两个多小时。因采访受挫心情不快，加之简易的候机室里又十分闷热，我只好出去走走。

　　在候机室不远处路边的大树下，四个当地人正围坐四方打牌，不时传

索马里人在机场附近的大树下打麻将

来阵阵笑声。我凑到跟前发现，他们手中的"牌"竟与中国麻将相似，只是简易一些。牌是骨头做成的，白色，长方体，因较薄而不能立放。牌面上仅有"筒"而无"条"、"万"和"风"之类。牌虽简易，但在玩法上，却与中国麻将大同小异，如出一辙。

打牌的有男有女，有老有少，旁观者中还有支招的。得知我来自中国，一名男子侧身问道："中国人也玩这个吗？"我先是笑而不答，再替他打了一张下一步该出的牌，不意众人皆惊，无不目瞪口呆。也许他们有所不知，中国是麻将的"母邦"，甚至有人视麻将为中国的"国粹"。在场的一位年长者很快回味过来，说他们玩的这种牌最早是从中国人那里学来的。

对中国人而言，打麻将极为平常不过。但让我始料不及的是，在远离中国的非洲，居然也有人乐于此道。这使我油然想起麻将的起源来。

关于麻将的起源，虽然也是众说纷纭，但"郑和说"不失为其中的重要版本。据传，中国明初就有麻将牌。到郑和下西洋时，由于航海时间长，水手感到生活枯燥，易生思乡之愁。为方便水手排遣愁闷，打发时光，郑和不但准允船队水手打麻将，而且还对麻将做了改进。例如，以船上的绳索做"条"，以水桶做"筒"，以万余名水手航行万里做"万"，以船队航行借用的"东南西北风"做"风"，将其充实为麻将的牌面图案和内容，并在玩法上作相应规定。至清朝中叶，麻将由守仓兵丁从捕麻雀、玩筹牌开始到一步步改进完善，遂定型为今日的式样和玩法。

另据传说，麻将起源于江苏太仓，这与太仓是皇家粮仓有关。自东晋南迁建康（南京）后，南北朝时的宋、齐、梁、陈相继建都建康。"江南之为国盛矣！……地广野丰，民勤本业，一岁或稔，则数郡忘饥"，[1] 足见江南当时已成为丰实的"粮仓"。地处长江三角洲地区的太仓，春秋时属吴地，越灭楚之后，曾在吴故地置东西两仓，太仓属东仓。自三国到隋唐时期，江南地区进一步开发，"稻米流脂粟米白，公私仓廪俱丰实"，[2] 成为遐迩闻名的鱼米之乡。宋元时期，民间曾流传着"苏湖熟，天下足"的谚语。

---

[1] 胡廷武、夏代忠主编：《郑和史诗》，云南人民出版社、云南美术出版社、晨光出版社2006年版，第128页。

[2] 同上。

粮食丰收仓廪满，而粮仓又免不了招引麻雀觅食，守仓兵丁便以土枪捕雀取乐，既驱除麻雀又驱赶烦闷之情。仓官认为此法有利于消除雀患，非但没有制止，还发给竹制筹牌，计数酬劳。筹牌上刻有字，既是赏钱的凭证，又可用于博彩输赢。这种游戏方法流传下来，经不断演变而定型，方成现今之麻将。例如，牌面的"中"为土枪打"中"麻雀，"白板"的"白"为放空枪未击中，"发"表示得赏发财，"碰"就是"砰"的枪声。又如，麻将中的"条"有的地方也叫"索"，"索"就是绳索，用绳子捆绑打中的麻雀，所以"一索"的图案就是一只鸟；"二索"是竹节，表示麻雀的双脚，因为官吏验收打中的鸟雀数量时，是用鸟足计数的。还有，"万"就是赏钱，"东"、"南"、"西"、"北"为风向，土枪的力量小，命中率易受风向影响，射击时必须察看风力、辨认风向。此外，麻将成牌时叫"和"，实为"鹘"（hú），二字同音同调。《汉语大字典》说，鹘属鹰类，猛禽，飞行轻捷迅速，常驯以捕鸟。最新版的《现代汉语词典》对"鹘"与"和"分别作了这样的解释："鹘"是隼（sǔn）的旧称。"隼"为名词，指鸟，翅膀窄而尖，嘴短而宽，上嘴弯曲并有齿状突起。飞得很快，是猛禽，善于袭击其他鸟类。"和"，读 hú，动词，打麻将或斗纸牌时某一家的牌合乎规定的要求，取得胜利。也就是说，鹘飞得快，善于捕鸟雀。打麻将时，每局赢了，就像"鹘"来了，鸟雀犹如瓮中之鳖，"鹘"就表示已稳操胜券了。关于麻将中的"吃"、"杠"等术语，均与捕雀有关。为了能抓到麻雀，有时需要喂食诱捕，常常是人喂食，麻雀就"吃"。至于"杠"，则与旧时麻将牌是竹制有关。开始时仅是竹制的筹牌，后来制作方法改进，先把图案刻在骨板上，再把骨板镶嵌在竹板上。人们常说"竹杠"，打牌时不但牌与牌之间少不了要发生磕碰，而且人与人之间也免不了要发生拌嘴现象，抬"杠"的事情时有发生。既然出牌时"二对一"是"碰"，那么"三对一"只对"杠"了。

郑和就是从太仓港起锚首航下西洋的，他的麻将很可能吸取了这些既定成分。至于麻将牌中的"春"、"夏"、"秋"、"冬"四朵花，据说是清朝末年加进去的，在民国初年的麻将玩法中比较盛行。抗日战争期间，沦陷区的不少人为免受日寇和汉奸的侵扰，尽量少出门和不去娱乐场所，关起门来坐在家中，用打麻将度日。久而久之，熟能生巧，麻将水平不断提高。

从非洲人也会玩麻将的事实推断，极有可能是当年郑和船队的水手们将其传到了异域之邦。也就是说，当年中国人留给这里的不仅是织布机、瓷器和中医，还有麻将这种中国民间的娱乐方式。所幸的是，我遇到的那些非洲人，搓麻将只是为了消遣娱乐，并没有将其用于赌博。

值得一提的是，早些时候我在莫桑比克采访期间，也遇到那里的白人打麻将，麻将的构成和打法几乎与现今中国人的一模一样。问他们从哪里学的、何时开始打的，他们的回答十分简单："我们从小就会玩。"可见，郑和船队当年也把中国的麻将直接或间接地传给了欧洲人。

# 第九章　探寻"索法拉"

肯尼亚航空公司是非洲三大航空公司之一，另两家是南非航空公司和埃塞俄比亚航空公司。换言之，内罗毕是非洲一大航空枢纽，是飞往索马里航班的起点站和终点站。在内罗毕，记者获悉拉木博物馆打听到了第二个"双龙坛"的下落，于是改变行程前往拉木岛，见证了那个令人魂牵梦萦的"双龙坛"。

再次沿着东非海岸南下，记者从肯尼亚来到坦桑尼亚首都达累斯萨拉姆。刚走下飞机，一股强劲的"中国风"迎面扑来，坦桑尼亚人民对中国人民的友好之情溢于言表。从达累斯萨拉姆继续南下，来到莫桑比克首都马普托，站立在"毛泽东大街"上，记者不禁思绪万千。

据《明史》记载，郑和船队曾远达"比剌"和"孙剌"（索法拉）——今日的莫桑比克。在这片"去中华绝远"之地，记者对"索法拉"进行了探寻。

## 第一节 破解"双龙坛"之谜

索马里之行非但毫无收获,反而上当受骗,在归途中,我的情绪一直不佳。在内罗毕转机停留时,我又想起了前几次的拉木之行,想起了那个未曾露面的"双龙坛"。帕泰岛的渔民在附近海域捞出了两个"双龙坛",一个被居住在拉木岛的英国古董商特勒斯收买,另一个据说也没有离开拉木岛,但它究竟落入谁的手中呢?

这个下落不明的"双龙坛"牵动着不少人的心。拉木博物馆急于想找到那个坛子,以此进一步证明一艘中国古代宝船沉没当地海域的史实。因为它毕竟是非常罕见的,数百年来才出现了两个,多么不容易啊!可是,收藏者不会主动现身,出售者早已无踪无影,博物馆工作人员的多次努力皆无收获。我也想目睹那个双龙坛,因为特勒斯曾坚持认为,如果坛

**第二个"双龙坛"**

子表面有黑釉的话，沉没海底数百年也不会被海水腐蚀掉。他因此断定，自己收藏的那个坛子，其表面当初没有黑釉保护。他的语气十分坚定，我当时曾认为那个坛子或许就藏在他家中。只是出于某种担心，他先把这个无釉的坛子抛头露面，以便"投石问路"，探测风声，在出现意外情况时"丢卒保车"。不过，这只是一种猜测而已。

我拨通了拉木博物馆副馆长斯沃里的电话，询问是否有与那艘中国沉船相关的新发现。未料对方高兴地说，找到了另外一个"双龙坛"。我当即改变行程，购买了从内罗毕飞往拉木的机票。

我这次还是下榻在新拉木宫殿宾馆（New Lamu Palace Hotel）。上几次来，当我仔细欣赏宾馆里摆放的数十个大小不同的坛子时，服务员曾告诉我，这些坛子都是从海里打捞上来的，其中一个上面画有图案，中间粘有珊瑚礁，有人据此认为珊瑚礁下面是一条"龙"。以前，那个坛子就放在这里，老板听说后就把那个珍贵的坛子搬到他家收藏起来了。老板是德国人，不常来拉木。我来拉木数次，每次都打听老板是否在，每次得到的都是否定的回答。这次，服务员高兴地说，真是赶巧，老板就在拉木。

高个头的宾馆老板朱尔（Jule）先生显得十分和气，痛快地答应我去其住所观看那个坛子。我们约定从谢拉镇观看"双龙坛"后路过他家。他的别墅就在拉木城，面海而建，外表非常漂亮，非洲特色浓郁，与周围的住房相比，真可谓鹤立鸡群。走进大院，碧蓝的游泳池、绿色的草坪、盛开的鲜花，无不让人感到墙里墙外判若两个世界。

我入乡随俗地脱掉鞋子，赤脚随朱尔先生来到二楼。步入大厅，在厅正中的装饰平台后面，一个浅红色的陶器坛子默默地站立在一个竹篮子里。朱尔先生指着坛子说："就是这个坛子，因为是尖底，便放在竹篮子里。"说着便把坛子提到阳台，以便在光线好的情况下看个仔细。

我们让坛子靠在阳台的水泥栏杆上。坛子约50厘米高，口大，肚子鼓，底小而尖。颈部有两道平行弯曲的波纹线环绕，波纹线下面，36个小圆点均等地布满了一坛子一周。坛子的肚皮上粘有一块珊瑚，形成一个不规则的鼓出来的圆形——被人们误认为珊瑚下面有一条"龙"。看到这里，我笑了，朱尔先生忙问"何故"，我解释说，"龙"是长条状，如果坛子上真有一条"龙"，这个"圆"也不会完全将它盖住。也就是说，珊瑚不是粘在"龙"上，而是在坛子的平面上。再则，一个坛子表面不可能仅有一条小"龙"。一般而言，"龙"是成双成对的，孤零零一条龙形单影只的情况并不多见。我知道，如此这番解释扫了朱尔先生的兴，让他期待已久的"中国龙坛"化为泡影。

为证实我的说法，我拿出数码相机，向他展示了我刚刚拍摄的"双龙坛"照片：在一个黑釉坛子上，两条惟妙惟肖的飞"龙"首尾相接，似乎要腾空飞翔。"啊！原来如此。"朱尔先生感叹道。

这个"双龙坛"的发现有一段曲折的故事。英国古董收藏家特勒斯先生的那个"双龙坛"露面后，拉木博物馆就四处打探另一个"双龙坛"。一天，谢拉镇的两个邻居因房屋相连、在修缮时引起纠纷，其中一家的意大利女主人邀请博物馆副馆长斯沃里调解。当他们坐在女主人家的客厅里喝茶时，斯沃里突然发现客厅中央放置的坛子上有一条"龙"。他顿时喜出望外，立即走到坛子跟前仔细观看，果然是一个"双龙坛"，两条龙的形状比特勒斯那个坛子上的要清楚得多，坛子也比那个大，而且表面有黑釉。

这是我第四次来到拉木，专程为"双龙坛"而来，迫不及待地要看到它。抵达拉木后，将行李往宾馆一放，我急忙奔向博物馆，与斯沃里一起来到谢拉镇，在狭窄的胡同里左弯右拐一番，来到意大利女主人的家——一座三层楼房的阿拉伯式现代化建筑。斯沃里告诉我，女主人现在国外，家中由两个当地雇员照管。走进家门，庭院不大，一眼就能看见摆放在客厅中央的"双龙坛"。也许是对这个"双龙坛"情有独钟，我觉得它放在那里格外地引人注目。坛子表面比较光滑，黑釉基本完好，远远就能瞧见那两条"龙"，它们似乎要从坛子上飞腾起来，欢迎我这位来自"龙的故乡"的远客。我三步并做两步走到坛子跟前，仔细观赏起来。

坛子高约85厘米，内口径16厘米，外口径22厘米，腰部直径60厘米，底部直径30厘米。颈部有四耳，其中一个已掉落，其他三个完好，耳的宽度约6厘米，四个耳之间分别有一个圆点隔开，共四个，圆点直径约3厘米。在颈部与腰部的交接处，八个同样大小的圆点等距离地排列了一周，俨然是两者之间的分界线。两条五爪"龙"首尾相接地飞腾在坛子的腰部，栩栩如生，两者之间有同样大小的圆点隔开，共两个。也就是说，坛子表面共有14个圆点，形成2、4、8的排列顺序。

坛子表面的黑釉基本完好，且能发出光泽。里面也有黑釉，其光泽不如表面。坛子底部粘有珊瑚礁，不能平放，放置时需在周边垫上支撑物。我小心翼翼地提起坛子，重约15千克。

这就是特勒斯所言的那个"双龙坛"。斯沃里告诉我,特勒斯认识这个坛子的主人,也知道这个坛子就在她家。"他保守这个秘密,意在使外界形成这样的印象:惟有他才拥有'双龙坛',以此来提高自己的身份,进而抬高他那个坛子的价格。"

啊,一对"双龙坛",数百年前远道而来,不幸沉睡海底,今日又阴差阳错重见阳光,被人们视为稀世珍品,收藏者以拥有它们引以为荣!这对"双龙坛"不但成为中国的象征,成为中国瓷器的骄傲,而且蕴含着一个非凡的历史事件,讲述着一个生动的友谊故事!

就在我的双手触及"双龙坛"的那一刻,一股强烈的历史凝重感油然而生,眼前仿佛浮现出当年郑和船队乘风破浪的壮举。斗转星移,岁月沧桑。无论是耸立海岛的"中国塔",还是安卧海底的"双龙坛",就像恪尽职守的"史官",默默地见证了东部非洲长达六个世纪的变迁。

## 第二节 扑面而来"中国风"

一架小型客机从蒙巴萨机场腾空而起,载着我飞往坦桑尼亚首都达累斯萨拉姆。结束了索马里和肯尼亚的采访,我沿着东非海岸南下,继续踏寻当年郑和船队的足迹。

坦桑尼亚桑给巴尔岛王宫博物馆里展出的"鸳鸯靠椅",博物馆讲解员说这种椅子来自古代中国

桑给巴尔岛上浓郁的阿拉伯风情

中国现存史料中没有关于郑和船队访问坦桑尼亚的记载，但有郑和部属到访莫桑比克的记述。莫桑比克位于坦桑尼亚的南面，而郑和船队当年是沿着东非海岸从北向南航行的，如果郑和船队曾远抵莫桑比克，那么就很有可能先经过坦桑尼亚。正是基于这一认识，外国有学者坚信，郑和船队当年访问过坦桑尼亚的桑给巴尔岛（Zanzibar Island）、奔巴岛（Pemba Island）和基尔瓦岛（Kilwa Islands），并留下一些遗迹。

达累斯萨拉姆不仅享有"和平之港"的美誉，还是举世闻名的坦赞铁路的起点站。当我一踏上这块土地，便感到一股浓烈的"中国风"扑面而来。入境处，边检人员一看我持的是中国护照，未看登记表就"叭"的一声盖上入境章，还笑容可掬地说："欢迎您，中国朋友！"刚坐上出租车，37岁的司机姆泽泽雷（Mzezele）就开始了发自内心的表白："我是收听坦赞铁路建设的报道长大的，中国为我们修建了世界一流的公路、铁路和大楼；中国医生为我们救死扶伤，中国对我们的援助是无私的。""我热爱中国和中国人民！"他对中国的美好感情似乎不尽言表。

位于首都中心的国家博物馆，关于中国的文物和内容有三大部分：中国瓷器、郑和船队在东非的影响和中坦友谊。

馆藏的中国瓷器既有元朝花瓶，年代为1300年至1320年，也有明朝豆绿色的青花瓷盘子和底部写有"天下太平"四个汉字的瓷碗。除完整的瓷器外，还有一些瓷片，其中印有"龙"图案的14世纪大缸碎片、印有"人"头像的16世纪碗底和写有"寿"字的18世纪盘子残片等，因其带有鲜明的中国特色，让许多参观者流连忘返。这些中国瓷器都是在坦桑境内出土的，主要分布在三个地方，从北向南依次是：奔巴岛、桑给巴尔岛和基尔瓦。"我们知道，到了中世纪初，中国人也不断来到了非洲沿海。东非岸上发现的中国陶器丰富极了，一位著名的考古学家就说过：'中世纪的东非史可以说是用中国瓷器写成的。'"[1] 英国考古学家惠勒（R. C. Wheeler）更加具体地说："十世纪以后的坦噶尼喀地下埋藏的历史，是用中国瓷器写成的。"[2] 这是因为，在1955年前后的考古调查中，坦桑尼亚沿海一带46处遗迹中均发现有中国瓷器，而且这些废墟的各文

---

[1] 佐伊·马什、G. W. 金斯诺思：《东非史简编》，上海人民出版社1974年版，第9页。
[2] 大卫逊（B. Davidson）：《非洲的废弃城市》（1959年），第146页。转引自夏鼐《作为古代中非交通关系证据的瓷器》，载《文物》1963年第1期，第19页。

化层的绝对年代，是要依靠它们所含的中国瓷器来精确断代。

反映郑和船队访问东非沿海的展品中，有两幅大型图画格外引人注目。一幅是著名的《麒麟图》，出自中国明朝画家沈度之手，展出的是复制品；另一幅是一位名叫埃佛戴尔（Efdel）的坦桑尼亚画家的作品，生动地再现了15世纪郑和宝船到访东非沿海的情景。该画的说明指出，中国宝船第一次于1417年至1419年抵达东非海岸。

在中坦友谊展柜，我驻足于两幅图片面前，一幅是《友谊纺织厂的落成典礼》，该厂是中国援建的。另一幅反映的是，时任坦桑尼亚总统尼雷尔（Julius Kambarage Nyerere）和赞比亚总统卡翁达（Kenneth David Kaunda）与中方官员一同视察坦赞铁路的隧道工地，两位非洲国家元首向中国施工人员微笑致意的场景，令人油然而生"中非人民亲如一家"之感。

次日，我乘坐仅有九个座位的小型飞机飞越桑给巴尔海峡，来到著名的"香料之岛"——桑给巴尔，参观了当地三个博物馆：王宫博物馆、和平博物馆和奴隶博物馆。

王宫博物馆原是桑给巴尔岛历代统治者的宫殿，其中一个展厅，即原王宫的卧室里，放置着一个"鸳鸯靠椅"，两边各配有一个茶几。工作人员特意告诉我，这种特殊椅子是"中国制造"的。在原王宫的客厅里，安放着数个大花瓶，是中国明朝的瓷器，上有"龙"的图案。

与国家博物馆一样，和平博物馆也有中国瓷器，既有完整的瓷碗，也有零碎的瓷片。此外，馆里还珍藏着不少中国古钱币，在有的钱币上，"绍定通宝"四个汉字十分清楚。相关说明指出，这些中国古钱币是从桑给巴尔岛最古老的都城——温古贾[①]发掘出来的。温古贾从公元六世纪至十世纪是桑给巴尔岛的首府。

奴隶博物馆位于原来的"奴隶市场"，由两部分组成：原奴隶市场关押奴隶的石屋和原市场的露天交易场所。石屋保持着原貌，低矮阴暗，当年捆绑奴隶的铁链仍吊在柱子上，从中可以看出奴隶的非人生活。露天交易场所是新修的，再现了奴隶被出卖时戴脚镣和锁铁链的场景。简易的博

---

[①] 温古贾，Unguia，又译安古迦。温古贾岛即桑给巴尔岛，距离大陆25—50千米，包括许多小岛和两个大岛——桑给巴尔岛和奔巴岛，面积分别为1651平方千米和980平方千米。桑给巴尔岛为主岛。

物馆是西方殖民主义者贩卖奴隶、给非洲带来巨大灾难的一个有力铁证。

在坦赞铁路起点站附近，我凭吊了"中国援坦专家光荣牺牲同志之墓"。此情此景，令我回想起赞比亚前总统卡翁达在接受笔者专访时说过的一番话：在非洲历史上，奴隶贩卖、殖民入侵和殖民统治，给非洲人民造成了巨大的灾难和痛苦。而先于西方殖民者抵达非洲的中国人，与非洲人进行平等贸易，给非洲带来了中国瓷器、丝绸和中国文化，没有占领非洲一寸土地。新中国成立后，大力支持非洲人民争取国家独立和民族解放的正义斗争，无私帮助非洲国家进行经济建设，坦赞铁路就是最好的例证。"坦赞铁路是中非友谊的丰碑，我们永远不会忘记友好的中国人民给予我们的支持和帮助！"

## 第三节　非洲怀念毛主席

2003年7月11日，我再次来到莫桑比克首都马普托，伫立在"毛泽东大街"上，尽情观察着四周浓郁的异国风情，凝神端详着陌生土地上备感亲切的街名。近年来采访非洲国家的片断经历在脑海中不停地浮现，思绪就像眼前这条笔直宽阔的大道一样通畅无阻……

四年前，我第一次来到这里。毛泽东大街为东西走向的绿阴大街，双向四道，中间有绿色隔离带，两边人行道上是绿树鲜花，总宽超过50米，长约2.5千米。它西接列宁大街，与其形成"丁"字，再向西便是马克思大街，三条街组成一个"艹"字形。除两端相接的大街外，另有十条街道与毛泽东大街交叉，每条十字路口皆标有毛泽东大街的名称。1975年独立时，莫桑比克用世界无产阶级的伟大革命导师马克思、列宁和毛泽东的名字命名首都的大街，"毛泽东大街"就是以这种特殊方式，感谢中国政府和人民对莫桑比克人民解放事业的巨大贡献。

我这次获悉另一个消息：莫桑比克有个"毛泽东村"。总统府的官员告诉我，20世纪80年代，首都以北的加扎（Gaza）省发生了特大洪灾，整个村庄被冲毁，重建新村时，为感谢中国政府和人民对莫桑比克国家建设的支持与帮助，当地政府决定用"毛泽东"的英名命名这座上千人的新村。于是，毛泽东村和毛泽东大街一起，成为莫桑比克家喻户晓的街名和村名。

莫桑比克的北邻国坦桑尼亚是中国人十分熟悉的国家，其首都达累斯

**莫桑比克首都马普托的毛泽东大街**

萨拉姆是著名的坦赞铁路的起点。2003年5月采访时,我强烈感受到坦桑尼亚人民对中国人民的深情厚谊,这一感受刚一出机场就十分明显。当地青年一代不但知道毛主席的英名,知道中国为他们援建了铁路,而且知道友好的中国正在为他们修建公路,中国医生正在为他们救死扶伤。

在坦赞铁路的终端——赞比亚的新卡皮里姆波希(New Kapiri Mposhi)车站,我采访时正值中国为这条铁路更新通信系统,五星红旗迎风飘扬,两国技术人员正在紧张工作。看到远道而来的中国记者,一位曾参加修建铁路的当地朋友指着五星红旗兴奋地说:"看到五星红旗,我就要唱《东方红》,是毛主席派来的工人为我们修建了铁路,我们永远不会忘记。"据中国技术人员讲,当年修建铁路时,黑人员工学会了用汉语唱《东方红》,以表达对中国、对毛主席的热爱和感谢。今天,当我们为他们更新设备时,当年参加修建铁路的老员工们,兴奋之情更是溢于言表。

卡翁达的名字中国人民并不陌生。近年来在接受记者的三次采访中,他都要谈起毛主席,谈起毛主席三次会见他时的难忘情景:"毛主席是一代伟人,他不但拯救了亿万中国人民,而且为非洲人民的解放事业做出了巨大贡献,还热爱全人类,坦赞铁路就是爱人类的证明。我热爱他,崇敬他。"他还表示,"坦赞铁路是中非友谊的丰碑"。

由毛主席奠基和开创的中非友谊不但在铁道上延伸,而且在公路上发展,在建筑物中凝固,在医疗队里开花。就在西方富国拒绝援建坦赞铁路之时,毛主席和中国政府做出了中国援建这条铁路的英明决策;就在西方殖民者纷纷"走出非洲"之际,毛主席做出"走进非洲"的战略决策。在毛泽东时代,中国的建筑队和医疗队纷纷踏上遥远而陌生的非洲大地,帮助非洲国家修建楼堂馆所,为非洲人民祛除病痛。这些建筑队和医疗队,传颂着毛主席的英名,谱写着中非友谊的赞歌……

在埃塞俄比亚东南部城市吉吉加,一名普通司机对我说,他知道两个中国人的名字:孔子和毛泽东。

在肯尼亚东部孤岛拉木,几乎与世隔绝的岛民知道郑和、中国路桥公司。

在卢旺达,国家电台曾向全国人民教"汉语问候语";当地群众知道"是毛主席派来的医生为我们治好了病"。

在布隆迪,该国建设部长在接受笔者采访时强调,布隆迪和中国同属发展中国家,他们要学习和借鉴中国的建设经验。

在刚果(金),街道上的小青年们看到中国记者,亲切地用"中国,毛主席"打招呼。

在津巴布韦,《人民日报》代表团 2003 年 7 月 25 日采访一家黑人农场时,农场主马坦吉拉(Remigious Matangira)激动地说:"上世纪 80 年代末期以前,津巴布韦执政党党员人于 本《毛主席语录》。毛主席著作不但指导过我们的革命,而且指导着我们的建设。我过去背着枪杆子闹革命时学习毛主席著作,今天遇到困难时,经常翻阅毛主席语录,从中寻找解决问题的答案。"

在南非,前总统曼德拉曾在狱中学习毛主席著作,在一次活动中与笔者握手时,他微笑着对我说:"你从中国来,一定知道毛主席。"南非前总统姆贝基在一次演讲时,引用毛主席"百花齐放、百家争鸣"的论断表达自己的观点。1999 年,我在比勒陀利亚大学采访南非大选时,一名黑人学生认为:"西方的民主制度不会给非洲带来光明前途,毛主席的社会主义思想适合非洲的国情。"

1972年访华时，美国总统尼克松与毛主席一见面，就出自内心而非客套地说："主席的著作推动了一个民族，改变了整个世界。"① 毛主席，您的著作和思想曾指导过非洲大地上波澜壮阔的民族解放运动，今天仍深受崇敬您的非洲人民的热爱。

毛主席，您缔造了新中国，您开创了中非友谊。继您之后，我们党和国家的第二代、第三代和现任领导人，继承、巩固和发展着中非友谊。就在您诞辰110周年的前11天，温家宝总理来到埃塞俄比亚首都亚的斯亚贝巴，出席了第二届中非论坛，续写着中非友谊的新篇章……

我在这条镌刻着中莫友谊的大街上流连忘返，似乎在寻找着什么。出租车慢行到了大街的另一端，司机问我再去哪里，我说："再朝回开。"他似乎明白了什么，对我说："每当经过这条街，我就想起中国，想起毛主席，想起中国对莫桑比克革命与建设的巨大支持和帮助。今天从你的采访中，我又明白了，中国人民对自己的伟大领袖毛主席的感情是多么的真挚和深厚！"

毛主席，您的英名将永远与中国的名字联系在一起，非洲人民永远怀念您！

## 第四节 "去中华绝远"之地

郑和船队究竟最远航行到了什么地方？即：郑和下西洋的终极点在哪里？对这一问题，国内外学术界至今众说纷纭，各持一端。有的说最远到了现在的肯尼亚，有人认为最远到了今天的莫桑比克，更有外国学者坚信：郑和环绕地球航行了一圈，"中国发现了世界"。

为弄清楚这一问题，我从坦桑尼亚沿着非洲海岸继续南行，来到莫桑比克——《明史》里记载的郑和下西洋的终极点。《明史》列传192《宦官·郑和传》中有这样的记载："和经事三朝，先后七奉使，所历占城、爪哇……比剌、溜山、孙剌、木骨都束、麻林……凡三十余国。"② 《明

---

① 陈敦德：《毛泽东·尼克松在1972》，解放军文艺出版社2002年版，第307页。
② 《明史》卷三百零四《宦官·郑和传》，郑鹤声、郑一钧《郑和下西洋资料汇编》（增编本）中册，海洋出版社2005年版，第1132页。

史》列传214《外国七·比剌孙剌传》中有这样一段:"又有国曰比剌,曰孙剌。郑和亦尝赍敕往赐。以去中华绝远,二国贡使竟不至。"[①] 目前,虽对"孙剌"难以考究,但学者们普遍认为,"比剌"位于今天的莫桑比克境内,或说"比剌"就是今天的莫桑比克。

莫桑比克首都马普托由葡萄牙人建造的城堡内的浮雕,生动地反映了葡萄牙殖民者对莫桑比克人民的奴役

从《明史》的相关记载可知,"比剌"最基本的地理特征是"以去中华绝远",因而被视为郑和下西洋的终极点。那么,"西洋"的终极点究竟在哪里?比较流行的"印度洋及其沿海说"与阿拉伯人的概念几乎是一致的。11世纪阿拉伯人比鲁尼(Biruni)指出:"在最大的海里航行的人们参观的最西端一部分是僧祇人的索法拉,它位于'埃及一侧'。人们再无法继续远航了,其原因是该海的东北一侧一直深入到陆地,并且还是

---

[①] 《明史》卷三百二十六"溜山传",郑鹤声、郑一钧《郑和下西洋资料汇编》(增编本)中册,海洋出版社2005年版,第934页。

由多处进入陆地的。"《阿拉伯波斯突厥人东方文献辑注》中说："……大海一直延伸到僧祇人海岸的索法拉。由于我们上面提到的那些需要逾越的严重危险，船只从来不敢超过此地一步。西洋就是在此海结束的。"①

众所周知，阿拉伯人是最早沿着东非海岸南下走进非洲的外籍移民，因而东非一带的许多地名是用阿拉伯语命名的，地理概念也受到阿拉伯世界的影响。在14世纪以前，阿拉伯世界对印度洋或西洋的定义是：东起"中国东部"，西尽"僧祇人海岸的索法拉"。大多数中国学者也认为，西洋的终极应该是"僧祇人海岸的索法拉"，"去中华绝远"的比剌应在该地，是郑和下西洋的终极点。

莫桑比克首都马普托由葡萄牙人建造的城堡内，殖民者的雕塑

新版的《伊斯兰百科全书》具有相当的权威性。该书认为，莫桑比克岛"最早的名字是 Bilad—al‑Sufala"。在这个阿拉伯语地名中，Bilad 是普通名词，义即国家；al 是冠词，Sufala 就是索法拉。也就是说，"比剌"是"Bilad"的音译，是对 Bilad—al‑Sufala 这个专有名词仅翻译其普通名词部

---

① ［法］费琅编：《阿拉伯波斯突厥人东方文献辑注》（下册），耿升、穆根来译，中华书局2001年版，第681页。

分而来的，并以此代替其全称。这种情况在翻译时比较常见，绝非偶然。也就是说，《明史》里记载的"比剌"实际上就是"索法拉"。

从《明史》记载可知，"比剌"与"孙剌"二地相邻近，且后者比前者离中国更远，应在更南方。尽管目前难以认定"孙剌"所处的具体地理位置，但是"在比剌以南"的判断可在阿拉伯人的航行记录中寻找到答案。15世纪末，达·伽马船队的一名阿拉伯领航员在航程志中这样写道："朝大陆方向航行，抵达大陆线，同伴啊，直至有名的Sulan，这是Sufala以南的一处浅滩。我的领航员，到处是沙子！此处无黏泥，也无珊瑚礁。"

在马普托，我参观了葡萄牙殖民者修建的城堡，里面的大炮、铁镣和刑具等使人产生阴森、恐怖之感，它们是西方殖民主义者所犯滔天罪行的铁证。西方殖民主义者远航非洲的所作所为，与当年中国的"和平使者"郑和下西洋的"和平之旅"形成了极其强烈的反差和鲜明对比。

在卜榭的宾馆，我翻阅了有关莫桑比克的介绍资料，其中指出，莫桑比克岛不但风光美丽，而且历史悠久，曾经辉煌一时，莫桑比克的第一个首都就建造在这里。"首先抵达该岛的是阿拉伯人，后来是中国人、葡萄牙和印度人。中国人在岛上还留有瓷器，说明中国人数百年前曾来这里进行贸易。"

我在查阅有关资料时发现，有一个名叫莫桑比克的小岛，该岛与莫桑比克国名相同，是一个很小的岛，位于莫桑比克北部沿海，莫桑比克海峡北部，是莫桑比克距离马达加斯加最近的地方。由于该岛地理位置特殊，航海家多"到此一游"；由于厄加勒斯洋流从此经过，此处多有海难发生。在该岛附近海底发现的数量可观的中国明朝瓷器和金条还引起了一场官司。

16世纪下半叶，一艘满载中国宝物的船只在经过莫桑比克岛附近海域时遇难。这艘船所载的宝物难计其数，绝大多数宝物在过去曾被海盗从海底掠走。2001年5月，寻找文物的专业潜水员决定再次下海觅宝，以探明虚实，未料又从海底找到1500件明朝的青花瓷器和12千克的金条。其中一个瓷碗的制作年代是1553年，而绝大多数的年代在明万历年间，即1573—1619年。于是，一家莫桑比克国有企业与一家葡萄牙公司签订合同，决定将这批文物带到阿姆斯特丹拍卖。2004年5月，首批文物在阿姆斯特丹进入拍卖市场，其中包括125件瓷器和21根金条。

就在拍卖进行之中，莫桑比克考古学家和文物专家将本国政府官员和商人告上法庭。他们根据国家法律关于"所有考古发现皆属于国家不动产、不能随意带出国境"等明文规定，与政府官员对簿公堂。专家们认为，这些文物是国家的无价之宝和文化遗产，只能加强保护，不能出卖变现，"为了金钱而出卖国宝使每个莫桑比克人都受到伤害，因为我们失去自己的一部分文化遗产"。[①] 这场官司截至 2005 年尚未了结。

　　莫桑比克拥有长达 2630 千米的海岸线。目光从莫桑比克岛沿着海岸线南移，在海岸线中部会发现莫桑比克著名港口贝拉，属索法拉省管辖。"贝拉"与"索法拉"这两个地名引起笔者注意。我在遐思，"贝拉"（Beila）也许与"比剌"有什么关系，甚至就是《明史》里所说的"比剌"；《伊斯兰百科全书》里的 Bilad—al-Sufala，或许就是对这一地区的称谓，指"贝拉——索法拉地区"。当然，这一问题有待于学术考证。

　　郑和船队航行的足迹最远到了哪里？国内外学术界至今尚存争议。但是，郑和船队远航莫桑比克，基本成为定论。仅此而言，郑和船队已完成了人类历史上的一个伟大壮举！它是中华民族宝贵的精神财富，并将永远激励着中国人民开拓进取，自强不息！

---

[①] Maura Quatorze and Machado Da Graca: "Sunken Treasure Brings a Tidal Wave of Trouble", *The Sunday Independent*, June 13, 2004, p. 3.

# 第十章　遍访四岛国

　　在印度洋上，非洲有四个岛国。当年郑和船队驶入莫桑比克海峡，访问了"索法拉"。那么，船队是否有可能访问海峡的另一岸——马达加斯加岛？会不会通过海峡的北端出口科摩罗群岛，还有另外两个岛国——毛里求斯和塞舌尔？为弄个水落石出，记者走遍这四个岛国。

　　在四个岛国，华侨华人在讲述移民史时，为郑和下西洋的伟业深感自豪。记者在塞舌尔海椰林里，不但目睹了奇特的海椰子，而且看到了两种"中国树"，验证了郑和下西洋对人类进步事业的独特贡献。尽管在岛国没有找到郑和船队的经度"观测点"，但是下西洋对人类航海科技的贡献已成为不争的史实。

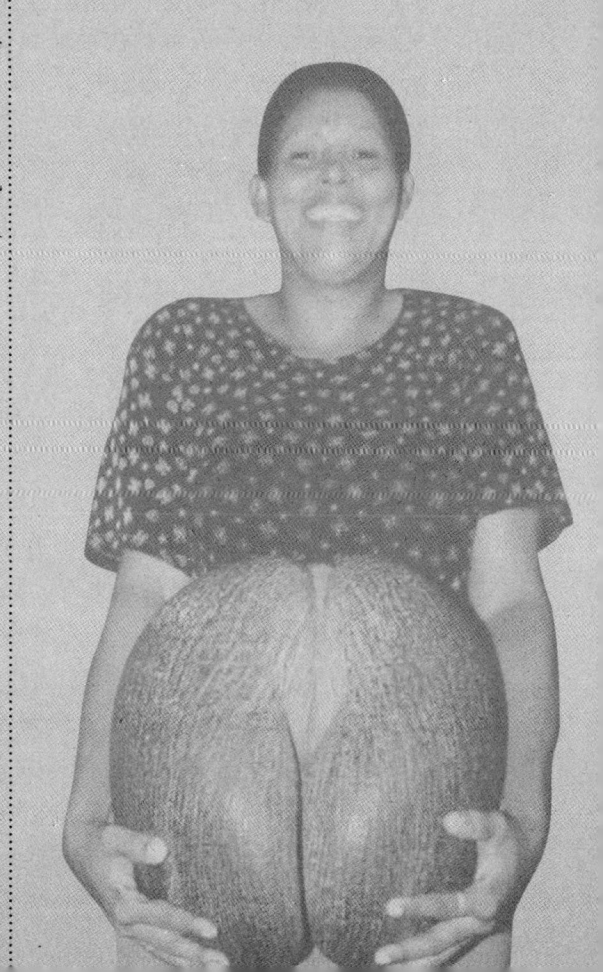

## 第一节　关帝庙前话郑和

马达加斯加与莫桑比克仅一条海峡之隔，其面积相当于16个台湾省。国内有人说，郑和船队在从"索法拉"回程途中经过马达加斯加最北端；更有外国学者认为，郑和不但去了马达加斯加，还在该岛观测经度，进行科研；我则在南非听马加达斯加的老华侨讲，马岛有座"关帝庙"。这些，无不吸引着我前往马达加斯加这个世界排名第四的大岛采访。

马达加斯加首都塔那那利佛位于国家中部的七座山头上，一年四季，气候宜人。该岛不但蕴藏着多种矿产，而且物产十分丰富。马达加斯加岛的地质构造比较特殊，全国各地都能发现多种年代久远的生物化石。动植物的种类多样化，有小到大拇指一般的指猴，也曾经有世界上最大的鸟——象鸟。这里的蝴蝶种类占全世界的90%以上。毕竟是地处孤岛，外部世界很少有人知晓，马达加斯加是座尚待开发的"宝岛"。

2004年7月，在首都塔那那利佛，我多方寻找当地的老华侨，先了解该国的华侨史，进而挖掘与中国人有关的线索，如关帝庙、郑和下西洋等。经过与多位老侨座谈，得知这里的华侨历史谈不上多么悠久。首批华侨是19世纪末期经毛里求斯来到马岛的。马达加斯加是法国的前殖民地，其时，法国在马达加斯加废除了奴隶制，需要大批的廉价劳动力修筑铁路，便从广东省招募。此后，通过多种途径来到马岛的中国人越来越多，一般先抵达塔马塔夫港①，然后再从那里奔赴全国各地。据不完全统计，至1960年马达加斯加独立前，仅从塔马塔夫抵马岛的广东人就好几万人之多。当地人习惯将1960年独立以前来到马岛的华人称为老侨，以区别于后来的新华侨。

中国人来马岛后，富裕一点的留在了塔马塔夫求生存，大多数人则进山收购土货，包括丁香、咖啡、香草等，先用这些土货换取法国人的洋货，如盐、油、糖、蜡烛、火柴、肥皂等，再将这些进口日用品送到山村销售，从中赢利谋生。积累一定的资本后，开始在城市或山村经营商店。这批人基本上是男性，其中不少人在当地娶妻生子，繁衍后代，渐渐融入

---

① 塔马塔夫（Tamatave）是图阿马西纳（Toamasina）的旧称，当地华侨华人习惯称其旧名。

当地社会。

20世纪80年代，马岛经济困难，生活日益艰辛，相当数量的老侨移民西方国家，多数人去了加拿大。20世纪90年代，新一代侨民开始登陆马岛，以进出口贸易为主，兼营商店和餐馆。主要从中国进口五金、服装和日用品，从马岛向中国出口矿石、木材和各种土特产品。

新老华侨们不约而同地认为，中国对马岛的影响是显而易见的。首先，当地语言直接借用了"荔枝、白菜、菜心、葱"等汉语外来词，连当地人也普遍认为，马岛的荔枝来自中国，而且以野生为主。其次，马达加斯加有两座"关帝庙"，尤以塔马塔夫的那座闻名，不但华侨知道，而且当地人对此也有所耳闻。再次，郑和船队是否访问过马达加斯加尚待考证，但至少有人说，郑和船队曾到达马岛的最北端——昂布尔角（Cape of Ambre）。

为进一步弄清事实真相，我愉快地答应了老侨冯保全提出的到其家中做客的邀请。冯先生的祖辈来到马达加斯加，他是土生土长的第三代，继承父业经营电器商行，不但生意兴隆，在当地颇具盛名，曾荣获三级国家勋章，而且为人忠诚，在侨界德高望重，时任马达加斯加京城中华总会会长、马达加斯加中国和平统一促进会主席。他因汉语讲得不好，还特意请来老侨陈兆昌当翻译。关于马岛"荔枝"的来源问题，他认为极有可能是华人从中国带来，吃后将荔枝核随意扔掉，未料马岛的土壤和气候适宜荔枝生长，逐渐繁殖起来，形成规模。但荔枝究竟何时开始在马岛生长，有待于考证。

冯会长说，"关帝庙"位于塔马塔夫，可以去参观。郑和船队是否经过马岛这个问题，他自己也听说过，但无论是马岛的最北端还是其他地方，尚未发现任何遗迹。因而，外国学者提出的郑和船队曾在国家西北沿海一带观测经纬度的观点，似乎也缺乏必要的证据支持。为进一步弄清事实，他提出次日举行的"马达加斯加中国和平统一促进会"有来自全国各地的代表，可以向他们了解各地的情况。

马达加斯加的华人数量有广义和狭义之分。狭义特指华人的后代，约有3万人；广义而言，则有40万—50万人之多，这主要包括散居全国各地的华裔混血儿——中国人与当地妇女成婚生育的后代。他们经过三四代的繁衍，除肤色与中国人比较接近外，已成为地地道道的本国人，只知自己有中国血统，大都不会讲汉语，生活习惯也本土化。然而，他们也是

"龙的传人",爱国热情心心相通,期盼着自己的"祖国"早日和平统一。为出席这次和统会,他们放下自己的生意,不少人驱车千余千米山路从全国各地赶来。在中国驻马达加斯加大使馆举行的招待会上,我与十几位来自沿海一带的代表座谈,尽管他们不会讲汉语,但他们对来自"祖国"的亲人十分热情,兴奋之情溢于言表。他们知道郑和下西洋的伟大壮举,却没有发现马岛与郑和船队有关的遗迹。他们说,就当时的情况而言,如果我去他们那里采访,不会发现任何与郑和船队有关的证据。不过,他们表示愿意根据我提供的有关信息,多方寻找有关遗迹。一旦发现新情况,将随时与我联系。

在首都机场等候飞往东部港口城市——塔马塔夫的航班时,我与一位名叫陈伟天的老侨邂逅。他自我介绍说,自己于1939年来到马岛,当时不到12岁。几十年过去了,由于讲汉语的机会少,他已经不会说汉语了,听也比较困难,但能够写汉字。我们之间的交流是通过书面形式进行的,得知他此次是专程前来参加和统会的。次日,他带领我参观了"关帝庙"。

关帝庙的历史约有100年之久,其建筑比较简易,原位于塔马塔夫海

马达加斯加海滨城市塔马塔夫的"关帝庙"

滨，后因大兴土木，使其位置相对后移城内。"关帝庙"一带是华人当年到达塔马塔夫的"第一站"，成为华人的居住点、聚散地与活动中心，现仍是该省的华侨总会会址。"关帝庙"与会所连在一起，主要由四部分组成：土地神坛、关帝殿、佛殿和先侨堂。土地神坛位于"关帝庙"旁边，主要是当地华人为祈求来年风调雨顺而设立的。关帝殿是这座庙的中心，位于庙的正中间，里面有一尊关帝塑像，前面的香火很旺，说明前来拜祭的人不断。门前有一副红色对联：日月高悬丹凤眼，江山长秀卧蚕眉。横批是：忠义千秋。据介绍，每年春节，当地华人都来这里求签，据说还挺灵验。陈老先生说，佛殿里那尊佛像是一名法国人1960年从越南带来的，法国人离开马岛时，将佛像送给了陈先生，陈先生提议将其安放在关帝庙里。先侨堂里安放着先侨们的骨灰盒。

　　陪同我参观关帝庙的还有一位年轻的华人陈健江，他是中国全国侨联青年委员会的委员，汉语讲得很好。谈起郑和，他们均表示，关帝庙的历史与郑和下西洋的时间相比，可说是短得多。可以肯定地说，这里的华人与郑和下西洋没有关系。也就是说，他们不会是郑和船队水手的后裔。但对郑和下西洋的伟大壮举，他们几乎人人皆知，并为此感到无尚自豪和骄傲。陈老先生还特意将自己收集的有关郑和下西洋的资料提供给我。

　　这里的华人普遍认为，公共墓地里的大伯公、二伯公和三伯公是来到塔马塔夫最早的华人。每年清明节和重阳节，大家都要进行祭祖活动，就是祭他们三人，还有另外两名被尊称为二伯父与三伯父的华人先驱。后来，陈健江还陪同我拜谒了墓地，可惜墓碑上的生卒年月已看不清楚了，仅能看到上面"汉族先兄大伯公之墓"的汉字和为他立墓碑的时间。

　　就在关帝庙前，他们告诉我，前几年，塔马塔夫大学的一名华裔混血儿写了一篇关于马达加斯加华人历史的毕业论文，其中讲到山区里的华人至今仍保持着中国传统的生活习惯，如喜欢使用瓷器，喜爱喝茶等。陈健江说，具体的情况不知道，但中国前任驻塔马塔夫领事王晋卿知道此事，还读过这个学生的毕业论文。可是，王领事与我在塔马塔夫机场擦肩而过，失之交臂，我刚下飞机，他就乘班机离开，去中国驻科摩罗大使馆赴任了。而写毕业论文的学生，家居深山，现不知去向。

　　我提出去塔马塔夫大学查找那篇毕业论文，可是正值假期，图书馆关门。为弄个水落石出，我决定飞往毛里求斯和科摩罗采访。

## 第二节 "天堂之岛"有传闻

位于印度洋西南的毛里求斯是个岛国,以其美丽的自然风光和独特的风土人情闻名于世,被誉为"天堂之岛",每年都吸引着不少来自世界各地的游客。

如此秀美的地方起初却是一群荒无人烟的岛屿。1598 年开始为荷兰人统治,并以莫里斯(Mauritius)王子命名该岛称"毛里求斯"。1715 年被法国占领,改名为"法兰西岛"。1814 年沦为英国殖民地,改回原名。1968 年 3 月毛里求斯赢得国家独立,英语为官方语言。若按族裔划分,岛上居民主要由印巴人后裔、克里奥尔人(Creole,欧非混血)、华裔和欧洲人后裔组成。至于谁是第一个登陆毛里求斯的人,一般的说法是荷兰人。

然而,我在毛岛听说另一个与此相关的传闻,即最早到达毛里求斯的

**美丽的毛里求斯海滨**

是郑和船队。这一说法还得到了某些专家学者的支持,其理由至少有三:一是郑和下西洋的时间要先于荷兰人统治毛里求斯近两个世纪;二是相对郑和船队所拥有的航海技术及远航距离而言,毛岛并非是个无法到达之地;三是毛岛正好处于印度洋季风带中,自古就是海上交通要道。外国有学者通过考证认为,郑和船队或其分支是世界上首次远航好望角的船队,其途经航线有两条:一条是穿行莫桑比克海峡,另一条是绕行马达加斯加东南方向。而毛里求斯正好位于马达加斯加正东方向。

2002年9月和2004年1月,我两次采访毛里求斯。就在我第一次抵达毛里求斯之际,正值一个大型华侨华人研讨会在首都路易港举行。刚一落地,我就受到当地侨胞的热情迎接。老侨朱清球先生不是先将记者送往宾馆,而是直接请到他家中做客。其家位于首都市区,客厅的墙壁上挂着中国字画,桌子上敬放着一尊佛像。他解释说:"我们做生意的,都希望能够得到佛的保佑。"中秋节在即,他把自家制作的风味各异的月饼拿出来让我品尝,并说:"我的店铺就在唐人街,这几天月饼正在上市。毛岛有三万华人,大家都不会忘记在中秋节吃月饼。另外,当地人也十分喜欢月饼,每年这个时候生意都十分兴隆。"仅从朱先生简短的话语中,就能

毛里求斯华人建造的"天坛"

感受到中国文化在当地的冲击力和影响力。

问及中国文化对当地的影响,朱先生没有直接作答,而是首先带我去参观"天坛"。一听到"天坛"二字,我不由得瞪大了眼睛。朱先生笑言,不能与北京的"天坛"同日而语,但它是当地华侨华人思念"娘家"的一种感情寄托。"我们习惯将毛里求斯称为'婆家',把中国称为'娘家'。"当年大家集资修建"天坛"时,就是为了提供一个场所,让所有侨胞,特别是年轻一代牢记自己的"根"。毛里求斯华人建造的"天坛"属仿古建筑,外观与北京的"天坛"非常接近,但规模与气势自然无法相提并论。

当来到"唐人街"时,看到以"唐人街"——禾燕街为中心,在纵横交错的数条街道上,中国商店、餐馆和宾馆鳞次栉比,还有一条街道以"孙中山"命名孙逸仙博士街(Dr. Sun Yat Sen Street)。严格地讲,这不应该叫"唐人街",而是一座"中国城",尽管它是"城中城",但就规模与影响而言,在遍布全世界的"唐人街"和"中国城"中,恐怕是首屈一指的。

漫步"中国城",我发现这里的店名带有鲜明的中国特色,可分为三大类:一是直接借用中国地名或人名命名,如香港、旺角等地名;二是带有"德"、"仁"等中国传统文化的色彩,如"仁和"、"德胜"等字眼;三是含有"振兴中华"的意义,如"新华学校"、"利华旅行社"等。

华人移民到此是否与郑和下西洋有关呢?当我把问题提出之后,侨胞除告知以上提及的那个传闻外,还特意说道,马达加斯加的华人就是从毛里求斯转道而去的。这说明毛里求斯的华人历史要早于马岛。

那么,这座"中国城"又是如何形成的呢?这与西方殖民列强欺凌践踏毛里求斯的血泪史有关,当地的华人历史始于法国殖民统治时期。18世纪中叶,法国在建设路易港时,开始从中国等亚洲国家招收廉价工人,第一批华工来到毛里求斯,其中包括做家佣的中国妇女。此后约一百年里,一批批华工登陆毛里求斯,这是华人移民毛里求斯的第一阶段,实属被迫为之。1836年开始了自发性的移民,主要是中国船员和工匠随着船只南下印度洋,开始在这里谋生并生存下来。据说,这批自发性移民并非有意而来,是由于大风把船刮到了毛里求斯,阴差阳错不得已而为之。第三阶段特指1840—1843年期间,英国当局停止从印度招收制糖厂工人,转而从中国招工,共计2701名华工相继登陆,合同期满后留了下来,分散到农村地区定居，成为商人或工匠。

中国人来到白人殖民者横行霸道的毛里求斯，又多是留着长辫子，受到歧视和剥削是可想而知的。作为外来的少数民族，法律禁止华人拥有不动产，只允许做零售商。仅此而言，还必须符合三个条件：拥有必要的资本；租借的房子必须符合警察局规定、让警察满意；与当地居民关系融洽、方便周围顾客并拥有信誉。为了生存，华侨华人团结起来，相互保护，"中国城"因此应运而生。银行不给贷款，他们自己集资开店，先零售后批发，先经营小商品后出售中国货：瓷器、古董、服装、文具等，品种越来越多。就这样日积月累，一步步发展壮大，商店和餐馆遂连成一片。1847年，不断富裕起来的华侨华人开始办厂，第一家烟厂诞生，接着是酒厂、鞋厂、饼干厂、饮料厂、肥皂厂，等等，形成了一定规模。华侨华人以自己的勤劳和智慧站稳了脚跟，赢得了尊重。

不管走到哪里，华人始终牢记自己的"根"，一直受到中国文化的影响并用中国文化影响周围的社会。"仁道必发福，和气乃致祥"——南顺会馆门前的这副对联，不但反映出生活在异国他乡的华侨华人对中国传统文化的继承，而且反映了他们融入当地社会的方式方法。华侨华人在融入毛里求斯大家庭的同时，为毛里求斯带来了中华文化，如中国饮食文化，中国菜、中国茶已逐渐为当地人所喜爱，成为当地多元饮食文化之一；占全国总人口2.9%的华侨华人每逢中国的传统节日都要举行多姿多彩的庆祝活动，而且受到当地民众的欢迎。所有这些，不但深深吸引着当地居民，而且还受到外国游人的称赞，丰富了这个国家的旅游资源。毛里求斯国家领导人多次在公开场合称赞华侨华人对毛里求斯经济、社会和文化发展所作出的重要贡献，毛里求斯也因华侨华人及其特有的文化而变得更加绚丽多彩！

## 第三节 活的生物实验室

科摩罗群岛位于莫桑比克海峡的北端出口处，塞舌尔群岛处于科摩罗群岛与马尔代夫群岛之间。其国名"科摩罗"意为"月亮之国"，首都"莫罗尼"意即"幸福的发源地"。郑和船队曾访问过马尔代夫群岛已是不争的历史事实。据说，郑和船队当年也曾途经科摩罗群岛和塞舌尔群岛。更有外国学者认为，郑和船队还在塞舌尔观测经度、进行相关科研，其测量精度几乎可与现代相媲美。为此，我专程飞赴科摩罗与塞舌尔采访。

在莫桑比克海峡北端入口处的印度洋碧波中，由西向东依次排列着大科摩罗、莫埃利、昂儒昂和马约特四个岛屿，它们东西各距离马达加斯加和莫桑比克约500千米。这就是科摩罗联盟。遗憾的是，自1975年国家独立以来，马约特岛一直被法国非法占领至今，将其变为法国的"海外省"，并在该岛设立海军基地。

科摩罗群岛是200万年前海底火山爆发而自东向西形成的，经历了三个阶段：第一阶段为夏威夷式的喷发，形成流动的熔岩；第二阶段是斯德隆布利式的喷发，形成许多火山砾石；第三阶段叫火山锥形式的喷发，形成许多火山口湖。独特的地理位置使科摩罗拥有世界上独一无二的自然景观：大科摩罗岛是一座活火山，最近一次喷发的时间是1978年，其主峰卡尔塔拉海拔2361米，上面不但留有世界上最大的火山口，宽度达8000多米，而且留有不少火山口湖，这些独特的高山湖泊被称为"活的生物实验室"，而科摩罗群岛四周的海底世界更是变幻莫测，妙不可言。昂儒昂岛被誉为科摩罗之明珠，山峦起伏，溪水涓流，风景优美。莫埃利岛附近的"尼如马苏瓦"小群岛被称为"人间仙境"，是联合国认可的"海上公园"。由此可见，旅游是科摩罗的一个支柱产业，香料种植是火山岛的

**科摩罗的"咸湖"**

一大特色。

公元十世纪，阿曼人南下来到科摩罗定居，成为科摩罗的"土著"，并建立了苏丹王国。1750年，葡萄牙人入侵科摩罗。1841年，法国侵占马约特岛。1912年，科摩罗四岛完全沦为法国殖民地。1975年7月6日独立，成立科摩罗共和国。中国是世界上第一个承认科摩罗由四个岛组成的国家，对此，科摩罗人民深表谢意，铭记心间。

2005年1月，我从毛里求斯来到科摩罗采访。说来也巧，当我在莫罗尼国际机场走下飞机时，迎接我的正是中国前驻塔马塔夫王晋卿领事。我迫不及待地问起马达加斯加那名华裔学生撰写的毕业论文是否谈到郑和？王领事回忆说，尽管当地有郑和曾到访马达加斯加的传闻，但文中所提的华人与郑和无关。那么，科摩罗的华人呢？中国驻科摩罗大使赵春胜称："这里最早的华人是从马达加斯加来的，且只到了马约特岛。其他三个岛屿，全是近十多年来到这里的新侨。至于郑和船队是否曾途经于此，还有待进一步考证。"

对科摩罗的采访，就踏寻郑和足迹而言，可以说是收获甚微。不过，中国驻科大使赵春胜和科方新闻界同行高兴地对我说："你是首位踏上科摩罗群岛采访的中国记者，来得恰逢其时：当年是中科建交30周年，中国援建科摩罗的三大历史性工程的开工和移交日期恰巧在二月份相逢。"这三大历史性工程是科摩罗国家广播电视台的移交、人民宫维修工程的验收和科摩罗国际机场扩建工程开工。于是，我对这三大工程进行了采访报道。

科摩罗属于联合国宣布的世界最不发达国家之列，按人类发展指数计算，排名世界第139位。经济基础脆弱，严重依赖外援，近年来政局动荡，世界银行等停止了援助，旅游业受到致命打击，加之国际市场上香料大幅度降价，香料出口遭受重创，科摩罗经济面临巨大挑战。如何进一步稳定政局，发展经济，提高人民生活水平是摆在新政府面前的重大课题。相信随着援助科摩罗出资国圆桌会议的举行和国内旅游业的复苏，科摩罗人民将会战胜前进道路上的重重困难，迎来国家建设和发展的新时期。

## 第四节 造福人类建奇功

塞舌尔是西印度洋群岛国家，由115个大小岛屿组成。地处欧亚非三

奇特的海椰子（雌性）

奇特的海椰子（雄性）

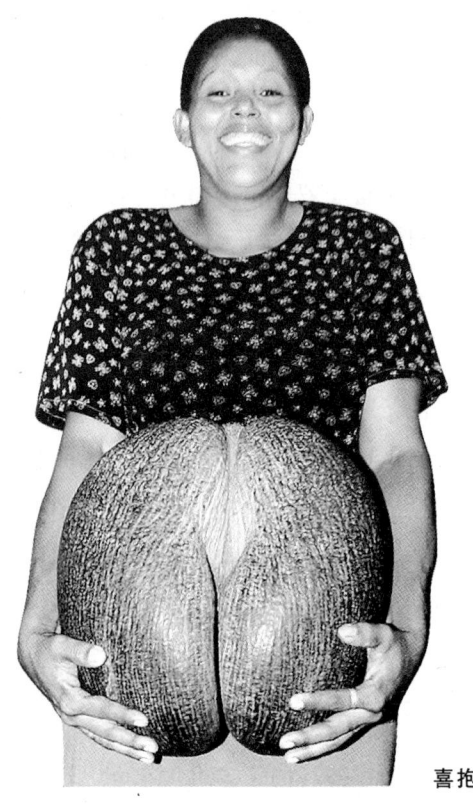

塞舌尔妇女喜抱海椰子

大洲枢纽地带，为亚非两洲的交通要冲。目前的流行说法是，葡萄牙人16世纪曾到此地，取名"七姊妹岛"。1756年为法国占领，遂以法国财政大臣维孔特·德·塞舌尔（Vicomte de Seychelles）重新命名。1794年，英国取代法国。此后，英法两国多次轮流统治，直到1814年成为英国殖民地。1976年6月宣告独立。然而，外国有的学者认为，早在葡萄牙人到达之前，郑和船队就到过塞舌尔。

我的采访也是从了解华人历史入手。相对于马达加斯加和毛里求斯，塞尔舌的华侨华人数量相对较少。当地人知道，在塞舌尔的第三大岛上，有一片公墓，里面安葬着华侨华人先驱。在当地颇具声望的一名研究塞舌尔移民史的学者坎蒂拉尔（Cantiral）告诉我，塞岛最早的华人是从毛里求斯过来的。关于郑和船队是否途经塞岛，他对此缺乏研究。那么，如何才能找到相关证据呢？

塞舌尔是世界上独一无二的海椰子的故乡。海椰子成为吸引各国游人的一大招牌，该国人民莫不以此为荣。海椰子雌雄异株，果实活似人类的生殖器官，在植物界非常奇特。究竟奇特到什么程度，下面这组数字也许能说明问题：在植物界，海椰子生长的果实最大、最重、最漂亮，可重达22.5千克；雄性海椰子树的果实象征着男人的生殖器官，雌性海椰子树的果实恰似女人性感的骨盆；雌性树的萌芽期是两年，直到第二十五年才开始结果，海椰子的树龄能长达300多年；当雌性树的果实长到9—13个月时，外壳的顶部开始发黄，这表明果实内部的肉汁可以食用了，否则，里面的新鲜肉汁将变坚硬；果实和树叶可以制作多种产品，如草帽、手包、坐垫、椰汁和椰子酒，雌性果实还被制作成旅游纪念品。

海椰子的原名叫双椰子。1519年前后，法国人在距离塞舌尔很远的大海里发现了奇特的双椰子果实，误以为是大海里的特殊产品，便以海椰子为其命名。直到1743年在塞舌尔发现椰林后，人类这才明白，海椰子原生长在陆地上，成熟后自然掉落，又被风吹水冲到汪洋大海里。由此可见，人类对植物、动物和地方的命名有时是多么幼稚可笑！

到塞舌尔不去参观海椰子，就像到北京没有去登长城一样。2004年3月一个晴朗的下午，我只身走进位于塞舌尔第二大岛——普拉兰（Praslin）的海椰子林。那里椰树成林，满山遍谷，个个高直参天，椰林内到处是风吹的各种响声，好似椰树之间在对话一般。已近黄昏，椰林内没有游人，一个人置身于山谷小道之中，抬头是蔽日的树叶，四周是直立的树干，地面是发黄的树叶，还不时有硕大的新叶从树上落下，与树枝相碰撞，发出惊人响声。一种森林深处的恐惧感仿佛袭来，我不由得在一个岔路口驻足不前。

正当此时，我发现不远处坐着一男一女两位当地人，他们是椰林的工作人员，热情地与我打招呼。攀谈中，他们没有介绍海椰子，那位妇女先指着旁边的一株一人高的植物说："这棵黄尖叶小树来自中国。"话音未落，她就情不自禁地笑了，而且笑得前仰后合。原来她以为，中国人一定知道那棵"中国小树"的药用功能，可我是第一次看到这种树，连树名都叫不上来，遑论什么用途。这时，那名男子道出原委："这种树来自中国，树叶入药具有壮阳作用，而且十分明显。我们当地人都知道这种树，你看她笑成什么样子了。"

男子还在附近找到另外一种来自中国的树："这两种树在椰林里比较普遍，我们只知道年代很久，至于具体是何时从中国来，我们没有研究。"也就是说，中国的物种增加了海椰林的生物多样性。我由此联想到郑和下西洋时，其船队不但从国外带回中国一些异域物种，同时将中国的一些植物远航到海外，而且还把世界各地的物种互相移植，促进了物种的交流，增进了人们对植物的认识，进而使不断繁荣的物种造福人类。在这一点上，中外郑和研究专家有目共睹，形成共识。海椰林里的这两种中国树，很有可能是郑和船队从中国带来的。

外国学者认为，早在欧洲人探险航行之前，郑和将中国的莲花传到了澳洲，把桑树和稻谷分别带到太平洋群岛和南美洲；把甘蔗和生姜从印度传到北太平洋群岛；将玉米从美洲传到中国和东南亚；把烟草、甜马铃薯从墨西哥带到菲律宾。

中国学者指出，郑和下西洋期间，对所访地区的生物资源进行了长期和广泛的考察，重点调查研究了若干种珍奇和具有经济、药用价值的动植物，通过采集、购买或受贡等途径，从国外引进了一些当时中国需要的物种。动物方面最典型的例子就是，非洲马林迪国王向中国皇帝赠送了长颈鹿。在植物方面，从国外引进的胡萝卜、南瓜、苦瓜、乌木、木棉等，都被与郑和同处一个朝代、却比郑和晚90余年的李时珍收入《本草纲目》，丰富了中国的中医药学。现今生长在南京江苏郑和纪念馆内的一棵五谷树，是郑和从海外移植到中国的一种神奇植物。据明周晖《金陵琐事》和清陈文述《秣陵集》等书记载，此树共有两株，分别在南京天界寺和大报恩寺。此树"不但结子如五谷，亦有似鱼蟹之形者"①，传说"可验年岁丰歉"②。有诗云："楼船十万泰西回，此树曾随船棹来。移植远从鹦鹉地，托根终傍凤凰台。种分萧寺双株老，花为丰年几度开。野史纷纷说三宝，貂珰亦自不凡才。"③

促进中外之间和世界各地之间的物种交流，是郑和下西洋的另一伟大功绩，其结果是造福人类，惠及万世。

## 第五节　远洋航行重科技

当年郑和七下西洋，率领庞大船队昼夜兼程，航行于茫茫大海之上，横渡印度洋抵达东非海岸，甚至有可能绕过好望角，环游全球，"发现世界"。那时的中国人靠什么方法导航，用什么方式进行航海定位，进而完成人类历史上的首次伟大远征呢？对于这一问题，中外学术界看法比较一致，外国有学者更提出这样的独特见解：郑和不但确定了地球纬度，而且发现了地球经度。中国明代茅元仪所辑的《武备志》，曾有相关记载。当代西方学者、《1421：中国发现世界》的作者孟席斯不仅对此完全认同，还提供了新的佐证。

据了解，在我到访过的塞舌尔群岛、科摩罗群岛、坦桑尼亚、莫桑比克、马达加斯加、毛里求斯等非洲国家，当年郑和船队在那里设立过经度观测点，它们一般选在地势开阔、能见度较好的地方，用于测量的仪器虽不像现在的那样复杂，但较为实用可靠，而且便于携带。

在塞舌尔采访期间，我曾刻意去寻找那些观测点，但未能如愿。可能是由于年代久远，当年的遗迹在经过数百年的风吹日晒雨淋，以及各种人为因素之后，早已变得面目全非了。但大家的共识是，郑和船队是在掌握了当时人类最先进的航海知识和航海技术的基础上，其中包括对地球经纬度的认知和运用，最终完成了七次远洋航行的壮举。

综观七下西洋全过程，郑和已经掌握的航海科技主要有：合理利用季风和洋流，运用"更"和"托"分别计算航程和测量水深，使用罗盘定

---

① （明）周晖：《金陵琐事》卷三·五谷树。
② （清）陈文述：《五谷树诗序》，《秣陵集》卷六。
③ （清）陈文述：《五谷树诗》，《秣陵集》卷六。

向、对景定位和地标导航，创造性地运用"过洋牵星"天文导航，观测和发现经度，绘制《郑和航海图》。

郑和率领的庞大船队由木帆船组成，帆船航行的主要动力是风。"风有八面，惟当头不可行"，足见当时对风的利用已达到娴熟程度。为充分利用季风，宝船上的帆多达12个。众所周知，中国地处季风气候区，由于近海气压分布的变化，一年中风向的变化带有明显的季节性：冬季以偏北风为主，夏季盛行偏南风。早在宋朝就有"北风航海南风回，远物来输商贾乐"①的诗句。郑和历次下西洋，均是冬季利用东北季风出海，夏季乘西南季风回国。远航波斯湾和东非海岸时，利用印度洋季风驾驭航船。在季风更替期间，抓紧时间在东南亚进行休整。在充分利用季风的同时，郑和船队还适时利用中国沿海洋流和印度洋季风环流，以保证航行安全和速度。

郑和进行远洋航行靠"更"来计算水速、航速和航行里程。"更"原为计时单位，一昼夜分为十"更"。后用"更"计速，即一"更"时间内的航行里程；所谓"以六十里为更"，是指船舶在标准航速下一更时间（2.4小时）所航行的里程。"更者也，一日一夜定为十更，以焚香几枝为度"。事实上，在郑和航海时，"更"所代表的里程与风力、风速和海水流速等有关，故"凡行船先看风汛急慢，流水顺逆，可明其法。则将片柴从船头丢下，与人齐至船尾，可准更数"。

探测海水深度是航海安全的重要手段之一，可预防触礁、搁浅和选择合适的抛锚地。郑和运用的锤测法——用绳索系铅锤沉入水中，铅锤到底，读出绳索上的水深标记。水深以"托"为单位，"方言称两手臂分开为一托"，约合1.7米。这种测水深导航法直到20世纪七八十年代仍有人使用。

"昼行认旗帜，夜行认灯笼"是郑和船队的海上联络方式。据记载，"海船以红布为幔，甲板四周张挂二十余面彩色旗帜"，高悬桅杆上的旗帜发号施令。夜间，宝船燃烧松脂、油蜡作为信号灯。这种古代的海上通信方法是现代船舶通信系统的先驱，催生了现代通信手段的问世。

在大海航行时，郑和船队运用多种定向和导航技术，以确保航行方向正确。"舟师识地理，夜则观星，昼则观日，阴晦观指南针"。②《西洋番

---

① 宋代泉州太守王十朋《提舶生日诗》。
② （宋）朱彧：《萍洲可谈》卷二。

国志》中进一步指出:"惟观日月升坠,以辨东西,星斗高低,度量远近。皆斫木为盘,书刻干支之字,浮针于水,指向行舟。经月累旬,昼夜不止。海中之山屿形状非一,但见于前,或在左右,视为准则,转向而往。要在更数起止,记算无差,必达其所。"[1] 这段叙述涉及以下内容:一、观察日月以定向;二、使用罗盘定向;三、记录、观察海岸线、岛屿、礁石、山峰、港口、城镇等物标以定位;四、运用"更"数计算航程;五、采取"过洋牵星术"星体定位、天文导航。

中国早期航海就能运用日月星辰定位。郑和在前人的基础上,将这一导航技术发展到"过洋牵星术"的新阶段。所谓"牵星术"是通过观测星座在海平面上的高度,来确定船队在纬度上所处的位置。郑和航海时"牵星"的主要星座是北极星。测定天体高度的仪器是牵星板,测星体高度以指、角为单位。一指为四角,今约合1.9度。《郑和航海图》中有四幅《过洋牵星图》。

"过洋牵星术"主要依靠北斗星定位,郑和船队在越过赤道进入南半球后,则确立了老人星和南十字星座的正确位置。用它们作为参照点,就像利用北极星一样。

郑和航海科技的结晶就是举世闻名的《郑和航海图》。它是明代及其以前中国地理知识和航海科技的总结,比荷兰人瓦格涅尔(Wagener)编绘的所谓"世界第一部航海图"早了100多年。该图载于《武备志》中,此书本是一部兵书集,最后一卷总名为《航海》,后面是地图,题为《自宝船厂开船从龙江关出水直抵外国诸番图》,即《郑和航海图》。英国著名科学家李约瑟高度评价《郑和航海图》,说它是"世界上最早的一幅真正科学的航海图"。[2]

英国学者孟席斯认为,郑和之伟大不但因为有《郑和航海图》传世,而且因为他发现和掌握了绘制地图所需要的关键要素——纬度、经度、大小、方向,因而能够绘制出精确的航海图,完成环球航行、"发现世界"的伟业。他指出,在郑和下西洋前,中国的天文学知识、天文台建设和中国人测定时间的方法,足以证明中国人有能力确定地球的经度。精确计算

---

[1] (明)巩珍:《西洋番国志·自序》。
[2] [英]李约瑟:《中国科学技术史》(中译本)第五卷第一分册,科学出版社1971年版,第169页。

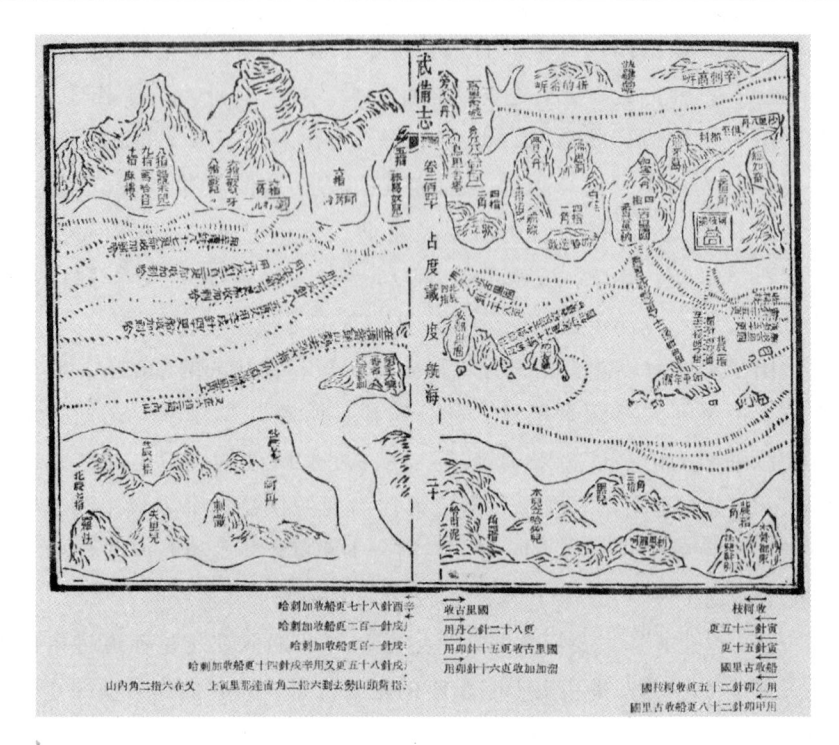

**郑和航海图西亚非洲部分**

月食的能力和在地球上不同地方同时观察这一现象的事实证明，是中国人尝试发现计算经度方法的关键步骤。为证明郑和发现经度，孟席斯在2000年7月16日和17日发生月食时，从风向群岛的最大岛屿塔希提（Tahiti）岛横穿太平洋到新加坡均安排了观测小组，选择郑和当年的观测点，以验证郑和当年观测月食、确定经度的可信性和准确率。其结果令他本人和许多学者惊叹不已。①

600多年过去了，郑和当年所选的观测点，至今仍被证明可用于观测经度，并能保持极高的精确度，这足以向世人表明，郑和下西洋所凭借的不仅仅是不畏艰险、百折不挠的气概和精神，而且还掌握和拥有当时最先进、最高超的航海科学和技术。

---

① 参见［英］加文·孟席斯《1421：中国发现世界》，师研群译，京华出版社2005年版，第307—309页。

# 第十一章　绕过好望角

　　新千年伊始，南非国民议会里展出了世界上最早最大的世界地图——《大明混一图》。这幅地图是世界上最早准确绘制出非洲形状的地图。主办者要用该地图纠正世人的一个偏见——欧洲人最早"发现"非洲。对于这幅非同一般的世界地图，不但南非国民议会前议长金瓦拉博士十分感兴趣，而且前总统曼德拉听说后也欣然前往参观。

　　记者应邀来到位于南非东部海岸地区的祖鲁王宫，目的是想看看这个古老王宫是否与郑和下西洋存在关联。未料却听祖鲁王笑谈自己的五个王后，给人打开了一扇了解非洲古老王室的窗口。

　　如果说祖鲁王宫空手而归的话，记者又欣闻中国大使提及南非的"郑和村"。南非的"郑和村"让人联想到著名的好望角。究竟是谁最早绕过好望角，这个问题似乎已有定论但一直受到争论。记者对此进行了一番考证。

# 第一节　明朝地图绘非洲

在南非国民议会举办的"非洲视角"地图展中，一幅来自中国的《大明混一图》始终是参观者关注的焦点，也是该展览一再延期的主要原因。我伫立在这幅气势恢弘的"宝图"前，黑人讲解员介绍说：《大明混一图》绘制于中国明朝开国皇帝朱元璋时期的明洪武二十二年，即公元1389年，长3.87米，宽4.75米，该图是与原图同大的复制件。"这幅极其珍贵的古代宝图是世界上最早最大的世界地图，是迄今为止非洲人见到的最早描绘非洲的世界地图，准确地描绘了非洲大陆的形状与地理位置，以无可辩驳的史实告诉世人：最早到访非洲大陆的非本土居民是中国人，而不是习惯上认为的欧洲人。"

**欧洲地图歪曲非洲**

新世纪、新千年到来之际，南非国民议会决定发起"议会千年项目"活动，旨在以新观念、新视角和新思路重新认识历史与现状，回答人们普

《大明混一图》

遍关心的诸如非洲人应该如何看待自己、世界应该如何看待非洲等问题，进而促进南非的种族和解、国家重建和民主化进程。"非洲视角"地图展就是这项活动的重要一环。

南非议会收藏有非洲地图130多幅，皆来自欧洲，是87年前矿业巨头门德尔松（Mendelssohn）赠送的。"这些地图是欧洲人16世纪、即450年前开始绘制的，大都尺寸很小，如这次展出的其中五幅就是图书的插页。同时，这些地图标志着欧洲绘制地图的开端，非但暴露了他们对非洲的偏见与无知，进而以此证明他们对非洲的所谓最早'发现'。"讲解员如此说。

我们站在一幅"北非地图"前，讲解员说："这幅图绘于1486年，比《大明混一图》晚了近百年，该图虽标出城镇与河流的名称，但埃塞俄比亚南部被注明是'未知土地'，而地图中没有南部非洲。这清楚无误地表明，欧洲人当时对南部非洲地区一无所知。"第二幅地图名为"部分新非洲地图"，实际上是南部非洲地图，从赤道至好望角，绘于1535年。该地图关于海岸线的情况比较清楚，说明欧洲人对沿海一带十分感兴趣，至于内陆的情况，图中说明内陆被三个国王统治着，另画有一头大象和两条蛇。"蛇是《圣经》用语，意指未知地域，居住着怪兽"。为进一步表明描绘者的意图，旁边还注明"野蛮人区域"。第三幅地图是一张完整的"非洲地图"，描绘于1544—1545年，尽管此时迪亚士与达·伽马早已通过了好望角，换言之，习惯上认为的"欧洲人已经发现了非洲"，但该图描绘出的非洲大陆的形状却是异常的，不但与实际情况相差较大，而且指出非洲内陆地区居住着"独眼人"，其无知与偏见不言而喻。

### "宝图"辗转来自日本

1988年赴东京出席世界经济会议期间，南非国民议会议长金瓦拉博士要完成一项特殊任务：向与会的中国和日本两国的高级官员寻觅一幅中国古代世界地图，并说该地图当时藏于日本的一家佛寺。她要用铁一般的事实改变所谓"迪亚士发现非洲"这一错误观点。

金瓦拉之所以对这幅中国古代世界地图发生如此大的兴趣，是因为它的确是一幅非同一般的地图。图上准确描绘出的非洲地理位置，是迄今为止世界上发现的最早描绘非洲的地图。事情是这样的，1969年，华盛顿大学的郑教授在加拿大演讲时，提到一幅中国古代世界地图，清楚准确地描绘着非洲大陆。这幅地图是1402年绘制的，比"郑和下西洋"的首航时间还早三年。金瓦拉是一位酷爱收集和研究各种地图，特别是古代非洲地图和世界地图的历史学家，此事一直萦绕在她的脑际。为寻觅此图，1988年初，她派助手专程赴美国找到郑教授，郑教授认为该图藏在一家日本佛寺里。

金瓦拉要千方百计找到那幅地图，使其能够参加展览，让南非人民目睹这一中非友好交往的历史见证。"功夫不负有心人"，经过一番不寻常的踏访，终于在日本一所大学的图书馆里找到了那幅地图。1999年初，日本有关方面复制了一幅高质量的地图送给金瓦拉，使她多年的愿望最终得以实现。

这幅中国古代世界地图何以能到达日本呢？其中有一段曲折的故事：该图是中国人李凯（音译）绘制的，由一名朝鲜使者受命带回朝鲜。岁月流逝，一个企图侵占朝鲜的日本军阀又将该图掠夺到日本；几经辗转，该图被转移到一座寺庙，密藏于寺庙方丈的私人图书馆里；后来，寺庙方丈将这幅图赠送给日本一所大学。

事实上，《大明混一图》是一对孪生兄弟，第一幅绘制于1389年，具体绘图人有待进一步研究考证。两幅图的区别在于，第二幅的尺寸小一些，对非洲描绘得更准确一点。那么，另一幅更早的地图今在何方？金瓦拉执意要找到年代更早的中国古代世界地图。

**中国政府如期赠图**

1999年11月，李鹏委员长访问南非时，向金瓦拉议长赠送了一份特殊的礼物——一本《中国古代地图集》（明代卷），卷首几页展示的就是1389年绘制的《大明混一图》。对古代地图颇有鉴赏和研究造诣的金瓦拉博士如获至宝，就在她"踏破铁鞋无觅处"之时，从未想到"得来全不费功夫"。在对600年前中国的绘图技术赞不绝口的同时，她随之与中国政府进行协商，恳请将地图拿到南非展览，向公众展示欧洲殖民者到达之前的非洲，让参观者一睹非洲的原始风貌。中方对她的这一要求迅速做出积极反应。

2002年底，中国驻南非大使刘贵今在接受记者采访时指出，《大明混一图》藏于中国第一历史档案馆，彩绘绢本，是中国目前已知尺寸最大、保存最完好的古代世界地图，是国宝级的珍贵历史文物。由于年代久远，尺寸过大，虽保存完好，也出现了老化现象，已不适合公开展出。但是，南非方面筹办地图展的计划和时间已经确定，为使展览如期举办，在2002年9月举行的世界可持续发展首脑会议期间，金瓦拉议长与朱镕基总理协商，再次请求中方帮助。

于是，中国决定为南非复制一份《大明混一图》。2002年10月，在中国外交部、国家档案馆和国家文物局等部门的协调下，中国第一历史档案馆会同敦煌艺术研究院和浙江大学的专家们，共同精心制作了数字化的巨幅《大明混一图》。该复制件保持了原图的面貌，大小一致，颜色逼真，实乃精品。

2002年11月1日，《大明混一图》抵达南非议会。双手戴着白手套的议会首席研究员贝利（Heindri Bailey）小心翼翼地打开地图，当刚刚露出"非洲大陆"时，首次目睹这幅精美地图上清楚的非洲大陆，金瓦拉按捺不住内心的激动："大家现在看到的就是非洲。""我并不声称自己是专家，但是地图上描绘的形状十分像非洲。"南非前总统曼德拉得知后，欣然前往开普敦，参观了《大明混一图》。

**"宝图"精确描绘非洲**

《大明混一图》以大明王朝的版图为中心，东起日本，西达欧洲，南至爪哇，北到蒙古。全图未标明清楚的疆域界线，仅以不同颜色的地名条块来区别内外所属。图中描绘了明朝的治所、山脉、河流的位置，以及镇寨堡驿、湖泊岛屿和古遗址、古河道等名称一千余处。

这幅"宝图"上有一个特殊的现象：图中的千余处标志皆用满文书写，除上端的"大明混一图"外无一汉字。这是因为清朝取代明朝后，为表明满族人打天下夺得了江山，便给地图贴盖上他们自己的标签。

在《大明混一图》上，非洲大陆的山脉、河流、湖泊与海角，其位置和走向十分接近非洲的地形地貌。讲解员指着地图的左下方对我说："这是非洲大陆，轮廓清晰，形状相像，河流的方位与尼罗河（The Nile）比较接近，山脉的走向与德拉肯斯堡山脉（Drakensberg）基本吻合，大陆南端让人想起著名的好望角，内陆的树木说明大地上草木茂密。请看，南部内陆的这一大湖可能是根据阿拉伯传说绘制的，因为传说中'撒哈拉沙漠以南有一大湖，其面积远大于里海'。"黑人朋友停顿了一下反问道："如果没有到过非洲，能描绘得如此准确、详细吗？

欧洲人描绘的非洲地图，比该图晚了许多年，而准确性却与这幅珍贵的地图根本无法比拟。"

《大明混一图》不但对非洲大陆的描绘准确，而且线条流畅，颜色变化自然，图标形象逼真，历时数百年而完整无损和清晰如初，表现出中国古代高超的绘图艺术。

### "宝图"改写非洲历史

2002年11月12日，这幅600年前由中国人绘制的世界地图首次在异国与公众见面，南非国民议会举行了隆重的开幕式。金瓦拉议长在开幕式上指出："《大明混一图》向世人表明，这幅由中国人绘制的地图比西方探险家来到非洲早了100年，所谓欧洲人最早发现非洲的历史需要改写。"她强调指出，中国发现非洲比欧洲早了整整100年，而且中国人带来的不是战火和奴役，而是中国和亚洲的文明。《大明混一图》是中非友好交往的有力证据，能够在这里首次展出也是南中友谊的又一体现。她希望南非人民能够了解这一史实，更多地了解中国和东方，进一步加强南中合作与交流。

2004年2月，南非国民议会在开普敦开幕，姆贝基总统（左）和金瓦拉议长（右）向欢迎群众致意

作为一名历史学家，金瓦拉女士知道"郑和下西洋"比欧洲人绕过好望角早了80多年，中国人不但最早"发现"了非洲大陆，而且极有可能早于西方人通过非洲大陆最南端。这次展出的还有两件中国展品——"郑和下西洋"的帆船图和孟加拉国王向中国皇帝奉献长颈鹿的"瑞应麒麟图"。讲解员说，郑和船队的巨船最长达到140米，而迪亚士的船只才23.5米，是郑和宝船的六分之一。

第十一章 绕过好望角 213

南非议会开幕式上的歌舞表演

南非议会开幕式上的军乐队

南非议会开幕式上的仪仗队

金瓦拉同时认为,还有一幅比《大明混一图》更早的中国古代世界地图,大约绘制于1320年,作者是元朝地理学家朱思本。李约瑟在《中国科学技术史》中提到,朱思本在其绘制的《舆地图》中标出了非洲大陆。与朱思本同时代的两位地理学家李泽民和释清濬,分别在其绘制和编制的《声教广被图》和《混一疆理图》中,皆把非洲大陆正确地描绘成一个倒三角形,且标出了数十个地名,这比欧洲描绘非洲的地图都要早。目前,南非的有关历史学家正对这段历史进行研究。

在异国土地上参观完有关中国的展览,我的心情良久难以平静。带着几许疑问,在讲解员的带领下,我走进了议会研究室。研究人员这样作答:从《大明混一图》到《郑和航海图》,从东非沿海考古发掘的大量中国古瓷器到马林迪国王向中国皇帝赠送长颈鹿,除非洲人外,中国人最早抵达非洲大陆已是不争的事实;从郑和船队的规模和装备来看,中国人也极有可能早于欧洲人驶过好望角。不过,欧洲人不愿承认这一事实,一是因为他们不愿承认自己当时在经济水平、航海技术和综合国力等方面落后于中国,二是他们要为自己侵略和殖民非洲寻找所谓的理论根据。然而,历史事实是无法也不可能改变的,西方的不少有识之士已表示尊重这一历史事实,所谓欧洲人最先"发现非洲"的谬误无疑将会得到多数世人的质疑。

## 第二节 祖鲁王笑谈王后

汽车离开二号国道从海岸向内地山区爬行,一片片甘蔗林、玉米田、橘子园在窗外交替出现,一个个小圆顶茅草屋三五成群地点缀在绿茵铺盖的山坡原野,当一排排整齐低矮的木瓜园映入眼帘时,我们惊叹它出乎意料的硕果累累和生机勃勃。雨点不时敲打着车窗,归途中的牛群旁若无人地漫步穿行在马路中央,汽车不慌不忙地等待着牛群让路,好一派恬静美丽的田园风光啊!这就是孕育着南非最大黑人民族——祖鲁族的一方水土。

行进在盘道上的汽车翻山越岭,当我们再次从山顶落入盆地时,正前方不远处出现了一片典型的传统建筑群,这就是位于恩约凯尼的祖鲁王宫。祖鲁王共有五个王后,一人一座王宫,彼此相隔数十千米,互不干扰,王后们只有在举行活动时才难得一聚。与我们刚刚参观过的那两座现代化王宫相比,这座传统王宫似乎更具韵味,更能代表祖鲁文化,这大概也是祖鲁王选择在此接待我们的原因吧！

王宫的围墙是由脱皮原木整齐地排列组成的，不仅粗细一样，而且错落有致，下端埋在土层里，中间带一道相配的"加固梁"，可谓稳定坚固、经久耐用。大门警卫看到国王的外国宾客，一挥手让我们直接开进院子。大院是圆形，中央是一个硕大的圆形牛圈，与大院形成一个同心圆，一大一小，一个整齐一个杂乱，似乎交相辉映，和谐统一。牛是祖鲁人的财富，也是身份与地位的象征，国王的牛圈比平民的圆而大也就很自然了。牛圈旁边堆放着芦苇秆儿，这是举行活动时，少女向国王跳舞时手中的必备道具，象征着"凯旋"，其意源自一个真实的故事：一次敌人来犯，看见一群美丽的少女便顿起歹心，未料，智勇强健的祖鲁少女用芦苇秆将其活活打死，接着拿着芦苇手舞足蹈地来向国王报喜。

置身于大院，我们似乎被从四面团团包围了起来，仔细观察，方可分辨出有不少狭窄"通道"，分别从院子通往每个圆顶房。从中央通道进去，一辆"宝马"轿车停放在一个茅草房旁边，使人顿感现代与传统在瞬间融合。这时，国王与最小的王后站在正前方接待室的大厅微笑着，亲切地称呼中国驻德班总领事于泽民是自己的"兄弟"，国王和王后高兴地与于泽民和夫人侯兵合影。

接待室由三部分组成：客厅、餐厅和吧台。国王热情好客，加之当天情绪不错，室内气氛极为轻松。我这位"兵马俑"的故乡人特意为国王带来了一尊仿制的"兵马俑"，国王认真打量，爱不释手，高兴之情溢于言表，将其放在吧台壁橱上方那排12位英国国王塑像的正中央，并解释说那是英国王室送他的礼品，我笑言"兵马俑"成为"英国国王的国王"了。

国王一再示意大家在客厅入座，而我们则对客厅别具一格的摆设兴趣浓厚。国王的"龙座"是红色沙发，旁边是一张豹子皮，这是地位、权势与力量的象征；对面的红沙发是王后专座，两个红沙发旁边的长沙发则是客人的座位；地面中央铺着花地毯，地毯顶端放置着各种祖鲁工艺品，从木雕到编织品，让人眼花缭乱；两边墙壁上挂着的三四十幅照片，讲述着祖鲁王室的光荣史，向宾客介绍这组家族史照片是祖鲁王颇感荣耀的"见面礼"与开场白。从祖鲁王的一席开场白中，人们能够了解祖鲁王国的历史：第四代祖鲁王沙卡（Shaka）智勇双全，靠拼杀创建了祖鲁王国；祖鲁王的曾祖父曾与英国侵略者不断周旋，英国人惟

南非祖鲁王手持"兵马俑"

恐其王宫藏匿武器弹药，遂拆除王宫、掘地三尺进行搜查；其祖父后来将旧王宫的石头搬到数十千米外重建新王宫，并参与了南非现执政党——南非非洲人国民大会（非国大）（African National Congress of South Africa ANC）的创建工作……

就在祖鲁王介绍家史时，我不由得开起小差来：英国人把祖鲁故王宫掘地三尺，里面的稀世珍品早被人抢走了。我来这里的初衷是想看看王宫里是否有中国古瓷器，这一愿望无疑难以实现了。

给我们上完"家族史"课，国王请我们入席，共进午餐。饭厅就在客厅旁边，两张大餐桌并排摆放着，每张足能容纳十几人。国王示意我们自己动手取自助餐，我们随乡入俗地请"女士优先"。这时，女佣人跪式服务，给国王摆好刀叉等餐具，王后走过来便给国王端上饭菜。午餐共八道菜，是充满祖鲁风味的西餐：烤牛肉、鸡肉、蒸南瓜、南非菠菜泥和沙拉等，主食是大米饭。我们的话题从国王的饮食习惯开始，国王以素食为主，兼食牛肉和鸡块；一般不吃早饭，只吃午餐和晚饭；基本不喝果汁，喜饮矿泉水。"我还爱喝中国茶，特别是人参茶，虽味道不佳，但效果明显，能使人精神焕发。"谈到锻炼身体，国王笑言早晚常在王宫附近散步，坚持在家中的跑步机和自行车上运动，节假日外出打猎，举行活动时是"领舞人"，"这样不但能鼓舞大家的士气，祖鲁舞蹈同时能锻炼跳舞者的肌肉"。由于合理饮食外加适量锻炼，55岁的祖鲁王身体强健，看起来比较年轻。

这次来王宫做客，是我们两个多月前在南迪（Nandi）公主婚礼上约定的，当时他说2003年2月下旬访华，待中国之行后再邀请我们到王宫。此日是3月19日，国王访华回来不久，我们的话题自然转到他的这次中国行。2001年4月，祖鲁王亲善·兹韦利蒂尼（Goodwill Zwelithini）访问了北京、上海、广州等城市，中国改革开放，特别是大力发展农业生产、解决人民温饱的举措给他留下了深刻印象。这次是应福建省之邀，访问了福州、厦门和漳州等地方，达成一些意向性合作协议。"这次中国行给我留下的印象同样美好、深刻，中国人口众多，政府成功地解决了13亿人的吃饭问题，这是一个了不起的功绩，对我们有学习和借鉴的现实意义。中国的蘑菇种植技术、现代化的养鸡场、合理开发利用土地的做法和公共交通车辆的制造水平，我们都十分感兴趣，可以直接借鉴过来。"他稍停了一会儿若有所思地说，"一个国王要为民所想，为民所忧，为民所急。提高人民的生活水平是我经常思考的问题，如何解决这些问题，我在中国受到了启发"。

祖鲁王没有实权，仅是南非800万祖鲁人的象征与代表，具有名义上的至高无上的威严与地位。新南非保留了祖鲁王的王室地位，国家宪法规定给其副总理级的待遇，这是新政府从社会稳定、种族团结和国家全局的角度出发，在现代民主国家保留了君主制这一尊重传统的特殊形式，得到全国人民的理解与支持。国王虽无实职，但也忙得不亦乐乎，就在与我们交谈中，时而去接电话，转而又接手机。但他仍颇具王者风度，不慌不忙，不急不躁。这不，边接电话还边在送给我们的王室纪念册上签名。

祖鲁王又示意大家去拿饭后甜点，我们的话题从国内移向国际，自然谈起伊拉克危机。当天是3月19日，战争尚未爆发，问起国王的观点，他反问："如果我或是别国元首让布什父子限期离开美国，否则就要开战，这行得通吗？这个世界还有正义与道德可言吗？国际社会还有自己可以遵循的准则吗？""我们有什么办法可以阻止呢？"国王笑了："我们都应该去朝鲜……"

饭后，国王步出屋门，这时，一个正在行走的女服务员突然变换成爬行姿势，站在一旁的两名女服务员也迅速下跪，而另一个站着的男服务员则立即脱掉鞋子原地坐下，国王走过去之后，他们才起身恢复了原状。这是民族习惯，只要是臣民，无论何时何地，只要见到国王，就要下跪、下坐或下爬，以表忠心。不一会儿，国王从前屋抱着最小的王子笑着走出来。问起王子的年龄，国王笑答："他是去年7月5日非洲联盟成立之日出生的，取名'朗拉努'，意为'联合'。"大家高兴地轮流抱抱小王子，可当我从国王怀中接过王子时，他"哇"的一声哭了，引来哄堂大笑。

笑声刚落，趁着气氛轻松，我问国王："可以和您开个玩笑吗？"他含笑点头。我说，你参观过北京的故宫，中国皇帝让自己的三妻六妾住在一起，而您却将五个王后分居在五处，请问其中有何奥秘？"这是为了亲民，国王从一个王宫到另一个王宫来回走动，周围民众便可以经常见到自己的国王，否则与民众接触的机会就太少了。""不是担心住在一起，王后之间打架吧？"国王笑了："我可不是为了躲避矛盾，她们经常见面，如果要闹矛盾，聚会时也少不了。"再问一个秘密："斯威士兰国王现有八个王后，您目前是五个，是否还想再娶？"他摇头笑言："暂时不想，我还年轻。"

轻松愉快中，不知不觉已过去了三个小时，已是下午四点，我们起身告别，国王似乎意犹未尽，执意挽留。由于我们要赶路，必须告辞，国王忙从室内抱来一堆纪念品，解释其中几个纪念品王后尚未来得及进行包装，接着一个一个地赠送给我们，并在门前与来宾们合影留念。他和王后还坚持要把大家送到大院，高兴地与我们一一握手告别。

离开王宫，我们觉得当天只见到四王后和五王后，未见到前三个王后而感到有些遗憾。不过，大家同感国王平易近人，坐在"龙椅"上一笑，和蔼可亲，给我们留下了深刻印象，让大家度过了愉快难忘的一天。

## 第三节 欣闻南非"郑和村"

2005年4月初，中国驻南非大使刘贵今告诉记者，南非有个"郑和村"。听到这一消息，我喜出望外，急忙刨根问底。刘大使说，2005年2月参加南非国民议会开幕式时，一位黑人议员高兴地对他说，在距离南非伊丽莎白港约80千米的地方，有个"郑和村"，那里的村民肤色浅、头发长，具有中国人的特征，据说至今还保留着中国的生活习惯。"郑和村"因地处东开普省偏僻落后的农村地区，通往村子的路况非常糟糕，一般车辆无法行驶。这位议员还特地提议由他自己驾驶越野车，陪同刘大使一起去访问。只因一时联系不到这位议员，无法确定"郑和村"的具体位置，我的采访计划暂时搁浅。

我曾去过伊丽莎白港，采访过举世闻名的布尔羊（Boer Goat）的故乡——东开普省的农场，但耳闻那里有个"郑和村"，还是破天荒第一次，自然内心也充满着欣喜和好奇。根据刘大使提供的情况，我大体估测出"郑和村"的所在方位，它与伊丽莎白港、东伦敦市基本形成一条线，极有可能是一个滨海小渔村，伊丽莎白港和东伦敦市都居住着数量相当的老华侨。于是，我与刚履新的福特海大学（University of Fort Hare）地质系主任、华人教授赵宝金取得联系，该大学位于东伦敦市附近。一听此消息，他就兴奋了："我们地质系有两个本地学生长得很像中国人，我第一次看到他们时就觉得很奇怪。现在听你说起'郑和村'，说不定就与他俩有关系。"当时正值假期，经他多方联系，终于找到了其中的一名学生，可惜该生对自己的家史不甚了解。通过赵宝金的帮助，我从该校一位历史学教授那里了解到伊丽莎白港的华人史。

为弄清"郑和村"的准确位置以便前往采访，我又专程拜访了南非的数名老侨。南非的华侨华人有新老之分。老侨是100多年前来南非的中国人后裔，现在已是第三代至第五代了。其实，有史料记录的第一批华人是1658年来到南非的。当时，荷兰东印度公司在开普敦建立基地时缺乏劳力，将数千名囚犯从印度尼西亚运抵南非，其中就有华人。这些华人大多因无钱偿还债务而沦为所谓的"流放罪犯"，不料却成为落户南非的第一批中国人。

19世纪初，英国人取代荷兰人成为开普（Cape）地区的统治者。当时，南非的华人数量不足百名。英国殖民当局在建筑方面迫切需要廉价劳动力，于1815年前后从中国广东一带两次引进约50名华人工匠。第一批约23人是一个名叫哈里顿的英国人组织偷渡过来的，以解决建房急需的工匠。受此启发，当年的开普总督查尔斯决定再引进数量大体相同的华工。

大概是尝到华人廉价、勤劳、能干、听话的甜头，自1849年至1882年，英国当局从中国又招收了250名华工，分配到开普和纳塔尔（Natal）两个殖民地。这些人属于契约工，到期后大多返回祖国。

1867年和1886年，南非相继发现了钻石和黄金，一批批淘金者从世界各地蜂拥而来。中国人也抵挡不住黄金美梦的诱惑，背井离乡来到陌生的南非，以期发财致富。据不完全统计，在1888年至1898年的十年间，约有1800名华人途经毛里求斯来到南非。这些淘金者是首批自发来到南非的华人，分为广东人和客家人两大支，各自保持着自己的生活习俗和方言。迄今为止，前者多聚居在黄金城约翰内斯堡和行政首都比勒陀利亚，后者多定居于伊丽莎白港、东伦敦和开普敦等港口城市。

在种族歧视和种族隔离的南非社会，华侨华人和其他亚洲人等同于黑人，受尽了白人种族主义政权的剥削和压榨。白人政权不让华侨华人拥有不动产和自主经营某些行业，如华侨华人经营餐馆和商店须在白人的名义下，以使那些白人从中渔利，不劳而获。加之华侨华人与当地人语言不通、自己资金有限，尝遍了在异国他乡谋生的种种辛酸。就是在如此艰难的条件下，华侨华人通过辛勤努力和顽强拼搏，为自己赢得了生存和发展的空间。

新南非诞生后，特别是1998年中南两国正式建交以来，中南双边友好关系不断深入发展，旅居南非的华侨华人数量有了快速增长，他们在当地的社会地位也不断提高。近20年来进入南非的新侨，在知识水平、年龄构成和人生阅历方面，皆有别于土生土长的老侨。尽管如此，新老侨胞团结协作，用自己的拼搏精神、聪明才智和辛勤工作，开创出一片新天地，为南非的经济发展和社会进步作出了积极贡献，也令当地人对中国人刮目相看。

有关南非"郑和村"的消息传开后，南非的新老侨胞无不为之感到激动，即使是那些白发苍苍的老侨，其兴奋和惊讶的程度也丝毫不亚于我。许多侨胞纷纷与伊丽莎白港和东伦敦市的老侨联系，询问有关情况。

综合各方面情况推断，以上提及的南非"郑和村"，尽管目前尚不知晓其确切的地理位置，但还是具有一定的可信性，南非的有关考古发现也在一定程度上佐证了"郑和村"存在的可能性。在南非北部与莫桑比克交界的地区，曾发现过中国宋朝的陶瓷器皿。在南非南部发现的布须人岩画中，其中不乏头戴陀螺状尖顶中国帽的人物形象。几年前，在开普敦的桌山脚下，考古学家发现了中国明朝以前的瓷器和其他生活用具，并据此推断桌山之麓曾有早期中国人活动过。在一篇题为《早期中国的水手，出生与未来》（*Early Chinese Mariners*, *Natal and the Future*）的论文中，南非学者戴维·韦勒斯（David Willers）明确指出："第一批看到著名桌山的外来人是中国皇帝的船队水手。他们在永乐皇帝的大太监郑和率领下，于1431年—1433年以前来到非洲，绕过了好望角。"[①]

---

[①] Cutural Ties Since 220 AD. *The Star*, October 1, 2003, p.17.

## 第四节　谁人首航好望角

位于南非境内的好望角，地处非洲大陆的最西南端。对于这个闻名世界的旅游景点，不少人在概念上存有两大误区：一是认为它地处"非洲大陆最南端"。二是认为它是被欧洲人"发现"的。一些欧洲人和南非白人1988年曾举办庆典，纪念葡萄牙航海家迪亚士（Bartolomeu Dias）"发现"好望角500周年。对此，南非前总统曼德拉曾反唇相讥到："早在欧洲人到达好望角之前，我们非洲人就已经居住在这里了。"

毋庸置疑，好望角的"发现权"非非洲人莫属。但相对于外人而言，首次远航好望角的人是否就是迪亚士还有待商榷。从不断发现的古代文物和遗迹，以及相关专家学者的考证和研究成果来看，所谓欧洲人首航好望角的说法，已开始受到动摇和质疑。

在好望角以东147千米的非洲大陆最南端——厄加勒斯角（Aghulas），有一个沉船博物馆，里面展示着从好望角及其附近海域打捞出来的各种物品。我在那发现，从破烂不堪的船舷，到锈迹斑斑的铁锚，从船上所载的水手生活用品，到逃生所用的救生圈……几乎是应有尽有。我还注意到，那些被打捞出来的瓷器，大多产自中国。一些物品上带有明显的汉字。

在一本名为《南非的船难与打捞》（Shipwrecks & Salvage in South Africa）的书中，作者列举了近1000艘沉船的位置与时间，"这当然不可能囊括历史上所有在南非沿海沉没的船只"。该书的前言指出，"南非史料记载的第一次船难发生在1505年，一艘从印度满载香料的葡萄牙船在回程途中在莫索湾（Mossel Bay）沉没"，"这显然不是第一艘在南非的沉船。早在此前，南非境内就发现了中国瓷器，而中国船队极有可能在1420年前后绕过好望角"。[①]

为破解中国船队首航好望角而在南非海域尚未发现中国沉船这道难题，该书第二章专门介绍了中国先进的造船术，书中写道："中国古代的帆船制造业代表着世界的最高水平，欧洲直到19世纪才能够达到。"[②] 郑

---

① Malcolm Turner. Shipwrecks & Salvage in South Africa：1505 to Present. Struik Publishers (Pty) Ltd. Cape Town，1988. p. 11 & p. 29.

② Ibid..

（上图）非洲大陆最西南端——好望角
（下图）非洲大陆最南端——厄加勒斯角

和船队庞大，船体坚固。跟随郑和第七次下西洋的巩珍在《西洋番国志》中说："宝船体势巍然，巨无与敌，篷帆锚舵，非二三百人，莫能举动。"①《明史》记载："造大舶，修四十四丈，广十八丈者六十二。自苏州刘家河泛海。"② 按明代尺寸换算，郑和宝船的长宽分别约为138米和56米。由此推算，最大宝船的载重量可达2500吨，排水量3100吨。

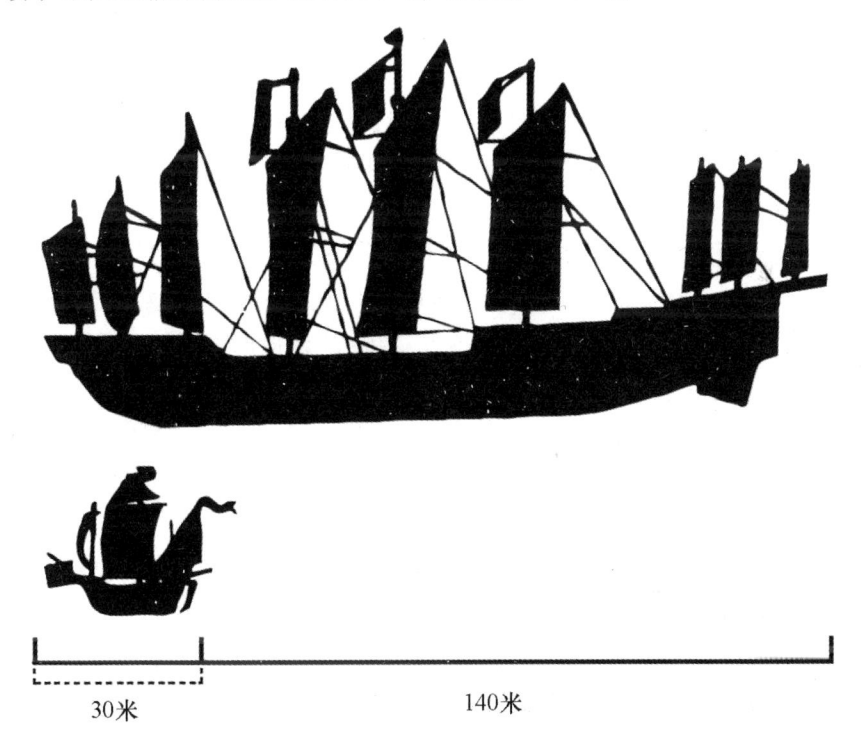

郑和下西洋所用船只（上）与哥伦布"发现"新大陆所用船只（下）比较，该图在肯尼亚格迪博物馆内长期展出

为完成下西洋的重任，郑和组建了世界上前所未有的庞大远洋船队。船队由宝船、水船、座船、马船、粮船、战船等各种船型合理构成。每次远航，由62艘大中型宝船组成主体，加上其他类型的船只，"乘巨舶百余艘"。③ 其

---

① （明）巩珍：《西洋番国志·自序》。
② 《明史》卷三百零四《宦官·郑和传》。
③ 郑和：《天妃之神灵应记》，郑鹤声、郑一钧《郑和下西洋资料汇编》（增编本）上册，海洋出版社2005年版，第18页。

中第一次下西洋乘船208艘之多,是七下西洋运用船只数量之最。

相形之下,1492年西班牙航海家哥伦布(Christopher Columbus)远航美洲时的船队仅有三条小帆船,旗舰"圣玛利亚"号的排水量不足100吨。1497年葡萄牙航海家达·伽马远航时的船队只不过四艘船,船身长不到25米,载重量仅120吨左右,还堪称是当时欧洲装备最精良的船只。待达·伽马返回葡萄牙里斯本时,海员剩下不到一半人。麦哲伦(Ferdinand Magellan)的船队返回西班牙时,船队水手已所剩无几。而郑和的船队,不但绝大多数水手安全回国,而且还带回了众多的外国使者。所有这些表明,当时在造船工艺、航海科技和认识海洋的能力方面,欧洲人与中国人之间的差异巨大。

究竟是谁首次远航好望角?外国学者经过深入研究和实地考证后认为,首次远航好望角者是中国的郑和船队,而不是欧洲航海家;欧洲人是在得到郑和的航海图之后,才远航好望角、"发现世界"的。英国学者孟席斯对此更是确信无疑,他在书中谈到有关经过。

1421年,当郑和的宝船到达印度古里时,一名年轻的威尼斯人达·康提(Niccoloda Conti)恰好在那里。此人曾在埃及学习过阿拉伯语,还娶了一名穆斯林妻子,改信了伊斯兰教,并以穆斯林商人的身份游历各国。他结识了中国船员,并搭乘中国船从古里到达东非沿海的索法拉,然后随船南下西行,绕过好望角到达非洲西部海岸……

哥伦布所率3艘中最大的一艘"圣玛利亚"号,重约250吨,长约25米,有3支桅,船桅挂有三角形的帆布

达·康提离开船队时,带走了从中国人那里得到的航海知识和几幅航海图的副本,回欧洲后将其中的一幅航海图呈送给为葡萄牙王室工作的制图师毛罗修士(Fra Mauro),再由毛罗将那张珍贵的航海图敬献给着迷于航海的葡萄牙亲王亨利(Dom Henry)。毛罗曾出版过达·康提的见闻录,还在1459年按中国航海图的样本绘制出一张世界地图。在这份地图上,毛罗准确地画出了好望角的三角形状,

**好望角的鸵鸟**

他把好望角称为"德迪亚卜角"(Cap de Diab),并画了一幅中国帆船图,还就此作了题记说明。题记描述了中国水手在好望角——"德迪亚卜角"休整补给的情景,还特别提到这些水手所发现的大鸟和鸟蛋。这其实就是指鸵鸟。数百年过去了,如今好望角的鸵鸟仍会伸长脖颈欢迎游人。

由于达·康提的缘故,最早由中国人绘制的航海图,经过欧洲人复制或加工绘制,便开始在威尼斯和欧洲其他地方出现和流传。它们或称航海图或称世界地图,由于翻译等方面原因,即使是同一个地方,其称呼却不相同。

1428年,葡萄牙王储敦·佩德罗(Dom Pedro),也即亨利亲王的哥哥,将一幅世界地图从威尼斯带回葡萄牙。佩德罗是一个旅行家,在游历威尼斯时,"购买了一幅世界地图,该图绘出全世界的各个部分。图中,麦哲伦海峡(the Strait of Magellan)的称谓是'龙尾巴'(Dragon's Tail);'博阿·埃斯佩兰克角'(the Cape of Boa Esperance)——好望角的另一个别称——被称为非洲的最前方"。也就是说,在1428年——这个早于欧洲人首航好望角 60 年的年份，好望角——"博阿·埃斯佩兰克角"和麦哲伦海峡——"龙尾巴"等世界著名海上要冲就已经被绘制在世界地图上了。

孟席斯为佐证其观点，曾沿着他推断的当年郑和船队的航线进行环球游历，还根据郑和船队在离开"索法拉"后以每小时 6.25 海里的航行速度，判断出中国船队绕过好望角的时间应该是 1421 年 8 月。

孟席斯认为，郑和船队远航之域不只是非洲的好望角，甚至还到过美洲大陆，并最终完成人类首次环球航行。他和别的西方专家为此还列举了大量证据和实例。

待到哥伦布、迪亚士、达·伽马、麦哲伦等欧洲著名的航海家远航时，他们每人都怀揣一份郑和的航海图。好望角也好，美洲大陆也罢，都是图中标明之地，这些欧洲经典航海家所能做的，只是"按图索骥"而已，奢谈什么首航好望角和发现"新大陆"！遑论什么环球航行和"发现世界"！他们不过是步前人的后尘，在隐没了前人的功绩后，才在历史上留下了自己的名字。为此，孟席斯等中外学者同声疾呼，现在该是"拨乱反正"的时候了！"他们应将功劳归于第一批探险家，在永乐十九年至二十一年，即公元 1421 年至 1423 年进行了史诗般航海事业的中国人。""葡萄牙人领导整个欧洲掀起了探险和殖民的浪潮。在这么多国家里，它是中国人辛苦追寻新天地与新海洋的最大受益者。"[①]

众所周知，由中国人开创的远航先河，在郑和之后未能继续下去。其后欧洲人通过运用中国人积累、掌握的航海知识，其中包括《郑和航海图》，开启了另一个远洋航行时代。就其消极意义而言，它给亚非拉地区和人民带来了野蛮征服、奴隶贩卖和殖民掠夺等灾难和祸患，在人类历史上刻下了一道痛苦、悲惨的印记。就其积极意义而言，它继续推动了地理大发现，在一定程度上引发和促进了近代工业革命，进而对人类历史进程产生了极其深远和广泛的影响。

需要指出的是，郑和七下西洋所具有的影响和意义，已远远超出了航海的范畴。当时中国人所掌握的造船工艺、航海知识和航海科技，丰富了人类的知识宝库，推动了人类文明的发展。可否将其视为古代中国贡献于人类和世界的"第五大发明"呢？

---

① [英] 加文·孟席斯：《1421：中国发现世界》，师研群译，京华出版社 2005 年版，第 212、248 页。

# 第十二章 北寻"郑和碑"

绕过好望角，记者沿着西非海岸北上，首先来到纳米比亚。竖立在海滩上历经风雨的"十字角"，不知是西方航海家的纪念碑还是殖民主义者所犯罪恶的铁证？"十字角"旁的"猪"吼声似乎是对殖民统治所造成的滔天罪行发出的控诉！

继续北上来到安哥拉，海滨的奴隶纪念馆记录着奴隶贩卖罄竹难书的罪恶。在国家实现独立后，丰富的石油和钻石资源不幸成为内战延续的经济支柱，这无不引人深思。

刚果（金）是当时非洲的第三大国[①]，为实现民族解放，无数仁人志士献出了生命，其中包括民族英雄卢蒙巴。然而，就在国家独立后，战火又在数年前再次燃起，全国局势动荡不安，使记者无法前往刚果河入海口附近的"郑和碑"采访。一场大雨过后，站立在首都的刚果河畔，眼望着如黄河水般的刚果河，记者的思绪随着那滚滚不息的波浪远抵"郑和碑"……

---

① 苏丹当时是世界面积第十、"非洲面积第一大国"，其国土面积250.5805万平方千米，相当于德国、意大利、法国、波兰、西班牙、希腊和英国的面积总和。2011年7月9日，苏丹一分为二，其国土分为南北两部分，北方约占四分之三。如此"切割"后，北方和南方的面积分别为185.5805万平方千米和65万平方千米，苏丹失去"非洲面积第一大国"的宝座，将其让位于此前面积第二的阿尔及利亚，其面积为238.1741万平方千米。这样，原来面积为234.4885万平方千米的刚果（金）将升为非洲面积第二大国。苏丹的国土面积退居非洲第三。

## 第一节 "十字角"旁"猪"吼声

汽车沿着海岸线在沙漠公路上北行,右边是茫茫沙漠,云雾蒙蒙之中透出惨淡的金黄色,恍若置身于黄土高原之上;左边是滔滔大海,白浪滚滚不时拍打着海岸,一望无际的蔚蓝色海洋被氤氲的雾气遮住了视线;前面依旧是望不尽的沙漠世界,大西洋的波涛和本格拉寒流形成的雨点和雾气隔着车窗不时向我们袭来,雨刮器在不停地摇摆,为了行车安全,车灯划出两道光线指示着方向……

纳米布沙漠南起南非西北部,北至安哥拉西南方,纵贯纳米比亚西部,大自然的神工巧艺在纳米比亚西海岸创造了这一独特的沙漠风情,外加由南极而北上的本格拉寒流的影响和西方殖民者的侵入,又给沙漠世界增添了斑斓的色彩——"十字角"、海豹滩、钓鱼湾、旅游城市——斯瓦科普蒙德(Swakopmund)和大港口沃尔维斯湾(Walvis Bay)。

"十字角"位于斯瓦科普蒙德市以北115千米处。由于置身于沙漠世界,柏油马路基本上为细沙所覆盖,汽车实际上是在沙漠上行驶,路旁没有标志,四周荒无人烟,举目皆是沙漠。当行至110千米时,由于从旅游城出发时未记千米数,我的向导心里直犯嘀咕,因为有一次他曾驶过海豹滩百余千米。正在这时,前边路旁出现了一户人家,便去打问。三条黄狗的狂吠声将主人唤了出来,还未等我们开口,那位高个子白人举起右手,伸出五个指头说:"还有三千米。"看来,旅客行至此心里常起疑,这户人家便成为这漫漫沙海上独一无二的"活路标"。

到"十字角"刚下车,一股强烈的刺鼻味迎面扑来,这是海豹身上散发出的腥臭味,常使人掩鼻作呕。这时,大西洋的波涛声阵阵入耳,眼前出现了一座用花岗岩块砌成的十字架,孤零零地矗立在这个海岬,苍老而斑驳。1486年,葡萄牙冒险家迪戈·卡奥(Dieg Cao)首次从欧洲率船登上了这块土地,

**纳米比亚"十字角"的海豹**

为纪念自己为葡萄牙向外扩张发现了这一新领地，他在这片荒芜和光秃的岬角，用花岗岩石块砌成一座十字架，并以国王约翰一世的名字命名，这一岬角遂被称为"十字角"。此后的500年中，乔装打扮的西方殖民者陆续从这个"桥头堡"登陆，上演了一出出残酷掠夺非洲人民的丑剧。1878年，英国殖民者首先抢占了沃尔维斯港；1892年，德国殖民主义者占领了斯瓦科普蒙德；1915年，南非白人种族主义政权武装侵占沃尔维斯……具有讽刺意味的是，"十字角"旁的海滩上聚集着上万头海豹，是世界闻名的"海豹游览区"，大小海豹昼夜不停的吼叫声，似乎就是对数百年来殖民侵略和殖民统治发出的怒吼和声讨！

如今，"十字角"一带成为遐迩闻名的海豹游览区，约十万头海豹聚集在这里，以海中的鱼类和浮游生物为食。穿过海滩的沙漠，走近低矮的石头隔离墙向里看，一头头大小不等的海豹像猪一样密密麻麻地在海滩上挤作一团，礁石间、海水里也到处是海豹，这里真是一个海豹的世界，不时听到海豹发出的似猪吼似羊叫的声音。这声音有的是在互相呼叫，有的是在调情讥笑，有的是在漫骂攻击，有的是在寻母找奶……海豹生性懒惰，肥膘厚肉，绝大多数懒洋洋地躺在沙滩上和礁石间，互不侵犯，只图享受，极个别的摆动着沉重的身子艰难地行走着，肥硕的憨态逗人发笑。目睹海豹的形态，我倒觉得翻译海豹的人一定是没有见过"海豹"的，否则他会将英语的"SEAL"翻译成"海猪"。

据介绍，雄海豹平均每头重约187千克，最重的可达360千克；雌海豹每头平均重约75千克。海豹世界也是弱肉强食，每头雄海豹在海滩上和大海里都有一个相对固定的势力范围，一般要与5—25头雌海豹交配生子。海豹的怀孕期为九个月，每次产仔一胎，子海豹刚出生时的体重一般在4.5千克—7千克之间，身上长有黑色短毛。海豹肥胖，其食量也十分惊人，每天要吃相当于自己体重8%的鱼类。也就是说，一头雄海豹每天要吃掉约15千克的鱼类，一头雌海豹也需要6千克的浮游动物进餐。

说海豹应译为海猪，还因为海豹与人友善。虽与人近在咫尺，但海豹不伤及人类；绝大多数海豹已习惯于同人类和睦相处，游人观看它们、为其拍照，它们似乎旁若无人，只顾自己活动；当游人向它们拍掌或呼喊时，它们也应声呼叫……

纳米比亚的海豹在世界海豹族类中独一无二。它们不但属于长毛类海豹，或称为有耳类海豹，而且还是生活在南部非洲海岸的三种长毛类海豹中的一种。世界其他地方的海豹身上无毛，也无外型耳朵。这里的海豹身上长有两层毛，表层毛长而粗疏，里层毛短而细密。海豹属于热血动物，体温37℃，当它们游到海洋中捕食时，表层毛接触从南极而北上的本格拉寒流，其水温一般在10℃—15℃，而里层毛在一般情况下不会被水弄湿，细密的里层绒毛连同体内肥厚的表层脂肪保持着体温，从而使海豹能在水中长时间活动而不受寒流的刺激。另外，海豹为了能与大海作斗争，四条腿长成翅膀形且上半截坚硬，在海中游泳时张开浮力大，在海滩行走时支撑易挪动。

寒冷的本格拉洋流是海豹生存的敌人，但它同时为海豹生存带来了食物——种类繁多的浮游生物。这就是海豹为什么对这一带海岸情有独钟的原因，也是这里的海豹为什么长出两层毛的缘故。正是由于这种因素，"十字角"的海豹皮具有很高的经济价值而造福于人类。海豹滩售票处的后面就是一排简易的平房，是专门为游客开设的"海豹皮日用品商店"。在这里，海豹皮就像南非的鸵鸟皮一样，被制作成各式各样的皮帽、皮鞋、皮带、手提包、公文包、皮夹克和皮大衣，当然还有用做室内装饰的整张海豹皮。海豹皮色泽纯朴而发亮，质地柔软而坚韧，手感温暖而富有弹性，价格又相当便宜，300元人民币就可买一整张皮。

人常说，物以稀为贵；与之相反，物多则贱。这里海豹多，自然海豹皮就多，当然还未多到泛滥成灾的地步。纳米比亚政府每年批准可以捕杀3000头小海豹，以保持海豹游览区的生态平衡，这就造成了海豹滩的海豹皮不值钱的行情，看到海豹皮竟然被做成"苍蝇拍"摆在货架上，真令人啼笑皆非。

## 第二节　石油滚滚钻石闪

安哥拉位于非洲西南沿海，国土面积相当于法国、英国和西班牙的总和，是其前宗主国葡萄牙的12倍，横跨非洲两大河流——刚果河和赞比西河流域，是一片美丽富饶的土地。

大自然青睐安哥拉，给这片土地赋予充足的资源。安哥拉的矿产资源十分丰富，石油、天然气和钻石的储量在非洲首屈一指，另有铁、铜、黄金、大理石、花岗岩和石英等30多种矿产储量可观。土地肥沃，河流密布，气候适宜，可种植多种热带和亚热带作物，如咖啡、甘蔗、棉花、剑麻和花生等，尤其是咖啡，已成为世界第四大咖啡生产国。全国森林密布，面积达5000万公顷，盛产乌木、非洲白檀木、紫檀木等名贵木材。水力和海洋资源丰富，众多的河流不但为发展农业提供了良好的灌溉条件，而且为开发水力发电提供了有利条件。海岸线长达1650千米，是非洲大陆水产品最丰富的地区之一，年捕获量超过60万吨，曾为国家主要产业之一。

安哥拉新闻部官员对我介绍说，他们的国家具有发展经济的巨大潜力，石油和钻石是其支柱产业。安哥拉的石油勘探始于1906年，但第一口井直到1955年才开始运营。1966年在卡宾达（Cabinda）海湾发现了大量石油，使石油在国民经济中的地位突然提高，从1973年起取代咖啡成为国家的最大出口产品。1975年独立时，安哥拉就是非洲第三大石油生产国，仅次于尼日利亚和加蓬，目前已成为非洲第二大石油生产国，日产石油百万桶。近年又发现了新的近海石油资源，石油总储量达到177亿桶。除石油外，天然气的储量可达500亿立方米。

安哥拉是在1912年发现钻石的，五年后开始采挖。第二次世界大战前，钻石一直是安哥拉最大的出口产品，二战后让位于咖啡。目前，钻石是仅次于石油的第二大出口产品，颜色亮度好，净度等级高。钻石矿主要集中在国家北部和东北部地区。

令人气愤的是，滚滚而来源源不断的石油和闪闪发光熠熠生辉的钻石先是引起西方殖民者垂涎三尺，进而据为己有，掠夺开发，攫取暴利，灌胀了掠夺者贪心十足的肚皮，撑破了殖民者贪得无厌的腰包。自1482年葡萄牙殖民者迪亚士的船队首次抵达刚果河口后，他们便瞄准了这片流油而闪光的富饶土地。葡萄牙、西班牙、英国和荷兰殖民者纷至沓来，开始干起贩卖奴隶的罪恶勾当，把安哥拉作为取之不尽的"奴隶矿"。1576年，殖民者始建罗安达，沿着宽扎河（Cuanza River）向内陆地区进发，把罪恶的魔爪伸向内陆高原地区。300多万黑人先后被贩卖到葡萄牙、巴西和中美洲国家。对安哥拉而言，1836年废除奴隶贸易和1878年正式结束奴隶制度并未使情形发生本质性变化，在所谓的"合同工"的幌子下，大批安哥拉民众仍遭受着残酷的压榨与剥削。至19世纪，由于殖民者疯狂掠夺土地，又获得了安哥拉的准确版图，在1885年殖民者分赃的柏林会议上，安哥拉被划为葡萄牙的殖民地，1922 年葡萄牙占领安哥拉全境，丰富的矿产则由葡萄牙一国肆意掠夺。

20 世纪 50 年代，安哥拉人民反抗葡萄牙殖民统治的斗争风起云涌，先后成立了三个民族解放组织：安哥拉人民解放运动（安人运）、安哥拉民族解放阵线（安解阵）和争取安哥拉彻底独立全国联盟（安盟），并于 60 年代揭开了声势浩大的争取民族独立武装斗争的序幕。1975 年 1 月，这三个民族解放组织在肯尼亚蒙巴萨相互承认，并于 1 月 15 日同葡萄牙政府达成关于安哥拉独立的《阿沃尔协议》（Alvor Agreement），同月 31 日组成过渡政府。然而，1975 年 8 月，这三个组织为争夺对罗安达的控制权而矛盾激化，终而导致兵戎相见，过渡政府因之解体。同年 11 月 11 日，安人运宣布成立"安哥拉人民共和国"。另两个组织拒绝承认，计划联合成立"安哥拉民主共和国"，但双方又未达成一致，安盟单方在万博（Huambo）宣布成立"安哥拉黑人民主共和国"。次年，安人运击溃安解阵部队，并将安盟部队赶出城市。

安哥拉石油部官员在接受笔者采访时表示，该国自独立以来便陷入内战的泥潭而难以自拔，其中一个主要原因就是政府与反政府武装安盟分别据有国家的两个经济支柱——石油和钻石，使得双方均拥有从事战争的经济来源。尽管联合国多次做出对安盟实行武器和钻石禁运的制裁决定，一些国家从一己私利出发却继续与安盟从事地下秘密交易，安盟因之财源不断，能够与政府进行长期武装对抗。

值得庆幸的是，和平曙光已经降临安哥拉。正如 2000 年多斯桑托斯总统在安哥拉 25 周年国庆时指出的："在将近 40 年的战争所带来的社会和经济创伤之后，安哥拉迫切呼唤和平与进步，我们正在走向这一目标，政府正在全力创造一个和平的气氛，使民族走向和解，国家走向稳定，经济走向发展，并针对国家面临的巨大挑战提出了解决方案。"

2002 年 2 月 22 日，政府军一举击毙安盟领袖萨文比（Jonas Savimbi），从而结束了安哥拉长达 27 年的内战。

2006 年 6 月，温家宝总理率中国政府代表团访问安哥拉，此时的首都罗安达已是一派和平重建的繁忙景象，与十多年前形成强烈反差。目睹安哥拉的巨大变化，随团陪同温总理访问的外交部长李肇星感慨万千，随即赋诗一首。

安哥拉咏叹

三十年"精明的"糊涂，
新世纪"糊涂的"精明。

内乱孕育了昂贵和解，
外患拓宽了民族心胸。

"低洼地"志在高远，
团结发展——众生的万幸。

2006年6月21日自安哥拉首都罗安达（意为"低洼地"）飞南非首都开普敦途中。安资源丰富，有"南部非洲聚宝盆"之称，但30年有外部势力背景的内战曾使经济停滞，民生困难。10多年后再次访安，和平发展的景象发人深思。

## 第三节  海滨奴隶纪念馆

在安哥拉首都罗安达以南30千米处，一幢形只影单的独特建筑物坐落在大西洋岸边，海浪在它的脚下发出怒吼的声音，海风在它的周围吹奏起历史的乐章，这就是遐迩闻名的罗安达奴隶纪念馆。一个雾气蒙蒙的上午，我拾级而上，走进这座饱经风雨的建筑物。

纪念馆共两层，面积不大，不足100平方米，然而它记录着数百年惨无人道的奴隶贩卖的历史，载满了数百万黑人奴隶抗争的呐喊声，淌满了数百万奴隶悲愤、屈辱和无奈的泪水。纪念馆馆长介绍说，殖民者把奴隶从四面八方集中到这里，将他们押上远离故土的轮船，黑人奴隶从此漂洋过海被贩卖到大洋彼岸的美洲，开始了暗无天日、牛马不如的生活。这里

安哥拉首都罗安达附近的海滨奴隶纪念馆

是他们步入苦海深渊的起点，是他们远离祖国故土的终点。

纪念馆里没有多少实物，因而第一层关闭。我们沿着陡峭狭窄的楼梯来到第二层，首先映入眼帘的是一组图片，其中一个戴手铐脚链的奴隶回头对身后持枪押送自己的白人殖民者说："我是人而不是野兽。"而那个殖民者却面色如铁，毫无表情，仍然用枪口对着奴隶，强迫奴隶继续前行。图片的下面摆放着一组各式枪支，那是当年殖民者用来掠夺奴隶并镇压奴隶反抗的。自1482年在安哥拉登陆并于1576年建成罗安达后，葡萄牙殖民者不断向安哥拉内地深入，并最早在安哥拉开始干起贩卖奴隶的罪恶勾当。接踵而至的是西班牙人，紧随其后是荷兰人和英国人。在15世纪末至16世纪80年代的奴隶贸易初期，殖民者与奴隶贩子组织"猎捕队"，通过枪支发动战争掠夺奴隶。由于受到当地黑人的反抗而出现伤亡，他们后来就使用各种阴险毒辣的手段，一是在黑人部落之间制造矛盾，挑动战争，让黑人互相厮杀，然后将战俘掠卖为奴隶；二是在黑人上层寻找代理人，并向其提供武器，让其使用强制手段逼迫下属就范，进而出售奴隶而获利。

枪支旁边的地面上是一副带着铁球的脚镣，如同室内地面中心放着的木枷一样，是防止奴隶在海上逃跑的。一旦奴隶伺机从船上跳入水中，铁球将使他们下沉到万丈深渊，而木枷也紧紧束缚住他们的双手使其无法活动而沉入海底。在奴隶贸易猖獗的时期，非洲黑人的处境极其悲惨。被捕获的黑人一旦落入奴隶贩子手中，立即被驱赶到海滨据点——类似这样防守严密、拥挤不堪的碉堡，一进门就被戴上木枷和脚镣，甚至被铁链锁在一起以防逃跑，等候贩奴船来接运。从佛得角到安哥拉长达 6000 多千米的西非沿海地区，散落着大大小小近百个奴隶贸易的据点，有的至今遗迹犹存。

纪念馆下面的一间简陋房子是奴隶上船的鬼门关——"渡口"，一扇临海的小门通向水中，石门槛早已被奴隶的双脚磨得透明发光，留下他们在祖国的最后印记。迎门而入的海风吹拂着我们的面颊，面对碧波万顷的大海，我们望洋兴叹，馆长用沉重的语调像是继续介绍又像是自言自语地说："他们就是从这里开始远航的，不少人在途中被折磨致死，更多的则葬身异国他乡，结束了无奈而苦难的一生。""黑心的奴隶贩子为了多载运奴隶，船舱里异常拥挤，没有活动余地，致使瘟疫蔓延，供应短缺，不少人因之死亡。"贩奴船因此被称为"浮动的活地狱"。

是的，数百万黑人奴隶就是从这里步入苦海的，苦海无边，他们是无法逃离的。他们被作为活的商品，被卖到美洲的种植园或金银矿，过着牛马不如的生活，直至奄奄一息。西方列强的奴隶贸易在大西洋上形成了一条"三角贸易"的循环路线图：出程——贩奴船从欧洲港口载运廉价工业品去非洲换取黑人；中程——从非洲载满黑人奴隶横渡大西洋至美洲高价出卖；归程——用出售奴隶的钱换取美洲殖民地的廉价原料、美酒与宝物返回欧洲。

这座纪念馆是一本厚重的历史教科书，当世人怀着沉重的心情用沉重的双手翻阅它时，展现在眼前的沉重的事实与沉重的数字。美国人道格拉斯·惠勒（Douglas L. Wheeler）和法国人勒内·佩利西埃（René Pelissier）在其合著的《安哥拉》一书中指出："几个世纪以来，从安哥拉被当作奴隶运出的黑人总数达 200 万到 300 万，这还是保守的估计，也许 400 万更切合实际。"[①] 西方列强通过奴隶贸易大发横财，暴富起来，正如马克思所言"非洲变成商业性地猎获黑人的场所"，贩卖奴隶是欧洲资本原始积累的主要因素之一。毛泽东主席曾指出："万恶的殖民主义、帝国主义制度是随着奴役和贩卖黑人而兴盛起来的，它也必将随着黑色人种的彻

---

① ［美］道格拉斯·惠勒、［法］勒内·佩利西埃：《安哥拉》，史陵山译，商务印书馆 1973 年版。

底解放而告终。"①

残酷的历史事实表明，西方列强的高楼大厦里浸透着黑人奴隶的鲜血。奴隶贸易不但为资本主义国家积累了大量的原始资本，而且为资本主义工业提供了大量的廉价劳动力。然而，这一人类历史上的浩劫打断了非洲本身的社会发展进程，摧毁了非洲原有的社会基础，掠夺了非洲大量的劳动力，破坏了非洲人民之间的友好团结，加深了非洲社会的阶级分化，致使非洲社会的发展严重停滞不前。此后紧随而来的殖民统治更使非洲人民雪上加霜。

当人类进入新世纪的第一年，西方列强拖欠非洲人民的这笔血债——奴隶贩卖成为联合国第三届反种族主义大会的一个主题。面对非洲国家提出的为历史上的奴隶贩卖道歉和殖民统治赔偿的正义要求，西方前殖民国却"犹抱琵琶半遮面"，羞羞答答，闪烁其词，惟恐"道歉"二字出口，随之就要从腰包中掏钱"赔偿"。他们哪里知道，非洲人民看重的不是他们腰包里的大把"金钱"，而是要讨回昔日自己遭受践踏的正义"尊严"！

## 第四节　民族英雄纪念塔

2001年2月下旬，我在刚果（金）首都金沙萨采访时，一座高耸云霄的丰碑不时映入眼帘，这就是刚果（金）伟大的民族英雄、独立后的政府首任总理卢蒙巴（Patrice Lumumba）纪念塔。每当目睹这座丰碑，人们就想起卢蒙巴为国家独立和民族解放建立的不朽功勋，传颂着卢蒙巴矢志不渝捍卫国家主权和民族统一的爱国主义精神。

刚果（金）原是刚果王国的一部分，1884年至1885年，柏林会议将其划为比利时国王的"私人采地"，称"刚果自由国"。1925年7月2日，帕特里斯·卢蒙巴就降生在该国西开赛省桑库鲁县（Sankuru, Kasai Oriental）的一个农民家庭。由于家境贫寒，卢蒙巴仅在家乡的教会小学读过几天书，后转入一所职业护士学校学习。其间，阅读了大量书籍，深受欧洲资产阶级民主思想的影响。

1943年，18岁的卢蒙巴离开家乡进城谋生。他先在马涅马省省城金杜（Kindu, Maniema）的一家矿业公司工作，次年又去了东方省首府基桑加尼

---

① 毛泽东：《支持美国黑人反对种族歧视斗争的声明》，载《毛泽东外交文选》，中华人民共和国外交部、中共中央文献研究室编，中央文献出版社、世界知识出版社1994年版，第496页。

(Kisangani, Orientale) 担任邮局助理税务员。由于工作出色，他被派往首都利奥波德维尔（今金沙萨）的邮政学校深造，并以优异成绩毕业。1948年8月回到首都的邮局后，在努力工作的同时，他积极参加政治运动，投身到争取民族独立的伟大斗争中。他经常在报章杂志上发表文章，揭露和抨击比利时的反动殖民统治，因而在1956年被捕入狱。《刚果，我的祖国》这部他在狱中完成的著作，系统揭露了比利时殖民者对刚果（金）人民犯下的滔天罪行。

一年的铁窗生活结束后，他利用在首都当啤酒推销员的身

刚果（金）首都的卢蒙巴纪念塔

份，向群众灌输国家独立的思想，并于1958年10月创建了以实现国家独立和民族团结为纲领的刚果民族运动党。同年12月，他赴加纳参加了首届泛非人民大会，发表了强烈谴责殖民统治、迅速实现民族独立的演讲。回国后，他在首都庆祝首届泛非人民大会上强调："国家独立不是比利时赠送给刚果人民的礼物，而是刚果人民恢复其失去的权利。"[1] 并表示要立即实现国家独立。卢蒙巴的演说赢得人民的热烈掌声，庆祝集会却遭到殖民当局的残酷镇压，造成流血惨案。然而，刚果人民的正义呼声极大地撼动了殖民统治的基础，比利时国王答应让刚果实现独立，却又提出所谓的"既不一味拖延，也不仓促行事"的方针。

1959年10月，卢蒙巴主持召开刚果民族运动党代会，会议要求比利时与刚果进行国家独立会谈。他还主持召开群众大会，宣传该党主张。集会再次遭到血腥镇压，当局以煽动叛乱罪再次将其被捕入狱。然而，国家

---

[1] 转引自汤平山"扎伊尔民族英雄卢蒙巴"，载陈公元、唐大盾、原牧主编《非洲风云人物》，知识出版社1989年版，第293—306页。

要独立、民族要解放、人民要革命的滚滚洪流是任何力量也无法阻挡的。面对强烈的正义呼声，比利时政府被迫于次年1月释放了卢蒙巴，并举行刚果独立的圆桌会议，同意刚果于同年6月30日实现独立，以结束刚果长达75年的殖民地历史。

在国家独立前的大选中，刚果民族运动党在议会选举中获胜，卢蒙巴担任政府总理，阿巴科党主席卡萨武布（Joseph Kasa-Vubu）当选总统，定国名为刚果共和国，因首都是利奥波德维尔，简称"刚果（利）"。

独立后仅仅一个月，刚果治安部队的黑人士兵因不堪忍受其白人军官的侮辱而发生暴乱，进而引发全国性的反比斗争。比利时政府以保护侨民为由悍然出兵干涉，不但造成流血事件，而且造成国家分裂。在此情况下，卢蒙巴呼吁联合国武装干预，当时受美国操纵的联合国部队却极力庇护比利时军队，致使分裂活动进一步猖獗。为维护国家的主权和统一，卢蒙巴宣布对全国实行半年的军管。就在此时，刚果政府内部出现了总理与总统两派之间不可调和的尖锐斗争。9月5日，总统宣布解散内阁；同日，卢蒙巴宣布不承认卡萨武布为国家元首，其解散内阁的声明无效。于是，剑拔弩张的两派军队遂在首都交火。当时的联合国秘书长哈马舍尔德（Dag Hammarskjöld）在安理会上指出："卢蒙巴政府是非法的和不存在的，卡萨武布有权解散内阁。"① 此言一出，卡萨武布立即下令逮捕卢蒙巴。9月14日，陆军参谋长蒙博托（Mobutu Sese Seko）发动军事政变，暂时接管政府。10月2日，卢蒙巴发表谈话认为，美国企图获取刚果铀的野心是操纵他下台的幕后黑手。从10月10日开始，卢蒙巴被软禁在总理官邸。

1960年11月27日夜，瓢泼大雨，卢蒙巴逃离官邸，赴东方省宣传救国政策，受到群众热烈欢迎。消息传开仅四天，他再次以莫须有的罪名被捕，在关押期间受尽极其残酷的折磨。12月12日，拥护卢蒙巴的副总理基赞加（Antoine Gizenga）代行总理职务，宣布将卢蒙巴的合法政府迁至斯坦利维尔（Stanleyville）。② 这样，刚果形成了两个政府对峙的局面。"卧榻之侧，岂容他人酣睡"。目睹卢蒙巴势力的存在，利奥波德维尔当局加快了迫害卢蒙巴的步伐。

---

① 转引自汤平山"扎伊尔民族英雄卢蒙巴"，载陈公元、唐大盾、原牧主编《非洲风云人物》，知识出版社1989年版，第293—306页。

② 蒙博托上台后，将斯坦利维尔改名为基桑加尼。同时被改名的城市还有，首都利奥伯利维尔改成了金沙萨，伊丽沙白维尔改为卢本巴希，就连国家也变成扎伊尔。

几内亚1971年发行的10西里（Sylis）纸币图案：正面：扎伊尔民族英雄、刚果民主共和国首任总理帕特里斯·卢蒙巴（1925—1961）。背面：非洲黑人在采摘、运送香蕉。

1961年1月17日，一架神秘的飞机载着三名特殊乘客，他们被捆绑在一起，眼睛被紧紧蒙住，个个被打得鼻青脸肿。抵达伊丽莎白维尔机场后，又被推上一辆早已等候在那里的小车。这三人就是卢蒙巴及其战友奥基托和莫波洛。不久后，玩弄鬼把戏的反动当局宣布他们从监禁地逃跑；几天后，又说他们在机场附近一个村庄被村民杀害。

卢蒙巴及其战友终于未能逃脱恶魔的黑手而惨遭敌人杀害。1963年2月，联合国成立了由缅甸、墨西哥、埃塞俄比亚和多哥等国组成的调查委员会，由于受到刚果当局的阻挠，委员会始终未能进入刚果境内进行现场调查，卢蒙巴及其战友的死至今仍是一个难解之谜。有的说他们是被枪杀的，有的说是被扔进硫酸桶中烧死的，有的说是被活埋了。由于真相难以大白，这些纷纭的传说无从对证。人们只清楚地记得，卢蒙巴留给妻子的遗书，其主要内容如下：

亲爱的妻子：此信不知能否到达你的手中，或许，你收到后我已不在人世。献身于独立斗争以来，我从来未怀疑我们的神圣事业必胜，对此，我和我的同志们，已倾其一切。我们对祖国的唯一要求，只不过是想使她生存得有意义、享有尊严和不受人摆布。

而这些却不是比利时殖民主义者及其西方盟国的愿望。这些人直接或间接、公开或隐蔽地得到联合国高级官员的支持。这个国际组织在我们呼吁请它援助时，曾给予完全的信任。可是，它却欺骗了我们的一些同胞，收买他们，并歪曲事实和干尽坏事。

对我来说，已将生与死、自由与坐牢，置之度外，我主要想到的是我们正在受到践踏的同胞和祖国。可是，我们并不是孤立的，亚非和世界各地的人民，正同刚果人民在一起，进行斗争，直到最后胜利。

严刑、拷打和侮辱都不能迫使我屈服，我宁愿昂首死去，也不能含辱而生，或是放弃神圣的原则。历史总有一天要讲明真相，但这个历史将不会由布鲁塞尔、华盛顿和联合国来叙述，而将由那些赢得胜利的人民来讲述。

刚果万岁！非洲万岁！

太斯维尔监狱　帕特里斯·卢蒙巴①

这是一封充满爱国主义、国际主义、英雄主义、凛然正气和必胜信念的遗书，读之发人深省，令人感慨，让人敬佩。陈毅元帅特为之赋诗一首：

读卢蒙巴遗书②
一九六一年三月四日

当代英雄卢蒙巴，
从容就义世争夸。

---

① 帕特里斯·卢蒙巴：《为非洲自由而斗争的战士》，莫斯科，前进出版社，第155—157页。转引自陈公元、唐大盾、原牧主编《非洲风云人物》，知识出版社1989年版，第300—301页。
② 中共中央文献研究室编：《陈毅诗词集》（上、下），中央文献出版社2011年版，第512页。

一人鲜血知多少，
争溉非洲革命花。

人民刚果望不奢，
外敌内应强当家。
伟大非洲临破晓，
旗帜辉煌卢蒙巴。

寸土必争成定律，
几曾自愿让邦家？
一分幻想一分毒，
血写遗书卢蒙巴。

刚果血案付调查，
诸公真会度年华。
欺人欺世先欺己，
尽说西风落日斜。

卢蒙巴遇害引起世界人民的强烈义愤，抗议暴行的浪潮席卷全球。1961年2月15日，中国政府发表了谴责声明，认为这一暴行是"新老殖民者对刚果人民和全体非洲人民的民族独立事业卑鄙的和残酷的进攻，也是对亚洲和世界爱好和平人民的严重挑衅"[1]。2月18日，北京50多万人隆重集会，声讨杀害卢蒙巴的滔天罪行，首都北京还为卢蒙巴下半旗志哀。

时隔40年之后，比利时议会的一个调查委员会经过两年调查，于2001年11月做出结论，认为虽没有证据表明当时的比利时政府参与了杀害卢蒙巴的行动，但一些比利时人确实参加了针对卢蒙巴的敌对行动。比利时议会当时还通过了2.7亿比郎的秘密拨款计划，扶持刚果政府的反对派。2002年2月5日，比利时政府就卢蒙巴遇害事件首次做出正式道歉。比利时外交大臣路易·米歇尔（Louie Michelle）在议会发表讲话时指出，比利时政府对卢蒙巴遇害给该国人民和卢蒙巴亲属造成的痛苦表示深刻道

---

[1]《人民日报》1961年2月16日。

刚果河畔

歉,当年比利时政府的有关大臣对卢蒙巴"冷漠无情",对他的命运"无动于衷",他们对卢蒙巴之死负有"不可推卸的责任"。比利时政府还决定成立一个375万欧元的"卢蒙巴基金会",以支持刚果(金)开展预防冲突、加强法治和青年培训等项目,借以偿还杀害卢蒙巴的血债。

为了祖国的独立和统一,卢蒙巴及其战友献出了宝贵的生命,谱写了一曲高昂的爱国主义凯歌。他们的精神将永远鼓舞着刚果(金)人民和世界上一切争取民族独立、维护国家主权的人民战胜前进道路上的任何艰难险阻,赢得自己崇高事业的伟大胜利!

## 第五节 刚果河畔"郑和碑"

国外有学者认为,郑和船队绕过好望角后,乘借着大西洋的本格拉寒流和东南信风,沿着非洲西海岸北上,曾在刚果河入口处停留;然后通过几内亚湾,登陆佛得角群岛;从佛得角乘借东北信风向西南方向行驶,沿着南美洲东海岸南下至大陆最南端,通过麦哲伦海峡后返回好望角……

在被称作"非洲的心脏"——刚果(金),一条长达4640千米的刚果河横贯全境,注入大西洋。就在即将流入大西洋之际,刚果河收聚起所有的支流,形成闻名的马塔迪瀑布(Matadi Falls)。就在瀑布下端一泓清池附近,竖立着一块石碑。据外国专家考证,那块石碑是郑和船队于1421年9月竖立的。

郑和船队怎么会行驶到马塔迪瀑布呢？瀑布距离入海口很近,大型船只从大西洋溯流而上可以航行到瀑布,抛锚在优雅的环境中,补充淡水,进行休整。数百年来,许多航海者均在此作短暂停留。为能亲自探访这块郑和石碑,我来到刚果(金)首都金沙萨。此时的刚果(金)正处于战乱之中,政府军与反政府武装之间时打时停,国家局势动荡不安。横穿全境的刚果河也因战乱无法实现全线通航,仅有部分航段可以行驶,从首都到入海口基本不通行。也就是说,我又一次抱憾,无法亲往心仪之地。

通过相关资料得知,除了马塔迪瀑布的那块石碑外,佛得角群岛简尼拉(Janela)海岸也有一块类似的石碑,被称为简尼拉碑,当地人也将其称为"有文字的石头"(Pedra do Letreiro)。该碑的质地为红色砂岩,约三米高,从上到下都刻有铭文。与简尼拉碑一模一样,马塔迪瀑布碑也刻有铭文。文字分为两部分：碑顶端的文字一眼看去,便知是后来刻上去的,是中世纪的葡萄牙文,意为纪念航海途中死去的一名船员；下面的文字由于年代更加久远,字迹不大清楚,加之风化雨淋和近年来胡刻乱画对外观的损坏,辨认起来更加困难。

英国学者孟席斯曾将石碑下方的碑文照片分别邮寄和传真给中国西安碑林的专家和印度国家银行的专家辨认。中国专家的回答是：它们都不是汉字。传真给印度银行专家是因为,印度大面额的钞票中有13种官方语言,郑和在东南亚一带立碑时,使用过多种文字,其中包括印度的几种文字。印度银行专家答复说：主要是在印度喀拉拉邦(Kerala)地区使用的马拉雅拉姆语(Malayalam),喀拉拉邦的首府是古里(郑和历次下西洋的必经停留之地)；这种语言虽然今天仅在几处偏僻的地区使用,但在9—15世纪是印度的通用语言。

郑和船队尊重各地风俗,船队里配备有多种语言的翻译。1421年第六次下西洋时,途经印度古里驶向东非沿岸,船队里带有当时的印度通用语翻译应在情理之中。这也再次证明毛罗和达·康提是正确的。他们指出,在葡萄牙人到达之前,一艘来自印度方向的海船或中国的帆船似乎已经先后到达过"加尔比恩"——马塔迪瀑布和佛得角群岛。

根据以上证据，孟席斯认为："显而易见的解释是：刻在马塔迪瀑布碑和简尼拉碑上的文字，是由跟随中国船队的译员所刻写的，就像这些译员在栋德拉角、柯枝和古里等地方用外文刻写碑文一样。"①

无独有偶，西方殖民者对别人的东西加以改造而据为己有的事情，并非仅仅发生在马塔迪瀑布碑和简尼拉碑上。在美洲，西方殖民者也是将印第安人的建筑改造为自己的教堂。

必须指出的是，西方殖民者出于对东方香料、黄金和财富的渴求和贪婪，远航东方时一路烧杀淫掠，作恶多端，犯下了滔天罪行。

据史料记载，当达·伽马抵达古里时，他告诉部下将反对者都作为囚徒游行示众，然后砍下他们的手、耳、鼻，堆积到船上。当一名使者来求和时，"勇敢"的达·伽马割掉他的嘴唇和耳朵，换上狗耳朵缝上。西方殖民主义者的残忍行径由此可见一斑。

诚如孟席斯所言："葡萄牙人使用中国人的地图找到了前往东方的道路。他们接着窃取了中国人和印度人花费了几个世纪才建立起来的香料贸易。任何反对者都将被消灭。""文明的中国人被教导要怀柔远人，但取代中国人的是残忍和野蛮的基督教徒，他们是殖民者。"②

与西方殖民者形成鲜明对比的是，当年中国的和平使者郑和，肩负和平使命，完成了七下西洋的和平之旅。郑和船队所到之处，寻求友谊，平等交流，公平贸易，传播文明，至今仍为当地人民传颂和怀念。郑和七下西洋所创立的伟大功绩，必将光耀千秋万代，为世人所永远铭记。

郑和七下西洋还昭示：中国从来都没有而且也不会威胁和恐吓他人，更没有掠夺他人的一分财产，侵占别国的一寸土地，贩卖非洲的一名奴隶。时至今日，一些别有用心者对中国存在偏见，凭空捏造所谓"中国威胁论"，企图遏制中国的发展。在铁的事实面前，那些杞人忧天式的奇谈怪论可以休矣！

---

① ［英］加文·孟席斯：《1421：中国发现世界》，师研群译，京华出版社 2005 年版，第 62 页。

② 同上书，第 260 页。

# 第十三章 非洲内陆行

获悉肯尼亚帕泰岛上居住着郑和部属的后裔和索马里有个"郑和村"的消息后,考虑到安全因素,记者决定采取"迂回"方式,首先前往几个非洲内陆国家,踏寻郑和的足迹。

从南非北上,首先来到津巴布韦,在举世闻名的古老"石头城"里,记者看到了中国古代的瓷器碎片,说明中国与非洲的交往可以追溯到遥远的古代。在布隆迪,记者目睹中国技工正在手把手教非洲兄弟编织工艺,其编织方法与后来记者在帕泰岛看到的几乎一模一样,这种偶然的巧合似乎在讲述着一段特殊的中非友谊故事。在卢旺达,记者参观了大屠杀纪念馆,目睹了那场历史大悲剧给卢旺达人民造成的空前灾难,引起心灵的强烈震撼。在乌干达,活人为死人常年守灵的现实引起人们的思考,使尊重民族传统和尊重妇女权益这对难以调和的矛盾活生生地展现在世人面前。

在非洲内陆国家,记者细心寻绎,眼中的非洲风情耐人寻味。

## 第一节 "石头城"里中国瓷

考虑到安全因素，无法立即前往肯尼亚帕泰岛和索马里采访，我决定采取迂回方或进行"曲线"采访。

2000年1月，在津巴布韦采访期间，我走进位于首都哈拉雷的国家博物馆，看到从11世纪至16世纪的"石头城"里发掘出来的中国古代瓷器碎片。为此，我决定参观"大津巴布韦"（Great Zimbabwe）。

在首都哈拉雷以南268千米，俨然矗立着一座"石头城"，津巴布韦人习惯称之为"大津巴布韦"。在当地民族语言里，津巴布韦意为"石头城"，"大津巴布韦"自然是"大石屋"之意。这座"石头城"之所以闻名，不但因为它是津巴布韦国名的来历，而且因为它是津巴布韦民族文化的发祥地。我作为中国记者慕名前往参观，却带有一项特殊的任务——踏寻郑和在非洲的足迹。

著名的津巴布韦"石头城"，城内曾发掘出中国古瓷器

2000年1月17日清早，我从哈拉雷出发时还是艳阳高照，途中逐渐乌云密布，至"石头城"时先是细雨绵绵，接着就是雨点如织了。刚才远处依稀显露轮廓的"石头城"，此时当我置身城下它却悄然隐去身影，这反倒让人体会了一番雨中登"石头城"的滋味，有幸领略一番"石头城"的雨色。

"石头城"遗址坐落在一片幽静开阔、景色秀丽的丘陵之中，由山顶围城、山谷围城和大围城三大部分组成，自成风格，浑然一体。密集的雨点有力地敲打着雨伞，沿着陡峭崎岖的古老石道拾级而上，眼前出现一条由两块巨石相间而形成的一人宽的窄道。这条两丈长的交通要道可谓"自古一条路"，大有"一夫当关、万夫莫开"之势，具有易守难攻的军事特征。到达山顶时，一道用长方体花岗石砌成的高墙横在眼前，下面是仅能走过一人的小石门。通过石门就进入气势凛然、防守坚固的山顶围城，据说"石头城"的首位国王曾居住在这里，现在围城中央还保留着那个小茅草屋。围城的西墙头上竖立着四个圆锥体实心角塔——烽火台，最初是七个，不知何时另外三个消失了。北墙下面有一个小石门，通过它便可到达高出地面百余米的瞭望台。登上瞭望台，可把整个津巴布韦遗址的风光尽收眼底，可见当初设计者的别具匠心。

站立在瞭望台上，在雨色苍茫中环顾，目睹烽火台，令人油然而生一种登上长城时的雄伟壮观之感；目睹这围墙石块之间未用任何黏结物而砌缝严密，虽历经数世纪的风雨侵蚀仍然挺拔牢固，你会感叹津巴布韦人民高超的建筑艺术；目睹这片占地一万亩的石头建筑群如今只剩下断壁残垣，失去了昔日的风采雄姿，你会发出与登临玉门关与阳关遗址时一样的慨叹！

从瞭望台俯瞰，东墙脚下是隶属于山顶围城的建筑群，由大小不等的围城组成，早期国王的妻室和随从曾在里面居住。其中有一个奇特的石洞，具有扩音作用，朝它大声喊话，远处建筑群里的人们皆能听到。可以想象，国王的最高指示、国家法令都是从这里发布出去的。可见当时的人们已经知道运用声学原理了。

山顶围城东南方向是由42个小围城组成的山谷围城。其中有两个围城值得一提，一是在那里发现了"津巴布韦鸟"——一种雕刻在石柱顶端的40厘米高的鸽头鹰身石鸟，它是一种具有图腾崇拜色彩的神鸟，类似中国的"龙"，如今已成为津巴布韦国家的象征，飘扬在国旗上，印制在国徽上和硬币上。鸟用非洲特产的一种石头雕刻而成，鸟身如鹰，而头像鸽子，脖子高仰，翅膀紧贴身体，雄立在一米高的石柱顶端。"津巴布韦鸟"是大津巴布韦遗址中发掘出来的最珍贵文物，据说是当年用于装饰大围城顶部的。从遗址中共发掘出八只"鸟"，其中七只是完整的，一只仅存一半。如同它们所代表的国家一样，"津巴布韦鸟"的命运也十分坎坷，曾被西方掠夺者陆续据为己有，后几经周折又重回故里。

二是在另一个围城内发掘出大量古代文物，其中有阿拉伯的玻璃器皿和中国的青瓷和陶器。这些瓷器碎片是14世纪至15世纪的中国瓷器，其中两块是青瓷大花瓶的底部，底圈中央有用青釉绘制的"大明成化年制"六个字，说明中津两国人民那时已进行直接或间接的贸易，中国那时的商品已远达南部非洲。至于这些瓷器是否与郑和船队有直接的关系，尚需进一步考证。

另外，在遗址旁还保留着古代的梯田、水渠、水井等灌溉设施，在遗址地基上还发现了古代铸造钱币的泥模。

山顶围城的最东南方，即距离其数百米开外的开阔地带就是椭圆形的大围城了，四周由花岗石砌成，墙高10米，厚5米，围城周长255米。据史载，石头城一带公元五六世纪时就出现较大的居民点，至12世纪开始兴盛，大兴建筑，营造城堡，山顶围城是最早建筑的，而大围城建筑的时间最晚，也最为壮观，大约是在14世纪石头城的辉煌时期。当时的石头城约有1.5万居民，包括国王的100多位妻子和1000多个孩子，大围城就是专为王室建造的。

大围城的东北、南、北三面分别建有城门，城中修建有一道90米长的半圆形内墙，与外墙之间形成一个狭窄的小道通向出口——城门。在内墙的始端，一座高约20米、直径5米的圆锥形石塔昂然挺立，气势雄壮。这座实心高塔如今已成为"大津巴布韦"的象征，其建筑特点与整个建筑群相一致，全由石块砌成，未用任何黏结物，由于高塔缺乏文字记录，其用途至今仍令人难以断定。目前主要有五种解释：一是从其形状类似粮仓来判断，认为它是五谷丰登和财富的象征；二是从大围城是国王和王室的住地来推测，认为它是王权社会的象征；三是从高塔附近发现的一处祭坛来观察，认为它是宗教的象征；四是从其形状来研究，认为它是男权社会的象征；五是从塔的高度和结构着眼，认为它是瞭望台。以上各种说法皆缺乏足够证据，考古学家们似乎也只能望"塔"兴叹，无法考证出这座著名石塔的真正用途和真实意义了,只能留下这个千古之谜。这是因为,100多年前,一批批狂热的西方淘金者来到这里,掘地五尺,企图从大围城中挖出稀世珍宝,浩劫过后的大围城除坚固的墙体外几乎面目全非,失去了考古所需要的历史真相。

世人非但不明白高塔的建筑原因和真正用途,而且还弄不清楚整个大津巴布韦建筑群的真实意义和具体修建者。由于遗址没有留下任何文字记载,建筑物上又没有发现任何文字,究竟是谁创造了这一人类文明尚存争议。西方人说是自己建造的,却拿不出具体证据,讲不出建筑群的用途,不过是一厢情愿的美好愿望而已。随着时间的推移,越来越多的人认为,"石头城"的建筑者无疑是当地的非洲人,而不是来自西方或阿拉伯世界的外来户。

"盛必有衰,生必有死,物之常理也"。[①] 15世纪末期,石头城逐渐衰败,此后这座气势恢宏的古城竟变成为一片废墟。石头城是南部非洲最大的古代建筑群遗址,是非洲人民勤劳智慧的结晶和古老灿烂文化的象征,是殖民者掠夺非洲的历史见证人。1986年,石头城被联合国宣布为世界文化遗产,成为著名的旅游胜地。

## 第二节 借鉴中国好经验

"十分高兴接受《人民日报》记者采访,我要借此机会表达自己的两大心愿:一是非常感谢中国人民对布隆迪人民始终如一的热情支持和帮助;二是布隆迪的重建与发展需要借鉴中国经济建设的成功经验。我们欢迎越来越多的中国企业参与布隆迪的重建,我们国家的大门始终是向伟大的中国敞开着"。这是布隆迪发展与重建部长安德烈·恩昂迪基热(André Nkundikije)教授2002年3月2日在接受我专访时的开场白。

布隆迪是联合国公布的世界最不发达国家之一,1999年人均国民生产总值187美元,在世界银行206个国家和地区的排行榜中居第204位。由于1993年以来连续不断的政治危机和自1996年政变后遭受邻国近30个月的经济制裁,外加胡图族反政府武装以邻国为基地不时回国骚扰,经济形势严重恶化,人民生活一片凋敝。官方公布的统计数字表明,2000

---

[①] (宋)欧阳修:《祭蔡端明文》。

年与 1992 年相比，国内生产总值下降了 20%，生活在贫困线以下的民众接近 60%，人均寿命从 53.8 岁下降到 34 岁，小学入学率从 67.3% 下降到 52%。国际收支严重失衡，债台高筑，外汇短缺，2000 年底的外债总额超过十亿美元。与此同时，百万难民沦落他国。部长表示，布隆迪重建的目标就是将国民经济和人民生活水平全面恢复到 1992 年底时的水平。

部长指出，布隆迪正在走向和平，国家的重建与发展包括物质和精神两大层面，涉及政治、经济、文化和社会各个领域。"在经济领域，我们首先要解决城乡人民的生活用水用电问题；恢复公路建设，解决农产品的运输问题；进行农产品深加工，解决农产品的储存问题；加大渔业资源开发力度，大力发展渔业生产。我们不仅要解决吃饭问题，而且要能够出口创汇。""在发展农业和渔业方面，我们希望分享中国的成功经验。"

"布隆迪是一个农牧业国家，工业基础十分薄弱，我们希望借鉴中国工业化的经验，指导我们如何成功进行工业化的起步。"谈到这里，部长以中国援建的布隆迪布琼布拉联合纺织厂为例，说明两国经济合作的必要性和成功经验。该厂集纺织、印染、服装为一体，是布隆迪最大的联合企业，曾三次在马德里国际博览会上荣获金奖。自 1979 年建成以来，为解

布隆迪人员在编织，这种编织技术是中国传授的

决本国人民的衣着需求和出口创汇、促进国民经济发展作出了重要贡献。

作为布隆迪经济管理大学的创始人和兼职教授，部长迫切希望布中两国加强文化教育交流，希望中国继续为布隆迪培训经济技术人才，以增加布隆迪的就业率。部长指出，中国政府援助布隆迪的卡蒙盖（Kamenge）手工业中心就是一个成功例证。卡蒙盖手工业培训中心位于首都布琼布拉，由中国政府援助，1985年创建，截至2001年底共办了四期培训班，培训当地学员136名，培训项目包括竹家具、竹编、藤编和木工。每期由中方派遣专家，由中国政府提供援款和布方提供相应的配套资金。毕业的学员大多从事所学专业，成为脱贫致富的好能手，受到当地群众的好评。"我们非常感谢中国为我们提供的这一培训机会，希望两国今后在教育领域加强合作与交流，促进我国教育和文化事业的发展。"

此后不久，我在拉木岛和帕泰岛上看到当地人用椰子树叶编织的篮子、垫子、席子等生活用具，其编织方法、用具的形状和大小，与我在布隆迪见过的完全一样，带有鲜明的"中国特色"。

"我们在感谢中国真诚友好援助的同时，还希望更多的中国企业和商人来布隆迪投资，我们国家的大门始终向中国开放着，包括各个方面，比如在金融领域，我们欢迎中国协助我们建立金融体系，两国在众多领域的合作潜力是非常巨大的。"采访结束时，部长一再强调，"我们钦佩中国取得的伟大成就，迫切希望借鉴中国的成功经验，非常欢迎中国参与布隆迪的国家重建与经济发展"。

应布隆迪通讯社社长恩达伊奇·杰耶（Ndayichi Jeye）的邀请，我参观了这家设备简陋的国家通讯社。社长介绍说，1999年5月，布隆迪新闻社与中国新华社签署了新闻交换合作协议，"这有利于布隆迪人民及时获得遥远中国发生的伟大变化，借鉴中国人民建设祖国的成功经验，从而鼓舞我国人民战胜贫困、重建国家的勇气和信心，同时也有利于中国人民了解布隆迪正在发生的一切，我们将在和平与重建的道路上坚定地走下去"。

为了布隆迪实现持久和平与迅速步入重建，早在2000年12月，布隆迪和谈调解人、南非前总统曼德拉就倡议在巴黎召开了援助国大会，有关国家和国际组织表示愿为布隆迪战后重建提供4.4亿美元资金，并决定免除布隆迪的债务，使捐款真正用在布隆迪的经济发展上。曼德拉高瞻远瞩，同时说服世界银行同意资助30名布隆迪青年赴华盛顿进修经济学，为布隆迪从农业经济向现代经济转型培养人才；他还游说世界上最具实力的六所大学，分别向数名布隆迪青年提供奖学金，让他们学习现代经济学。用曼德拉的话讲，"这就为布隆迪经济发展打下了良好基础"。在接受我采访时，恩昆迪基热部长呼吁有关国家和国际组织尽快兑现在巴黎会议上的承诺，以便援助资金早日到位。

## 第三节　铭记历史大悲剧

为纪念1994年发生的部族大屠杀，让这一历史大悲剧永远再不重演，卢旺达在全国设立了七个大屠杀纪念馆。2001年2月20日，我采访了分别位于首都基加利东南60千米的埃皮马克（Epimaque）和40千米的恩塔拉马（Ntarama）两个纪念馆。

1994年4月6日晚，卢旺达总统哈比亚利马纳（Juvenal Habyarimana）和布隆迪总统恩塔里亚米拉（Cyprien Ntaryamira）在赴坦桑尼亚首都出席关于地区和平的首脑会议后，同机返回卢首都基加利，未料飞机在机场降落时发生爆炸，两位总统和机上随行人员全部遇难。事发后，卢首都基加利的局势迅速恶化，次日，由胡图族组成的总统卫队绑架并杀害了总理乌维兰吉伊马纳（Agathe Uwilingiyimana）女士和三名部长，同时组建了临时政府；八日，图西族反政府武装"爱国阵线"拒绝承认将其排除在外的临时政府，宣布向首都进军。至此，卢旺达内战再度爆发。伴随着两派武装在前线激烈的浴血厮杀，两大部族之间在全国范围内展开无情的恶毒仇杀，双方在各自的控制区内大肆残杀对方民众，实行种族灭绝政策，短短百日之内，50多万人被残酷杀害，200多万难民逃亡国外，另有200多万人流离失所，国际社会为之震惊不已。我参观的这两个纪念馆就是当年大屠杀的两个现场。

埃皮马克纪念馆原是一个教堂，位于尼亚马塔（Nyamata）镇，两边是学校和医院。当我刚走到纪念馆门口时，讲解员就指着铁门上的缺口说，那是被子弹打开的，当时3000名图西族人为躲避胡图族的追杀，一起涌进这个教堂并把自己反锁在里面，胡图族极端分子用枪打开锁门的铁链破门而入，将里面的3000名群众全部杀害。

走进教堂，顿感一股阴森之气，不禁使人颇觉恐怖。迎面的讲坛上覆盖着一块血迹斑斑的白布，周围的墙壁上血迹点点；环视四壁，处处留有明显的枪眼；抬头望去，密集的枪眼穿过铁皮屋顶，好似夜空的星星。讲解员告诉我，这个教堂当时挤满了大人小孩，他们逃到这里祈求上帝能够保佑自己躲过那场灭顶之灾，未料3000人无一幸存。站立在这个大屠杀现场，想必当年疯狂屠杀的血腥场面定是惨不忍睹，至今回想起来仍令人恐怖不已，难怪卢旺达因大屠杀而导致的心理病患者近年来不断增加。为纪念这些无辜亡灵，纪念馆新建了地下室，玻璃框内整齐地堆放着一排排人头颅骨和人体各部位的骨头。

在讲解员的带领下，我来到教堂后面，这里修建的三个巨大的地下室里，堆放满了这一地区大屠杀遇难者的尸骨。打开盖在入口处和通风口的塑料布，一股新开启的千年古墓的气味扑鼻而来。在敞开入口十多分钟后，我进入地下室观看，里面分隔成一个个方格，放满了累累白骨。据介绍，大屠杀期间，这一带竟有两万人被残酷杀害，不少人是先被赶到山里后又被杀害的，杀人犯用枪支、砍刀、长矛，甚至棍棒见人就打，将其活活致死。1994年，这一带的人口是12.5万，1997年仅剩下六万人了。

穿过连接成片的香蕉林，记者来到恩塔拉马教堂纪念馆。这里的两个小教堂比较简陋，四周皆用红砖砌成。1994年大屠杀期间，附近居民为躲避杀身之祸聚会到这里祈祷，从现场看，他们是正在祈祷时被活活杀害的，一排排低矮的水泥长条凳子周围是一件件血迹模糊的衣服，入口处不时可看到横七竖八的尸骨，苍蝇在四处飞舞。当时，里面的群众也是把教堂的所有门窗都封死了，可还是被杀红了眼的极端主义分子打开了门窗，现在的墙壁上还留有挖窗子的大洞。教堂的外面是用芦苇秆围成的十分简易的建筑物，里面的大桌子上整齐地排放着尸骨，个别的头骨上还带有小矛头。当我在纪念馆的留言簿上留言时，知道自己是该纪念馆的第12070位参观者。

部族大屠杀犹如八级以上的大地震无比强烈地震撼了卢旺达社会，给卢旺达这个非洲内陆国家留下了巨大的后遗症。别的暂且不提，仅就人口结构而言，2001年全国14岁以下的儿童占总人口的40%，全国40%的妇女是寡妇。当然，这两个40%仅是冰山一角。全国当时还有13万参与大屠杀的罪犯接受劳改、等待审判，卢旺达政府为追捕逃亡在邻国的胡图派极端主义分子成为其介入刚果（金）战火的主要原因。

大屠杀是长期殖民统治种下的一个恶果。胡图族和图西族是卢旺达的两大部族，分别占全国总人口的85%和14%。16世纪时，图西族建立了封建王国，1840年卢旺达沦为德国殖民地，第一次世界大战后改由比利时托管。殖民主义者在卢实行"以夷制夷"的政策，在两大部族之间轮番制造矛盾，从而埋下彼此不和的种子。20世纪50至70年代，卢旺达就发生过多次部族仇杀，造成大批难民外逃，部族矛盾进一步加深。

　　冷战时期，美苏两个超级大国争霸全球，非洲亦不例外，部族、民族和种族矛盾暂时隐藏下来。冷战结束后，部族矛盾突然显现，1990年10月卢又爆发了胡图族与图西族之间长达三年的内战，双方虽于1993年签署了和平协定，终因积怨甚多而未能得到真正实施，进而在1994年总统意外遇难时再度爆发全面内战。不难看出，大屠杀是冷战结束后，卢旺达部族矛盾激化的突出表现。它以50多万无辜人民的生命向世界敲响了这样一个警钟：要妥善处理好一个国家、一个地区，乃至整个世界的民族、部族和种族问题，否则将引起动乱、战争和灾难，当今一些国家和地区的持续动荡不安也说明了这一问题。

## 第四节　古老王陵守灵人

　　2001年2月，在乌干达采访时，我提出参观古王宫，目的是想看看非洲国王的宫殿里是否珍藏着中国古代瓷器，进而挖掘出中非历史交往、特别是郑和下西洋的有关线索。

具有民族特色的乌干达卡苏比王陵

公元 1000 年，地处乌南部的布干达（Buganda）地区就建立了王国。19 世纪中叶，布干达王国成为东非地区最强盛的国家。此后，由于英、德殖民主义者入侵，造成连年战火，布干达王国迅速衰落，乌干达成为英国的"保护国"。

布干达王宫位于首都坎帕拉市中心的山头，占地三英亩。1884 年，布干达王室迁移至此，现建筑是由当时的国王穆万加二世（Muwanga Ⅱ）于 1924 年修建的。1962 年乌干达独立时，保留布干达等四个王国，成立乌干达联邦。次年修改宪法，国王穆特萨二世（Edward Muteesa Ⅱ）出任总统，于 1966 年被驱逐出境。次年，封建王国制被废除。1971 年阿明（Idi Amin Dada）发动政变并当上总统，王宫成为独裁者阿明的军营。1986 年穆塞韦尼（Yoweri Kaguta Museveni）上台后，为缓和部族矛盾，促进部族团结，遂恢复了王国制。不过，国王仅是一种文化和传统的象征，没有实际政治权力。国王的经费主要靠财政拨款和捐赠。该王宫于 1997 年正式归还现任国王穆泰比二世。王宫有 62 个房间，建筑风格别具一格。大门上方端坐着两头雄狮雕像，是布干达王国权力和威望的象征。未料，王宫正在修缮之中，在保安的特许下，步入空荡荡的王宫，什么也没有看到。

王宫所在地视野极佳，可俯瞰坎帕拉全貌。保安指向前方告诉我，与王宫遥遥相对的是布干达王国议会，眼前这条笔直的道路可通达，中间十字路口处设有转盘，过往车辆必须绕行，惟国王专车能够直行，以示尊敬。议会、王宫和不远处的卡苏比王陵（Kasubi Tombs）共同构成乌干达的一道历史文化风景线。来这里参观，必须去卡苏比王陵。

卡苏比王陵位于坎帕拉近郊的卡苏比山上。与其他乌干达王陵的相异之处在于，这座王陵曾是布干达王国穆特萨一世（Muteesa Ⅰ）的占王宫，穆特萨一世和他的继位者——三个子孙均埋葬在此；与世界其他国家的王陵不同的是，乌干达的王陵中常年四季有"王妃"为死去的国王昼夜守陵。2 月 25 日下午，怀着一种访古寻幽的好奇心理，顶着东非高照的艳阳，在中国驻乌干达大使馆于学勇的陪同下，我参观了这座四位国王的合葬陵——卡苏比王陵。

王陵的门房属于当地的茅草堂，古朴入俗，国王的卫兵当年就站在门房里昼夜守卫着。穿过门房首先来到一个小院，国王的卫兵、吹鼓手和音乐师过去就住在院内的小房子里，其中左边的一个小房子内还放着一面皇家大鼓。再往里走就是开阔的皇家大院，四周靠墙处是国王"三宫六院七十二妃"的"宫室"，正对面是一座巨大的圆锥形芦苇草堂建筑，那便是王陵，过去的王宫。王宫大门和宫院大门遥遥相对，中间是一条笔直的通道，这种传统建筑据说是为了让国王的"灵魂"能够自由出入，因为乌干达人认为国王的"灵魂"只能走直线。

按照传统，王宫的大门必须朝东，但穆特萨一世的王宫尚属例外，原因是他继位之时，布干达王国正与西部的布约罗王国发生战争，王宫面西是为了便于卫兵观察西部的敌情，随时预防敌人从西面来犯。另外，乌干达王宫的选址有三个条件：必须能居住和养活王宫的所有家眷，门前的大道通往全国各地以便国王出外视察，靠近维多利亚湖以备外敌入侵或国内叛乱时快速逃往湖中的岛上。

走到王宫门口，我们入乡随俗地脱鞋，赤脚进入王宫以示对国王的敬意。导游穆苏凯（Musokay）指着门前的水泥地面说，这座王宫建于1882年，1938年欧洲人重新修复时使用了水泥。跨过门槛，仿佛置身于半个倒扣的巨型橘子皮里面，屋顶由棕榈树叶编织的一个个同心圆组成。一根根笔直的柱子从地面紧紧地顶在圆圈的连接处，支撑着这座典型的非洲古代传统建筑。再一细看，柱子全用当地的一种树皮布包裹着。如同屋顶的每个同心圆一样，每根柱子都代表着王国的一个家族。由于建筑用的棕榈树叶经过严格挑选和特殊处理，这种茅草建筑防水遮阳，能保持室内常年凉爽宜人；草味清香，具有驱虫避邪之效。根据当地传统习俗，修建这种住房期间，建筑师不能"越雷池一步"，必须远离女色，妇女更要"画地为牢"，不能接近建筑物半步，否则室内将逢雨必漏。除建筑师们受约束外，国王还要在总建筑师将屋顶全部整理好后，手拿剪刀剪断一丛草，好像现代的竣工"剪彩"仪式一样，然后再把剪刀交给总建筑师。

王宫内分为两大部分，中间用芦苇秆组成的墙分开。后半部分是四位国王的陵墓，属于禁区，游人不得入内；前半部分再分为前后两部分，中间用平放在地面上的木棍分隔，木棍前面的部分是供世界各国的王室成员参观访问时专用的，木棍后面的部分是一般游客可以到达的地方。正对面的芦苇秆墙上，从左到右依次悬挂着穆特萨一世、穆万加、达乌迪·齐瓦二世（Daudi Chwa Ⅱ）和穆特萨二世的画像，画像前面放置着他们各自喜爱的武器，如长短不同的各种矛、形状不同的各种盾、制式不同的各种枪支等。

王宫内还放置着其他与国王有关的器物。大门入口的左边是一头豹子的标本，这头豹子是穆特萨一世的宠物，据说颇有灵性，它就像一条驯服了的猎犬一样整天围着国王转，泯灭了吃人的本性。可是当国王驾崩后，这头豹子终于难以改变其身上的"斑点"，暴露出狰狞的面目，于是逢人就吃，以至于吃人成癖。它被打死后做成标本再次回到王宫里，守卫在国王的亡灵前。豹子旁边是一组大小不同的各式鼓，鼓的前面放着两把西式座椅，这两把椅子连同旁边桌子上放的台灯是1887年英国传教士不远千山万水带来、以英国女王的名义送给国王的礼物，据说是奥地利生产的。在陈放的玻璃柜内有一副名为"奥姆韦索（Omweso）"的非洲象棋：在一整块厚木板上挖有32个形似碗状的小圆坑，共四排每排八个，两人对弈时每人各持32个黑色圆籽。这种籽是当地的一种树的果实，这种棋是穆特萨一世最喜爱的游戏。应我的请求，参观结束时，导游与另一个棋手在王宫前院的一个树阴下，一边下棋一边为我讲解"游戏规则"。

我们盘腿坐在王宫地面铺的草垫上，老导游穆苏凯讲起布干达王国那一幕幕惊心动魄的历史故事。布干达王国19世纪中叶曾是东非最强盛的国家，殖民主义者入侵、被沦为英国"保护国"的屈辱，以及乌干达人民强烈反对外来统治、最终赢得民族独立的英勇悲壮，一步步改变了王宫的命运。1967年封建王国被废除，1986年穆塞韦尼上台后又恢复王国制，但此时已今非昔比，国王仅成为一种象征，没有实权。

从布干达王国的第一位国王到穆特萨二世总共经历了35位国王，最后四位全埋葬在卡苏比陵墓。就在导游讲解的时候，王陵内的妇女一直坐在一旁静听，她们是葬在这里的四位国王的"王妃"。导游讲，按照传统，国王驾崩后必须有一名王妃昼夜为其守灵；由于国王妻妾成群，一般为每位国王挑选六名王妃守灵，她们每人每年在王宫值班两个月，每月一轮换，每个国王都如此；这里一年共有24个"王妃"轮流守灵，守灵期间寸步不离王宫，连饭都是别人送来吃，而王宫里的大小事务全由王后的妹妹全权负责。

在王陵的右边坐着三名王妃，她们不时相互低语，左边的一个竟睡在地上进入了梦乡。我提出想与她们唠嗑，导游转告了我的意思，左边那一位刚从梦中归来而不知发生了什么，那满不在乎的神情把大家逗笑了。我问她们："是否愿意终日待在这里？"不知她们是听不明白还是不愿回答、或是不乐意做这样的"王妃"，回答我的竟是摇头不语。我接着问她们的生活来源问题，还是不语，导游回答她们每人在附近分得一片地，自耕自种，自食其力，别无其他特殊待遇。

我提出给她们照相，导游说这需要与之商量，不过首先要向王陵捐款。这时我发现，就在前面的地上放着一个碗，里面有一些小钱。可是捐款归捐款，"王妃们"拒绝拍照。没有"王妃"的王陵照片还有什么意思呢！

怀着几分好奇，我于是将自己的问题一股脑抛给导游：

"'王妃'死后谁来接替？"我问。

"从'王妃'的家族中再选择一名年轻女性，一般情况下是她的妹妹。"他胸有成竹地回答。

"选择新'王妃'有何条件，如果新选的'王妃'结了婚怎么办？"

"一旦被选为'王妃'就终生不能嫁人，如果已经结了婚就必须离婚。"

"这种习俗一直沿袭下去，会不会有一天出现挑选不出'王妃'的现象？"

"不会，她们都来自大家族，家族里总会有年轻女子。"

"她们乐意做这样的'王妃'吗？"

"以前的'王妃'比现在还多，她们的家族将此视为一种荣耀。不过，一些'王妃'后来放弃了这种特权。"

"为什么要这样不停地选'王妃'呢？"

"在我们的心目中，我们的国王不会死去，永远活着，他们需要'王妃'陪伴。"

走出王陵，我的脑海如波涛奔涌，翻卷不停。历史已经进入21世纪，竟还存在这种活人为死人昼夜守灵以致守活寡的特殊历史现象。恢复王室象征地位与恢复王妃守陵制度、尊重古老传统习俗与尊重妇女合法权益怎样才能在这里找到一个令人满意的"平衡点"？又有谁能够破解这道直面历史更直面现实、尊重已故国王更尊重"名义王妃"的难题呢？

# 第十四章　铁路传友谊

谈到中非关系，人们免不了要提及坦赞铁路。如果说郑和下西洋谱写了古代中非友好的壮丽篇章，那么坦赞铁路就是当代中非友谊的一座丰碑。源远流长的中非友好关系在坦赞铁路上继续延伸。

中国为何要援建坦赞铁路，这条铁路有什么重大意义，它的现状如何……带着这些问题，记者曾三次采访赞比亚前总统卡翁达，并于2001年7月、2003年5月和2004年1月，三次前往坦赞铁路实地采访，与这条铁路当年的建设者和今日的管理人员座谈，了解这条特殊铁路的过去、商讨它当时面临的问题，展望它此后发展的前景……向人们讲述这条不朽铁路的生动故事。

2006年6月，记者随团采访温家宝总理凭吊中国援坦专家公墓，坦赞铁路再次受到媒体关注，中非友谊再次受到世界称颂。

## 第一节 "中非友谊的丰碑"

七月的赞比亚阳光和煦,气候宜人,首都卢萨卡一幢普通别墅的大院里鲜花盛开。2001年,非洲统一组织首脑会议在赞比亚举行,前总统卡翁达刚出席完会议,就回到家中接受笔者专访。

这是我第二次与这位中国人民的老朋友见面,上次是2000年8月在温得和克,第三次是两年后的2003年7月在马普托。尽管三次见面的地点不同,谈话的主题各异,但相同的是卡翁达都谈到坦赞铁路,高度称赞这条铁路是"中非友谊的丰碑",是"南南合作的典范"。

修筑坦赞铁路是坦桑尼亚和赞比亚两国人民多年的共同夙愿。两国原有的铁路,都是殖民主义者为了加紧掠夺当地资源而修建的。当时坦桑尼亚的两条铁路——中央干线和坦噶线,主要通往北部和西部的农业区,国家东南地区形成铁路空白。赞比亚是内陆国,独立前仅有一条从铜带省经卢萨卡到利文斯顿的铁路,出海通道有三条:经坦桑尼亚到肯尼亚蒙巴萨港的北线,经刚果(金)到安哥拉洛比托港的西线,经津巴布韦到莫桑比克贝拉港的东线。北线是公路铁路联运,且距离最长,费钱费时费力;东西两条铁路线中,西通道因安哥拉战乱而中止,东出海

2005年初,卡翁达(图右)与作者在南非

口距离最短,全程1547千米,经济而方便,但受到南非和南罗得西亚种族主义政权以及葡萄牙殖民主义政权的封锁而被切断,国家的经济支柱——铜的出海通道被堵塞。赞比亚面临巨大压力,决意与同年独立的邻国坦桑尼亚谋求共建新出路。

卡翁达指出,1965年坦赞两国独立后,面临的共同历史使命,一是反帝反殖,支持南部非洲的民族解放运动;二是冲破殖民主义反动政权对

赞比亚的封锁，发展民族经济。"这就急需修建一条铁路，开辟坦赞两国之间的通道，为铜矿和两国的其他货物寻找可靠的出海口，促进两国的经济交流与发展，支持邻国的民族解放运动"。两国曾先后请求西方国家和苏联援建，均遭到拒绝，理由是"修筑难度大，经济效益小"。

1965年，坦桑尼亚总统尼雷尔访华。他事后曾说，当时是去中国请求经济援助的，但因考虑到中国相对贫穷，而修建坦赞铁路需要巨资，未敢列入求助计划。他万万没有想到，中国政府不但痛快地答应了自己提出的所有请求，而且表示"还有什么困难请讲出来"。尼雷尔说："我当时的确有些不好意思，但在热情鼓励下，终于鼓足勇气说出了修建坦赞铁路。"更令他喜出望外的是，这一请求得到了中国的同意。毛主席在会见尼雷尔总统时指出，先独立的国家有义务支援后独立的国家。中国于同年八月即派出专家组进行可行性考察，次年六月提交了考察报告。

卡翁达回忆说："尼雷尔总统将这一情况告诉了我。1967年6月，我访华时提出了同样的要求。毛主席会见我时，对坦赞两国修建坦赞铁路的愿望表示赞赏和支持。周总理表示，只要坦赞两国领导人下定决心，中国愿意援建这条铁路。我回国途经达累斯萨拉姆，与尼雷尔总统商定，我们共同请求中国援建。"

1967年8月，坦赞两国派出联合经济代表团访华。九月，中、坦、赞三国政府在北京签订了《关于修建坦桑尼亚—赞比亚铁路的协定》。尼雷尔总统当时指出，中国援建坦赞铁路是"对非洲人民的伟大贡献"，"历史上外国人在非洲修建铁路，都是为了掠夺非洲的财富，而中国人今天则相反，是为了帮助我们发展经济"。

34年过去了，可当回忆起这段往事，卡翁达仍难以掩饰其激动之情。谈起与毛主席会见的情景，他说："毛主席是一代伟人、伟大的战略家。他支持第三世界人民的解放运动，帮助我们进行经济建设。他热爱全人类，坦赞铁路就是例证。"他表示，坦赞铁路是一条不寻常的路，"患难见真情。我们在困难的时候，得到中国人民的无私援助，坦赞两国人民将永远铭刻在心中"。他强调指出："坦赞铁路不但是中国人民与坦赞两国人民友谊的最好象征，而且是中非友谊的丰碑。"他停顿了一下说，是"南南合作的典范"。

## 第二节 "钢铁斑马"跨山川

　　五月的达累斯萨拉姆，阵阵凉风正在驱赶着滞留已久的炎热，让人感觉到"和平之港"季节的变化。中旬的一天，我来到坦赞铁路的起始点——达累斯萨拉姆库拉西尼火车站。

　　首先映入眼帘的是让人备感亲切的车站大楼和大广场，置身于异国的蓝天白云下，目睹黑人朋友在广场上川流不息，从大楼里进进出出，这似曾相识的大楼和广场打消了我"独在异乡为异客"的陌生感。陪同我采访的坦赞铁路公关部小姐告诉我，坦赞铁路沿途的辅助设施都是中国援建的，"你瞧，这车站大楼的建筑风格、门窗样式，还有这里的一切……"

　　宽敞的候车室里，人们在紧张地搬运货物行李。当天是星期五，下午有一列开往终点站的快车，乘客们正在忙碌着。车站站长芬戈（Harrison

坦赞铁路的起点站——达累斯萨拉姆火车站

Fungo）先生带领我参观了候车楼，大楼于 1970 年 10 月 26 日由赞比亚总统卡翁达奠基，内部的布局与设施完全是中国特色。在正中央的墙上，悬挂着一幅坦赞铁路全线鸟瞰图，芬戈先生向我作了详细介绍。

坦赞铁路为东北西南走向，东起坦桑尼亚首都达累斯萨拉姆，西至赞比亚中央省的新卡比利姆博希，与赞比亚原有铁路接轨，全长 1860.5 千米，其中坦境内 975.9 千米，赞境内 884.6 千米。

坦赞铁路于 1968 年 5 月开始勘探，中国派出勘探设计队共 680 人，在人烟稀少、野生动物群居的千里莽原和高山峡谷中，披荆斩棘、长途跋涉测量定线，完成了全线的勘测设计任务。1970 年 10 月 16 日和 18 日，尼雷尔总统和卡翁达总统先后在坦赞铁路的两端主持奠基仪式，中国政府代表团出席。1970 年 10 月至 1975 年 6 月，中国政府提供了 9.88 亿元人民币的免息贷款和捐赠了部分房产设备，共发送各种设备材料近 100 万吨，先后派出工程技术和管理人员 5.6 万人次，高峰期间有 1.6 万中方人员在现场施工。他们主要通过乘坐远洋客轮而来，在食品短缺、气候炎热、疾病流行、缺医少药的艰苦条件下，克服重重困难，付出牺牲 65 名工程技术人员的生命代价，提前高质量地完成任务。"钢铁斑马"最终驰骋在千里莽原上，西方某些人士所谓奔驰在荒原上的只能是野牛狮豹的预言不攻自破。一名参观坦赞铁路的西方人士感叹道："只有修建万里长城的人，才能修建出如此高质量、高标准的铁路。"

站长对着铁路平面图讲解说："坦赞铁路是一条贯通东非和中南非的大干线，全线设计为单线，桥梁 318 座，涵渠 2269 座，隧道 22 座。共建车站 93 个，其中 16 个中间站于 1994 年封闭。"他指着图继续说，"铁路通过坦桑尼亚的四个地区和赞比亚的两个省，越过号称为'地球伤疤'的东非大裂谷，穿过高山深谷、悬崖峭壁、河流湖泊、森林草原与大沼泽地，地形地貌极其复杂，海拔高度变化无穷。例如，从起点站的海滨到第一个大站姆林巴（Mlimba），距离 502 千米，海拔达到 332 米；可是从姆林巴到马坎巴科（Makambako）段，相距仅 165 千米，海拔高度竟是 1671 米，接着前进 173 千米，登上全线的最高点——海拔 1786 米的乌尤莱（Uyole），再 20 千米就来到国界线上最大的车站姆贝亚（Mbeya）。"他松了一口气讲道，"从姆贝亚开始，铁路随丘陵慢坡缓缓进入山区，随之傍依山坡爬上基隆贝罗河与大鲁瓦哈河的分水岭——马坎巴科山梁，高度急剧上升。在崇山峻岭中，时而曲折盘旋，时而上下起伏，还要翻越许多与线路走向大致垂直的谷沟，进而登上全线的最高点，修路筑桥的难度可想而知……到终点站新卡时，海拔降低至1275米。"

我们来到站台，看到几列中国援助的"东方红"火车停放着。站长告诉我，右边的两列已破损得无法使用。我走上一列正在使用中的客车，车厢分软卧、硬卧和坐席，其中部分座位垫子已露出底色，车内也出现程度不同的破损现象。站长还示意我观看铁路轨道，每节铁轨上都刻着"中华人民共和国制"的清晰汉字。

步出车站大楼，我们径直来到广场前面的坦赞铁路运营25周年纪念碑前。这是一个特殊的纪念碑，建于2001年7月19日，主要陈列着一个火车头底座，上面写着：中华人民共和国四方机车车辆厂，1973年造。

## 第三节 人间伤别情悠长

烈日炎炎，芳草萋萋，墓碑历历，中国援坦桑尼亚专家公墓内一片肃静。2006年6月23日，温家宝总理和坦桑尼亚总理洛瓦萨（Edward Ngoyai Lowassa）并排站立在写有"中国援坦专家光荣牺牲同志之墓"的纪念碑前默哀，纪念碑下安放着温总理敬献的花圈，花圈的缎带上写着：为援建坦赞铁路牺牲的烈士永垂不朽，中华人民共和国国务院总理温家宝。

烈士们，为了援建坦赞铁路，你们当年响应党的号召，带着祖国和人民的重托，远涉重洋踏上广袤的非洲大陆，为中非人民的友谊献出了最宝贵的生命。你们知道吗？今天，在紧张的访问日程中，人民共和国的总理专程看望大家来了，代表祖国和人民向你们——牺牲在异国他乡的亲人们表达深深的思念之情。

中国援坦专家公墓位于坦桑尼亚首都达累斯萨拉姆西南24公里处，举世闻名的坦赞铁路从其附近通过，公墓内安葬着69位为援助坦桑尼亚国家建设而殉职的中国专家、技术人员和工人，其中47位在修建坦赞铁路时牺牲。在修建坦赞铁路中，中方共有65人献出了宝贵的生命，除一名牺牲在中国赴坦桑尼亚的客轮上外，还有17名安葬在赞比亚。他们之中，年龄最小的牺牲时仅24岁。

默哀完毕，温总理在洛瓦萨总理的陪同下缓步走进公墓。这座正方形公墓是由坦桑尼亚政府于1972年专门划拨的，占地面积1.44万平方米，由中国外交部、铁道部和外经贸部联合建成，中方负责管理。在围墙环绕

坦桑尼亚中国烈士陵园

的绿草坪上，整齐地排列着用水泥修建的墓冢和白底红字的墓碑，墓碑上书写着殉职者的姓名、籍贯、工作职务和生卒年月。温总理首先来到毛忠满烈士墓前献上一束鲜花。这不是一束普通的鲜花，它代表中国政府和人民对献身坦赞铁路和中非友谊的烈士们的深沉思念；这不是一束普通的鲜花，它告诉世界中国政府十分关注我驻外工作人员和海外华侨华人的安危；这不是一束普通的鲜花，它象征着中非友谊之花将永远遍开非洲大地！坦赞铁路中国专家组组长杜坚向总理介绍说，毛忠满是在修建坦赞铁路中第一个因工程事故牺牲的烈士，生于1930年，1971年1月4日在离这里40公里的工地上被推土机轧死。温总理对身旁的洛瓦萨总理说："毛忠满是辽宁人，如果活着，他今年应该76岁了。"

温总理又走到彭明良烈士的墓前献花。杜坚组长介绍说，修建坦赞铁路牺牲的烈士约有30%死在工地，40%死于交通事故，30%被恶性疟疾等疾病夺去了生命，彭明良就是第一个死于脑疟的。听到这里，温总理表情凝重。此情此景，让人回想起当年修建坦赞铁路时，一名中国工人患重病而当地缺医少药，周恩来总理派专机和中国医生飞往坦桑尼亚挽救那名中国工人生命的感人故事。

温总理在墓地中间轻缓行走,不时地停住脚步,注视着一个个墓碑,低声说:他是河南人,他是辽宁人,他是陕西人……

千山万水隔不断祖国人民对烈士的思念之情。担心你们孤独,每年清明节,中国驻坦大使馆工作人员和所有在坦工作的我国公派人员都前来为你们扫墓,寄托哀思;惟恐你们寂寞,国内来访的代表团都忘不了前来为你们敬献花圈,表达敬意。今天,温总理专程前来看望你们。温总理深情地说:"今天,我们来到这里,向烈士的墓地献上鲜花,向他们表达我们无尽的思念。岁月流逝,他们在这里已经度过无数个日日夜夜。但是,祖国人民和坦赞两国人民始终没有忘记他们。祖国人民和坦赞两国人民感谢他们为中非友谊做出的无私奉献,他们的功绩将永远铭记在我们心中。"

温总理的一席话打动了在场的每一个人的心,不少人眼含热泪。"人生有情泪沾臆,江水江花岂终极?"[①] 烈士们,共和国总理看你们来了,祖国亲人看你们来了。你们可否知道,你们为之献身的坦赞铁路早已建成通车?你们可否知道,中非友谊之花早已开遍非洲大地?你们可否知道,祖国已经发生了翻天覆地的变化?会的,你们一定会的,你们一定会含笑九泉!

烈士们,坦赞两国人民没有忘记你们,你们的事迹在当地广为传颂。与你们曾经并肩奋斗的坦桑尼亚战友今天也来了。他们动情地说,中国朋友为我们的铁路献出了生命,"我们永远感激他们,思念他们"。洛瓦萨总理说,烈士们的名字和坦赞铁路一样,将永远铭记在中坦赞三国人民的心中。

温总理在白色的留言簿上题写了:"烈士英名永垂不朽,中坦友谊万古长存。"

半个小时的时光转瞬即逝,当温总理准备登车离去的时候,他情不自禁地向公墓内回首注视。人间重伤别,此情最悠长。祖国将永远思念为修建坦赞铁路而牺牲的烈士们。

安息吧,烈士们!你们热爱祖国,献身非洲,这里就是你们的第二故乡。你们用鲜血和汗水构筑的坦赞铁路这座中非友谊的历史丰碑,就像巍峨的乞力马扎罗山一样,耸立在非洲大地,耸立在中非人民的心中!

---

[①] (唐)杜甫:《哀江头》。

## 第四节　运量不足设备旧

2003年5月16日，我走进与坦赞铁路起点站一墙之隔的坦赞铁路总局，局长皮里（Charles C. Phiri）先生因公出差，副局长班尼克娃（Margareth Banyikwa）女士接受了采访。她坦承，坦赞铁路当时存在着设备老化、人员老化和通信不畅、资金不够、运量不足、支持不力和管理不善等"二老五不"问题。

2004年1月，我随《人民日报》代表团访问赞比亚。在坦赞铁路终点站新卡车站，坦赞铁路中国专家组赞比亚组组长孙文华先生、坦赞铁路赞比亚分局新卡地区总经理纳穆德（J. M. Namoode）先生在接受采访时，一致认为坦赞铁路当时存在着总局指出的"二老五不"问题。

坦赞铁路的客运货源除来自坦赞两国外，还包括刚果（金）、马拉维、乌干达和布隆迪等邻国。坦赞铁路的年客运量最高时曾达到221.9万人，多年来维持在150万人左右。客运一般赔钱，坦赞铁路也不例外，一直在赔本运营。就货运量而言，运量主要集中在两端和中段的姆贝亚与马坎巴科地区。起点站以港口进出口中转货物为主，中段主要是水泥、木材和农副产品，终点站是出口铜，各占总运量的三分之一左右。

坦赞铁路设计年运量初期为双向200万吨，远期为500万吨。正式运营以来，有七个年度超过100万吨，最高达到127.3万吨。从1993至1994年度开始滑坡，维持在60余万吨，自此步入持续亏损轨道，经营状况日益恶化。2003年欠外债7000万美元，时常拖欠港口费用，无力支付水电费，多次被新闻媒体曝光，总局长曾被告上法庭。入不敷出，举步维艰，形成难以自救的恶性循环。

坦赞铁路的财政危机是多种因素造成的，运量持续下降、收入不断减少是直接原因。经济增长缓慢、市场竞争激烈、周边政局不稳等导致运量不断下降。由于矿井年久失修，设备老化，赞比亚的铜产量减少，铜运量从40万吨下降到十几万吨。随着新南非的诞生，外部经济封锁告结，为赞比亚进出口货物提供了多种通道选择，除坦赞铁路外，还可走南部通道，而南部通道效率高、设施好。周边国家经济增长缓慢，刚果（金）爆发持久内战，造成货运量和人员流动减少。

运量下降的主要原因是运能不足。坦赞铁路所有的运输行车设备，普

乘客在坦赞铁路终点站——新卡火车站乘车

遍存在失修老化的问题。线桥设备未进行过系统维修，局部地段未进行中修。全线道床板结脏污达 800 多千米，缺碴地段约 300 千米，木岔（桥）枕腐朽严重，失效钢筋混凝土长期未换，局部地段失效达 20% 以上。就通信信号设备而言，电务设备从未进行过大修，电线的支架锈蚀严重，瓷瓶破损，90% 的拉线被盗或烂掉，站间闭塞，联络只能通过调度线。由于设备失修和被盗严重，40 个车站的臂板预告信号机已停止使用。

机车动力不足是制约坦赞铁路运能的"瓶颈"。机车长期失修，拆东墙补西墙，导致全线机车处于半趴窝状态。据介绍，坦赞铁路的绝大多数机车是中国提供的，现有一半报废，未报废的也处于趴窝状态，此外还有美国和德国的机车。到 2003 年，能用的机车仅有 15 台，而最低限度怎么也应该保持在 20 台。另外，客货车辆老化，技术状态不良。客车外观普遍陈旧，门窗破损严重；货车大中修超期，不能做到恢复性和保持性修理，致使临修增多，尤其是轮毂、轴承的故障多。

当初，为了向运输提供良好的机车车辆保障，按照零小部件自给的原则，中国分别在达累斯萨拉姆和姆皮卡（Mpika）援建了机车修理厂，工厂具有铸造、冶炼、热处理、金相分析、电镀、制模、金属加工等成套设备和能力。这些设备的 95% 是 20 世纪 70 年代中国制造的,自动化程度低,经过 20 多年使用,已超过 14 年的设备使用年限,精度下降,且从未进行过大修。生产设备失修缺损,许多必需的设备已无法使用;配件严重短缺,日常检修无法正常开展。

管理不善也是导致运量下降的一大突出问题。起点站物资积压,周转不灵;终点站铜板堆积,不能运走。如果提高工作效率,改进服务质量,坦赞铁路的运量有望上升,否则将会进一步失去市场份额。

## 第五节 管理不善员工老

2004 年 1 月在新卡车站,我们听到这样一个令人啼笑皆非的真实笑话:由于通信不畅,调度失灵,而坦赞铁路又是单线,为避免事故发生,火车只好原地待命,而调度人员有时竟不知火车行进在何处,于是就开着汽车沿途寻找火车。

"开着汽车找火车"的笑话仅仅暴露了坦赞铁路管理问题的冰山一角。

坦赞铁路由坦赞两国政府根据《坦赞铁路法规》共同管理。就管理体制而言,分为部长理事会——董事会——铁路局三级。部长理事会主要行使宏观管理的政府职能,董事会为坦赞铁路的经营决策层,局长是铁路局的最高行政长官,在董事会的监督下负责铁路局的行政管理事务。坦赞铁路局的直属单位,除坦桑尼亚和赞比亚两个分局外,还有车辆修理厂、姆皮卡培训中心和卢萨卡办事处。财务体制实行统收、统支、统分,铁路局统负盈亏,下属单位责权利不挂钩。

以机车动力为例,人车分离是影响机车质量的重要原因。坦赞铁路机车乘务员不属机务段编制,而隶属于分局运营机关的公寓管理部门,司机不做机车保养,不关心机车质量,常使轻微故障得不到及时处理而扩大。坦赞铁路管理层次较多,但"分局无权、站段无钱、路局太远",检修计划、配件计划、资金计划等需要通过三个层次逐级报批,最后由路局根据部门盈亏状况核减分配,制约了基层单位的积极性和主动性。另一方面,工作虽有计划、有布置,但无检查考核,人人吃企业的"大锅饭",导致纪律松散,事故多发。1999 年至 2000 年度,共发生事故 246 件,其中撞车和脱车事故 115 件,占 46.7%。

管理不善,根在体制。坦赞铁路线长点多,且横跨两国,高度集权不适应市场经济的要求，两国共管体制也与市场变化不相适应。两国共管要求利益均等，必然导致资源配置不尽合理，资金难以融通，材料难以调剂，工资福利相互攀比，加重了经营管理的难度。坦赞两国只"管理"而很少投入，1995年还取消了有关免税规定。此后，坦赞铁路需缴纳房产税、城市管理税、燃油税、销售税、增值税等，特别是机车购买燃油，也要缴纳用于公路建设的燃油税，加大了不必要的财政负担。

人员老化也是坦赞铁路面临的一个不容忽视的大问题。坦赞铁路总定员5652人，中国建议的人数是4600人，国际咨询机构提出的定编人数是3000人。从实际情况看，最高峰时达到6700人，2000年6月底的人数为4995人，2003年6月底是3900人。坦赞铁路实行等级工资制，不与绩效挂钩，每年以规定比例递增，且福利待遇良好。

坦赞铁路乘客抵达马坎巴科（Makambako）站

2003年，坦赞铁路员工存在着严重的老化问题，年自然减员200余人，特别是经过中国培训的老一代职工，他们经验丰富、技术熟练、责任心强，将在近两三年内陆续离开工作岗位。纳蒙德总经理用汉语告诉我，坦赞铁路修建期间，曾从两国各选送100人赴中国北方交大学习三年，1987年至1989年，又从两国各选送十人去中国深造，他有幸两次赴中国学习。"我从1975年至今一直在坦赞铁路工作，对中国和中国人民、对坦赞铁路充满深情，看到坦赞铁路目前的状况，我心里非常着急，希望改变得越快越好"。像纳蒙德这代人以及稍后经过中国专家在现场亲手培训的一代职工，多年来是坦赞铁路的管理人员和业务骨干，他们真诚地希望在自己离开岗位以前，坦赞铁路能够尽快恢复活力与元气。

坦赞铁路还面临着严重的人才断层危机。这批经中国以各种方式培训的主力军全部离岗后，坦赞铁路的技术力量无疑将大大削弱。近年招收的为数不多的青年工人，未经培训即顶岗作业，部分地区和部门业已暴露出技工断层、关键岗位缺员的状况。遗憾的是，由于财政危机加剧，人员老化、人才断层这一问题尚未引起铁路局的足够重视。

## 第六节　坦赞铁路私有化

管理不善导致财政收入每况愈下，债台高筑，资金周转极为困难。主要表现在不能按时发放工资，无力购买机车燃油，无钱为设备维修保养提供资金，甚至不能为其法定的义务支付费用。

在接受采访中，中国驻坦桑尼亚经济商务代表处举了三个例子，从中可窥管见豹。一、因缺少资金投入，机车完好率下降，运量减少，2003年一季度发货量为11.7万吨，比上季度减少7.3万吨，比上年同期减少3.2万吨。月均运输量仅为38887吨，是坦赞铁路运营以来罕见的低水平。二、第九期技术合作贷款项目中，从法国转口供货的两台轨枕抽换机，于2000年8月20日运抵达累斯萨拉姆港口，因无钱及时办理提货，滞留港口九个月才提取出来。此前的21个集装箱零配件，也因同样的原因滞留港口达一年之久。三、因无钱支付电话费，坦赞铁路局总部办公楼里的几十部市内电话，曾在2001年被停止使用一年多，工作人员只能使用手机来维持基本的业务联系，发送传真必须到附近的国际机场才能办理。

坦赞铁路当时必须面对的诸多问题是多年来积累形成的，不少问题在多年前就显露出端倪。1985年，坦赞铁路制定了"十年发展规划"，以实现商业化为承诺，提出24个项目向西方国家寻求捐助，当时有十个国家和组织认捐了17个项目，为维持铁路运营起到一定作用。1995年，坦赞铁路开始实行商业化，目的是要把坦赞铁路改造成充满活力的经济上自立的公司实体，为此修改了《坦赞铁路法规》，扩大了董事会和总局长的权限，并把分局和工厂等单位界定为成本利润中心，以便分灶吃饭，独立核算，调动其积极性。由于受两国共管体制和资金的限制，一些主要的改革措施，如定员编制合理化、财务制度改革等均未能付诸实施，商业化改革随之停顿。

面对激烈的市场竞争和重重困难，坦赞铁路局想方设法节支增收，千方百计维持运营和全线畅通。然而，这些都不可能从根本上解决问题。新世纪到来之前，坦赞铁路的私有化问题提上议事日程。

对国有企业实行私有化，是坦赞两国的既定国策。坦桑尼亚于1993年开始推行私有化，从425家国企中选择了395家进行私有化改造，截至2002年底已有300余家完成了改制。对坦桑尼亚铁路公司的改造也在进行之中，主要是想实行特许经营。包括铜矿在内的赞比亚大部分国企已完成了私有化改造，赞比亚铁路公司经过三年多的准备，已通过招标方式于2003年开始实行特许经营，中标者是南非和以色列的联营公司，期限20年，铁路的所有权属于赞比亚政府。其间，经营者须上缴2.53亿美元费用，每季度再上缴5%的营业额。

1999年12月，中、坦、赞三国政府商定，由中国派出一家企业，对坦赞铁路坦赞合资经营的可行性进行调研，上海铁路局承担了此项任务。调研的初衷是想采取中坦、中赞合资纺织厂的模式，对坦赞铁路实行三国合资经营。2000年7月27日至9月9日，上海铁路局在进行了45天的调研后认为，对坦赞铁路合资合作，需投入巨额资金，而中国铁路企业仍承担着公益性建设和运输任务，不是营利企业，无力对外投资。即：对坦赞铁路进行合资合作，不具备纺织企业那样的条件。

坦赞两国已原则上决定对坦赞铁路实行私有化，准备借助赞比亚铁路的方式采取特许经营，允许私营部门参与坦赞铁路的运营。2002年8月，坦赞两国政府在卢萨卡举行了坦赞铁路私有化问题研讨会，制定了私有化的"行动计划"。但是，截至2004年

非洲风情

初尚未开始启动。

2003年12月19日，在世界银行的资助下，两国对坦赞铁路的特许经营进行可行性评估。对此，中国政府表示，希望坦赞两国最终能够找到符合坦赞铁路实际情况的改革方案，并将在力所能及的范围内，继续向坦赞铁路提供帮助，并积极探索多种方式的合作，以巩固中、坦、赞三国的友好合作成果，使象征中非友谊的坦赞铁路健康运营下去。

## 第七节 "我们高唱《东方红》"

2001年7月14日清早，晨光熹微，寒气袭人。我从昨晚下榻的中赞合资姆隆古希纺织厂（Mulungushi Textile）出发，直奔附近的坦赞铁路终点站新卡站采访。

清晨的火车站显得几分清静，直耸入云的铁塔上迎风飘扬的五星红旗格外引人注目。在车站广场的"一把铁锹"雕塑前，几名当地黑人正在聊天，看到我举起相机拍照五星红旗，一位年长者老远就热情地打招呼，他高兴地说："每次遇到中国朋友，我都要主动向他们问好。今天是个特殊日子，见到你又看见了五星红旗，我的心情十分激动，每当看到五星红旗，我都要唱《东方红》。"于是，他们几人便唱起"东方红，太阳升……"他们以自己能用汉语歌唱而引以为荣，自豪之情，溢于言表。

他告诉我，自己当年曾参加坦赞铁路的修建，今天仍在铁路工作，对中国、对坦赞铁路有一种特殊的感情。他指着雕塑说："中国朋友当年就是用这种简陋的工具帮助我们修筑铁路的，我们至今铭记心中。""中国人对我们太好了，你们是我们的好朋友、好兄弟。过去帮助我们修建铁路，今天仍帮助我们安装新的铁路通信系统。"

正在进行之中的是坦赞铁路通信系统改造工程，包括三部分：全线程控交换机更新改造；坦桑尼亚境内达累斯萨拉姆至基洞达Tun区间微波通信系统的设置；赞比亚境内新卡至赛伦杰（Sereje）区间微波通信系统的设置。在火车站附近用集装箱组成的住地，我采访了中土公司援坦赞铁路微波通信项目技术组，得知这一项目于2001年2月正式开工，计划年底前完成。2004年1月再次采访时，获悉三部分中的前两部分已完成任务，于2003年7月9日移交坦赞铁路局，最后一部分因对方提供的地形地貌图纸资料与实际不符，在施工中遇到地质困难，尚在复工之中。

坦赞铁路新卡火车站广场上的"一把铁锹"雕塑，以纪念当年中国工人修筑坦赞铁路时所用的工具

该通信系统改造工程属于中、坦、赞三国第八、九期技术合作项目。自1976年坦赞铁路建成移交以来，三国政府在坦赞铁路上一直进行着技术合作，2003年进展到第十一期。

据中国专家组介绍，我国政府原定在坦赞铁路移交后进行两期共四年的技术合作，然后撤出中国专家，完全由坦赞两国独立经营管理。可是，铁路正式运营后不久，便在管理上出现了许多问题。为加强管理，三国政府决定，从1983年8月的第四期技术合作开始，每期从两年延长至三年，由中国专家参与铁路管理，但不担任实职。这种管理形式，一直延续到1995年底结束的第七期。12年"参与管理"期间，中国向坦赞铁路局的九个部门和工厂派出专家，从起初的250人逐渐减少到122人。专家们除日常提供管理咨询和技术指导外，还参加总局、分局、工厂和地区的办公会议，专家组长参加董事会会议。中国专家参与管理，在一定程度上改善了经营管理状况，为阶段性运量上升和账面赢利发挥了积极作用。

但是，中国专家"参与管理"不可能从根本上解决坦赞铁路的经营问题。"一条铁路，两国共管"的模式暴露出两国政府及其员工之间的诸多矛盾，在很大程度上影响着铁路的正常管理与运营。而且，坦赞两国政府对坦赞铁路只"管理"而不投入，致使铁路设备严重失修。多年来，坦赞铁路所能获得的资金援助仅仅是中国政府提供的贷款。从管理体制上看，坦赞铁路采取的是西方制度，对管理的核心部门——人事与财务以及敏感领域——劳资关系等深层次的问题，中国专家不便介入。

鉴于以上实际情况，三国政府决定，从第八期技术合作开始，将合作方式从由中国专家"对运营和管理进行技术指导并参与管理"，变为"向坦赞铁路局提供管理咨询和技术指导"，专家组随之大幅度减员。

为期三年的第十一期技术合作于2002年1月1日开始，合作方式已转为由中国专家对中国政府贷款的项目进行协调、向中国政府援建的两个机车厂提供技术指导，并列席坦赞铁路总局会议。专家组定员15人，分布在总、分局机关和两个机车厂。期间，中国援助的各类设备和物资为铁路运营发挥了一定作用，特别是提供600万美元帮助他们购买燃油和零配件，并修理了六台机车，这些雪中送炭的举措，解决了坦赞铁路局的燃眉之急。

自移交运营28年来，中国政府累计向坦赞铁路派出2815人的专家组，累计提供了九亿多元人民币的免息贷款，以更新设备、提供零配件和购买急需物品。中国专家们以其高度的敬业精神、高超的专业水平、真诚的合作态度、平等的待人作风，对坦赞两国朋友真心地传、帮、带，赢得坦赞铁路局和坦赞两国人民的交口称赞。在采访中，坦赞两国的朋友一致表示，如果没有中国专家和中国的支持，坦赞铁路的现状确实不堪设想。也许，坦赞两国朋友的这一比喻更能说明问题。他们形象地把坦赞铁路比作"孩子"，坦赞两国是其"父母"，中国是其"叔叔"。"坦赞铁路这个孩子，是叔叔养活大的。"

## 第八节 "友谊之路"永不朽

在三次采访坦赞铁路期间，无论是与双方铁路管理人员交谈，还是和列车的乘客寒暄；无论是与出租车司机聊天，还是同大街上的普通民众唠嗑，我无不强烈地感受到坦赞两国人民对中国人民的感激之情和深厚情谊。

2001年7月，我走进坦赞铁路卢萨卡办事处，马韦雷（A. M. Mawere）主任一见面就热情地用汉语问候。与新卡地区总经理纳蒙德一样，马韦雷曾两次赴中国深造，对中国人民充满深情。谈起第一次在北方交大的学习生活，他首先用汉语背诵了"自力更生，艰苦奋斗"八个字，接着若有所思地说："坦赞铁路的意义和影响，远远超出了这条铁路本身。中国不但为我们修筑了铁路，而且使我们从中学习到许多东西。当时我在中国，感到中国也很贫穷，但是你们竭尽全力帮助我们，这种真诚友谊是无法用金钱来衡量的。三国老一代领导人创建的这种友谊，今天已相传了好几代，我们都应该倍加珍惜，发扬光大。"

坦赞铁路终点站附近的1860千米里程碑

"时隔12年后再次去中国，我惊奇地发现中国发生了巨大变化。"他激动地笑言，"中国的经济发展以每分钟200千米的速度前进，目睹周围的一切，我当时非常激动。"谈到坦赞铁路的现状，他对问题的看法，与总局和分局的基本一致，"像坦赞铁路这样一个巨大的工程，存在一些问题在所难免。我们过去需要中国专家，他们'手把手'、'一对一'地帮助我们，现在铁路出现了不少严重问题，我们同样需要中国朋友的帮助。这种帮助是非常重要的"。

目前，坦赞铁路每周二、周五同时从两端各对开一列客车，历时37小时抵达终点。2004年1月采访时，我在新卡车站巧逢旅客进站上车，问起铁路的情况，他们都对火车经常晚点颇有微词，并感叹道："如果中国朋友来管理这条铁路就好了，你们国内的火车一定不会这样。"在达累斯萨拉姆和卢萨卡街头，在与民众闲聊时，他们对中国援建坦赞铁路表示非常感谢，希望友好的中国人民继续帮助他们，使坦赞铁路能够健康运营下去，让作为三国人民友谊象征的坦赞铁路，在三国人民的心目中永远留下美好的印象。一名坦桑尼亚的出租司机说："我从小就知道，中国人民是我们的好朋友。我今年29岁，知道中国援助我们修筑了坦赞铁路，还帮助我们修建了公路和房屋。我常去火车站拉客人，谈起中国他们都竖起大拇指，谈到坦赞铁路都希望你们能够帮助我们把它管理好。"追问原由，他不假思索地答道，"中国人友好，经验丰富，情况熟悉，一定能把这条铁路管理好"。

坦赞铁路是中国与坦赞两国之间伟大友谊的象征，是中坦赞三国真诚友谊的纪念碑，高奏了一曲中非人民之间友谊的永恒赞歌，是一条"友谊之路"！

修建坦赞铁路之时，坦赞两国独立后不久，长期深受殖民主义统治，两国经济十分落后。为努力发展民族经济，两国人民与中国人民一道战天斗地，咬紧牙关，一定要为非洲人民争口气，建成一条自己的铁路，高奏了一曲鼓舞人心的穷国志气歌，是一条"争气之路"！

坦赞铁路挫败了南非种族主义政权封锁赞比亚、扼制其经济发展的图谋，有力地支持了南部非洲的民族解放运动，高奏了一曲支持南部非洲国家独立解放的自由歌，是一条"自由之路"！[①]

截至2001年底，坦赞铁路共运送货物超过2350万吨、旅客3750万人次。自建成之日始，就成为联结东非、中非与南部非洲的运输大动脉，促进了坦赞两国和中、东、南部非洲的经济和社会发展，高奏了一曲民族经济的发展歌，是一条"发展之路"！

---

① 坦桑尼亚人把坦赞铁路称为"Uhuru Railway"，即"自由铁路"。"Uhuru"是斯瓦希里语，意为"自由、民族独立"。

坦赞铁路虽历经28载，线路两侧排水设施齐全完好，隧道结构依然完善，沿线植被防护良好，站舍建筑风貌依旧，尤其是路堑坚固，大面平整，勾缝整齐划一。1998年受厄尔尼诺现象影响，坦桑尼亚发生特大洪水，该国的中央铁路被水冲垮，坦赞铁路仍岿然不动，工程质量堪称一流。坦赞铁路高奏了一曲精益求精的敬业歌，是一条"钢铁之路"！

坦赞两国人民与中国人民之间用坦赞铁路构筑的真诚友谊，就像喜马拉雅山和乞力马扎罗山一样，巍然屹立，永世长存！中国与非洲人民之间的传统友谊，在坦赞铁路上继续延伸，通向未来……

# 第十五章　回老家寻"根"

2005年4月21日，记者从南非离任来到郑和的故乡——云南省。云南是郑和的祖居地和咸阳王的建勋地。在云南，记者采访了郑和的出生地，凭吊了郑和的六世祖赛典赤·赡思丁的陵墓。得知郑和的六世祖来自陕西，记者又前往古城西安，走进位于西大街大学习巷的清净寺，仔细研读了《郑和碑》。《咸阳王碑》碑文的发现引起学术界的关注，而原碑不知今在何处又留下几多遗憾。

北京是燕王的就藩地及明都北迁地，也是郑和的成长之地。"靖难之役"立下奇功，"马和"被皇帝赐姓"郑"而成为"郑和"。皇帝为何要为其赐"郑"姓，成为一道至今仍未破解的难题。郑和身为太监，为什么还会有后裔，不知情者难免要提出这一疑问，请看事实真相。

江苏是郑和下西洋的策源地和起锚地。记者采访了2005年7月在江苏南京举行的郑和下西洋600周年国际学术论坛，接着又来到太仓市，站立在"望江亭"前，当年郑和下西洋时的出海口令人浮想联翩。而600年后，郑和船队水手的后裔从遥远的非洲"回国寻根"，无不令人欣喜与深思。应邀前来太仓出席郑和航海节的"中国学生"或被称为"中国女孩"的姆瓦玛卡会说些什么呢？

郑和下西洋是一首壮丽的史诗，和平是这部史诗的主旋律。郑和下西洋的伟大壮举，以无可辩驳的史实回击了所谓的"中国威胁论"。它向世界再次昭示：中国的和平发展必将有利于人类和平，必将造福于世界，造福于未来。

## 第一节　回国踏寻郑和路

2005年4月20日，我结束了在南非长达八年的驻外记者生涯，回到祖国，首站抵达郑和的祖居之地——昆明。在短暂停留中，我参观了位于郑和故里的郑和公园，凭吊了郑和的六世祖——元咸阳王赛典赤·赡思丁的陵墓。

**塑像高大英武**

4月23日，我参观了位于晋宁县昆阳镇的"郑和公园"。晋宁现为昆明市辖地，位于滇池东岸。昆阳镇依傍月山而建，"郑和公园"建在月山之上，视野开阔。走进公园，拾级而上，一尊高大英武的"郑和石塑像"站立在高台上。他左手按剑，右手持远洋航海图，炯炯有神的双眼凝视远方，一副大无畏的英雄气概。站立在这尊8.5米高的塑像前，不由得让人想起袁忠彻《古今识鉴》中关于郑和的描述："身长九尺，腰大十围，四岳峻而鼻小，法反此者极贵。眉目分明，耳白过面，齿如编贝，行如虎步，声音洪亮。"[①] 当然，唐代杰出诗人李白"长风破浪会有时，直挂云帆济沧海"[②] 的著名诗句也自然会浮现在脑海里。

一艘巨大的"宝船"乘风破浪、扬帆万里，航行到郑和的故里，停泊在公园最高处的开阔平地上。这座仿照郑和当年宝船形状修建的"三宝楼"巍峨壮丽，上下三层，飞檐凌空，汉白玉围栏。最高层悬挂着梁启超"海上巨人"的题词。登上"宝船"凭栏远眺，目光透过绿树丛中，依稀能看到郑和的出生地——和代村。

郑和碑林位于"三宝楼"附近，存碑刻64块。其中有梁启超、孙中山、周恩来、朱德、邓小平和江泽民等论郑和的碑刻。"我国明代郑和是一位大航海家。郑和曾访问过东非索马里、肯尼亚等国家，为中非友谊做出过重大贡献。"这是周恩来总理1964年访问东非肯尼亚、索马里等国时发表演说中的一段话。

---

① （明）袁忠彻：《古今识鉴》卷八，郑鹤声、郑一钧《郑和下西洋资料汇编》（增编本）上册，海洋出版社2005年版，第21页。

② 李白：《行路难·一》。

第十五章 回老家寻"根" 281

郑和故里的郑和像

世纪伟人邓小平这样解读郑和："现在任何国家要发达起来，闭关自守都不可能。我们吃过这个苦头，我们的老祖宗也吃过这个苦头。恐怕明朝明成祖时候，郑和下西洋还算是开放的。明成祖死后，明朝逐渐衰落。……如果从明朝中叶算起，到鸦片战争，有三百多年的闭关自守，如果从康熙算起，也有近二百年。长期闭关自守，把中国搞得贫穷落后，愚昧无知。""历史经验教训说明，不开放不行。……你不开放，再来个闭关自守，五十年要接近经济发达国家的水平，肯定不可能。"

郑和碑林的对面是郑和父亲马哈只的陵园。陵墓前竖立着一块高1.66米、宽0.94米的红砂石碑——《马哈只碑》，又称《故马公墓志铭》，下有砂石赑屃座。此碑为明永乐三年，即公元1405年端阳日资善大夫礼部尚书兼左春坊大学士李至刚撰文。碑文竖刻14行，共284字，记述了马哈只的身世、秉性、家庭子女、生卒年月等。关于郑和，碑文中指出："和自幼有材志，事今天子，赐姓郑，为内官监太监。公勤明敏，谦恭谨密，不避劳勤，缙绅咸称誉焉。"

马哈只墓碑碑阴有这样的题记："马氏第二子太监郑和奉命于永乐九年（1411年）十一月二十二日到于祖茔坟茔祭扫追荐至闰十二月吉日，乃还记耳。"这是郑和第四次下西洋前回云南扫祭祖墓留下的文字。

郑和公园内还建有"故里亭"，亭里立有"明三宝太监郑和故里"的石碑。

**家世之谜解开**

由于《明史》中对郑和的身世记载十分简略，《故马公墓志铭》于1912年的发现，揭开了500余年来郑和的身世之谜。郑和原姓马，明洪武四年（1371年）生于滇池之滨的晋宁昆阳和代村一个世袭的伊斯兰官宦人家。祖父察儿米的纳和父亲米里金曾赴麦加朝觐，有"哈只"尊称。郑和母亲温氏是一位善良贤淑的妇女，史称"有妇德"。郑和共兄妹六人，长兄马文铭和四个姐妹。

如果说《马哈只碑》把郑和的身世上溯到祖辈的话，那么1983年《郑氏家谱·首序》的发现则把郑和的家史上溯至11世。家谱指出，郑和的远祖，即11世祖，是西域普化力国王所非尔，于宋神宗熙宁三年来归顺宋朝，授为本部总管，加封宁彝侯、庆国公，卒赠朝奉王。郑和的六世祖赛典赤·赡思丁受命驻镇咸阳，为都招讨大元帅、上柱国左丞相、平章政事。1274年至1279年任云南行省"首任省长"——平章政事，安定边疆，兴修水利，重视教育，传播文化，政绩显赫，功勋卓著，深受百姓爱戴，死后追封为咸阳王，葬在昆明东郊。他兴修的一批水利设施，几百年来一直造福于云南百姓。如松华坝水库，至今还发挥着作用。

从郑和父亲米里金往上排序：郑和的六世祖赛典赤，五世祖纳速剌丁，四世祖伯颜，三世祖察儿米的纳。郑和立其兄马文铭之子马恩来为嗣。《郑氏家谱》说："至宣德六年（1431年），钦封公三保太监。公以兄文铭之子立嫡，名赐。"[1]

郑赐的部分后裔明代至清代居云南昆阳，后迁至玉溪东营，其中一部分迁至泰国清迈，约200人。居住在南京、北京、上海等地的郑和后裔约百人。也就是说，郑和后裔主要分为玉溪、南京和泰国三支，迄今已有21代子孙。

**昆明滇池畔的元咸阳王墓**

云南不但是郑和的祖居地，而且是咸阳王的建勋地。4月24日，我

---

[1] 纪念伟大航海家郑和下西洋580周年筹备委员会、中国航海史研究会编：《郑和家世资料》，人民交通出版社1985年版，第3页。

来到昆明东郊,凭吊了咸阳王的陵墓。陵墓位于昆明郊区松华坝水库旁的官渡区中坝乡马家庵村的一个小山包上。陵园不大,但洁净幽雅。守墓老人高荣告诉我,他为先哲赛典赤守陵已有 20 余年,每天除回家吃饭外,白天在陵园植树养花,清扫护理,夜间驻守在陵园门口的小房内,时时注意着墓地的动静。他曾三次机智地与盗墓贼周旋,吓跑了盗贼,使陵墓安然无恙。1992 年,高荣被评为昆明市文物保护先进个人。

### 《郑和碑》存西安

西安是郑和的寻祖地和选才地。2005 年 5 月,我两次来到位于西安鼓楼附近大学习巷的清真寺,认真研读了寺院内的《重修清净寺碑》。当地人将此碑简称为《郑和碑》。

西安大学习巷清真寺,又称清净寺、清教寺、西大寺等,与其东不远处的化觉巷清真寺遥遥相对。据寺内现存的石碑记载,该寺创建于唐中宗乙巳年(公元 705 年),坐西向东,呈长方形,是西安规模较大、建筑最早的清真寺之一。清真寺由照壁、石坊、大门、三间庭、省心阁、南北厅、碑亭、阿訇斋、沐浴室、礼拜正殿等别具特色的建筑组成,建筑面积 3000 平方米,占地面积 7000 平方米。

正殿门首悬挂着慈禧手书"派衍天方"的牌匾。当我走进清净寺,

西安清净寺内的《郑和碑》

问起《咸阳王碑》时，寺内的一位老人指着阿訇斋旁的木亭说："这里没有《咸阳王碑》，那是《郑和碑》。"我走近石碑一看，碑额阳篆"重修清净寺碑"六个大字。在清真寺大门口的介绍中，把此碑称为《郑和重修清真寺碑》，这显然是对《郑和碑》与《重修清净寺碑》的合称。

《郑和碑》立于明代嘉靖年间，距今已有400余载。石碑通高2.23米，宽0.83米，厚0.20米。石碑四框为缠枝花纹，楷书碑文15行，计479字，个别字迹残缺。碑文为刘序所撰写，西安后学刘汝麒镌刻，书写严谨，工整遒劲，是少有的颜体珍品。碑文叙述了清真寺的由来、建筑规模、修葺历史，以及郑和永乐十一年四月第四次下西洋时，曾聘该寺掌教哈三阿訇为佐使随员，哈三后来成为郑和下西洋使团的"总翻译"，因其功绩卓著，钦命郑和重修清净寺，以表其功。碑文指出："永乐十一年（1413年）四月太监郑和奉敕差往西域天方国，道出陕西，求所以通译国语可佐信使者，乃得本寺掌教哈三焉。乃于是奏之朝，同往。卒之揄扬威德，西夷震詟。及回舶，海中风涛横作，几至危险，乃哈三吁天，恳恳默祷于教宗马圣人者。已而风恬波寂，安妥得济，遂发洪誓，重修所谓清净者。"

据记载，清净寺从元朝至明末，曾六次重修扩建，其中两次与郑和家族有关：第四次重修是元大德年间，咸阳王平章政事赛典赤重修；第六次是永乐十一年，即公元1413年由三宝太监郑和奉敕重修。相传，寺内主要建筑之一的省心阁建于宋代，为四角形楼式建筑，三层三重檐。郑和重修清真寺时复修，后经多次修葺，仍保持原貌至今。

对于郑和赴陕西的目的，郑和的后人郑自海认为，隐藏在郑和求觅人才后面的另一个原因是，其六世祖是"咸阳王"，郑和"道出陕西"兼为探访先祖遗踪。

近年在古籍中，人们发现了《瞻思丁乌马儿墓碑》，又名《仕元平章政事行省云南故封咸阳王赛公之铭》的拓片。该碑刻于明嘉靖十七年（1538年）十月十五日。据说该碑立于陕西咸阳，现已无处查找。该碑是关于咸阳王家世事略的一块鲜为人知的重要碑刻，碑文中有"归葬于陕"之说，因其与咸阳王葬于昆明之说不一致，值得考究。

### 赐姓"郑"之来源

2005年是郑和下西洋600周年。围绕着"热爱祖国，睦邻友好，科学航海"的主题，全国各地举行了各种形式的纪念活动。7月11日，即郑和下西洋的首航日，首都北京举行了隆重的纪念大会；我国规定每年的7月11日为"航海日"；从7月6日至10月7日，中国国家博物馆举办了"云帆万里照重洋——郑和下西洋六百周年纪念展"，各界人士络绎不绝前来参观，缅怀郑和这位和平使者。

  我走进了国家博物馆六号展厅。展览分前言、京滇觅踪——郑和的生平、朗朗乾坤——郑和下西洋的历史背景、牵星过洋——郑和下西洋的经过、海外流芳——郑和下西洋的影响等五大部分。前言部分展出了温家宝总理2005年6月30日"为纪念郑和下西洋六百周年"的题词："航海先驱，友谊使者。""京滇觅踪"部分的展览涉及郑和下西洋与北京的紧密关系。

  北京既是燕王的就藩地和明朝都城的北迁地，也是郑和的成长地和立功地。1381年，明朝发动统一云南的战争，30万大军从南京出发进攻云南。1382年，马和的父亲在战乱中死去，年仅39岁；11岁的马和在战役中不幸被抓俘，惨遭阉割。在随军班师回京后，14岁的马和又随军转战北上，20岁被选入燕王府服役，在北京度过了整整13年。马和忠厚诚朴，才识卓著，坎坷的经历磨炼了他坚忍不拔的毅力和勇于拼搏的精神，深得燕王朱棣的赏识与信任。

  朱元璋驾崩后，立皇孙朱允炆为帝，年号建文，史称明惠帝。为巩固帝位，明惠帝实行削藩，派兵攻打北京。燕王朱棣先发制人，以"清君侧"为名，发动"靖难"之役，于建文元年（1399年）八月起兵夺权。是年，马和29岁。在近四年的"靖难"之役中，马和追随朱棣作战，先后转战河北、山东、江苏等地，屡立战功。特别是"靖难"之役初期，建文帝数十万大军压境，燕王朱棣寡不敌众，双方力量过于悬殊，形势非常严峻。在北平附近的郑村坝战斗中，马和请令率精壮骑兵出其不意冲进对方帅营，能征善战之将士英勇杀敌，建文帝方面主帅李景隆不知燕军虚实，一时阵脚大乱，下令撤退，朱棣乘势进军杀敌，对方全线崩溃。郑村坝战役解除了建文帝军队对北平的包围，成为"靖难"军从被动走向主动的转折点，马和为此立下了汗马功劳。诚如朱国桢《皇明大政记》所载："靖难初不独名将甚多，而内臣兼智勇者，亦往往有之……郑和，即三保……皆内臣从燕王起兵靖难，出入战阵，多建奇功。"[①]

---

[①]（明）朱国桢：《皇明大政记》卷七。

1403年，朱棣在南京称帝，改年号为"永乐"，史称明成祖。次年正月初一，明成祖奖赏"靖难"功臣，均为其"熊罴之宿将，帷幄之谋臣"，马和被擢升为内官监太监，皇帝还为其亲笔御赐"郑"姓，马和从此改称郑和。正如《明史》中记载："郑和，云南人，世所谓三保太监者也。初事燕王于藩邸，从起兵有功，累擢太监。"[1]

　　皇帝为什么要为马和赐姓呢？郑和的家乡流传着一个谚语："马不上殿，故赐姓郑。"意即内官侍奉在皇帝左右，那是大雅之堂，不允许马儿在殿堂内乱跑，皇帝于是给马和赐姓。云南民间传说"皇帝写了一个斗大的'郑'字给他，让他别姓马了"。那么，皇帝为何偏偏要赐"郑"姓给他呢？关于这一点，似乎无人提及。我认为，当明成祖登基后奖赏功臣时，皇帝百感交集，想起"靖难"之役的转折点——郑村坝战役，自然忆及在战役中英勇善战、冲锋在前的马和，将马和与郑村坝战役紧密联系在一起，为其赐"郑"姓也就顺理成章。

　　北京西城区新街口北大街东侧胡同内有明初郑和的宅院，因而在明嘉靖时就被称为"三保老爹胡同"，后来又简化为"三保老胡同"。久而久之字音转化，最迟在清末已讹化为"三不老胡同"。新中国成立后，该胡同一直沿用此名至今。

　　北京南池子有个"飞龙桥胡同"，据史料记载，该胡同曾架有一座"飞虹桥"，为一拱形白石桥。桥栏上精雕有鱼、龙、狮、虾等图案，这些桥石是郑和从海外购买的，桥的建筑艺术也受到西洋风格的影响。明朝陶崇政曾吟诗一首："中官三宝下西洋，载得仙桥白玉梁。甲翼迎风浑欲动，睛珠触目更生光。"[2] 据考证，"龙"为"虹"的讹音，"飞虹桥"虽已不复存在，但"飞龙桥胡同"仍保留至今。

　　"飞龙桥胡同"与"三不老胡同"一样，虽音有讹化，然受到郑和的影响并存在至今，让人不时追忆起三保太监来。

### "静海寺"的遗憾

　　明成祖登基后，积极推行"内安华夏，外抚四夷，一视同仁，共享

---

[1] 《明史》卷三百零四《宦官·郑和传》。
[2] 郑鹤声、郑一钧编：《郑和下西洋资料汇编》（增编本）中册，海洋出版社2005年版，第1021页。

太平"的睦邻友好政策。就在赐姓予郑和的同时，命令郑和进行下西洋的准备工作。皇帝为什么选中郑和下西洋呢？据史料记载，主要因为"三保姿貌才智，内侍中无与比者，臣察其气色，诚可任"。

江苏是郑和下西洋的策源地和起锚地。2005年7月4日至6日，江苏省举办"纪念郑和下西洋600周年国际学术论坛"，我前往采访。

根据会议安排，与会者在南京参观了天妃宫和静海寺，出席了龙江宝船厂遗址公园开园仪式，拜谒了郑和墓；后移师太仓，参观了郑和下西洋的出海口和太仓郑和纪念馆，出席了第三届中国太仓郑和航海节的开幕式。

明成祖十分敬重天妃。为纪念郑和下西洋首航归来，明成祖于永乐五年（1407年）"新建龙江天妃庙"于南京郭城安德门外大胜关；永乐七年（1409年）"封天妃为'护国庇民妙灵应弘仁普济天妃'，赐庙额曰'弘仁普济天妃之宫'"；永乐十四年（1416年）春，在南京仪凤门（今兴中门）外狮子山下又兴建了一座金碧辉煌的天妃宫，为天妃宫亲撰《御制弘仁普济天妃宫之碑》，以纪念下西洋官兵平安顺利归来；十七年（1419年）又下令"重建天妃宫于南京仪凤门外"。

1925年，天妃宫被毁，现仅存一碑，后迁至静海寺。我们今天看到的天妃宫是复建的，碑亭内的天妃宫碑也是复制品。

静海寺与天妃宫毗连，位于南京仪凤门外狮子山西南麓，因御制"静海"而得名，是明朝初年为纪念郑和出使西洋平安往返于海上而建造的一座佛寺。寺内供奉了郑和从西洋带回来的奇珍异宝，栽种着"西府海棠"。据《古今图书集成》载："静海寺有水陆罗汉像，乃西域所画，太监郑和等携至。每夏间张挂，都人士女，竞往观之。"[1] 明顾起元《客座赘语》中说："静海寺海棠，云永乐中太监郑和等自西洋携至，建寺植于此。"[2]《上元江宁乡土志》中这样描述静海寺的海棠："西府海棠，高大蔽数亩地，花开如锦绣。"[3]

静海寺在明正德年间和清乾隆年间曾进行过两次大修。令人遗憾的是，在清朝咸丰年间和1937年日寇侵占南京城时，寺内主要建筑遭到战

---

[1] 郑鹤声、郑一钧编：《郑和下西洋资料汇编》（增编本）中册，海洋出版社2005年版，第1019页。

[2] 同上书，第1021页。

[3] 同上书，第1022页。

火焚烧，寺内原有的记载郑和下西洋及明初海运的残损石碑也荡然无存。"静海寺石碑"是见证郑和下西洋最重要的碑刻之一，它在抗日战争期间遗失，是日本侵略者对中国人民犯下的又一罪行。

今天的静海寺是20世纪末复建的，增设了"南京条约史料陈列馆"。鸦片战争后，中国近代史上第一个不平等条约——《中英南京条约》在静海寺议定，使静海寺承载着更加沉重的历史负荷。

在纪念郑和下西洋600周年之际，龙江宝船厂遗址公园正式开园，我参加开园仪式，参观了宝船遗址。南京明代宝船厂规模宏大，是中国古代著名的造船厂，相当一部分郑和下西洋的船只就是在这里建造的。宝船厂自明朝以后逐渐遭到废弃，整个遗址大多成为农田水塘。站立在当年巨大的船坞前，人们会想起当年造船厂的规模及郑和船队的大小船只。新中国成立以来，在当地人称为"作塘"的船坞里，发现了当年造船用的木料、构件和工具等，尤以大舵杆的发现引人关注。

大舵杆于1957年5月在宝船厂六作塘遗址出土，全长11.07米。舵杆上部接近方形，中段呈圆柱形，下端自六米多处又趋向扁阔。杆上端有两个长方形穿孔，均可安装操舵之木柄——舵牙。舵杆下段扁阔部位凿有楔槽，用于安装舵叶。舵杆为铁梨木，质地坚硬，木呈褐色，带有蔗渣纹。我在中国国家博物馆参观

南京宝船遗址博物馆内的奇石"郑和下西洋"

"郑和下西洋六百周年纪念展"时看到了这个大舵杆。

在参观宝船厂遗址博物馆时，另有两件展品引起我的极大兴趣。一是当年郑和宝船的复制品，大船内载有数只小船，印证了我在帕泰岛采访时，当地传说当年郑和船队的那艘船只触礁沉没时，水手们将船内的小船抛到大海里逃生的准确性。二是奇石——"郑和下西洋"，该石为"长江

南京牛首山的郑和墓

三峡卵石",经几千万年乃至上亿年江水冲刷自然形成。石高 33.5 厘米,宽 56.5 厘米,厚 17 厘米,重 100 多千克。画面上的图案,千船万帆,似乎是按照号令驶出船坞汉港,奔向大江,驶往浩瀚如烟的海洋,生动地再现了当年郑和率船队下西洋的场景,鬼斧神工,浑然天成,令人叹为观止,实为宝船遗址博物馆的"镇馆之宝"。

  我来到郑和墓前,参加了祭扫郑和墓仪式。郑和墓坐落在风景秀丽的牛首山下,地处秦淮风光旅游带之中,左右峦峰环抱,为一片风水宝地。郑和墓原为土坟,1985 年重修,保持了穆斯林葬仪的习惯、规格和风貌。为纪念世界航海第一人郑和下西洋 600 周年,南京江宁区委、区政府对郑和墓原有建筑进行了改建和扩建,同时修建了四千米的盘山公路,新建了郑和墓入口处广场。

  是日的郑和墓簇拥在鲜花之中,墓前是各界代表敬献的花圈。当日宣读的"祭郑和文"中说:"维公元 2005 年 7 月 4 日,谨以无比虔诚之心,敬祭吾国明代之杰出航海家、外交家郑和之灵!""维我郑君,回族名门,家出云南,功立石城;七下西洋,九死一生;历国三十,未辱王命;宣扬国威,传播和平;拓延海路,广交睦邻;利汲千秋,声透环瀛。惜我国使,捐躯异境;魂兮归来,安葬金陵;巍巍牛首,抚我华英;黄土一抔,中外牵情。郑君航海,已值六纪;赫然伟业,不坠汗青;今我家国,宏图广远;奠我先贤,日月同鸣!"

在南京牛首山郑和墓中,到底埋葬的是郑和的衣冠还是遗体,学术界至今争论不休。这主要由两本不同县志中的不同记载所引起。据康熙《江宁县志》记载:"三保太监郑和墓,在牛首山之西麓。永乐中命下西洋……宣德初,复命入西洋,卒于古里国,此则赐葬衣冠处也。"① 可是,同治《上江两县志》中又说,郑和"永乐中命下西洋,宣德初复命。卒于古里,赐葬(牛首山)山麓"。② 何时能为这起争论画下一个完满的句号,尚待确凿资料发掘问世。

一场突如其来的中雨迎接我来到位于太仓市东南、长江入海口南岸的刘家港。站立在为纪念郑和下西洋而修建的"望江亭"上,遥望水天相接的大海,遥想当年郑和在此出海时的盛况,让人无不生出沧海桑田的感慨。早在元朝,刘家港就被称为"东方大都会"和"天下第一码头"。郑和下西洋的船队从南京龙江关起航,自刘家港出海南下,至福建长乐"伺风开洋"……刘家港作为出海港,与南京龙江关为始发港、长乐为候风出洋港一样,齐名于天下。

## 第二节 "中国学生"喜"回家"

刚一见到我,她就认了出来,微笑着用刚刚学来的汉语"您好"与我打招呼,还带着几分腼腆频频点头。当我举起相机为她拍照时,她显然激动了,眼睛潮湿了。与两年前相比,她略显消瘦了,反而平添了几分秀丽。她就是郑和船队水手的后裔、来自肯尼亚的"中国学生"——姆瓦玛卡·沙里夫。

2002年3月,我在肯尼亚帕泰岛采访时,得知岛上有个名叫姆瓦玛卡·沙里夫的"中国学生"在外就读。2003年5月,我专程来到拉木女子中学,即姆瓦玛卡所在的学校采访了她。当时她正在努力学习,积极备

---

① 胡廷武、夏代忠主编:《郑和史诗》,云南人民出版社、云南美术出版社、晨光出版社2005年版,第111页。
② (清)莫祥芝、汪士铎等纂修:同治《上江两县志》卷三《山》,载郑鹤声、郑一钧编《郑和下西洋资料汇编》(增编本)中册,海洋出版社2005年版,第1030页。

战高考。为使她安心学习,不受下学期的学杂费困扰,我当即向她捐赠了一万先令(约合 1000 元人民币)。由于种种原因,她未能直接升入大学学习,只好暂时回到帕泰岛的家中。或许是我的捐赠使她感受到了"祖国"的温暖,萌生了赴中国留学的意念,她终于鼓足勇气向中国驻肯尼亚大使馆写信,表达自己作为中国人的后裔,希望赴中国深造的愿望。中国驻肯尼亚大使郭崇立迅速将这一情况报回国内,中国教育部为姆瓦玛卡特批了公费留学名额,资助其来华上大学。

"中国学生"姆瓦玛卡在肯尼亚拉木女子中学

2005 年 3 月,正在肯尼亚访问的"凤凰号"记者和江苏省太仓市领导从郭大使那儿闻知有关姆瓦玛卡的情况。太仓市领导也当即表示愿意资助"中国学生"来华学习。这次,姆瓦玛卡与马林迪市市长姆拉穆巴(Alfred Muramba)就是应邀前来参加第三届中国太仓郑和航海节的。

**"回家"非常高兴**

姆瓦玛卡说,从上海一下飞机,踏上中国的土地,"就有一种回家的感觉,中国比我想象的要更大更好。能够回到老家我非常高兴"。

见到姆瓦玛卡的国人大都说,她长得太像中国人了。7月3日,姆瓦玛卡应邀出席南京电视台拍摄的八集电视片《郑和下西洋》的首映式。当她走上前台时,正在南京出席"纪念郑和下西洋600周年国际学术论坛"的一位郑和研究专家动情地说:"她是我们的孩子!"是的,郑和船队水手的后裔在600年后终于踏上故土,认祖归宗,人们能不为之激动吗?在南京,姆瓦玛卡称赞她所在的这座城市十分美丽,并用刚刚学来的汉语说"我爱中华"。

在南京参观刚刚开园的郑和宝船遗址公园时,姆瓦玛卡几乎对所有的展品都怀有十分浓厚的兴趣,不停地问这问那。在展厅看到郑和宝船11米高的桅杆时,她发出了由衷的赞叹,因为她熟悉的许多帕泰岛的渔船还不足这个桅杆那么长。在一块被命名为"郑和下西洋"的天然奇石前,姆瓦玛卡深感惊奇,椭圆形的奇石上"百舸争流"的美丽画面让她目瞪口呆。为满足她的好奇心,管理人员特地为她开了"绿灯",允许她上前用手抚摸。

从肯尼亚来到中国,姆瓦玛卡就像"跳龙门"一样,一下子变成了"明星"。五日,太仓市打出欢迎她回家的标语,还特地安排她到高三学生薛玮的家中做客。作为同龄人,姆瓦玛卡告诉薛玮:"我这次有一种回家的感觉,回家的感觉真好!"她还告诉薛玮,她是从外祖母那儿得知自己是中国人后裔的身世的。在双方的交流中,她们互相应邀为对方唱歌,一直处于兴奋之中的姆瓦玛卡还请求薛玮教她学写毛笔字,在薛玮的指导下,她写下"我回家了"四个大字,以表达自己的真情实感。

**保持中国血统**

关于郑和船队为什么会远航赴帕泰岛,当地有两种传说。一说上加那时是当地最大最繁华的港口,中国船只满载货物去那里进行贸易,在深夜行驶中只顾观看灯塔未料触礁沉没;二说中国船只满载宝物赴马林迪,用以交换长颈鹿,未料在途中迷航而失事。

据传说,当年中国船只在帕泰岛附近的上加岩石附近失事后,水手们纷纷将装载在大船上的小船投入水中逃生,还将大船上的瓷器和丝绸等贵重物品搬运到小船上。他们首先在距离出事地点最近的上加村登陆,并在那里定居下来,与当地妇女通婚,从而落地生根,逐渐融入当地社会。

我在姆瓦玛卡家中采访时,姆瓦玛卡的母亲说,中国人为了保持祖先血统的纯洁性，他们之间有个不成文的规定：在娶了黑人妻子后，中国人的儿女之间要相互通婚，代代相传，以延续祖先血脉。后来，由于中国人的后裔大都离开帕泰岛，迁移到外地，留在岛上的中国人越来越少，他们之间通婚的机会随之减少，到了他们这一代，只好与当地人结婚了。"我的丈夫也不是正宗的当地人，更不是中国人，他是法茂人，与我一样，都属于帕泰岛的外来户。"

姆瓦玛卡的家庭主要靠父亲捕鱼为生，在当地比较贫穷，加之渔民较多，经济收入有限，姆瓦玛卡的母亲把家中的惟一希望寄托在正在读高中的小女儿身上，"我这一辈子就这样了，希望女儿能有点出息"。正是了解到这一实情，我专程去拉木女子中学采访了姆瓦玛卡，并向她捐助了最后一学期的学杂费。

### 异国"姐妹"相认

太仓郑和纪念馆39岁的讲解员周绵玉是周闻的后裔，周闻曾随郑和六下西洋。据周绵玉讲，周闻曾远航东非几次，每次都在那里生活一段时间，对非洲有一种特殊的感情。得知现年19岁的姆瓦玛卡来华寻根的消息，周绵玉非常激动，表示十分愿意认下姆瓦玛卡这名异国"姐妹"。她说："我们都是郑和船队水手的后裔，这是600年的缘分。我要给她讲周闻远访非洲的故事，为她烧最好吃的家乡菜，给她买最好看的衣服。"对此，姆瓦玛卡也非常高兴，表示期待着与周绵玉相见。

周闻墓坐落在现在的太仓公园内。据《太仓县志》记载：周闻为明太仓副千户，墓志全称为《明武略将军太仓卫副千户尚侯声远墓志铭》，墓志云："呜呼！西洋诸国去中华数千万里，鲸波弥漫，天日遐荒绝域宿茂人迹，冒险屡危，生还者甚少矣，凡往回抵境者，金帛加禄……"郑和船队当年下西洋的艰辛由此可见一斑。

在中国的所见所闻，令姆瓦玛卡兴奋不已，她没有想到"祖国"是这么美好，"故乡"人民是这么热情！

就在姆瓦玛卡来华"寻根"期间，中国太仓市与肯尼亚的马林迪市又宣布结为友好城市。郑和下西洋时，马林迪国王曾向中国皇帝赠送了一头长颈鹿，长颈鹿的故事是中非友谊的传统佳话，这次"中国学生"来华寻根又成为中非友谊的新纽带。一段"姐妹情"，一曲"友谊歌"，续写着郑和下西洋的佳话，谱写着中非友谊的新篇章。

## 第三节　如沐春风学中医

2009年11月，南京。

也许是命运的安排，无论是在肯尼亚还是在中国，我与她的几次会面，竟有着惊人的相似之处。

清楚地记得，11月1日是个星期天。我利用参加《首届中国科技论坛》的空隙，在南京农业大学研究生韩西坤的陪同下，专程从农大去南京中医药大学看望她。这次与前几次不同，我不是以记者的身份去采访，而是作为朋友去会面。韩西坤说："李老师：是您改变了夏瑞馥的人生道路，让丑小鸭变成了白天鹅，应该说您是她的恩人和亲戚，她在中国就您这一个亲戚。"事实证明，韩西坤是对的，因为见面时连我也没有想到，她会叫我"叔叔"。

夏瑞馥（前排中）与参加《首届中国科技史论坛》的台湾郑和研究会成员

是日，冷空气突袭南下，南京的气温骤降到零下。因南京中医药大学国际教育学院与南京医科大学位于同一条马路上，当我们乘出租车经过南京医科大学时，司机就停了车。由于一时倏忽，我们便走进了医科大学的校园，因是周末，好不容易找到留学生宿舍，结果可想而知。我们在南京的寒风中沿着汉中路向中医药大学走去，我的目标是一定要见到她。早在两年前，我就通过在南京读研究生的杨欢欢与夏瑞馥取得了联系，并送给她一本书，可这次来之前，她的电话总是打不通。

未曾料到，在她居住的中医药大学金杏宾馆，我们上下楼好几次，找到510房间却吃了闭门羹。当确认是夏瑞馥的宿舍后，我留了一张纸条，让她回来后与我联系。因思维还停留在四年前，我用英语写的留言。我想，既然是亲戚和朋友，这次走亲访友一定要成功！

是日晚，我们再次来访。当房门开启时，她微笑着示意我们进房间，与几年前相比，她显得有些清瘦，但透露出一种精神气，增添了几分成熟感，一身中国大学生的入时装束，一口流利的汉语普通话，让人怎么也无法把眼前的她与遥远的肯尼亚小岛上的姑娘联想在一起……

2005年9月，受到中国政府资助的夏瑞馥再次来华，成为南京中医药大学的一名留学生。此时此刻，早已适应大学生活的她坐在宿舍床上，笑言自己刚来时就像生活在梦中一般，并说自己知道"很幸运，来中国学习是一路绿灯"，言语中充满着感激。的确，生活环境的巨大变化和强烈反差，让她连做梦也未曾想到。

当我问起她的学习情况时，她告诉我，前两年学习汉语，接着学习专业课，截至当时已学习了针灸、中医内科、西医诊断学等课程，还有体育课学习了太极拳，"我学习太极拳比别的留学生快，动作也相对标准"。"别忘了你是'中国学生'？"我的话音刚落，她就笑了，笑得很甜美。

夏瑞馥向我坦言，学习压力很大，每次考试前都要掉不少肉。我看了贴在房门后的课表：阴阳五行，十二经络……的确有一定难度。她说，还有伤寒论、黄帝内经、古汉语，"都太难了"。是的，即使今天土生土长的中国学生，对古汉语也要敬畏三分啊！我告诉她，学习要刻苦努力，但也要重视体育锻炼，注意加强营养，生活要有规律，身体好才能学习好。她认真地点点头。

谈起校园生活，她说已经适应了，学校对她也十分关心。她的家乡常年高温，她习惯南京的夏天，尽管宿舍安装着空调，公用电费，但她也不用。宿舍冬天有暖气，解决她怕寒冷的问题。同时，给她安排的房间带有卫生间，十分方便。她买了一些炊具，节假日自己也做饭，放松调节一下。

来华近五年，她在2007年回过一次家，给家人带了一些中国特产。

"回家太激动了,我从来没有这么长时间离开过家,家人也非常想念我,特别是母亲。"她还高兴地对我说,"我们村的人看到我去了中国学习,现在都说'我也是郑和的后代,也要去中国'"。说着说着,她自己先开心地大笑起来,室内荡漾出爽朗的笑声,使略带寒意的宿舍顿时充满欢快的气氛。

"你计划毕业后做什么?是否还想当医生、实现当初的理想?"她坚定地回答:"是的。我还保留着自己学习过的全部书本,回国后再教别人,我们那里太缺医生了"。第一次见到她时,她就表示自己要上医科大学,学好本领,为民除病。我相信,如今境遇大变而其志不改,毕业后她一定会凭着坚贞和知识描绘出美好的人生蓝图,让中非友谊的花朵开放得更加绚丽多姿!

## 第四节 回击"中国威胁论"

就在郑和下西洋近600年后,西方某些别有用心之徒鼓噪起"中国威胁论"的杂音。这个不堪一驳的无稽之谈,别说是在中国,就是在西方国家也被有识之士嗤之以鼻。凡对中国历史略知一二者就会明白,如果中国真是地区稳定与世界和平的威胁者,那么自15世纪以来的世界,就不会是西方白人称霸天下的岁月,而是中国人昂首称雄的年代。仅就郑和七下西洋这一空前壮举而言,这一判断无疑正确;如果将郑和下西洋与其后西方的远航目的进行比较,结论则不言自明。

郑和七下西洋的动因是什么呢?研究郑和下西洋的中外学者基本持以下五种观点,即"贸易说"、"朝贡说"、"邦交说"、"惠帝说"、"长颈鹿说"和"奢侈

夏瑞馥在南京龙江宝船厂遗址公园郑和塑像前

品说"。

"贸易说"认为,明朝立国之初,承袭元代重视对外贸易的传统,曾在太仓、泉州、广州等地设立市舶司,管理海外贸易。明成祖登基后,采取鼓励措施,积极发展海外贸易,命郑和率船队下西洋,是为了开拓新的海外市场,将对外贸易推向高峰。"朝贡说"指出,明朝廷贪图"君临天下"的虚名,下诏郑和船队出征是为了"欲耀兵异域,示中国富强",[1] 以吸引海外朝贡,向世界昭示其富裕强大,进而聚敛天下奇物珍玩。"邦交说"表示,郑和下西洋前夕,东南亚一带局势动乱不安,反明势力活动猖獗,派遣使节是为了以怀柔手段和"厚往薄来"的邦交原则,加强与海外的联系,教化海外诸番国,借以安定国内外形势,提高明成祖的声望。"惠帝说"争辩道,朱棣在刀光剑影中夺取皇位后,惟恐惠帝夫妇未被南京城内的那场大火烧死,流亡海外,"经其匿地方起事","成祖疑惠帝亡海外,欲踪迹之"[2] 是命郑和下西洋的主要动因。"长颈鹿说"坚信,郑和船队远航非洲是为了寻找长颈鹿的故乡,因为他们在孟加拉看到长颈鹿后,误以为是祥瑞之圣兽——"麒麟",是皇恩浩荡的象征,而当获知长颈鹿原产地是肯尼亚时,便不远万里,远航寻觅。"奢侈品说"则强调,郑和船队所进行的全部海外贸易,主要是广搜世界各地的奢侈品,即各种宝石、檀香、速香、沉香、香料、稀世珍品,供达官显宦、特别是朝廷及其后宫贵妇们消费。"正如早年那些太监们的际遇一样,郑和之所以受命指挥这几次远征,因为他必须替朝廷承办奢侈品;如果我可以这样说,那末,那时他就是为大明帝国宫内的后妃们采购货物去的。"[3]

显而易见,这些说法各执一端,如盲人摸象。其实,促使郑和下西洋的原因是多方面的,是经济、政治、文化等多种因素综合作用的结果。尽管动因错综复杂,但是有一点明确无误,无须争辩,即郑和下西洋不是为了掠夺他人财富,侵占他国领土,而是"宣德化而柔远人"[4] 的和平、文明、友好之举,而不是南征、西战、侵略的强盗行为。事实

---

[1] 《明史》卷三百零四《宦官·郑和传》。
[2] 同上。
[3] [荷] 戴文达:《中国人对非洲的发现》,商务印书馆1983年版,第28—29页。
[4] (明) 郑和:《天妃之神灵应记》,郑鹤声、郑一钧《郑和下西洋资料汇编》(增编本) 上册,海洋出版社2005年版,第535页。

证明，郑和下西洋促进了中国与所访国家和地区的友好交往，增进了中国与海外诸国的友谊与了解，带动了中国与这些国家的贸易发展，特别是与非洲国家的贸易往来，达到了互通有无、增进了解的目的。在这些"不可欺寡、不可凌弱"[①]的相互交往中，中国人进一步了解到亚非国家的地理位置与风土人情，更加掌握了洋流、季风、导航、通信等航海知识，《郑和航海图》为后世留下了一部珍贵的地理图籍。

中国国家博物馆举办的《云帆万里照重洋——郑和下西洋六百周年纪念展》

国外的中国问题专家认为，郑和率船队远航西洋比15世纪末开始的"地理大发现"早了半个多世纪，其船队规模之宏大、声势之浩荡、组织之严密、造船与航海技术之高超，特别是船只设有船舵和防浪船舷，在当时遥居世界领先地位，直到500年后的第一次世界大战时期，西方的舰队方可与之一试高低。郑和时代，以中国的综合国力和航海技术，完全可以对外谋求霸权。然而，强大的中国没有这样去做。

国外的中国问题专家进而指出，中国与世界潮流擦肩而过的原因是

---

① （明）朱棣：《敕谕四方海外诸番王及头目人等》，郑鹤声、郑一钧《郑和下西洋资料汇编》（增编本）上册，海洋出版社2005年版，第531页。

多方面的，其中的"两个半说"最具说服力。中国"缺乏贪婪"是其一。旧中国是以儒家文化为主流的社会，中华文明是不事远征的文明，"父母在，不远游"①，汉族在历史上没有发动过大规模的远征。农耕文明讲究春播秋收，自给自足，丰衣足食，不靠掠夺他人发展自己，没有攻占他人领土的欲望。即使被迫出征还击，也不过是到边境地区驱逐外敌，安定局势。唐代大诗人杜甫的诗句"杀人亦有限，立国自有疆"②最能代表这一儒家文化的特征。与此相适应，儒家文化重农抑商，重义轻利，郑和船队满载宝物赠送外国首领，而不是以此来赚钱赢利。这与欧洲列强贪得无厌形成鲜明对比，此后的世界历史也为此做出了最好注脚。"夜郎自大"是其二。"中国人称自己的国家是'中国'，外国蛮人皆不足为取"。"按照当时郑和船队的规模与装备，中国人可以轻易驶过好望角。然而，当时中国是那么强大，岂会把欧洲那些夷邦放在眼里，即使驶过好望角也不会去专程访问欧洲"。③自满自傲、自高自大、自鸣得意、孤芳自赏、尊重旧权威、拒绝新观念，自认为"老子天下第一"，这就造成中国人的短视和愚昧。封建守旧是另外半个因素。旧中国是一个封建集权国家，保守势力在宫廷斗争中取得支配地位后，一旦禁止航运，其政策失误自然祸及全国；而为了防止海禁政策逆转，他们就想方设法销毁郑和的航海记录，淡化郑和的卓越功绩，并在新皇帝的支持下解散这支无与伦比的海上力量。

  与导致郑和下西洋这部浑厚的交响曲戛然而止的"两个半说"截然相反，促使欧洲国家持续对外扩大、殖民侵占的"两个半原因"是：贪婪成性、外向征服和前赴后继。其一，在15世纪，葡萄牙开辟新航线主要是为了获取重要的商品——香料，正是对利润的狂热追求促使其船队不断南下非洲西海岸、绕过好望角、最终抵达亚洲。这条航线的商业利润巨大无比：麦哲伦船队曾经使26吨的丁香升值10000倍。其二，正是由于滨海而居、捕鱼为生，葡萄牙始终面向海洋，当西班牙和其他国家中断了其地中海贸易后，葡萄牙惟有征服海洋，从遥远的东方获取财富。其三，至16世纪，欧洲国家相继采取经济自杀政策，葡萄牙的

---

① 《论语·里仁》。
② （唐）杜甫：《前出塞》。
③ Nicholas D. Kristof, "1492: The Prequel", *New York Times Magazine*, June 6, 1999.

国家政策趋向保守，残杀犹太人、火烧异教徒、驱赶科学家，此时，荷兰和英国趁机而上，承袭欧洲侵略扩张的衣钵，填补葡萄牙形成的海上空白，其势头和手段有过之而无不及。

据此而言，知足自满、保守封闭的儒家文化是造成郑和下西洋昙花一现的总根源。既然如此，深受儒家文化影响、"缺乏贪婪"和占领欲望的中国，是不会对他人、他国构成威胁的。事实证明，即使在下西洋途中，装备精良、无可匹敌的郑和船队也没有掠夺他人的财富，更谈不上去侵占他人领土了。由此联想到中国的万里长城，从秦朝开始修建，历经数代加长加固，其功能与目的只有一个：不是进攻他人，而是防守他人进攻，防范外敌入侵，将侵略者拦挡在高墙之外，足见中华民族是"守土型"，不是"扩张型"，与西方修建城堡进攻他人的功能与目的完全相反。"如果古代中国足够贪婪和更加外向，如果其他中国航海家和商人沿着郑和的航路继续前行，中国和亚洲就有可能统治非洲乃至欧洲，中国人就不但是移居马来西亚和新加坡，而且会移民东非、太平洋诸岛乃至美洲。也许帕泰岛上的法茂人让我们看到在这个世界上混血儿会是什么样子，而我在帕泰岛看到的却是亚洲在海洋上掀起的巨浪悄然平息，这不是由于船只和技术因素，实为国家意志使然"。"所有这些难免显得想入非非，不过在郑和时代，建立'新世界'的前景对西班牙或是英国而言，未免显得过于遥远，而对中国人来说就在眼前。如果郑和当年继续其航程从而远抵美洲，世界历史会是什么样子呢？我们的头脑要颠覆了，其影响大得简直让人难以想象。那就只思考一个问题吧：这本杂志就会用汉语印刷发行"。[①]

如是观之，人们不禁要问，"中国威胁论"到底是"中国威胁"，还是"威胁中国"？其别有用心，昭然若揭。

## 第五节 壮丽的郑和史诗

600年前，伟大的航海家、外交家郑和开始了七下西洋的"和平之旅"，开辟了影响深远的"海上丝瓷之路"，谱写了一部雄壮美丽的郑和史诗。数百年来，郑和这位和平使者一直受到所访国家人民的尊敬与爱

---

① Nicholas D. Kristof, "1492: The Prequel", *New York Times Magazine*, June 6, 1999.

戴,郑和本人也成为"和平外交"与"睦邻友好"的象征。

和平是"郑和下西洋"这部壮丽史诗的主旋律,贯穿七下西洋的全过程。明初之际,中国南海一带海盗不时出没,危及海上安全和贸易往来。郑和下西洋的重要使命就是,保证海上安全,维护东南亚和南亚地区的稳定;保持海路通畅,以便与西洋诸国进行公平贸易。也就是说,郑和是为了和平与公平而出使西洋的。在历时28年的航海活动中,仅出现过三次自卫性的短暂战火交锋,皆为迫不得已而为之。郑和船队所到之处,以礼待人,尊重当地风俗;公平贸易,不恃强凌弱;传播文明,并将海外的先进文化与科技带回国内。因而赢得了对方的尊敬与信赖,取得了明初"礼治"外交的胜利。

"和平之旅"体现了中国宽广的胸怀和宽容的精神,是一次文明的对话与交流。当年的郑和船队,"云帆高张,昼夜星驰,涉彼狂澜,若履通衢",① 这是何等的气势,完全拥有"耀兵异域"的实力。然而,郑和船队没有与任何一个国家,哪怕是一个弱小的非洲城邦兵戎相见,更没有占领别国的一寸土地,掠夺他人的一分财产,贩卖非洲的一名奴隶。这种在占领与掠夺方面"是不为也,非不能也"② 的和平远航与交流,充分体现了中国人民酷爱和平、以礼待人的传统美德。正如外国学者强调的那样:郑和"最了不起的地方就是体现了人类内心最美好的一面——无论贫富、老幼、贵贱,人人生来平等。中国完全有理由为他的辉煌成就骄傲!"③

"和平之旅"为中国赢得了信誉和朋友,郑和本人受到所访国家和地区人民的尊敬和爱戴。一些东南亚国家把郑和作为"和平之神"来敬,为郑和建庙树碑,冠以"郑和"或"三保"名字的庙宇、山城、街道、港口、水井、石碑等,遍布各地。据统计,东南亚一带仅"郑和庙"就有17座。沿着郑和开辟的"和平之路",亚非国家的使节纷至沓来,友好回访,一时极具繁华。郑和船队在与非洲国家的交往中,平等待人,礼尚往来,虽船队阵容庞大,然绝不盛气凌人。而郑和之后,欧洲船队把非洲人不当人看,肆意欺辱,随意贩卖,任意杀害,甚至还掀起一场所谓的

---

① (明)郑和:《天妃之神灵应记》,郑鹤声、郑一钧《郑和下西洋资料汇编》(增编本)上册,海洋出版社2005年版,第18页。
② 《孟子·梁惠王上》。
③ [英]加文·孟席斯:《1421:中国发现世界》,京华出版社2005年版前言。

非洲人是人还是动物的大辩论,以期从人格上否定非洲人,为其殖民主义罪恶寻找可耻的证据。相比之下,"和平使者"郑和哪能不受人尊敬?南非总统姆贝基指出:"非洲马林迪国王赠送中国皇帝一头长颈鹿,而不是大象、狮子或豹子,为什么?因为马林迪国王敬仰中国皇帝具有高瞻远瞩的眼光,派遣船队长途跋涉拜访非洲国家而与之礼尚往来的气度。"他在纪念民主南非十周年和中非伙伴关系论坛上进一步指出,"历史告诉我们,在几百年前,不论是非洲人,还是亚洲人,都没有把对方看成是野蛮人。虽然远隔重洋,但双方都认为自己的福祉依赖于另一方的幸福生活,这一意愿所反映的基本思想闪耀着全人类的理性光辉。正是基于这一意愿,15世纪中国船队到访非洲港口所带来的是互惠互利的合作,而不是随着阿拉伯人和欧洲人而来的奴隶贸易和殖民主义所带来的毁灭与绝望"。①

"和平之旅"与其后西方国家的早期航海形成鲜明对比,给世人提供了一面认识历史、观察世界的镜子。恩格斯指出:"葡萄牙人在非洲海岸、印度和整个远东寻找的是黄金;黄金一词是驱使西班牙人横渡大西洋到美洲去的咒语;黄金是白人刚踏上一个新发现的海岸便要索取的第一件东西。"②继郑和船队之后,葡萄牙、西班牙等国的航海家接踵而至,争夺世界海上霸权,用"剑与火"在世界各地进行血腥的殖民掠夺和残酷剥削,其恶劣行径哪能与郑和的"和平之旅"相提并论?一正一反,泾渭分明。

郑和史诗般的远航绝唱已成为一个象征符号,象征着和平互访、平等互惠、睦邻互助,体现着中国传统的和平外交理念与实践。郑和史诗向世界再次证明,历史上的海洋大国和强盛一时的中国,没有威胁和恐吓过别人,更没有占领和掠夺过别国的领土与财产。相反,强大的中国促进了人类文明的传播,推动了人类生产力的发展,使世界各国从中受益,实现了互惠互利、和平发展的"双赢目的"。正是基于这一史实,非洲国家真诚期待着第二个"郑和时代"的到来!

郑和是中国的,也是世界的。郑和史诗所蕴含的和平、和谐、和善的

---

① [南非]塔博·姆贝基:《在纪念民主南非十周年和中非伙伴关系论坛上的致辞》,人民日报社与南非驻华使馆联合出版纪念特刊,2004年4月30日。
② 恩格斯:《论封建制度的瓦解和民族国家的产生》,中共中央马克思恩格斯列宁斯大林著作编译局编译《马克思恩格斯文集》第四卷,人民出版社2009年版,第217页。

理念与实践,为当今世界和平发展、人类和谐相处、国家和善相待提供了可资借鉴的宝贵历史经验。郑和史诗以空前的绝唱向世人昭示:在人类发展史上,弱肉强食、征服掠夺、摧毁占领的西方社会达尔文主义模式并非"此路一条",和平发展、和谐相处、和善互利的东方模式更加备受推崇与赞赏!纪念郑和下西洋600周年,就是为了用郑和精神振奋人心,振作士气,振兴中华!同时启示我们始终坚持走和平发展的道路,继续秉承和善待人的传统,不懈推动和谐世界的建设,以造福中国,造福世界,造福未来!

# 第十六章　中非交往录

中国和非洲同是人类文明的摇篮，虽相隔万水千山，相距十分遥远，但相知无远近，相交尚为邻，早在3000多年前，中国人民和非洲人民就开始了交往和交流，建立了信任与友谊。在我国丰富的古籍中，就保存着不少关于非洲的史料，讲述着中非悠久的交往史。

源远流长的中非关系可简单地分为"间接—直接—间接—直接"四个交往时期，期间发生了一系列跌宕起伏、发人深思的事件。概言之，中非关系演变经历四个时期，出现过五次高潮，具有五大特点。

在漫长的中非交往史上，非洲动物不断远道而来中国，不但有马林迪国王为中国皇帝赠送长颈鹿的友好故事，而且有憨太可掬的狮子形象融入中国传统文化，狮子舞风靡神州流传千年……妙趣横生的动物世界为中非友谊增添了欢快乐章。

## 第一节　从传说到新发掘

神话传说到丝绸发掘的间接交往时期，时间跨度从公元前10世纪到公元前2世纪。在中国古代神话传说中，周穆王与西王母的传说众所周知。《穆天子传》中记载，周穆王十七年（约公元前10世纪），穆天子驾八骏西游，在瑶池与西王母相会，"天子觞西王母于瑶池之上"①。在战国魏墓中发现的《竹书记年》中也说，周穆王在登基后17年远征，在昆仑山见到了西王母。② 西方学者阿·福克（A. Forke）认为，西王母就是所罗门王朝的希巴女王，在所罗门王的全盛时期，希巴女王曾前往访问过穆天子。荷兰著名汉学家戴闻达（J. J. L. Duyvendak）对此的看法是："供学者消遣一下，这倒是好读物"。③

神话传说需要足够的证据支撑，科学研究理应不能以其为证据。不过，在埃及一座古墓中发现的丝织品对周穆王与西王母瑶池相会作了一个注解，说明周穆王时代存在一条经中亚、西亚到埃及的陆地通道极有可能。1993年在研究埃及第21王朝时期（公元前1070年—前945年）的一具女性木乃伊时，奥地利科学家发现木乃伊的头发中存在异物，电子显微镜的分析结果表明，其异物为蚕丝的纤维，说明埃及人那时已使用丝织品。而当时除中国外，世界上没有其他国家生产丝绸。④

丝绸在埃及的发现表明，中埃两国的间接交往始于公元前10世纪左右，尽管我们对当时运往埃及的丝绸通道尚不了解。早在这次发掘之前，1979年在徐州贾汪发现了东汉画像石，石像上绘有多只"麒麟"，其中不乏非洲长颈鹿的典型特征，看起来与长颈鹿十分相像。⑤

徐州历来为南北水陆交通要道，是汉高祖刘邦的家乡，两汉时自然为封建王朝所重视，不但是皇亲国戚和东方世族的聚居地，而且是经师、方士、建筑家、绘画和雕刻艺术家的集中地，汉画像石就是在封建贵族崇仰鬼神、崇丧厚葬、崇拜奢侈、崇尚虚荣的社会风气下产生、发展和盛行起

---

① 《山海经·穆天子传》，张耘点校，岳麓书社2007年版，第220页。
② 参见艾周昌、沐涛《中非关系史》，华东师范大学出版社1996年版，第1页。
③ 戴闻达：《中国人对非洲的发现》，商务印书馆1983年版，第3页。
④ 参见艾周昌、沐涛《中非关系史》，华东师范大学出版社1996年版，第2—3页。
⑤ 徐州博物馆：《论徐州汉画像石》，载《文物》1980年第2期，第55页。

来的。徐州汉画像石取材广泛，反映了当时社会的不同侧面。从反映的题材看，可分为阶级状况、生产情况、文化艺术、神话传说和迷信思想等，麒麟、朱雀、玄武、青龙、白虎等珍禽异兽的形象就雕刻在墓门、墓柱或棺材上，以期达到驱邪辟鬼的目的。徐州汉画像石的发掘出土，从一个侧面提供了中国对非洲动物有所认识的证据。

**一 中国汉代史书最早写到狮子**

众所周知，狮子不是中国的土产动物，它的故乡在非洲。可是，中国人不但对狮子的认知历史相当悠久，而且十分喜爱这一来自异域的兽王，让其进入中国人的生活之中，将其融入中国文化之内，对其赋予中国文化之特征。① 时至今日，中国人对狮子并不陌生，其形象已家喻户晓：雄蹲在豪宅大门两侧，憨舞在重大喜庆场合，狮子艺术品更是广泛流行，就连刚懂事的小孩子也喜欢。

早在战国时期，中国文献就记载狮子。西晋出土的《穆天子传》讲述的是周穆王西域旅行的故事，其中写到一种与老虎相似的动物——狻猊②。据学者考证，该动物名在汉语中是个外来语，音译自西域方言。③ 1989年版《辞海》对"狻猊"作了如此解释：狻猊，即狮子。《穆天子传》卷一："狻猊野马，走五百里。"郭璞注："狻猊，师（狮）子，亦作'狻麑'。"《尔雅·释兽》："狻麑……食虎豹。"《尔雅》是中国最古老的词典，成书时间在战国至西汉之间，其中收入了"狻麑"这个词，读音与"狻猊"相同，说它是一种短毛老虎。④ 《尔雅》中对狮子的记载，是中国古籍对狮子最早的记载，说明至迟在战国时代，或在战国至西汉初年之际，中国人已见到过狮子，对狮子有一定认知。而当时中国并不

---

① 例如苏轼诗："忽闻河东狮子吼，拄杖落手心茫然。"后来，河东狮吼比喻嫉妒而泼悍的妻子发怒撒泼。

② 在《现代汉语词典》中，"狻猊"的读音是"suanni"，意为"传说中的一种猛兽"。

③ "狮子"在波斯语中的读音是"sheer"。汉语中的"狮"字就是由波斯文"狮儿"一词的发音演变而来。有种说法认为是从粟特语来的，因为当时还没有今天的波斯语，不过粟特语也属于东波斯语。狮子一词在古代西域地区的 SOGDIAN 和 KHOTAN SAKA 语中的发音分别是［shrukh］和［shrkhu］，都与波斯语同源。由此说明，波斯语中的"狮子"一词不是外来词。

另据波斯文资料显示：过去在伊朗的南部和西南部均有许多狮子。1983年在伊朗的 Shush 以南的灌木丛中还能看到2—5头的狮子群。伊朗狩猎到最后一头狮子是在1982年。

④ 《尔雅》是我国第一部按义类编排的综合性辞书，成书时间介于战国与西汉初年之间。

出产狮子，由《尔雅》对狮子的记载可推断出狮子来华的年代。

2002年版《辞源》对"狻猊"作了与《辞海》基本相同的解释，强调"狻猊"是"兽名"，"也叫狻麑"。《辞源》对"狻麑"的解释是：同"狻猊"。尔雅释兽："狻麑，如虦猫，食虎豹。"注："即师子也，出西域，汉顺帝时，疏勒王来献犎牛及师子。"又有《东观汉记》记载："（阳嘉）二年，……疏勒王盘遣使文时诣阙，献师子、犎牛，狮子形似虎，正黄，有髯耏，尾端茸毛大如斗。"①

《辞源》关于"狻猊"的解释又给我们提供了新信息，即狮子是汉顺帝时疏勒王作为贡品从西域送到中原大地的。这里又引出"西域"和"疏勒"两个地理概念的释义问题和汉语对"出"字的理解。

《西域地名》一书认为，西域的地理范围"包括我国新疆和从中亚细亚向西到地中海，向南到印度洋的广大地区"。② 由于西域一词泛指中国新疆及其以西的广大区域，在这部权威的工具书中，西域的地名包括东非和北非地区。因为"本书的考证范围，就是这个广义范围：东起玉门，西抵欧非，只将南海同越南半岛除外"。③ 换言之，"西域"一词有狭义与广义之分，狭义近指我国新疆，广义远到非洲和欧洲。④

"疏勒"一词解释起来远比"西域"要复杂得多。在"西汉时期全图"和"东汉时期全图"中，"疏勒"⑤皆位于中国的版图内，西汉时期属"西域都护府"管辖，东汉时期改由"西域长史府"治理。不过，两汉时期特别是东汉中叶，西域的情况比较复杂，隶属关系也处于不断变化之中。现以东汉中叶为例，"至和帝永元三年（91年）班超定西域，因以超为都护，五十余国悉内属。后十六年至安帝初（107），又以诸国叛乱，再罢都护。又十六年至延光二年（123），乃以班勇为西域长史，出

---

① （东汉）刘珍等撰，吴树平校注：《东观汉记校注》，中华书局2008年版，第112页。
② 冯承钧原编、陆峻岭增订：《西域地名》（增订本），中华书局1982年版，前言。
③ 同上书，序例。
④ "西域"是中国史籍使用的一个地理概念，由于各史所记"西域"范围大小不一，今人对其有不同解释。除正文中的解释外，还有人认为"西域"广义指古代中亚，狭义指历史上的新疆；也有人说"西域"是指玉门关、阳关以西的广大地区，其核心部分为包括我国新疆在内的中亚地区。
⑤ "疎"通"疏"。疏勒国为汉初西域三十六国之一，位于今天的新疆喀什噶尔。疏勒城距离长安9350里，处交通枢纽之地，是古丝绸之路南北两道的汇合点与中西文化的最大交汇处。波斯文化、印度文化、中原文化在这里交流融汇。疏勒也是佛教由印度传入中国的首站。

屯柳中（今新疆吐鲁番东南鲁克沁）。勇击降焉耆，于是龟兹、疏勒、于阗、莎车等十七国皆来服属；但乌孙及葱岭以西遂绝。""桓帝以后东汉七八十年，疆域政区有不少变动。"① 这段文字告诉我们，汉顺帝（公元126—144年）在位期间，正好处于延光二年与桓帝（147—167）在位之间，疏勒"服属"于中原王朝，归"西域长史府"管辖，在中国的疆域内。疏勒王是地方长官，和皇帝是君臣关系，向皇帝献礼当然不属于"外国进贡"。

在汉语里，"出西域"一词中的"出"字，可作两种解释：一为"出产"，即产自西域；二是"出自"，即来源于。也就是说，"出西域"一词既可解释为"狮子是西域出产的"，又可解释为"狮子是从西域而来的"。在我国史书记载中，尚未发现新疆出产狮子的记录，可见疏勒的狮子来自异域。疏勒王不是以"方物"示好，而是拿"洋货"献礼。

疏勒的狮子来自何处呢？西汉张骞的"凿空之旅"开通了丝绸之路，西方的物产与文化不断传入中国。疏勒地处扼丝绸之路的咽喉，是狮子输入中国的必经之地，可见疏勒的狮子来自异域，也许是截留的外国贡品。而当其在公元123年

位于北京市东城区张自忠路3号大门左侧的石狮子。此地原称铁狮子胡同1号，系清朝和亲王府。1924年北洋军阀皖系首领段祺瑞任中华民国临时执政，这时遂改为执政府。1926年震惊中外的"三·一八惨案"就发生在这里。

---

① 谭其骧主编：《简明中国历史地图集》，中国地图出版社1996年版，第23页。

称臣"服属"中原王朝后，疏勒王慑于汉朝的强大威力而唯恐引火烧身，于是在汉顺帝时期便将狮子贡奉给皇帝。

其实，在汉顺帝之前，《后汉书·西域传》中就有东汉章和元年（87年）西域贡狮子的记载，这似乎让人觉得疏勒王截留"贡品"的推测更加合乎逻辑。① 而在历史上，截留贡品的事件并非罕见，甚至就有人重演截留狮子这一特殊贡品之故伎。据北魏杨衒之《洛阳伽蓝记》记载："永桥南道东，有白象、狮子二坊。狮子者，波斯国胡王所献也。为逆贼万俟丑奴所获，留于寇中。永安末，丑奴破，始达京师。"②

那么，狮子到底出产于何地呢？我国二十四史中关于狮子产地的记载有数十条之多，其中不乏重复之处，下面选取最具代表性的六条：

（1）班固《汉书》记载："乌弋山离国，王去长安万二千二百里。不属都护。户口胜兵，大国也。东北至都护治所六十日行，东与罽宾、北与扑挑、西与犁靬、条支接。行可百余日，乃至条支。国临西海，暑湿，田稻。……乌弋地暑热莽平，其草木、畜产、五谷、果菜、食饮、宫室、市列、钱货、兵器、金珠之属皆与罽宾同，而有挑拨、师子、犀子。……绝远，汉使希至。自玉门、阳关出南道，历鄯善而南行，至乌弋山离，南道极矣。转北而东得安息。安息国，王治番兜，去长安万一千六百里，不属都护，北与康居、东与乌弋山离、西与条支接。"③

（2）北齐魏收《魏书》记载："波斯国，都宿利城，在忸密西，古条支国也。……土出名马、大驴及驼，……又出白象、师子、大鸟卵。"④

（3）徐珂编撰《清稗类钞》记载："狮子，猛兽也，产非洲及南美之巴西国。"⑤

（4）明郑和等《娄东刘家港天妃宫石刻通番事迹碑》记载："永乐十五年（1417年），统领舟师往西域，其忽鲁谟斯国进狮子、金钱豹、西马。……木骨都束国进花福鹿，并狮子。"⑥

（5）明马欢《瀛涯胜览》记载："永乐十九年（1421年），钦命正使

---

① （南朝·宋）范晔：《后汉书·西域传》。
② （北魏）杨衒之：《洛阳伽蓝记》卷三《城南》。
③ （汉）班固：《汉书·西域传》第六十六上。
④ （北齐）魏收：《魏书》列传第九十·西域传·波斯国传。
⑤ （清末民初）徐珂编撰：《清稗类钞》第十二册，中华书局2000年版，第5506页。
⑥ 郑鹤声、郑一钧：《郑和下西洋资料汇编》（增编本）上册，海洋出版社2005年版，第十八页。

太监李（冯承钧注：疑是太监李兴）等赍诏敕衣冠赐其王酋。到苏门答剌国分舟宗，内官周（冯承钧注：其下原阙一字）领驾宝船数（冯承钧注：吴本作三）只到彼，王闻其至，即率大小头目至海滨迎接诏敕赏赐。……国王即谕其国人，但有珍宝，许令卖易。在彼买得重二钱许大块猫睛石，各色雅姑等异宝，大颗珍珠，珊瑚树高二尺者数株。又买得珊瑚枝五柜，金珀、蔷薇露、麒麟、狮子、花猫鹿、金钱豹、白鸠之类而还。"①

（6）明田艺蘅《留青日札摘抄》记载："《汉书》乌弋山离国出狮子。孟康曰：'狮子似虎，正黄，有髯耏，尾端茸毛大如斗。'《尔雅》：'狻猊如虦猫，食虎豹，日走五百里。'此常有，不足奇。成化戊戌（成化十四年，1478年），西夷贡狮子，家大夫在京师虫蚁房曾见之。至嘉靖四十二年（1563年）又贡，内兄张子文，时为陕西布政使，亲见之，云：大抵黄色，如金毛狗，而尾长有威。夷人以铁索二条锁之，载以铁笼；命之当堂放阅，则先将大铁桩，长可六七尺，钉没地中，方可带索放纵，任其盘旋，不使见犬马之类，恐触其怒也。……又陕西老人言：五十年前曾贡一次，与此正相类，则知是成化戊戌（成化十四年，1478年）嘉峪关所进是也。西域又有黑狮、捧狮子，其粪名苏合香，其筋为弦，鼓之则众弦皆绝其尾为拂子，则夏月蝇蚋不敢集其上。"②

以上六条记载具有这样几个显明特点：其一，时间跨度长，从汉朝到明代，且选自不同古籍；其二，前三条写明狮子的四个产地——乌弋山离国、波斯国、非洲和巴西，基本囊括了世界上的狮子产地；其三，第四、第五两条说明狮子从异域来华的两大途径——外国进贡和中国采购，忽鲁谟斯国（在古波斯国境内）和木骨都束国（在今索马里境内）贡狮子和郑和船队在阿丹国（今也门亚丁）购买狮子；其四，第六条除讲清楚狮子的产地（乌弋山离国）、狮子来华的方式（西夷进贡）外，还特意强调狮子分为两种颜色——黄色和黑色。

这里要重点讨论狮子的产地问题。在狮子的四个产地中，后三个——波斯国、非洲和巴西的地理位置十分清楚，唯独在乌弋山离国的具体位置

---

① （明）马欢：《瀛涯胜览·阿丹国》，转引自郑鹤声、郑一钧《郑和下西洋资料汇编》（增编本）上册，海洋出版社2005年版，第592页。

② （明）田艺蘅：《留青日札摘抄》（卷三·狮子），转引自郑鹤声、郑一钧《郑和下西洋资料汇编》（增编本）上册，海洋出版社2005年版，第752页。

上存在严重争议,因而值得特别关注。现在回到第一条《汉书·西域传》的记载,早在西汉时候中国人已知道乌弋山离国出狮子,此乌弋山离国"西与犁靬"相接。据法国学者伯希和等考证"犁靬"为巴利文《那先比丘经》Alasanda,中文相对译名作阿荔散,指埃及亚历山大(Alexandria)城,犁靬亦即亚历山大之译名。[①] 也有学者指出乌弋山离国(Alexandria)即为犁靬,即埃及亚历山大城。退一步讲,既然乌弋山离国不是亚历山大城,就其"西与犁靬"相接,也就是与亚历山大城为邻,即在今日埃及境内,也就是在非洲。在埃及金字塔附近有著名的狮身人面像,可见狮子在古代埃及占有相当重要的位置。

意大利石狮子

从第六条《留青日札摘抄》的记载来看,明代"西夷贡狮子",此狮子的来源,该"摘抄"在讲述此事时,开头交代"《汉书》乌弋山离国出狮子",应该就是作者田艺蘅所认为的"西夷贡狮子"之狮子的来源地,即来自出狮子的古代乌弋山离国,即今埃及境内。

---

① 参见陈佳荣、谢方、陆峻岭《古代南海地名汇释》,中华书局1986年版。该书第898页对"乌弋山离国"这样释名:"Alexandria:《希腊古地志》城名,古城以此为名者不少,其为中国史籍所著录者有二:一为《前汉书》之乌弋山离,《魏略》之乌弋国,即今阿富汗之赫拉特(Herat);一为《前汉书》、《魏略》之犁靬。"在该释名中又说:伯希和考订"犁靬""为巴利文《那先比丘经》Alasanda,汉文相对译名作阿荔散,指埃及之亚历山大(Alexandria)城,犁靬亦即亚历山大之译音,此名如梵文称希腊人为 Yavana 之例,或泛指希腊人抑罗马人殖民诸地。"

在《魏略·西戎传》中说："大秦国一号犁靬，在安息、条支西大海之西，从安息界安谷城乘船，直截海西，遇风利二月到，风迟或一岁，无风或三岁。其国在海西，故俗谓之海西。有河出其国，西又有大海。海西有迟散城，从国下直北至乌丹城，西南又渡一河，乘船一日乃过。凡有大都三。却从安谷城陆道直北行之海北，复直西行之海西，复直南行经之乌迟散城。"① 余太山对此作注道："海西有迟散城"，应读作"海西国有迟散城"。"迟散"与下文"乌丹"、"乌迟散"均系"乌迟散丹"之误。下文"复直南行经之乌迟散城"句，元郝经《续汉书》卷八十注所引作"经乌迟散丹城"，可见四字本连写，原应作"乌迟散丹"，乃涉上"乌丹城"、"迟散城"而致误，可乙正。"乌迟散丹"［a‐diei‐san‐tan］即Alexandria的全译，"从国下直北至乌［迟散］丹城"，是指从大秦国的最南端，北行可至埃及的亚历山大城。② 从余太山所作注来看，《魏略》中的"乌迟散丹"应该就是乌弋山离，即Aexandria的全译，指埃及的亚历山大城。这与《魏略》所说"乌迟散丹"方位正相符合。这实际上是说乌弋山离为埃及之亚历山大城。即：乌弋山离 = Alexandria = 埃及之亚历山大城。

《西域地名》对"乌弋山离"的解释与《古代南海地名汇释》几乎一致，同样认为其是亚历山大之对音。为说明问题起见，现将冯承钧先生对"乌弋山离"的解释全文录入："Alexandria：《希腊古地志》城名，古城以此为名者不少，其为中国史籍所著录者有二：一为《前汉书》之乌弋山离国，《魏略》之乌弋国，即今阿富汗之赫拉特（Herat）；一为《前汉书》、《魏略》之犁靬，《后汉书》、《晋书》之犁鞬，《史记》、《魏略》、《北史》之黎轩，此名或泛指希腊人抑罗马人殖民诸地，如梵文称希腊人为Yavana之例，或为巴利文《那先比丘经》Alasanda，今亚历山大（Alexandria）城名之对音。"③

两本权威的地名词典——《西域地名》和《古代南海地名汇释》对"乌弋山离"作了相同的解释。换言之，"乌弋山离"或是指今日阿富汗的赫拉特，要么是说埃及的亚历山大。至于其可能实指的其他地方，目前

---

① （魏）郎中鱼豢：《魏略·西戎传》。
② 参见余太山《〈魏略·西戎传〉要注》，载《中国边疆史地研究》2006年6月第十六卷第二期。
③ 冯承钧原编，陆峻岭增订：《西域地名》（增订本），中华书局1982年版，第三页。

一时难以认定。至此，前文所言世界上狮子的四个产地——乌弋山离、波斯、非洲和巴西，可置换为阿富汗、波斯、非洲和巴西，因为埃及亚历山大位于非洲。

班固在《汉书》中还说，由乌弋山离国"转北而东"就到安息，这实际上排除了乌弋山离国是阿富汗赫拉特。因为如果乌弋山离就是指阿富汗的赫拉特，那么就与书上描写的方位矛盾了：赫拉特"转北而东"到哪里呢？中国。

有人还根据乌弋山离"转北而东得安息"的描写而对安息是否出产狮子提出质疑，认为安息献给中国皇帝的狮子有可能来自非洲。推而广之，凡是丝绸之路沿途的狮子均来自非洲。安息与波斯皆位于今日伊朗及其两河流域，赫拉特在阿富汗境内，此三地均处丝绸之路要道上，他们的狮子是否是截留非洲的"贡品"呢？也就是说，非洲是狮子的故乡不容置疑，亚洲是否出产狮子值得怀疑。对此下列两点似可做出肯定回答。

一是虽说金字塔前的狮身人面像历史悠久，但狮子在古波斯文化中亦随处可见，事例俯拾皆是：古代伊朗的地毯上绘有狮子、文学作品里描写狮子；国王狩猎狮子的场景出现在波斯波利斯（古波斯帝国王宫）的石雕上；伊朗伊斯兰革命前，伊朗不少朝代的国旗、王冠和国王的衣服上印有狮子图案。狮子文化在伊朗还得到传承，巴列维时期的钱币上就有狮子。

二是伊朗狮子，或称亚洲狮，其与非洲狮具有明显区别：体型小、毛发短、颜色黄且无花斑或条纹；公狮子的鬃毛短而呈黑黄色，无法遮掩双耳，长长的尾巴末端还带有一撮黑色长毛，而非洲狮子的耳朵却被长长的鬃毛遮盖着；伊朗狮子的腹部皮肤有纵向皱褶，非洲狮却没有。由是观之，亚洲狮与非洲狮分属不同种群。

以上两点似可说明亚洲也出产狮子。至于亚洲狮与非洲狮之所以具有不同特征，原因有二：一是食物链不同。狮子是肉食动物，非洲动物种类多，各种动物的肉味差别大，对狮子而言，选择捕猎对象的余地大，食物丰富而美味，体形也就相对大而肥，腹部也就不会出现纵向皱褶。二是气候相异。非洲热带大草原的气候并非我们想象的那样热，最鲜明的特点是温差大，为适应气温变化，狮子的毛发相对也就长一些。

亚洲出产狮子，世界上的三个大洲——非洲、亚洲和南美洲均有狮子。

由于巴西与中国远隔重洋，中国的狮子应该来自非洲和亚洲其他国家。

狮子传入中国后，立即被赋予中国文化的特征，受到人们的普遍喜爱，分析起来有多种原因：首先，狮子是作为"贡品"而来的，受到国礼待遇，继而又被饲养在帝王宫苑，成为皇家宠物，百姓无缘目睹，这无疑抬高了狮子的身价，为其蒙上了神秘神圣的皇家色彩；其次，狮子威名在外，而老虎则恶名贯耳，在人们心目中需要树立一个能够战胜老虎而形象美好的动物，这符合中国人的审美习惯和文化传统，狮子的出现恰好填补了人们的这一审美空缺，威武的狮子被赋予正义强大的意象，成为人们希冀之中的神兽瑞兽形象；再次，汉唐两代在中国历史上是盛世，崇尚刚健勇猛的雄风之气，威猛而不可战胜的狮子就成为辟邪镇宅、守护平安的理想动物，佛教的传入和佛教中狮子的正面形象又为崇尚雄风之气推波助澜，狮子的形象不断走进民间，家喻户晓；最后，物以稀为贵，作为"洋物"的狮子，自然受到人们的喜爱，而无缘目睹其真实面目又留下广阔的想象空间，艺术手法于是美化狮子的外表，使其威武和憨态兼备，逗玩假狮子的狮子舞随之风靡神州大地。

狮子舞广受欢迎与其具备双重功能密切相关，既能满足人们征服强者的心理，又能达到娱乐放松的目的。我国虽不是狮子的故乡，但狮子舞流行的地域广阔，历史悠久。1989年版《辞海》这样解释狮子舞："狮子舞"是汉族民间舞蹈形式之一。流行于很多地区，各有不同的风格和特点。……狮子舞历史悠久，汉代即已流行（见《汉书·礼乐志·孟康注》）。此外，狮子舞这一颇受民间欢迎的娱乐方式的来源或许也与非洲有关。据史书记载，舞狮者多为黑人。《汉书·礼乐志》这样记载："象人，若今戏虾鱼师子者也。"[1] 不过，由于中国人对狮子的畏惧心理，至少在最初阶段，舞狮者并非中国人，而是来自狮子故乡的黑人——"昆仑"，[2] 直到唐朝，舞狮者的服饰还"作昆仑象"。《旧唐书·音乐二》指出："《太平》乐，亦谓之五方师子舞。师子鸷兽，出于西南夷天竺、师子等国。缀毛为之，人居其中，像其俯仰驯狎之容。二人持绳秉拂，为习弄之状，各立其方色。百四十人歌《太平乐》，舞以足，持绳者服饰作昆

---

[1] 《汉书·礼乐志》。
[2] 关于"昆仑"一词的解释，参见张星烺《昆仑与昆仑奴考》、葛承雍《唐长安黑人来源寻踪》、孙机《唐俑中的昆仑和僧祇》等。

仑象。"① 唐代大诗人白居易《新乐府》有诗曰："西凉伎，假面胡人假狮子。刻木为头丝作尾，金镀眼睛银贴齿，奋迅毛衣摆双耳，如从流沙来万里。"② 白居易不但说狮子来自"万里"之遥，而且讲舞狮者是"假面胡人"。白居易所说的"胡人"，其实是指黑色皮肤的异族人。由此可见，直到唐代，舞狮者还将自己打扮成黑人，这说明中国人喜爱的耍狮子这一习俗，还真可能是从异域传来的，或许是与狮子一同而来的"洋玩意"。

综上所述，狮子不是中国的土产，而是来自非洲和西亚；非洲狮与亚洲狮具有明显区别。从历史文献记载看，中国的狮子来自非洲的早而多，其影响大而远。如汉朝描写的

摩洛哥四大古皇城之一——非斯（Fès），位于摩洛哥北部，是该国最早建立的阿拉伯城市，始建于 790 年。

狮子颜色是"正黄"，唐代舞狮者还打扮成"昆仑象"，直到今日中国人耍的"狮子"都是全身皆黄，鲜带黑色。狮子堪称中非交往源远流长的鲜活事例和具体象征。

## 二 中国唐代古籍所记载的非洲动物

我国古籍记载中国人在非洲看到的动物，最早见于唐朝。唐朝有两部书分别在讲到非洲的习俗和物产时提及动物，一本是杜环的《经行记》，另一本是段成式的《酉阳杂俎》。杜环说，摩邻国（今摩洛哥）居民信奉

---

① 《旧唐书·音乐二》。
② 霍松林：《白居易诗译析》，黑龙江人民出版社 1981 年版，第 182 页。

伊斯兰教和基督教，"不食猪狗驴马等肉"①。段成式《酉阳杂俎》（卷四）记载："拨拔力国，在西南海中，不食五谷，食肉而已。常针牛畜脉，取血和乳生食。无衣服，唯腰下用羊皮掩之。其妇人洁白端正，国人自掠卖与外国商人，其价数倍。土地唯有象牙及阿末香……战用象牙排、野牛角为稍，衣甲弓矢之器。步兵二十万，大食频讨袭之。"② 拨拔力国即今天的索马里柏培拉，这段文字讲到五个动物——牛、羊、大象、鲸鱼和野牛，其中的阿末香——龙涎香就和鲸鱼相关。

龙涎香，阿拉伯语阿末香（anbar），因外表像琥珀被欧洲人称为灰琥珀，是一种外表银灰或黑色的固态蜡状可燃物质，由抹香鲸消化系统所产生。龙涎香因具有类似异丙醇的甘甜土质香味，历史上主要用来做香水的定香剂，现在基本上已被化学合成物取代。中国早在汉朝就发现了龙涎香，渔民在海里捞到一些黑色和灰色的蜡状漂流物——成品龙涎香，从几千克到几十千克不等，散发一股强烈腥臭味，干燥后具有持久香气，点燃更是香味四溢，其味盖过麝香。于是，当地官员如获至宝献给皇帝，龙涎香摇身一变成为宫庭里的香料和药物，可谁都不知道它是什么宝物，宫中"化学家"——炼丹术士解释说，它是"海龙"在睡觉时流出的口水，滴到海水中的凝固产物。例如，南宋周去非在其《岭外代答》（卷七）中指出："大食西海多龙，枕石一睡，涎沫浮水，积而能坚。鲛人探之以为至宝。新者色白，稍久则紫，甚久则黑。因至番禺尝见之，不薰不莸，似浮石而轻也。人云龙涎有异香，或云龙涎气腥能发众香，皆非也。龙涎于香本无损益，但能聚烟耳。和香而用真龙涎，焚之一铢，翠烟浮空，结而不散，座客可用一剪分烟缕。此其所以然者，蜃气楼台之余烈也"。③

科技进步揭开了一个个自然之谜，龙涎香是"龙"的口水的说法自然也站不住脚，于是便出现了各种各样的奇思和猜想：有人讲龙涎香是从深海泉水中喷出来的一种凝固的海浪花，有的说是海岛上的鸟粪飘入水中经过风化形成的，还有人认为它是一种海洋沉淀物，抑或是生长在海床上的一种菌类，就像生长在树根部的蘑菇、块菌一样。海洋生物学家经过研

---

① （唐）杜环著，张一纯笺注：《经行记笺注》，中华书局2006年版，第23页。
② （唐）段成式撰，方南生点校：《酉阳杂俎》，中华书局1981年版，第46页。
③ （宋）周去非著，杨武泉校注：《岭外代答校注》，中华书局2006年版，第266页。

究认定，它是一种巨大的海洋动物肠道的分泌物。不过至于是什么动物分泌的，一直没有弄清楚。在这种情况下，有人竟别出心裁，一口咬定龙涎香不是鲸鱼的粪便就是其精液。费信在《星槎胜览》中记述龙涎香的采集和售价时讲："龙涎屿：独然南立海中，此屿浮艳海面，波击云腾。每至春间，群龙所集，于上交戏，而遗涎沫。番人乃架独木舟登此屿，采取而归。设遇风波，则人俱下海，一手附舟傍，一手揖水而至岸也。其龙涎初若脂胶，黑黄色，颇有鱼腥之气，久则成就大泥。或大鱼腹中剖出，若斗大圆珠，亦觉鱼腥，间焚之，其发清香可爱。货于苏门之市，价亦非轻，官秤一两，用彼国金银十二个，一斤该金钱一百九十二个，准中国铜钱四万九十文，尤其贵也。"[①]

真正发现龙涎香秘密的是沙特阿拉伯科特拉岛的渔民。该岛渔民以捕抹香鲸为生，一次，一位老渔民在剖开一条抹香鲸的肠道时发现了一块龙涎香，这一消息引起了海洋生物学家的重视，他们通过深入研究解开了龙涎香之谜：原来，大乌贼和章鱼口中坚韧的角质颚和舌齿不易消化，当抹香鲸吞食大乌贼和章鱼之后，它们的角质颚和舌齿便积聚在胃肠内，肠道受刺激后就分泌出一种特殊的蜡状物将食物的残骸包裹起来，久而久之便形成龙涎香。科学家们指出，有的抹香鲸会将凝结物呕吐出来，有的则会从肠道排出体外，仅有少数抹香鲸将龙涎香留在体内。

抹香鲸隶属齿鲸亚目，由于其头部巨大，又称"巨头鲸"。龙涎香味甘酸，气腥，除用作香料外，还具有行气活血、散结止痛、利水通淋之药效，主治咳喘气逆、气结症积、心腹疼痛和淋病，因而历来被视为宝物。

### 三 我国北宋著作开始记载长颈鹿

中国古籍关于长颈鹿的记载始于北宋，在其撰写的《续博物志》（卷十）中，李石有如下一段记载："拨拨力国有异兽名驼牛，皮似豹，蹄类牛，无峰，顶长九尺，身高一丈余。"[②] 拨拨力国在今天的索马里境内，李石所言的异兽——驼牛就是长颈鹿。

紧接李石之后，南宋的赵汝适在其专门讲述异国风物的著作《诸番

---

[①] （明）费信著，冯承钧校注：《星槎胜览校注》，中华书局1954年版，第26—27页。
[②] （宋）李石撰，李之亮点校：《续博物志》，巴蜀书社1991年版，第144页。

志》中，多处提到非洲的多种动物，其中就有长颈鹿。在该书卷上的"弼琶啰国"即写道："土多骆驼、绵羊，经骆驼肉并乳及烧饼为常馔。产龙涎，大象牙及大犀牛角，象牙有重百余斤，犀角重十余斤。"还提及"又产物名骆驼鹤，身项长六七尺，有翼能飞，但不甚高。兽名徂蜡，状如骆驼，而大如牛，色黄，前脚高五尺，后低三尺，头高向上，皮厚一寸。又有骡子，红、白、黑三色相间，纹如经带，皆山野之兽，往往骆驼之别种也。"① 这里所言的后三种动物——骆驼鹤、徂蜡和骡子就是：鸵鸟、长颈鹿和斑马。

关于弼琶啰国，阿拉伯语为 Barbara，系源于拉丁语 Barbari，本指罗马拉丁化城市居民中拒绝接受拉丁语的土著人，称之为 Barbarins，义为"野蛮人"。弼琶啰国到底在何处，一致认为在今索马里境内，不过有人认为是索马里的柏培拉（Berbera），有人说是泽拉（Zaila，Seylac，Zaylac），也有说是摩加迪沙或是其南的布拉瓦（Brava）。因这三个地名都在今日索马里境内，也就是说，弼琶啰国是指今日的索马里。与此同时，学术界一致认为，上文中的"徂蜡"为长颈鹿，长颈鹿 Giraffe 波斯语是 Zurapa，阿拉伯语为 Zarafa，索马里语称 Giri。"徂蜡"可看作是波斯语的音译；《瀛涯胜览》"阿丹国"中将长颈鹿称作"麒麟"，无疑则是索马里语的对音；而《星槎胜览》"阿丹国"作祖剌法，此乃"徂蜡"之异译也。

**中国古籍中的长颈鹿**

---

① （宋）赵汝适著，杨博文校译《诸番志校释》，中华书局 2008 年版，第 102 页。

关于斑马，费信在《星槎胜览》中记载："卜剌哇国……地产马哈兽、状如麝刻獐，花福鹿、状如花驴。"① 卜剌哇为布拉瓦的异译，马哈兽即大羚羊，花福鹿就是斑马。索马里语斑马为 Faro，音译福鹿，明代《异物图志》中绘有这个动物的图样。据郑和等所立《娄东刘家港天妃宫石刻通番事迹碑》记载："永乐十五年（1417 年）……木骨都束国进花福鹿，并狮子。卜剌哇国进千里骆驼，并驼鸡。"② 驼鸡就是驼鸟，而1415 年马林迪国王赠送给中国皇帝一头长颈鹿故事，其影响无疑更加广泛。我国古籍中关于非洲动物的记载，一方面增长了中国人民对非洲动物的知识、增加了对非洲的了解、增进了中非友谊，一方面印证着中国与非洲之间历史悠久的交往、交流与交情。

## 第二节　官民交往双渠道

民间与官方海陆并举的直接外交时期（公元前 2 世纪—公元 15 世纪）。这一时期历史跨度较长，又可分为两个阶段：陆地交往阶段（公元前 2 世纪—公元 6 世纪）和海陆并举阶段（公元 7 世纪—公元 15 世纪）。

### 一　陆地交往阶段（公元前 2 世纪—公元 6 世纪）

在中埃两国间接交往开始之时，非洲的尼罗河流域与中国的黄河流域就兴起了文明古国，成为亚非两大洲的文明中心。公元前 6—4 世纪，在这两大中心之间的中东地区兴起了波斯帝国。公元前 529 年，波斯帝国占领了大夏（阿富汗北部），紧接着又征服了埃及。公元前 332 年，希腊马其顿国王亚历山大率军击败波斯军队，在攻占埃及后又挥戈西亚、中亚，所向披靡，建立了地跨欧亚非三大洲的亚历山大帝国，客观上在东西两大文明中心之间架起一座陆地桥梁。

公元前 323 年，亚历山大去世，帝国一分为三，留在埃及的托勒密王朝不久后定都于亚历山大里亚。在中国古籍中，亚历山大里亚有多种译名：《史记》、《魏书》、《北史》上皆译为黎靬，《汉书》、《魏略》作犁

---

① （明）费信著，冯承钧校注：《星槎胜览校注》，中华书局 1954 年版，第 25 页。
② （明）钱谷：《吴都文粹续集》（卷 28·道观），转引自郑鹤声、郑一钧《郑和下西洋资料汇编》（增编本）上册，海洋出版社 2005 年版，第 18 页。

靬，《后汉书》、《晋书》是黎鞬。①

公元前139年，汉武帝派张骞出使西域，以联合大月氏夹击共同的敌人——匈奴。13年后经过曲折跋涉，张骞终于回国并向汉武帝报告，自己访问过大宛（今中亚费尔干纳盆地）、大月氏（今阿姆河上游）、大夏（希腊人称为巴克特里亚）、康居（今巴尔喀什湖和咸海之间）、乌孙、奄蔡、安息（波斯）、条支、黎靬和身毒等地。② 汉武帝十分重视张骞的报告，"初置酒泉郡以通西北国，因益发使抵安息、奄蔡、黎靬"。③ 研究中非关系史的大多数中外学者认为，司马迁和班固所说的黎靬就是亚历山大城。

汉朝的使节极有可能未抵达埃及，因为史书中对此均未记载，但这是中非双边官方外交的开始。同时期，埃及的魔术师——黎靬善弦人——被安息王派往西安，此事发生在张骞第二次出使西域后。公元前115年张骞再去西域途中，曾派副使去安息，"汉使还，而后（安息）发使随汉使来。观汉广大，以大鸟卵及黎靬善弦人献于汉"。④ 这是非洲人有史可考第一次来中国，方式仍是间接的。除埃及外，非洲与中国同时期间接交往的地区还有尼罗河上游的库施（Kush）、埃塞俄比亚的阿克苏姆（Akum）王国等。

张骞通西域开辟了最早的一条"丝绸之路"：从长安西行出玉门关到中亚和西亚，经大马士革、加沙，穿过西奈半岛到埃及亚历山大城，再由此转运欧洲各国。遗憾的是，这条通道不久便被战火阻断。公元前64年，罗马占领叙利亚，公元前30年又攻克埃及。罗马军队一路东征，公元前53年，风云一时的军事家克拉苏（Marcus Licinius Crassus Dives）率7个罗马军团4万余人，渡过幼发拉底河向安息开进，未料遭到能征善战的安息士兵的强烈抵抗。翌年中，双方在卡雷城（Carthae）附近激战，罗马军团惨败，克拉苏及其部下2万多人被杀，1万多人被俘；克拉苏的长子率6000余人成功突围，逃到中亚的康居，投靠了匈奴郅支单于。这批逃兵中当然少不了罗马军团从埃及招募的士兵。

---

① 参见许永璋《中国与亚非国家关系史考论》，香港社会科学出版社有限公司2004年版，第40—42页。
② 《史记·大宛传》。
③ 《汉书·张骞传》。
④ 《汉书·西域传》。

克拉苏长子的命运与其父一样不妙。公元前36年，即他逃到郅支不过20年，汉朝西域都护奉命率4万大军讨伐郅支单于，两军在郅支城（今哈萨克斯坦共和国江布尔）展开生死大战，汉军全胜，"生房百四十五人，降房千余人"[1]。在这次战役中，汉军发现敌人用圆形盾牌连成鱼鳞形防御阵式，城墙外设双重栏。这是当时罗马军团特有的作战方式，说明郅于单于军中有罗马人，极有可能就是克拉苏部队当年逃亡的残部。

　　汉朝在西北张掖郡设骊靬县（今甘肃永昌县一带）安置罗马战俘，其中包括埃及人。这批战俘定居后便与当地女子通婚，2000多年来融入当地社会，外貌和习俗发生了很大改变，但仔细考察，仍发现他们保留着自己祖先的某些生理特征和生活习俗。如，永昌山区农民的脸颊特别红，普遍鼻梁高、眼窝深、头发自然卷曲，身材魁梧，胡须、汗毛、头发多为金黄色，这在中国实为罕见。据说罗马人后代最集中的是距骊靬城最近的者来寨村。[2] 大约居住着300人，他们多数长着一副欧洲人的面孔。有的孩子父母亲是亚洲人，但长着一双蓝眼睛，生活习惯也与周围村子有些不同。在

意大利罗马古斗兽场

---

[1] 《汉书·陈汤传》。
[2] "骊靬城"也作"骊轩城"，这可能与读音和发音有关，两者相串。

埋葬死者时，周围的村子都是头朝北，而这里却是朝西。当地人对牛十分崇尚，且十分喜好斗牛。村民们在春节时都爱用发酵的面粉，做成牛头形馍馍，俗称"牛鼻子"，以作祭祀之用。放牧时，村民们特别喜欢把公牛赶到一起，想方设法让它们角斗，而这正是古罗马人斗牛的遗风。①

## 二　海陆并举时期（公元7世纪—公元15世纪）

研究中非关系史的学者普遍认为，尽管中国与埃及之间早已出现间接民间往来，但中埃关系的开端仍应以张骞通西域为始点。因为"从这个时候起，中国人才知道了埃及的亚历山大城（黎轩），并发使黎轩"。②

公元7世纪前后，中国和非洲均发生了重大事件。中国在经历三国、两晋、南北朝的长期分裂后，从隋、唐走向统一，封建帝国在宋、元、明三朝进一步加强，经济空前发展，政治比较稳定。在非洲，罗马帝国分裂，阿拉伯帝国代之而兴，北非地区阿拉伯化、西非地区和东非沿海城邦伊斯兰化，东非沿海从北到南相继建立了一连串的商业城邦。同期，中国的造船和航海技术迅速发展。这一历史背景为中非双方开展商贸和交往提供了有利条件，中非关系在约900年间快速发展、高潮迭起，重要事件有：

唐朝杜环的《经行记》是第一部由中国人撰写的西亚非洲著作，记述"摩邻"国（摩洛哥）的情况。这是中国史书对非洲的最早记载，此乃中国首部西亚非洲游记，亦是中文对伊斯兰教义的最早记录。唐玄宗天宝十年（公元751年），镇西节度使高仙芝西征，与石国（在今乌兹别克斯坦境内）发生武装冲突。石国兵败，乞援兵于阿拉伯人所建的大食，高仙芝率军深入，到了怛逻斯城（今译"塔拉斯城"），"与大食相遇，相持五日，葛逻禄部众判，与大食夹攻唐军，仙芝大败，士卒死亡略尽，所余才数千人……"③ 在这次战役中，杜环"为大食人所擒，当年至西海。宝应初（公元762年）因贾商船舶，自广州而回，著《经行记》。"④ 杜

---

① 参见矢板明夫《中国内陆的"罗马村"》，日本《产经新闻》2009年3月30日；杜琛《甘肃发现古罗马人后裔疑似者》，《新闻晨报》2005年6月24日。
② 艾周昌、沐涛：《中非关系史》，华东师大出版社1996年版，第1页。
③ 杜佑：《通典》卷216天宝十载条，转引自杜环原著，张一纯笺注《经行记笺注》，中华书局2006年版，序言第1页。
④ 张星烺编注，朱杰勤校订：《中西交通史料汇编》（第二册），中华书局2003年版，第566页。

环是高仙芝兵败于大食怛逻斯时被大食俘去的二万名俘虏中的一个,这批俘虏中有各种各样人才,包括《经行记》中所记载的中国绫绢式人、金银匠和画家等,中国的伟大发明、特别是造纸术就是通过恒逻斯战役西传的。李约瑟曾说:"中国的发明为欧洲复兴铺平了道路。"这主要是指造纸术西传而言的。①

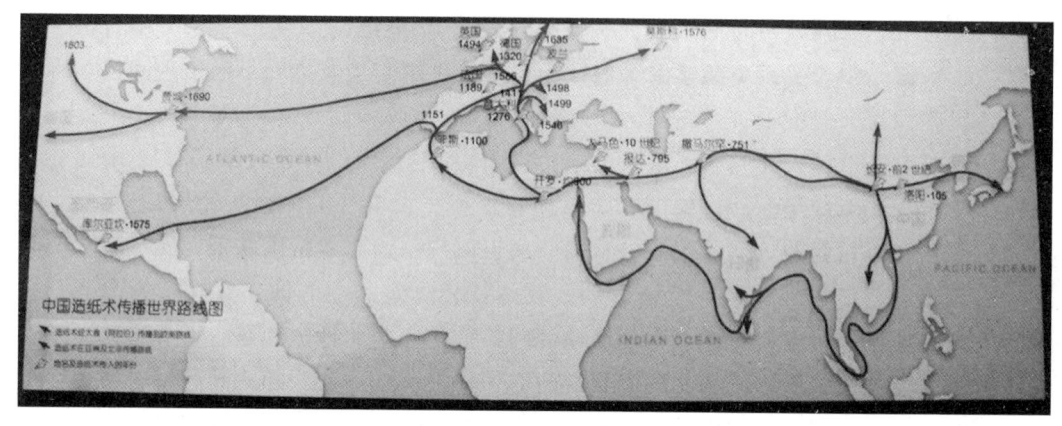

中国造纸术传播世界路线图,摄于陕西省博物馆

在《经行记》之后,有段成式的《酉阳杂俎》。段成式,山东临淄邹平人,其父段文昌,曾任元和末年宰相。段成式博学强记,苦学精研,曾任秘书省校书郎、江州刺史等职,他多方搜集逸文秘籍和民间传说,在850年至860年间著成《酉阳杂俎》。该书20卷,续集10卷,千余年来,以内容广博受到读者青睐,学者多所征引。该书卷四比较详细地记载了拨拨力国的物产与风俗,而拨拨力国就是今日索马里的柏培拉。②

李约瑟塑像,位于英国剑桥大学校园内

非洲黑人首次来华也发生在唐朝。阿拉伯人把黑人贩卖到中国,《唐书》和《新唐书》中有关于"昆仑奴"的记载。1954年在西安

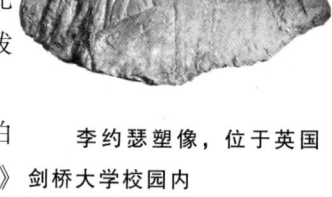

---

① 参见杜佑《通典》卷216天宝十载条,转引自杜环原著、张一纯笺注《经行记笺注》,中华书局2006年版,序言第2页。

② 赵汝适著,冯承钧校注:《诸番志校注》,中华书局1977年版,第55页。

南郊唐代裴氏小娘子墓、1986年在西安长安区大兆乡唐代墓里，均出土了黑人陶俑，现分别藏在西安市和陕西省博物馆内。另外，敦煌壁画第45洞中也有黑人形象。同时，东非也出土了中国唐代的瓷器。

至宋代，中非间的海上贸易日趋活跃，彼此访问的人数增加，交往程度进一步加深。中国宋朝出现了记述中非交往的两本书：周去非的《岭外代答》，成书于公元1178年；赵汝适的《诸番志》，完成于1225年。在这两部著作中，作者记述了非洲一些国家的地理位置、风土人情、物产气候等。

到元朝，问世了一本介绍非洲国家情况较多的著作——周致中的《异域志》，该书的特点是有不少前所未有的记载，这些内容一是根据作者自己的耳闻目睹，二是采撷已失传书籍的内容。值得提及的是，在元朝，中非海上交通已开设了三条航线：1. 中国至北非的航线：中国——印度——亚丁——埃及；2. 中国至东非的航线：中国——马尔代夫——东非；3、中国至马达加斯加的航线：这条航线分为两路：中国——索科特拉岛——马达加斯加和中国——马拉巴海岸——马达加斯加。[①]

宋元时期，随着新航线的开通，中非间的官方和民间交往开始活跃，双边往来呈现出积极趋势。这固然与中国这两个朝代的统治者重视发展海外贸易关系密切，但也从一个侧面折射出世界历史、特别是中国和非洲历史发展阶段的某种特征，这一特征主要表现在中国和非洲一些国家互派使节，加强官方往来；中非民间主动开始直接接触，增进相互了解。

如果说宋朝周去非和赵汝适二人的著作均根据传闻或间接调研而撰写，那么元代汪大渊则截然不同，他两次航海远游非洲，第一次从1330年到1334年，第二次从1337年至1339年，前后历时8年，其所著《岛夷志略》完成于1349年，记述了自己的亲身经历，因内容均为耳闻目睹，实为难得而珍贵。汪大渊是中国以旅行家身份游历非洲第一人。

就在这一时期，与中国旅行家汪大渊同年代的非洲大旅行家、摩洛哥人伊本·白图泰（Ibn Buttuta）于1346年来到中国，游历了泉州、广州、北京等城市。《伊本·白图泰游记》（原名《异域奇闻揽胜》）是根据他口述而整理出版的游记，书中记述了作者在中国的所见所闻。

---

[①] 艾周昌、沐涛：《中非关系史》，华东师大出版社1996年版，第53—54页。

汪大渊和伊本·白图泰二人互相游历生涯的时间前后仅相差5年，前者在1330年19岁时即开始浮海远游，后者在1325年，即21岁时开始周游世界。这从某种意义上讲，也是一种巧合，说明中非之间互有直接了解、亲自察看对方的强烈愿望。在官方，这一时期中非间开始互派使节。如，据马可·波罗（Marco Polo）记载，元朝忽必烈曾遣使出访马达加斯加。

唐代黑人俑，摄于陕西省博物馆

在元朝，中国对非洲的了解领先于当时世界。这主要体现在三位中国画家绘制出当时世界上最精确的非洲地图——著名画家朱思本所绘世界地图、与其同时代的地理学家李泽民绘制的《声教广被图》和作者不详的《大明混一图》。其中，《大明混一图》是世界上最早的世界地图，且准确描绘出非洲大陆的形状和轮廓。

朱元璋建立明朝之初，从水陆两路派出大量使节，睦邻示好，开展贸易，后因防范不法海民与倭寇勾结，遂严令"寸板不许下海"，实行海禁政策。明成祖登基后，就开始了声势浩大、影响深远的郑和下西洋活动，把中非关系推进到历史新阶段。关于郑和船队所访国家的地理风貌等情况，随行翻译在其出版的三部重要著作中均有记述：费信的《星槎胜览》、马欢的《瀛涯胜览》和巩珍的《西洋番国志》，其中费信的著作中记录了非洲三国——竹步国、木骨都束国和卜剌哇国的风土人情，这三国均位于今日的索马里境内。

## 第三节 列强操纵非正常

西方列强操纵的非正常间接交往时期从公元16世纪开端到新中国成立的1949年，该时期以1911年的辛亥革命为界限划分为前后两个阶段：前阶段从16世纪至1911年，跨度包括明后期和整个清朝，其基本特征是中非官方交往中断，有限的民间往来受到殖民者的支配和压制；后阶段从1911年至1949年，即民国时期，其显著特点是中非交往继续受殖民者控制和阻挠，中非人民在反帝反殖斗争中相互支持和声援。

### 明后期和清朝（16世纪—1911年）

1433年，郑和七下西洋的壮举戛然而止，终而成为历史绝唱。1441年（明正统六年），埃及马木留克王朝遣使来华"朝贡"，"贡骡，马及方物"，"自后不复至"，[①] 史册上鲜有中外使节往来的记录，中非之间的官方交往从此中断。不过，明朝后期和清朝实行的"海禁"政策未能完全阻止这一时期中非双方的民间交往。

中非官方交往的中断固然有其各自的内因，但是海上和陆地交通受阻

---

① 《明史》卷三三二，《西域传》。

也是非常重要的外因。张骞的"凿空"之旅开通了"丝绸之路",这座"欧亚大陆桥"为人类发展和时代进步发挥了难以估量的推动作用,期间曾出现过几次繁荣阶段,不过,从宋朝开始,"丝绸之路"的重要性逐渐下降。1368年元朝灭亡后,"丝绸之路"上的"肠梗阻"现象更加突出;郑和下西洋结束后20年,即1453年,奥斯曼帝国攻陷君士坦丁堡,并陆续征服两河流域、叙利亚、巴基斯坦和埃及、阿尔及利等亚非地区,"丝绸之路"实际上受到奥斯曼帝国的控制,东西方陆地上的贸易落入奥斯曼帝国之手。

在南方,"海上丝瓷之路"亦发生了历史性变化。郑和下西洋之后,由于封建统治者奉行闭关自守的锁国政策,致使浩浩荡荡的中国庞大船队不再往返于海上。此前千帆过海、百舸竞流的印度洋顿时变得冷冷清清,这一近乎空白的中非海上交往局面客观上为接踵而至的殖民者横行印度洋提供了契机。1488年2月,葡萄牙航海家迪亚斯绕过非洲南端的好望角;1497年11月,另一名葡萄牙航海家达·伽马再次绕过好望角继续东行抵达印度卡利库特,并于世纪之交的1500年到来之前回到葡萄牙。紧接着,葡萄牙殖民者相继霸占了东非沿岸桑给巴尔、基尔瓦和蒙巴萨等城市和印度沿海果阿、第乌、达曼、孟买等地方。1509年,葡萄牙击败埃及和印度的联合舰队,从而控制了东西方海道的印度洋一侧;1511年,葡萄牙殖民者侵占马六甲,劫掠过往船只,"其风顿殊,商船稀至","海路几断",东西方海路的太平洋一侧落入葡萄牙殖民者的魔掌。从此,欧洲殖民者打通了西方通往东方的新航线,霸占了印度洋的制海权,操纵着中国商品运抵埃及和东非再转运欧洲的贸易,阿拉伯人、波斯人与中国的传统海路遭到葡萄牙殖民者的破坏和阻断,由殖民者取而代之。在西方列强当道的世界上,中非关系又以间接外交的方式曲线绕流,缓慢发展,形成非正常的外交局面。

由于西方列强控制印度洋贸易,出于自己的利益,他们在把非洲人运到中国的同时,又将华人运往非洲。早期被运往非洲的华人,无论是自由民还是劳工,乘坐的都是殖民者的船只;反之亦然,远道来华的非洲人同样受到殖民者的迷惑与控制。这些来华的非洲人可分为两大类:一是出于宗教热情来华进行冒险活动,这类人数量不多;二是作为奴隶被贩卖而来,这类人数量较多。1517年葡萄牙殖民者强行占领我国澳门后不久,便运来非洲奴隶和士兵。印光任、张汝霖在《澳门纪略》(下卷)"形势篇"中写到:"澳夷西洋族,自嘉靖三十年(公元1551年)来……白主、黑奴"。在该书下卷的"澳蕃篇"里,作者指出"……女子亦具白黑二种,别主奴。"① 换言之,澳门的非洲人既有男也有女,且数量不断增加。黑人士兵甚至成为葡萄牙驻澳门军队的主力,清工部右侍郎赛尚阿奏陈澳门情况时曾这样讲,此间有"番哨三百余人",皆以黑人充当,"终年训练,无间寒暑"。据记载,1635年澳门的居民人数达到7000人,其中5100人为奴隶,主要是非洲黑人奴隶。关于澳门当年的黑人数量,《光复时期的澳门》中这样记载:1635年,澳门"有850个有家室(casados)的葡萄牙人……他们平均有6个武装奴隶。其中数量最大、最优秀的是咖呋哩(cafre)②人,还有其他族人……"③ 1624年,荷兰殖民者占领我国台湾地区;1661年郑成功收复台湾时,曾将俘获的非洲人改编成黑人洋枪队,用缴获的荷兰枪炮打击荷兰殖民者。

非洲人给中国人的第一印象是"善斗",忠勇善战,冲锋陷阵。尽管如此,黑人官兵在当时的澳门却没有获得相应的政治、经济和社会地位。出于对自己现状的不满,外加明朝边疆将领的召唤,许多黑人士兵外逃寻找新生活。据统计,1647年,"在安海,从澳门逃跑的黑人(pretos)超过200人"④,其中不少逃到南明势力控制区,效忠南明皇帝。南明隆武帝是依附郑芝龙⑤在福州称帝的,郑芝龙就是当时威震东南沿海的商人武装领袖——郑成功的父亲。在他的麾下,就有一支由300名黑人组成的军队。这些来自南部非洲的黑人全是基督徒,忠诚可靠,忠心耿耿,深得郑芝龙和郑成功父子的信任和赏识。有一年,黑人通宵达旦庆祝圣诞节,兴致所致便鸣号放枪,巨大的响声惊动了郑芝龙,因为他事先未得到消息,

---

① 转引自黄晨、戴安妮《郑成功黑人洋枪队,收复台湾立大功》,http://www.stnn.cc/culture/reveal/t20060323_172387.html。

② 咖哩呋(cafre),英语又作caffre或kaffir,今译为卡菲尔,主要有三种意思:一是南部非洲的班图人或班图语,二为欧洲人对南部非洲黑人的蔑称,三指穆斯林对非伊斯兰教徒的通称。

③ 《光复时期的澳门》,第28页。转引自金国平、吴志良《早期澳门史论》,广东人民出版社2007年版,第378页。

④ 罗马耶稣会档案馆,日本—中国档122号,第264页。转引自金国平、吴志良《早期澳门史论》,广东人民出版社2007年版,第379页。

⑤ 郑芝龙(1604年4月16日—1661年11月24日),字飞黄(一说字飞龙),小名一官(Iquan),天主教名尼古拉,在欧洲文献中,则以"Iquan"(一官)闻名。福建泉州南安石井镇人,后文中的"一官"即指郑芝龙。

双枪手随时待命

误以为敌人侵犯。可当得知真相后，郑芝龙非但没有惩罚自己的部下，而且"下令赏众人酒水、糕点，并赐银作为白天继续庆祝的费用，但命令不要再鸣枪，以免惊动地方"。① 令这些对汉语"能晓人言而自不能言"的黑人官兵无比感动。

虽然在郑芝龙的麾下还有欧洲白人和日本人组成的部队，但是，这些"郑芝龙从澳门和其他地方弄来的"黑人官兵不仅"猛过白番鬼"，而且还擅长铸造和使用火枪，为郑军提供了武器和后勤保障。方济各会士文度辣记录说："官员一官在安海城有一连队黑人士兵。这是他从澳门和其他地方弄来的。这些人是基督徒，有妻子儿女。他们来探望我们。他们的连长叫马托斯（Luis de Matos），是一个聪明、理智的黑人。"② "在那里（安海），有一些澳门的黑人。他们是基督徒，是那位官员（郑芝龙）的士兵。"③ "上述官员一官手下一直有大量的从澳门来的棕褐色④的基督徒为其效劳。他们有自己的连队，是优秀的铳手（arcabuceros）。他最信任他们，用他们护身、充兵役。我们一靠岸，一些人马上过来看望我们。有几个是我在澳门便认识的……"⑤

在郑芝龙降清后，黑人官兵继续效忠郑成功，其中一支黑人洋枪队还是郑成功的贴身卫队。在郑成功进攻南京的战役中，在南京城墙下和长江岸边，黑人精锐部队英勇顽强，打击清军；在郑成功收复台湾的战役中，在中国的宝岛台湾，所有黑人官兵不畏顽敌，浴血奋战，并成功劝降部分荷兰官兵。据史料记载，在围攻荷兰城堡的郑成功部队中有两队年轻黑人官兵（twee Compagnien Swarte Jongkens），其中许多人以前做过荷兰人的奴隶，练习过燧发枪。⑥

1661年农历3月，郑成功率2.5万大军、数百艘战船，出兵收复台

---

① 《1644年华南耶稣会年札》，参见《中国年札》，第251页。
② 《在华方济各会会志》，第7卷，上册，第32页。转引自金国平、吴志良著《早期澳门史论》，广东人民出版社2007年版，第377页。
③ 《在华方济各会会志》，第2卷，第362—363页。转引自金国平、吴志良著《早期澳门史论》，广东人民出版社2007年版，第377页。
④ 棕褐色是中国人对黑人的婉称。欧洲人蔑称黑人为Negro，复数是Negroes，类似汉语的"黑鬼"。
⑤ 《在华方济各会会志》，第2卷，第367页。转引自金国平、吴志良著《早期澳门史论》，广东人民出版社2007年版，第377页。
⑥ 参见曹永和、包乐史（Leonard Blusse）《小琉球原住民的消失：重拾失落台湾历史之一页》，载《平埔研究论文集》，稻香出版社2004年版，第413—444页。

湾。官兵气势如虹，势如破竹，在攻克澎湖列岛后，趁荷兰殖民军疏于防守之机，郑成功率兵顺利登陆台湾南部的禾寮港，全歼荷兰守军。郑军士气高涨，愈战愈勇，不但乘势击溃荷兰援军，而且围困荷军主力于赤嵌城和台湾城。在围城的同时，郑成功一边明令严肃军纪不许扰民，违法者必严惩不贷，一边下屯垦令解决军需，并到高山族同胞居住区慰问。郑军因赢得民心而广受拥戴，台湾同胞自发拿起武器驱逐殖民者。

郑成功还采用心理战术分化瓦解敌军，在强大的军事攻势威逼下，对被围困或战败的敌军通过战场喊话、送书信、发文告和利用降兵做劝降工作等方法，削弱敌军斗志，扰乱敌军人心，动摇敌军立场。郑成功巧妙安排手下的黑人士兵同荷军中的同胞——"乌番兵"秘密进行联络，策动对方投降。这些"乌番兵"身为奴隶士兵，平日备受荷兰殖民者欺凌，策反行动一呼百应，进而促使赤嵌城内的荷军步"乌番兵"后尘出城投降。与此同时，台湾城内的荷军深感势单力薄，难以继续支撑，但仍不肯弃城投降，企图垂死挣扎，将一线希望寄于援军火速到来。此时，郑成功果断下令对荷兰殖民者发起总攻，一举攻下台湾城外重要据点乌德勒支堡，龟缩在台湾城内的600多名残留守军顿感形势极为不妙，大难随时临头，顺势献城投降。1662年2月1日，荷兰殖民者头子揆一（Frederik Coyett）在投降书上签字。

郑成功收复台湾，一箭双雕。一方面被荷兰侵占达38年之久的宝岛台湾重回中国怀抱；一方面解放了荷兰军队中的黑人"奴隶士兵"。这其中，有机智勇猛的黑人士兵的贡献。不但如此，在郑成功之子——郑经统治台湾期间，还有一支黑人军队曾作为宫中卫队长期忠诚服务，并最终埋葬在这块他们曾为之浴血战斗的异国土地。

就在大批华工被运往非洲的同时，该时期还出现了一个值得关注的现象：中国商人、学者游历非洲并留下自己的著作，中国有识之士开始向国人介绍非洲。前者有樊守义的《身见录》、陈伦炯的《海国闻见录》、谢清高的《海录》和王大海的《海岛逸志》，以及其后许多年容闳的《西学东渐记》、张德彝的《航海述奇》和丁廉的《三洲游记》等；后者有林则徐的《四洲志》、魏源的《海国图志》、徐继畬的《瀛寰志略》等。不过，与对世界其他各洲的纪录与介绍相比，这些著作中关于非洲的内容还比较简略，显得单薄。这里仅以谢清高口述、杨炳南笔受的《海录》为例，该书分为上中下三卷，分别为中国大陆沿岸国家、南海诸国和欧美非三洲，而其中涉及非洲部分比较简要，例如，关于非洲的地理位置这样写道："在妙哩士（毛里求斯）正西，由妙里士西行约一月可至。疆域不知所极，大小百有余国。"非洲人的长相为"色黑如漆，发皆卷生。"一些非洲国家当时的情况是"皆为西洋所夺，又尝掠其民，贩卖各国为奴婢。""其土产五谷、象牙、犀角、海马牙、橙、西瓜"。紧接着，作者运用《海国闻见录》中关于非洲的一段论述，强调"本条所记非洲诸国，亦不及闻见录之详"。① 关于本书作者与书中内容，该书的两篇序言分别认为："清高一贾人耳，度必不识文字，特往来海上十有四年，耳闻目见者广，故其所言虽可据，亦不尽可据。""所述国名，悉操西洋土音，或有音无字，止取近似者名之，不复强附载籍，以失其真云。"②

## 二　民国时期（1911—1949）

100年前的辛亥革命未能彻底改变中国命运，直到新中国成立前，中非关系的总格局仍未发生大改变，不过，民国时期的中非关系仍出现一些新情况、新问题和新特点。

1. 中非之间所谓的官方关系较前有所发展，国别有所增加，地域有所扩大。

中国同埃及建立了公使级外交关系。作为文明古国，中国与埃及有许多相似之处，其中之一就是两国在20世纪初均发生了天翻地覆的革命。中国1911年的辛

**美国费城的唐人街**

---

① 谢清高口述，杨炳南笔受，冯承钧注释：《海录注》，中华书局1955年版，第77—78页。
② 同上书，序言。

亥革命推翻了清王朝的统治，翻开了历史的新篇章；埃及轰轰烈烈的民族独立运动1922年迫使英国放弃保护权，进而实现了民族独立。埃及从保护国变为独立国为中埃两国恢复传统外交关系提供了前提条件，两国在1928年开始建交谈判，最终达到建立公使级外交关系的协议。1935年6月29日，南京政府任命邱祖铭为中国驻开罗领事；1942年5月25日，任命林海东为中国驻埃及公使，邱祖铭调任为公使馆二秘兼理开罗领事馆业务；1945年增设亚历山大领事馆，9月22日正式任命陈开懋为领事。1944年埃及在中国开设公使馆并派来首任公使。[①] 中埃建交恢复了1441年以来中断的两国关系，为双边经济文化交流和人员往来提供了契机，为续写两国友好关系创造了条件。例如，中国向埃及派遣了留学生，两国互换了教师。特别值得一提的，1931年长江流域发生水灾之际，埃及政府派出两名医生到中国，加入到医治灾民、救死扶伤的队伍之列，受到中国人民的欢迎和称赞。

辛亥革命发生的1911年，清王朝驻南非总领事刘毅请假回国。辛亥革命后，由于中国政局连年动荡，军阀混战民无宁日，中华民国未能及时向南非再派出领事，直到1920年才重派刘毅赴任。刘毅到任后，经费拮据，曾接受华侨募捐以度时日。2011年8月在南非进行学术考察期间，笔者曾与《肤色、迷茫与让步：南非华人史》（Colour, Confussion and Concessions: The History of Chinese in South Africa）的作者叶慧芬女士座谈，翻阅其当年收集的大量素材，其中看到刘毅用毛笔写给当地华侨的感谢信，刘在信中与华侨称兄道弟，感激之情溢于言表，一再感谢华侨同胞慷慨解囊。这一方面清楚表明南非华侨的爱国传统，一方面再次表明"穷国无外交"的真理。

除向南非派驻总领事外，中国与阿尔及利亚、毛里求斯和马达加斯加等国也建立了领事关系。

2. 中非贸易受外来因素影响较大，上下波浪起伏，但双边贸易额始终有限。

民国时期中国与非洲的贸易往来主要集中在南非、毛里求斯、埃及和北非国家，贸易量十分有限，即使这一数额不大的贸易量还受到19

---

① 参见艾周昌《民国时期的中非关系（1911—1949）》，载《北大史学》（1），北京大学出版社1993年版，第96—97页。

世纪30年代世界经济危机和日本侵华战争的影响。据毛里求斯殖民地蓝皮书的统计数字，1911年至1920年，毛里求斯从中国的进口额为4379947毛里求斯卢比，1921年至1930年是10369778毛里求斯卢比，而1931年至1938年是4099544毛里求斯卢比。这组数字的明显变化说明毛里求斯进口额的增减与中国的政治形势息息相关。1907年慈禧太后死后，中国政局动荡，毛里求斯从中国的进口额开始下降；1911年民国建立后，进口量回升，孙中山让位给袁世凯后，进口量又下滑；当孙中山重整旗鼓取得胜利之时，进口额又持续走高；1931年日本入侵东三省后，蒋介石又采取"攘外必先安内"政策，华侨对此感到难以理解，因为"共产党是他们的兄弟，异族日本人与欧洲人相互勾结，欺压中国。从这个时期开始，他们减少了从中国的进口，大概说明他们不赞同蒋氏的决策"。①

3. 中非人民同病相怜、命运与共，在反帝反殖斗争中相互支持、彼此声援。

中国与非洲同属第三世界，同时受到殖民主义和帝国主义的压迫与奴役，共同的命运把二者紧紧联系在一起，彼此在反殖反帝的正义斗争中相互支持和声援、相互激励和鼓舞，谱写了一曲中非人民并肩战斗、英勇顽强的革命凯歌。

1934年12月5日，贪得无厌的意大利法西斯主义者再次暴露其侵略本性，突然越过意属索马里与埃塞俄比亚的边界，打死埃军百余人，打伤数十人，且强词夺理，要求埃塞俄比亚赔礼赔款。埃塞俄比亚俨然拒绝了意大利的无理要求，并积极准备武装反击，誓死保家卫国。"看到人家的行动和精神，使'我们惭愧到面红，我们惭愧到耳赤，我们惭愧到浑身是汗，无地自容'。意阿②战事和中日事件是一条路线和行动，我们看看人家的现在，返头再回顾我们的过去，虽不'愧汗'亦要'愧热'"。③埃塞俄比亚人民反抗侵略者的行动的精神有力鼓舞了正在抗日救国的中国共产党和中国人民。对此，中国共产党在《八一宣言》中指出："同胞们！中国是我们的祖国！中国民族就是我们全体同胞！我们能坐视国亡族

---

① 方积根：《非洲华侨史资料选辑》，新华出版社1986年版，第110—111、114页。
② 埃塞俄比亚当时的中文译名为阿比西尼亚，阿为其简称。
③ 穆雨君：《意阿战争之透视》，载《外交月报》（第七卷·第五期），外交月报社1935年11月1日出版，第66页。

意大利佛罗伦萨斜塔

灭而不起来救国自救吗？不能！绝对不能！阿比西尼亚以八百万人民的国家，尚能对意大利帝国主义准备作英勇的武装反抗，以保卫自己的领土和人民；难道我们四万万人民的泱泱大国，就能这样的束手待毙吗？"[1] 埃塞俄比亚人民的正义立场和英雄气概吓倒了意大利侵略者，致使侵略者虽陈兵边境半年之久，不敢再越雷池一步，贸然入侵埃塞俄比亚。

---

[1] 《为抗日救国告全体同胞书》（1935 年 8 月 1 日）。

1935年10月3日，意大利悍然发动侵略战争，兵分三路进攻埃塞俄比亚。埃塞俄比亚全国总动员，英勇顽强抵抗侵略者。对此，即将迎来万里长征胜利的中国工农红军发表致埃塞俄比亚国民信，拥护埃塞俄比亚人民抗击意大利侵略者的正义战争，称赞埃塞俄比亚人民坚强不屈的民族精神，指出帝国主义是我们两国的共同敌人。1935年12月1日，中国政府加入到国际制裁意大利的行列之中，公布了对意大利实施经济制裁的具体方法。

总而言之，这一时期的中非关系受到殖民者的操纵、阻挠和压制，无论双方之间的官方交流，还是彼此之间的民间往来，皆受制于殖民者。这里有三点必须强调：一是由于传统的中非航道被破坏，新的航道完全由殖民者操控，无论是中非之间的人员往来还是商品贸易，都必须通过殖民者的允许，乘坐殖民者的船只；二是名义上中国与非洲个别国家建立了外交关系，但实际上是与殖民政府开通了官方渠道，而这一接触的实质是为殖民统治者服务的，无论是中国与比利时之间签署的《中国与刚果国专章》，还是中英之间签订的《保工章程》，均清楚地表明了此点；三是非洲国家由殖民者做主，清王朝同样任人摆布，这仅从清王朝所谓的外交权就可看得一清二楚——《保工章程》是在伦敦拟订的，中刚条约是在布鲁塞尔起草的，由比利时殖民者代为谈判和签署的，更为荒唐的还有，中国驻莫桑比克领事是由葡萄牙选定的德国商人兼任的。一言以蔽之，在历时500年的中非交往史上，两个交流的主体——中国人民和非洲人民的主动性无法正常发挥，中非关系受西方列强支配和操纵是最显著的特征。事实表明，一个积弱多病的半殖民地的中国与西方殖民统治下的非洲国家不可能建立正常的外交关系，开展正常的交流合作，从事正常的外交事务，但是，中非人民之间因相似的历史遭遇、相同的奋斗目标、相通的民族感情、相助的斗争友谊而更加紧密联系在一起，进而为新中国与非洲国家建立平等互利、真诚友好的外交关系奠定了基础。

## 第四节　独立友好真伙伴

从独立友好到新型战略伙伴的直接外交时期（1949年至今）。新中国的成立翻开了中非关系的新篇章，中非关系进入历史上的最好发展时期——不但官方和民间直接交往，空中和海上双管齐下，而且稳步、健康、全面发展，交流的规模、速度和频率前所未有。

这一时期可分为三个阶段：第一阶段——奠基与正常发展阶段，从1949年到1978年；第二阶段——调整与快速发展阶段，从1978年至2000年；第三阶段——机制化与全面发展阶段，从2000年到现在。

第一阶段可分为两步：第一步——奠基，从1949年10月中华人民共和国成立到1959年10月中国与几内亚建立外交关系。新诞生的中华人民共和国十分关注非洲大陆的民族解放运动，并在道义上给予积极支持。1955年4月举行的亚非会议为中国与非洲的直接外交接触提供了良机，次年，埃及成为第一个与中国建交的非洲国家，中非现代外交关系由此开启。三年后的1959年，中非外交关系跨越撒哈拉大沙漠，几内亚成为撒哈拉以南非洲地区第一个与中国建交的国家，中国与整个非洲大陆的外交由此全面展开，为中非关系进一步发展奠定了坚实基础。第二步——正常发展，此后20年，中非关系稳步、快速发展，至1979年，中国与44个非洲国家建交。在此期间，中国积极支持非洲的国家独立与民族解放运动，尽其所能帮助新独立的非洲国家发展自己的民族经济。

1978年底，中国启动了改革开放的伟大历史进程，国内政策发生重大变化，从以阶级斗争为重点转变为以经济建设为中心；对国际形势的判断也从"革命与战争"转变为"和平与发展"。在这一历史背景下，中非关系进入调整与快速发展的第二阶段。该阶段的特点是，在调整中发展，在发展中调整。政治上，中国逐渐弱化中非关系中的意识形态因素；经济上，从注重经济援助转向互惠互利的经贸合作。与此同时，中国与非洲国家积极开展文化、医疗、科技等方面的交流与合作，双边关系迅速发展。在这一阶段，中非贸易额逐年攀升，一大批中国企业走进非洲。到1999年，800多家中国企业和公司分布在40多个非洲国家，从事工程承包、贸易和投资活动；截至1999年底，中国企业直接对非投资达4.66亿美元，设立企业442家；非洲国家对华投资也达5.2亿美元，投资项目622个。[①]

2000年中非合作论坛的成立标志着中非关系进入历史新阶段，中非关系从此步入机制化的全面发展新轨道，中非合作的深度、广度和力度不断加强，合作的层次、领域和渠道不断加深，形成全方位、多层次、宽领

---

① 参见吉佩定主编《中非友好合作五十年》，第99页。

**中非合作论坛会徽**

会徽左翼红色"C"代表中国，整个标志是字母"a"代表非洲，寓意中非团结与合作，绿色象征和平与发展，红色表示活力与繁荣。

域的发展态势。2012年7月19日，在中非合作论坛第五届部长级会议开幕式上致辞中，非盟轮值主席、贝宁总统亚伊（Thomas Boni Yayi）代表非盟各国指出，中非合作论坛已成为非洲国家与中国重要的集体对话平台和有效务实的合作机制。过去三年来，非中双方共同努力，有力推进了论坛第四届部长级会议成果，特别是双方合作八项政策措施的后续落实。"非中合作体现在众多计划、项目及其后续执行和切实成果上，我们要为此向中国人民和中国领导人致以崇高敬意。"[①] 论坛下届共同主席国南非总统祖马对于中方长期以来给予非洲的无私援助表示高度赞赏。他认为中国致力于帮助非洲发展的态度已经充分体现在非中合作很多具体成果上，尤其是在人力资源开发、减债和投资领域。"中方帮助非洲发展所付出努力已经得到非洲众多国家的肯定，中非合作论坛机制使得非中双方得以战

---

① 亚伊在中非合作论坛第五届部长级会议开幕式上的致辞，2012年7月19日，北京。

略伙伴形式展开更为紧密的合作,并造福广大非中人民。"①

2009年在埃及沙姆沙伊赫举行的中非合作论坛第四届部长级会议上,温家宝总理指出:"中非合作论坛创立九年来,一直发挥着引领和推动中非关系发展的重要作用,日益成为中非加深友谊的桥梁、加强合作的平台。特别是论坛北京峰会召开三年来,中非致力于共建政治上平等互信、经济上合作共赢、文化上交流互鉴的新型战略伙伴关系,开创了中非合作的新局面。"② 温总理还运用具体事例和数字,从政治互信不断增强、经贸合作日益深化、中国扩大对非援助取得实效和人文交流蓬勃开展四个方面说明中非关系不断发展的新局面。这里再以中非经贸关系为例,说明中非关系进一步强化的事实。2001年至2010年,中非经贸关系全面快速发展,双边贸易额年均增长28%,中国已成为非洲最大贸易伙伴国。中国始终本着平等互利、讲求实效、互惠互利、共同发展的原则,通过投资和援助等方式为非洲自主发展提供支持和帮助。同时,中非之间逐步形成多层次、宽领域、全覆盖的合作格局,为双方经济发展和社会进步发挥了重要作用。③

近十多年来,中非经贸关系全面快速发展,逐步形成多层次、宽领域、全覆盖的合作格局,在双方经济社会发展中发挥着不可替代的作用。中国商务部认为,中非经贸关系具有五大特点:一、双边贸易快速增长。2001—2010年,中非贸易年均增长28%,2010年的中非贸易额是1269亿美元,中国已成为非洲第一大贸易伙伴国。二、中国对非投资发展迅速。截至2010年底,中国对非直接投资存量达到130亿美元,在非投资企业超过2000家。2011年前三季度,中国对非非金融类直接投资额达到10.8亿美元,同比增长87%,继续保持大幅增长势头。三、基础设施建设合作平稳发展。截至2010年底,中国企业在非累计完成承包工程营业额1325亿美元,占全国累计在外完成承包工程营业额的30%。2011年前三季度,中国企业在非新签承包工程合同额252亿美元,完成营业额237亿美元。四、合作领域逐步拓宽。中非在金融、电信、旅游、航运等领域合

---

① 祖马在中非合作论坛第五届部长级会议开幕式上的致辞,2012年7月19日,北京。
② 温家宝:《全面推进中非新型战略伙伴关系——在中非合作论坛第四届部长级会议开幕式上的讲话》,载《人民日报》2009年11月9日第二版。
③ 参见崔鹏《中国成为非洲最大贸易伙伴国》,载《人民日报》2011年11月17日第二十一版。

作正呈现出良好的发展势头。中国多家金融机构在非开展业务，中国和非洲多国的航空公司已开通往返中非之间的直航航线。五、机制保障日臻完善。中非合作论坛已成为推动双边经贸关系发展的重要机制，中方在论坛框架下推出的各项经贸举措为经贸合作提供了重要动力。中方还与非洲大多数国家建立了双边经贸联委会机制，签署了贸易协定和投资保护协定。[①]

在论及中非关系的最新进展情况时，胡锦涛主席在中非合作论坛第五届部长级会议开幕式上运用了下列一组数字：2011年中非贸易额达到1663亿美元，比2006年增加2倍。2012年，中国累计对非直接投资金额已达150多亿美元，项目遍及非洲50个国家。中国援建的非盟会议中心落成移交。中国对非援助稳步增长，为非洲国家援建了100多所学校、30所医院、30个抗疟中心和20个农业技术示范中心。中国兑现了向非洲提供150亿美元优惠性质贷款的承诺。……中国为非洲国家培训各类人员近4万名，向非洲国家提供2万多个政府奖学金名额。中非双方合作在22个非洲国家设立了29所孔子学院或孔子课堂。中非20对知名高校在"中非高校20+20合作计划"框架下结为"一对一"合作关系。胡主席强调指出："事实证明，中非新型战略伙伴关系是中非传统友谊薪火相传的结果，符合中非双方根本利益，顺应和平、发展、合作的时代潮流。这一关系的建立，开启了中非关系新的历史征程，给双方交流合作注入了新的生机活力。"[②]

## 第五节　中非关系五特点

综上所述，中非关系具有五大显著特点：首先，中非关系源远流长，中非交往进程缓慢，这一过程可简单地分为"间接—直接—间接—直接"四个时期，经历了五次高潮——两汉时期、唐朝、宋元时代、明朝初期和

---

[①] 参见郭彩萍《商务部：中非贸易额今年有望再创历史新高》，中国经济网 2011 年 11 月 16 日。http://intl.ce.cn/specials/zxxx/201111/16/t20111116_22842858.shtml.

[②] 胡锦涛：《开创中非新型战略伙伴关系新局面——在中非合作论坛第五届部长级会议开幕式上的讲话》，《人民日报》2012 年 7 月 20 日第二版。

新中国成立以来。① 其中，郑和下西洋访问非洲是古代中非关系发展的顶峰，中华人民共和国成立以来中非关系快速发展，方兴未艾。

其次，中非关系呈渐进式曲折发展过程，这一发展过程同时受到内因——中非各自内部情况变化、和外因——世界形势变化的双重影响。渐进式是这一关系发展的总趋势和大方向：从交往的渠道看，先民间后官方；从交往的路线看，先陆路后海路；从交往的地域看，先北非后东非、先沿海后内陆；从交往的范围看，先是比较单一的人员往来与货物交换，后是内容全面的突飞猛进发展……纵观中非关系发展的全过程，这一线条是十分清楚的。不过，从交往的态势看，上升之中有下降，主动之中夹杂有被动因素，这主要指中非关系受西方殖民者操纵时期，人员往来和货物交换皆由西方殖民者支配，中非之间丧失主动性。新中国成立后，中非关系才得以突飞猛进式全面发展。

再次，中非双方具有某种默契和共性，这种默契与共性蕴含着中非双方相互尊重、平等相待的感情基石，这一点在中非交往的五次高潮中反映得相当清晰。两汉时期，张骞通西域经过一番磨难回国后，汉武帝十分重视其报告，又派遣其第二次出使；在抵达乌孙的途中，张骞又命副使甘英继续西进以联络西亚北非诸国。数年后，汉使回国，安息王派其使者同行，"以大鸟卵及黎轩善弦人献于汉"。② 在唐朝，杜环作为俘虏阴差阳错远赴非洲，留下中国人关于亲历非洲的最早记录；同时期，非洲黑人来到长安，西安两座唐墓中发掘出土的黑人陶俑可以佐证。到元代，中国大旅行家汪大渊游历非洲十余国，著有《岛夷志略》；前后仅差几年，非洲大旅行家伊本·白图泰来到中国，留下一部《伊本·白图泰游记》。明朝郑和七下西洋四访非洲，非洲诸国使者随船回访，马林迪国王向中国皇帝敬献了长颈鹿；在近代，在反帝反殖的长期斗争中，休戚相关、患难与共的中非人民相互支持、相互帮助……中非之间的这些互访互动互相帮助几乎发生在相同时期，不能不说明中非人民虽相距遥远，但彼此心有灵犀一点通，存在着某种默契和愿望，蕴藏着加大双方交往力度的潜能和期许，一旦时机来临，这种默契和期许将化为中非关系快速发展的推力和动力。

---

① 参见张象《古代中国与非洲交往的四次高潮》，载《南开史学》1987 年第 2 期，第 118—131 页。

② 《史记》卷一一三，《大宛列传》。

新中国的成立揭开了中非关系的新纪元，使中非人民之间加大交流与合作的愿望成为现实。相似的历史遭遇，相近的感情基础、相同的发展任务把中非人民紧紧联系在一起，中非之间政治上平等互信，经济上合作互利，文化上交流互鉴。现在，越来越多的中国民众谈论非洲，越来越多的中国企业走进非洲，越来越多的中国游客观光非洲；与此同时，非洲人民赞赏中国经济建设的辉煌成就，热议"中国模式"和"中国道路"，非洲大陆出现了一股"向东看"的时代潮流。

这里，仅以一个显而易见的普遍现象来印证中非人民之间的默契与感情相通。凡是在非洲工作过一段时间的中国人，无论公派还是自费出国者，都会爱上非洲大地和非洲人民，离开非洲后都会想念非洲，而且在非洲工作的时间越长，这种思念之情越深；离开非洲的时间愈久，这种独特的情感愈浓。为了这份难以割舍的"非洲情"，这些中国人即使离开非洲、甚至是离开非洲多年后，仍想为非洲人民做点事情，为中非友好尽绵薄之力。他们把这种独特的情感誉之为"非洲情结"，把长期或是一辈子与非洲打交道戏称为"一条道走到'黑'"。中国政府非洲问题特别代表刘贵今曾说："26年来，我没有离开过非洲或者对非工作。"他在接受记者采访时曾开玩笑说："我这个人呢，是一条道走到'黑'了。可能是因为一直在非洲工作，结果人呢越长越黑。参加活动时，跟非洲兄弟坐在一起，距离感就少了一点。使馆同事在看电视上报道我和非洲朋友活动的图像上常常找不到我，因为看上去差不多都是一片'黑'的。"他经常说的一句话就是："我深深地热爱我脚下这片非洲热土，对非洲充满了特殊的友好感情。"[①]

与此同时，凡来华访问的非洲朋友都受到中国人民的热情欢迎。2011年6月，中国社会科学院西亚非洲研究所接待了一个非洲学者访问团，安排他们到中国中央和地方的十多个单位座谈访问。这十多个单位的领导在开场白中，不约而同地热情欢迎非洲学者到访，异口同声地称呼非洲学者是非洲朋友，表示中国人民对非洲人民一直怀有友好感情，其真诚和热情深深打动了每位非洲学者，一下子拉近了中非人民之间的情感距离，给他们留下了极为深刻的印象。[②]

---

[①] 《刘贵今特别代表谈非洲和达尔富尔》，载《世界知识》2007年11月26日。
[②] 笔者曾参与代表团接待工作，参加了所有的座谈。

纵观中非关系的发展史，中非双方始终以诚相见，平等相待，真心相帮，彼此把对方视为朋友、伙伴与国际大家庭中的重要成员；在将非洲大陆作为整体考量的同时，中国一视同仁，平等对待非洲各国，不以国家大小强弱而区别画线；在进行经济合作中，中国强调双方互利共赢，并真诚帮助非洲国家增强自主发展能力，提高人民生活水平；在中非双方的正常交往中，中国强调互相学习，取长补短，共同发展；在国际事务中，中国一贯强调要重视非洲国家的利益，理解非洲人民的感情，支持非洲国家的关切。

复次，中非关系的正常发展受到西方严重干扰、影响，这种干扰和破坏的噪音至今依然难绝于耳，主要表现在三个方面：一是中非交往对世界历史作出过重大贡献，遗憾的是这些贡献被掩盖、忽视甚至遗忘。例如，西方人所说的中世纪四大旅行家，三个是意大利人，仅一个非洲人——伊本·白图泰，而中国的杜环、汪大渊竟然被排除在外。再如，所谓达·伽马发现西方通往东方的新航线，而其中至少一半航线——印度洋航线，是郑和船队开辟的，达·伽马不过重走而已。二是中非之间历史上的正常交往被进入印度洋的西方殖民者中止，使中非之间的直接交往退回到间接交往，长达5个世纪，形成历史低谷，以致时至今日中非之间仍需要不断加强相互了解与彼此信任。三是新时期的中非外交不断受到西方的影响，西方说三道四的各种噪音不时干扰着中非关系的健康发展。

最后，一部中非关系史折射出人类历史的演变过程和世界历史的发展道路。杜环及其战友把中国的伟大发明经过非洲传授给欧洲，促进了人类的前进步伐；郑和航海揭开了人类海洋时代的序幕，郑和船队四次访问非洲无疑是一个划时代的伟大事件；中国和非洲国家的独立与解放标志着西方殖民时代的结束；中国与非洲国家的经济发展预示着世界经济新秩序的到来……

# 第十七章　华人居东非

与源远流长的中非关系相比，华人移民非洲的历史相对短暂。

非洲华人移民史与世界华人移民史、特别是东南亚华人移民史紧密相连，因为最早移居非洲的华人是殖民者从东南亚运往非洲的，毛里求斯极有可能是华人到达非洲的第一个目的地国，因为殖民者需要华工去开发岛上的甘蔗种植园、发展制糖业。具有一定数量和规模的前往非洲的华人发生在1762年，他们是运往非洲的第一批契约华工。

郑和使团"移民"是非洲的首批华人。这些落难非洲的中国船员因意外事故而滞留东非孤岛，与当地女子结婚，落地生根融入非洲大家庭。他们虽然与数百年后的中国移民有一定差异，但是，与其后登陆非洲的殖民者有着本质区别，二者不可同日而语。

## 第一节 海外华侨华人图

世界历史是一部人类在不断绵延迁移中求生存、谋发展的历史。移民从早期的适应大自然、逐草木耕地而居的原始本能，发展为追求新利润、寻求新生活的自觉行为。正是人向高处走、鱼往深水游这一原动力支配着人们的移民倾向和移民行为，人们不仅在各自的国内"走西口"、"闯关东"、"奔沿海"，而且跨越国境线"下南洋"、"赴金山"、"去美洲"，人类已进入"国际移民时代"。根据全球人口数据库提供的数字，全世界跨国移民总数从1990年的155518065人增长到2000年的178498563人，再经过10年到2010年是213943812人，20年间增加了58425747人。同期，尽管世界人口总数不断增加，但是移民总数占世界人口总量的百分比从2.9%上升到3.1%。[①]

身处"世界移民时代"，世界上没有哪个国家没有移民，亦没有哪个国家与移民无关。海外华侨华人[②]是世界移民大军中的一大部分，非洲华侨华人是中国海外移民的一小部分。到20世纪中叶，海外华侨华人的地理分布已经形成大集中、广分散的显著特征。这主要表现在两点：一、他们之中将近90%居住在东南亚地区，以印度尼西亚、泰国、马来西亚三国的华侨华人绝对数量最多，分别达到五六百万，而新加坡则以华人占总人口75%以上成为中国本土之外以华人为主体的国家。二、在其余10%以上的海外华侨华人中，大约一半居住在北美，另一半散居于东北亚、非洲、拉美及大洋洲。[③] 由此可见，非洲华侨华人仅占海外华侨华人的一小部分，即5%中的一个组成部分。

关于海外华侨华人的数量，长期以来处于模糊状态。新中国成立之

---

① 参见联合国移民数据库，http://esa.un.org/migration/index.asp?panel=1。

② 根据《中华人民共和国归侨侨眷保护法》的规定，华侨是定居国外的中国公民，仍然保持中国国籍；华人是定居国外且已加入当地国国籍；华裔指在国外出生的华侨华人后代；归侨指回国定居的华侨。

华侨一词，最早见于1883年广东香山人郑观应呈李鸿章《禀北洋通商大臣李傅相为招商局与怡和、太古订立合同》的奏章所书："凡南洋各埠华侨最多之处，须逐渐布置，亦派船往来，冀与外人争胜。"19世纪末20世纪初，经孙中山等同盟会成员广泛使用，华侨一词逐渐普及。

③ 参见李明欢《国际移民大趋势与海外侨情新变化》，载丘进主编《华侨华人研究报告》(2011)，社会科学文献出版社2011年版，第12页。

初，中国政府对当时海外侨胞的估计数是 1300 万到 1500 万，85% 以上集中于东南亚国家；改革开放后的 1984 年，在全国省、自治区、直辖市侨办主任会议上，胡耀邦总书记和书记处书记习仲勋使用了"海外 3000 万华侨华人"的说法；此后，中国领导人在谈到海外华侨华人时，基本使用了较为含糊的"几千万"之说。

表 1　20 世纪 50 年代至今不同年份华侨华人人口总数比较表

|  | 20 世纪 50 年代初 | 1980 年 | 世纪之交 | 2008 年 |
| --- | --- | --- | --- | --- |
| 人口数量 | 1209.7 万 | 2100 万 | 3975 万 | 4800 万 |

说明：（1）50 年代初华侨华人数依据 1956 年北京华侨问题研究会所编《华侨华人人口参考资料》一书所列华侨人口分布一览表的数字；（2）世纪之交的华侨华人数，源自 2005 年国务院侨办侨务干部学校所编《华侨华人概述》一书中《20 世纪末、21 世纪初世界华侨华人人口一览表》；（3）2008 年最新的华侨华人数量，源自本课题组依据最新最近各国华侨华人的人口数据的不同版本进行比较和综合整理后估算。

表 2　20 世纪 50 年代初至世纪之交华侨华人分布变化比较表

| 地区 | 20 世纪 50 年代初 华侨华人数量 | 所占比例 | 世纪之交 华侨华人数量 | 所占比例 |
| --- | --- | --- | --- | --- |
| 亚洲 | 1166.7 万 | 96.45% | 3294 万 | 82.85% |
| 美洲 | 25.6 万 | 2.12% | 433 万 | 10.90% |
| 欧洲 | 3.7 万 | 0.31% | 145 万 | 3.66% |
| 澳洲 | 9.8 万 | 0.81% | 78.6 万 | 1.98% |
| 非洲 | 3.7 万 | 0.31% | 24 万 | 0.61% |
| 总计 | 1209.7 万 | 100.00 | 3975 万 | 100.00 |

说明：（1）50 年代初华侨华人数依据 1956 年北京华侨问题研究会所编《华侨华人人口参考资料》一书所列华侨人口分布一览表的数字；（2）世纪之交的华侨华人数，源自 2005 年国务院侨办侨务干部学校所编《华侨华人概述》一书中《20 世纪末、21 世纪初世界华侨华人人口一览表》。

对海外华侨华人的数量估算，国内相关部门和学术界则各持其说，但总数量处于 3000 万到 8700 万之间。[1] 这里，以中国新闻社课题组在 2009

---

[1] 参见李明欢《国际移民大趋势与海外侨情新变化》，载丘进主编《华侨华人蓝皮书》（2011），社会科学文献出版社 2011 年版，第 29 页。

年初发布的《2008年世界华商发展报告》为例，说明华侨华人在新中国不同时期的数量变化，以及华侨华人在全球的分布情况。①

中国新闻社的报告认为，2008年海外华侨华人总共约4800万人，其中新华侨华人约600万人。②对于海外华侨华人的数量估算，该课题组表示：一、有关部门的统计数字不统一。因华侨华人地区间流动、与当地各民族通婚等因素影响，同时受种种条件限制，研究团体或政府部门均难以对散居世界各国的华侨华人进行全面、详尽的人口调查。华侨华人的人口数量统计资料，少量源于住在国的专门统计，绝大部分为中国驻外使领馆、侨务部门及当地侨社的估计，且统计时间及人口数量之间不吻合现象时常发生。二、据中国侨务部门估算，截至本世纪之交，海外华侨华人的人口总数约为3975.8万人，其中约有200万人为1978年始的20余年间从中国大陆迁出的新一代华侨华人。另有一个关于海外华侨华人总数的估算，来自台湾"侨委会"2007年统计年报："海外华人人口数"高达3879.4万人。三、该课题组在估算2008年海外华侨华人总数时，采用中国国务院侨办侨务干部学校2005年出版的《华侨华人概述》数字为基础：在2000年，海外华侨华人总人口约4000万。这一数字，由该书编写组对各国家和地区华侨华人数量分别研究统计所得，较为可信。四、根据国家计划生育委员会公布的2000年至2005年世界平均人口增长率1.2%计算，2000年的4000万华侨华人，估计到2008年增长为4400万；这9年里，有417万新华侨华人移居海外。到2008年，海外华侨华人总共约为4800万人。③

《华侨华人蓝皮书》（2011）认为：改革开放后约30年，中国向海

---

① 中国新闻社《世界华商发展报告》课题组：《2008年世界华商发展报告》，http：//www.chinaqw.com/news/200902/02/148817.shtml，表一、表二两个表格及其说明均引自该报告。

② "新华侨华人"主要是指中国改革开放后因私移居海外的中国公民，包括30年来通过各种途径移居国外的人员，以及随同他们定居海外或者他们在海外所生的子女。这一群体也被称为"新移民"。新世纪后，中国官方通用的称谓是"新华侨华人"。新华侨与新华人的差异在于是否加入外国国籍。

"新华侨华人"当然包括新中国成立后至改革开放前这段时间出国定居的中国人，由于当时特定的历史背景，中国改革开放前仅少数人获准出国定居。有关资料显示，在1949年至1978年之间，中国政府批准的因私出国者仅21万人，同期港、澳、台地区出国定居者人数也很少。

根据作者多年在非洲工作的经历，海外侨胞把"新华侨华人"、"新移民"统称为"新侨"，把新中国成立前出国的同胞称为"老侨"。这一称谓简明而亲切，作者在本书中采用这一称谓。

③ 参见中国新闻社《世界华商发展报告》课题组《2008年世界华商发展报告》，http：//www.chinaqw.com/news/200902/02/148817.shtml。

外移民数量可能达450万人以上,其中移民发达国家的人数可能在250万至300万;当今全世界华侨华人总数4543万,其中东南亚华侨华人总数约3348.6万,约占东南亚总人口的6%,占全世界华侨华人总数的73.3%。蓝皮书表示,这些数字是受国务院侨务办公室委托、由厦门大学南洋研究院庄国土教授领导的课题组对全世界华侨华人数量进行认真估算得出的。课题组根据历史统计数据,参照人口自然增长率和机械增长率等因素,并充分考虑改革开放以来新移民的影响,相继公布了以上研究成果。在这些研究成果公布后,自2010年6月起,中华人民共和国国务院侨务办公室领导在公开场合正式指出,中国海外侨胞超过4500万,绝对数量稳居世界第一。[1]

通过对以上引用的两组数字的分析,笔者得出以下结论:一、尽管海外华侨华人的统计数字来源不一,运用的研究方法不同,公布的侨胞总数不等,但其总数量应该在4500万至4800万。中国官方认为中国海外侨胞超过4500万是比较客观的。二、经过30多年的改革开放,不但中国国内发生了翻天覆地的变化,而且海外华侨华人的分布情况也发生了重大变化,从新中国成立之初东南亚华侨华人占海外华侨华人总数的近90%下降到73.3%,这与新移民多选择发达国家定居直接相关。三、关于非洲华侨华人的数量,受多种因素制约,目前难以给出准确数据。

## 第二节 非洲华侨数量说

相对于东南亚和欧美华侨华人的研究,国内学术界对非洲华侨华人鲜有涉猎,李安山教授2000年出版的专著——《非洲华侨华人史》是当之无愧的扛鼎之作。根据他1996年的估计,非洲华侨华人当时的总人数是13.6万。[2]《2008年世界华商发展报告》给出世纪之交的数字是:24万。《华侨华人蓝皮书》(2011)运用朱慧玲2002年的调研数据是25万;采用王望波、庄国土2006—2007年非洲新华侨华人的总数是50万,这一数据不包括台湾、香港、澳门地区移居非洲的同胞,如果包括他们和非洲的

---

[1] 参见李明欢《国际移民大趋势与海外侨情新变化》,载丘进主编《华侨华人蓝皮书》(2011),社会科学文献出版社2011年版,第30页。

[2] 李安山:《非洲华侨华人史》,中国华侨出版社2000年版,第569页。

老侨在内，这一数据则是55万，全世界华侨华人的总数为4543万。[1] 换言之，中国官方目前对外公布的数据就是采用这一研究结果。

表3　　　　　2006—2007年各洲华侨华人数量和分布统计表

| 地区 | 人数（万人） | 在华侨华人总数中比重（%） | 地区 | 人数（万人） | 在华侨华人总数中比重（%） |
| --- | --- | --- | --- | --- | --- |
| 亚洲 | 3548 | 78.10 | 大洋洲 | 95 | 2.09 |
| 美洲 | 630 | 13.87 | 非洲 | 55 | 1.21 |
| 欧洲 | 215 | 4.73 | 全世界 | 4543 | 100.00 |

资料来源：王望波、庄国土编著《2008年海外华侨华人概述》，世界知识出版社2010年版，第7页。

表4　　　　　2006—2007年各洲新华侨华人数量和分布统计表

| 地区 | 人数（万人） | 在华侨华人总数中比重（%） | 地区 | 人数（万人） | 在华侨华人总数中比重（%） |
| --- | --- | --- | --- | --- | --- |
| 亚洲 | 400 | 11.27 | 大洋洲 | 60 | 63.16 |
| 美洲 | 350 | 55.56 | 非洲 | 50 | 90.91 |
| 欧洲 | 170 | 79.07 | 总计 | 1030 | 22.67* |

*注：表中比重是新华侨华人占所有华侨华人的比重。其各洲数字是各地区的比重，总计是全球的比重。

资料来源：王望波、庄国土编著《2008年海外华侨华人概述》，世界知识出版社2010年版，第7页。

　　国外学者在研究中国时亦涉及华侨华人这一话题，而谈到华侨华人也多提及数量问题。他们不约而同地认为，由于多种原因，很难统计出海外华侨华人的准数儿，仅能给出个概数。对于非洲华侨华人的总数，一般认为上世纪末在40—60万之间。[2] 由此观之，国外学者的数据弹性亦较大。对此，西方媒体在报道时习惯于选用折中数，多用50万非洲华侨华人这一数字。

---

[1] 参见李明欢《国际移民大趋势与海外侨情新变化》，载丘进主编《华侨华人蓝皮书》(2011)，社会科学文献出版社2011年版，第24页；桂世勋《海外华侨华人及其对祖（籍）国的贡献》，载《华侨华人蓝皮书》(2011) 第62页和第55页。

[2] 参见马丁·贾克：《当中国统治中国》，李隆生、张逸安译，联经出版事业股份有限公司2010年版，第504—505页。

非洲的华侨华人到底有多少？在回答这一问题之前，我们首先对非洲华侨华人进行分类，接着分析获取非洲华侨华人准确数字难度大的原因，然后对以上几种非洲华侨华人数据进行评估。在此基础上，估算和推算出目前非洲华侨华人的数量，并展望这一数据的变化趋势。

## 一 非洲华侨华人分类

非洲华侨华人有广义与狭义之分，华侨与华人之别，老侨与新侨之异，来自中国内地与港澳台之辨。就广义而言，凡生长、生活、工作在非洲大陆的中国人，不论公派还是自费，不分来自中国内地还是港澳台，不管从事任何职业、具有何种身份，亦不问是否取得居住国国籍，只要身上流淌着中国血液且脚踩非洲大地者，皆属非洲华侨华人之列。就狭义来说，主要指中国1978年改革开放后，从中国内地前往非洲经商、求职和求学的中国人。他们被统称为新侨，一般不包括公派人员、港澳台同胞和老侨。这些前往非洲经商、求职和求学的中国人是非洲华侨的主体，基本上没有加入居住国的国籍。

如果按华侨、华人这两个大概念划分，非洲华侨可分为三类：公派、自费和劳务人员；非洲华人也分为三类：老侨、混血儿和新入国籍者。

在非洲华侨中，公派人员是中国政府或企事业单位派出的公职人员，包括使领馆工作人员、中资企业人员、外派到非洲各国的专家、医生、记者、留学生、志愿者、孔子学院教师和中国赴非洲国家的维和部队官兵，等等。自费人员的出国动机各不相同，既有独闯天下的孤胆英雄，更多的则是投亲靠友，出国前有人牵线搭桥。他们从事的行业也十分广泛，以开餐馆、宾馆、商店、工厂和创办建筑公司、国际贸易公司者居多，也有开办旅行社、报社、诊所的。自费人员中绝大多数是打工者和小老板，事业成功的大老板屈指可数。近年来，随着中国对非洲投资速度的加快和援建力度的加大，劳务人员的数量增长加快，多是从事基础设施建设，以修路盖房建水坝为主。

在非洲华人中，老侨一般指新中国成立前后就到非洲谋生的中国人及其后裔。混血儿是中国人与非洲人生育的后代，既有老侨与当地人成家生育的后代，也有新侨与非洲人结婚或非婚生育的子女，这类混血儿数量不多，但也属于一个类别。新入国籍者是非洲新侨中取得居住国国籍者，这类人的数量也相当有限。在这三类人中，老侨是非洲华人的主体，数量占绝对优势，且集中在南非、毛里求斯、马达加斯加和留尼汪等非洲国家和地区。

基于以上原因，非洲华侨华人大体上分为两类——新侨和老侨。新侨绝大多数是侨居，没有加入居住地国籍；老侨基本上已延续了数代，成为当地居民，融入非洲大家庭。

南非约翰内斯堡华侨国定中学中文教师1956年合影

## 二　难以获取准确数据的原因

非洲华侨华人是一个数量不断增加、影响日益增大的特殊群体，随着中非关系发展的强劲增速，他们受关注的程度也进一步增强。在此情况下，出于各自不同的动机和需求，中非双方政府、国际媒体、研究人员、甚至是非洲华侨华人本身，均想统计出非洲华侨华人的准确数字，然而在实际运作中，准确数据的获取遇到了一系列难题。其难度之大，在短时期内和在一定程度上，恐不易逾越。

非洲华侨华人准确数据难以取得的主要原因是：概念界定难、数量统计难和管理组织难，可简称之为"三难"。就概念界定而论，首先是华侨华人身份的判定，主要表现为概念的广义与狭义区别；其次是华侨居住年限的划定，即以多长时间来划分是华侨还是短期访问者或是居住者，有人提出以一年为界限，但这一时限也缺乏科学依据，且不说一些华侨经常在非洲国家之间、中国和非洲大陆之间频繁走动；三是华侨华人身份的自我认定，比如中非之间非婚生育的混血儿可能出于某种原因不愿承认自己的特殊身份，还有同一人在公派与自费之间相互转换导致的身份认定混乱，等等。判定、划定和认定，这"三定"是造成概念界定难的主因。

数量统计难，这主要表现在非洲华侨华人的流动性、分散性和多样性等方面。由于生意需要，或是出于生计考虑，一些华侨华人常年在一个非洲国家之内、数个非洲国家之间，甚或是中国与非洲之间、非洲与世界其他地区之间奔波，这些人在一个地方、一个国家停留的时间有限、地点多变，加之有人就拥有几个非洲国家的长期居住身份、甚或是两三个国家的护照。流动性强是非洲华侨华人的一大特点，它还突出表现在劳务人员身上，对数量统计造成不便。与流动性相伴的是分散性，表现在华侨华人居住地方面。以非洲华侨华人数量最多的南非为例，华侨华人除集中居住在约翰内斯堡（Johannesburg）、曼德拉市（Mandela City）[①]、德班（Durban）和三个首都——比勒陀利亚（Pretoria）、开普敦（Cape Town）和布隆方丹（Bloemfontein）外，还散居在南非的各大中小型城市，甚或是偏远的农村地区，这些人之间大多"老死不相往来"，除非有事才与中国驻南非大使馆和驻约翰内斯堡、开普敦和德班三个总领馆联系。与分散性相连的是多样性，这主要指非洲华侨华人从事多种多样的职业，可谓三教九流，五行八作。非洲华侨华人都从事什么职业呢？简言之，我们能想到的事早有人在做，我们未想到的事已有人在干。

其实，无论是流动性强，还是居住地相对分散和从事的职业多样化，并不是非洲华侨华人数量难以统计的主因，问题在于缺乏规范的管理和严密的组织。管理组织难表现在两个方面：一是华侨华人的居住国管理缺陷和出现漏洞，非法移民成为一个棘手难题；二是华侨华人社团和我国有关方面权限比较含糊，职责划分模糊。换言之，管理难组织难并非有关方面推诿责任不想作为，实乃由于华侨华人的特征，难就难在侨团作用局限、使馆力量有限、国内渠道受限，而华侨华人所在国的管理又缺乏明确界限。这"四限"的实质出在"三不"，即华侨华人社团权力不大，中国有关方面权限不明和华侨华人居住国的管理不严。

众所周知，海外华侨华人均在其居住国成立了侨社侨团组织，这些社团是在地缘、血缘和业缘的基础上发展起来的，随着新侨增加和时代进步，海外华人社团适时应变、与时俱进，科技和参政社团相继成立。这些

---

[①] 曼德拉市，即原伊丽莎白港（Port Elizabeth），1994 新南非成立后不久更为现名。

社团在组织管理华侨华人方面发挥了积极作用，但相对而言，还是一个比较松散的组织，缺乏必要的约束力，社团领导成员基本稳定，但会员总数处于变化之中，很难统计出具体数字。中国在建交的非洲国家均设有大使馆①，在个别国家还设立了总领馆，使领馆也有领侨处或设专人管理侨务，不过对华侨华人到底管理组织到何种地步，对侨团工作到底引导指导到何种程度，似乎缺乏明确规定，往往因人因事而异，加之使领馆人员力量有限，处事方式也就更加多样。至于华侨华人的数量问题，更不是使领馆工作的重点，能给出个概数亦算不错。中央"五侨"单位——全国人大华侨委员会、国务院侨务办公室、全国政协港澳台侨务委员会、中国致公党中央委员会和中华全国归国华侨联合会（全国侨联）十分关心侨务工作，但与海外华侨华人沟通的渠道受到限制，对海外华侨华人开展工作基本上通过中国驻外使领馆。

在管理华侨华人方面，华侨华人的居住国也存在实际问题和相当难度。由于华侨华人数量占居住国总人口的比例很低，在绝大多数非洲国家可以低到忽略不计，因此，华侨华人的居住国在人口普查时均未设立华侨华人专项，个别国家把华侨华人列入亚裔人口。另外，非法移民是一个世界性难题，几乎世界上的每个国家对外来人口的统计都感到头痛，非洲国家官方对华侨华人准确数量难以掌握也就不足为奇。

总之，在目前情况下，基于多方面的因素，要统计出非洲华侨华人的准确数据，缺乏可行性和现实性。

### 三 对上文非洲华侨华人数量的评估

上文指出，2006—2007年非洲华侨华人的总数约为55万，其中老侨5万，笔者认为这一估计或是推算偏低。

其一，上文低估了非洲新侨的数量。新侨是非洲华侨华人的主体，数量占主导地位，表现在几乎每个非洲国家均有中国人，而中国人中必少不了新侨。例如，南非大多数侨领当时与笔者交谈时认为，2006—2007年南非华侨华人的总数约25万，其中新侨占85%左右，数量约为21万。仅从长期以来南非华侨华人数量占非洲华侨华人总数三分之一弱这一点来

---

① 目前非洲有54个国家，49个与中国建交，未建立外交关系的5个国家是布基纳法索、冈比亚、圣多美与普林西比、斯威士兰和乍得。

观察，55万的数量明显偏低。导致这一问题的主因是作者将非洲大陆做为一个整体来推算，而非洲当时有53个国家，各国华侨华人的数量差别巨大，从几十万到数百人甚至是几十人，而上文中运用的估算和统计方法过于笼统，大体推算难免造成总数的较大误差。

其二，上文低估了非洲老侨的数量。文中关于非洲华侨华人总数为55万的估算中，认为非洲老侨和港澳台地区华侨华人的数量为5万，这一估算明显偏低。换言之，老侨和港澳台地区的新侨人数在2006—2007年已超过5万，可能高达9万左右。再以非洲华侨华人数量最多的国家——南非为例，2006年—2007年，老侨和台湾侨胞分别接近2万人，这还不把港澳侨胞计算在内，尽管他们人数有限。[①] 非洲老侨人数较多的国家和地区还有毛里求斯、马达加斯加和法属留尼汪岛。根据实际情况估算，在中国实行改革开放政策之际，这三个国家和地区的华侨华人总数已超过5万，分别是：1977年马达加斯加12000人，1978年毛里求斯31000人，1979年留尼汪约13500人。[②] 三者加起来的总数是56500人，其中老侨占绝大多数。

南非老中国城最早的中国餐馆——燕子酒家，位于黄金城约翰内斯堡

---

① 近几年，受南非社会治安、经济状况和就业压力的影响，以及为了子女能够享受更好教育的考虑，相当一部分老侨和台湾侨胞纷纷移民北美和澳洲，南非老侨和台湾侨胞的人数下降较快，截止2012年底，两者的总人数在2.5万左右。这一数字是作者2012年2月访问南非时，与南非老一代侨领经过一番认真推算作出的估计。

② 李安山：《非洲华侨华人史》，中国华侨出版社2000年版，第563—567页。

### 四 2012年非洲华侨华人的数量

近年来，随着中非贸易的加强和人员往来的加速，非洲华侨华人的数量增长加快，主要是新侨的人数呈显著上升状态，其中以大量短期劳工奔赴非洲最为明显。为适应这一新形势，2006年12月，中国南方航空公司开通了北京经迪拜至尼日利亚拉各斯的航线；2007年又开通了广州直飞安哥拉首都罗安达的航线。2009年11月17日，海南航空有限公司开通了北京经迪拜至苏丹首都喀土穆的航线。2012年2月1日，南非航空（South African Airways）开通了约翰内斯堡直飞北京和上海的航线。

根据不同渠道获取的资料和信息，笔者认为2012年底非洲华侨华人的总数已略超过100万。这些资料和信息包括这样几个方面：笔者在非洲工作八年掌握的资料和访问30个非洲国家了解到的情况，与非洲侨胞朋友一起依照不同国别华侨华人情况作出的估算，从非洲国家驻华大使馆了解到的信息，以及相关新闻报道提供的数字。在这些资料和数据的基础上，笔者根据非洲国家华侨华人数量分布不均、差别鲜明这一特点，将非洲国家按照华侨华人数量的多少分为四类，具体如下：

华侨华人数量超过10万人的为第一类。第一类国家共三个：南非、安哥拉和尼日利亚。南非既是非洲经济的领头羊和非洲大陆的桥头堡，又是非洲华侨华人最为集中、数量最多的国家，2006—2007年就达到25万左右，近年来不断增加，华侨华人总数约30万。安哥拉是华侨人数增速最快的非洲国家，从十多年前的数万人直追南非华侨华人的数量，"安哥拉内政部资料显示，目前在安哥拉的华人总数近26万，且在安哥拉经济中扮演着举足轻重的角色"[①]。显而易见，该新闻报道中的华人应为华侨华人。尼日利亚是非洲第一人口大国，也是非洲唯一人口超过1亿的国家，华侨华人的数量在20万左右。2012年8月，笔者与尼日利亚驻华大使馆一位负责人探讨这一问题时，他笑问是表面数字还是实际数量，前者是指尼日利亚官方掌握的数据，约为18万人；后者则包括非法移民在内，约为22万人。经过一番交谈，我们共同认为2012年尼日利亚有20万华侨华人。

以上三国是非洲华侨华人最为集中的国家，总数76万左右，约占非

---

① 《在安哥拉身处华人黑帮阴影下的中国商人》，《文化艺术报》2012年9月14日第十三版。

洲大陆华侨华人总数的四分之三。

华侨华人数量在 3—5 万之间者是第二类。这一类国家有毛里求斯、马达加斯加、刚果（金）、加纳、坦桑尼亚和留尼旺岛。这 6 个国家和地区的共同点是，华人移民的历史较长；区别则在于，毛里求斯、马达加斯加和留尼旺的老侨占华侨华人的绝大多数。

新华社 2010 年的报道说："目前，在加纳注册的中国公司达 400 多家，华侨华人总数约为 3 万人。"[1] 关于刚果（金）和坦桑尼亚 2012 年华侨华人的数量，数名长期在这两个国家长期工作和经商的华侨朋友告诉笔者，这两国的数字基本相同，约为 3 万。谈到毛里求斯华侨华人数量，据 2006 年 6 月的估计，"毛岛有华侨华人近 4 万，占毛总人口的 3%"[2]。"马达加斯加华侨华人现有 4 万，其中华侨 1 万（含台护照者 100 人），分布在塔马塔夫省 1 万人，塔那那利佛省 1 万人，利亚那省 5000 人。"[3] 这则报道的时间是 2006 年 6 月。"位于印度洋西南部的留尼汪岛，面积仅有 2500 余平方公里，生活着 3 万余名华侨华人。"[4] 这一数字来自《人民日报海外版》2004 年的一篇报道。

几上数字的时间跨度从 2004 年到 2012 年。如果从静态来观察，就按这组数据来统计，这 6 个国家和地区的华侨华人总数是 20 万；如果从动态看问题，取一个概数，即 4 万的平均值，总数为 24 万。

华侨华人数量超过 1000 名的国家列入第三类。这类国家华侨华人的数量在 1000—10000 之间，主要包括埃及、阿尔及利亚、苏丹、埃塞俄比亚、肯尼亚、乌干达、马里、刚果（布）、赞比亚、津巴布韦、纳米比亚、莫桑比克、莱索托和塞舌尔等国。华侨华人数量在这一数字区间的约有 20 个非洲国家，由于各国的华侨华人数量差别较大，估算这类国家的华侨华人总数难度亦大。粗略估算，第三类非洲国家的华侨华人数量在 5 万—10 万之间。

---

[1] 白景山：《加纳华侨华人欢庆元宵节》，2010 年 2 月 28 日。http://news.xinhuanet.com/world/2010-02/28/content_13070448.htm.

[2] 《毛里求斯华侨华人概况》，2006 年 6 月 30 日。http://www.chinaqw.com/news/2006/0630/68/34596.shtml.

[3] 《马达加斯加华侨华人概况》，2006 年 6 月 30 日。http://www.chinaqw.com/news/2006/0630/68/34599.shtml.

[4] 黄之豪：《袖珍岛上不老松——记留尼旺中华总商会》，载《人民日报海外版》2004 年 7 月 21 日第五版。

孙中山先生为南非华侨联卫会所的题词

　　下面仅以三个国家为例："目前，在埃华侨华人总人数约5000人，总体规模和数量都不大，这是埃及侨情的一个鲜明的特点。"① 这是2010年埃及华侨华人的数量。2008年，"中国驻肯尼亚大使张明说，肯尼亚境内有5000余名华侨华人，多居住在主要城市"②。关于2010年刚果（布）华侨华人的数量，"据不完全统计，在布拉柴维尔工作及经商的中国人已达4000人"③。

　　华侨华人数量仅有数十人至数百人的划归第四类。这类国家大概有20多个，主要集中在西非地区，其他非洲次区域的国家是突尼斯、摩洛哥、中非、索马里、卢旺达、布隆迪、马拉维、斯威士兰和科摩罗，另有英属圣赫勒那岛等。这些非洲国家和地区的华侨华人数量总体在1000人以下，有的甚至几十人。换言之，这类国家和地区华侨华人总数应在1.5万人左右。

　　非洲华侨华人的数量分布呈明显的梯度性，层次分明。10万以上、3万—5万、千人至万人之间和千人以下。由于总数是一个估算，华侨华人在千人以下的国家虽数量多，但对总数影响很小，小到可以忽略不计。第三类国家——千人至万人之间，尽管5万—10万的总数弹性较大，但对

---

　　① 《埃及华侨华人经济发展现状景展望》，2010年5月12日，http://www.jsqw.com/html/dv_453153152.aspx.
　　② 《肯尼亚骚乱尚未殃及华侨华人》，《北京晨报》2008年1月4日。
　　③ 韩冰:《刚果（布）华侨华人欢歌迎"双节"》，2010年9月13日。http://news.xinhuanet.com/world/2010-09/13/c_13492745.htm.

华侨华人总数也影响有限。显而易见，对非洲华侨华人数量起决定作用的是前两类，二者总数达100万。

当然，100万只是个概数。如果再加上第三类和第四类，非洲华侨华人的数量略超过100万，应该在110万左右。

### 五　非洲华侨华人数量变化趋势

除以上提到的数量分布不均、且梯度性鲜明等特点外，非洲华侨华人的另一大鲜明特点——新侨是华侨华人的主体，占总数的90%左右；而在新侨中，短期劳工数量占四分之一强。这里主要分析非洲华侨华人主要群体数量可能发生的变化，在此基础上展望非洲华侨华人数量的变化趋向。

首先，老侨和公派人员数量稳中有升，但总体保持平稳，增幅不大。公派人员有任期，三五年一轮换，但数量基本保持稳定。随着中非经济往来和文化交流速度的加强，公派人员的数量增加是一个总趋势，但不会出现猛增快长的情况；非洲的老侨数量相对稳定，因为不少新一代老侨移居西方国家，减缓了人口自然增长率的因素。

其次，自费人员、特别是个体商户的人数将会增加。非洲经济增长拉动了居民消费，民众对中国产品的强劲需求吸引着越来越多的中国个体商人远赴非洲大陆，并因此带动中小型经济实体的创办与发展；南非、苏丹、埃及等国的高校吸引着越来越多的中国学生，自费生已成为这些非洲大学一个值得关注的生源；随着非洲人民对中国的了解不断加深，中华文化越来越多地受到民众青睐，中国医生、武术和汉语教师将乘势自费走向非洲，传播中华文化，增进相互交流……今后，走向非洲的个企和个人数量无疑将会增加，但增速依然稳定，不会出现大起大升的局面。

再次，短期劳工数量将明显减少，并导致华侨总数下降。近年来，非洲华侨华人数量不断攀升，主要是劳务人员数量猛增。2011年中国从利比亚撤离35860名侨民，其中大多数就是劳务人员。再以卢旺达为例，该国2012年华侨约有900人，其中实施承包和援外工程的中资公司人员约占三分之二，个体华商及其家属占三分之一。中资企业包括央企和地方企业，央企主要从事援外工程，地方企业多是承包工程。尽管企业人员随项目进展来去增减，但是近年来多处于上升时期，这是一个总体趋势。不仅卢旺达的情况如此，其他非洲国家的情形亦然。但是，2012年出现的新情势或许将使这一状况发生逆转。一、随着经济发展和市场变化，中资企业从国内招聘廉价劳工的时代已告结束，国内劳工在待遇、管理等方面出现的一系列问题已使中资企业穷于应对，捉襟见肘；二、非洲国家对中资企业过多雇佣中国劳工颇有微词甚至是成见，这在一定程度上影响了中非关系的健康发展，中国政府已着手解决这一问题；三、中国人生活水平不断提高，国人普遍对外出打工、特别是出口劳务失去动力和兴趣。在这种新形势下，非洲的中国劳工数量无疑将会出现下降态势，并将对非洲华侨华人的数量变化产生重大影响。

最后，除参照人口自然增长率和机械增长率等因素外，还考虑到以下几点：其一，非洲新侨中的个体商户多以男性单身为主，其中不乏短期行为者。男人闯天下是中国传统，去非洲的新侨也不例外，以中青年为主。中年人事业有成时才有可能让妻子儿女去国外团聚，但不少人出国后发现情况与出国前的想象尚有距离，原计划长期在外却变为短期行为。青年男女到国外后，难免思念国内和家人，又因缺乏人生磨练，面对比较艰苦的环境，不少人一遇到困难就打退堂鼓，这一现象在非洲国家的新侨中司空见惯。其二，近年来，20世纪90年代初期奔赴非洲闯天下的新侨多因事业有成、年龄偏大而回国，长期生活在国内，偶有事务才去非洲一趟，他们实际上已不再属于非洲新侨。这一点与中国传统"落叶归根"有关，也与非洲国家的情况紧密相连。如南非新侨回国的一大主因就是考虑到南非社会治安问题。其三，非洲新侨中不乏移民到北美和澳洲者，主要驱动力是为了子女教育问题，外加非洲国家的情况，如经济不景气、社会治安不理想等因素。其四，针对非洲新侨不断增加的事实，一些非洲国家不同程度地收缩了对中国人的签证，如南非、安哥拉和尼日利亚等国因打击和清理邻国的非法移民，同时加强对中国人入境签证的管理工作。

基于以上分析，笔者认为，在一定时期内，非洲华侨华人的数量不会继续增长，而会在目前的数量上略有减少，其下降态势比较平缓。非洲华侨华人数量是否会重新回升，则取决于中国和非洲经济形势的发展变化。

## 第三节　非洲华侨史述评

非洲华人移民史与世界华人移民史、特别是与东南亚国家的华人移民史紧密相连，因为最早移居非洲的华人多是殖民者从东南亚国家运往非洲的。

就早期的非洲华侨而言，可分为两类：自由移民和契约劳工。

"侨胞们团结起来，拥护祖国的革命，改善自己的地位。"——毛泽东①

根据北京大学教授李安山博士的研究，华侨中的自由移民主要有三个来源：1. 乘船从东南亚或中国来到非洲的华人，他们或是走投无路的农民，或是被迫流亡的反清志士；2. 早期从印度尼西亚巴达维亚（Batavia，今印尼首都雅加达）流放至开普刑满释放的囚犯，他们或因遭囚禁而不能回国，或已习惯当地生活而自愿留下，或是未获批准而不能离开，甚或耽误了行程而没有赶上回国的船只；3. 契约期满后仍然留下来的华人，他们小有积蓄，回国后境况难有改变，愿意在海外谋生。

在罪恶滔天的奴隶贩卖时期，中国人与非洲人一样，同是殖民者猎奴的重点对象。葡萄牙殖民者闯入中国领海后，丧尽天良，坏事干绝，贩卖中国人口就是其中之一，《明武宗实录》（卷一四九）中就有"招诱亡命，略买子女"的记载。霸占澳门后更是变本加厉，"拐掠城市男妇人口，卖夷以取资，每岁不知其数"就是郭尚宾在《郭给谏疏稿》（卷一）里的真实记录。1604年和1607年，荷兰人两次逼迫广州，试图强行与中国通

---

① 毛泽东：《给侨胞的题词》（1949年10月1日），《建国以来毛泽东文稿》第一册，中央文献出版社1987年11月第1版，第16页。

商,"皆为澳门葡人所阻。1622 年(天启二年)荷兰海军大将拉佑逊(Kornelis rayerszoon)率军舰十五艘,兵士二千人攻澳门,失利而退。乃东据澎湖群岛。1624 年(天启四年)遂进而占据台湾,于平安港建红毛城(Zelandia)至 1662 年(康熙元年)为郑成功所逐,此为欧洲人东来,第一次失败于东方人之事迹也"。①

　　荷兰殖民者与葡萄牙殖民者一丘之貉,在侵占澎湖和台湾期间,无不袭扰闽浙沿海一带,掠取精壮劳力和廉价苦力,甚至不放过妇女儿童,以便获取更多赎金。据荷兰史料记载,荷兰殖民者初到爪哇时,中国人在该岛已具有相当规模,从事贩卖胡椒、种植稻米和制造甘蔗糖等生意,颇称富有。1620 年,为更好地发挥华人的作用,荷兰东印度公司总督彼得逊还任命华人苏明光为官吏。这个彼得逊可不是个好东西,他目睹华人勤劳上进,不辞辛苦,就极力主张掳掠华人为奴隶,以开拓土地。1623 年,彼得逊致函其继任者卡宾德尔(Pieter de Carpentier):"吧达维亚、摩鹿加、安汶、万兰需人甚多,更需多金,以博厚利归国,世界中无如中国人,更适我用者。贸易既不得以友谊得,现在风候正好,可以遣战船,往中国海岸,尽量捕其男女幼童以归,若与中国战争,特须着意多捕华人,妇女幼童更好。移住吧达维亚、安汶、万兰等地。华人之赎金八十两(Ryals)一人,决不可让其妇女归国,或使至公司治权以外之地。但使之移住上述等地可也。"正如李长傅在《中国殖民史》中所言,葡萄牙和荷兰殖民者以非洲人视中国人,"故日后欧人之至中国贩卖猪仔,是为当然之事矣"。②

　　最早来到非洲的华人,很可能是被荷兰殖民当局从东南亚地区运去的囚犯。1593 年,葡萄牙人就将中国人运到南部非洲;1638 年 5 月,第一任荷兰总督古耶尔(C. S. Gooyer)带了 25 人,由荷兰东印度公司派遣驻扎于毛里求斯。当年就有两艘船从巴达维亚运来一些人,使岛上人员达到 80 人,他们大部分是囚犯。③ 这些人中间很可能有华人。1654 年,荷兰殖民者将 3 名中国人从巴达维亚运到毛里求斯,他们是有案可查的抵达非洲的早期中国移民。正是看到中国人吃苦耐劳、听从指挥的优点,开普殖民地的开拓者、荷兰东印度公司的范·里贝克(Van Riebeeck)曾数次致函巴达维

---

① 李长傅:《中国殖民史》,上海书店 1984 年版,第 161 页。
② 同上书,第 162—163 页。
③ Larry W. Bowman, *Mauritius, Democracy and Development in the Indian Ocean*, p. 9.

亚当局，请求派华工来，然而未能如愿。出于同样的理由，其继任者扎卡赖亚斯·瓦格纳尔（Zacharia Wagenaar）也渴望谋求华工。1662年6月6日，在致巴达维亚当局的信件中，他提出要求派遣25名—30名赤贫华人，条件是他们必须是务农能手，并一人能顶50个不听指挥、既懒又笨的好望角农夫。两年后，他再次提出同样的请求。事实上，好望角的华人是由驻巴达维亚的荷兰东印度公司打来的，但他们不是开普总督们所期望的庄稼活好把势，而是遭驱逐的囚犯，甚或是政治流放犯。"十七世纪时被驱逐的华人平均每年只有一两个，从十七世纪八十年代末开始，这一数字有所增加。看来，第一个被驱逐的华人名叫万寿（Ytcho Wancho）。他于1660年由安海姆号船（Arnhem）运抵好望角。"① 他很可能是第一个有据可查到非洲定居的中国人，后因用刀子袭击开普的一名女奴隶而获鞭刑，企图上吊自杀而未遂，被流放到罗本岛（Robben Island）服刑。在18世纪初，开普出现了华人自由移民，其标志是，一个名叫唐德秦（Tuko de Chinese）的华人1702年在改良教堂接受了洗礼仪式，被接纳为新教教徒，此后改名为亚伯拉罕·德维夫（Abrahan de Vgf）。②

所谓"契约华工"，是殖民者打着"招募"的幌子，以"自愿"的方式，拐骗中国人到非洲殖民地充当苦力。其实质是，奴隶贸易和奴隶制被废除后，殖民者在"合法"外衣下进行的奴隶贸易之变种，尤以法国和葡萄牙为甚。而当时的中国，只因统治者腐败、国力衰弱，不幸成为殖民者引进苦力的最佳来源地。一般情况下，契约劳工服役14年后才能获得自由。

毛里求斯是契约华工的第一个目的地。早在1760年，法国人就把华人运送到这个岛上的种植园。当时正值英法战争期间，第一批华人约300人被法国海军将领德期坦作为人质从东南亚掠到毛里求斯。法国人原想让这批华人在甘蔗种植园从事繁重的农业生产，但华人以经商不谙农事为由拒绝，无奈之下，法国人只好于次年将华人遣返。不过，这批人似乎没有全部离开。1762年，法国人又直接从中国"招募"了一批华工。他们成为华工去非洲的源头，此后不断有华人苦力到毛里求斯、留尼汪、圣赫勒

---

① 方积根：《非洲华侨史资料选辑》，新华出版社1986年版，第29—31页。
② 参见上书，第38页；Melanie Yap and Dianne Leong Man, *Colour, Confussion and Concessions: The History of Chinese in South Africa*, Hong Kong University Press, 1996, pp. 6–7.

拿岛、马达加斯加、南非、坦噶尼喀和非洲其他地区。

在中国,苦力又被蔑称为猪仔①,与之相适应,苦力贸易又叫猪仔贸易。苦力与奴隶一样,都是受剥削压迫的下等人,惟一不同的是苦力有一份卖身契——规定劳动期限,一般在3至8年之间。正是因为多了这一份卖身契,恩格斯称其为"隐蔽的苦力奴隶制"。清朝继续明代的海禁政策,作为葡萄牙殖民地的澳门便成为贩卖苦力的基地。殖民者先将华工从内地招到澳门,再从澳门装船贩运到非洲和南美洲。据西方人马士编辑的

**100多年前在南非金矿劳动的华工**

《1634—1834年东印度公司对华贸易编年记事》中记载,1811年之前,一批广东的石匠、木匠等华工就是通过澳门被运到圣赫勒拿岛(Saint

---

① 英文苦力(coolie)一词源于印度泰米尔语,指从事重体力劳动的人。该词在汉语里读音和意义相通,故译为"苦力"。不过,英文档案中所称的苦力专指被拐贩到西欧和美国从事奴隶劳动的华工。外文档案和书刊都把华工称为苦力,但我国文献中则称之为"猪仔"。据现有资料考证,"猪仔"一词最早出现于19世纪20年代。1827年张心泰撰《粤游小志》称:"东省……有诱愚民而贩卖谓之卖猪仔"。道光十九年(1839)七月廿四林则徐对总理衙门奏称:"十余年前(即1820年)连值荒年,出洋者数以千计。当其在船之时,皆以木盆盛饭,呼此等搭船者一同就食。其呼声与内地呼猪相似,故人曰此船为卖猪仔。"

Helena）的。此后，不断有华工通过这种途径被运往南部非洲国家。鸦片战争后，中国的综合国力进一步衰退，殖民者更加肆无忌惮，为所欲为，开始从中国内地直接向非洲贩运华工随之成为现实。1845年和1846年，两批华工被直接从厦门运到法属波旁岛——留尼汪岛。外国人形容华工在船上惨痛之生活情形，称之曰"浮动地狱"。"开茂郎氏（Comeron）论华工往南洋乘船之惨状亦云：'华工之死，虽与船主利益有损，而资本无亏，以载客愈多，获利愈厚。船本可容三百人，而载以六百，纵途中损二百五十名，较之按定额不折一人登陆，利犹过之。盖一则三百五十人入市，而一则只三百人也。'"① 孙中山先生曾一针见血地指出："外洋资本家利用中国人之勤劳而佣值廉也，遂向中国招工。乃当时海禁未开，中国政府禁工出洋，西洋人只得从澳门招工，每年由澳门出洋者以十数万计。此等工人皆拐自内地，饵以甘言厚利，诱以发财希望，而工人一旦受欺人于澳门之'猪仔馆'，终身无从逃脱矣。而'猪仔头'（即拐卖工人者）则以高价售之洋人，转运出洋，以作苦工。工人终世辛劳，且备受种种痛苦，鞭挞残杀，视为寻常，是无异乳猪之受人宰食，故名此等被人拐卖之工人曰'猪仔'。"②

1886年，南非约翰内斯堡发现黄金矿，随之掀起一股全球范围内的"淘金热"，华人也通过不同途径远赴南非加入这股热中，其中绝大多数是通过英国政府与清王朝于1904年签订的《保工章程》陆续抵达的。1904年至1910年，赴非契约华工达到高潮期。据统计，至1910年，非洲契约华工的总人数是14.2万。其中，"南非华工之移入，始于1904年，系为英国采取金矿招募而往者，达55000人"。③ 事实上，南非华工的数量远超出这一数目，以南非黄金城博物馆提供的数据为例，仅1904—1906年，南非就有约63000名华工。④ 我曾多次参观南非黄金城博物馆，每当凝视当年华工生活、劳动场景的一幅幅图片时，脑海波涛翻滚，感慨万千："满面尘灰烟火色，两鬓苍苍十指黑"；"耕犁千亩实千箱，力尽筋

---

① Comeron：*Malaya*，p.14. 转引自陈里特编著《中国海外移民史》，中华书局1946年版，第80页。
② 《孙中山先生答〈朝日新闻〉记者书》，原载1919年6月24日上海《民国日报》第2版，转引自 http://zhan.renren.com/guanzhuzhexieshier?gid=3602888498031345875&from=post&checked=true.
③ 陈里特编著：《中国海外移民史》，中华书局1946年版，第34页。
④ 此数据来源于南非黄金城博物馆展览说明。

疲谁复伤?"数量如此之大的契约华工,当年为开采黄金所作出的贡献不言而喻、不可估量、不可磨灭,然而,他们当年的劳动生活不如牛马,受到的待遇不堪回首,苦难经历不容置疑。

李安山教授认为,非洲华人移民史一般分为四个阶段:第一阶段从1800—1910年,以契约劳工为主,兼有自由移民;第二阶段为20世纪三四十年代,日本侵华,沿海居民为免受奴役而逼迫出洋;第三阶段是新中国成立之初,国内移民政策宽松,非洲华人已站稳脚根,不少人远去投亲靠友;第四阶段是20世纪80年代以来,伴随着中国改革开放的步伐和世界移民的巨大浪潮,华人再次远赴非洲。[①]

华侨是国际移民迁徙一个不可或缺的组成部分。从目前情况观察,几乎每个非洲国家都有中国人的身影,南非、毛里求斯、马达加斯加等具有华人移民史的非洲国家中华侨华人数量相对较高。

综上所述,笔者可得出如下结论:1. 毛里求斯极有可能是华人移民到达非洲的第一个目的地国,这与其地理位置、历史沿革有密切关系。一个显而易见的原因是,华工的输入是殖民者为了开发甘蔗种植园,发展制糖业而为之。2. 到达非洲最早的自由移民,很可能是刑期已满的华人囚犯。3. 有案可查的抵达非洲最早的中国移民发生在1654年,人数仅为3名;而最早定居非洲的华人则发生在1660年,人数仅为1名。4. 具有一定数量和规模的前往非洲的华人发生在1762年,他们是运往非洲的第一批契约华工。5. 荷兰和法国殖民者是将华人运往非洲的始作俑者。

## 第四节 非洲首批华人说

最早到过非洲的中国人与移居非洲的华人,二者之间具有明显区别。第一个去过非洲并留下文字记载的中国人是唐朝杜环,时间在公元751—762年;而最早抵达非洲的中国移民则发生在清朝,从个别人到形成一定规模经历了从1654年到1762年之间108年的过渡。在这里,我们暂且不提世界移民史研究理论中的"推力"和"拉力"两种因素,也不说契约华工与自由移民的联系和区别,更不言他们去非洲因人而异的各种内因和

---

[①] 参见李安山《非洲华侨华人史》,中国华侨出版社2000年版,第36页、第83—89页、第124页、第127—128页。

基本相同的几种外因，仅就他们去非洲的时间而言，从到此一游的非洲访客到落地生根的非洲华人，经历了漫长的唐、宋、元、明四个历史朝代，这也是截至目前，研究中非关系史的学者普遍认为"首批华人移民非洲发生在清朝"的主要根据。[1]

## 一 落难东非的中国船员应是郑和部属

关于当年落难东非的中国船员是否隶属于郑和船队，目前尚未发现文字记载和实物证据，因而存在一些争议。但学术界一般认为，帕泰岛的"中国人"应该是郑和船队部属的后裔，笔者持这一观点。

笔者认为，根据已知的历史事实可以推断，当年那艘中国船只在帕泰岛附近遇难发生在郑和下西洋时期。这是因为：

其一，如果船难发生在郑和下西洋之前，船难的幸存者不可能听说过长颈鹿的故事，在当时的交通和通信条件下，深居孤岛的他们不可能从外界获知这一消息。

其二，如果那次船难真的发生在郑和下西洋之前，当郑和船队浩浩荡荡经过东非沿岸时，船难的幸存者一定能知道这一消息，并想方设法与郑和船队取得联系。那样，郑和船队就会让这批中国人乘船回国，这不但在同胞感情上是讲得通的，而且在实际运作上也是可能和可行的。

其三，在郑和下西洋之前，中国船只直接访问东非沿岸的可能性极小，中非之间的海上交往基本上是经过阿拉伯商船完成的，这在记载中非交往的几部著作中反映得比较明显，如《岭外代答》、《诸番志》等。

其四，假如帕泰岛的船难发生在郑和下西洋之后，逃难的水手们不可能在帕泰岛上加村安家落户——据英国考古学家、剑桥大学教授马克·豪敦（Mark Houton）在上加遗址发掘考证，卜加村在郑和最后一次下西洋后不久，约在公元1440年遭到毁灭。[2]

其五，郑和下西洋后，由于明朝皇室长期实行海禁政策，中国不可能有大型船只远航非洲；更重要的是，郑和下西洋后，西方殖民者成为印度洋的统治者，中国船只不可能再自由通过印度洋而远达非洲。

---

[1] 参见陈公元《古代非洲与中国的友好交往》，商务印书馆1985年版，第49页；李安山《非洲华侨华人史》，华侨出版社2000年版，第89、626页；张象《中非关系源远流长的新启示》，载《西亚非洲》2006年第6期，第54页。

[2] See Nicholas D. Kristof "1492: The Prequel", *New York Times Magazine*, June 6, 1999.

尽管缺乏文字记载等方面的确凿证据，著名郑和研究专家郑一钧教授在研究了有关报道提供的信息后认为，这些帕泰岛中国水手的后裔无疑就是郑和船队部属的后裔。他认为，帕泰岛一带海域，是郑和船队到达马林迪的必经之地。正是在郑和下西洋时期，而不是在其他任何时候，有许多中国水手随郑和船队到过这里。郑和下西洋之后，由于明、清统治者对外闭关自守，长期实行"海禁"和阻遏政策，加之16世纪以后西方殖民国家全力向东方的印度洋扩张，在西欧殖民势力炮舰政策的轰击下，不仅曾经称藩于明朝的海外诸国先后沦为西方列强的殖民地，而且也对中国的远洋航海事业形成巨大威胁，中国再难以向"西洋"（印度洋）发展。记录当时我国航海活动的一些史籍所反映的正是这一事实，如明朝张燮《东西洋考》的记载只限于印尼苏门答腊以东，清人陈伦炯的《海国闻见录》和谢清高的《海录》，也都说中国的海舶不再过马六甲海峡西行了。由于当时在"东洋"海域之内，航海活动还有较大的发展余地，相应地在明代中后期，中国通往菲律宾、日本等地的航路有了较大发展。郑一钧表示，在郑和下西洋之前，中国与非洲之间虽然也有海上交通，但并不频繁，在史料中也没有具体记载，并且在由西亚到东非沿岸的航程中，换乘阿拉伯船只的可能性很大，因此那时能够到非洲的中国人是极少的；而在郑和下西洋之后的数百年间，中国与非洲之间的海上交通已被阻断。由此，古代在上加村定居下来的中国水手，为郑和船队的水手应该没有什么问题。

阿拉伯联合酋长国迪拜购物中心内的郑和展览

## 二 落难船员是中国"移居"非洲的首批华人

截至目前,研究中非关系史的学者普遍认为,首批华人移民非洲发生在清朝,这主要指早期的"契约华工",最早发生在1760年,法国海军将领德斯坦把300余名华人作为人质从东南亚地区掠夺到毛里求斯种植园,迫使他们从事繁重的农业劳动,被掠华人以自己是商人不懂农业生产为由拒绝,这批华人中的大部分被遣返回国。1762年,法国人又直接从中国运来一批华工。尽管此前可能还有自由移民从中国到非洲,但是人数很少且相当分散,毛里求斯华工是具有一定人数和规模的移民,因而被视为最早的非洲华侨。[1]

郑和七下西洋从第四次开始远赴非洲,即永乐十一年(1413年),第七次下西洋结束于宣德八年(1433年)。换言之,肯尼亚帕泰岛附近的船难应该发生在1414年至1433年。即使那次船难发生在郑和第七次下西洋(1430—1433年)期间,郑和船队的水手在华工首次登陆毛里求斯岛330多年前,早已因意外事故而成为首批非洲华侨,他们比去非洲的个别中国自由移民还要早约200年,因而是当之无愧的最早的非洲华人。

在世界航海史上,船难悲剧实乃难以避免,郑和七下西洋亦不例外。特别是由于当年郑和船队在非洲沿岸的航行不是走的传统航线,而带有海上探险的性质,就更容易发生海难,在中国船队从未涉足的非洲沿岸航海,当年郑和船队的个别船只触礁的可能性极大,甚至是在所难免的。当年,郑和船队的一艘船只在肯尼亚帕泰岛附近触礁,数百名船员逃生至岛上,在当地居住下来,进而落地生根,融入非洲大家庭,与当地女子结婚延续后代,奏响了一曲不同民族平等相待、和善相处、和谐相融的友好乐章。

当初,这批突然置身于全新环境的中国船员,虽身强力壮,携带宝物,但没有居高临下的中华大帝国的傲慢与偏见,而是谦和平等地对待当地居民;面对这批身份不明的天外来客,身居孤岛的当地人没有拒绝和排斥,而是张开双臂热情接纳与大度包容。于是,中国船员用随身携带着丝绸、茶叶、瓷器等宝物,与当地居民以货易货,等物交换,换取最基本的

---

[1] 参见陈公元《古代非洲与中国的交往》,第49页;李安山《非洲华侨华人史》,中国华侨出版社2000年版,第89页、第626页;张象《中非关系源远流长的新启示》,载《西亚非洲》2006年第6期,第54页。

生产工具和生活用具以求立足生存。在当时的特殊历史背景下，中非人民之间这种平等对待异族的态度和做法实属难能可贵。

立足之后，中国船员用自己的一技之长主动为当地社会服务，克服了语言不通、风俗不同带来的障碍，赢得了当地社会的普遍信任和大度包容，进而逐渐融入当地社会。他们中的医官医生，利用当地资源采制中医药，为当地民众祛除疾病，救死扶伤。同时，他们还把医术传教给当地人，时至今日，帕泰岛上的中医大夫仍肩负着救死扶伤的重任，受到人们交口称赞。他们中的铁匠、木工等手艺人，伸开勤劳的双手，就地取材制作工具和用具，至今帕泰岛上还有中国铁匠传人。他们中的建筑师加入到当地的建筑业中，用自己的双手为自己、也为当地民众建造房屋。目前帕泰岛上的几户中国人家，他们的房屋布局和院落布置均有别于当地住户，带有中国建筑的风格与特征。考古专家认为，帕泰遗址中的不少建筑、特别是大清真寺墙壁和装饰就受到中国建筑的影响，带有鲜明的中国特色。

这批中国船员身上体现着中国优秀的传统文化和中华民族的传统美德，为中国和中国人民在非洲赢得了信任和赞誉。这种传统文化和美德可以用"和谐"、"勤劳"和"助人"来概括。他们友好和谐地融入当地社会，用勤劳和智慧创造美好生活，同时不忘帮助周围的民众。数百年来，他们的后裔尽管早已成为非洲大家庭中的成员，但至今仍顽强保留着中国文化传统，念念不忘自己的中国血统，中医大夫用祖传的医术服务民众，甚至不收取一文费用。他们尽管人数不多，但是在当地产生了持久影响，树立了中国人的良好形象，赢得了非洲民众的信任与尊敬。

## 第五节 华人异于殖民者

落户东非的郑和船队使团成员与此后抵达非洲的华侨华人尽管都来自遥远的中国，具有中国人的共性与特点，却因动机相差、方式不同、路线区别和结果相异而具有明显差异。当然，这些无论何种原因远赴非洲的中国人与登陆非洲大陆的西方殖民者之间的区别是迥然不同的，二者不可同日而语。

一 郑和使团"移民"与早期中国移民的差异

这些不幸落难的郑和使团成员阴差阳错地成为移居非洲的首批华人，他们与此后移居非洲的早期华人有相似之点，更有相异之处。相似之点主要表现在：他们来到非洲并落地生根具有其一定的偶然性，但这偶然中包含有必然因素。相异之处在于：

动机不同——前者是去非洲执行朝廷的使命，完成人类历史上最伟大的航海事业；后者要么是因国内生活所迫走向遥远的非洲，要么是受拐骗而走上了难归之路和不归之途。

方式不同——前者是直接走向非洲，而且是由中国朝廷组织实施的；而后者多是间接走向非洲，特别是早期的华人移民，基本上是通过西方殖民者运送而去的。

路线不同——前者是从中国直接前往非洲，后者多是通过第三国而辗转抵达非洲。

结果不同——前者与当地居民通婚，与当地居民打成一片，虽不忘自己的中国根，深受中国传统文化的影响，但早已融入非洲大家庭，成为地地道道的非洲人；后者虽人在他乡，仍长期生活在华人社区之中，难改、

尼亚拉中国医院是由中国大夫刘秀琴创办的一家私人医院，位于苏丹南达尔富尔州首府尼亚拉。该医院收费合理、并对特殊困难患者实行费用治疗，该医院大夫爱岗敬业、医术高明，赢得当地政府和民众交口称赞。图为院长刘秀琴与患者及其家属在一起。

未改或不愿改变自己的中国传统生活习俗，很少与当地居民通婚，经过相当长的时间才融入当地社会，这一过程缓慢而曲折，充满辛酸与劳苦。

总之，郑和船队的水手劈波斩浪远航非洲是主动行为，尽管他们落难后滞留孤岛属于迫不得已，但是其后的早期中国移民的行为多带有被动因素，要么因生活所迫，要么受西方殖民者蛊惑而上当受骗。尽管落难非洲的郑和使团成员与移民非洲的早期华人具有较明显的区别，但是他们都是中国人，都深受中国传统文化的熏陶，都具有中华民族的优良品质，都以自己的辛勤劳动和实际行动为中国人在非洲赢得了信誉。

## 二 非洲华人与欧洲殖民者的主要区别

作为首批移居非洲的华人，郑和使团成员以自己的实际行动为中国人在非洲赢得了赞誉，他们与其后登陆非洲的欧洲殖民者形成强烈反差。虽然华人与白人都长期生活在非洲，与非洲人共享一片蓝天，成为非洲的居民，但是中国移民与欧洲殖民者和白人移民的主要区别表现在：

1. 与非洲当地居民的关系上：平等与压迫。
2. 在对待非洲资源的方式上：共享与掠夺。
3. 与非洲当地居民的情感距离上：亲近与遥远，向心与离心。
4. 与非洲传统文化的关系上：融合与排斥。前者水乳交融，后者水火不容。
5. 对非洲历史进程的影响上：微弱与巨大。
6. 在到访、定居非洲的目的上：示好与侵略，贸易与占有，偶然与必然。

非洲华人与欧洲殖民者和白人移民在非洲大陆宛如云泥之遥的差别，与东西方文化传统直接相关，进而一直影响到今日两者与非洲的关系和对非洲的政策。相互尊重、平等相待始终是中非关系发展的基石，仅这一点，西方老牌殖民主义者就做不到，或者根本就不想这样做。他们总是以"老子"自居，带着宗主国居高临下的姿态观察非洲事务、对待非洲人民。时至今日，欧洲老牌殖民主义者仍然难以舍弃殖民思维，亦然认为非洲是他们的"后花园"，动辄对非洲事务指手画脚。作为金砖国家的新成员，南非通过自己的亲身体会对此深有感触。南非总统祖马（Jacob Zuma）指出："在金砖国家，我们有一席之地，并感到非洲得到了礼遇。我们的观点得到伙伴的平等对待，毫无非洲大陆遭人轻视的感觉。"①

欧洲某些发达国家不但直接插手非洲事务，而且指责别国与非洲的正常交往。对于中国与非洲国家的经济文化合作，面对中国在非洲不断增大的影响力，老牌殖民主义者一方面横加说三道四，一方面又表示要学习中国的做法。但是，放不下所谓的高贵身段和臭架子，欧洲那些继承老牌殖民者衣钵的政客依然难以真诚平等对待非洲，以开放平和的心态看待中非关系。值得欣喜的是，欧洲有识之士的传统观念开始发生变化，他们正在用客观现实的眼光看待中非关系。例如，英国《金融时报》的一篇报道中国产品在非洲市场发展的文章说，10年前中国的廉价商品开始大量流入非洲，非洲消费者从较低的价格中受益。如今，随着中国企业向价值链上游进军，智能手机、农场打谷机等高端商品正在赢得非洲消费者青睐。报道还引用南非标准银行2012年3月份的报告说，自2002年以来，中国出口商品在非洲的市场份额提高了3倍以上，2011年来自中国的进口商品占非洲总进口商品的16.8%。过去4年，中国企业在销售机械、汽车和电子产品领域获得的利润最高。但是，2011年非洲从意大利、西班牙、德国、英国和日本的商品进口却均低于2008年的水平。对此，比利时布鲁塞尔当代中国研究所的中欧问题专家安娜·卡特里娜认为，中国对非出口产品质量逐渐提高，对欧盟的确意味着更大的竞争；中非关系发展无疑是成功的，中国主张与非洲国家实现互利双赢，这对欧盟是个启示，促使欧盟对非政策近年来正在趋向理智和务实。②

### 三　傲慢让西方国家忽视中国和中国崛起

在殖民统治和种族主义政权横行非洲时期，非洲华侨华人与非洲本土居民一样，同时受到剥削和压迫，因为殖民统治者和种族主义者把华侨华人与非洲人归为一大类，这与当时中国在世界上的地位密切相关。

与非洲一样，中国曾沦为西方的殖民地和半殖民地，受到帝国主义和殖民主义的压迫与剥削。在过去的两个世纪，西方——先是欧洲后是美国——雄踞世界的支配地位，这给他们一种天然的优越感，培养出了一种以西方为中心的思维定式，即西方才是所有智慧的源泉，西方人比任何其

---

① 参见《参考消息》2012年4月4日第12版。
② 孙天仁：《欧洲调整心态看待中国对非投资》，载《人民日报》2012年4月7日第3版。

他民族高出一等。"其他任何人要想成功，西方的模式才是放之四海而皆准的。现代化唯一有效的方式就是西方化。中国将不可避免地失败——它的成功是不可持续的。"2012年3月25日在英国《观察家报》上，《当中国统治世界：中国的崛起和西方世界的衰落》的作者、伦敦政治经济学院教授马丁·雅克（Martin Jacques）一针见血地指出："我们觉得自己的思想开明，但我们的优越感蒙蔽了我们的心智。我们从来没有考虑过中国可能有一天超过美国。""我们坚持用西方的多棱镜看中国，我们拒绝按它自己的方式去了解中国。傲慢带来的是无知——我们甚至一点也不好奇。"①

在题为《为什么我们继续忽视中国的崛起？傲慢》的文章中，马丁·雅克举出西方学习汉语和英国的贸易伙伴两个例子说明西方对中国的傲视、忽视和近视。作者指出，尽管西方总是说要在学校中加强汉语学习，但在国家和私人层面，没有人认真提供汉语学习的机会；西方的经济也表现出了同样的症状——英国对爱尔兰的出口额竟然超过对中国、印度、俄罗斯和巴西四国的总和。他强调，除非解决这些问题，否则西方就面临靠边站的危险。因为全球经济的重心正在无情地从发达世界向发展中世界转移，中国是其中的一个主要角色，其结果将是发达世界的影响力迅速衰落，以及所有主要全球性机构的重组，最明显的就是国际货币基金组织和世界银行。

在文章中，马丁·雅克指出，1978年中国的经济规模只有美国的二十分之一，经过20多年两位数的增长，到世纪之交中国的经济规模已经达到美国的四分之一，而其全球影响力也完全不可同日而语。这个故事也不再简单地只是关乎中国了，因为它的崛起已经开始改变整个世界。只是到了2008年的金融危机，西方才最终开始意识到中国崛起的影响力。当西方经济和心理深陷紧缩和停滞的泥淖里，中国却处于非同寻常的乐观主义情绪之中。2009年，高盛公司预测，中国经济的规模将在2027年超过美国；2012年3月，英国《经济周刊》预测，中国将在2018年超过美国。

---

① 马丁·雅克：《为什么我们继续忽视中国的崛起？傲慢》，2012年03月26日，http://world.people.com.cn/GB/157278/17483643.html。

## 第十八章　提前意义说

　　科学研究的重要任务和重大使命之一，就是弄清历史事实，还原历史真相，恢复历史的本来面目，从而让世人从中借鉴历史经验，吸取历史教训，促进世界和平、文明发展，不断造福人类和未来。提前非洲华人移民史，把华人移民非洲的时间提前二三百年，同时把华人最早移民非洲的地点从非洲岛国转移到非洲大陆，即从毛里求斯改变到肯尼亚，这不但具有十分重要的学术意义，而且具有非常重要的现实意义。

　　郑和使团"移民"向世界表明，中国人不但早于欧洲殖民者抵达非洲，而且早于欧洲殖民者定居非洲。这一历史真相彻底戳穿了所谓"欧洲人发现非洲"的谬论，奋力回击了所谓的"中国威胁论"和"新殖民主义论"，并为中非贸易的发展和非洲"向东看"提供了有力的历史根据和理论支持。

## 第一节　戳穿"欧洲发现论"

提前非洲华人移民史开端，彻底戳穿了所谓"欧洲人发现非洲"的谬论。

郑和船队当年浩浩荡荡访问东非沿岸国家和地区，在世界历史上书写了辉煌壮丽的篇章。但是，西方对此不是回避就是淡化，总是突出和强化迪亚斯1486年绕过好望角、达·伽马1498年发现通往东方的新航道。他们利用手中掌握的话语权，向人们进行先入为主的灌输，试图以此作为真实的历史，不但抹杀中国人最早到达非洲的史实，而且抹杀非洲的悠久历史，制造所谓的"非洲无历史论"，胡说什么，非洲的历史始于与欧洲接触之时。对此，1962年12月12日，加纳总统恩克鲁玛（Francis Nwia-Kofi Ngonloma）在第一届非洲学家大会上致辞时一针见血地指出："这些早期的欧洲著作的动机是经济的而不是科学的。它们涉及象牙、黄金的不平衡的贸易和它们不得不为之进行辩护的非法人口贩卖。""我想在这里指出，在那个时期，欧洲人和美国人的非洲著作大都是辩护性的，企图证明奴隶制度和对非洲劳动力和资源的继续进行剥削是正当的。""这样就为从经济和政治上奴役非洲作好了准备。因此，非洲既无法展望未来，也无法回顾过去。""据说，非洲的进入历史，只是由于与欧洲发生接触的结果。因此，非洲的历史普遍地被认为是欧洲历史的扩大。黑格尔（Hegel）[①]的威名也被借用到这种非洲无历史的假说上面来。殖民主义和帝国主义的辩护士们迫不及待地抓住它尽情加以渲染。"[②]

在强调非洲悠久的历史和文化之后，恩克鲁玛表示："中国人也在唐朝（公元618—907年）出版了他们最早的第一部关于非洲的主要记录。十八世纪中国与埃及的学术互相沟通。但是中国人对于非洲的了解并不限于他们对埃及的认识。中国人对索马里、马达加斯加和桑给巴尔都有详细

---

[①] 黑格尔在《历史哲学》一书中武断地认为，自有历史以来，非洲始终是在闭关之中，与世界没有任何联系；黑人一直拘束于人类幼年期，到他那个时代还笼罩在夜的黑幕里，看不到历史的光明；黑人所表现出的，是完全野蛮和不驯状态里的自然人，在那里绝对找不出什么合于人道的地方。参见黑格尔《历史哲学》，王造时译，北京三联书店1956年版，第136—139页。

[②] 《加纳总统恩克鲁玛在第一届非洲学家大会上的致词》，乐山译，载《亚非译丛》1963年第3期，第2—3页。

的知识。他们在非洲其他地区作过广泛的旅行。"① 恩克鲁玛指出的中国人在非洲其他地区的广泛旅行，当然包括郑和船队对非洲的四次大型访问。郑和船队的到访和船队水手定居非洲孤岛的事实无可争辩地说明，作为非洲的外来民族，中国人不但最早"发现非洲"、而且最早"定居非洲"，这无疑是对所谓的"欧洲人发现非洲"的谬论是一记重型棒喝。

事实上，西方正义的学者和有识之士已经认识到这一点，认为应该还历史以本来面目；非洲的许多学者和政要也正在为此进行努力，以期正本清源。不过，从认识论的角度观察，要改变先入为主的错误不但需要付出持续不断的努力，而且需要一个较为漫长的过程。这是因为，人们的思维一旦形成定式，就会随之产生一种惰性，很难轻易改变。比如，人们常说的阿拉伯数字，实际上是印度数字，因为它是印度人发明的。然而，由于印度数字经过阿拉伯世界传入欧洲，欧洲人误以为这组数字是阿拉伯人发明的，便称其为阿拉伯数字，以至于以讹传讹，世代相传，贻误至今。② 尽管我们尚难估算当今世界上受这种贻误的人数有多少，但是一个清楚的事实是，受这种贻误的中国人时至今日仍不在少数。

## 第二节 支持非洲"向东看"

提前非洲华人移民史开端，为中非贸易发展和非洲"向东看"提供了有力的历史根据和理论支持。

郑和船队远访非洲，发展友谊、开展贸易、拓展交流是其主要目的。换言之，中非之间的直接贸易始于郑和下西洋时期，这与明初的政治、经济形势密切相连，更与中国重农抑商的文化传统息息相关。儒家文化历来重农轻商，即使在中国历史上相对开放的盛世唐朝，朝廷欢迎外国商人来大唐经商，还给予其多种优惠政策，但是仍然限制本地商贸发展。如，唐朝首都长安专门设立西市为国际市场，即著名的大唐西市，可谓商店林

---

① 《加纳总统恩克鲁玛在第一届非洲学家大会上的致词》，乐山译，载《亚非译丛》1963年第3期，第1页。

② 公元825年，波斯著名数学家、天文学家和地理学家花拉子密（al-Khwārizmi, Abū Jaʿfar Muhammad IbnMūsā）用阿拉伯文撰写了《印度数字算术》（On the Calculation with Hindu Numerals）一文，后被翻译成拉丁文传到欧洲，欧洲人因之学会了12345，但误以为是"阿拉伯数字"，根本不知道这组数字的真正创造者和传播者是何人。

立、商品众多、商人云集，极尽一时繁华，成为著名的国际商城。但是，长安市民和国内百姓进入国际市场就要受到一定程度的限制，绝大多数国内商人只能到东市——国内市场从事商业活动。数百年后的大明帝国沿袭了唐朝重对外开放而轻国内开放的传统做法，与此同时，明太祖朱元璋还对朝贡体系进行改革创新，把朝贡与贸易分开进行的传统方式合二为一，形成朝贡与贸易一体化的新体制，用朝贡贸易彻底取代对外贸易，完全杜绝民间从事对外商贸活动，从而使对外贸易全部由官方控制和运作。

所谓朝贡贸易，分为国内和国外两部分，前者是指对外贸易在外国使团来华朝贡期间进行，后者是说对外贸易在中国使团出访国外期间从事，官办贸易是朝贡贸易的主要特征。具体而言，中外贸易只能由朝廷操办，国内的对外贸易部分，是外国使团来华朝贡之时，在特定的时间和地点，在朝廷礼部官员或港口的市舶司官员监督下，公开进行的平等公平贸易，即"二平贸易"；国外部分是由朝廷派遣到国外的中国使团，在出访期间与所在国所进行的贸易。无论在国外还是在国内进行对外贸易，均受到时间和地点的限制，也受到交易商品种类与数量的约束，但是二者都贯彻执行"二平贸易"的原则，体现平等交换、公平交易的商贸规则。

朝贡贸易是海禁政策下对外贸易的独特形式。由于中国沿海屡遭倭寇侵犯和海盗骚扰，朱元璋在建国初期就关闭了所有对外贸易口岸，颁布严格的"海禁令"，国内不许寸板下海，严禁国民私自出海，甚至禁止沿海捕鱼活动；国外禁止除朝贡使团外的任何船只来华访问，甚至不许国外船只靠近中国沿海。在如此严格的"海禁令"下，明朝的对外贸易仅存官方一条渠道，郑和船队出访期间进行的贸易就更加引人注目。

关于郑和下西洋的动机，有政治、经济、文化等多种说法。就经济而言，归纳起来不外乎三种说法：一是采购海外物品丰富国内市场，以巩固朝廷对朝贡贸易的垄断地位，维持朝贡贸易形成的国内价格体系；二是除"厚往薄来"的外交礼仪外，用中国宝物交换国外特产——"方物"，包括皇帝喜爱的奇珍异宝，供国内使用和皇室成员享乐；三是用中国的特产——丝绸、瓷器、茶叶等换取黄金和白银，以充实国库、增加国力。[①]无论出于何种目的，尽管多是运用以货易货的贸易形式，但是互补性和

---

① 参见王俞现《中国商帮600年》，中信出版社2011年版，第42页；[荷]戴文达《中国人对非洲的发现》，商务印书馆1983年版，第36—40页。

"二平贸易"始终是郑和船队开展海外贸易所遵循的基本原则。这样，郑和船队在非洲东部沿海一带进行的贸易，在平等公平的原则之下，非洲的"方物"自然受到青睐，成为首选目标。也就是说，中非之间公平互补的直接贸易早在欧洲殖民者登陆非洲大陆之前就开始了，非洲"向东看"和中国"走进非洲"始于 600 年前，今天的中非贸易与合作，以及非洲出现的"向东看"，不过是 600 年前的延伸、继续和发展。

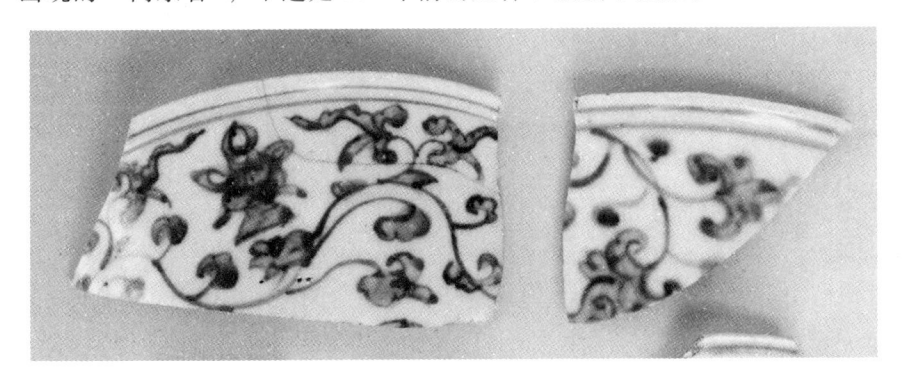

**中国考古队在肯尼亚曼布鲁伊发掘出土的明代弘治—正德时期青花瓷片**

目前，中国与肯尼亚联合考古、寻找郑和船队当年那艘沉船的工作正在进行，中肯联合考古活动受到当地和国际媒体高度关注。英国广播公司（BBC）在题为《一枚钱币改写中非历史》的报道中指出，这次考古发掘的成果，不但有可能颠覆世人从前对东非历史的认识，而且必将引发东非国家对当代中国角色的再思考。肯尼亚国家博物馆奇里亚玛（Herman Kiriama）博士指出："我们发现，中国人对待东非有着与欧洲人迥异的态度"，"他们派遣使者携带礼物前来，表明他们对我们平等相待，也表明肯尼亚在葡萄牙人到达之前，已与外界有了紧密的联系，是一支活跃的海上力量，这对肯尼亚在思考今天与东方的联系有着深远的影响。中国与东非有着比欧洲人更为古老的贸易联系，当今中国对非贸易的发展实际上止是这一传统的延续。很久之前，东非海岸始终是向东方而非向西方看的，如今，这些发现给了政治家们更充足的理由去坚持：'让我们向东看'，因为长久以来，我们一直如此。"[①]

---

① 秦大树：《北京大学肯尼亚考古及主要收获》，澳门特别行政区民政总署文化康体部《嘉模讲谈录——鹤鸣濠江考古文博名家系列讲座二〇一〇至二〇一一》，澳门星愿文选，2011年12月，第84—95页。

## 第三节　树立学习新楷模

提前非洲华人移民史开端，郑和使团"移民"为当代非洲华侨华人扎根非洲、融入非洲当地社会树立了学习楷模。

中国真正意义上的"走进非洲"始于当代，始于欧洲殖民者"走出非洲"之时。从中国医疗队奔赴非洲到援建坦赞铁路，从中国建筑公司走进非洲到中国私营小企业落户非洲，越来越多的中国人走向遥远的非洲大陆，发展到今天，几乎所有的非洲国家都能看到中国人的身影。不过，由于受语言、习俗、饮食等诸多因素约束，中国人融入非洲当地社会过程缓慢，存在一定难度。当然，这一情况不仅仅是华侨华人在非洲大陆出现的独有现象，世界其他大陆和国家的华侨华人也存在同样问题，即使在国外侨居多年，绝大多数华侨华人仍然讲汉语、吃中餐、打麻将，囿于华侨华人圈子，难以步入当地社会、特别是主流社会。

郑和七下西洋四赴非洲，完成了人类历史上最伟大的远洋壮举，其中有许多经验值得总结，对今天中国人走进非洲而言，笔者认为有三点特别值得一提：一是重视语言相通，二是重视习俗相同，三是重视地位相等。

一部《郑氏家谱·首序》指出，郑和的远祖是西域普化力国[①]王所非尔，于宋神宗熙宁三年（1070年）归附宋朝，授为本部总管，加封宁彝侯、庆国公，卒赠朝奉王。其长子赛伏丁，封昭庆王；次子撒严，袭封宁彝侯，升莒国公。撒严之子苏祖沙，苏祖沙之子坎马丁，坎马丁之子马哈木，世袭王爵。宋亡后，元朝授马哈木平章政事，马哈木之子赛典赤·赡思丁受命驻镇咸阳，为都招讨大元帅、上柱国左丞相、平章政事，1274年至1279年任云南行省平章政事，政绩昭著，死后被追封为咸阳王。其长子纳速剌丁，驻镇滇南。纳速剌丁之子伯颜是淮安王，伯颜之子察儿米的纳为滇阳侯。察儿米的纳之子米里金生马三保——郑和。郑和立其兄马文铭之子为嗣，名赐，即郑赐，字恩来。[②] 郑赐以后的郑和部分后裔明代至清代居云南昆阳，迁至玉溪市东营；其中一部分迁至泰国清迈；另有一

---

[①]　西域的普化力国，《唐书》译作布豁或捕喝，《元史》译作卜哈儿或蒲华，《明史》译作布哈剌，地处新疆附近，即现今的乌兹别克斯坦境内。

[②]　《郑和家谱》载："至宣德六年（1431年），钦封公三宝太监，公以兄文铭之子立嫡，名赐。"

小部分居住在南京、北京、上海、苏州等地。郑和后裔主要有玉溪、南京、泰国三支。

关于郑和家族与伊斯兰教的关系以及郑和生于云南何地何县，即郑和的身世，由于《明史·郑和传》中只有"郑和，云南人"五个字，数百年来一直是个谜。直到1912年，云南近代著名学者袁嘉谷从友人苏晓荃处得知昆阳有郑和之父"马哈只墓"，亲赴昆阳县月山踏勘，考证了"马哈只墓"及《故马公墓志铭》，并为墓志铭作了碑跋，载入其《卧雪堂文集》和《滇绎》，方知郑和是昆阳的回族马氏，其祖父和父亲都朝觐过麦加圣地，尊称为哈只。① 正是强烈的宗教信仰促使郑和祖父不远万里，克服路途艰辛，只身赴麦加朝圣。这说明至少从郑和祖父一代开始，其家族已开始信奉伊斯兰教。②

永乐十一年（1413年）郑和在第四次下西洋前夕，因奉旨出使"西域天方国"，"道出陕西"，来到西安寻找翻译人才，为出访阿拉伯国家做准备。经过一番遴选，郑和选中清净寺掌教哈三为其下西洋随员。西安市大学习巷内的"郑和碑"——《重修清净寺碑记》上记载了这一内容："及我国朝永乐十一年（1413年）四月太监郑和奉敕差往西域天方国，道出陕西，求所以通译国语可佐信使者，乃得本寺掌教哈三焉。乃于是奏之朝，同往。"③

明成祖选中郑和肩负下西洋的重任，郑和的穆斯林身份是一个重要因素，说明皇帝考虑到郑和与出访国家习俗相同的重要性；郑和在第四次下西洋出访阿拉伯国家前夕，专程赴西安挑选阿拉伯语翻译同行，说明郑和

---

① 按伊斯兰教的习俗，"哈只"是人们对朝觐过伊斯兰教圣地麦加者的尊称。中文"哈只"一词由阿拉伯语音译过来，意为"巡礼人"，即朝圣者。郑和的祖父和父亲均名"哈只"，由于郑和幼年离家，对父亲的真实姓名可能已漠忘，或依习俗称父亲为"马哈只"。其父去世时，郑和年仅十岁左右，父亲丧葬之事，皆由长兄马文铭料理。永乐三年，郑和已升为内官监太监，请大学士礼部尚书李至刚撰写父亲的墓志铭，但时逢第一次下西洋前夕，他只得将碑文寄回云南昆阳，镌凿于石立在父亲墓前。清朝后期，世居昆阳的郑和后裔参加云南回民起义，失败后逃匿玉溪县石狗头村，恐《故马公墓志铭》遭损，遂将其埋于马哈只墓前。清朝末年，回民在月山西坡筑坟时，在一片荒芜的乱丘中发现了此碑，并立于原墓地前，直到1912年袁嘉谷考证后遂为世人所重视。

② 以上两段内容参见胡廷武、夏代忠主编《郑和史诗》，云南人民出版社、云南美术出版社、晨光出版社2005年版，第31—41页。

③ 见《重修清净寺碑记》，位于西安市鼓楼西北隅大学习巷内的清净寺。当地回民把该碑简称为"郑和碑"。

考虑到语言相通对出访成功的重要性;郑和船队成员在意外落难非洲孤岛之后,能够入乡随俗融入当地社会,说明中国水手们懂得以礼平等对待异族的重要性。习俗相同、语言相通、地位相等是郑和部属走进非洲、融入非洲的经验之谈,为当代华侨华人走向世界、走进非洲、融入当地社会起到了重要的窗口和先锋作用,值得当代华侨华人学习和借鉴。

郑和船队部属成功融入非洲社会,谱写了一曲中非友谊的凯歌,传颂着一段中非友谊的佳话。当这一故事在世界各地广为传播之后,肯尼亚方面认为中非之间的关系更进了一步,即彼此存在血缘关系。在与中国驻肯尼亚大使馆交流时,肯尼亚人就说:"我们原来是朋友,现在我们是兄弟。"①

## 第四节 批驳"新殖民主义"

提前非洲华人移民史开端,奋力回击了所谓的"中国威胁论"和"新殖民主义论"。

郑和船队不但早于欧洲殖民者的船队来到非洲,而且郑和使团成员早于欧洲殖民者定居非洲。这两个最先同时有力地回击了所谓的"中国威胁论"和"新殖民主义论"。

郑和下西洋之时,中国处于强盛时期,拥有世界三分之一的财富。孙中山先生在《建国方略》中曾这样形象描述中国当时的综合国力:"乃郑和竟能于十四个月之中而造成六十四艘之大舶,载运二万八千人巡游南洋,示威海外,为中国超前轶后之奇举。"② 郑和船队访问了亚非30多个国家和地区,没有侵占别国一寸土地,没有掠夺他人一分钱财,没有贩卖非洲一个奴隶,没有威胁任何一个国家。以中国当时的经济和军事实力,"是不为也,非不能也",因为中华民族是一个崇尚和平的民族,"以和为贵",以和为美。基于此,世界一流舰队出访的目的,就不是抢掠土地、索取财物、奴役他人和恫吓别国,而是为了开展交流、发展友谊、拓展贸易。

---

① 邸利会:《到东非寻找郑和沉船》,《科学新闻》2010年第6期,第46页。
② 孙中山:《建国方略》,转引自胡廷武、夏代忠主编《郑和史诗》,云南人民出版社、云南美术出版社、晨光出版社2005年版,第14页。

一部中国历史表明，强盛一时的大明帝国没有穷兵黩武、炫耀实力征服别国；正在发展中的中国告诉世界，强大了的中国依然不会盛气凌人、依仗武力威胁他人。那么，"中国威胁论"和"新殖民主义论"为何还不时有人提起并有一定市场呢？这里首先需要搞清楚"殖民主义"的概念和实质，进而弄明白"新殖民主义"与"殖民主义"的区别与联系。

《简明不列颠百科全书》对殖民主义做了这样的解释：

> 殖民主义（Colonialism）：近代殖民主义的时代开始于1500年左右。15世纪末叶，欧洲人发现通往印度洋和美洲的航路，自此，商业和贸易中心逐渐由地中海转向大西洋，出现了葡萄牙、西班牙、荷兰、法国、英国等殖民国家，它们的殖民地和扩张行动遍及世界各地，同时也传播了欧洲的制度和文化。①

坦桑尼亚奴隶城，位于首都达累斯萨拉姆附近

《中国大百科全书》（第二版）对殖民主义和新殖民主义做了如下解释：

> 资本主义国家采取军事、政治和经济手段，侵略、奴役和剥削弱

---

① 《简明不列颠百科全书》第九卷，中国大百科全书出版社1995年3月版，第441页。

小国家、民族和落后地区，将其变为殖民地、半殖民地的侵略政策和行径。

在资本主义的不同时期，殖民主义有不同的表现形式。在资本原始积累时期，大都采取赤裸裸的暴力手段。在自由资本主义时期，主要通过"自由贸易"形式，把发展中国家、民族和地区变成自己的商品市场、原料产地、投资场所，以及廉价劳动力和雇佣兵的来源地。在帝国主义时期，除了采取上述各种手段外，资本输出成为剥削这些国家、民族和地区的主要形式。19世纪末20世纪初，世界上沦为殖民地、半殖民地的国家和地区形成了帝国主义殖民体系。第二次世界大战后，殖民地、半殖民地的民族独立运动高涨，大批亚洲、非洲国家获得独立，摧毁了帝国主义的殖民体系。奉行殖民主义政策的国家转而采取间接的、比较隐蔽的、更具有欺骗性的形式，来维护和谋求殖民利益。在政治上，一方面允许和承认殖民地、半殖民地独立，另一方面通过培养或扶植代理人来实行控制；经济上以提供"援助"的形式，通过附加苛刻条件的贷款、不平等贸易、组织跨国公司等手段，控制这些国家的经济命脉、对这些国家实行掠夺；军事上以提供军事"援助"的形式，在这些国家建立军事基地、驻扎军队、派遣军事顾问、帮助训练军队等，实行变相的军事占领。为了实现其战略目的，它们甚至策动政变、挑起内战、扶植傀儡政权。这些被统称为"新殖民主义"。[①]

综合以上两个词条的解释，殖民主义的主要特征是：军事上征服，采取赤裸裸的暴力手段，用枪炮强行占领其他国家和地区；政治上统治，奴役别国人民，输出自己的意识形态和上层建筑；经济上掠夺，抢占他国资源，实施杀鸡取卵式的开采与开发；文化上摧毁，强制推行西方语言，移植西方价值观，肆意践踏本土文化，篡改别国历史。

新殖民主义是殖民主义在新形势新条件的发展和演化，是殖民主义在新的历史时期的伪装和变种。新殖民主义的提法，最早出现在1956年苏联共产党第二十次代表大会上，1957年的"莫斯科宣言"中也论及过。

---

[①] 《中国大百科全书》（第二版）第二十八卷，中国大百科全书出版社2009年版，第397页。

1961年，非洲首脑会议在摩洛哥卡萨布兰卡（Casablanca）举行。图为摩洛哥国王到机场迎接非洲三国首脑抵达。第一排从左至右：马里总统莫迪博·凯塔（Modibo Kaita），几内亚总统塞古·杜尔（Sekou Toure），摩洛哥国王穆罕默德五世（Mohammed V），加纳总统克瓦米·恩克鲁玛（Kwame Nkrumah）。他们当时同属一个阵营：卡萨布兰卡集团，属于激进派，要求与欧洲宗主国断绝关系

1959年3月，苏联《国际生活》杂志编辑部和中国《世界知识》杂志编辑部以"第二次世界大战后帝国主义殖民体系的瓦解"为主题联合举行过讨论。在中国，中共中央理论刊物《红旗》在1959年7月1日出版的第十三期上刊登了顾以佶的文章——《美帝国主义的对外"援助"》，该文指出，美帝国主义的对外"援助"是第二次世界大战以后美国进行对外扩张的一个重要武器，亦是"美国推行殖民主义的　种新方式"。贝·皮拉在1961年7月号《非洲共产党人》杂志撰文指出："帝国主义之所以采取新殖民主义的政策，并不是因为它们心回意转，宣誓抛弃罪恶沉重的过去，而是因为它们为世界社会主义体系的迅速发展和民族解放运动的力量所迫，不得不寻找一种伪装的榨取方式而已。今天，转动历史车轮的是社会主义和民族解放的力量，而不是像过去那样的帝国主义力量。"①

---

① 参见［日］杉山市平《"新殖民主义"概念的加深和发展》，原载《亚非研究月刊》1961年9月号，转引自《亚非译丛》1963年第3期，第38—39页。

关于新殖民主义的实质，日本学者冈仓古志郎认为："新殖民主义是资本主义总危机第三阶段中帝国主义殖民政策的独特表现。众所周知，总危机的第三阶段，即 1957 年以后的时期，世界社会主义体系的力量和国际影响急剧地增长，殖民制度因民族解放运动的迅速进攻而显著地走向崩溃，殖民制度的全面崩溃势在不可避免。""为什么这样说呢？因为它是在殖民制度濒临死亡时出现的。它体现了帝国主义力图维护渐趋灭亡的殖民主义制度所作的垂死挣扎。"① 苏联学者波切加里阿夫更是一针见血地指出："新殖民主义的实质可以简要地表述如下：对前殖民地给予最低限度的政治自由，而殖民主义者则获得在经济上对它们进行剥削的最大限度的机会。""新殖民主义者没有给予人民任何东西，但是，他们却不吝巨资来贿赂在新独立国家身居政府要职的特权阶层，希望使这个阶层成为他们在他们已不再能进行直接控制的地区内实行'不动声色'的统治的支柱。"更有甚者，为了加强特权阶层的地位，新殖民主义者还使用形形色色的借口，唆使前殖民地的统治者排除异己……②

事实上，对于新殖民主义，非洲人民在 20 世纪 60 年代初就有清楚认识；对西方文化上同化、精神上奴化、政治上分化、经济上异化、军事上软化非洲的阴谋，非洲有识之士早有清楚觉察。1961 年 3 月 25 日至 30 日在开罗举行的第三届全非人民大会仔细研究了当时非洲的局势，通过了《关于新殖民主义的决议》。决议认为"新殖民主义是殖民制度的复活，它不顾新兴国家的政治独立得到了正式承认，使这些国家成为在政治、经济、社会、军事或者技术方面进行间接而狡猾统治的受害者"。"大会觉察到新殖民主义表现的方式在于通过经济和政治干涉、在于通过恐吓和讹诈，来阻止非洲国家为了他们人民的利益实行开发自己的自然富源的政治、社会和经济政策"。决议认为美国、德意志联邦共和国、以色列、英国、比利时、荷兰和法国等是推行新殖民主义的主要国家。

决议列举和谴责了新殖民主义在非洲的八种具体表现：（1）在非洲国家建立傀儡政府；（2）在非洲国家独立前后试图将其与帝国强权联结在一起；（3）对一些非洲国家实行巴尔干化；（4）独立前对非洲国家进

---

① ［日］冈仓古志郎：《关于殖民主义》，原载《亚非研究月刊》1961 年 9 月号，转引自《亚非译丛》1963 年第 3 期，第 37—38 页。
② ［苏］波切加里阿夫：《法国新殖民主义在非洲的实践》，原载苏联《新时代》杂志英文版 1964 年第 14、15 期，载引自《亚非译丛》1964 年第 7 期，第 23—24 页。

行经济侵害以及独立后使其经济依赖；（5）并入殖民主义的经济集团；（6）独立后外国的经济渗入；（7）直接的经济依赖；（8）建立军事基地。

大会揭露了新殖民主义的六种积极代理人：（1）殖民使馆和代表团；（2）所谓外国和联合国的技术援助的制定者和实施人；（3）在武装部队和警察中担任军官和顾问的军事人员；（4）在合法外衣——宗教、慈善团体或文化、工会、青年组织——掩护下工作的帝国主义和殖民国家的代表；（5）在帝国主义和殖民国家控制下进行恶意宣传的新闻媒体；（6）帝国主义者用来推行新殖民主义的非洲傀儡政府。

决议最后还提出了反对新殖民主义的方法就是动员全体非洲人民行动起来，认清新殖民主义的本质，反对新殖民主义，清除帝国主义最后的老根。为此，大会"谴责对不论独立或未独立的国家实行巴尔干化——巴尔干化是在非洲维持殖民主义的手法"，"谴责附有公开或未公开条件的援助"；"敦促所有仍有外国军事和半军事基地的独立的非洲国家迟早取消这些基地"；"大会要求立刻成立'全非工会联合会'，作为有效的反击新殖民主义的手段"。[①]

随着时间的推移和时代的前进，新殖民主义在方式和态势上也会发生变化，做出必要的调整，以适应新变化，但万变不离其宗，其实质都是从殖民主义者的立场出发，维护其原有的政治体制和经济利益，根本不会、也不可能从非洲国家和人民的愿望和角度考虑。以非洲的前宗主国法国为例，法国重视非洲具有历史传统：从蓬皮杜（Geoges Pompidou）建立"法非首脑会议"到密特朗（Francois Mitterand）倡议创立"法语国家首脑会议"，再到希拉克（Jacques Chirac）力推"欧非峰会"和萨科齐（Nicolas Sarkozy）提出"地中海联盟计划"，这一系列的努力均表明，历届法国政府希望借助对话机制来"力保不失去非洲"的意图，把法非关系视作法国对外关系的重点，而法国重视非洲作用、提升非洲地位的深层原因则是为了改变自身的不利处境，维护日益衰退的大国地位。进入21世纪以来，非洲的活力、潜力和影响力受到世界关注，而法国却感到自己逐渐丧失在非洲的传统优势，大国地位受到动摇，于是，在无力加大投入又不想丢失原有经济利益的情形下，法国又不能袖手旁观，自甘寂寞。

---

[①] 以上内容参见《关于新殖民主义的决议》，载《第三届全非人民大会文件汇编》，世界知识出版社1962年版，第310—313页。

2010年，法国把法非首脑会议的主题确定为"革新峰会"，其目的是想通过讨论新议题进而出台新措施，以强化传统的法非关系。不过，非洲人对法国改善自己非洲形象的努力不以为然，塞内加尔经济学家萨努·姆巴耶说，在非洲的前法国殖民地，"人们仍受到法国以前的灾难性政治和经济政策的影响，只要这些精神创伤尚未根除，从精神束缚中解放出来的道路就仍漫长"。①

殖民主义、新殖民主义给非洲人民造成了空前灾难和巨大创伤，这是连殖民主义者都承认的历史事实，然而，随着中非关系的健康、迅速发展，西方竟有人别有用心地把"新殖民主义"与中国牵扯到一起，以此来扰乱和分化中非关系。

中国真的对非洲构成威胁了吗？中国"走进非洲"是推行"新殖民主义"吗？中国同非洲国家发展关系就是为了石油、为了能源吗？对此，2006年出访非洲七国期间，在埃及举行的记者会上，温家宝总理斩钉截铁地表示："'新殖民主义'这顶帽子绝对扣不到中国的头上。从1840年鸦片战争开始，中国遭受了大约110年的殖民主义侵略。中华民族懂得殖民主义给人民带来的苦痛，也深知要同殖民主义作斗争。我们长期以来之所以支持非洲民族解放和振兴，这是一个主要原因。""大家知道，中国同非洲几个国家有石油贸易，这些合作是公开的、透明的，也是正常的、互利的。去年中国从非洲进口的石油不及某些大国的1/3。"②

我们来听听非洲声音吧：近年来，中非关系成为非洲各界人士关注的话题，非洲学者自然难有例外。在第十三届非洲社会科学研究发展理事会大会上，中非关系成为一个热议话题，是两个小组会议的主题。在发言和评论中，与会者一致对中非关系给予积极评价。"近年来，越来越多的中国人来到我们的国家喀麦隆，从事各种各样的商业活动，为我们的日常生活带来了诸多方便，同时加快了我们国家的基础设施建设。"喀麦隆学者赫尔曼·图尤（Herman Touo）在题为《非洲经济害怕中国吗？》的发言中反问大家，"非洲经济害怕中国吗？非洲人害怕中国人吗？我们的回答显然是否定的，我们欢迎中国人！非洲欢迎中国投资！"他的发言赢得热

---

① 顾玉清、裴广江：《法非"革新峰会"强化经济联系》，载《人民日报》2010年6月1日第二十一版。
② 《温家宝在埃及举行记者会》，载《人民日报》2011年6月19日第一版。

烈掌声。作为本小组会议的主持人，塞内加尔学者马马杜·久夫（Mamadou Diouf）在总结时鲜明地表示："非洲和中国的合作是互利共赢的，非中双方应该继续合作，大胆前进，让别人去说吧！"[①]

马塞民俗村

再听听非洲领导人的观点吧：2011年9月，在大连出席夏季达沃斯论坛时，当选后首次访华的几内亚总统阿尔法·孔戴（Alpha Condé）接受了英国《金融时报》中文网总编辑张力奋的专访，就一些西方国家对中国非洲政策的抨击，孔戴明确回应说，中国不是"新殖民主义"。孔戴指出，几内亚是撒哈拉以南非洲第一个承认中华人民共和国的非洲国家。在联合国，我们也长期支持中国。早在1966年几内亚建造大坝时，中国就是合作伙伴之一。几内亚和中国之间是双赢而不是交换关系，双方注重长期、强劲的伙伴关系。孔戴强调："我们必须抛弃那些陈词滥调，几内亚国民不相信中国是一个新殖民者，是霸权主义。中国并不是跑到外面去殖民，去掠夺资源。实际上，我们欢迎中国的参与介入。我说过，中国是尊重其他国家的主权的。它也非常渴望保持自己的独立。它一直在身体力

---

[①] 2011年12月5—9日，第十三届非洲社会科学研究发展理事会（Council for the Development of Social Science Research in Africa，简称CODESRIA）大会在摩洛哥首都拉巴特举行，约400名来自非洲和世界各国的非洲问题专家和学者与会，会议的主题是"非洲与21世纪的挑战"。笔者应邀参加了会议，并在小组会议上以"21世纪的中非关系"为题发言。

行,这也使它很尊重其他国家。和中国打交道,我们觉得很舒服。几内亚人并不害怕中国。他们知道中国能为他们带来什么。对此,他们是感激的。对中国在非洲大陆越来越多的投资,非洲人并没有敌意,几内亚更是如此。我想,那些害怕中国进入非洲和几内亚的观点,应当问一下他们的动机到底是什么?特别是我们回顾历史,有些国家本身就曾是非洲的殖民者,他们是否担忧中国会取代他们?就几内亚而言,我们不担忧。""我想重复一下,中国是非洲的机会,非洲也是中国的机会。我真的觉得,中国对非洲的现状提供了另一种可能性。很多非洲国家没有得到发展,就是因为一些西方前殖民国家不希望看到他们发展。现在,中国进入了视野,我们有了另一个足以平衡各种现存力量的可能性。"孔戴表示相信:"我的观点在非洲领导人中决不是少数派。比如,我的朋友安哥拉总统桑托斯(Dos Santos)、南非总统祖马和马里总统杜尔(Amadou Toumani Touré)等就和我的观点一致,我们还在考虑与中国签订一些多边的协议。这是一个趋势。"[1]

大多数非洲民众也认为,中非之间是一种"双赢"关系。坦桑尼亚投资中心伊曼纽尔·奥利·纳伊科说:"中国人是来投资的,在当今世界,所有投资都是我们的好消息。中国在未来几年里将成为一个非常重要的国家。他们并不只是拿走。他们建设基础设施,并且持之以恒地做着这些事情。他们是好朋友,也是很好的投资者。"[2]

非洲上自总统、官员下到百姓、学者,不约而同、异口同声地说,中国没有威胁非洲、也没有威胁世界,中国在非洲的行为不是"新殖民主义",那么,为什么西方总有人抓住中国不放,拿中国说事,非要坚持"中国威胁论"、非要把"新殖民主义"的帽子扣到中国头上。是他们对中国在非洲和世界其他地方的做法视而不见吗?是他们对中国、非洲和世界其他地方的正义声音充耳不闻吗?非也,这里有必要回顾一下世界殖民历史。

在世界历史上,欧洲的殖民扩张分为两个阶段。1450年至1763年是欧洲殖民扩张的第一阶段。郑和航海后,中国封建社会彻底走向闭关锁

---

[1] 参见《几内亚总统首次访华后表示:中国不是"新殖民主义"》,载《参考消息》2011年9月23日第十四版。

[2] 《中非关系迅猛发展让西方眼红》,载《参考消息》2009年11月9日第一版。

国。然而在西欧，指南针的传入、造船业的发展和地理知识的进步使得远洋航行成为可能，这强烈刺激着渴望寻求东方财富的欧洲野心家们。15世纪中叶以后，葡萄牙最先向马德拉群岛（Madeira）和亚速尔群岛（Arquipelago Dos Acores）殖民；随着通往东方新航道的发现，葡萄牙于1510年占领印度果阿（Goa），并不断向亚洲和美洲扩张，1553年占领澳门。1492年后，西班牙大肆向美洲扩展，两个殖民者的利益随之发生冲撞。1494年在罗马教皇的仲裁下，两个殖民国签订了《托尔德西里亚斯条约》[①]，划定了分割世界的范围。此后，西班牙为建立庞大的殖民帝国，在美洲挥起屠刀实行残酷镇压，以致土著人口由西班牙最初到达时的5000万锐减到17世纪的400万人。16世纪下半叶，新兴的殖民帝国荷、英、法开始与西班牙、葡萄牙争夺世界，荷兰于1624年占据中国台湾省达38年之久，并大力向北美拓殖，成立荷兰西印度公司；法国16世纪开始向外殖民，1603年在北美建立新法兰西殖民地；英国1533年成立莫斯科公司，1600年建立东印度公司，着力在印度半岛扩张……为了适应不断扩大的殖民活动，几个殖民国复活了地中海一带在中世纪就已濒于消亡的奴隶制度：1442年，葡萄牙人驱使柏柏尔人为奴隶；1502年，西班牙人把非洲黑人运往美洲，以弥补大肆屠杀印第安人造成的劳动力短缺；1562年和1619年，英国和荷兰分别开始从事罪恶的奴隶贸易。到18世纪中叶，奴隶贸易达到鼎盛时期，英国在1763年就有150艘船只驶往非洲运载近4万名黑人奴隶。

1763年以后是欧洲殖民扩张的第二阶段。在第一阶段，尽管殖民地贸易使世界其他大陆的咖啡、巧克力、茶叶、烟草、香料和马铃薯等大量涌入欧洲，改变了欧洲人的饮食习惯；尽管恶贯满盈的奴隶贸易使殖民者赚得盆满钵满，但是工业革命开始后，以前的殖民地贸易退居其次，殖民者既要把殖民地变成其原料和粮食的产地，又要把殖民地变成其工业品的市场。于是，他们大量向殖民地移民，灭绝或赶走土著民族以取得发展农

---

[①] 《托尔德西里亚斯条约》（Treaty of Tordesillas）是1494年6月7日在西班牙卡斯蒂利亚的托尔德西里亚斯，西班牙和葡萄牙两国签订的一份旨在瓜分新世界的协议。条约规定两国将共同垄断欧洲之外的世界，并将位于佛得角群岛以西300里格（约合1770公里或1100英里）、约位于西经46°37′的南北经线，为两国的势力分界线：分界线以西归西班牙，以东归葡萄牙。这就是为何西班牙在西半球具有影响力，而葡萄牙在巴西、非洲及远东地区拥有影响力的原因所在。葡西两国分别于该年的7月2日和9月5日批准了该条约。由于麦哲伦环球航行，1529年两国又重新签订了《萨拉戈萨条约》（Treaty of Saragossa），以明确这一分割在太平洋上的位置。

业和工业的空间，征服或改造土著民族以适应其扩张需要。据估计，在1820年以后的一百年中，离开欧洲的移民达到5500万。先进科技和以铁路为主的交通运输在为殖民扩张服务的同时，又对殖民地人民造成殖民者先进、优越，殖民地落后、低劣的心灵创伤。从1763年到1875年的一百多年中，英国是殖民扩张的急先锋，到19世纪初叶，英国的垄断贸易已发展为自由贸易。从1875年到第一次世界大战期间，殖民者之间的竞争不断加剧，除老牌殖民者外，又出现了德、美、日等新殖民主义国家。在臭名昭著的柏林会议（1884—1885年）上，15个西方列强参与了瓜分非洲的罪恶行径。会后，列强掀起了瓜分非洲的狂潮，在短短的20多年时间时，非洲大陆几乎全部落入列强的魔爪。①

由此可以清楚地看出，所谓的"中国威胁论"和"新殖民主义论"正是"殖民思维"在作怪：其一，老牌殖民者误认为，中国"走进非洲"是重走他们的老路，一定会推行"新殖民主义"；其二，老牌殖民者依然认为，非洲是他们的"后花园"和"狩猎地"，是西方的势力范围，不容他人"越雷池一步"；其三，中非关系健康、迅猛发展让西方眼红，心怀嫉妒之心的西方免不了制造麻烦。事实表明，中非关系在21世纪取得巨大发展，"已由政治领域（当年必须与中国台湾在非洲争夺外交伙伴）转入经济领域。双边贸易增加了9倍，2008年达到1070亿美元，一年中增加了45%。中非之间的贸易额首次超过了非洲与美国之间的贸易额。2008年，中国对非直接投资也由2003年的4.9亿美元增加到78亿美元。"②

史鉴使人明智。2010年7月5日至8日，以"郑和与亚非世界"（Zheng He and Afro-Asian World）为主题的"第一届郑和国际学术会议"在马来西亚马六甲州举行。在向大会开幕式致辞时，自称是"郑和的超级粉丝"的马六甲州元首敦那督斯里巫达马穆罕黙德·卡里·耶谷（Tun Datuk Seri Utama Mohd. Khalil b. Yaakob）指出，郑和率领船队下西洋，"具有征服的能力而不征服，所到之处都是一片和平景象，因此，在世人眼里，郑和无疑是和平大使，并以大将风范和超然力量，受到世界各地民

---

① 以上两段参见《简明不列颠百科全书》第9卷，中国大百科全书出版社1995年版，第441页。

② 《中非关系迅猛发展让西方眼红》，载《参考消息》2009年11月9日第一版。

众的尊崇及仰慕"。① 新加坡华裔馆馆长、世界海外华人研究学会会长廖建裕教授在题为《"世界的郑和"与"亚非的郑和"》的大会主题演讲中指出，中国30多年的经济发展和不断崛起引起西方世界对郑和的热情关注，西方关注郑和在于关注中国的强大会不会威胁世界和平。"尽管以过去的方式预测未来具有不准确性，但是中国文化和历史具有独特性，郑和带给世界的和平和谐理念具有强大冲击力和影响力，这种冲击力和影响力在区域范围内是无可争辩的"。② 他还以回教的传播为例认为，郑和本人对其他宗教实行宽容政策，回教当时在东南亚的传播是和平的，与多种宗教平等、和平相处，这一点在马六甲表现得十分明显。而在葡萄牙统治马六甲时期（1511—1641年），实行单一的宗教政策，只允许天主教传播，禁止其他一切宗教活动；荷兰人统治时期又推广新教，英国人时期又推广英国新教派，尽管比葡萄牙人通融一些，但在宗教政策方面，无法与郑和相比。以上两位的发言，无疑是对所谓的"中国威胁论"、"新殖民主义论"等谬论的有力痛击。

需要强调的是，必须把"中国威胁论"、"新殖民主义论"与中国为维护自身利益而采取主动行为、为促进世界和平而积极参与国际事务严格区分开来。随着全球化日益深入和中国不断走向开放，中国融入世界的深度、广度和力度也会随之增加，中国与世界各国打交道的机会也会越来越多。一个显而易见的例子是，

**马来西亚马六甲的郑和庙**

随着海外中国人的数量不断增加，中国的护侨问题日益突出。在利比亚，2011年3月，3.5万中国公民撤离。与此同时，随着中国商务活动的扩展，中国的海外利益需要保护。在亚丁湾、索马里海域，从2008年12月开始，中国海军远洋护航，保护中国商船安全顺利通过。和平、发展、合

---

① 敦那督斯里巫达马穆罕黙德·卡里·耶谷：在"第一届郑和国际学术会议"开幕式上的致辞，2010年7月5日，马来西亚马六甲市。
② 廖建裕："第一届郑和国际学术会议"主题演讲《"世界的郑和"与"亚非的郑和"》，2010年7月5日，马来西亚马六甲市。

作是时代的呼唤，是各国人民共同利益之所在。中国政府一贯表示，中国将继续恪守维护世界和平、促进共同发展的外交政策宗旨，坚持独立自主的和平外交政策，始终不渝走和平发展道路，不断发展同世界各国的友好交往和互利合作，积极参与应对全球性问题的国际合作。

其实，明眼人一看就知晓，中国积极参与国际事务，主动维护自身利益与所谓的"中国威胁"和"新殖民主义"具有实质性区别。把中国积极参与国际事务、主动维护自身利益的行为视作"威胁"或是"新殖民主义"，如果不是继续戴着有色眼镜观察发展变化中的中国，就是故意混淆是非、蛊惑人心，甚或是为中国的一切行动设定所谓的前提，只要中国有所作为就是"犯规"，这与其说是"中国威胁"，不如说是"威胁中国"，企图让中国作茧自缚，不敢越雷池一步；与其说是中国在非洲实行所谓的"新殖民主义"，不如说是想用所谓的"新殖民主义论"来框定中国、限制中国、遏制中国。其目的如"司马昭之心"，无论怎样掩盖，都像其遏制中国的行为一样，不但徒劳无益，反而欲盖弥彰，暴露了其真实面目。

郑和船队最早访问非洲，郑和使团成员最早定居非洲。中国首批非洲移民的实践告诉世界，中国不想也不会当殖民主义者，假如中国真的想当殖民主义者，在非洲和世界推行殖民主义，那才是真正的老牌殖民主义者，晚于中国人登陆非洲的欧洲殖民者，充其量不过是个"新殖民主义者"而已。事实表明，正是推行殖民压迫和殖民剥削的西方国家，不断变换花样，对非洲人民进行殖民掠夺和奴役，他们不但是地地道道的老牌殖民主义者，而且是货真价实的新殖民主义者。

600年前，郑和船队远航非洲，因意外船难而使水手滞留国外，又受当时交通和通信条件限制，这批船员永远地留在了非洲，并与非洲人民融为一体，在非洲大地生根开花，传播中华文化，成为首批非洲华人。郑和船队贯彻执行的明朝廷的和平外交政策，是中华民族热爱和平、崇尚和谐、践行和善、追求和美传统理念的外交实践，它与新中国贯彻执行的和平外交政策一样，同是中华优秀文化传统的延续和继承，同属中华文化核心价值观的范畴，共同闪烁着人类文明和智慧的光彩、光辉和光艳！

# 尾声　此情可待成追忆

2012年孟冬，北京。

今年冬早。这是一个快速前进的世界，西伯利亚的寒流也按捺不住了，不愿再守候在原地潜伏待命，正奋力冲破时令的羁绊提前出发了。"怪得北风急，前庭如月晖。天人宁许巧，剪水作花飞。"[1] 朔风凛冽，飞雪漫天，大地素洁，万物银装，一派美丽的北国风光！此时，万里之遥的肯尼亚海滨却是另一番景象：赤日悬空，大海蔚蓝，草木葱郁，沙滩银白。继中国陆上考古队之后，中国水下考古队又奔赴那里，开始第二阶段的水下考古工作。

中国与肯尼亚合作考古项目是按照两国签署的相关协议进行的。这里需要介绍有关背景：2005年是郑和下西洋600周年，国家围绕"热爱祖国、睦邻友好、科学航海"的主题举办了一系列纪念活动；《人民日报》及其海外版的系列报道"踏寻郑和在非洲的足迹"在社会上引起强烈反响，受到其他媒体和受众的高度关注。于是，国务委员陈至立指示文化部长孙家政和国家文物局局长单霁翔，要求组织专家学者介入相关研究。几乎与此同时，肯尼亚国家博物馆濒海考古部提出希望开展相关合作考古发掘。国家文物局随即派出专家组前往肯尼亚考察。是年底，中肯两国签署合作考古协议，新华社记者蔺智深对此进行了报道：

中国和非洲国家签署首个合作考古协议

新华网内罗毕12月23日电（记者蔺智深） 中国和肯尼亚23日在肯海滨城市蒙巴萨正式签署合作考古协议，计划将对肯尼亚沿海一带的"郑和遗迹"进行联合考古研究，以揭开东非的中国人后裔之谜。据悉，这是中国与非洲国家签署的第一个合作考古协议。

率团访问肯尼亚的中国国家文物局局长单霁翔与肯国家遗产国务部长沙孔博（Suleiman Shakombo）当天代表各自政府在协议上签字。协议规定，中肯将从2006年至2009年在肯尼亚海滨地区的拉穆[2]群岛联合进行水下考古，并对传说中的中国船员墓茔进行发掘等系列考古科研。

沙孔博在签字仪式上致辞说，中肯文化交流源远流长，内涵十分

---

[1] （唐）陆畅：《惊雪》。
[2] 拉穆即拉木，英文为Lamu。

广阔，郑和下西洋的历史和拉穆群岛郑和船员后裔的传说，就是最引人注目的内容之一。肯中在拉穆群岛开展考古合作，不仅可以揭开历史之谜，更有利于进一步加强肯中文化交往，促进肯中世代友好，是一件意义非凡的大事。

单霁翔在仪式上发表讲话说，中肯虽相隔万里，但政治、经济、文化等领域的交流十分密切。此次进行联合考古意在通过考古发掘和研究，促进中肯文化遗产保护领域的合作，拓宽中肯文化往来的范围。考古项目虽充满挑战，但相信通过双方努力，一定会获得丰硕的科研成果，为中肯人民友好往来的历史谱写新篇章。

中国驻肯尼亚大使郭崇立、国家博物馆水下考古中心主任张威博士、肯尼亚国家遗产部和肯国家博物馆官员、拉穆地区负责人、肯滨海省各界代表近百人参加了当天的协议签字仪式。

据悉，中肯考古专家近年来对拉穆群岛进行初步考证后得出了三点结论：第一，拉穆群岛仍居住着中国人后裔，相传他们是郑和船员的后代；其次，拉穆地区是中国古瓷器的储仓，在肯尼亚发现的40多处中国古瓷遗址中，拉穆地区是最重要的一个；第三，拉穆群岛的帕泰岛附近海域可能有中国沉船。专家们指出，此次中肯联合考古有望进一步解开一些神秘的历史谜团。[①]

在中肯合作考古协议签署后，中肯两国专家经过五年的调研论证和方案设计，中国考古专家于2010年赴非洲同时进行陆上和水下考古。下面是《京华时报》2010年2月24日刊登记者张然采写的报道：

中肯两国合作考古

中国专家将赴非洲寻找郑和沉船

本报讯：昨天上午，中国国家博物馆、北京大学考古文博学院和肯尼亚国家博物馆举行签字仪式。两国专家将通过对肯尼亚拉穆群岛地区水下及陆上文化遗存、遗址、遗物的考察、发掘，进一步破解中非古代文化交流、经贸往来的一些历史疑团。中国专家还将赴肯尼亚

---

[①] 该消息来自新华网：http://news.xinhuanet.com/world/2005-12/24/content_3963619.htm 2005年12月24日。

寻找传说中的郑和船队的沉船。

北京大学考古文博学院院长赵辉介绍,该项目经过了5年的调查、论证和筹备。合作考古内容主要包括对肯尼亚拉穆群岛及其周边水域水下文化遗存进行科学考古调查、勘探和发掘;对肯尼亚马林迪市及周边地区陆上古代遗址进行考古发掘;以及对以往肯尼亚沿海地区出土的中国文物进行调查研究。

据悉,中肯本次考古合作项目为期3年,商务部将其作为重要援外项目无偿出资约2000万元的项目经费。每年中方派专家等人员赴肯工作2至3个月。根据当地的气候条件,每年只有两个旱季可以发掘,即6月到9月和12月到次年2月。肯尼亚国家博物馆馆长法哈(Dr. Idle Omar Farah)透露,预计今年7月份会有中方小组先期到肯尼亚开展筹备工作,主力人员后续到达。

中国国家博物馆水下考古研究中心主任赵嘉斌介绍,目前在肯尼亚沿海地区包括马林迪在内的5个区域内展开的考古发掘和调查中已经出土了一些沉船碎片和大量的中国古代瓷器,瓷器的年代从元代到清代都有。

"只是不知道这些瓷器是中国人带来的还是阿拉伯人带来的。"肯尼亚国家博物馆法哈馆长称,对已出土文物的鉴定也是本次合作的重要项目。他介绍,出土的中国古代瓷器大部分馆藏于肯尼亚国家博

中国考古队在肯尼亚曼布鲁伊发掘全景(西南—东北)

物馆。所有项目出土文物如果出于研究目的，根据国际公约，通过签署进一步的协议可以借给中国展出。①

肯尼亚陆上考古发掘项目于2010年7月下旬启动，对肯尼亚共和国马林迪市周边地区的古代遗址进行考古发掘。本次发掘由北京大学考古文博学院与肯尼亚国立博物馆滨海考古部组成联合考古队，其中包括中方9名队员和肯方8位学者及工作人员，在肯尼亚考古历史上堪称强大团队。田野发掘工作历时两个月，是马林迪沿海地区迄今规模最大的一项考古活动，发现的古代遗存丰富而多样，为马林迪王国历史的研究提供了全新材料。两年后，即2012年7月11日至9月21日，中国考古队再次赴肯尼亚，继续在马林迪地区进行大规模的考古发掘和对肯尼亚古代遗址中出土的中国古代瓷器进行考古学调研。

中肯合作考古的收获是多方面的。作为中国考古工作者首次走向世界的考古行动，其发掘工作受到当地和西方媒体普遍关注，尤其是英国广播公司（BBC）"一枚钱币改写中非历史"的文字和视频报道产生了广泛而重大影响。该报道开篇指出："一枚毫不起眼的铜币，却能颠覆我们对早期东非历史的认知，更引发了东非对当代中国角色的再思考。"②

从学术上讲，陆上考古发掘工作和出土中国瓷器调研工作的主要收获具体表现在：一、曼布鲁伊发现了一枚"永乐通宝"、明永乐官窑瓷片和龙泉瓷器，这几件出自考古地层的遗物，为郑和团队是否到达过东北港口这一学术问题的探索提供了十分有力的物证；特别是官窑瓷片更能证明郑和船队到过东非，因官窑瓷片普通人得不到，对外使节作为礼品带去非洲更为可信。③ 二、确定了古马林迪王国的都城遗址，几乎可以肯定马林迪老城就是中国元、明文献记载的"麻林"和"麻林地"，也是郑和船队登陆非洲的一个重要地点，从而为学术界争论了一个世纪的古马林迪都城的具体遗址画上一个休止符；三、铁炼渣、坩埚、鼓风管等冶铸遗物的发现，证明马林迪地区早期曾经存在较为频繁的炼铁活动，与口述史和文献记载中马

---

① 《京华时报》2010年2月24日，第8版。
② http://www.bbc.co.uk/news/world-africa-11562927.
③ 我国台湾学者陈信雄就以证据不足为由，断定郑和舰队没有到非洲。参见陈信雄《郑和舰队究竟到过哪些地方》，载陈信雄、陈玉女主编《郑和下西洋国际学术研讨会论文集》，（台湾）稻乡出版社2003年版，第529—294页。

林迪作为出口铁器的重要地点相吻合，为冶铁技术在肯尼亚的发展提供了重要证据；四、肯尼亚沿海地区大量中国瓷器的发现说明，拉木群岛是最早开展海上贸易的地区，为深入研究古代印度洋贸易问题，包括郑和下西洋时期中非之间的贸易往来提供了科学依据。总之，两次陆上考古发掘为中外古代文献的记载提供了翔实的资料。

中肯合作考古项目开始前，我与北京大学教授秦大树素未谋面，我们因该项目而相识，因郑和而结缘。最近一次会面是他刚从肯尼亚归来，我们一边饮茶，一边交谈。当说到中肯合作考古取得的重要成果时，他仍难掩兴奋之情："这清楚地表明，这种走向世界的考古行动，只要认真去做，就能真正发挥中国学者对本国文化、历史和文物认识、研究的优势，就会取得外国学者难以得到的认识和收获。"为进一步说明问题，秦教授还引用肯尼亚国立博物馆专家对他讲过的一席话："正如1982年英国人马克·霍顿（Mark Horton）[①] 对上加遗址的发掘使我们对拉木群岛的历史有了全新的认识一样，你们的发现使我们对马林迪地区的历史有了全新的认识"。

中肯合作考古是陆上和水下双管齐下，并驾齐驱。根据双方合作协议，2010年11月，中国国家博物馆调集北京、上海、浙江、福建、江西等地12名水下考古队员，与肯尼亚国立博物馆专业人员共同组成肯尼亚水下考古工作队，于2010年11月26日至2011年1月23日对以拉木群岛、马林迪海域为重点的肯尼亚沿海地区开展了水下考古调查与发掘工作。第二阶段的水下考古工作计划在2012年12月2日至2013年1月13日之间进行。根据项目要求，中国国家博物馆这次调集中国水下考古队的18名精兵强将，肯尼亚国立博物馆派出2名专业人员，共同组成2012年度肯尼亚水下考古工作队，对中非古代文化交流、经贸往来相关的水下文化遗存进行考古发掘。

中国国家博物馆水下考古研究中心主任赵嘉斌研究员说，本年度我们主要对拉木群岛海域进行较大规模的区域性调查，并对2010年度调查发现的谢拉（Shela）水下遗址做系统的水下考古发掘。调查发掘工作严格按照田野考古工作的规程操作，进行详细的文字、图纸和影像记录，并完

---

[①] 马克·霍顿在牛津读博士期间，在1980至1988年间对上加进行过六次大规模考古发掘，将遗址重要的清真寺、市场、贵族居住区等主要功能区都发掘了，仅留下大片墓地没有发掘。见 Mark Horton *Sanga-The archaeology of a Muslim trading community on the coast of East Africa*，The British Institute in Eastern Africa，1996，London and Nairobi。

成相应的室内资料与文物整理工作。据初步研究，该遗址出水的陶罐有阿拉伯、斯瓦希里等不同地域风格，部分陶罐有修补和使用痕迹；出水瓷片多为青花瓷，与拉木群岛的帕泰岛等地发现的中国瓷片相似，从其表面可见使用痕迹，应为清代中晚期闽南窑场产品。赵嘉斌表示，本年度还将对谢拉遗址采用多种先进的探测仪器进行物探扫测，以精确获知遗址地貌与分布等信息。此外，近期还将对马林迪海域恩戈梅尼（Ngomeni）沉船遗址进行水下调查和测绘，该遗址曾发现有船板、釉陶片、陶片及大量凝结物，应为一处沉船遗址。

中肯合作考古，陆上和水下均取得了重大收获，可喜可贺。就水下考古发掘而论，拉木群岛海域发现过不少中国瓷器碎片，为中非古代贸易提供了难得的资料佐证。"尽道丰年瑞"①，瑞雪兆丰年，在中肯合作水下考古第二年度开始之际，北京漫天飞舞的雪花似乎在预示着更多惊喜发现！兴奋之余，赋诗一首：

> 回首非洲十五年，
> 三宝沉舟一线牵。
> 海陆并举寻踪迹，
> 期待结果能惊天！

2013年3月14日，肯尼亚传来另一个喜讯：科学家在肯尼亚的曼达岛上发现了一枚600年前的中国铜钱，从而为郑和船队访问过东非沿海地区提供了新证据，进而改写了国际贸易史。据英国《每日邮报》网站报道，美国菲尔德自然历史博物馆（the Field Museum）的查普鲁卡·库辛巴（Chapurukha Kusimba）和美国伊利诺伊大学（the University of Illinois）的斯隆·威廉斯（Sloan Williams）带领团队在肯尼亚进行联合考察，他们在拉木群岛的曼达岛上发现了一枚罕见的600年前的中国铜钱——"永乐通宝"，明朝永乐年间（1403—1424年）发行的钱币。这项发现具有重大而深远的意义，"这枚铜钱中间有一个用于穿绳的方孔，表明早在欧洲探险家到来之前数十年，中国已经与东非开展贸易了"。库辛巴说，"从许多方面看，郑和就是中国的哥伦布。能找到这样一枚铜钱真是太好了，最终也许能证明他

---

① （唐）罗隐：《雪》。

到过肯尼亚。""我们知道,非洲始终与世界其他地区存在联系,但这枚铜钱开启了关于中国与印度洋沿岸国家关系的讨论。"①

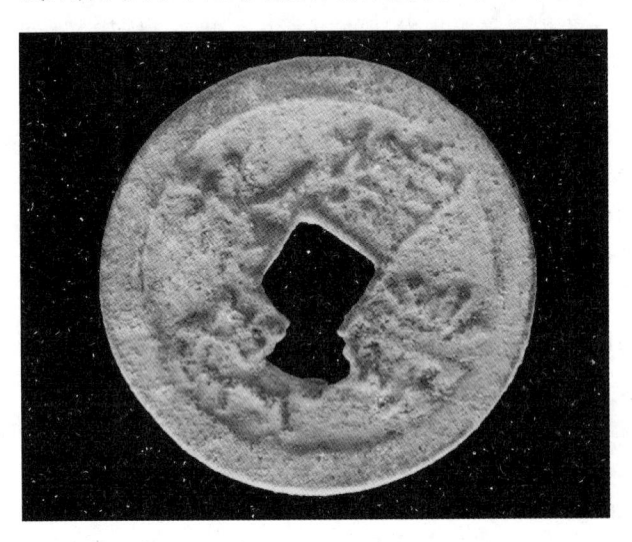

报道还指出,郑和率领的中国庞大船队曾抵达印度洋周边地区。明成祖去世后,中国很快走向封闭,从而中断了与该地区的联系,欧洲探险家才有机会成为"地理大发现时代"的主导者,并且扩展了本国的疆土。就在这枚中国铜钱被发现之前,最早进入现今肯尼亚地区的欧洲人被认为是葡萄牙人达·伽马,他曾在1498年到达蒙巴萨。其实,达·迦马还从蒙巴萨继续北上到达马林迪,但尚未发现其从马林迪北上拉木岛的任何证据。

在肯尼亚曼达岛上发现的中国明朝铜钱——"永乐通宝"(邮报网站)

曼达岛与帕泰岛同属拉木群岛,位于肯尼亚北部海岸。公元200年至1430年,在长达1230年的岁月里,曼达岛在当地一直处于领先地位,而贸易对其发展起到了重要作用,这枚"永乐通宝"的发现更加证明了岛上贸易的重要性。在1430年后,该岛被废弃,此后一直无人居住至今,现在这座荒岛成为一个旅游热点,有一个小型飞机场,是到访拉木群岛乘客的必经之地。

别小瞧了这枚不起眼的铜钱,它可不是一枚普通的钱币。这一新发现再次表明:首先,郑和船队在1413年至1433年之间抵达东非沿岸,比达·迦马早数十年访问过非洲,所谓的"欧洲人发现非洲"不过是无稽

---

① The 600-year-old coin that proves China was trading with East Africa before European arrive. http://www.dailymail.co.uk/sciencetech/article-2293189/600-year-old-coin-proves-China-trading-East-Africa-BEFORE-Europeans-arrived.html#ixzz2Qs7ZjtwI.

之谈，已成为历史；其次，中国与非洲之间的贸易往来早在600年前就开始了，今天的中非贸易不过是历史的延续与发展；再次，中国与印度洋沿岸国家的关系、尤其是商贸往来具有悠久历史，值得进一步研究；最后，非洲大陆、特别是东非沿海地区将会不断发掘出郑和船队到访过的历史新证据，郑和与非洲的故事还在继续，常讲常新……

2017年7月28日，肯尼亚又传来好消息：拉木郡曼达岛发现了具有中国血缘的古代人骨遗骸，其生活的年代与郑和下西洋时代基本吻合。这为郑和船队访问东非提供了又一有力的新证据。

为期3天的首届"古今中国与东非联系国际论坛"在曼达岛开幕，由中国、美国和肯尼亚专家组成的联合考古队宣布，在曼达岛发现了具有中国血缘的3具人骨遗骸。中山大学社会学与人类学学院副教授朱铁权认为，这3具人骨遗骸不但具有东亚人独有的铲形门齿，而且经DNA（脱氧核糖核酸）技术鉴定，均具有中国血缘；特别值得一提的是，碳14测年技术结果显示，在3具人骨遗骸中，1人约死亡于郑和下西洋时代，另外2人去世的时间相对稍晚。出席论坛的中国文物保护基金会秘书长詹长法指出，在这次考古发掘中，考古学和人类学相互借鉴、多种自然科学技术的同时应用发挥了关键作用，这些考古发现为探讨古代中国与东非友好往来等方面的研究提供了宝贵的实物资料。

联合考古队队长、美国考古学家查普鲁卡·库辛巴强调说："这是考古学者首次在东非地区发现具有中国血缘的古代人骨遗骸"。[1]

肯尼亚国家博物馆馆长穆扎楞多·基本嘉（Mzalendo Kibunjia）指出："这为中国人曾到达东非海岸提供了新的证据"。"希望能够与中方加强文物保护合作，包括派遣肯尼亚人到中国学习文物保护技术、两国组织专家进行更多的联合考古等。他也希望未来肯中两国能够共同成立 个文化机构，将肯中友好交往的历史故事更清楚、更完整地呈现给世人。"[2]

这一考古新发现的重大意义，等同于郑和船队那艘沉船的发现，惊喜之际，赋诗一首：

---

[1] 王小鹏、卢朵宝：《肯尼亚发现郑和下西洋时代中国血缘人骨遗骸》，新华网2017年7月28日，http://m.xinhuanet.com/2017-07/29/c_1121400232.htm#news-com-location。

[2] 卢朵宝、王小鹏：《让更多肯尼亚人了解中非友好历史——访肯尼亚国家博物馆馆长穆扎楞多·基本嘉》，新华网2017年7月29日，http://m.xinhuanet.com/2017-07/29/c_1121400555.htm。

**喜闻孤岛新发现**

七下西洋震中外,
六百年来唱不衰。
友好使者丝瓷茶,
和平理念渡过海。
四访非洲传佳话,
落难部属留遗骸。
东非孤岛新发现,
联合考古真相白!

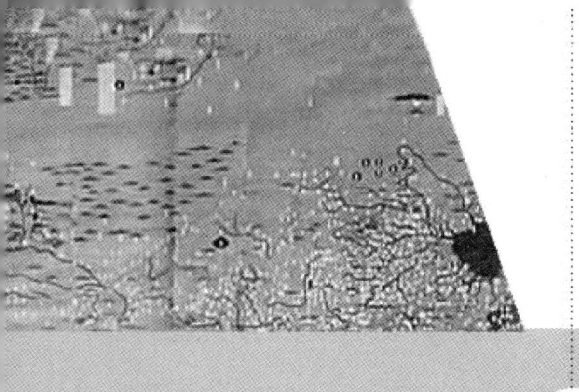

# 初版和再版附录

# 一　各界评说

## 反响强烈　效果良好
——本报"踏寻郑和在非洲的足迹"系列报道发表之后

李新烽采写的《踏寻郑和在非洲的足迹》系列报道自本报 6 月 16 日首刊，其后《人民日报》（海外版）、《人民网》和《环球时报》转发、转载以来，在国内新闻界、非洲学术界和郑和研究会以及社会上引起了强烈反响，受到了普遍好评和赞扬。郑和的后裔和族人还亲自给李新烽打来电话，向他表示祝贺和感谢。甚至连境外媒体和学术界也对这组报道产生了浓厚的兴趣，对此予以特别关注和介绍。

新华社内罗毕分社记者通过电话对李新烽进行采访。《参考消息》7 月 5 日用一个整版刊发了新华社记者蔺智深撰写的报道，文中强调指出，《人民日报》驻南非记者李新烽 2002 年 3 月首次赴肯尼亚拉木群岛帕泰岛，采访郑和船队遗迹和郑和船队水手后裔，成为赴该地采访的第一位中国记者。李新烽是第一个接触那批中国人后裔的中国人，也是第一个发现那名被称为"中国学生"或"中国女孩"姆瓦玛卡·沙里夫的中国记者。

中央电视台、云南电视台等媒体相继对李新烽进行了采访。中央电视台新闻频道摄制小组专门前往李新烽的家中，对他进行采访。云南电视台制作的八集纪录片《郑和是云南人》中，其中两集的内容涉及对李新烽的采访。《法制晚报》、《黑龙江电视报》也采访了李新烽，发表了系列报道的图文报道。

《新民晚报》特稿组主任汪一新说："《人民日报》记者李新烽的这组报道，在全国今年关于'纪念郑和下西洋 600 周年'的报道中无疑是最好、最精彩的，他为《人民日报》增了光、添了彩。"他还希望李新烽能向他们提供相关文稿和照片，用于《新民晚报》刊发。

包括新华网、新浪网和搜狐网在内的许多网站，以及国内各种报纸杂志，也纷纷转载、转发李新烽的这组报道。江苏太仓是郑和下西洋的出海港，当地的《太仓日报》更是用整版的篇幅，转发这组报道的文稿和图片。

北京大学非洲研究中心主任陆庭恩教授说："这组报道填补了非洲研究的一个空白，特别是中非关系史的一个空白。李新烽记者能够深入第一线挖掘新线索，这种精神值得肯定。"

中国科学院海洋研究所研究员、著名郑和研究专家郑一钧说："这组来自第一现场的报道填补了郑和研究的一个空白。这对国内相关的学术界来说，是件非常可喜的事情。"

郑和的后裔和族人在看到这组报道后，分别从北京、南京打来电话，说这组报道十分生动、可信，读起来非常亲切、感人。他们认为李新烽在采访过程中发掘出来的素材非常珍贵，为研究郑和提供了新的资料，很有学术价值。

晨光出版社社长周文林说："李新烽博士是冒着生命危险进行采访的，他的这组报道绝对是独家的，他所拍摄的相关照片同样非常珍贵。李新烽记者的这种敬业精神难能可贵，值得学习。"该社出版的大型图典《郑和史诗》采用了李新烽拍摄的有关照片50余幅。云南省举办的"和平使者——郑和事迹展"和其他图书中也选用了李新烽拍摄的图片。

一些读者还直接给李新烽和编辑部发来信函，高度评价这组报道，并且表示感谢。一位读者这样说道："李新烽记者，看了您写的《踏寻郑和在非洲的足迹》，真是很感人。谢谢您的介绍。"另一位读者在来信感谢李新烽的同时，还提供了关于郑和船队水手后裔新的线索。

美国《纽约时报》驻京记者曾专门给李新烽打来电话，了解这组报道的采访、撰写情况。

（原载《人民日报》编采信息第192期，2005年7月14日）

## 二　读者来信

## 编读往来

　　本报刊出《非洲寻访郑和遗迹》系列报道以来，引起读者热烈反响。现刊发来自意大利的读者徐景田先生的一封来信，欢迎更多读者提出宝贵的意见和建议。

——编者

### 读《非洲寻访郑和遗迹》系列文章

编辑先生：

　　最近，我十分高兴地拜读了贵报记者李新烽的系列大作《非洲寻访郑和遗迹》，有的篇章我读了许多遍，比如《"中国学生"喜回"老家"》这一篇，我已经读了七八遍了，但是还觉得不"过瘾"，而且我还把它复印了很多份，分发给朋友和我的意大利学生，让大家共同分享喜悦。

　　我之所以如此喜欢这一系列文章，是因为这些文章以确凿的证据，向世人述说了伟大的航海家郑和的丰功伟绩，尤其是郑和船队水手的后裔仍旧生活在非洲，实在令人感慨、令人敬佩！我在欧洲从事教育，但是，在我所接触的人之中，能叫得出"郑和"的名字的人简直是寥若晨星，实在令人遗憾。郑和在世界上这么不被人知，实在让我们难过，也真对不起那些水手们的后裔在异国他乡 600 年的茹苦含辛。说这些话并非是说我们工作做得不多，而是说西方不少人戴着有色眼镜来看中国，对中国人的科学成就根本看不起，怀疑还带偏见。我想，我们应该继续大规模地宣传，要让世人都像知道哥伦布那样知道郑和，我们要把郑和列入世界第一流的航海家和科学家的行列。

　　我希望国家多出版有关郑和的多种文字的书籍，比如这一系列的报道，就可以进行补充而出一本精美的小书，广为散发，扩大郑和的影响。

读者：徐景田<br>7 月 13 日于意大利

（原载《人民日报·海外版》2005 年 7 月 18 日第四版）

## 回眸在东非的日子：拉木岛上看见家乡的木床

吴新平

编者按：《寻找郑和船队的后裔》一文刊登后，有不少读者写信、打电话向我们讲述自己的一些亲身经历，从侧面印证了记者的所见所闻。在此，我们特别选择了一篇，以飨读者。

1992年12月，我赴东非进行农业考察，沿途恰好经过肯尼亚的蒙巴萨、马林迪和拉木岛。

拉木岛位于东非海岸，离肯尼亚大陆约两公里，岛上的拉木城有1000多人，城市的街道非常狭窄，只能让驴车和人力车通过。城里惟一的一条公路是专供城里惟一的一辆吉普车用的，而这辆车是专门用来运送邮件的。离码头不远，有一座古老的建筑，上面挂着的一块铜牌告诉我，这个岛是国际野生动物保护协会指定的"国际驴保护地"。

我们住的招待所坐落在山顶，有10多个房间。我们住在那间是其中最好的一间。步入那间"总统套房"，只见一张四角用架子挂着蚊帐的大木床摆在屋子中间，由于蚊帐遮挡，起初我并没有留意。后来才发现，这张床竟与我湖南老家的木床如出一辙。宽宽的床沿上是床架，一侧床架上镶嵌着5块玻璃花鸟油漆画。蚊帐钩与床架边都是精心雕刻而成。我和同事看着这一切，亲切感油然而生，这相隔千山万水的巧合让我按捺不住心中的激动。吃晚饭时，我忍不住向当地人打听，出乎我的意料，他们对此并不感到惊奇，反而给我讲起了故事。

他们说，听老辈人讲，很久很久以前中国的船就来到了拉木小岛。上个世纪70年代，有人还在拉木海湾打捞到了中国的瓷器和硬币。现在，这些东西都存放在当地的一个小博物馆里。

由于时间匆忙，我们没来得及造访当地的小博物馆，便离开了小岛。事隔多年，贵报《寻找郑和船队的后裔》一文让我回忆起当年的经历，并把我带回到那个充满中国味道的小岛，我真恨不能立即飞往东非故地，寻觅当年那张大木床。

与我有同感的还有办公室的同事胡先生。胡先生于1989年到1991年在索马里从事农业项目援助工作，其间曾在索马里靠近赤道一线的海边见到过一座小岛。小岛离海岸约1公里多，人们说岛上有一座名为郑和

（音译）的古塔。可惜的是，胡先生因时间原因未能到岛上亲眼目睹，只是远远留了一张影。当地人还告诉他，在那附近有一部落，人的长相和生活习惯与中国人十分相像，当地人都说他们就是当年郑和船队的船员留在索马里的后裔。

另外，我在联合国的机构工作时，曾遇到过一位从索马里来的同事，他姓 MAO（毛），长相与中国人非常相像，我们常戏称他是毛主席的本家，他也很乐意说自己是半个中国人。其实，索马里战乱以前，中国有很多在索马里从事经济合作工作的人，说起当年的经历，他们都认为，索马里的当地语言中有许多单词发音与汉语十分相似。

郑和船队在东非的历史还有待专家考证，但愿人们能尽快找到答案。

(原载《环球时报》2003 年 4 月 2 日第十二版)

## 三　采写体会

## 一组采写了六年的报道

在纪念郑和下西洋600周年之际，系列报道《踏寻郑和在非洲的足迹》和《非洲寻访郑和遗迹》在《人民日报》及其海外版分别以12篇和20篇的篇幅连载期间，得到海内外读者的普遍肯定和认可。除人民网转发外，国内不少报刊也纷纷转载了这组报道，使之影响进一步扩大。回想起这组报道的采写过程，酸甜苦辣尽在其中。

**新闻来源**

1999年6月，南非一家中文报纸——《侨声日报》刊登了肯尼亚帕泰岛上居住着郑和船队后裔的两篇报道：郑和部下后裔现居东非肯尼亚和肯尼亚小岛"上加"村名源出上海。报道是转载美国《纽约时报》驻东京记者纪思道的采访记，纪思道曾任该报驻北京记者，对研究郑和充满兴趣。他从《当中国称霸海上》一书的作者——美国女作家雷瓦西那里得知，肯尼亚帕泰岛现居住着数百年前中国船难幸存者的后裔，于是前往帕泰岛以探个究竟。《侨声日报》同年八月又报道说，一名台商早年在索马里首都摩加迪沙也遇到一名自称是郑和船队后裔的当地人，并听说索马里南部港口城市基斯马尤附近有个"郑和村"。

这引起我的极大兴趣和强烈冲动，恨不得能即刻前往那里采访。除职业使然外，更感到一种责任感、使命感和特殊情感。作为中国人，我们比外国人更加关心郑和船队当年的那艘沉船和中国后裔今天的生活；作为中国记者，我们毕竟比外国同行更加了解自己的历史和文化，如果登上帕泰岛一定会比美国记者收获大；作为中国主流媒体之一的《人民日报》记者，我有责任采写郑和后裔的报道，因为肯尼亚是我的业务管辖范围。可是，纪思道在文章中说，帕泰岛丛林密布，无电无路，治安混乱，这无疑在前往帕泰岛采访的路途设下了"拦路虎"。也正是由于这只"拦路虎"，使台湾记者产生了恐惧感，他们前往采访却未能如愿。而此时的索马里又处于军阀乱战之中，社会治安状况比帕泰岛更为可怕。

**行前准备**

这是一条难得的新闻线索，一个好选题，读者对此一定会感兴趣。由于顾虑治安因素，我没有立即前往肯尼亚帕泰岛和索马里采访，而是决定采用曲线迂回方式从周边先入手。2000年赴埃塞俄比亚采访非洲经济论坛期间，听说该国东南部地区有几个索马里难民营，还有从基斯马尤来的难民，我当即决定采访他们。

当我乘坐的飞机从亚的斯亚贝巴飞往埃塞俄比亚东南地区城市季季加时，由于机场是土道，加之天气久旱无雨，飞机降落时飞扬的尘土挡住了周围的视线，等了十多分钟后，飞机才开启舱门，乘客开始慢慢走下飞机。当晚下榻的小宾馆里，无水无电。当晚11点来水时，厕所的马桶在不停地漏水，发出的响声和满屋的蚊子声交织在一起，使我一夜无法入睡。在联合国难民署工作人员的全力帮助下，我次日乘车百余千米前往三个难民营。烈日下的难民营显得格外炎热，在难民营几经周折，找到了几名基斯马尤人，但他们不知"郑和村"一事。当天返回季季加时，正值伊斯兰教的斋月，所有餐馆只出售饮料，到处没有饭吃。当我到自由市场买水果时，西红柿上布满了苍蝇，使我望而却步。

案头工作花费九牛二虎之力。自1999年6月15日获知新闻线索的那一瞬间起，我就开始收集有关资料，为采访做准备工作。除记者站现有的《非洲史教程》和《非洲概况》外，我请朋友从国内带来了《中非关系史》和《中国与非洲》两本书，对其中的相关章节进行了认真研究。在南非当地的图书馆里，我翻阅了非洲史方面的书籍，借阅了有关东非沿岸考古与历史学方面的论文。其中与帕泰岛关系最为密切的是上加遗址考古发掘的专著：《上加：东非海岸穆斯林社会的考古学》。而在翻阅有关肯尼亚的历史书时，我得知马林迪国王向中国赠送长颈鹿的史实也被收入其中，我也曾亲耳聆听南非总统姆贝基在谈到中非关系时，提及长颈鹿的故事，足见这一历史事件在中国与非洲的影响之大。这进一步坚定了我深入采访这一故事的决心。

**前往现场**

2002年2月28日，我前往肯尼亚、布隆迪和卢旺达采访，首站抵达肯尼亚首都内罗毕。在内罗毕，我多方打听帕泰岛所在地区的治安情况，得到的回答都是：东北部沿海一带社会治安十分糟糕，时有土匪出没抢劫乘客和路人。

得知这一消息后，我没有立即前往帕泰岛采访，而是先去了布隆迪和卢旺达。在卢旺达，我请中国路桥公司卢旺达办事处的朋友与该公司肯尼亚办事处取得联系，希望能够得到他们的帮助。经过多方努力，在中国路桥肯尼亚办事处的帮助下，我首先来到肯尼亚港口城市蒙巴萨，参观了藏有大量中国瓷器的耶稣堡博物馆。当天中午，我专门选择到当地一家中餐馆吃午饭，其实是"醉翁之意不在酒"，主要是想了解肯尼亚沿海一带的社会治安状况。"别说是拉木群岛，我连马林迪都不敢去。听说越朝北走，治安越差。"好心的中国老板一再提醒我，"你最好不要再北上了"。

我没有听从那位中国老板的劝阻，继续北上来到马林迪——"麒麟"的故乡。郑和下西洋时，马林迪国王曾向中国皇帝赠送过长颈鹿。下一步是继续北上"社会治安混乱"的拉木群岛，还是"打道回府"，半途而废，我的内心十分矛盾，斗争非常激烈。当晚在下榻的宾馆，尽管已经很劳累了，但根本无心待在房间休息。在宾馆的游泳池旁来回走动，听着印度洋的波涛声，我拿不定主意，再次敲响饭店值班经理的办公室门。那位黑人经理说："你此时的心情我完全理解，你将要采访的那个故事也十分感人。可是，帕泰岛的社会治安情况我根本不了解，我连拉木岛也没有去过。我可以告诉你的是，拉木岛的社会治安较好，你不必为此过分担忧。中国朋友，请相信我的话。"最后，我采纳了宾馆经理的建议，先去治安较好的拉木岛，再根据情况决定是否去拉木群岛的另一个岛——帕泰岛。

当我最后决定深入帕泰岛采访时，临行之前，在下榻的宾馆，我在采访本的扉页上写下了这样一段话："我是前来这里采访的惟一的中国记者，挖掘历史线索中提及的素材，用事实、数据、耳闻目睹的现状告诉读者这里发生的一切，眼前发生的一切，是我义不容辞的职责。我仿佛看到身后数万双等待阅读这一报道的眼睛，他们在告诉我：要勇往直前，要义无反顾；采访要深入，要具体，要全方位、多角度、宽领域、深层次地采访人、事、物，报道这一鲜为人知的故事。"

一到拉木岛，一股强烈的"中国风"迎面扑来。在我所下榻的宾馆，室内外的装饰带有鲜明的中国特色，当地人知道数百年前中国船只在帕泰岛附近触礁、水手们登陆定居上加村的史实，还把上加村称为"中国村"。当我找到阿巴斯船长时，他一见我就开玩笑说："你是从遥远的中国来的，不是从帕泰岛的'中国村'来的。"他告诉我，自己不久前腰痛，还特意到"中国村"请大夫按摩，按摩是当年中国水手流传下来的医术。

**冒险采访**

得知帕泰岛上有中国人后裔的消息坚定了我前往采访的信心，而社会治安问题又不能不让我提心吊胆。"防人之心不可无"，需要时时处处防备。从拉木岛到帕泰岛需要乘船，一路上我需要提防船长和他的助手。在帕泰村采访结束时，已是下午三点多，我必须从帕泰村乘船先赶往上加村，再从上加村步行到西游村与船长会面。当我乘坐的小木舟在印度洋顶风艰难行驶时，眼看着夕阳西下，为抓紧时间赶路，我拿起船桨划了起来，傍晚时分，当船快到上加村头时，两个年轻船夫升起船帆以借风行驶，手忙脚乱中因用力过猛，大风差点把小船吹翻，船上的四个人不约而同地惊叫起来，我赶快把摄影包紧抱怀中。

到上加村时，天已黑。我匆忙与上加村长见了一面，急忙朝西游村赶。上加村距离西游村约四五千米，没有大道，仅一条羊肠沙路从丛林中穿过。拉木群岛是名副其实的沙岛，帕泰岛自然不例外。岛上常年炎热，当地人习惯于赤脚走沙路。因我告诉两个年轻向导要赶路，他们在丛林中走得很快，我因不习惯走沙路，深一脚浅一脚，鞋里又灌满了沙子，心急而脚又跟不上，还要担心安全问题。他们告诉我，丛林中没有野兽，但有各种毒蛇出没，需要提防。一路上，我几乎是小跑着赶路，满头大汗、气喘吁吁，有几次差点被小石块绊倒，胳臂上不时被树条划出一道道印子。

当晚到西游村时，已近11时，只好借宿西游村。村里无水无电，一片漆黑。奔波了一天，根本无法洗澡，且不说我把随身携带的洗漱用具和换洗衣服还放在了船上。在村里一户人家简单地吃了几口晚饭，当我到另一户人家住宿时，已是凌晨1时。天气炎热，室内到处是蚊子，加之身上有汗味，我根本不能入睡。这一晚，我和衣而睡却不能眠。

2004年8月第一次去索马里采访，更是险象环生。从机场到首都，一路上都是武装人员"押送"。大街小巷千疮百孔，一片混乱。首都仅有的两家宾馆在武装保护下才能勉强经营。夜间不时传来阵阵枪声，白天上街采访必须配备多名武装保安。当我在传说中的郑和船队当年入关处附近拍照时，一名小伙子猛地抓住我的肩膀，大声喊道："把他抓起来，抢他的相机,夺他的背包。"多亏随行的八名保安眼疾手快,双方厮打了一会儿才平息了这场虚惊,避免了意外发生。

**精心写作**

第一次采访回来,我原计划趁热打铁,一鼓作气写完报道。谁料,除动人的鲜活资料外,从拉木图书馆背回来的一大堆复印的材料需要阅读消化,这需要花费很多精力。我曾想撇开那堆死资料,仅写鲜活的第一手材料,那样比较省事,但写出来的文章将会缺乏根基,缺少必要的背景交代,读者阅读起来会很费力。于是,我暂将第一手材料放在一边,埋头研究那些史料与论文。期间,发生的一系列新闻事件又使我不得不放下手头的活儿,奔赴新闻现场。

"郑和的故事"是现实与历史紧密结合在一起的,如果单方面强调现场感,报道会轻飘飘而缺乏深度;反之,如果一头扎到历史材料中去,报道就会成为研究论文,则有悖于记者的职业特点。如何使两者有机地结合一起呢?问题的焦点在于首先掌握历史材料,再将其灵活运用。也就是说,激活手中的历史材料,使之与现实相联系,与采访得来的第一手材料融为一体。例如,假如对非洲历史孤陋寡闻,不了解东非沿海一带的民间传统,不知道当地的历史是代代口头相传,很少有书面资料,我就不会想到采访西游村的头人,遗漏掉"中国人建西游村"的史实与故事。在活用历史材料方面,我在写作时曾做了一些努力,仍不尽如人意,有待读者评说。

当然,记者就是记者,不同于学者。一般而言,学者可以坐在家中或办公室里,慢条斯理地翻阅资料,引经据典,"十年磨一剑";记者却不同,截稿时间紧迫,很难做到从容不迫,不慌不忙。记者要深入事件现场,报道用事实说话,以真实为生命,用鲜活生动的第一手材料吸引读者;学者则更多地运用第二手材料,以说理取胜,一般不需深入现场了解情况。不过,学者和记者都需要严谨认真的态度,对人、事、物要做到真实准确,即使是一个人名和地名。帕泰岛上由中国人创建的 SIYU VILLAGE,到底应该如何翻译成中文呢?是西游村,还是西域村?我一时举棋不定。先是根据汉语拼音译为"西域村",后经再三反复推敲,在发稿前又将文中的所有村名改为"西游村"。这一改动主要是为了严格按照当地人对村名的称呼而"音译"的,除与文中的其他地名、人名的翻译方法一致外，又不影响"下西洋"是去"西域""游历"这层意思。而此前的"西域村"译名也主要是为了与"西域"相吻合。再就是画孟加拉国王向中国皇帝赠送"麒麟"的那幅著名"贡奉图"的作者名字，英文翻译为"SHEN TU"，国内近年出版的有关书籍也将其误为"沈涂"，这无疑是按照现代汉语拼音把同一人名再从英文翻译回中文造成的错误。而以前中国人名和地名采取的是"威氏"①译法，与现代汉语拼音有一定联系，而区别又相当明显。为了弄清楚到底是"沈涂"还是另外的名字，我曾用放大镜仔细观看《非洲概况》一书中该画的落款，觉得"沈"字无可争辩，但"涂"字似是而非，一时又难以查阅其他资料，心中一直犯疑。这个疑团还是后来在南非国民议会参观"非洲千年项目"展览时解开的。展览中恰巧有这幅画，由于画面大、落款字号相对大而极易辨认清楚，终于弄清楚了是"沈度"而不是"沈涂"。

"郑和的故事"本来还应该写得更长，受报纸版面限制，写作时我是紧紧围绕主题展开的，对一些枝叶、细节，尽管它们十分有意义，也不能不忍痛割舍，以使文章的主干更为清楚鲜明。比如，一位肯尼亚作家以长颈鹿为第一人称，以马林迪国王向中国皇帝赠送长颈鹿为题材写作的"麒麟的故事"；拉木岛独具一格的阿拉伯风土人情，这不但吸引着世界各国众多的游人，而且被联合国确定为"世界人类文化遗产"，等等。这次成书时，我尽量增加了这些内容。

**几点体会**

（一）深入现场，抓住线索。

深入现场对驻外记者而言，显得更加重要。首先，由于工作需要，驻外记者每天必须阅读外报，收听收看外国广播和电视新闻。由于驻外记者对国外的情况相对了解不够全面而准确，在获取外国新闻时，必须提高警惕，避免被别人误导，以致报道出错，后悔莫及。深入现场就是防止被误导的有效方法之一。无论是在拉木岛了解情况，还是登上帕泰岛采访，我

---

① 威妥玛（Thomas Francis Wade（1818—1895）），英国外交官、著名汉学家，曾在中国生活40余年，著有《寻津录》（1859）和《语言自迩集》（1867）两部著作，因发明用罗马字母标注汉语发音系统——威妥玛式拼音而著称。此方法为外国人学习汉语而创立，是中国清末至1958年汉语拼音方案公布前，中国和国际上流行的中文拼音方案，现已被汉语拼音取代。威妥玛式拼音又被称为威妥玛—翟理斯式拼音。

发现帕泰岛的社会治安并非外国记者所报道的那样混乱，而且当地居民对中国人有一种特殊的好感。这使我的这次采访，虽然吃了不少苦头，流了不少汗水，也不乏冒险经历，但总体而言，比较顺利。

其次，近年来在南非工作，我觉得深入现场，除能了解到真实情况外，还能对报道的角度、内容和重点产生影响。这主要是因为我们的新闻观与西方的新闻观不同。再次，记者赴新闻现场就能感受到现场气氛，使报道具有现场感，增加可读性。也就是说，到现场必有收获。

深入新闻现场仅是采访成功的一半。记者还必须"眼观六路，耳听八方"，不断挖掘素材。中国船难发生在何时何地？有何证据可以证明是中国船只？中国水手如何脱险？定居帕泰岛后遇到什么问题？中国文化在当地有何影响？当地传说的遇难船只与郑和船队有无关系？现在的中国后裔生活情况又怎样？这一连串的问题需要在采访中一一找到答案。

在帕泰岛的三个村庄——帕泰村、上加村和西游村采访时，我都先找村长，然后再根据村长提供的情况，一一分头找人，挖掘新的线索和材料，再进一步采访，直到收集到必要的情况，把问题搞明白。我先到上加村采访，得知当年的中国船只触礁后，水手们从上加村登陆，先在上加村落脚，后来分头去了帕泰村和西游村，我便去帕泰村和西游村；在西游村，听说该村的一些中国人又去了帕泰岛的其他几个村子——法扎和琼庄等村，我又跟踪过去；在这两个村子，才知道从西游村来的中国人又纷纷离开了，其中儿名去了蒙巴萨，我又去了蒙巴萨。

在西游村的"中国学生"姆瓦玛卡家中采访时，她母亲讲，小女儿姆瓦玛卡正在拉木读高中。陪同我采访的拉木博物馆副馆长又告诉我，当地人生活普遍困难，供学生上学经济十分紧张；为此，我又专程去了拉木女子中学，见到姆瓦玛卡，对她进行了采访，还向她捐献了约合人民币1000元的当地货币，以供她缴纳学费。《"中国学生"思故土》一文就是写的这次采访。第一次采访西游村时，得知村里的中国后裔大夫法基伊去了马林迪。第二次采访时，法基伊还没有回来。于是，我在返程途中专门在马林迪停留，并从茫茫人海中找到了法基伊。《中华医术有传人》因此而来。

（二）抓住细节，充满好奇。

记者应该有好奇心，特别是驻外记者，对国外的一切最好能始终保持一种新鲜感，充满好奇心，这样就会抓住一些细节，进而伸展进去，挖掘出新材料。且不言对帕泰岛中国人后裔的采访，本身就让人充满了好奇。采访到第一个中国人后裔萨利姆老人时，我发现他与众不同的是，肩上挑了一根扁担，这在当地非常奇特。这一细节强烈地昭示出，"中国人"至今仍保留着自己传统的生产和生活方式，我由此联想到中国文化和中国传统在当地的影响。

在索马里首都摩加迪沙机场候机时，我偶然发现当地人也会打麻将，进而联想到麻将的起源及其与郑和相关的传说，便当即对此就近观察、了解和感受。《偶闻路边搓麻声》那篇就是来源于这个"偶然发现"，虽然就其内容和格调而言，它在这组报道中显得较"平"，但由于真实、具体和有趣，颇具可读性。它还有助于解决这组报道的"雅"、"俗"平衡问题，进而更好地体现了这组报道的完整性和可信性。

《星夜借宿西游村》那篇也是如此。当时，我在当地一户人家吃晚餐，看到他家里的椅子与中国的椅子十分相像。由于晚上光线暗，我次日清早专门去他家中为"椅子"拍了照。后来阅读有关介绍当地风土人情的材料时，方知这种"高靠背椅子"是"中国人传给当地的"。诸如此类的还有路遇的打铁老人、当地人编织的草包，等等。

采访法基伊时，他说自己近来食欲不振。问他是否去医院瞧大夫，他笑言自己会制作一种汤剂。抓住这一句话，我请他把正在服用的"药"拿来看看，并请他说明药材的来源、药物的作用、制作的方法等，这样，增加了祖传中医的可信度和中医的可信性。

（三）长期积累，抓住时机。

采写这组报道再次提醒我，记者要做有心人。所谓有心，表现在这样几个方面：长期积累资料，不断采集和吸收新材料；学习有关知识，了解事件背景，对相关问题进行研究。

为了证实当地的有关传说，弄清楚一些问题的根源，我走进拉木图书馆，查阅了有关资料，并将一些重要的资料复印带回，以便进一步分析研究。我仔细阅读了有关西方考古学家在上加遗址发掘时的报道和报告，以及有关帕泰岛的历史和传说等。对从帕泰岛发掘出的中国瓷器的年代有了进一步的了解，对中国建筑在当地的影响有了进一步的认识。

关于把中国人后裔称为"瓦法茂"这一情况，采访对象解释得都不十分明白，我对此了解的情况也似是而非。正是通过阅读、研究有关学者研究帕泰岛移民的论文，我才对此有了进一步的认识。在后来的几次采访中，我专门就这一问题请教当地学者，与当地居民交谈，经过一番"理论联系实际"，才对这一概念基本搞明白。这次连载其中的《融入非洲大家庭》那篇，就是对这一问题的探究。

关于郑和船队到底远航到什么地方，国内外学术界尚存争议。连载的最后一篇就是对这一问题的探讨。为此，我阅读了大量资料，请教过有关的专家学者，还从东非沿海考古发掘研讨会上吸取了部分内容。

如何把采访材料和研究成果展示出来，精心写作是关键。今年是郑和下西洋600周年，为抓住这一时机，我先后四次赴肯尼亚的拉木群岛、两次赴索马里采访，不断地挖掘新素材，充实新内容。为写作这组报道，我曾设计过几种方案，最后决定以纪行的方式成稿。

感谢《人民日报》国际部这次打破常规，破例给这组报道以足够的篇幅和连载篇数。同时感谢国际部亚非组和《人民日报》海外版的同人精心编辑，使这组报道因之增色。

在采写这组报道的过程中，我常为郑和的伟大功绩所感染和鼓舞。值得欣慰的是，采访中的冒险、劳累以及撰稿时的苦思，最终换来了读者的肯定和认可。

元好问曾有诗云："眼处心生句自神，暗中摸索总非真。画图临出秦川景，亲到长安有几人？"通过采写这组郑和系列报道，我深深感到，我们新闻记者一定要做"多心"人，一定要避免"暗中摸索"，要努力做"亲到长安"的"画家"，力争"画"出真实的"秦川景"。

（原载《新闻战线》2005年第九期）

# 四　采访路线图

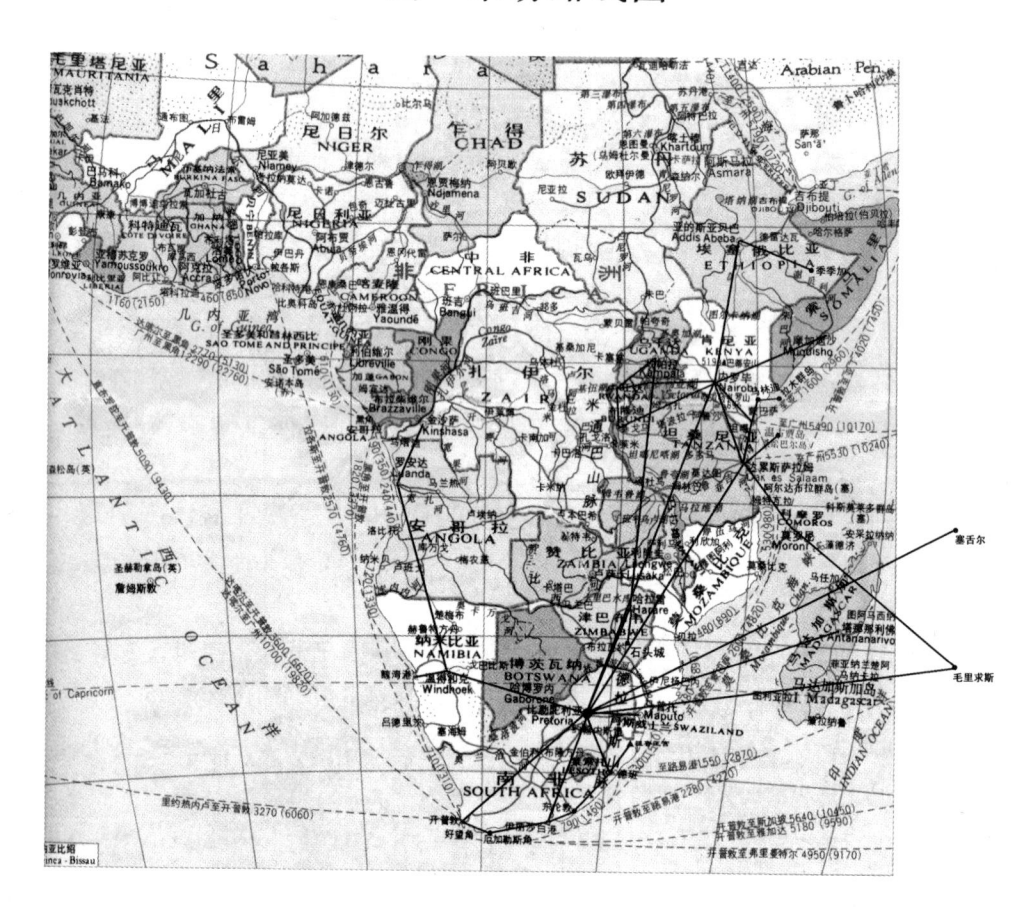

## 五　拉木群岛图

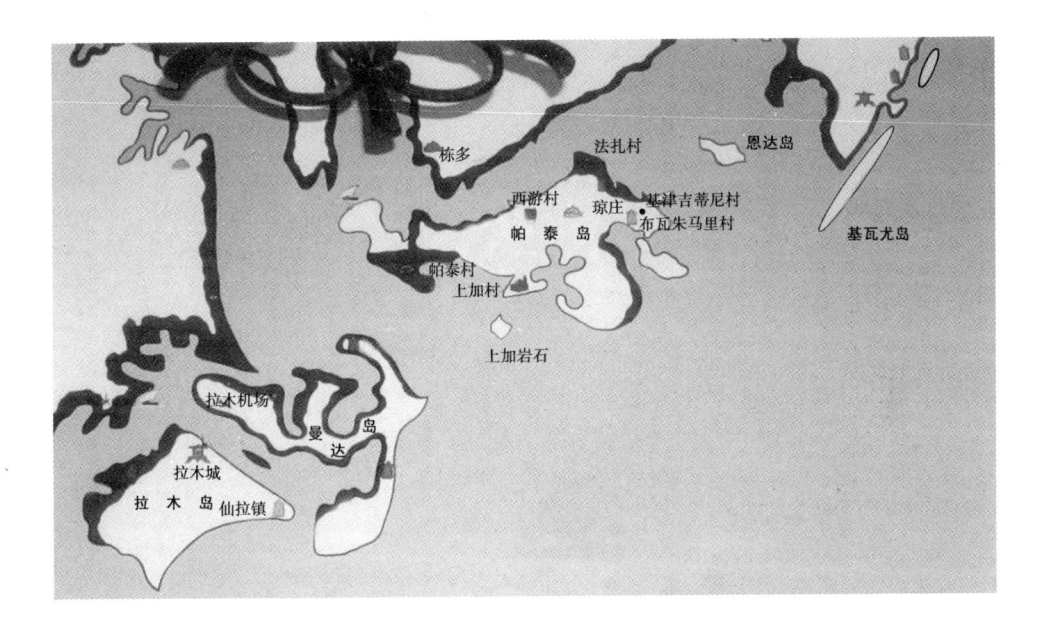

**修订本附录一**

## 一 《明史》关于郑和本人访问非洲的记载

木骨都束，自小葛兰舟行二十昼夜可至。永乐十四年遣使与不剌哇、麻林诸国奉表朝贡，命郑和赍敕及币偕其使者往报之。后再入贡，复命和偕行，赐王及妃彩币。二十一年，贡使又至。比还，其王及妃更有赐。宣德五年，和复颁诏其国。

国滨海，山连地旷，硗瘠少收。岁常旱，或数年不雨。俗顽嚚，时操兵习射。地不产木。亦如忽鲁谟斯，垒石为屋，及用鱼腊以饲牛羊马驼云。

不剌哇，与木骨都束接壤。自锡兰山别罗里南行，二十一昼夜可至。永乐十四年至二十一年，凡四入贡，并与木骨都束偕。郑和亦两使其国。宣德五年，和复往使。其国，傍海而居，地广斥卤，少草木，亦垒石为屋。其盐池。但投树枝于中，已而取起，盐即凝其上。俗淳。田不可耕，蒜葱之外无他种，专捕鱼为食。所产有马哈兽，状如麇；花福禄，状如驴；及犀、象、骆驼、没药、乳香、龙涎香之类，常以充贡。

竹步，亦与木骨都束接壤。永乐中尝入贡。其地户口不繁，风俗颇淳。郑和至其地。地亦无草木，垒石以居，岁多旱暵，皆与木骨都束同。所产有狮子、金钱豹、驼蹄鸡、龙涎香、乳香、金珀、胡椒之属。

——《明史》卷326《木骨都束传·卜剌哇传·竹步传》

又有国曰比剌，曰孙剌。郑和亦尝赍敕往赐。以去中华绝远，二国贡使竟不至。

——《明史》卷326 列传214·外国七

以上内容引自（清）张廷玉等撰《明史》（全28册），中华书局2003年版，第8448—8450、8454页。

注解：

郑和七下西洋四赴非洲，郑和本人每次都去，永乐年间三次，宣德年间一次，这在以上诸传中皆有记载。从《木骨都束传》看，因永乐十三年郑和第一次访问非洲诸国，有木骨都束"永乐十四年遣使与不剌哇、麻林诸国奉表朝贡"之事；接着，又因木骨都束等国使节来访，作为回访，同时又肩负护送诸国使节回国的任务，有"命郑和赍敕及币偕其使者往报之"之事，是为郑和第二次访问非洲；此后，又因木骨都束等国"再入贡"，"复命和偕行"，是为郑和第三次访问非洲。"宣德五年，和复颁诏其国"，是为郑和第四次访问非洲。郑和四访非洲充分体现明朝廷当时对发展与非洲国家关系的重视程度。

## 二 郑和七下西洋年代及经历主要国家表

| 次数 | 出使年代 | 归国年代 | 公元 | 经历主要国家 | 农历往返年月日 |
|---|---|---|---|---|---|
| 第一次 | 永乐三年 | 永乐五年 | 1405—1407年 | 占城、爪哇、满剌加、苏门答剌、喃渤里、古里等国 | 明成祖永乐三年六月十五日奉命出使，其年冬出海，永乐五年九月初二日回京复命 |
| 第二次 | 永乐五年 | 永乐七年 | 1407—1409年 | 占城、暹罗、爪哇、苏门答剌、满剌加、锡兰、加异勒、古里、阿拨巴丹、甘巴里、小葛兰、柯枝等国 | 永乐五年九月奉命出使，其年冬末或次年春初出海，永乐七年夏季回京复命 |
| 第三次 | 永乐七年 | 永乐九年 | 1409—1411年 | 占城、暹罗、爪哇、苏门答剌、满剌加、锡兰、小葛兰、柯枝、古里、阿拨巴丹、南巫里、加异勒、甘巴里等国 | 永乐七年秋奉命出使，其年十二月出海，永乐九年六月十六日回京复命 |
| 第四次 | 永乐十一年 | 永乐十三年 | 1413—1415年 | 占城、爪哇、苏门答剌、满剌加、喃渤利、彭亨、急兰丹、锡兰、加异勒、甘巴里、沙里湾泥、柯枝、古里、溜山、忽鲁谟斯、阿丹、木骨都束、卜剌哇、竹步、麻林、慢八撒、比剌、孙剌等国 | 永乐十年十一月十五日奉命出使，约永乐十一年冬出海，永乐十三年七月初八日回京复命 |
| 第五次 | 永乐十五年 | 永乐十七年 | 1417—1419年 | 占城、爪哇、苏门答剌、满剌加、南巫里、彭亨、锡兰、沙里湾泥、柯枝、古里、剌撒、忽鲁谟斯、阿丹、溜山、木骨都束、卜剌哇、竹步、麻林、慢八撒等国 | 永乐十四年十二月初十日奉命出使，永乐十七年七月十七日回京复命 |

续表

| 次数 | 出使年代 | 归国年代 | 公元 | 经历主要国家 | 农历往返年月日 |
|---|---|---|---|---|---|
| 第六次 | 永乐十九年 | 永乐二十年 | 1421—1422年 | 苏门答剌、喃渤里、阿鲁、满剌加、甘巴里、锡兰、榜葛剌、柯枝、古里、加异勒、剌撒、祖法儿、忽鲁谟斯、阿丹、溜山、木骨都束、卜剌哇、竹步、麻林、慢八撒等国 | 永乐十九年正月三十日奉命出使，永乐二十年八月十八日回京复命 |
| 第七次 | 宣德六年 | 宣德八年 | 1431—1433年 | 占城、满剌加、苏门答剌、喃渤利、阿鲁、甘巴里、锡兰、柯枝、古里、加异勒、剌撒、祖法儿、忽鲁谟斯、阿丹、溜山、天方、木骨都束、卜剌哇、竹步、麻林、慢八撒等国 | 宣德五年六月初九日奉命出使，宣德六年十二月初九日出海，宣德八年七月初六日回京复命 |

# 三 中国历史朝代公元对照简表

| 朝代 | | | 起讫 | 都城 | 今地 |
|---|---|---|---|---|---|
| 夏 | | | 约前2070—前1600 | 安邑 | 山西夏县 |
| | | | | 阳翟 | 河南禹县 |
| 商 | | | 前1600—前1046 | 亳 | 河南商丘 |
| | | | | 殷 | 河南安阳 |
| 周 | | 西周 | 前1046—前771 | 镐京 | 陕西西安 |
| | | 东周<br>春秋时代<br>战国时代① | 前770—前256<br>前770—前476<br>前475—前221 | 洛邑 | 河南洛阳 |
| 秦 | | | 前221—前206 | 咸阳 | 陕西咸阳 |
| 汉 | | 西汉② | 前206—公元23 | 长安 | 陕西西安 |
| | | 东汉 | 25—220 | 洛阳 | 河南洛阳 |
| 三国 | | 魏 | 220—265 | 洛阳 | 河南洛阳 |
| | | 蜀 | 221—263 | 成都 | 四川成都 |
| | | 吴 | 222—280 | 建业 | 江苏南京 |
| 西晋 | | | 265—316 | 洛阳 | 河南洛阳 |
| 东晋十六国 | | 东晋 | 317—420 | 建康 | 江苏南京 |
| | | 十六国③ | 304—439 | — | — |
| 南北朝 | 南朝 | 宋 | 420—479 | 建康 | 江苏南京 |
| | | 齐 | 479—502 | 建康 | 江苏南京 |
| | | 梁 | 502—557 | 建康 | 江苏南京 |
| | | 陈 | 557—589 | 建康 | 江苏南京 |
| | 北朝 | 北魏 | 386—534 | 平城 | 山西大同 |
| | | | | 洛阳 | 河南洛阳 |
| | | 东魏 | 534—550 | 邺 | 河北临漳 |
| | | 北齐 | 550—577 | 邺 | 河北临漳 |
| | | 西魏 | 535—556 | 长安 | 陕西西安 |
| | | 北周 | 557—581 | 长安 | 陕西西安 |
| 隋 | | | 581—618 | 大兴 | 陕西西安 |
| 唐 | | | 618—907 | 长安 | 陕西西安 |

续表

| 朝代 | | 起讫 | 都城 | 今地 |
|---|---|---|---|---|
| 五代十国 | 后梁 | 907—923 | 汴 | 河南开封 |
| | 后唐 | 923—936 | 洛阳 | 河南洛阳 |
| | 后晋 | 936—946 | 汴 | 河南开封 |
| | 后汉 | 947—950 | 汴 | 河南开封 |
| | 后周 | 951—960 | 汴 | 河南开封 |
| | 十国④ | 902—979 | — | — |
| 宋 | 北宋 | 960—1127 | 开封 | 河南开封 |
| | 南宋 | 1127—1279 | 临安 | 浙江杭州 |
| 辽 | | 916—1125⑤ | 皇都（上京） | 辽宁巴林右旗 |
| 西夏 | | 1038—1227 | 兴庆府 | 宁夏银川 |
| 金 | | 1115—1234 | 会宁 | 阿城（黑龙江） |
| | | | 中都 | 北京 |
| | | | 开封 | 河南开封 |
| 元 | | 1271—1368⑥ | 大都 | 北京 |
| 明 | | 1368—1644 | 北京 | 北京 |
| 清 | | 1644—1911 | 北京 | 北京 |
| 中华民国 | | 1912—1949 | 南京 | 江苏南京 |

中华人民共和国1949年10月1日成立，首都北京。

附注：

① 这时期，主要有秦、魏、韩、赵、楚、燕、齐等国。

② 包括王莽建立的"新"王朝（公元8年—23年）。王莽时期，爆发大规模的农民起义，建立了农民政权。公元23年，新王莽政权灭亡。公元25年，东汉王朝建立。

③ 这时期，在我国北方和巴蜀，先后存在过一些封建割据政权，其中有：汉（前赵）、成（成汉）、前凉、后赵（魏）、前燕、前秦、后燕、后秦、西秦、后凉、南凉、北凉、南燕、西凉、北燕、夏等国，历史上叫做"十六国"。

④ 这时期，除后梁、后唐、后晋、后汉、后周外，还先后存在过一些封建割据政权，其中有：吴、前蜀、吴越、楚、闽、南汉、荆南（南平）、后蜀、南唐、北汉等国，历史上叫做"十国"。

⑤ 辽建国于公元907年，国号契丹，916年始建年号，938年（一说947年）改国号为辽，983年复称契丹，1066年仍称辽。

⑥ 铁木真于公元1206年建国；公元1271年忽必烈定国号为元，1279年灭南宋。

# 四　主要参考资料

## 专著（中国学者）

郑一钧：《论郑和下西洋》，海洋出版社1985年版。

郑一钧：《论郑和下西洋》（修订版），海洋出版社2005年版。

郑鹤声、郑一钧：《郑和下西洋资料汇编》（上册），齐鲁书社1980年版。

郑鹤声、郑一钧：《郑和下西洋资料汇编》[中册（上、下）]，齐鲁书社1983年版。

郑鹤声、郑一钧：《郑和下西洋资料汇编》（下册），齐鲁书社1989年版。

郑鹤声、郑一钧：《郑和下西洋资料汇编》（增编本），海洋出版社2005年版。

张星烺编注，朱杰勤校订：《中西交通史料汇编》，中华书局1978年版。

郑鹤声：《郑和》，胜利出版社1945年版。

郑鹤声：《郑和遗事汇编》，中华书局1946年版。

束世澂：《郑和南征记》，重庆胜利出版社1941年版。

朱偰：《郑和》，三联书店1956年版。

周钰森：《郑和航路考》，台北海运出版社1959年版。

向达整理：《郑和航海图》，中华书局1961年版。

张铁生：《中非交通史初探》，三联书店1965年版。

陆庭恩：《非洲问题论集》，世界知识出版社2005年版。

陆庭恩、艾周昌：《非洲史教程》，华东师范大学出版社1990年版。

艾周昌、陆庭恩主编：《非洲通史》（全三册），华东师范大学出版社1995年版。

陈翰笙主编：《华工出国史料汇编》第四辑，《关于华工出国的中外综合性著作》，中华书局1981年版。

陈翰笙主编：《华工出国史料汇编》第九辑，《非洲华工》，中华书局

1984 年版。

李安山：《非洲华侨华人史》，中国华侨出版社 2000 年版。

山东大学历史系中西交通研究室编著：《郑和下西洋》，人民交通出版社 1985 年版。

李士厚等编：《郑和家世资料》，人民交通出版社 1985 年版。

陈公元：《古代非洲与中国的友好交往》，商务印书馆 1985 年版。

张俊彦：《古代中国与西亚非洲的海上往来》，海洋出版社 1986 年版。

马文宽等：《中国古瓷在非洲的发现》，北京紫禁城出版社 1987 年版。

艾周昌编注：《中非关系史文选》，华东师范大学出版社 1989 年版。

沈福伟：《中国与非洲——中非关系二千年》，中华书局 1990 年版。

沈福伟：《中国与西亚非洲文化交流志》，上海人民出版社 1998 年版。

艾周昌、沐涛：《中非关系史》，华东师范大学出版社 1996 年版。

郑一钧：《郑和》，中国青年出版社 1991 年版。

章巽、郑一钧主编：《中国航海科技史》，海洋出版社 1991 年版。

郑一钧：《悠久的海洋文明》，黄河出版社 2000 年版。

孙光圻：《中国古代航海史》，海洋出版社 2005 年版。

郑一钧：《中国海洋学史》，山东教育出版社 2004 年版。

郑一钧：《郑和全传》，中国青年出版社 2005 年版。

郑一钧：《伟大的航海家、外交家郑和》，晨光出版社、云南美术出版社 2005 年版。

福建省人民政府新闻办公室编：《郑和下西洋》，五洲传播出版社 2005 年版。

孔远志、郑一钧：《东南亚考察论郑和》，北京大学出版社 2008 年版。

郑师渠总主编、陈梧桐分册主编：《中国文化通史》（明代卷），北京师范大学出版社 2009 年版。

张铁珊编著：《友谊之路——援建坦赞铁路纪实》，中国对外经济贸易出版社 1999 年版。

陈公元等主编：《非洲风云人物》，世界知识出版社 1989 年版。

陈敦德：《毛泽东·尼克松在1972》，解放军文艺出版社2002年版。

李捷主编：《毛泽东著作辞典》，浙江出版联合集团、浙江人民出版社2011年版。

丘进主编：《华侨华人研究报告》（2011），社会科学文献出版社2011年版。

廖建裕等主编：《郑和与亚非世界》，马六甲博物馆、国际郑和学会联合出版2012年版。

## 专著（外国学者）

J. J. L. Duyvendak, *Ma Huan Re-examined*, Amsterdam, 1933. （［荷兰］戴文达：《马欢再探》）

［荷兰］戴文达：《中国人对非洲的发现》，商务印书馆1983年版。

Pelliot, P., *Les Grands Voyages Maritimes Chinois au Début du 15e Siecle*. T'oung Pao, 1933. （［法］伯希和：《十五世纪初中国伟大的海上航行》）

［英］巴兹尔·戴维逊：《古老非洲的再发现》，葛佶、屠尔康译，三联书店1985年版。

［日］三上次男：《陶瓷之路》，李锡经、高喜美译，文物出版社1984年版。

［法］弗朗索瓦·德勃雷：《海外华人》，赵喜鹏译，新华出版社1982版。

佐伊·马什、G. W. 金斯诺思：《东非史简编》，伍彤之译，上海人民出版社1974年版。

Louise Levathes, *When China Ruled The Seas: The Treasure Fleet of the Dragon Throne 1405 – 1433*, Oxford University, 1994. （中文版：［美］李露晔：《当中国称霸海上》，邱仲麟译，台湾远流出版公司2000年版）

Dominique Lelievre, *Le dragon de Lumiere: les grandes expeditions des Ming au de-But du Xve siecle*, Paris France-Empire, 1996. （［法］多米尼克·来里勒：《龙之光：十五世纪明朝初年伟大的远征》）

Pierre Gamarra, *du grand amiral Zheng He Vie et prodiges*, Paeis: Mazarine, 2000. （皮埃尔·加坶拉：《大元帅郑和传奇》）

Gavin Menzies, *1421: The Year China Discovered The World*, Bantan

Books 2002.（中文版：［英］加文·孟席斯：《1421：中国发现世界》，鲍家庆译，台湾远流出版公司 2003 年版。［英］加文·孟席斯：《1421：中国发现世界》，师研群译，京华出版社 2005 年版）

［美］珍妮特·波特尔、史蒂文·安佐文：《文明的脚步——影响世界的探险家》，中华书局 2007 年版。

Gavin Menzies：1434：*The Year a Magnificent Chinese Fleet Sailed To Italy And Ignited The Renaissance.* Harper Collins publishers，2008.（中文版：［英］加文·孟席斯：《一支庞大的中国舰队抵达意大利并点燃文艺复兴之火》，宋丽萍、杨立新译，人民文学出版社 2012 年版）

［摩洛哥］伊本·白图泰口述，（摩洛哥）伊本·朱甾笔录，（摩洛哥）阿卜杜勒·哈迪·塔奇校订，李光斌翻译：《异境奇观——伊本·白图泰游记（全译本）》，海洋出版社 2008 年版。

联合国教科文组织：《非洲通史》第一、二卷，中国对外翻译公司 2003 年版。

## 论文

郑鹤声："从新史料证郑和下西洋之年岁"，《大公报·史地周刊》第 57 号，1935 年 10 月 25 日。

郑鹤声："访问长乐天妃灵应碑杂记"，《大公报·史地周刊》第 110 号，1936 年 11 月。

郑鹤声："郑和出使之宝船"，《东方杂志》第 40 卷第 23 号，1944 年。

郑鹤声："对管劲臣《郑和下西洋的船》一文跋语"，《东方杂志》第 43 卷第 1 期，1947 年。

郑鹤声："十五世纪初叶中国与亚非国家间的友谊关系"，《文史哲》1957 年第 1 期。

郑鹤声："十五世纪初叶中国与亚非国家间在政治经济文化上的关系"，《山东大学学报》（哲学社会科学版）1957 年第 1 期。

穆雨君："义阿战争之透视"，《外交月报》1935 年第十一月号。

王昭谟："半年来之义阿问题"，《外交月报》1935 年第十一月号。

朱偰："郑和发现赤道非洲的航行"，《文汇报》1957 年 3 月 30 日。

樊树志："郑和到过索马里"，《新民晚报》1960 年 12 月 26 日。

长风："从一个博物馆看亚非人民的友谊——记泉州海外交通史博物馆"，《旅行家》1960 年第 2 期。

樊树志："郑和与'索马里'"，《行动周刊》1961 年 1 月第 80 期。

宋祝平："泉州——记载着亚非历史友谊的古城"，《福建日报》1961 年 8 月 20 日。

光耀："历史上的中索联系"，《人民日报》1962 年 7 月 18 日。

夏鼐："中国和非洲间久远的友谊"，《人民日报》1962 年 9 月 19 日。

夏鼐："作为古代中非关系证据的瓷器"，《文物》1963 年第 1 期。

沈光耀："古代中国和东非交往史话"，《世界知识》1963 年第 1 期。

张铁生："中非交通的历史关系初探"，《新建设》1963 年第 2 期。

侯仁之："在所谓新航路的发现以前中国与东非之间的海上交通"，《科学通报》1964 年 11 期。

广文："中国和非洲人民的历史友谊（资料）"，《历史教学》1966 年第 3 期。

徐玉虎："明初航行非洲海图的研究"，《非洲研究》1973 年 1 月第 2 期。

郑一钧："郑和下西洋对我国海洋科学的贡献"，《海洋科学》杂志 1977 年第 2 期（该文又收入纪念伟大航海家郑和下西洋 580 周年筹委会编《郑和研究资料选编》一书，人民交通出版社 1985 年版）。

冯佐哲："中索两国友好史上难忘的一页——史籍上关于郑和访问索马里的一些记载"，《光明日报》1978 年 4 月 20 日。

陈存仁："郑和七次下西洋考（十）——郑和二次留驻北非"，《大成》1978 年 10 月第 59 期。

陈翰笙："'猪仔'出洋——七百万华工是怎样被拐骗出国的"，《百科知识》1979 年第 5 期。

陈公元："郑和下'西洋'与中非友谊"，《海交史研究》1881 年第 3 期。

郑一钧："郑和死于 1433 年"，《光明日报·史学副刊》1983 年 3 月 16 日。

郑鹤声、郑一钧：《郑和下西洋资料汇编》（增编本）中册，第 1148—1149 页，海洋出版社 2005 年版。

郑鹤声、郑一钧："郑和下西洋简论"，《吉林大学学报》（哲学社会科学版）1983 年第 1 期。

郑鹤声、郑一钧：“论郑和下西洋"，《海交史研究》1983 年第 5 期。

沈福伟："郑和宝船队的东非航程"，纪念伟大航海家郑和下西洋 580 周年筹备委员会、中国航海史研究会编《郑和下西洋论文集》（第一集），人民交通出版社 1985 年版。

郑鹤声、郑一钧："略论郑和下西洋的船"，纪念伟大航海家郑和下西洋 580 周年筹备委员会、中国航海史研究会编《郑和下西洋论文集》（第一集），人民交通出版社 1985 年版。

李德富："郑和远航非洲的地理基础"，纪念伟大航海家郑和下西洋 580 周年筹备委员会、中国航海史研究会编《郑和下西洋论文集》（第二集），人民交通出版社 1985 年。

郑鹤声、郑一钧："郑和下西洋史事新证"，《中华文史论丛》1985 年第 3 辑。

王天有、万明编：《郑和研究百年论文选》，北京大学出版社 2004 年版。

郑一钧："郑和下西洋与明初海洋经济的发展"，《昆明社科》1992 年第 6 期。

郑一钧："郑和下西洋对我国海洋事业的贡献"，《郑和研究论文集》（第一辑），大连海运学院出版社 1993 年版。

郑一钧："郑和下西洋对我国海洋地理学的贡献"，《传统文化与现代化》1994 年第 1 期。

郑一钧、范敬熙："对外关系的光辉篇章"，《郑和·历史与现实》云南人民出版社 1995 年版。

郑一钧："郑和下西洋组群结构的研究——兼评郑和十下西洋之说"，《海潮出版社》1996 年 4 月版。

郑一钧："郑和下西洋时期伊斯兰文化的传播对海上丝绸之路的贡献"，《海上丝绸之路研究 1：海上丝绸之路与伊斯兰文化》，福建教育出版社 1997 年版。

郑一钧："郑和下西洋的'组群结构'及其当代意义"，《青岛海洋大学学报》（哲学社会科学版）1998 年第 2 期。

郑一钧："略论郑和下西洋海洋发展方略的特点"，《郑和与海洋》，中国农业出版社 1999 年版。

郑一钧："领先于哥伦布、麦哲伦的航海巨人——郑和"，《中国海洋报》2002 年 3 月 12 日。

郑一钧："郑和下西洋与中非友谊"，范金民等编《睦邻友好的使者——郑和》，海潮出版社 2003 年版。

郑一钧："郑和下西洋时期太仓的历史地位与贡献"，《郑和研究》2003 年第 2 期。

金国平等："郑和航海的终极点——比剌及孙剌考"，王天有、万明编《郑和研究百年论文选》，北京大学出版社 2004 年版。

郑一钧："论王景弘的历史功绩"，《郑和下西洋与福建论文集》，福建人民出版社 2004 年版。

郑一钧："郑和下西洋对 15 世纪初期世界文明发展的贡献"，《世界文明与郑和远航国际学术讨论会论文集》，北京大学出版社 2005 年版。

郑一钧："郑和下西洋与海上丝绸之路的发展"，《泉州港研究》2005 年第 3 辑。

郑一钧："郑和下西洋时期中国海洋事业的发展及思考"，《郑和下西洋的思考》，科学出版社 2006 年版。

郑一钧："人类历史转轨时期的伟大和平实践"，《南京郑和国际学术会议论文集》，社会科学文献出版社 2005 年版。

郑一钧："略论郑和的海权思想"，2006 年上海郑和研究中心成立大会论文集。

郑一钧："郑和远航与海洋亚洲和平发展格局的形成"，刘宏主编《海洋亚洲与华人世界之互动》，新加坡华裔馆 2007 年版。

## 论文（外国学者）

M. F. Mayers, "Chinese Explorations of the Idian Ocean During The 15th Century" ( Partly a translation of Yang Chao Kung Tien Lu of Huang Sheng - Tseng, 1520), *China Review* 3 (1874), pp. 219, 321. (1875), pp. 61, 173. （[英] 梅辉立：《十五世纪中国人在印度洋的探险》）

［日］山本达郎："郑和西征考"，王古鲁译，《武大文哲季刊》1935 年 5、6 月第 4 卷第 2、4 期。

Schwarz, E. H. L., "Chinese Connections With Africa", *Journal of (Royal) Asiatic Society of Bengal* 4 (1938) 3nd ser. pp. 175 (《中国与非洲

的联系》）.

J. J. L. Duyvendak, "Voyages de Tcheng Houo (Chêng Ho) à la Cote O-rientald 1416 – 1433", *In Yusuf Kamal Monumenta Cartographica Africae et Aegipti* 4（1939）.（戴文达：《郑和航行抵达东非海岸》）

Fripp, C. E., "Chinese Medieval Trade with Africa", *Native Affairs Department Annual* 18（1941）.（《中世纪中国与非洲的贸易》）

Goodrich, L. C., "A Note on Prof. Duyvendak's Lectures on China's Discovery of Africa", *Bulletin of the London School of Oriental and African Studies* 14（1952）*No.* 2.（"对戴文达教授有关'中国人对非洲的发现'演讲的一点意见"）

Chang Kuei – Sheng, "A Re – examination of the Earliest Chinese Map of Africa". In Papers of the Michigan Academy of Science, *Arts and Letters* 42（*1956*）.（《中国最早有关非洲地图的重新考察》）

Sivin, N., "Eighty Years Before Columbus a Chinese Armada with 27,000 Men Reached Africa", *Scientific American, January* 1972.（《哥伦布之前八十年中国27,000人的舰队到达非洲》（书评））

Willets, W., "The Maritime Advanture of General Eunuch Cheng Ho", *Journal of Southeast Asia History Vol.* 2.（《大宦官郑和的海上冒险》）

Mills, J. V., "Note on Early Chinese Voyages", *Journal of the Royal Asiatic Society* 3（1951）.（《论中国早期的航海》）

Fripp, C. E., "Chinese Medieval Trade with Africa", *Native Affairs Department Annual* 18（1941）.（《中世纪中国与非洲的贸易》）

## 画 册

胡廷武、夏代忠主编：《郑和史诗》，云南人民出版社、云南美术出版社、晨光出版社2005年版。

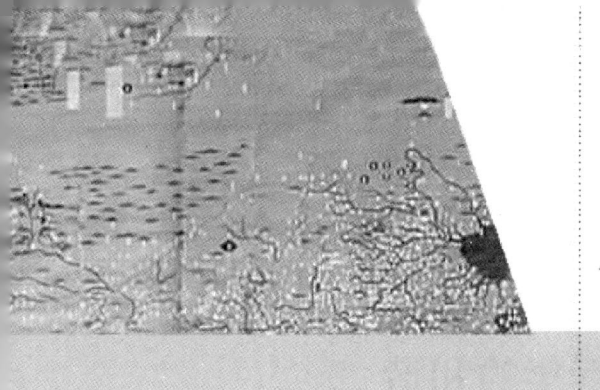

# 修订本附录二

# 跨越六百年的和谐

——郑和下西洋与当代中国对非政策比较

李新烽

郑和七下西洋历时 28 年，其首航时间距离今天已 605 年了。以当代意识审视这一发生在中国明朝、影响了中国历史发展、乃至世界历史进程的重大事件，再以历史的深度思考当代中国的对非政策，我们能够从历史发展的脉络中，比较清晰地观察到历史与现实之间的相互联系与逻辑关系，而从这些关联中，我们更加认识到博大精深、源远流长的中华文化的威力、魅力与活力。

## 郑和下西洋与当代中国对非政策具有相似性

当代中国对非政策与郑和下西洋四赴非洲的总方针具有一定程度的相似性，共同体现了博大精深的中国传统文化的核心价值观和源远流长的中华文化的一脉相承。

一、郑和下西洋四赴非洲与西方殖民者登陆非洲、当代中国对非政策与西方国家的非洲战略之间具有实质性的区别，不可同日而语、相提并论。

十四、十五世纪之交，在东方崛起的大明帝国，尽管在政治、经济和军事等诸方面显示出强大实力，但是这种实力不是靠对外侵略与掠夺发展起来的，而此时发生的郑和七下西洋更不是为了对外侵略与扩张。明成祖朱棣"锐意通四夷"，就是为了"宣德化而柔远人"，与亚非各国建立友好关系。并"没有建立殖民地和贸易据点的打算，因为中国人——与欧洲人和阿拉伯人不同——对于向其他地区扩张不感兴趣，也没有与他人进行贸易的强烈需求"。① 因此，郑和使团所到之处就能与当地居民平等相待，友好交往。

在郑和下西洋终止半个多世纪以后，葡萄牙殖民者登陆非洲，筑堡垒，建商站，大干掠夺勾当；荷兰、英国、法国、西班牙等欧洲殖民者紧步其后尘，相继在非洲建立殖民地，侵占非洲土地、掠夺大陆资源、欺压当地人民，与中国没有占领非洲一寸土地、没有掠夺非洲一分财产、没有贩卖非洲一个人口形成天壤之别的对照。孰是孰非，昭然若揭。正如南非前总统姆贝基在纪念民主南非十周年和中非伙伴关系论坛所言："历史告诉我们，在几百年前，不论是非洲人还是亚洲人，都没有把对方看成是野蛮人。虽然远隔重洋，但双方都认为自己的福祉依赖于另一方的幸福生活，这一意愿所反映的基本理念闪耀着人类的人性光辉。正是基于这一意愿，十五世纪中国船队到访非洲港口所带来的是互惠互利的合作，而不是随着阿拉伯人和欧洲人而来的奴隶贸易和殖民主义所带来的毁灭与绝望。"②

时至今日，前欧洲宗国主仍难以割舍其"非洲情结"，把非洲当做自己的"狩猎地"和"后花园"，居高临下地向非洲国家和人民发号施令，理直气壮地对非洲事务指手画脚。相反，中国始终把非洲当做自己的好兄弟、好朋友、好伙伴，平等相待，坦诚相见。在此基础上，中非关系已形成明确的理念——"友谊、和平、合作、发展"，并得到非洲国家和人民的普遍认同与称赞。

二、郑和本人访问非洲与当代中国与非洲国家之间的高层互访具有某种形式的相似，共同体现了中国和非洲国家官方对发展中非友好合作关系的关注与重视。

郑和七下西洋船队四赴非洲是没有疑问的，但郑和本人是否访问过非洲、是访问一次还是多次，却一直存在争论，有人认为郑和本人根本就没有去过非洲，而是坐镇东南亚一带指挥、遥控。

其实，关于郑和本人是否到访过非洲本不应是个问题，因为《明史》里有明确记载，且不止一处。"木骨都束，自小葛兰舟行二十昼夜可至。

---

① ［美］珍妮特·波特尔、史蒂文·安佐文：《文明的脚步——影响世界的探险家》，中华书局2007年版，第296—297页。
② 李新烽：《非洲踏寻郑和路》，晨光出版社2005年版，第292页。

永乐十四年遣使与不剌哇、麻林诸国奉表朝贡，命郑和赍敕及币偕其使者往报之。后再入贡，复命和偕行，赐王及妃彩币。""不剌哇，与木骨都束接壤。……郑和亦两使其国。宣德五年，和复往使。""竹步，亦与木骨都束接壤。永乐中尝入贡。其地户口不繁，风俗颇淳。郑和至其地。"①

另外，《明史》还有郑和访问非洲比剌、孙剌两国的记载："又有国曰比剌，曰孙剌。郑和亦尝赍敕往赐。以去中华绝远，二国贡使竟不至。"②

著名郑和研究专家郑一钧教授指出："郑和下西洋的船队四次访问非洲，郑和每次都去，永乐年间三次，宣德年间一次，这从以上诸传中亦可看出。"从《木骨都束传》看，因永乐十三年郑和第一次访问非洲诸国，有木骨都束"永乐十四年遣使与不剌哇、麻林诸国奉表朝贡"之事；接着，有因木骨都束等国之来，作为回报，同时送诸国返回，有"命郑和赍敕及币偕其使者往报之"之事，是为郑和第二次访问非洲；在这以后，又因木骨都束等国"再入贡"，"复命和偕行"，是为郑和第三次访问非洲，这是永乐年间郑和访问非洲的情形。再往后，"宣德五年，和复颁诏其国"，是为郑和第四次访问非洲。郑和既然来到非洲，都是顺访能够到达的非洲诸国，同时也负有护送各国使节回国的任务。郑和四访非洲，充分体现了明朝廷当时对发展与非洲国家关系的重视程度。③

在费信所著的《星槎胜览》一书中，首次向人们具体介绍了木骨都束、卜剌哇、竹步三国，对这三个非洲国家的地理位置、建筑风格、居住特点、气候变化、生产经济与物质资源、商业贸易、风俗习惯、军事状况等，都作了翔实的记载。在郑和使团中，马欢、费信都是高级翻译人员，极有可能就是郑和等使团领导成员的随从翻译，再对照其后葡萄牙人对所见非洲东岸诸邦国建筑风格的记述，与费信亲见所述相同，我们更有理由相信郑和、费信确实到过非洲东岸诸邦国。正因为有这样一些确凿的证据，所以国外一些学者在研究中国与非洲的关系时，有的虽对远洋航海有了较大发展的宋元时代，中国人是否到过非洲，存在着不同观点，但对郑和到过非洲，却没有任何怀疑。如英国学者巴兹尔·戴维逊在《古老非

---

① 《明史》卷三百二十六《木骨都束传·卜剌哇传·竹步传》。
② 《明史》卷三百二十六列传二百一十四·外国七。
③ 见郑一钧教授致李新烽信，2009 年 9 月 25 日。

洲的再发现》一书中指出,"直到十五世纪,著名的海军将领郑和才在东非拢岸","中国人在早年看来并没有越过印度洋的东部海面,尽管他们的船只和装备有可能把他们带到更为遥远的地方去"。① 巴兹尔·戴维逊的这种观点尽管带有其一定的片面性,但他肯定郑和到过非洲,却从一个侧面反映出,郑和之多次访问非洲,在历史上留下了不可磨灭的印记,成为世界公认中国早于欧洲发现这块"新大陆"的历史见证。②

郑和本人访问过非洲从以下记载中也可得到旁证。永乐十九年(1421年),卜剌哇、木骨都束等国"遣使贡名马方物,命礼部宴劳之","使臣还国,赐钞币表里。复遣太监郑和等赍敕及锦绮纱罗绫绢等物,赐诸国王"。③ 派遣郑和赐诸国王,郑和本人必须亲自赴命,而"复遣"则说明是第二次。这一记载明确表示,郑和访问过非洲两次。

郑和本人访问非洲,非洲诸国的国王和使臣亦随郑和船队访问中国。郑和本人后几次亲赴非洲的使命之一,就是送这些使臣回国,这足以说明非洲来访者的身份之高。④

历史具有相似性。永乐二十一年(1423年),亚非16个国家同时派遣多达1200余人的使节来访;2006年,非洲48个国家的领导人和高官同时云集北京,出席中非合作论坛北京峰会暨第三届部长级会议。此两种盛况,为中国历代所未有,在中国与世界各国交往史上书写了奇迹,在中华民族历史上谱写出了光辉篇章。

中国党和国家领导人对郑和访问非洲给予高度评价。1964年周恩来总理访问东非期间,在演说中指出郑和是一位大航海家,曾访问过东非索马里、肯尼亚等国,为中非友谊作出过重大贡献。近年来,胡锦涛主席、

---

① [英]巴兹尔·戴维逊:《古老非洲的再发现》,三联书店1973年版,第271—272页。
② 参见郑 钧教授致李新烽信,2009年9月28日。
③ 《明成祖实录》卷一百一十九。
④ 我国史书中曾有古麻剌国国王来访,不幸病逝,被厚葬于福建闽县的记载。如,《明皇世法录》中这样记载:"古麻剌(即麻林)国在东南海中。永乐十八(1420年)国王干剌义亦敦奔率妻子及陪臣来朝贡方物,请封给印诰。令仍旧号。次福州卒。赐谥康靖,敕葬闽县,有司岁时祭焉。"明朝严从简在其编的《殊域周咨录》也记载了这件事:"永乐中,(麻林)国主哇来顿本率其臣来朝,至神州卒,诏谥康靖,敕葬闽县,令有司岁祭之。"(以上两段引文转引自艾周昌、沐涛《中非关系史》华东师范大学出版社1996年版,第77页)。对此,著名郑和研究专家郑一钧教授经过考证认为,文中所说的"古麻剌"国不是位于东非的"麻林",而是南洋国家,故地在今菲律宾,一说在棉兰老(Mindanao)岛,又作民多朗;一说为吕宋岛博利脑(Bolinao)角附近的Cabarruyan岛。严从简这里记麻剌国王来访,是误与麻林国混为一谈。

温家宝总理也多次高度评价郑和船队访问非洲、为发展中非关系作出的重大贡献。2005年我国举行了形式多样的活动，纪念郑和下西洋600周年，郑和所到访过的非洲国家对此也皆有不同形式的反映。

郑和下西洋首航时间距今600多年过去了，尽管中非之间的交往出现过间隔和波折，但是"高层互访"仍是今天中非关系的一大显著特点。当然，随着时代的进步，交通工具的发展，这种交往的频率和范围都是当年郑和无法相比的，但其中蕴含的基本理念是相同的，平等坦诚、求同存异、互惠互补、合作发展一直体现在这种互访和交流之中。

三、互通有无的方物交换与互利双赢的经贸合作具有某种概念上的延伸，共同贯彻了中非之间平等自愿、互惠互补的贸易政策与交往原则。

郑和是中非官方贸易的开拓者，他率领的船队破天荒地四次远航非洲多个国家，与东非沿岸的国家和民众进行自由的商业贸易，使中国与遥远的非洲大陆实现了具有一定规模的货物交换，中非人民的眼界因之开阔，见识因之增长，实现了中国与非洲大陆物品资源的交流与共享，丰富了中非人民的物质和精神生活。双方贸易的互补性是进行这种海外贸易的主要动力之一，而贯穿其中的则是平等自愿、等价交换的基本原则。

对当时的非洲国家而言，没药、乳香等土特产是再平常不过的货物；而对遥远的中国来说，这些方物乃稀世之宝，就连非洲的动物长颈鹿，在明朝中国人眼中也成为了珍宝——"圣兽"，成为祥瑞之物。这自然让中非之间在郑和使团的贸易中互通有无，双双获益，这种互补性是当时中非贸易得以顺利进展的一个主因。

600多年过去了，双边贸易的互补性仍是中非贸易的一大特征，也是中非贸易额不断攀升的一大动力。中国的机电产品、纺织品、轻工产品等以其物美价廉受到非洲民众的青睐，而非洲大陆丰富的矿产、能源又是中国经济建设急需的资源，同时非洲大陆丰富的旅游资源也吸引着越来越多的中国游人前往观光。至于中非之间越来越广泛深入的经贸合作，则是中非关系不断发展的必然产物，是郑和时代不可能发生的事情。这一切，皆因为建立在平等自愿的基础之上而充满活力与发展前景。

四、郑和使团成员不畏艰险远赴非洲与当代中国外交人员不辞辛苦坚守非洲具有某种精神上的延续，共同继承了中华民族吃苦耐劳、恪尽职守、为国效力的优秀品质和光荣传统。

在与世界各国的联系中，明朝中国之所以能够取得重大成就，除明朝皇帝希望与世界各国通好外，最重要的恐怕就是以郑和为首的一批外交家以超人的毅力尽职完成使命。在交通不便、世界地理知识有限、中非相距十分遥远的情况下，以郑和、王景宏为首的这批杰出外交家不畏艰险、不辞辛劳、不怕牺牲，尽全力与东非沿岸各国交往，同他们建立友好关系。为了完成这一使命，他们中的不少人付出了生命代价，永久长眠在异国他乡；船难幸运逃生者也永远地滞留在遥远的地方；落难在肯尼亚帕泰岛的郑和使团成员就是其中的例证。

今天，在中国驻非洲国家的外交官身上，我们能够清楚地看到当年的郑和精神：乐于吃苦、勇于奉献、忠于使命，在前沿阵地为中非关系的健康发展作出了突出贡献。如，中国驻安哥拉大使馆长期与当地的贫民窟为邻，驻南非的中国外交官时常受到犯罪分子的扰乱，更有个别国家的中国外交官在战乱中坚持工作……2006年6月，温家宝总理在访问非洲七国时对中国外交人员说："我要感谢同志们，这里生活确实比较艰苦，如果说三四十年以前，我们国内的条件也不是很富裕，那么现在比起来，这个地方要艰苦多了，所以我感谢同志们在这里安心工作，为国争光。"[1]

## 援建坦赞铁路与明朝"厚往薄来"的联系与区别

援建坦赞铁路与明朝外交礼仪上的"厚往薄来"具有某种意义上的吻合，共同说明了不附加任何条件的援助和两相情愿的礼尚往来在中非交往中所扮演的重要角色与发挥的重大作用。

这里，需要弄明白"厚往薄来"、"朝贡贸易"和"海外贸易"这几个概念。

首先，"厚往薄来"与"朝贡贸易"具有质的区别，前者是外交礼仪，属于政治范畴；后者是对外贸易，属于经济范畴。洪武五年（1372年）正月，朱元璋对中书省臣说："西洋琐里，世称远番，涉海而来，难计年月，其朝贡无论疏数，厚往而薄来可也。"[2] 而且规定："凡诸番四夷朝贡人员及公侯官员人等，一律给赐。"[3] 这是明朝对世界各国实行怀柔

---

[1] 李新烽：《以情动人、以理服人、推己及人——记温家宝总理出访非洲七国》，载《大地》2006年第14期，第17页。
[2] 《明太祖实录》卷七十一。
[3] 《明会典》卷一百一十一，《礼部六十九》。

政策，对待海外国家朝贡的基本立场。著名郑和研究专家郑一钧认为，"厚往薄来"是不计较海外诸国贡物的好孬多寡与进贡次数的，凡有进贡，回礼一律从丰，以奖励海外国家远来中华的诚心。虽然这样做使朝廷在物质上经济上付出一定代价，但在政治上的深远影响是难以估量的。需要搞清楚的是，"厚往"的只是回赠海外远道来华访问时向明朝廷贡献的礼品。海外国家来中国访问时，在宫廷内献上相对较薄的"贡品"，明朝廷同时"赍予"相对较厚的"赏品"，这并不是拿"赏品"来跟"贡品"进行交易。这种"厚往薄来"的行为，不是一种贸易行为，而是一种外交礼仪。同时，中国"厚往"的"赏品"，虽然相对较厚，但也不是"厚"得不得了，让中国在经济上付出太大的代价，而是有一定的标准和规格的。

关于"厚往"的规格，明成祖亲自定夺："朝廷驭四夷，当怀之以恩，今后朝贡者，悉依品级赐赏，虽加厚不为过也。"① 以永乐六年（1408年）浡泥国王麻那惹加那乃来访为例，在浡泥国方面，是"奉金镂表文及贡龙脑、帽顶、腰带、片脑、鹤顶、玳瑁、犀角、龟筒、金银八宝器诸方物。"在中国方面是"赐浡泥国王仪仗、交椅、水缸、水盆，俱用银；伞、扇，俱用白罗；销金鞍马二，及赐金织、文绮、纱罗、绫绢衣十袭。王妃及王之弟妹男女陪臣赐各有差。"此外，由于麻那惹加那乃这次不幸病逝于中国，当麻那惹加那乃的儿子遐旺等回国时，作为一种特别的抚慰，又额外赠送黄金百两，银三千两。凡会同馆②中其所用一切贵重生活用品，亦全部作为礼物赠送遐旺等。麻那惹加那乃不仅是明朝历史上，而且是中国历史上第一位来中国访问的海外国家国王，明成祖因此对麻那惹加那乃的来访极为重视，其"厚往"之物不过如此，这对当时富强的明帝国而言，根本算不了什么。当然，这种赏赐是有一定之规的。麻那惹加那乃来中国十天以后，礼部言浡泥国王见亲王礼仪未有定制。朱棣指示说："浡泥国王蕃臣也，准公侯大臣见亲王礼。"③ 同样，明朝廷对浡泥国王的赏赐，也是按照"准公侯大臣"的规格，来给予一定的赏赐，对以后来中国访问的海外国家国王，以及回赠给那些只派使节来访的海外国家

---

① 《明成祖实录》卷一百一十九。
② 元明清时朝廷接待少数民族官员及外国使臣的机关。元至元十三年（1276年）始设。掌管通译、伴送、点视贡物及在宫内互市等事。
③ 《明成祖实录》卷五十九。

国王的礼品，也是按照这个原则来进行赏赐。从明朝廷赏赐麻那惹加那乃及其子遐旺钱物的数量和礼品规格来看，与赏赐给国内公侯大臣的差不多，甚至还要少些。至于对一般使节的赏赐，其经济价值更是比给国王的要少得多。[①]

永乐十九年（1421年），朝廷对朝贡者的赏赐作了具体规定："三品四品，人钞百五十锭，锦一段，纻丝三表里。五品，钞百二十锭，纻丝三表里。六品七品，钞九十锭，纻丝二表里。八品九品，钞八十锭，纻丝一表里。未入流，钞六十锭，纻丝一表里。"[②] 就在该规定实施的当年，卜剌哇、木骨都束等国"遣使贡名马方物，命礼部宴劳之"，"使臣还国，赐钞币表里。复遣太监郑和等赍敕及锦绮纱罗绫绢等物，赐诸国王"。[③]

所谓"朝贡贸易"，是指外国贵宾在来中国朝贡期间，在完成"厚往薄来"的礼仪后，被允许将附带的货物，在规定的时间和地点、按照朝廷有关规定进行的平等、公平的"两平交易"；是在中国国内进行的国际贸易。由于当时的国际贸易由国家垄断，"朝贡贸易"也就成为国内惟一的国际贸易形式，也是朱元璋时期惟一的国际贸易形式，其时没有在海外进行任何形式的商业贸易。

郑和下西洋时期，国家的对外贸易分为两部分，一是延续"朝贡贸易"，而这部分交易量十分有限，更多的则是郑和船队在海外进行的大规模贸易和民间互市活动。

其次，"朝贡贸易"与"海外贸易"既有相同之点又有相异之处。相同的是，两者皆属于对外贸易这一大范畴，共同遵循等价交换的贸易原则。不同之处表现在，一是进行贸易的地点不同：前者在国内——中国皇都的会同馆，后者在国外——海外诸国，即郑和船队所访问的国家。二是进行贸易的时间不同：前者规定在三至五天内完成交易，后者则不受此规定限制。《明会典》中对此有比较详细的记载："凡交通禁令各处人朝贡领赏之后，许于会同馆开市三日或五日，惟朝鲜、琉球，不拘期限。"[④] 关于郑和使团进行海外贸易的时间，马欢在《瀛涯胜览》（古里国）中记载，在古里国每做一笔生意，要会同该国的商人富户与会计人员等，在一

---

① 郑一钧：《论郑和下西洋》，海洋出版社2005年版，第13页。
② 《明成祖实录》卷一百一十九。
③ 同上。
④ 转引自郑一钧《论郑和下西洋》，海洋出版社2005年版，第12页。

起看货议价,"非一日能定,快则一月,缓则二、三月"。① 三是市场运作方式不同:前者对市场进行规范管理,对外宾的政策相对宽松;后者则入乡随俗,与各国商人平等进行交易。明成祖朱棣曾对礼部大臣说:"太祖高皇帝时,诸番国遣使来朝,一皆遇之以诚,其以土物来市易者,悉听其便。或有不知避忌而误干宪条,皆宽宥之,以怀远人。"② 但是,进入会同馆参加"朝贡贸易"的外宾必须先"朝贡","非入贡即不许其互市"。③ 如果说明成祖的圣旨比较纲领性的话,《明会典》中对"朝贡贸易"的规定则相当具体:"各铺行人等将物入馆,两平交易。染作布绢等项,立即交还,如赊买,及故意拖延,骗勒夷人久候不得起程,并私相交易者,问罪,仍于馆前枷号一个月。若各夷故违,潜入人家交易者,私货入官,未给赏者,量为递减;通行守边官员,不许将曾经违犯夷人,起送赴京。凡会馆内外四邻军民人等,代替夷人收买违禁货物者,问罪,枷号一个月,发边卫充军。"④

再次,无论是"厚往薄来",还是"朝贡贸易"、"海外贸易",其运作方法具有一个明显的共同点——公平诚信,自觉自愿。以"厚往薄来"为例,外国使者前来朝贡,拿何种贡品,数量多寡,皆自己做主,明朝廷对各国的贡物并无特别要求,当然贡物多是各国的土特产品;明朝皇帝赏品的种类与数量,当然也是由皇帝决定,且质量和数量超过贡物数倍甚至数十倍。朝廷对"朝贡贸易"进行规范,也是为了保证交易公平,诚信无欺。郑和使团的"海外贸易"更是尊重对方,公平合理,买卖自由。也正是因为奠基于公平诚信之上,双方的贸易才能够持久进行。

把历史的"镜头"从当年"厚往薄来"的外交礼仪切换到当代中国援建非洲大陆的坦赞铁路,我们从中发现,两者之间具有某种意义上的相似。首先,两者都是把这种经济上的"厚往"和援助当做一种外交礼仪,从政治的角度来对待和完成的。换言之,把经济问题政治化,在经济上相对付出和吃亏,而在政治上赢得信任和高分。明成祖朱棣"远慕唐宋宾服四夷之盛",⑤ 追求四海安宁,万邦来朝,与中国"共享太平之福",

---

① (明)马欢著,万明校注:明钞本《瀛涯胜览》校注,海洋出版社2005年版,第66页。
② 《明成祖实录》卷十二上。
③ (明)郑若曾:《筹海图编》卷12,第85页。
④ 转引自郑一钧《论郑和下西洋》,海洋出版社2005年版,第12页。
⑤ 何乔远:《名山藏》。

"超三代而轶汉唐"的政绩，主要通过"宣德化而招徕之"的方式，而"厚往薄来"便成为一种最佳选择。与封建帝王相比，新中国领袖绝非追求那种"九天阊阖开宫殿，万国衣冠拜冕旒"①的盛况，而是从伟大的国际主义精神出发，做出援建坦赞铁路这一战略举措的。对于坦赞两国领导人的请求，毛泽东主席在会见赞比亚总统卡翁达时指出："先独立的国家有义务帮助后独立的国家。"②

1964年1月，周恩来总理在访问马里时，全面阐述了中国对外提供经济技术援助的八项原则。③ 援建坦赞铁路是中国对外援助的一个典范，它与这个时期中国把对外援助作为支持殖民地半殖民地国家和人民争取民族独立、帮助新独立的国家进行经济建设密不可分。

其次，中国对这种"厚往"的援助不附加任何条件，而把这种帮助视为己任，既非居高临下的施舍，亦非为了对方回报而为之。换言之，将经济问题感情化，意在真诚待人，感动人心，结交朋友。明朝廷对来朝者"厚往"，目的之一是感化异邦，让四夷心悦诚服地"宾服"，感受明帝国的强大，并无其他私心杂念，更无掠夺征服之心。新中国把对发展中国家的经济援助视为己任，是因为把他们当作自己的真心朋友来帮助，朋友之间的帮助是平等的，不是以求得回报为前提的，其主要目的是真心期望这些国家通过中国的帮助发展民族经济，提高人民生活水平。正如毛泽东主席对坦桑尼亚总统尼雷尔所说："我们见到你们很高兴，我们都是自己人。我们不想打你们的主意，你们也不想打我们的主意，我们不是谁要剥削谁，我们是互相帮助。我们都不是帝国主义国家，帝国主义是不怀好心

---

① （唐）王维：《和贾舍人早朝》。
② 张铁珊编著：《友谊之路：援建坦赞铁路纪实》，中国对外经济贸易出版社1999年版，第107页。
③ 中国对外提供经济技术援助的八项原则：（1）中国政府一贯根据平等互利的原则对外提供援助，从来不把这种援助看作是单方面的赐予，而认为援助是相互的；（2）中国政府在对外提供援助的时候，严格尊重受援国的主权，绝不附带任何条件，绝不要求任何特权；（3）中国政府以无息贷款或低息贷款的方式提供经济援助，在需要的时候延长还款期限，以尽量减少受援国的负担；（4）中国政府对外提供援助的目的，不是造成受援国对中国的依赖，而是帮助受援国走上自力更生、独立发展的道路；（5）中国政府帮助受援国建设的项目，力求投资少，收效快，使受援国政府能够增加收入，积累资金；（6）中国政府提供自己能够生产的、质量最好的设备和物资，并根据国际市场的价格。如果中国政府所提供的设备和物资不合乎商定的规格和质量，中国政府保证退换；（7）中国政府对外提供任何一种技术援助的时候，保证使受援国的人员充分掌握这种技术；（8）中国政府派到受援国帮助进行建设的专家，同受援国自己的专家享受同样的物资待遇，不容许有任何的特殊要求和享受。

的，那要提防。"①

再次，就当时中国的国力和中非之间的交往而论，这种"雪中送炭"式的"厚往"与援助，更显得十分难能可贵。换言之，将经济问题道德化，体现出中华民族热情好客、宽以待人、急人所急、帮人所需的传统美德。明朝的"厚往薄来"是一种优待宾客的礼尚往来，新中国援建坦赞铁路更多的是急人所急。"患难见真情"，以当时中国的国力，投入如此之多的财力、物力、人力，来援建如此大规模的坦赞铁路，除政治和感情因素外，中华民族的传统美德也是一个十分重要的因素。

最后，从明朝的"厚往薄来"到当代的援建坦赞铁路，折射出中国不断强大的经济实力、综合国力和国际影响力，说明中国的发展、强盛和文明不但在惠及中国，而且在惠及世界。"人们看到，随着国家经济实力的不断增强，中国正日益成为促进世界和平与发展的重要力量。有西方学者指出：'中国的经济增长不仅让发展中国家获益巨大……更重要的是将来，中国倡导的价值观、发展模式和对外政策，会进一步在世界公众中产生共鸣和影响力。'"②正如胡锦涛主席在庆祝中华人民共和国成立60周年大会上讲话中指出的："中国人民有信心、有能力建设好自己的国家，也有信心、有能力为世界作出自己应有的贡献。"③

随着时间的推移，人们越来越清楚地认识到：坦赞铁路是当代中非关系发展的一个里程碑，是中非友谊的一曲赞歌，是"万隆精神"与中国援外"八项原则"的物化，其影响已远远超出一条铁路，成为一个符号与象征。

## 当代中国对非政策与郑和下西洋具有本质区别

郑和下西洋四赴非洲的总方针与当代中国对非政策具有一定程度的相似性仅是问题的一个方面，而由于明朝中国与当代中国所处的历史时代和国际环境大相径庭，特别是社会制度和发展道路迥然相异，二者具有本质

---

① 张铁珊编著：《友谊之路：援建坦赞铁路纪实》，中国对外经济贸易出版社1999年版，第56页。
② 人民日报评论员文章：《自豪的中国力量》，《人民日报》2009年10月5日第一版。
③ 胡锦涛：《在庆祝中华人民共和国成立60周年大会上的讲话》，《人民日报》2009年10月2日第二版。

的区别，其相异程度远大于相似之处。当代中国对非政策大大超越了郑和下西洋的时代性，具有战略性、互动性和国际性等显著特点，实现了对非政策的持续、稳定和全面发展。

（一）当代中国对非政策突破了郑和下西洋的历史局限性，实现了对非政策的持续、稳定和全面发展。

郑和下西洋时期，中国处于封建社会的强盛阶段，皇权高于一切。尽管郑和下西洋在政治、经济、外交、军事、文化等诸多方面取得了一系列积极成果，但是封建制度自身的弊端终使这一人类向海洋进军的壮举和中国与海外诸国的友好交往昙花一现，戛然而止。世人普遍为郑和下西洋不能持续而扼腕叹息，然而它符合历史的发展规律，无论是做出下西洋决策的封建皇帝朱棣，还是奉命远航的船队总兵郑和，皆无法避免其所处时代的局限。历史的局限性使郑和下西洋不可能继续下去，中非关系当然也就不可能持续发展。

当代中国对非政策具有坚实的政治基础、深厚的感情纽带和规范的合作机制，因而能够持续发展。中非双方彼此平等是当代中国对非政策的一个基石，加之中国和非洲国家有着相似的历史遭遇、现在又面临共同的发展任务，相似的命运、共同的目标把中国和非洲紧紧团结在一起。同时，中非关系在几十年发展的基础上又形成了新的合作机制——中非合作论坛，机制化保证了中非之间定期集体会晤，推动双边关系持续发展。

当代中国对非政策是在互利双赢的经济前提下和交流互鉴的文化沟通中进行的，因而能够稳定发展。国与国之间的交往绕不开利益，中国与非洲国家的关系也不例外，但是双边的经济往来是互利共赢，彼此受益；在文化交流上互相借鉴，彼此尊重对方的文化传统和生活习惯。明成祖朱棣在谈及郑和下西洋时指出："恒遣使宣教化于海外诸番国，导以礼义，变其夷习。"[①] 郑和所到之处，向海外诸国颁发中国历法，其内容包括明朝政治、社会、礼俗的各个方面，作为范本让海外诸国遵循。换言之，郑和下西洋对海外诸国主要是单向地宣扬中国文化，而非文化双向交流。

当代中国对非政策面向整个大陆开展多渠道、宽领域、全方位、深层次的外交活动，因而能够全面发展。而受当时地理知识和交通状况的限

---

① （明）朱棣：《御制南京弘仁普济天妃宫碑》，郑鹤声、郑一钧《郑和下西洋资料汇编》中册（下），齐鲁书社1983年版，第856页。

制，郑和船队当年访问的仅是东非沿岸的一些国家，未能涉足非洲内陆，同时双边贸易的数量和物品种类与现在也不可同日而语。当代中国与非洲是全天候的朋友，对非关系面向所有非洲国家，双边交流的范围涉及所有领域，是好朋友、好伙伴、好兄弟之间的全方位外交。温家宝总理指出，中非经贸合作日益深化，"2008年中非贸易突破千亿美元，同中国有贸易往来的非洲国家增加到53个；中国在非洲开工建设6个经贸合作区，中国企业到非洲国家落户增加到近1600家，直接投资存量达到78亿美元；工程承包和劳务合作规模不断扩大，金融合作方兴未艾"。"人文交流蓬勃开展。文教、卫生、人力资源培训等领域的交流与合作发展迅猛，中国为非洲国家培训各类人员年底以前将达到15000人，青年、妇女、友好省市等领域的交往日趋频繁，进一步加深了相互理解和传统友谊。"①

从温总理的讲话中可以看出，仅经贸合作与人文交流而言，中非之间这种全方位外交，一是指中国与非洲大陆所有国家交往，二是指与每个非洲国家的所有领域进行交流。中非之间这种新型战略伙伴关系是建立在国与国平等基础之上的，没有非洲国家的大小贫弱之分，更没有非洲国家的资源丰富与贫乏之别，那种认为中国与非洲国家发展关系是为了抢占非洲资源的"新殖民主义"论调是站不住脚的。

（二）当代中国对非政策超越了郑和下西洋的时代性，具有战略性、互动性和突破性。

新中国成立伊始，中国领导人就站在无产阶级国际主义的高度，支持非洲人民争取民族解放与国家独立的正义事业。在非洲国家赢得独立后，中国又帮助非洲国家发展民族经济、提高人民生活水平。换言之，中国领导人从战略的高度重视中非关系，这种战略性包括两层意思，一是老一代中国领导人高瞻远瞩开启了中非关系的大门，并为中非关系的发展奠定了良好基础；二是第二代、第三代和现任中国领导人重视中非关系，强调援助非洲既要重视投资涉及国计民生的大项目，又要重视增强非洲国家的自主发展能力，还要求中国企业树立自己的形象、注意环境保护、处理好与当地民众的关系。

中国外交的战略性还表现在派遣中国海军首次远洋护航。索马里海盗

---

① 温家宝：《全面推进中非新型战略伙伴关系——在中非合作论坛第四届部长级会议开幕式上的讲话》，《人民日报》2009年12月9日。

猖獗一时，中国过往亚丁湾、索马里海域的商船受到严重威胁，为保护中国商船和船员的安全，应索马里过渡政府的邀请，中国海军舰队开赴亚丁湾、索马里海域，执行护航任务。海外媒体认为这是600年后"郑和再来"。郑和当年开辟了中国海军非战争运用的先河，在东南亚一带打击海盗受到各方好评。不过，郑和是在下西洋途中遭遇海盗，为民除害；这次中国海军远征是专程为过往亚丁湾、索马里海域的中国船只护航，是中国海军在非战争情况下的出征，是中国利益远洋化对海军提出的新要求。这是中国外交的一大手笔，意义非同小可。

互动性是指中非关系不是单向的帮助和支持，而是双向的彼此合作与共赢。正如温家宝总理所言："早在上世纪五六十年代，中非就在反帝、反殖、反霸的历史浪潮中并肩战斗，在振兴民族经济的艰辛历程中携手同行。坦赞铁路、援非医疗队、青年志愿者，是中国无私帮助非洲的生动例证；把中国'抬进'联合国、北京奥运圣火在非洲顺利传递、向四川汶川地震灾区热心捐款，是非洲人民对中国人民情谊的真实写照。"[①]

当代中国对非政策因基础坚实而实现了飞跃式发展，具有突破性。这主要是指中非合作论坛北京峰会的成功举办和八项政策措施的具体落实。在2006年11月的中非合作论坛北京峰会上，胡锦涛主席宣布，为推动中非新型战略伙伴关系发展，促进中非在更大范围、更广领域、更高层次上的合作，中国政府将采取八个方面的政策措施。中国政府说到做到，三年过去了，八项政策措施全部得到落实。2009年11月，在埃及举行的中非合作论坛第四届部长级会议上，为不断深化中非各领域的务实合作，全面推进中非新型战略伙伴关系，温家宝总理又宣布了新的八项政策措施。新旧八项政策措施的贯彻落实把中非关系提升到了一个新阶段，使中非关系实现了突破性发展。

（三）当代中国对非政策彰显出中国外交政策的基本理念和我们这个时代的鲜明特征，具有开放性、包容性和国际性。

中国对非关系是中国外交政策的重要组成部分，中非合作是南南合作的典范。这主要因为中非关系和中非合作体现了中国外交政策的基本理念，正如胡锦涛主席指出："中非友好之所以能够经受住历史岁月和国际

---

[①] 温家宝：《全面推进中非新型战略伙伴关系——在中非合作论坛第四届部长级会议开幕式上的讲话》，《人民日报》2009年12月9日。

风云变幻的考验，关键是我们在发展相互关系中始终坚持真诚友好、平等相待、相互支持、共同发展的正确原则。"① 温家宝总理强调，中非友好关系"患难与共、相互支持是基础；相互尊重、平等相待是核心；互利合作、共同发展是关键"②。

郑和下西洋时期，尽管郑和使团本着"王者无外，中天下而立，定四海之民，一视同仁"③ 的精神，但是封建皇帝追求的是"万国来朝"和"四海宾服"，以期实现所谓凡"舟车所至，人力所通"，"际天所覆，极地所载，莫不咸归于德化之中"④。这里的"一视同仁"是指郑和使团所访问的海外诸国的地位是平等的，强大的明帝国则居高临下，让他们来"朝贡"、"宾服"。而非洲的前殖民宗主国们在殖民时期奴役着广大非洲国家，时至今日仍以"主子"的态度看待非洲、对待非洲。中国之所以能够赢得非洲的尊重，是因为中国首先尊重非洲，平等对待非洲。

中国平等地与非洲国家发展关系、平等地对待非洲各国人民，这并不排斥其他国家和人民与非洲发展正常的外交关系，相反中国欢迎其他国家支持和帮助非洲发展；中国与非洲的关系是开放透明的，是新型的战略伙伴关系，并不存在结盟与联合对抗第三者，更不会妨碍非洲国家与其他国家友好合作，相反中非双方进一步加强互利合作，有利于带动国际社会更加关注非洲，帮助非洲加快实现千年发展目标。中非关系具有极强的包容性，这一包容性与战略性和国际性相辅相成，相得益彰。

中非关系的国际性表现在中非之间在国际事务中加强磋商和协调，照顾彼此关切，共同应对各类全球性安全威胁和挑战，以推动均衡和谐的全球发展。同时，中非在国际事务中相互信任、协调配合，有利于共同维护发展中国家的正当权益。中国是世界上最大的发展中国家，非洲是发展中国家最集中的大陆，中国和非洲的人口占世界人口三分之一以上。仅这一点，中非关系在当今世界上的重要性就不言而喻。

历史在前进，时代在进步，社会在发展，源远流长、历久不衰的中非关系翻开了新的一页。历史已经证明也必将进一步证明，中非关系的健康

---

① 胡锦涛：《在中非合作论坛北京峰会开幕式上的讲话》，《人民日报》2006年11月5日。
② 温家宝：《全面推进中非新型战略伙伴关系——在中非合作论坛第四届部长级会议开幕式上的讲话》，《人民日报》2009年12月9日。
③ 《明成祖实录》卷二十三。
④ 郑鹤声、郑一钧：《郑和下西洋资料汇编》中册，齐鲁书社1983年版，第863页。

全面发展必将造福中国和非洲，必将造福发展中国家和全世界，必将造福全人类和未来。

（原载《西亚非洲》杂志 2010 年第 10 期）

# "去中华绝远"的航程
## ——郑和与非洲关系研究述评

### 李新烽

郑和以其精湛的航海技术和卓越的指挥才能，战胜了帆船时代的惊涛骇浪，创造了世界航海史上的伟大奇迹，不但是我国著名的航海家和杰出的和平使者，而且被誉为"过去一千年间最具历史影响的30位世界探险家之一"。郑和统帅船队七下西洋，"云帆高张，昼夜星驰"。从1405年至1433年，历时28载，经我国东海、南海，沿印支半岛到南洋诸国，再经马六甲海峡到印度洋沿岸国家和非洲东海岸，足迹遍及三十多个国家和地区。郑和与非洲的关系研究既是郑和研究的一个重要方面，也是非洲研究的一个关注重点。为便于说明问题，有必要对百年郑和研究进行简要回顾。

郑和下西洋为"明初盛事"，故明清两代就有人论及，其中以张廷玉的《明史》"郑和传"为代表，但记述过于简略，且有一定错误。郑和下西洋的学术研究则始于近代，可分为四个时期[①]：

## 第一时期：起步阶段（1903—1934）

佚名作者在《大陆报》（1903）上发表的《支那航海家郑和传》乃

---

[①] 对于郑和研究分期的探讨，不少学者写有专文。例如黄慧珍、薛金度：《郑和研究八十年》，载《郑和研究资料选编》，人民交通出版社1985年版；时平：《20世纪的郑和研究》，《郑和研究》2001年第2期；范金民：《20世纪的郑和下西洋研究》，载朱鉴秋主编《百年郑和研究资料索引（1904—2003）》，上海书店出版社2005年版；朱鉴秋：《八十年代以来郑和研究的发展》，《郑和研究》2000年第2期；罗宗真：《中国远航世界的创举——20世纪郑和研究之回顾》，《郑和研究》2001年第1期；孔远志、郑一钧：《东南亚考察论郑和》，北京大学出版社2008年版，第1—30页。本文有关郑和研究的四个时期的论述，参考了上述论文和论著。

近代国人研究郑和的开篇之作。① 该文分六节：第一节支那民族15世纪之航海家；第二节略传；第三节当时之航海术；第四节当时各国之形势；第五节郑和所至各地；第六节结论。2010年7月，在马来西亚举行的第一届郑和国际研讨会上，邹振环的论文《〈支那航海家郑和传〉：近代国人研究郑和第一篇》引起与会者的关注。此前，学术界普遍认为，梁启超的《祖国大航海家郑和传》是近代郑和研究的发轫之作。② 作为新史学的倡导者，梁启超在面临祖国山河被列强瓜分之际，为唤醒民众的爱国热情，在《新民丛报》（1905）上发表该文，在清末民初产生了巨大影响，受到国人的广泛关注。邹振环在论及这两篇文章的特点时认为，两文都从世界史角度切入，以中西比较的方法，运用海权意识的视野，这种研究方法事实上为20世纪的郑和研究指明了方向。③

这一时期郑和研究的成果还有：1912年袁嘉谷发现"马哈只墓"和"故马公墓志铭"，1920年张星烺出版《中西交通史汇编》，1926年李长傅发表《中国殖民南洋小史》，1929年向达的《关于三宝太监下西洋的几种资料》问世，1933年许云樵的《三宝公在南洋的传说》刊发，1934年冯承钧翻译法国学者伯希和（P. Pelliot）的《郑和下西洋考》并作序……这一时期郑和研究的重点是基础性考证，主要是对郑和七下西洋的年月考、郑和身世考以及记载郑和史迹的几种明清文献资料的考证。这些考证为郑和研究的进一步发展做了一些开拓性工作。

## 第二时期：第一次高潮（1935—1949）

这一时期的郑和研究有三大特点：首先是新资料的发现，其中包括碑文和家谱。1935年郑鹤声从明人钱谷所编的《吴都文粹续集》（四库全书珍本）中检出郑和在宣德六年竖立在太仓刘家港天妃宫的《通番事迹记》

---

① 《支那航海家郑和传》，《大陆报》1903年9月30日。该报创刊于1902年12月9日。
② 据近代史专家王晓秋核查："梁启超的《祖国大航海家郑和传》一文，刊登于《新民丛报》1905年21期（总第69号），出版时间是1905年5月18日。过去有的文章如《郑和研究八十年》、《郑和研究百年论文选前言》等把该文发表时间误认为1904年。"（王天有、徐凯、万明编：《郑和航海与世界文明——纪念郑和下西洋600周年论文集》，北京大学出版社2005年版，第519页。）
③ 邹振环：《〈支那航海家郑和传〉：近代国人研究郑和第一篇》，《郑和研究动态》2011年第1期。

石刻碑文，据此发表了《从新史料证郑和下西洋之年岁》一文，纠正了诸书所记郑和下西洋往返年岁与次数的脱漏与谬误，在历史上第一次研究清楚了郑和七次下西洋的时间和地点。1936 年王伯秋发现了福建长乐南山寺《天妃灵应之记碑》，1936 年郑鹤声又在南京发现了静海寺郑和下西洋残碑，1937 年李鸿祥将军在云南发现了《郑和家谱》。

其次是对郑和下西洋的目的与性质展开大讨论，并对郑和下西洋的宝船尺度、船型进行了争鸣。前者以吴晗的《16 世纪前之中国与南洋》为领衔之作，后者以管劲丞的《郑和下西洋的船》为代表之文。

最后是郑和研究专著及通俗读物的出版。这一时期问世的重要论著有：束世澂的《郑和南征记》（1941）、郑鹤声的《郑和》（1945）与《郑和遗事汇编》（1948）、冯承钧所作《瀛涯胜览校注》序言（1935）、李长傅的《中国殖民史》（1936），日本学者藤田通八著、何健民翻译的《中国南海古代交通考》（1936）等。范文涛的《郑和航海图考》（1943）对郑和航海图中的 35 处地名进行了考证，并对"针路"中的术语作了注释。上述著作中，《郑和》、《郑和遗事汇编》二书汇集材料丰富，内容广泛，考证详确，是郑和研究史籍资料、文物遗迹资料的综合，奠定了郑和下西洋研究的基础。这一时期还开展了对《西洋记》的研究。

## 第三时期：第二次高潮（1950—1984）

20 世纪 50 年代至 80 年代初，从新中国成立到改革开放初期，郑和研究不断深入发展。这一时期的显著特点，一是基本史料的校注与出版，有力地推动了郑和研究。特别值得一提的是，由冯承钧分别校注的费信的《星槎胜览》（1954）和马欢的《瀛涯胜览》（1955），向达分别校注的巩珍的《西洋番国志》（1961）、《郑和航海图》（1961）和《两种海道针经》（1961）。二是一批质量较高的论文和有影响的著作问世，其数量超过前两个时期的总和。如向达的《试说郑和》（1951）和《三宝太监下西洋》（1955）、韩振华的《试论郑和下西洋的性质》（1958）、包遵彭的《郑和下西洋宝船制度考》（1959）、朱偰的《郑和》（1956）、徐玉虎的《明代郑和航海图的研究》（1956）、郑鹤声的《十五世纪初叶中国与亚非国家间在政治经济文化上的关系》（1957）、周钰森的《郑和航路考》（1959）、郑一钧的《郑和死于 1433 年》（1983）以及张铁生的《中非交通史初探》、范文澜的《中国通史简编》、尚钺的《中国历史纲要》相关章节等。这一时期有关中文论著达567部（篇），而前两个时期的论著分别是47和129部（篇），且不言第一时期中的47部（篇）中有12部著作是1904年前出版的。

在这一时期，学者们围绕郑和下西洋的性质、目的和任务，郑和下西洋宝船尺度、船型与建造地点，郑和航海技术等问题进行了较深入的探讨。

## 第四时期：第三次高潮（1985年至今）

这是百年郑和研究最为活跃的时期，其涉及范围之广、参与人数之众、研究成果之丰、影响波及之远均超过了以往任何时期。该时期郑和研究具有三大鲜明特点：一是郑和研究会如雨后春笋般在全国各地成立，郑和下西洋研讨会接连举办；二是伴随着非洲研究特别是中非关系研究的深入与活跃，郑和与非洲的关系研究受到重视；三是郑和研究真正走向世界，研究的深度和广度达到空前程度。

郑和研究在中国改革开放时期迎来了第三次高潮，全国各地纷纷成立郑和研究会，举办郑和下西洋研讨会和展览会等活动。据不完全统计，在1983—2010年间，国内成立了十个郑和研究会，其中包括中国郑和研究会的成立；举办过43个郑和研讨会、座谈会，其中包括大规模的国际郑和研讨会；举办了21个郑和展览；成立了八个纪念郑和的馆所和公园；创办了两个郑和研究定期刊物；拍摄了大型古装历史传记电视剧《郑和下西洋》，在中央电视台黄金时段播出。特别是国家决定以"热爱祖国、睦邻友好、科学航海"为主题，举办了一系列活动，隆重纪念郑和下西洋600周年，彰显了郑和研究的现实意义，推动了郑和研究与现实世界密切结合。

从研究成果的数量看，郑和研究百年论著总数为2711部（篇），第二、三、四时期分别比前一时期多182%、345%和247%。其中，第四时期是第一、二、三时期总和的265%，格外丰硕。而上述第四时期的统计，尚未加上2004—2005年间的数字。郑和研究充满活力，前景广阔。

郑和研究的第三次高潮与非洲研究、特别是中非关系研究的活跃时期不谋而合，该时期我国学者出版的非洲研究的著作中，凡涉及中非关系皆论及郑和船队访非这一重大事件。杨人楩的《非洲通史简编》（1984）拉开了这一时期的序幕，该书第三章第四节论述了"中国船队的直航非洲"，用图文并茂的方法论及郑和船队的非洲之行。此后出版的著作有：陈公元的《古代中国与非洲的友好交往》（1985）、沈福伟的《中国与非洲：中非关系二千年》（1990），陆庭恩、艾周昌的《非洲史教程》（1990），何芳川、宁骚主编的《非洲通史·古代卷》（1995），艾周昌、沐涛的《中非关系史》（1996），李安山的《非洲华侨华人史》（2000），陆庭恩的《非洲问题论集》（2005）等。以上著作具有两大闪光点：一是在非洲研究界具有重大影响，二是其中均有专门章节或专文论及郑和船队访问非洲。

这一时期的另一大显著特征是，郑和研究阔步走向世界，引起全球关注，产生了重大国际影响。国外的郑和研究起步于19世纪70年代，西方学者从选译《瀛涯胜览》、《星槎胜览》等著作着手，同时用自己的母语撰写论文。他们中有英国的梅辉立（W. F. Mayers）、格伦威尔德（W. P. Greeneveldt）、菲利普斯（G. Phillips）与荷兰的戴文达（J. J. L. Duyvendak）和法国伯希和（Paul Pelliot）等人。

在1874—1875年间，英国外交官梅辉立在《中国评论》（英文）上发表了《15世纪中国人在印度洋的探险》，摘要翻译了黄省曾的《西洋朝贡录》中有关郑和下西洋的史料，并对某些地名和民俗作了考证；戴文达出版了专著《马欢再探》（1933）和《中国人对非洲的发现》[①]；伯希和发表了《15世纪初中国人伟大的海上航行》（1933）等论文。

进入20世纪80年代中期，海外的郑和研究力量迅速壮大，特别是东南亚地区的研究人员不断增加。从研究者的身份看，既有华裔，又有土著，既有记者、学者，也有外交家和企业家；从研究者分布的国家看，以亚洲为主，如印度尼西亚、马来西亚、新加坡、菲律宾、泰国、文莱、柬埔寨、印度、斯里兰卡、日本、伊朗等，欧洲国家次之，有法国、英国、荷兰、葡萄牙、西班牙和德国等，全球研究郑和的总人数已超过百名，其

---

① 《马欢再探》原文为英文 Ma Huan Re-examined，1933年在阿姆斯特丹出版。多年来，尽管不少人在自己的文章中提到戴文达的《马欢再探》，但是关于它到底是一本专著还是一篇论文，是用英文还是荷兰语写作，郑和研究界莫衷一是，争论不休。2010年11—12月，在荷兰进行学术访问期间，笔者专程到莱顿大学东亚图书馆查阅到该书，同时核实该书尚无荷兰语版，并带回该书的复印本。

中印度尼西亚有 20 余名。他们中不少人曾应邀来华考察、访问和参加郑和学术研讨会。中国学者也走出国门，应邀参加美国、泰国、印度尼西亚、新加坡、文莱和马来西亚等国纪念郑和的活动或研讨会。

据朱鉴秋主编的《百年郑和研究资料索引（1904—2003）》[①]，百年来有关郑和下西洋的主要外文论著中，西文（英文、法文和葡萄牙文等）有 85 部（篇），俄文 12 部（篇），日文 29 部（篇），印尼文、马来文 21 部（篇），共计 147 部（篇）。

1885—2005 年间，东南亚出版的有关郑和下西洋的马来文或英文著作（专著、小说、论文集或译著）共 18 部，可分为三类——小说、普及读物和专著。小说类以 20 世纪 50 年代为界画线，此前的基本上编译于《西洋记》，如印度尼西亚出版的《三保大人的故事》（1885）、《明朝永乐时期的三保大人》（1903）、《三保大人》（1953）和《三保》（1955）等；其后的主要把郑和下西洋与所在国和地区结合起来虚构故事，如新加坡出版的《郑和将军访马六甲》（1969）等。普及读物以印度尼西亚的《三保太监简史》（1988）和《哈吉穆罕默德郑和将军友好访问的故事》（1992）为代表。专著类影响较大的有印度尼西亚出版的《三保公与印度尼西亚》（1992、1993）、《中国穆斯林郑和访问印尼群岛揭秘》（2000）和马来西亚出版的《郑和下西洋与马来国家》（2000）。

近二十年来，在欧美出版了一些郑和研究的著作，其中不乏影响较大者。如，美国学者李露晔（Louise Levathes）的《当中国称霸海上：1405—1433 年间的宝船舰队》[②]；法国学者多米尼克·来里勒（Dominique Lelievre）的《龙之光：十五世纪明朝初年伟大的远征》[③] 和皮埃尔·加玛拉（Pierre Gamarra）的《大元帅郑和传奇》[④]；英国前海军官员孟席斯（Gavin Menzies）的《1421：中国发现世界》和《1434：一支庞大的中国

---

① 朱鉴秋主编：《百年郑和研究资料索引（1904—2003）》，上海书店出版社 2005 年版。
② Louise Levathes, *When China Ruled The Seas：The Treasure Fleet of the Dragon Throne 1405—1433* (Oxford University, 1994). 中文版：《当中国称霸海上》（邱仲麟译），台湾远流出版公司 2000 年版。
③ Dominique Lelievre, Le dragon de Lumiere：les grandes expeditions des Ming au debut du XVe siecle (Paris France \ | Empire, 1996).
④ Pierre Gamarra, Vie et prodiges du grand amiral Zheng He (Paris：Mazarine, 2000).

船队访问意大利并点燃文艺复兴之火》。① 特别是《1421：中国发现世界》出版后，在国际上引起强烈反响和争论，扩大了郑和下西洋的国际影响，推动了郑和研究的深入发展。

令人欣喜的是，关于郑和与非洲关系的研究正越来越多地受到国际郑和研究界和学者们的关注。以 2010 年 7 月在马来西亚举行的郑和国际研讨会为例，这次研讨会的主题"郑和与亚非世界"直接涉及非洲。这是由新加坡国际郑和学会与马来西亚马六甲州政府、马六甲博物管理局及郑和文化馆联合举办的大型郑和国际研讨会。会议的主题是从东南亚和世界的角度来探讨郑和研究，表明郑和研究已从以中国本土为中心脱颖而出，呈现出跨学科的多元国际整合的倾向，凸现出郑和研究的国际化趋势。来自 16 个国家与地区包括中国、英国、美国、澳洲、新西兰、日本、巴拿马、南非、斯里兰卡、印度、印度尼西亚、泰国、马来西亚、新加坡以及中国台湾和香港等地的 345 名学者汇聚一堂，参与研讨。研讨会共收到 70 篇论文，其中 59 篇在会上分别以中、英、巫语三种语言宣读，分为郑和下西洋的影响与文化传承、郑和与海洋文明、郑和与宗教和谐、郑和下西洋遗迹与考证四个专题组研讨。70 篇论文中，有 6 篇的题目涉及非洲，中文和英文各占 3 篇，英文的作者分别来自英国、美国和新西兰。

百年郑和研究中文论著（1904—2003）共 2711 部（篇），再加上 2004—2005 年间的中文论著，其总数达 3000 余部（篇）。在分类统计这些论著中，发现以下几个特点：②

（1）论及郑和下西洋"航行区域及所经地方"、"对外关系"、"史迹文物"和"研究述评"的论文数量超过 200 篇，涉及"郑和及下西洋总论"、"下西洋诸论"、"船舶及造船"、"史料研究"和"郑和航海新论（含报道类）"的论文数量超过 100 篇，这表明对这两类课题的探讨与争鸣十分热烈。

（2）在郑和下西洋"航行区域及所经地方"和"对外关系"两类中，

---

① Gavin Menzies, *1421：The Year China Discovered the World*, 2002. 中文版：《1421：中国发现世界》（鲍家庆译），台湾远流出版公司 2003 年版。Gavin Menzies, *1434：The Year a Magnificent Chinese Fleet Sailed To Italy And Ignited The Renaissance*（HarperCollins Publishers, 2008）. 中文版：《1434：一支庞大的中国舰队抵达意大利并点燃文艺复兴之火》（宋丽萍、杨立新译），人民文学出版社 2012 年版。

② 参见孔远志、郑一钧编著《东南亚考察论郑和》，北京大学出版社 2008 年版，第 14—15 页。

涉及东南亚地区的数量最多，且主要集中在第三和第四时期。"航行区域及所经地方"共有论文207篇，分为总论、航路与交通、地名考、所经地方和重走郑和路五个部分。其中"所经地方"这个小课题有论文108篇，它包括六个地区，仅东南亚地区就有36篇。这36篇中出现在第四时期的就有35篇。同样，涉及"对外关系"这一课题的论文230篇，分为总论、外交政策、与东南亚关系、与南亚和西亚关系、与非洲关系以及华人、华侨六个部分，其中"与东南亚关系"这一小课题有82篇，居六部分之首。在这82篇论文中，第三时期和第四时期分别出现43篇和32篇。这说明新中国成立以来，我国的郑和研究特别关注东南亚地区。这不仅是因为东南亚是郑和每次下西洋的必经之地，而且与20世纪80年代以来东南亚地区经济的迅猛发展、中国与东盟各国关系不断加强有关。

（3）郑和下西洋与经贸的关系越来越得到学者们的关注。百年来有关这一课题的论文共99篇。四个时期的论文数量分别是1篇、11篇、21篇和66篇。这表明学者们注意到贸易往来是郑和下西洋的主因之一，反映了随着我国经济的迅速发展和对外贸易的扩大，国人越来越重视汲取郑和下西洋与经贸关系中的正反两方面历史经验。

综上所述，郑和在七下西洋期间曾四赴非洲，然而无论是国内还是海外的郑和研究却较少专门涉及非洲。截至目前，海内外出版的涉及郑和航海非洲的专著仅有一部，即李新烽的《非洲踏寻郑和路》，其他著作仅在其中谈及郑和与非洲的关系；专门论述郑和航海非洲的论文凤毛麟角，多数是在文中提及而已。造成这一状况的原因是多方面的：其一，非洲大陆距离我国遥远，交通受限，我国学者鲜有机会访问非洲；其二，近代以来，中非直接交往受到西方严重影响而中断，非洲学者很少关注中国，中国学者也很少关注非洲；其三，非洲大陆长期受到世界的边缘化，中国长期采取闭关锁国政策，西方学者基本上不关注中非关系，仅在新中国实行改革开放政策后，才把目光移向中国，进而关注郑和下西洋这一重大历史事件。

郑和航海与非洲的关系，无论是研究古代中非关系史还是研究现代中非关系，都是一个十分重要的课题。因此，郑和下西洋与非洲的关系研究，不但是郑和研究不可或缺的话题，而且是非洲研究和国际关系研究的题中应有之义。以往关于郑和下西洋与非洲的关系研究具有一个共同特点，即绝大多数论文仅在其中涉及，而不是学者专门写文章论述。迄今为止，专门论述这一选题的论文屈指可数：陈公元的《郑和下"西洋"与中非友谊》（1981）[①]、沈福伟的《郑和宝船队的东非航程》（1985）[②] 和郑一钧的《郑和下西洋与中非友谊》（2002）[③]。

再以纪念郑和下西洋 600 周年活动筹备领导小组选编的《郑和下西洋研究文选（1905—2005）》[④] 为例，该论文集以近二十多年来郑和研究的成果为主要编选对象，从国内学者百年来发表的论著中精选，汇集了 108 篇具有代表性的郑和研究论文和一般性文章，按"综论"、"史论"、"航海"和"人物"四部分编辑。尽管不少论文中提及郑和下西洋与非洲的关系，但是仅从这些论文的题目看，只有三篇出现了"非洲"，即"史论"部分中郑鹤声的《十五世纪初叶中国与亚非国家间在政治经济和文化上的关系》[⑤]，"航海"部分中朱偰的《郑和发现赤道非洲的航行》[⑥] 和沈福伟的《郑和宝船队的东非航程》。

综观这类论及郑和与非洲关系的论著和论文，当然包括直接论述郑和与非洲关系的论文与论著，其涉及的主要问题集中在以下五个方面：

第一，郑和船队几次访问非洲？郑和本人是否到访过非洲？

郑和船队究竟远航非洲几次，凡涉及郑和与非洲关系的论著和论文，因其大多不是专门或重点论及这一关系，所以大多笼统指出郑和船队到非洲去过几次。在专门论述郑和船队访问非洲的三篇论文中，陈公元和郑一钧一致认为，郑和船队四次访问非洲，即从第四次下西洋到第七次下西洋，始于 1413 年，终于 1433 年，历时二十载。不过，沈福伟认为，郑和下西洋"从第三次起，宝船队便通过马尔代夫抵达摩加迪沙，首次通航东非。自此以后，宝船每次出航，都将东非各港列入航程以内，自第三次

---

[①] 陈公元：《郑和下"西洋"与中非友谊》，《海交史研究》1981 年刊。

[②] 沈福伟：《郑和宝船队的东非航程》，郑和下西洋 600 周年活动筹备领导小组编《郑和下西洋研究文选（1905—2005）》。

[③] 郑一钧：《郑和下西洋与中非友谊》，该文是提交 2002 年 10 月南京国际郑和研讨会的论文，后被收入会议论文集——《睦邻友好的使者——郑和》（海潮出版社 2003 年版）。遗憾的是，收录时竟被大量删减。

[④] 郑和下西洋 600 周年活动筹备领导小组编：《郑和下西洋研究文选（1905—2005）》，海洋出版社 2005 年版。

[⑤] 郑鹤声：《十五世纪初叶中国与亚非国家间在政治经济和文化上的关系》，《山东大学学报》1957 年第 1 期，文中把郑和与亚洲和非洲的关系一起论述。

[⑥] 朱偰：《郑和发现赤道非洲的航行》，《文汇报》1957 年 3 月 30 日。

至第七次下西洋，先后五次连续开赴摩加迪沙、布腊瓦等东非重要海港……"①

沈福伟依据的是明人陆容《菽园杂记》中的记载："永乐七年（1409年），太监郑和、王景弘、侯显等统率官兵二万七千有奇，驾宝船四十八艘，赍奉诏旨赏赐，历东南诸蕃，以通西洋。是岁九月由太仓刘家港开船出海，所历诸蕃地面，曰占城国，曰灵山，曰昆仑山，曰宾童龙国，曰真腊国，曰暹罗国，曰假里马丁，曰交栏山，曰爪哇国，曰旧港，曰重迦罗，曰吉里地闷，曰满剌加国，曰麻逸冻，曰坑，曰东西竺，曰龙牙迦邈，曰九洲山，曰阿鲁，曰淡洋，曰苏门答剌，曰花面王（国），曰龙（涎）屿，曰翠岚（兰）屿，曰锡兰山，曰溜山洋，曰大葛兰，曰阿（柯）枝国，曰榜葛剌，曰卜剌哇，曰竹步，曰木骨都束，曰阿丹，曰剌撒，曰佐法儿国，曰忽鲁谟斯，曰天方，曰琉球，曰三岛国，曰渤泥国，曰苏禄国。至永乐二十二年（1424年）八月十五日诏书停止。"② 在这里，陆容所述"所历诸蕃地面"中，有卜剌哇、竹步、木骨都束三个东非沿岸国家，以及阿丹等五个阿拉伯国家，是否即系郑和第三次出使访问的国家，尚可存疑。其一，据郑和本人在《天妃之神灵应记》和《娄东刘家港天妃宫石刻通番事迹碑》中所述，以及《明实录》、《明史》等书中的记载，郑和船队是第四次出使以后，才访问了古里以西忽鲁谟斯乃至东非沿岸诸国。其二，陆容记述中末尾"至永乐二十二年八月十五日诏书停止"一句，表明郑和船队所历自占城至苏禄四十一国，都是永乐年间的事，所以也就不能排斥其所记东非及阿拉伯诸国，有可能为永乐年间第四至第六次出使所访问的国家。其三，古里和小葛兰为郑和第三次下西洋所访问的重要国家，陆容竟漏而不记，说明他的注意力不全集中在记述郑和船队第二次下西洋所经历的国家。总之，我们不能依据《菽园杂记》的这一记载，就肯定郑和船队在第三次下西洋中已遍历西亚和东非的航程。

以往涉及郑和与非洲关系的论文和论著都是一般性地言及郑和船队访问非洲，并不特别强调郑和本人，因而对于郑和本人是否访问过非洲一直

---

① 沈福伟：《郑和宝船队的东非航程》，郑和下西洋600周年活动筹备领导小组编《郑和下西洋研究文选（1905—2005）》，第493页。

② （明）陆容著，佚之点校：《菽园杂记》卷三，中华书局1985年版，第26—27页。

存疑。在 2002 年 10 月南京国际郑和研讨会上，郑一钧教授在其论文《郑和下西洋与中非友谊》中引用《明史》中的记载，特别强调并指出郑和本人到过非洲，对郑和本人访问过非洲给予明确肯定回答。

目前，只有我国台湾成功大学历史系陈信雄教授对郑和船队访问非洲多次提出质疑。他认为："郑和第四次航行才到达忽鲁谟斯，第五次以后才到达阿拉伯半岛，所到阿拉伯半岛的佐法儿、阿丹与天方，其中佐法儿与阿丹到过一次至三次，天方只到过一次，天方之行是搭乘别国船只而前往。至于郑和舰队远至非洲之说，笔者以为不无可疑。"[①] 与这一问题相关，有台湾学者认为郑和船队到过非洲，但郑和本人并未到过非洲，到非洲去的只是郑和船队的分艅。例如："从海洋史、经济史研究郑和下西洋的研究员陈国栋表示，明成祖派郑和下西洋是为了寻求外国朝贡及贸易（主要是胡椒和一种叫'苏木'的红色棉布染料），当时中国的西洋航线终点只到印度西海岸，郑和本人则大都在中途点马六甲坐镇指挥。陈国栋说，郑和船队是在孟加拉看到长颈鹿（即中国所称的吉祥野兽'麒麟'，在明朝是贵重礼物），获知长颈鹿原乡在今非洲肯尼亚，于是派分遣队前往肯尼亚寻找，但最远就到非洲东岸，绝不可能再绕过非洲南端前往美洲。"[②] 陈国栋的观点因缺乏有力证据支撑，不过一种假设而已。

第二，郑和船队最远到达非洲的什么地方，是否绕过好望角？

大多数认同郑和船队到过非洲东岸的论著和论文一般都认为郑和船队最远到达非洲的麻林地（麻林），此麻林地一般认为即今肯尼亚东岸的马林迪。[③] 近年，金国平等人提出郑和船队最远到达非洲的比剌和孙剌，认为根据《明史·郑和传》的记载："又有国曰比剌，曰孙剌。郑和亦尝赍敕往赐。以去中华绝远，二国贡使竟不至。"从这一记载"可知'比剌'最基本的地理特征是'去中华绝远'，因此，它应该是郑和下西洋的终极点"。并考证"'比剌'是'Bilad al-Sufala'中'Bilad'的对音，实指莫桑比克岛；'孙剌'是'Sufala'浅滩的对音，代指'索发拉'。它们是郑

---

① 陈信雄：《郑和出使海外的前代先例》，《郑和研究与活动简讯》第 2 期，2001 年 12 月 20 日。
② 《学者质疑郑和发现新大陆理论》，《南洋商报》2002 年 3 月 16 日。
③ 也有学者认为，麻林地是今坦桑尼亚的基尔瓦基西瓦尼（Kilwa Kiswani），为古代马赫迪尔首都；或是今坦桑尼亚的林迪（Lindi）；还有一种观点认为是肯尼亚格迪。

和下西洋的极点"①。只有少数学者提出郑和船队绕过了好望角。

早在1985年6月出版的《论郑和下西洋》一书中,郑一钧教授指出,"郑和船队在第六次下西洋中,开赴东非沿海的远洋分综曾南下航行过莫桑比克海峡,进入南非海域……1459年,即郑和船队停航26年以后,在欧洲地图家弗拉·毛罗绘制的世界地图上,有两段注记提到,从印度启航的中国帆船(junk),在郑和第六次下西洋期间(1421年以后)曾进入南非海域,甚至到达好望角附近。其中的一处,标明在索法拉角(德尔加多角)和绿色群岛(阿尔达布拉群岛、科斯莫莱多群岛、科摩罗群岛)的外海,曾有船先西南后转西作过海上冒险,往返达4000英里,远至非洲西海岸,推测至少越过了非洲南端的厄加勒斯角。另一处在迪布角的题词是:'约在1420年来自印度的一艘中国帆船,通过男、女岛,绕过迪布角,横越印度洋,取道绿色群岛和黑水洋,向西和西南方向连续航行四十天,但见水天一色,别无他物。据随员估计,约行2000英里。此后情况不妙,该船便在七十天后转回迪布角。'海员们曾登岸求食,获见巨大的鸵鸟蛋。根据这两段注记,则这次出使赴非洲的船队,已自索马里、肯尼亚继续南下;其分综则从拉克代夫和马尔代夫群岛,向西通过奔巴岛和桑给巴尔岛,然后折向西南,与从索马里、肯尼亚南下的船队先后取道绿色群岛,穿越莫桑比克海峡,航经马达加斯加岛、莫桑比克、南非沿海;分综则继续南下进行海上探险,绕过厄加勒斯角、好望角,进入大西洋,深入西南非洲沿岸。这两方面的船队的远航,确实把郑和下西洋的航程向着印度洋西南方,延伸到'去中华绝远'的地方"。"据清初钞本《针位篇》残卷记载:'永乐十九年(1421年)奉圣旨,三宝信官杨敏字佛鼎,洎郑和、李恺等三人,往榜葛剌等番邦,周游三十六国公干,至永乐二十三年(1425年),经乌龟洋中,忽暴风浪。'杨敏率领的分综船队,虽曾随郑和、李恺等人的大综船队同道访问过一些国家,但在郑和一行于永乐二十年(1422年)八月回国后,仍然在去遍历海外诸国,直到永乐二十三年(1425年)还航行于乌龟洋中。永乐年号到二十二年为止,杨敏一行远在异国他乡,还不知道明成祖朱棣已在永乐二十二年八月去世,永乐年号随之到二十二年为止,永乐二十二年后已改元洪熙。清初钞本《针位篇》便如实地反映了这种情况。

---

① 金国平等:《郑和航海的终极点——比剌及孙剌考》,王天有、万明编《郑和研究百年论文选》,北京大学出版社2004年版,第262页。

郑和使团第六次下西洋，由于着重发挥了分艅的作用，给予独立行动的自由，致使有的分艅海上航行达四年之久，得有时间在整个印度洋，尤其是在赤道以南印度洋广大海域进行海上探索，西行深入大西洋，抵达西南非海岸，东行深入太平洋，抵达澳大利亚海岸，将郑和船队的东西洋航程延伸到'去中华绝远'的海域"①。

以上两段论述认为，郑和船队分艅在郑和第六次下西洋期间（1421年以后），曾沿东非沿岸"继续南下进行海上探险，绕过厄加勒斯角、好望角，进入大西洋，深入西南非洲沿岸"，"在赤道以南印度洋广大海域进行海上探索，西行深入大西洋，抵达西南非海岸"，都是认为郑和船队最远到达非洲的地方，已经绕过了好望角，抵达西南非洲海岸。同时，沈福伟在《郑和宝船队的东非航程》一文中说："中国帆船在印度各地非常广泛的活动，使中国帆航在印度洋航海享有很高的声誉。中国航海家对南印度洋进行的海上探索，更显示了他们具有非凡的才干和卓越的航海知识，因而能够在葡萄牙人东航以前首先英勇地闯过好望角的风暴，到达非洲西海岸，进入大西洋。"②

第三，郑和船队在非洲留有哪些遗迹？这些遗迹的可信程度如何？

在认可郑和船队曾到过非洲的前提下，一般认为郑和船队在非洲留下遗存，陶瓷是重要物证。如郑师渠主编的《中国文化通史》一书，在明代与非洲的文化交流这一部分写道："明朝初期，郑和下西洋的船队，曾经到达非洲的比剌（或谓即非洲东北岸外之阿卜德库里岛）、孙剌（或谓即非洲东北岸外之所科特拉岛）、木骨都束（今索马里摩加迪沙）、卜剌哇（今索马里布腊瓦）、竹布（今索马里准博）、麻林（今肯尼亚马林迪），与非洲东海岸国家进行经济文化交流。有明一代，陶瓷仍然是中国与非洲文化交流的重要信物和见证。中国瓷器大量涌进非洲国家，遍及埃及、苏丹、埃塞俄比亚、索马里、肯尼亚、坦桑尼亚、津巴布韦、莫桑比克、扎伊尔、赞比亚、马拉维、博茨瓦纳、南非、圣赫勒拿等国家和地区。柯克曼曾指出过：'从14世纪到19世纪中叶，肯尼亚从中国进口陶瓷的数量等于或往往超过了所有从其他国家进口的陶瓷的总和。'这些远销到非洲的瓷器，主

---

① 郑一钧：《论郑和下西洋》，海洋出版社1985年版，第225—228页。
② 沈福伟：《郑和宝船队的东非航程》，载郑和下西洋600周年活动筹备领导小组《郑和下西洋研究文选（1905—2005）》，第500页。

要产自江西景德镇。据学者考证，明清景德镇等窑生产的青花瓷，几乎遍及非洲15世纪至19世纪出土中国瓷器的遗址中。"[1] 中国瓷器的大量输入，大大丰富了非洲人民的精神生活。中国瓷器不仅是非洲国家上层社会必不可少的生活器具，而且成为财富和高雅的象征。他们大量收藏，或作为馈赠贵宾的珍贵礼品，或作为宫殿、清真寺建筑的高雅装饰品。

除陶瓷外，中国丝绸也是郑和船队带往非洲的主要物品之一，由于受当地气候条件影响而无法长期保存，所以今天难觅其踪。

在器物之外，更有人文历史方面的遗存。在肯尼亚小岛帕泰岛附近，当年郑和船队的一艘船只触礁遇难，水手们登陆帕泰岛后，遂将定居的村落更名为"上加村"。这些水手未能返回祖国，在定居孤岛后，与当地女子通婚，繁衍后代至今。随着时间的推移，当地居民习惯将"上加村"称为"中国村"[2]。

第四，中国古代航海技术能否支持郑和船队远航非洲？郑和航海非洲所乘的最大船只有多大？

在有关中国古代尤其是有关郑和船队航海技术的论著和论文中，凡认可郑和船队到过非洲的作者，都认为当时中国的航海技术能够支持郑和船队远航非洲。沈福伟认为，郑和船队的航海水平能够"英勇地闯过好望角的风暴"，其"航海事迹表示中国帆船在十五世纪初叶，无论在技术装备、形制规模、适航性能以及驾驶技术等方面，对世界航海事业所作的贡献，都已经达到了登峰造极的地步"[3]。对中国航海技术支持郑和船队远航非洲给予肯定回答。

至于郑和航海非洲所乘的最大船只有多大？历史记载和论著论文中尚无一处谈到这个细节。不过大多数学者认为，既然郑和本人亲自乘船到达非洲，而他所乘的海船即为船队的旗舰，即郑和船队中最大的宝船，就是《明史》上记载的长44丈、宽18丈的那种巨舶。郑和船队副使洪保的《寿藏铭》中记载："统领军士，乘大福等号五千料巨舶"[4]；郑和航海非洲所乘的最大船只，很可能就是像大福号那样的"五千料巨舶"。

---

[1] 陈梧桐主编：《中国文化通史·明代卷》，北京师范大学出版社2009年版，第140—141页。
[2] 李新烽：《非洲踏寻郑和路》，晨光出版社2005年版。
[3] 沈福伟：《郑和宝船队的东非航程》，郑和下西洋600周年活动筹备领导小组编《郑和下西洋研究文选（1905—2005）》，第500页。
[4] 王志高：《洪保寿藏铭综考》，《郑和研究》2010年第3期。

第五，郑和船队访问非洲有何重大意义？其对现实能产生何种影响？

关于郑和船队访问非洲的重大意义，郑一钧在《论郑和下西洋》一书中提出：首先在于它开启了洲际航海的新时代，从而揭开了十五六世纪世界大航海时代的序幕，使郑和下西洋的壮举成为世界大航海时代的先行者。郑和船队访问非洲的意义之二，是实现了明朝廷派遣郑和下西洋的终极目标，将"宣德化而柔远人"的对外方针，贯彻到利用当时的交通手段所能达到的"去中国绝远"的国度。郑和船队访问非洲的意义之三，是体现了时代的进步。郑和船队访问非洲的意义之四，是见证了中国与非洲各国之间存在着源远流长的传统友谊。郑和船队访问非洲的意义之五，是郑和船队与稍后西方殖民者在非洲的所作所为形成鲜明对比。[①]

郑和船队对非洲的访问有力地说明了我们今天与非洲各国开展的外交活动正是对当年郑和船队访问非洲活动的继承和发扬。2006年11月，当48位非洲国家首脑聚集北京举行中非合作论坛北京峰会之际，上海《东方早报》发表的《郑和抵达非洲以来》一文称，"公元15世纪，'三保太监'郑和奉诏远航西洋，七度海飘，终抵非洲一隅。他或不曾料想，自己已为两片古老大陆的交汇掀开一页辉煌篇章。时隔600年，中国与非洲再度跨海相聚。这一次，中国不再是远航异乡的客人，而是满怀自信的东道主；眼前也不再是人稀地荒的'竹步国'，而是济济一堂的非洲48国首脑。11月3日至5日，中国北京，世人将见证两个巨人横跨印度洋的握手——这是一个拥有20多亿人口、占世界陆地面积四分之一的巨大集合，也注定是一场不平凡的对话。就连骄傲的西方也不得不垂目低语：21世纪全新的南南合作即将登场"[②]。2008年12月，当中国海军开赴索马里、亚丁湾护航行动之际，人们自然又将它与六百多年前郑和船队访问非洲的历史对接，国外媒体更是感叹"郑和再来"！

当前，快速、全面发展的中非关系越来越吸引世界的目光，我国的非洲问题研究与郑和研究越来越受到世人的关注。与之相适应，郑和与非洲关系的研究将更加引起学者的兴趣，受到学界的重视。我们有理由相信，方兴未艾的"非洲学"、"郑和学"将迎来更加灿烂的明天。

---

① 郑一钧：《郑和下西洋与中非友谊》，范金民等编《睦邻友好的使者——郑和》，海潮出版社2003年版。

② 《东方早报》2006年11月3日。

修订本附录三

# 研究非洲　宣传郑和

*王伟光*

608年前，伟大的航海家、中国杰出的和平使者——郑和开始了七下西洋的壮举，云帆高挂，劈波斩浪，吹响了人类向蓝色海洋进军的号角，拉开了世界地理大发现的序幕，开辟了中国通往世界的"海上丝瓷之路"。在历时28年七下西洋的过程中，郑和舟师曾四次登陆非洲大陆，访问东非沿岸多个国家，开通中非之间官方交往的渠道，奠定了中非关系的良好基础，留下了一笔丰厚的政治、经贸、外交和文化遗产。

中国近代伟大的政治家们，对郑和下西洋有着各自的解读。

郑和七下西洋之时，中国拥有世界三分之一的财富。"乃郑和竟能于十四个月之中而造成六十四艘之大舶，载运二万八千人巡游南洋，示威海外，为中国超前轶后之奇举。"孙中山先生在《建国方略》中看到的是当时综合国力之强盛。

邓小平同志从国家大政方针的高度看到的是当时的开放："现在任何国家要发达起来，闭关自守都不可能。我们吃过这个苦头，我们的老祖宗也吃过这个苦头。恐怕明朝明成祖时候，郑和下西洋还算是开放的。明成祖死后，明朝逐渐衰落。"

中华民族崇尚和平，倡导和谐，"以和为贵"，以和为美。郑和船队访问了亚非30多个国家和地区，没有侵占别国一寸土地，没有掠夺他人一分钱财，没有贩卖非洲一个奴隶。以中国当时的实力，"是不为也，非不能也"，因为世界一流船队出使的目的，不是抢掠土地、索取财物和奴役他人，而是为了开展交流、发展友谊、拓展贸易。1964年2月周恩来总理在访问非洲发表演说时，称赞郑和"为中非友谊作出过重大贡献"。

众所周知，继郑和远航之后，葡萄牙人登陆非洲大陆，烧杀抢掠，无恶不作。恩格斯指出："葡萄牙人在非洲海岸、印度和整个远东寻找的是黄金；黄金一词是驱使西班牙人横渡大西洋到美洲去的咒语；黄金是白人刚踏上一个新发现的海岸时所要的第一件东西。"运用"剑与火"在非洲进行大肆掠夺和残酷镇压的西方殖民者，又岂能与郑和"丝与瓷"的和平之旅同日而语、相提并论？

2004年，在纪念民主南非十周年和中非伙伴关系论坛上，南非总统姆贝基指出："历史告诉我们，在几百年前，不论是非洲人还是亚洲人，都没有把对方看成是野蛮人。虽然远隔重洋，但双方都认为自己的福祉依赖于另一方的幸福生活，这一意愿所反映的基本思想闪耀着人类的理性光辉。正是基于这一意愿，15世纪中国船队到访非洲港口所带来的是互惠互利的合作，而不是随着阿拉伯人和欧洲人而来的奴隶贸易和殖民主义所带来的毁灭与绝望。"

对于致力推动共同建设和谐世界的当代中国学者来说，郑和航海与非洲的关系研究——无论是郑和研究还是非洲研究，无论是古代中非关系研究还是现代中非关系研究，都是一个十分重要的课题。

但是，回顾近百年郑和研究的历史，其中论及郑和与非洲的论著和论文，特别是直接论述郑和与非洲关系的论文与论著，数量和篇幅都很有限，论题也比较狭窄，对郑和与非洲这一主题的论述与全面、系统、深入研究尚有相当距离。至于深入非洲，实地考察调研，进行实证研究更是鲜有人涉足。

中非之间虽相距遥远，彼此文化也存在差异，但共同的历史遭遇、共同的发展任务、共同的战略利益、共同的未来前景把我们紧紧联系在一起。中国和非洲互为真诚的朋友，相互同情，相互理解，相互支持，相互合作。在事关对方核心利益的问题上，我们从来都是立场鲜明、毫不含糊地支持对方。在台湾问题、人权问题上，在对待所谓的"中国威胁论"、"新殖民主义论"上，非洲朋友坚定地站在中国一边。毛主席当年曾感慨道，是非洲朋友把我们"抬进"联合国的。与此同时，中国人民一贯支持非洲人民的民族解放运动，努力帮助非洲国家进行经济建设，不断推动非洲实现自主和可持续发展，并在国际舞台上仗义执言，捍卫非洲大陆的合法权益。

自2000年中非合作论坛成立以来，中非之间政治关系不断加强，经济往来日益密切，文化交流走向深层。这里仅以经贸合作为例，中非经贸合作正处在历史最好时期。继2008年中非贸易额突破千亿美元大关后，双方贸易持续健康发展，互补性不断增大。据最新统计，2012年中非贸易额达1985亿美元，同比增长19%，近10年平均增幅超过30%。我国自2009年起已连续4年成为非洲第一大贸易伙伴国。中国继续加大对非洲国家的投资力度，投资项目注重增强非洲国家自主发展能力，愈加关注非洲当地的民生问题，不断增强中国企业的社会责任。2012年中国对非直接投资29亿美元，同比增长70%。截至去年，中国对非洲的直接投资累计超过150亿美元。非洲已是我国海外能源资源的重要供应地、我国第二大海外承包工程市场。

在援助方面，非洲是中国对外援助重点地区之一。1956年中国开始对非洲国家提供援助。截至2012年底，我国共向53个非洲国家提供了援助，援建了1000多个成套项目，涉及工农业、基础设施、公用民用建筑、文教卫生等多个领域。今年是中国向非洲派出医疗队50周年，50年来累计派出1.8万人次的医疗人员，诊治了2.5亿人次的非洲患者。同时，我国还提供了一大批受援国急需的生产生活物资、技术援助和现汇援助。比如，向坦赞铁路持续不断注入资金以保证其正常运营、向遭受干旱侵袭的"非洲之角"各国援助粮食以缓解饥荒，等等。事实表明，中非之间全方位、多角度、深层次的交流与合作，内容广泛、领域广阔、前景广远。

今年3月，中国国家主席习近平上任后的外交开局之旅就出访非洲，足以说明中国珍视中非传统友谊，重视加强中非新型战略合作伙伴关系。在坦桑尼亚发表的题为《永远做可靠朋友和真诚伙伴》的演讲中，习主席全面阐述了新时期中非共谋和平、同促发展的政策主张，指出中非是命运共同体，强调中国"真"、"实"、"亲"、"诚"对待非洲。这四个字就像画龙点睛一样，不但对中非关系进行了提纲挈领、真实生动、具体形象的总结和阐述，而且为中非关系健康、全面、快速发展注入了新活力与正能量，发人深省、耐人寻味、催人奋进。

然而，相对于中非关系的飞速发展及其取得的巨大成就，我们的非洲研究是相对滞后的。50年前，毛泽东主席就曾坦诚指出："我们对于非洲的情况，就我来说，不算太清楚。应该搞个非洲研究所，研究非洲的历史、地理、社会经济情况。我们对于非洲的历史、地理和当前情况都不清楚，所以很需要出一本简单的书，不要太厚，有一二百页就好。可以请非洲朋友帮助，在一二年内就出书。内容要有帝国主义怎么来的，怎样压迫人民，怎样遇到人民的抵抗，抵抗如何失败了，现在又怎么起来了。"中国社会科学院西亚非洲研究所就是根据毛主席的这一指示成立的，肩负起我国非洲研究"国家队"的重任。

研究国际问题，相互了解、知己知彼是前提。对于遥远的非洲大陆，我们只有加强了解，搞清楚基本情况，才能进行深入研究。新烽同志曾是人民日报社常驻非洲的记者，足迹遍及大半个非洲大陆，在采写非洲的新闻实践中，以记者的职业敏感、独特视角和深层思考，观察非洲、体验非洲、理解非洲，其《非洲踏寻郑和路》与《非凡洲游》这两部专著，以区别于西方记者、学者的中国视角和清新朴实的优美文笔，给我们讲述了中非友好的动人故事，叙写了中非友谊的壮美篇章；向我们展示了非洲大陆的多姿多彩，记录了非洲人民的多灾多难；让我们目睹非洲姐妹的曼妙舞姿，耳闻黑人兄弟的美丽歌喉，感悟非洲大陆的前进脚步……为我们进一步认识非洲、了解非洲、研究非洲，开辟了一个的新窗口。正如米博华同志在《非凡洲游》的序言中所言："新烽同志领着我们走进非洲，触摸非洲，使我们不无惊奇地看到另一个非洲：一个神秘而亲切的非洲，一个美丽而忧伤的非洲，一个奔放而自尊的非洲，一个狂野而智慧的非洲。"

在人类的帆船时代，郑和舟师经历了千难万险，付出了千辛万苦，其中一艘船只在肯尼亚帕泰岛附近触礁，船员脱险登陆帕泰岛融入非洲社会，与当地女子通婚，落地生根数百年仍不忘记自己的中国根。当地人把中国船员当年落难居住的村庄称为"中国村"，把落难船员的后裔叫作"中国人"。作为采写帕泰岛"中国人"的第一位中国记者，新烽的系列报道在《人民日报》发表后引起强烈反响。其报道对现实产生了两个直接影响：一是他发现的"中国学生"姆瓦玛卡·沙里夫作为非洲留学生，如愿以偿来到中国学习中医，就读于南京中医学院；二是中国与肯尼亚签订了中非之间首个考古协议，中肯两国考古专家经过5年的调查论证得出三点结论：拉木群岛仍居住着中国人后裔，相传他们是郑和船员的后代；拉木地区是中国古瓷器的仓储之地，在肯尼亚发现的40多处中国古瓷器遗址中，拉木地区最重要；拉木群岛的帕泰岛附近海域可能有中国沉船。

目前，中肯两国的考古合作已进入第二阶段，作为重要援外项目，中国政府无偿出资2000万元，寻找传说中的郑和船队的沉船，进一步破解中非古代文化交流、经贸往来的一些历史疑团。这一消息在肯尼亚引起广泛关注，当地人对中国考古队的专家说："过去我们是朋友，现在我们是兄弟。"

中肯联合考古工作同时受到国际媒体的高度关注。2010年8月,当中国考古队在当地发掘出一枚明代"永乐通宝"铜钱时,英国广播公司以"一枚钱币改写中非历史"为题进行了文字和视频报道。该报道开篇指出:"一枚毫不起眼的铜币,却能颠覆我们对早期东非历史的认知,更引发了东非对当代中国角色的再思考。"

2013年3月,肯尼亚传来另一个与郑和有关的消息:美国科学家在肯尼亚的曼达岛上发现了一枚600年前的中国铜钱,从而为郑和船队早于欧洲人到达东非提供了又一新证据,进而改写了国际贸易史。据英国《每日邮报》网站3月14日报道,两名美国科学家——查普鲁卡·库辛巴和斯隆·威廉斯带领团队在肯尼亚进行联合考察,他们在帕泰岛附近的曼达岛上发现了一枚罕见的600年前的中国铜钱——"永乐通宝",明朝永乐年间(1403—1424年)发行的钱币。库辛巴说:"这枚铜钱中间有一个用于穿绳的方孔,表明早在欧洲探险家到来之前数十年,中国已经与东非开展贸易了。""我们知道,非洲始终与世界其他地区存在联系,但这枚铜钱开启了关于中国与印度洋沿岸国家关系的讨论。"

谈及郑和船队访问东非,肯尼亚国家博物馆奇里亚玛博士指出:"我们发现,中国人对待东非有着与欧洲人迥异的态度","他们派遣使者携带礼物前来,表明他们对我们平等相待,也表明肯尼亚在葡萄牙人到达之前,已与外界有了紧密的联系,是一支活跃的海上力量,这对肯尼亚在思考今天与东方的联系有着深远的影响。中国与东非有着比欧洲人更为古老的贸易联系,当今中国对非贸易的发展实际上正是这一传统的延续。很久之前,东非海岸始终是向东方而非向西方看的,如今,这些发现给了政治家们更充足的理由去坚持:'让我们向东看',因为长久以来,我们一直如此。"

根据系列报道扩充、结集出版的专著《非洲踏寻郑和路》更是受到学术界和普通读者的广泛关注,赢得一片赞誉,先后荣获全国"五个一工程奖"、中国改革开放优秀报告文学奖、徐迟报告文学奖、华侨文学奖等多种全国性奖项。2006年6月,在出访非洲的专机上,李肇星外长把《非洲踏寻郑和路》一书推荐给温家宝总理,温总理阅读后欣然在该书的扉页上题词:"山一程,水一程,身向世界行;风一更,雪一更,心怀天下事。"温总理的题词不但是对新烽同志的鞭策和鼓励,而且是对我们非洲研究的鼓舞和期望,同时也为我们社会科学研究提出了要求,指明了方向。

"莫嫌荦确坡头路，自爱铿然曳杖声。"正是对非洲大陆的情有独钟，对非洲研究、郑和研究的专注执着，2008年8月，李新烽作为人才引进调入中国社会科学院西亚非洲研究所，专业从事非洲问题研究，实现了从报道非洲到研究非洲的角色转换。恰逢毛主席关于非洲研究的指示发表52周年，欣闻中国社会科学出版社再版《非洲踏寻郑和路》和《非凡洲游》两部专著、南非人文科学院出版社也即将出版这两部著作的英文版，特表祝贺。这两部专著中、英文版的相继问世，不但能够帮助中国读者朋友进一步了解非洲、认识非洲，而且能够帮助非洲朋友进一步了解郑和、认识中国。

我国领导人历来十分重视非洲研究、郑和研究。毛泽东主席作出关于成立非洲研究所的指示，朱德委员长强调"要保护好郑和父亲的坟墓和墓碑，这是研究郑和最重要的文献史料"。邓小平、江泽民、胡锦涛、习近平同志多次谈到中非友谊的重要性与郑和下西洋的重大意义。这对我们进一步研究非洲、研究郑和，更好地宣传非洲，宣传郑和，更好地用科研成果服务祖国、服务时代，都是极大的鞭策和鼓舞。

非洲研究是一个巨大的宝藏，等待着有志者去深入开掘；郑和与西亚非洲关系研究蕴藏着丰厚的政治、经济和外交遗产，等待着有志者去努力开拓；非洲研究、郑和研究的不断深入更是等待着有志者去辛勤耕耘。在祝贺两部专著再版和英文版出版之际，更希望新烽同志继续保持在非洲当记者时那么一股热情，那么一股干劲，在非洲研究、郑和研究中迈出新步伐，取得新成果！

（本序作者为中共中央委员、中国社会科学院院长、党组书记、学部主席团主席）

# 读《非洲踏寻郑和路》

*李瑛*

一

青铜的阿非利加呵
对亚洲东方古大陆的我们
远得像天边的星
或一片不散的云
却又是我们的近邻
我时时总听见你的
鼓点、铃声和歌唱

感谢盛情的邀请
我曾在尼罗河上泛舟
也曾遥望乞力马扎罗山头的白雪
我沿着你石头的纹脉和
老树的根
看到你苦难的历史
也看到今天丰饶质朴的美
使所有的欺骗、掠夺和资本血污
都感到羞愧
后来回到我的祖国
把心留在那里的大城和小村
至今它仍在怦怦跳动
把诗埋进沙碛荒滩
后来都长成了蓬勃的青草

二

　　干燥的野驼皮般的大陆呵
　　湿漉漉雨林和茫茫草原的大陆呵
　　为什么一想起你、首先
　　总想起渗血的绷带般长的岁月
　　总想起海岸贩奴的古堡
　　当一个人失去名字
　　变成一个冰冷的数字
　　泪水便撕心地尖叫
　　为什么一想起你
　　白天，总看见双双红肿的眼睛
　　黑夜，是带火的皮鞭、惨白的牙齿
　　为什么一想起你
　　眼前总倾斜着
　　大西洋那条滔滔血路——
　　人类永远不灭的耻辱和伤口

三

　　却也有另一页真实的历史
　　六百年前，我们的祖先郑和
　　一次次踏浪远航
　　为送去丝绸、瓷器和友谊
　　轻叩你们的大门
　　浩浩船队，千帆如云
　　他高擎一盏灯
　　照耀着翻卷的海水
　　任鼓满篷帆的风
　　撩起蓬乱的头发
　　而在肯尼亚帕泰岛

嶙峋的乱礁丛里
一艘宝船沉没了
他的鳃再不掀动
浪迹岛上的船工水手
便在那里年复一年地
播下颗颗中华文明的种子

如今，六百年了
一只双龙坛仍然活着
这是中国大地的泥土
搅拌着中国大地的水、火和
中华民族的精魂
孕育的历史信物
更有一块残瓷碎片
清晰地印着一个完整的汉字
——"福"
像一朵盛开的牡丹
像一只圆润的苹果
静静地甜甜地微笑着
望着伤痕累累的大陆
非洲的亲人们呵
请接受吧，这五千年
中华文明最高的哲学精神
是人间最圣洁的仁、爱和理想

呵，六百年大海潮汐
六百年日月寒暑
永恒的只有友谊和祝福

四

遥远却是比邻的阿非利加呵

黑夜般坚强勇敢的大陆
从荒原上的血认识了我们的父亲
佝偻的背，瘦削的肩，变形的脚
从茅檐下的泪认识了我们的母亲
弯下身用乳汁喂养棉花和玉米

如今，颤动的地平线上
随风滚动的再不是
石头、枯蓬和贫穷
当用昨天的死亡解释完生命
便有了今天人们的崛起
属于明天和希望的亲人们呵
让高举的尊严和自由
永远在和平与友谊中
在黑色的大陆上
燃烧不熄

（本序作者是著名诗人、中国文联荣誉委员、中国作协荣誉委员、中国诗歌学会荣誉会长）

# 时代呼唤更多非洲研究力作

刘贵今

2011年是毛泽东主席作出非洲研究指示50周年，国内举办了多次纪念活动；2012年7月，中非合作论坛第五届部长级会议将在北京举行。值此时机，中国社会科学出版社决定同时推出李新烽博士研究非洲的三部著作——《郑和与非洲》、《非洲踏寻郑和路》（修订本）及《非凡洲游》。《非洲踏寻郑和路》（修订本）作为"记者调研"，是新烽历时6年，不辞艰辛，苦苦追寻郑和下西洋到达非洲足迹的研究成果；《郑和与非洲》是对郑和下西洋四次访问非洲的全面深入研究，进一步解答了人们的有关疑虑，并在此基础上提出了自己的新观点；《非凡洲游》的副题"我在非洲当记者"，顾名思义，是新烽驻非洲8年记者生涯、走访非洲26国所见、所闻、所为、所思的亲历心得和见解。

2001—2007年，我在南非当大使6年期间，有5年与新烽在南非做人民日报社驻南非首席记者、人民网和环球时报社驻南非特派记者同期，相互常有来往。我回国担任中国政府非洲事务特别代表和达尔富尔问题特别代表后不久，新烽就与人合著《全球视野下的达尔富尔问题研究》一书同我切磋。我对新烽印象最深的一点，就是他的敬业精神和记者兼学者的禀赋。职业道德使他常怀中国传统知识分子的良心和责任感，具有吃苦耐劳和锲而不舍的精神，并凭着记者对于信息的敏感和学者研究问题的严谨，铸就了他在新闻和学术领域的成功。他书中涉及的许多非洲国家及人和事，不少是我所常驻过的国家或所熟悉的对象，读来亦倍感亲切。

即将再版的这两部专著，不是一般的游记和猎奇读物，它们覆盖了作者足迹所至大半个非洲的自然地理、风土人情、历史文化、政治经济，以及非洲人民对和平、发展的渴求，对中国人民的友谊和期望，内容丰富，意蕴深刻。书中洋溢着作者对于非洲大陆的热爱和深情，贯穿着两条相得益彰的主线：记者眼中的鲜活故事和学者笔下的历史典故。读故事，你会觉得兴趣盎然；看历史，你会感到厚重充实。尤其值得称道的是，作者在对事件和人物背景进行预研的基础上，迈开双脚，不惜冒着危险，深入现场搜寻线索和实地采访，收集了大量第一手材料，再予以深入研究和提高，做到言之有物，立论有据，集原创性、学术性和通俗性为一体，无怪乎这两部书一出版就受到学者好评和读者喜爱，并先后获得多个全国性优秀图书、新闻和报告文学奖项。2006年6月，作者随团采访温家宝总理访问非洲7国时，总理在专机上欣然为《非洲踏寻郑和路》题词，肯定作者的著作，勉励其继续努力。我想，这也包含着国家领导人对我们非洲研究的期望。

除这两部大作外，新烽凭着自己的才气和勤奋，多有其他著述问世。这次出版的《郑和与非洲》就是他主编的深入研究郑和远航与非洲关系的新作，得到著名非洲问题专家、南开大学教授张象老师的好评。张教授认为："作者从新的视角、新的领域出发，收集了大量新材料、新内容，用社会科学和自然科学、书斋研究与实地考察、历史意义与现实影响'三结合'的方法论述写作，从而使其专著独具特色。""新烽用摆事实分析原由的方式进行论述，努力用第一手材料来说明问题，展示中非友谊的源远流长；他通过阐述郑和舟师在非洲的深远影响，进而批驳了西方白人'发现非洲'的谬误；他提出首批华人在明初就'移居非洲'，这一论断将非洲华人华侨的历史提前了二三百年。"

我自1981年起从事对非工作凡30年，目睹和经历了中非关系的风雨和变革。今日中非已结成"新型战略伙伴关系"，中国已成为非洲最大的贸易伙伴，非洲也是中国的主要投资目的地，中国公司和公民已遍布非洲的各个角落，中非之间合作的规模、深度、广度和势头均前所未有，今非昔比。但中国公众对非洲的了解、中国学者对非洲问题和中非关系的研究，却显得与此不相适应。我最近几年因工作需要，常去欧洲出差，在伦敦的大街上随便走进哪家书店，都可以看到书架上摆放着各类有关非洲的书籍，而回到北京，即便到长安街的王府井新华书店，除了可见几本非洲旅游手册外，若想找点关于非洲问题的著作，真是难乎其难。我在国内有几次应邀参加非洲国别投资论证会，大家也往往只能发表些泛泛议论，而鲜见有专家详细了解有关非洲的国情，包括政局、法规、税收、交通、民俗、最新经济状况和综合投资环境等，而我们对这些国家的潜在投资动辄就有数亿美元甚至更多。这种对非洲深入了解的现实需求和相应知识的短缺，对比是如此鲜明。如这一状况不能尽早改变，我们不知还会走多少弯路和付出多少"学费"。中非关系的可持续发展，也将会受到制约和影响。

西方尤其是欧洲，凭其长期的地缘、历史、语言和文化优势，迄今仍主导着对非洲研究和非洲问题的话语权，并且出于复杂心态，不时借此对中非关系说三道四。中国在对非关系大发展的同时，也遇到许多新问题和新挑战，中国在非洲的形象亦趋于多面和复杂，亟待我们认真研究，与时俱进，妥谋对策。中国应该有更强的战略思维和长远考量，充分发挥自身优势，即中国的独特视角和对非政策，并凭借中非关系的强劲发展和双方频繁互动，在过去50年对非洲研究积累的基础上，创立自己的非洲学，完善自己的非洲观，使我国的非洲研究再上台阶，以适应和服务于新形势。中非关系的现状和需求正催动着我国官方和学界加大对非关注和研究投入，并呼唤更多非洲研究力作的问世。

（本序作者为中国亚非学会会长，浙江师范大学中非商学院院长，中国政府前非洲事务特别代表、达尔富尔问题特别代表，中国前驻津巴布韦、南非大使）

# 寻访郑和　走读非洲

李炳银

　　对于我们很多人来说，非洲是非常遥远的地方，也是陌生的世界。非洲是同黑色人种、干旱、贫穷和野生动物多样等这些内容给人留下印象的。在过去的很多年，非洲的不少国家，先后被西方各国所殖民统治，资源被掠夺，人民遭欺侮，其历史带有很多的血泪和辛酸。但是，非洲有着很古老的历史，是人类地球家园的美丽田园所在之一部分。

　　中国和非洲虽然远隔重洋，距离遥远，但是早在600多年前，因为中国郑和庞大船队的探险巡游，就曾经让相互间有了很多联系。但是，郑和船队没有像后来的西方掠夺者那样，一旦发现，就长期驻扎和侵夺，而是在一路赐送出中国的瓷器、丝绸和茶叶等物资之后返航了。曾经到达，却没有很好地接续，竟使中非这样开始很早的友谊联系后来长时间地近乎中断了。然而，人过留影，雁过留声。存在过的，就一定会有痕迹保留。

　　很值得庆幸和珍视的是，在郑和四次远赴东非洲大陆沿岸不少国家600年后，曾任《人民日报》驻南非首席记者的李新烽博士，利用常驻非洲8年的机会，先后走访26个非洲国家，包括正处于战乱中的索马里。当获知在索马里有个"中国村"，在肯尼亚的帕泰岛至今仍有郑和抵达非洲的遇难船员后裔等大量历史遗迹的消息时，他不顾艰难，毅然四次奔赴肯尼亚做实地踏访，在当地获取了很多真实的第一手资料。后来出版的新闻调查报告《非洲踏寻郑和路》的新奇丰富内容，就是他这些奇特艰难踏访经历和直接现场观察感受的记录。这些看来也许是比较零散久远的历史信息，却是中非曾经联系沟通的见证，是由历史走到今天的信息符号。这些实物的见证和大量出于历史信息的衍生传说，对于历史和现在的中非交往关系都会有很大的价值作用。因此，李新烽的这些独特的实地踏访报告因为揭开了中非历史联系的神秘大门，而远远跳出了个人旅游发现的范围，对于认识和增进中非关系的研究将大有裨益。

很令人感兴趣的是，李新烽作品的内容，没有一个地方不联系着中非关系的历史和现实，但其文字表达的方式方法，却完全不像那种学术研究式的追踪表述那样给人以严峻和呆板的感觉。李新烽的新闻报告，具有很强的新闻现场调查特点，又有文学写真感受和形象表达的特点。所以，这样的文字真实、具有现场气息，而且也带有直观形象和表达生动的成分，很容易吸引和感染人。像作品在描述到自己多次艰难踏寻过程中那些带点离奇的遭遇，面对"中国村"、"中国人"、"双龙坛"、"郑和村"、"郑和碑"、"中国瓷"、"钢铁斑马"等对象故事的时候，无不因为带有真实生动的故事情节而使人紧张、惊奇和欣慰。这种将事实的原貌通过证据的推演而完成的生动表达，较之纯粹地辨析总结陈述更富有形象的力量。正是在这样的基础和角度上，李新烽的作品不仅在中非关系史发现研究上具有里程碑的作用，在其文学——也可以说报告文学的写作方面也具有分明的个性和独特价值。这也是报告文学界给予他奖励的原因所在。

李新烽的作品，对于人们开阔报告文学题材的领域，对于在独特地方捕捉那些有价值的对象给予文学表达可能的行动很有启发。这样的实际作为，特别是应该让很多游走在世界各地，每天都在同世界上人们关注的热点事件矛盾纠缠在一起的新闻记者们受到启发，你们也是有机会和特殊的条件优势来实现这样的写作的。报告文学，当年就是一些关注世界热点事件的新闻记者、作家走上现场，真实地描述表达的结果。在如今这个世事纷繁的世界，在到处都充斥着虚假传说的环境里，人们更加渴望真实、真相的表达。而报告文学这样的文体，在现今的世界各地，也是一个突出的文学写作现象。在灾难的现场，在战争的前线，在重大矛盾的现场等，报告文学都是有大作为的地方。新闻是报告文学曾经的母体，是孕育推进报告文学生长的摇篮。在报告文学实现体裁独立，已经具有很分明的文学艺术表达特点的今天，报告文学依然不能够忽略自己与新闻的这种历史和现实的密切联系。

自然，李新烽是追寻着郑和船队航行的路线在非洲踏访的。但是，这或许正像人行进在一条神秘的道路上，你虽然是有目标的，但你可能接触和看见的绝不仅仅是孤立的目标本身。李新烽的非洲游走，就是这样。他的目标是探访郑和当年的历史痕迹，可他作品却同时为读者提供了非常新颖丰富的有关非洲历史和现实的很多内容。这些内容或许与目标有关，或许与目标存在差异和距离，可是，对于人们相对陌生的非洲，这些内容却十分的重要和有益。非洲的历史，非洲的现实，非洲的文化风俗，非洲的政治民生，非洲的风光景物等，或许都会引发你的兴趣。因此，李新烽的作品，是可以看成了解非洲的文学手册的，是可以帮助人们比较深入地认识了解非洲的真实文学读本的。

在初版和再版之后，《非洲踏寻郑和路》这次又将出版修订本和英文版，这是一个有远见的明智之举，值得肯定和祝贺。因此，我乐意写上这些个人的感受文字置于书前，是为序！

（本序作者为中国报告文学学会常务副会长、中国作家协会研究员、文学评论家、《时代报告·中国报告文学》主编）

修订本附录四

# 谁道报人无"郑和"

## 范敬宜

宋代大政治家、文学家王安石写过一篇《游褒禅山记》，其中有一段议论十分精彩，使我终生难忘：

"世之奇伟、瑰怪、非常之观，常在于险远，而人之所罕至焉，故非有志者不能至也。有志矣，不随以止也；然力不足者，亦不能至也。有志与力，而又不随以怠，至于幽暗昏惑而无物以相之，亦不能至也。然力足以至焉，于人为可讥，而在己为有悔；尽吾志也而不能至者，可以无悔矣，其孰能讥之乎？此予之所得也。"

王安石的这番话，是他涉远探险的感悟，也是他为学、为政、为人的心得。他教人不论做什么事情，都要有百折不挠的志向和毅力，才能达到"无悔"的境界。我最初读到这篇文字时只有十五六岁，对它深邃的内涵还不能完全理解。随着年龄和阅历的增长，才越来越体会到它蕴含的深意。它像一支烛光，引导我在人生的隧道里不断地探索、前进。

在后来几十年的新闻生涯中，每当遇到困难、挫折和困惑，我也常用这段话来勉励和鞭策自己。特别是在走上新闻工作的领导岗位之后，为报道题材的单一、狭窄感到"山重水复疑无路"的时候，王安石的这段警句就在枯涩的脑海里闪出光辉，使我眼睛一亮，看到了"柳暗花明又一村"。——"入之愈深，其进愈难，而其见愈奇。"——新闻工作的"奇"是和知难而进的"深"紧紧联系在一起的。只要勇于"深入"，眼界就会豁然开朗，就会有写不尽的"奇伟瑰怪非常之观"。

因此，在20世纪90年代中期，我担任《人民日报》总编辑，经常听到读者反映报纸的报道领域不够宽阔时，又反复想到王安石的警句，决定在报纸上开辟一个"在读者想知、记者罕至的地方"的专栏，鼓励和组织记者深入人迹罕至、很少有过报道的地方，写一点"读者想知"的新闻。这一招果然很灵，当开篇的《"赵光腚"的后代》（"赵光腚"是周立波著名小说《暴风骤雨》中的人物）一出台，就受到广大读者的热烈欢迎。后来不少读者纷纷给报社"点题"，要求报社派记者到他们那里去采访。这说明，世界上还没有进入记者视野的地方实在太多了。不仅中国如此，外国更是如此。在这个广袤的地球上，不知有多少"奇伟瑰怪非常之观"在等待我们的记者。

这就要把话题转到李新烽同志的新著《非洲踏寻郑和路》了。李新烽是《人民日报》驻非洲的常任记者，按照习惯，驻外记者只要不漏报所在国的要闻就算尽职了。可是他并不满足于完成"规定动作"，而是放宽眼界，不仅到"读者想知、记者罕至"的地方去发现新闻，而且冒着生命危险，到"读者不知、记者不至"的地方去搜索新闻。当他从西方记者笔下了解到肯尼亚帕泰岛上遗留有我国明代探险家郑和的后裔这条新闻线索后，不避艰危，只身深入肯尼亚帕泰岛去采访，整整六年，为踏寻郑和在非洲的足迹，跑遍了大半个非洲，纵横数十万里，成为报道帕泰岛中国人后裔、发现"中国学生"姆瓦玛卡的第一位中国记者，也是索马里内战14年来两次深入该国采访的唯一中国记者。他用笔向世界展示了一段悲壮美丽的中国历史，为中国历史续补了一页悲壮美丽的篇章。当我读着"中国'泰坦尼克'号"、"帕泰村长说海难"、"海里捞出'双龙坛'"、"融入非洲大家庭"、"他们人人姓'中国'"、"寻觅'龙坛'打捞人"、"当年沉舟索马里"等章节时，真有一种惊心动魄、目迷神眩之感，从内心喊出一声：壮哉郑和！卓矣新烽！

写到这里，忽然想到对新闻的"猎奇"一说应该有点新的理解和诠释。长期以来，新闻讳言"猎奇"，甚至把它当做一种贬义词。现在看来，对"猎奇"应该做点具体分析。作为新闻工作者，对于腐朽、低俗、荒诞的"奇"固然应该拒绝、摒弃，而对于足以鼓舞人心、开拓视野、发人深省的"奇伟瑰怪非常之观"的"奇"，则不但不应该拒绝、摒弃，而且应该提倡、鼓励新闻记者去发现、发掘。从某种意义上说，许多杰出新闻记者轰动世界、影响世界之作，都是不畏险远去猎取的珍贵文献。如最早真实反映俄国"十月革命"的瞿秋白、邹韬奋的《饿乡纪程》、《赤都心史》和《萍踪寄语》、《萍踪忆语》，如索尔兹伯里、罗开富重走中国长征路写的纪实报告，都是以生命、健康为代价写出的神奇的新闻宝库。今天，新烽同志为寻找郑和船队水手在非洲的后裔而做出的传奇式的采访，不仅是继承了"三宝太监"大无畏的冒险精神，也是发扬了中国新闻工作者的优秀传统。感奋之余，成诗一首，以表贺忱：

"三宝"沉舟究若何？
茫茫沧海疑云多，
纵横万里寻遗躅，
谁道报人无"郑和"！

（本序作者为清华大学新闻与传播学院院长、第八届和第九届全国人大教科文卫委员会副主任委员、《人民日报》原总编辑。）

# 引人入胜的"踏寻"

## 于 宁

2005年我国举行的纪念郑和下西洋600周年的活动，规模空前，影响空前。在这次大规模的纪念活动中，《人民日报》连载的前驻南非记者李新烽的记者调查《踏寻郑和在非洲的足迹》并不在计划之内，却成为一个引人瞩目的亮点，以其取材的独特性、内容的翔实性、叙事的生动性而广受好评。同行认可，读者认可，专家也认可。李新烽因此而成为研究郑和、研究中非友好关系史的知名人士。

2004年1月，我与《人民日报》社的同仁谢隆灿、谢卫群、杜江等一行访问南非时，一路上听新烽讲了不少他到肯尼亚等国寻访郑和遗迹和郑和船队水手后裔的经历。他记忆力好，又善讲故事，大家听得津津有味。后来我得知今年将纪念郑和下西洋600周年，便建议他把这些经过详详细细写出来，在报上发表，一定会吸引大量读者。新烽说，他也有此打算，正在抓紧撰写。今年先是在报上看到他的长篇连载，现在又看到即将付梓的厚厚的书稿，真是为他高兴！

"宝剑锋从磨砺出，梅花香自苦寒来。"新烽为撰写这部著作，六易寒暑，跑了非洲十多个国家，采访了数百位各阶层人士，历经艰险，辛苦备尝。甚至冒着生命危险，两次深入战乱频仍的索马里采访。学术界专家对新烽这部著作给予了充分肯定和高度评价。中国非洲史研究会名誉会长、北京大学非洲研究中心主任陆庭恩教授说："根据我的查证，《非洲踏寻郑和路》是我国调查研究郑和下西洋到达非洲的第一部著作，系统、全面、生动地论述了郑和船队在非洲的行踪及其留下的遗迹和产生的影响，提供了许多第一手的资料。""本书填补了非洲研究，特别是中非关系史研究的一个空白。"国际郑和文化研究中心（马来西亚）主任、中国科学院海洋研究所研究员郑一钧说："该书的出版，为我们填补了郑和研究中的一项空白。为进一步研究郑和、了解郑和航海与非洲的关系，认识郑和在非洲的影响，开辟了一个新的视野。"

新烽是一位新闻记者，他的本行是搞新闻报道。《非洲踏寻郑和路》一书，是一部访问记式的新闻作品。能写出这样一部可读性、学术性俱佳的新闻力作，不是偶然的。在新烽身上，具备党报记者的基本素质，又有他独到的地方。我认为有这样几点很突出：

一是顽强的意志与严谨的作风相结合。当他认定寻访郑和在非洲的遗踪是一个很有意义的选题后，即不怕千难万险，踏上征途，一年不行，两年，两年不行，三年，不达目的，决不罢休。需要去的地方，他千方百计要去到；需要见的人，他千方百计要见到；需要搞清的情况，他千方百计要了解到。同时，不管多么疲劳，他总要把采访中所见所闻所思所想认真地记录下来，作为翔实可靠的资料。

二是常规动作与自选动作相结合。作为《人民日报》常驻南非的记者，首先当然要把驻在国的新闻报道好，同时也要把职责范围内的其他非洲国家的新闻报道好。新烽在任上的七八年间，兢兢业业，忠于职守，工作十分出色。但他并未满足于此，而是根据实际，主动出击，积极开拓有价值的选题。踏寻郑和在非洲的遗迹的报道，不过是其中最突出的代表。

三是记者与学者相结合。作为一名记者，新烽原来对郑和、对中非关系史只是略知一二，并无深入研究。为了把调查访问写得有厚度有深度，他搜集、阅读了大量中外文资料，结合采访掌握的大量实际材料，他对这些历史资料深入分析研究，"激活手中的历史材料"，"活用历史材料"，提出了若干有价值的新见解，受到专家学者的称道。就在本书从酝酿到写作的六年里，新烽逐渐实现了从记者到学者型记者、专家型记者的过渡。

四是文字报道与摄影报道相结合。新烽本是文字记者，但他很重视摄影报道。早在刚去南非上任时，他就自己花不少钱为自己配备了一台好相机，去到哪儿，带到哪儿，用到哪儿。令我十分感动的是，在一次乘船去采访时，船遇风浪，险些翻沉，他首先想到的是紧紧抱着相机包，生怕丢失。功夫不负有心人。本书之所以特别能吸引人，原因之一就是附了大量新烽拍摄的直观、形象、生动的图片。如果没有这些图片，本书肯定会大大减色。如今是"读图时代"，新闻记者都应成为"图文并重、两翼齐飞"的"双枪将"。

我想，新烽的这些做法和经验，广大新闻记者都是会从中受到启迪的。

新闻史上的名篇《西行漫记》、《中国的西北角》等，教育和鼓舞了一代又一代新闻工作者。新烽继承并弘扬了老前辈的光荣传统。他的《非洲踏寻郑和路》一书，就是向老前辈交上的一份出色的答卷。

当读者翻开这部有人有事有情有景有义有趣的大书来，随着作者一路"踏寻"去，会有恨不能一口气读完之感。我想，随着本书的流传，会有越来越多的读者知道"帕泰岛"、"上加村"、"西游村"，知道那里生活着郑和船队水手的后裔，说不定有的人还会萌生这样的念头：什么时候能到那儿去看一看？

（本序作者为全国人大教科文卫委员会委员、中国新闻摄影学会会长、《人民日报》原副总编辑。）

# 独特的研究视角

陆庭恩

我怀着十分喜悦的心情阅读了李新烽博士的著作《非洲踏寻郑和路》，得益匪浅，为他不畏艰险的敬业精神和认真严谨的科学态度而深深感动。

在人类文明发展史上，15—16 世纪是一个伟大的历史转折时代。它是以史无前例的世界性航海活动肇始的。郑和船队七下西洋，历时 28 年（1405—1433 年），远航亚非三十多个国家和地区的壮举创其先河。这一旷世伟业截然不同于后来诸多西方航海家的活动。他们所到之处没有压迫、奴役当地居民，没有掠夺他国领土，建立殖民地，更没有把当地居民贩卖为奴隶，或将当地财富掠回国内。郑和下西洋，不仅充分显示了中华文明的辉煌成就和中华民族的坚韧执着、不屈不挠、勇于开拓的民族精神，也充分显示了中华民族睦邻友好、热爱和平的优良传统。郑和下西洋促进了所到地方的经济发展和当时的中国同外国的外交和贸易。这种和平外交赢得普遍赞誉和尊敬。在郑和下西洋 600 年后的今天，纪念这一伟大的和平实践，对于当今中国在为实现民族振兴的征途中，向世界宣示，中国将始终不渝地继承历史传统，高举和平、发展、合作的旗帜，在维护世界和平的斗争中发展自己，通过发展自己来维护世界和平，促进经济共同繁荣，推动世界和谐发展具有十分重要的意义。

郑和下西洋是明朝初期的一大盛举，数百年来也自然成为学术研究的对象。至今出版的有关论著已经不少。一个时代有一个时代的学术着力点。它是与时俱进，在原有的思路上不断地丰富和延伸的。目前郑和研究向"多维思考"发展是一大趋势。但不管怎样，学术研究总是要依靠确实无误的原始资料（史料）为根据的。应该承认，目前，研究郑和下西洋的原始资料是很不完整的。现有史料大体可以分为三类，一类是官书，如明朝的《明实录》，还有清修《明史》中的一些资料等。二类为后来发现的文物资料，如在江苏太仓发现的石刻碑文《通番事迹之记》，在福建长乐发现的《天妃灵应之记》碑和南京发现的"静海寺残碑"等十来件。三类是当时亲历下西洋的个人论著，像马欢的《瀛涯胜览》、费信的《星槎胜览》、巩珍的《西洋番国志》等书。此外，还有明代一些文人学士记载有关郑和下西洋事迹和轶闻的日记、笔记、小说和文集等可资参考。郑和下西洋的全过程本来是有完整档案资料的，保管在明朝兵部，后因多种原因被全部毁坏，没有保存下来，令人痛惜，也给后人研究郑和下西洋带来了极大的困难。

目前，郑和下西洋的研究工作由于缺少文献史料作为依据，对于存在的一些分歧问题难以通过深入研究，相互切磋，进而取得突破性成果。这就需要扩大史料的来源，不单单要注意国内的文物史料，特别要重视国外的资料和历史遗存，后者恰恰是我们过去了解不多、研究不够的地方（长期以来比较重视东南亚的国家和地区，成果也较多些）。显然，其中要沿着当年郑和船队的行迹，进行实地考察和调查访问，以求获得前所未有的资料，是万分辛苦的事情，往往会一无所得，空手而回，弄得不好会变成完全是吃力不讨好的事情，内中的苦楚是很难言及的。但是，这种工作又是必不可少，必须有人去做的。我在20世纪80年代末在尼日利亚学术访问期间，曾就该国的发展问题进行研究，其间需要了解那里的社会、历史状况，故深入农村和民族地区进行实地考察调查，因此深有这方面的体会。

郑和下西洋学术研究中存在的一些分歧，是多方面的。其中郑和船队在非洲究竟留下了哪些遗迹？在当地产生过什么影响？船队在非洲最远到达什么地方？都有些不同的看法。光最后一个问题，归纳起来就有三种意见：不少学者依据仅有的中籍记载，认为郑和船队远航到达非洲东海岸的木骨都束（今索马里的摩加迪沙）、麻林地（今肯尼亚的马林迪）等地。近些年来有的学者认为郑和船队沿东非海岸南下，经过坦桑尼亚、莫桑比克海岸，通过好望角，进入大西洋。近几年，有的国外学者还提出，郑和船队绕过好望角后，北上在刚果河口登陆，又经几内亚湾，到达佛得角群岛，从那里又沿西南方向直达南美洲东部海岸。事实到底如何？要回答上述这些问题，在非洲，沿着郑和船队可能的行踪进行实地考察和调查研究是必不可少的。

新烽博士是我国《人民日报》驻非洲的常任记者。他的职业是记者，但他怀着一位学者强烈的使命感，在工作繁忙之际，想办法挤出时间，寻找郑和在非洲的足迹。为了获得丰富、详细、可靠的第一手资料，新烽从1999年起的六年时间里，只身访问了津巴布韦、布隆迪、卢旺达、乌干达、埃塞俄比亚、肯尼亚、索马里、坦桑尼亚、莫桑比克、赞比亚、马达加斯加、科摩罗、毛里求斯、塞舌尔、纳米比亚、安哥拉、刚果（金）等十多个国家，行程数十万公里，做了前人没有做过的事情是很了不起的。新烽为了抓紧时间采访，有时只能采取"曲线"行进的办法，走了许多冤枉路。为了把握关键性的采访，有时吃不上饭，喝不上水，当然睡不了觉更不用说了，甚至冒着生命危险直接进入非洲一些国家的内战前线。索马里的内战已经打了14年，当地军阀割据十分严重，外人进去有生命危险，时常能听到这方面的消息。新烽是这个国家内战以来深入内部采访的第一位中国记者，而且一连去了好几次。他所经历的艰辛和危难是旁人难以体会的，正如他本人所说"酸甜苦辣尽在不言之中"。

新烽博士的工作取得了很大的成绩，呈现在大家面前的这本著作是最有力的证明。根据我的查证，《非洲踏寻郑和路》是我国调查研究郑和下西洋到达非洲的第一本著作，系统、全面、生动地论述了郑和船队在非洲的行踪及其留下的遗迹和产生的影响，提供了许多第一手的资料。该书不仅应用了现有文献和文物资料，更以亲自实地调查考察增强说服力为其特色，凝聚着作者多年的心血。本书填补了非洲研究，特别是中非关系史研究的一个空白。应该指出，新烽通过自己亲自的考察研究否定了一些没有根据或不实的断言、结论，从学术研究来说这也是一大贡献。这本书的内容是以郑和船队在非洲的活动为主题的，但述及许多国家人文地理、风土人情，以及当前政治、经济、国际关系，甚至中非关系等方面，内容十分丰富，图文并茂，可读性很强，是一本难得的好书。

我认识新烽已经好几年了。记得他在中国社会科学院念博士学位时（在《人民日报》工作的在职博士），我曾参加他的博士论文答辩。当时他很艰难，既要在南非当《人民日报》的常任记者，工作繁忙，又要抽空看书、研究、写论文，利用回国休假，提出论文答辩。他的论文是研究南非土地制度的，论文写得很好，最大的特点是不拘泥于前人的研究成果，而是参照文献资料，利用在非洲工作的机会，深入第一线，开展调查研究，从而提出自己的看法。他的做法当场得到各位评委的肯定和赞许，他的论文被评为中国社会科学院研究生院优秀博士论文。新烽给我留下了刻苦认真、联系实际、虎虎生气的极其深刻印象。

新烽时值中年，今后还有很大的发展潜力。在学术研究方面，我希望他坚持自己的特点，戒骄戒躁，不断攀登高峰，取得更多的成绩，为发展中国的非洲学作出更大的贡献。

2005年10月写于北京大学承泽园致远书屋

（本序作者为中国非洲史研究会名誉会长、北京大学非洲研究中心主任。）

# 六百年后有新篇

## 郑一钧

郑和下西洋，从1405年（明永乐三年）到1433年（明宣德八年），先后进行了七次大规模的航海活动，遍访亚非沿岸三十多个国家和地区，在人类航海史和中外交往史上写下了光辉的篇章。郑和下西洋时期，郑和使团对非洲各国的访问，在整个下西洋的事业中，有着特殊的重要意义。郑和下西洋最重要的就是要把明王朝的声威和德望远播到当时航海所能达到的、"际天极地"的任何一个国家和地区。以当时的海洋地理知识，及所继承的自汉以迄宋元的航海遗产，非洲沿海各国，便是这样"际天极地"的遥远国家。郑和使团多次对非洲进行了成功的访问，是"超三代而轶汉唐"，为以往任何一代盛世所不及的壮举，有力地显示出郑和航海所取得成就。

明代以前，自唐以迄宋元，中国与非洲各国间的海上交往时有所闻。在这个基础之上，明初郑和下西洋"锐意通四夷"，势必要进一步扩大中国与非洲各国间的海上交通，从而出现了横渡印度洋的壮举，在中非友谊史上揭开了新的篇章。从第四次下西洋起，郑和船队经过南洋群岛，横渡印度洋，取道波斯湾，穿越红海，沿东非之滨南下，最远到达赤道以南的非洲东部沿岸诸国及马达加斯加岛一带，分綜甚至远达西非沿岸。为了便于访问非洲沿海诸国，郑和船队同时开辟了由印度半岛西南沿岸小葛兰横渡印度洋直航非洲的新航路，以后又开辟了数条横渡印度洋的新航路，主要有：1. 自锡兰山国别罗里（一说在今斯里兰卡科伦坡南32英里之贝鲁瓦拉［Beruwala］，一说为距加勒港［Galle］东南13英里之别里加姆［Belligamme］）南去顺风21昼夜，可至卜剌哇国（今索马里东南岸布腊瓦［Brava］）。2. 自苏门答剌（在今苏门答腊岛西北部）经溜山（今马尔代夫群岛）直航木骨都束（今摩加迪沙）。木骨都束和卜剌哇都是当时东非重要的城邦国家。郑和船队横渡印度洋，主要以这两个国家为直航非洲的航海贸易基地。

郑和所访问的东非沿岸各国，大多位于现今索马里、肯尼亚、坦桑尼亚地区，这里在公元前1000年左右已居住着说库施语的身材高大的农民。公元初期使用铁器的班图人迁入，到公元1000年中期他们将原有居民同化。在东非海岸，广泛存在古代水利工程和绵延几十千米的梯田遗迹，说明这里早就有相当发达的灌溉农业。公元前五世纪至公元六世纪，阿拉伯、波斯、印度、埃及、希腊、罗马的商人，先后来到东非海岸，运来念珠、布匹、矛斧刀锥，运走香料、象牙、犀角、龟板、椰子油和奴隶。在这种繁荣的国际贸易中兴起了阿达尔与拉普塔国家（拉普塔国家在今坦桑尼亚境内，可能在庞加尼河流域，或在鲁菲河三角洲），以及一系列沿海城镇。这些城镇的居民，沿岸北部主要是索马里人，沿岸南部主要是班图人，但还有很多阿拉伯、波斯和印度移民。公元七世纪阿拉伯帝国崛起后不久，帝国内部发生了争执和分裂，那些失败者为逃避战祸和政治迫害，纷纷背井离乡，迁居东非沿海地区。这些阿拉伯人大批迁来，同当地居民融合，在北部产生了索马里阿拉伯文化，在南部形成了斯瓦希里文明。伊斯兰教传入后，从十世纪起，这些来自阿拉伯半岛的移民开始在东非沿海建立了穆斯林城邦国家。北索马里早就存在以泽拉为都的阿达尔古国。公元前三世纪，来自南阿拉伯的阿布勒移民，将王国征服并分割成两国，北半部（位于曼德海峡和提欧港）称为安卡利；其南部仍保留了阿达尔的名称。四、五世纪，阿克苏姆王国打败阿布勒人，这两国都成了阿克苏姆的属国。从此，在索马里人的历史上，开始了为摆脱埃塞俄比亚人统治而争取独立的斗争。七、八世纪，阿拉伯穆斯林大批迁入索马里半岛。9—13世纪，在索马里人部落中兴起了一些穆斯林国家，为了争取独立，他们对信奉基督教的阿克苏姆压迫者展开了"圣战"。这些国家中最强大的是以哈拉尔为都的伊法特苏丹国，它不仅统治着泽拉港的古阿达尔王国，还吞并了塔朱腊湾北部安卡利王国的部分土地。14世纪早期，伊法特苏丹发动了反埃塞俄比亚的战争。15世纪初，斗争遭到挫折。1415年，泽拉港被占，苏丹被杀，其子逃亡也门。几年后，苏丹之子虽然归来重建了以达卡尔为都的阿达尔国家，但被迫向埃塞俄比亚纳贡。10—15世纪，是东非海岸的桑给帝国时期。"桑给帝国"并不是一个真正统一的国家，在各城邦中长期居于霸主地位的是基尔瓦苏丹国。基尔瓦苏丹国是波斯人哈桑·阿里·伊本于975年率七艘大船征服基尔瓦及其邻近岛屿后建立的。它很快就发展为东非海岸的贸易中心。13世纪后期或14世纪初，控制了莫桑比克地区黄金集散地索法拉，国家达到极盛，索法拉、安哥舍、莫桑比克、桑给巴尔（"桑给巴尔"是波斯字音译。"桑给"乃黑人或黑色之意。"巴尔"是海岸或土地之意。桑给巴尔即黑人土地或黑人之国）、奔巴、蒙巴萨、马林迪、基斯马尤、摩加迪沙等城邦的苏丹都变成了它的封臣。由于其他城邦的竞争，霸权范围虽然有时缩小，但直到15世纪末开始最后衰落。桑给帝国各城市国家普遍实行奴隶制。在城市四周的种植园里、城寨的建筑工地上，以及家庭生活中广泛使用奴隶劳动。

随着辽阔内陆生产的发展和内地国家的兴盛，桑给帝国的贸易空前繁荣起来。阿拉伯人和斯瓦希里人的商队深入内陆，运出黄金、象牙、龙涎香和奴隶，运进印度洋、地中海各国以及中国的绸缎、布匹、瓷器、金属制品和玻璃器皿。12世纪，马林迪、蒙巴萨和布腊瓦的桑给人已开采铁矿，设置炼铁场，进行熟铁贸易。桑给帝国从这种国际贸易中获得了巨额财富，建筑了华丽的宫殿、雄壮的清真寺和坚固的堡垒。14世纪，伊本·巴图塔来到东非海岸，记述了各城市国家的富庶繁华情况，他说：基尔瓦是"最美丽、最整齐的城市"，蒙巴萨是"巨大"的城市，摩加迪沙是"特别巨大的城市"。到15世纪末，东非沿海已出现了如摩加迪沙、布拉瓦、格迪、基尔瓦、桑给巴尔等37个城邦。这些城邦规模都不大，每个人口在数千人至一两万人之间。城邦的经济生活以贸易为主，与埃及、阿拉伯半岛、波斯、印度乃至中国有着频繁的贸易往来，在印度洋贸易中扮演重要角色。城邦出口的项目有象牙、香料、玳瑁、兽皮和奴隶等；进口的物品主要有中国的丝绸、瓷器和漆器，中东的丝织品和铁器，印度的宝石、念珠和棉布等。摩加迪沙、布拉瓦等邦国，在明代以前即与海上丝绸之路沿线各国，包括中国在内，有着商贸往来。郑和船队以这两个邦国为横渡印度洋直航东非海岸的航海贸易基地，在相当大的程度上，也是出于从商业利益来考虑的。

郑和船队访问非洲，除了要使明朝的声威远播，其经济上的目的，就是开展贸易。以郑和船队先进的航海技术，完全可以驶过好望角，与欧洲人建立航海贸易关系。但在当时的中国人看来，欧洲还相当落后，对欧洲的毛织品、酒类等物产也不感兴趣，反倒对非洲的龙涎香等香料、象牙和野生动物更感兴趣。所以，郑和船队开展航海贸易，西行最远到非洲为止，并把与非洲各国的贸易，当做是郑和船队航海贸易的重要组成部分。郑和船队通过与非洲各国开展互惠互利的贸易，给非洲人民带来了中国人民的友谊，与西方早期殖民者在亚、非、美洲疯狂进行掠夺和屠杀的行为，形成了鲜明的对比。在摩加迪沙，至今还流传着一个关于该市东区区名来历的传说。据说，郑和的随行人员中有些是上海人，他们和当地贸易交往较多，索马里人记不住他们的名字，但知道他们来自上海，就叫他们"上海人"。后来为纪念他们，索马里人就把"上海人"作为摩加迪沙市东区区名。近十年来流传于世界各地关于在非洲东岸发现郑和船队成员后裔的报道，即反映了郑和下西洋所建立的中国与非洲国家间的友好关系，至今不衰。

由于史料缺乏等原因，以往人们在论及永乐、宣德年间七次下西洋的历史时，却很少研讨郑和使团对非洲的访问在下西洋事业中的地位与作用，未能充分肯定郑和访问非洲的历史功绩。郑和下西洋研究因此也缺少了一个相当重要的内容。所以，重视和加强对郑和访问非洲的研究与宣传，给予应有的评价，使之在郑和下西洋历史上有应得的一席之地，有助于全面了解郑和下西洋的历史。由于流传下来的有关郑和访问非洲的史料极少，为人们研究和宣传郑和访问非洲的事迹带来相当大的困难，以至于有人对郑和是否到过非洲产生怀疑。近年来，随着郑和下西洋600周年纪念活动的深入开展，郑和与非洲的关系的研究与宣传愈来愈引起人们的关注。尤其是针对英国退役海军军官孟席斯关于郑和船队环球航行之说引发的争论，更导致人们去关注郑和远航最远到达哪里，也就不能不促使人们进一步去探讨郑和船队对非洲的访问。我面前放着的这部《非洲踏寻郑和路》，是一部探究郑和访问非洲之谜的著作，作者李新烽博士自1998年至2005年任《人民日报》驻南非首席记者期间，在非洲广泛开展了采访活动，足迹遍布20多个非洲国家。作为我国主流媒体《人民日报》驻非洲的常任记者，他在获知郑和船队当年的一艘宝船沉没在肯尼亚帕泰岛附近的消息后，于2002年3月只身赴肯尼亚帕泰岛采访，成为报道帕泰岛郑和船队水手后裔、发现"中国学生"姆瓦玛卡的第一位中国记者。有关报道在《环球时报》和《人民日报》先后发表后，立即引起广大读者的强烈兴趣和普遍好评。此后，他又三次赴肯尼亚帕泰岛深入采访，跑遍了整个帕泰岛的村庄，走进中国人后裔的家庭，与中医大夫促膝谈心，发现和掌握了大量的第一手关于郑和船队水手后裔现今生活的素材，见证了从帕泰岛附近海域打捞出来的两个"双龙坛"。当地学者认为，当年郑和船队的那艘宝船是前往肯尼亚进行贸易时因迷失方向而沉没的，具有中国象征意义的"双龙坛"应该来自郑和宝船。

自1999年6月获知郑和船队水手后裔居住肯尼亚帕泰岛至2005年5月，为踏寻郑和在非洲的足迹，在郑和精神的鼓舞下，作者用了整整六年的时间，跑遍了大半个非洲，从印度洋西岸到大西洋东岸，从非洲内陆到四个岛国，舟车所及，追寻所向，纵横数十万里，以独特的视角探索和审视郑和使团访问非洲之谜。为掌握大量鲜活的第一手资料，李新烽博士于2004年冒着生命危险两次深入索马里采访，成为索马里内战14年来深入该国采访的第一位中国记者。在这部新著中，作者采用大量世人罕知的第一手资料，以生动的笔触和认真严谨的态度，通过讲述郑和使团当年在非洲留下的遗迹与郑和船队水手后裔今天的生活，拉近了郑和下西洋与现今的时空距离。从一个新的层面，向我们展示了郑和使团热爱祖国、睦邻友好、科学航海的光辉业绩，同时也向我们展示了作者不畏艰难、勇于探索的勇气和智慧。

总之，该书的出版，为我们填补了郑和研究中的一项空白。为进一步研究郑和、了解郑和航海与非洲的关系，认识郑和在非洲的影响，开辟了一个新的视野。对于向广大群众宣传郑和的历史功绩，继承和发扬郑和走向海洋、走向世界的精神，促进当代经济建设和各项事业的发展，对进一步发展中非传统友谊，无疑有着积极的现实意义，是献给郑和下西洋600周年的一份珍贵的礼物。笔者从事郑和下西洋研究多年，并且同作者一样，只能利用业余时间来研究郑和，因相关史料较少，在研究过程中艰辛备尝，对作者采写这部著作的甘苦自是更能引起共鸣，故乐为本书作序。

（本序作者为著名郑和研究专家、国家纪念郑和下西洋筹备领导小组顾问、中国科学院海洋研究所研究员。）

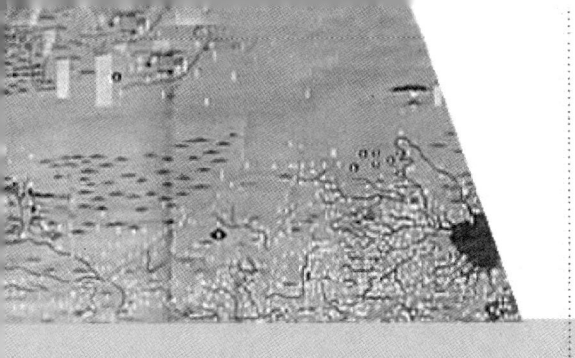

# 修订本附录五

# 一　续写悲壮美丽的故事
## ——访《非洲踏寻郑和路》作者李新烽博士

### 杨　慧

2006年6月17日至24日，温家宝总理历时8天，行程7.5万公里，访问了埃及、加纳、刚果（布）、安哥拉、南非、坦桑尼亚和乌干达非洲7国，传递了中国人民对非洲人民的美好祝愿，受到了非洲人民的热情欢迎。

在飞往埃及的专机上，外交部长李肇星将随行的《人民日报》记者李新烽撰写的新著《非洲踏寻郑和路》和《郑和史诗》呈送给了温总理。总理读后，欣然在《非洲踏寻郑和路》一书的扉页上题词："山一程，水一程，身向世界行；风一更，雪一更，心怀天下事。"这题词是温总理对李新烽博士所做工作的肯定和鼓励，也是对驻外记者和全体新闻工作者的勉励和希望。

日前，李新烽博士为其新著《非凡洲游》出版事宜来昆，记者就《非洲踏寻郑和路》一书专访了李博士。

**谁道报人无"郑和"**

**记者**：清华大学新闻与传播学院院长、《人民日报》原总编辑范敬宜在看了《非洲踏寻郑和路》一书后，有感您甘冒风险，为寻找郑和船队水手在非洲的后裔而做的传奇式采访，发出了"谁道报人无'郑和'！"的叹赏。请回顾您的采写历程，让我们与您一同走进那险象环生，又充满惊喜发现的旅程。

**李新烽**：回想整个采写过程，真可谓是酸甜苦辣尽在其中。我1998年赴南非任《人民日报》驻南非首席记者。1999年6月，南非一家中文报纸——《侨声日报》刊登了肯尼亚帕泰岛上居住着郑和船队后裔的两篇报道：郑和部下后裔现居东非肯尼亚和肯尼亚小岛"上加"村名源出上海。这两则报道引起我极大的兴趣和强烈冲动。作为中国人，我们比外国人更加关心郑和船队水手后裔今天的生活；作为中国记者，我们毕竟比外国同行更加了解自己的历史文化，职业的敏感和使命感促使我开始踏寻郑和在非洲的足迹。

帕泰岛丛林密布，无电无路，治安混乱。考虑到治安因素，我没有立即前往，而是采用曲线迂回方式从周边入手，并加紧收集有关资料做足案头工作。2002年2月28日，我飞抵肯尼亚首都内罗毕。在内罗毕，我多方打听帕泰岛的治安情况，得到的回答都是：东北部沿海一带社会治安十分糟糕，时有土匪出没抢劫乘客和路人。在蒙巴萨，一家中餐馆的老板提醒我"你最好不要再北上了！"但，时不我待，我毅然登上了帕泰岛。后来，我又3次深入帕泰岛，2次深入索马里，成为索马里内战14年来深入该国采访的第一位中国记者。

**记者**：这么说，整个采写过程，危险无处不在，无时不在？

**李新烽**：是这样。记得第一次赴帕泰岛采访，从帕泰村到上加村——"中国村"，交通工具仅有小木舟。夕阳下在印度洋乘孤舟赶路，我拿起船桨划了起来；当傍晚升起船帆借风行驶时，大风差点将小木船吹翻，船上的4个人大声惊叫；天黑赶到上加村时，方知上加村到西游村还有四五公里沙路，需要黑夜中在丛林穿行，而我必须赶到那里与船长会面。当我带着不安赶到西游村时，当地无水无电，那夜借宿西游村，闷热和蚊子让我一夜不能入睡。

2004年8月第一次赴内战之中的索马里采访，更是险象环生。大街小巷千疮百孔，一片混乱，首都仅有的两家宾馆在武装保护下才能勉强经营。夜间不时传来阵阵枪声，白天上街采访必须配备多名武装保安。当我在传说中的郑和船队当年入关处附近拍照时，一个小伙子猛地抓住我的肩膀，大声喊道："夺他的相机，抢他的背包！"多亏随行的8名保安眼疾手快，才避免了意外发生。

## 六百年后有新篇

**记者**：著名郑和研究专家郑一钧研究员评价《非洲踏寻郑和路》说："此书的出版，为我们填补了郑和研究中的一项空白。为进一步研究郑和、了解郑和航海与非洲的关系，认识郑和在非洲的影响，开辟了一个新的视野。"请简要为我们介绍您在非洲的发现，让"活的郑和史"再现我们眼前。

**李新烽**：郑和下西洋，从1405年至1433年先后进行了七次大规模的航海活动，从第四次起，郑和船队经过南洋群岛，横渡印度洋，取道波斯湾，穿越红海，沿东非之滨南下，最远到达赤道以南的非洲东部诸国及马达加斯加岛一带。然而，此"超三代而轶汉唐"的壮举，由于史料缺乏等原因，未能得到充分的认识。我的采访报道，以大量第一手鲜活的资料，讲述了郑和船队当年在非洲留下的遗迹以及郑和船队水手后裔今天的生活，从一个新的层面佐证了郑和远航非洲的史实以及中国文化对东非各国的影响。

在6年多的时间里，我从当地遗迹、人们口耳相传的传说以及生活习惯等方面一点点地寻找着中国文化的影响。在帕泰岛流传着郑和宝船触礁沉没的传说，初次采访时，帕泰村的村长告诉我，很久以前，一艘中国船驶入帕泰岛沿岸，在上加村附近不幸触礁下沉，船上数百人纷纷抛下载运的小船逃命，并从大船上搬下瓷器、丝绸等贵重物品，他们当中一部分人从上加村上岸，因而上加村被当地人称为"中国村"。后来他们中的一部分去了西游村，一部分来到了帕泰村。如果这个传说是真的，那么总能找到一些中国文化影子。一路采访，我从不放过一个个看到的景象、细节。夜宿西游村，在当地一户人家吃晚饭时，看到他家里的椅子与中国的椅子十分相似，一了解，这种"高靠背椅子"是"中国人传给当地的"。第二天，在村中采访时，一个自称是华裔的老人用扁担挑水，而不是像当地人那样用车运水桶或用手提。在上加村，我采访了当地按摩大夫，他们都说自己的按摩技术是祖辈从中国人那里学来的，他们向我演示的"按角"实际上是中国特色的"非洲拔罐"。

由于时间紧，我没能采访到当地有中国血统的人家，2003年5月我又一次来到帕泰岛，采访了西游村的"中国人"家庭，他们与当地人相较，头发黑而直，肤色浅，嘴唇薄，仍保留着一些中国特征，而且他们大多对自己拥有中国人血统引以为荣，这让我强烈地感受到中华文化旺盛的生命力，尽管他们早已融入当地社会，但他们始终不忘自己那深沉的"中国根"。当我了解到就读于拉木女子中学的巴莱卡家的小女儿中国特征更为明显，我专程去了拉木女子中学，见到了被称作"中国学生"的姆瓦玛卡，并向她捐了10000先令资助她上学……

我很高兴，人们可以凭借这些虽然零星，但生动、鲜活的资料碎片，拼接出一幅中非文化相互影响，友谊源远流长的美好图景。

**记者：**您有关郑和船队在非洲遗迹的报道，在国内反响强烈，效果良好，荣获了第十六届中国新闻二等奖。请问您与郑和故乡出版社——晨光出版社是怎样结缘的？

**李新烽**：2005年初，我在南非接到了晨光出版社社长周文林打来的越洋电话。周社长说，作为郑和的故乡人，他们正在编辑一部全面再现郑和丰功伟绩的百科图典——《郑和史诗》，在征集到的资料和图片中缺少非洲这一重要一环，从我的相关报道中，知道我做了大量采访和研究，希望得到我的支持。后来，又多次通过电话和电邮，应该说我是被周社长的热情和执着所打动，是我们都想把郑和伟绩传播得更广的共同心愿把我们联系在一起了。2005年4月20日，我结束了在南非长达8年的驻外记者生涯，首站直抵昆明，把照片提交给了晨光出版社，《郑和史诗》收录了有关照片50余幅。《郑和史诗》（中、英文版）出版以来，在国内外产生了巨大影响，作为整个制作团队的一分子，我很欣慰！

这次愉快的合作，也就孕育了《非洲踏寻郑和路》一书。在周社长和晨光出版社编辑的共同努力下，去年12月份，此书顺利出版。

**记者**：您的新著《非凡洲游》也将由晨光出版社出版，它一定如同《非洲踏寻郑和路》一样令人期待吧！

**李新烽**：《非凡洲游》全书60多万字，图文并茂地再现非洲，主要是黑非洲各国的人文地理、风土人情以及当前政治经济、国际关系等。计划在11月初中非合作论坛北京峰会期间出版。

希望人们能够借助这扇窗口，更多地了解非洲、认识非洲、走进非洲！

（原载《云南日报》2006年8月31日第11版）

## 二 作家的灵感和社会责任
### ——访报告文学作家李新烽

### 曾祥书

在第十届"五个一工程"的评奖中,一部名为《非洲踏寻郑和路》的报告文学集以其题材独特,内容翔实,叙事生动引人注目。近日,记者采访了这位六易寒暑、足迹遍布非洲20多个国家的作家李新烽。

在言及作家的灵感与责任时,李新烽说,作家不拒绝感动,但更要有一种强烈的社会责任感。1999年6月12日和15日,南非中文报纸《侨声日报》先后以《郑和部下后裔现居东非肯尼亚》和《东非肯尼亚小村"上加"之名源出"上海"》为题,报道今日肯尼亚东海岸的帕泰岛上居住着郑和部属的后裔这一新闻,尽管报道好似蜻蜓点水,加之人名地名很难令人辨认清楚,它却引起了我的极大兴趣,于是,我踏上了漫漫的长达6年的采访创作之路。

在人类的发展史上,15至16世纪是一个伟大的历史转折时代,它是以史无前例的世界航海活动肇始的。郑和船队七下西洋,历时28年远航亚非30多个国家和地区。要了解索马里的"郑和村"和肯尼亚的海岛上居住的中国人后代,就必须要沿着当年郑和船队的航迹进行实地考察和调查采访。或许是好奇心的驱动,或许是作家职责所至,1999年6月李新烽只身从印度洋西岸到大西洋东岸,从非洲内陆到4个岛国,舟车所及,追寻所向,纵横十万余里,以独特的视角探索、审视郑和使团七下西洋之谜。为了掌握大量鲜活的第一手资料,李新烽于2004年冒着生命危险两次深入索马里采访,成为索马里内战14年来第一个深入该国采访的外国记者。饿了啃一口自带的干粮,渴了喝一口随身携带的凉水,困了夜宿在蚊子叮咬的帐篷,在当地土著人家的茅屋,在中国路桥公司遗留下的集装箱内。经过长达6年的艰辛采访与创作,这部长达37万字的报告文学集终于与读者见面,温家宝总理在阅读该作后欣然提字:"山一程,水一程,身向世界行。风一更,雪一更,心怀天下事。"老一辈新闻工作者范敬宜在读完《非洲踏寻郑和路》说,李新烽成为报道帕泰岛中国人后裔、发现"中国学生"姆瓦玛卡的第一位中国作家,他用笔向世界展示了一段悲壮美丽的中国历史，为中国历史续补了一页悲壮美丽的篇章，当我读着书时，真有一种惊心动魄，目迷神眩之感，从内心喊出一声：壮哉郑和！卓矣新烽！中国非洲史研究会名誉会长陆庭恩教授说，根据我的查证，《非洲踏寻郑和路》是我国调查研究郑和下西洋到达非洲的第一部著作，该作品系统、全面、生动地"报告"了郑和船队在非洲的行踪及其留下的遗迹和产生的影响，填补了中国文学史上的一段空白。

大凡阅读过《非洲踏寻郑和路》的读者都有这样的感受，即作家采用大量世人罕知的第一手资料，以生动的笔触和认真严谨的态度，通过讲述郑和船队当年在非洲留下的遗迹与郑和船队水手后裔今天的生活，拉近了郑和下西洋与当下的时空距离，以一个新的层面向读者展示了郑和使团热爱祖国、睦邻友好、科学航海的光辉业绩，同时也向人们展示了作家不畏艰难、善于探索的勇气和智慧。

在众多的荣誉和专家、学者、读者肯定面前，李新烽总是憨憨一笑。在他看来，一个好的作者在感动之余更多的是一种对社会的担当，作家要有灵感、要坚毅、执着，更要有社会责任感、使命感，特别是在采访遇到困难时，要用社会责任感来鼓舞自己。只有这样，作品才能无愧于读者。

（原载《文艺报》2007年9月20日头版）

## 三 谁道报人无"郑和"
### ——专访《非洲踏寻郑和路》作者李新烽

#### 王莹莹

2002年2月到2003年11月，《人民日报》驻南非首席记者李新烽不顾个人安危先后三次前往肯尼亚帕泰岛，并深入肯尼亚、索马里等国探寻郑和船队后裔在非洲孤岛留下的点点滴滴。他先后发回国内的报道引起国内读者的强烈反响。2005年，《非洲踏寻郑和路》的出版，在纪念郑和下西洋600周年之际，成为一个引人瞩目的亮点。人民日报前总编范敬宜对李新烽给予肯定，并题诗以表贺忱："三宝"沉舟究若何？茫茫沧海疑云多，纵横万里寻遗躅，谁道报人无"郑和"！

1998年，李新烽任《人民日报》驻南非记者，预定3年的期限最后变成了8年，他成为当时"《人民日报》驻非洲时间最长的记者"，也使他机缘巧合地踏上了探寻郑和船队后裔的征程。他撰写的《非洲踏寻郑和路》讲了600年后郑和船队留在非洲的水手后裔的故事，再一次延续了郑和下西洋这一壮举的生命。

2006年6月17日，在前往埃及的航班上，温家宝总理在翻阅了《非洲踏寻郑和路》后，即兴为该书题词："山一程，水一程，身向世界行。风一更，雪一更，心怀天下事。"

**只身孤胆深入孤岛　偶遇"中国老人"**

1999年6月，南非的中文报纸《侨声日报》先后以《郑和部下后裔现居东非肯尼亚》和《东非肯尼亚小村"上加"之名源出上海》为题，报道今日肯尼亚东海岸的帕泰岛上，居住着郑和部属后裔的新闻。该报道摘译自《纽约时报》对美国女作家雷瓦西的郑和传——《当中国称霸海上》的报道。"外国记者都对这件事这么感兴趣，如果中国记者能去帕泰岛亲自探访，肯定会比外国记者发现得更多。"抱着这一想法，李新烽开始为此行做积极准备。虽然成功与否是个未知数，2002年2月，他还是毅然地踏上了从南非北上肯尼亚的征程。

从肯尼亚首都内罗毕经蒙巴萨到马林迪，中国路桥公司给予李新烽很大的帮助。顾及到自身安全，李新烽在马林迪还经过一番犹豫："帕泰岛的社会治安情况到底怎么样？是孤身一人北上帕泰岛，还是打道回府？"最终，马林迪宾馆的万德里经理给他吃了一粒定心丸，"中国记者朋友，请相信我，拉木岛上的安全没有问题，你可先到那里，然后再决定下一步的行动。你要采访的故事太吸引人了，希望安全问题不要使你半途而废"。

帕泰岛是拉木群岛中的一个岛屿，该群岛主要由五个岛屿组成，拉木岛、曼达岛、帕泰岛、恩多岛和基瓦尤岛。帕泰岛上共有五个村庄，帕泰、上加、西游以及法扎和琼庄。"我雇请的阿巴斯船长常年奔波在大海上，对帕泰岛的地形并不十分了解，他对采访路线的安排让我吃了不少苦头，第一次赶到上加村时，已是傍晚了。"由于村子没有电，采访计划只能推迟到第二天，按照约定李新烽要返回西游村与村长会面。帕泰岛上丛林密布，又到处是沙子，上加村至西游村之间只有一条羊肠沙路，李新烽在孤岛上摸黑前行时的焦虑无异于鲁宾逊第一次登上无名岛。由于夜晚风大，李新烽无法接近在海边等候他的船只，无奈之下只好夜宿西游村。"我当时和衣而睡，带着浑身的汗味和沙土味，室内几乎不通风，蚊子还不时来袭，这一夜我是在似睡非睡中度过的。"

白天对西游村的采访并不顺利，村里共有四户有中国血统的"中国人"，前三户的采访都碰了壁，不是"铁将军"把门，就是大人不在家。正当李新烽在村道中踯躅时，看见对面走过来一位用扁担挑着水桶的老人。"我从远处看见他，就知道他一定是'中国人'，因为当地人多用车运水桶或是用手提，只有中国人才会用扁担。"挑水老人也一直注意着李新烽，当他们之间的距离还有二三丈远时，老人猛地扔下肩上的担子，跑到李新烽面前，紧紧地握住他的手激动地说："你很像我的爸爸，你一定是从遥远的中国来的，我的老家在中国，你就是我的爷爷。"短短的几句话，仿佛穿越了600多年的时光，紧握的双手，再一次连起了大洋彼岸的血脉亲情。望着这位肤色浅、头发长、眼睛小、嘴唇薄，和自己长相非常相似的老人，李新烽激动地有些不知所措，口里说道："见到你非常高兴！"

### 弥补遗憾再访孤岛　结识"中国学生"

李新烽采访郑和船队后裔的系列报道发表后，引起国内读者的强烈反响。加之第一次深入孤岛，未能如愿拜访西游村全部"中国家庭"的遗憾，李新烽于2003年5月，再次前往拉木群岛采访，并走访了帕泰岛上的所有村庄。刚到拉木城，李新烽得知附近渔民从海里打捞上来两个"双龙坛"，并很快见到了其中之一。"双龙坛"是拉木群岛打捞出来的第一个完整的中国文物，为中国古代宝船沉没帕泰岛附近海域提供了最有力的物证。

李新烽第一次赶到上加村时，已是傍晚，当他第二次来到上加村时，很快便融入了这个非洲大家庭。"当我离开上加村时，一大堆男女老少微笑着与我挥手告别，并欢迎我再次来到'中国村'。"

采访完西游村的"中国人"巴莱卡·谢后，李新烽回到拉木岛不顾一身的疲惫，又前往位于城郊的拉木女子中学，采访巴莱卡的女儿姆瓦玛卡·沙里夫。"由于不习惯走沙路，当我深一脚浅一脚、满头大汗地来到学校时，夜幕已经降临，这所封闭式管理的女子中学大门已经紧锁，值班人员谢绝入内，我仅与她隔着大门聊了几句。"三天后，李新锋再次来到拉木高中，终于见到了被称为"中国学生"的姆瓦玛卡。与其他的同学相比，姆瓦玛卡长着一头乌黑的长发，她非常向往中国，对中医怀有特殊的兴趣，并梦想能够考取大学，专门学习医学。为了鼓励姆瓦玛卡安心学习，消除对学费的后顾之忧，李新烽捐助她一万先令（约合1000元人民币）。"我告诉她，在中国家庭困难的孩子能够得到希望工程的资助，你是'中国学生'，我的这点钱也算是一个小小的海外希望工程。"如今，这位"中国学生"正在中国的南京学习中医，她立志将中国的医术带回非洲。

**三访孤岛　印度洋上觅沉船**

李新烽关于郑和的报道，第一次向国内读者披露了郑和船队当年的一艘船只在东非沿海一带沉没的史实，郑和下西洋留下的难解之谜又成为人们关注的焦点。能不能将沉没在帕泰岛附近的那艘沉船打捞上来呢？

2003年11月，李新烽乘着一只木船行驶在印度洋上。同船一行六人——两名中国人、两名南非白人潜水员和两名当地黑人船夫。"当时我心中暗想，是郑和让我们这几位不同肤色、不同国籍的人坐在一起，这位伟大的航海家当年恐怕也始料难及吧。"由于沉船的具体位置不详，搜寻手段落后以及行驶航程有限，这次打捞并没有触碰到沉船的船体，但拉木岛上的中国风情，让李新烽更加感叹郑和下西洋这一壮举对非洲的影响。

李新烽在非洲探寻郑和的足迹，是对历史的一种还原与追溯，他为我们架起了一座连通不同时间与地点的桥梁，他让我们感受到中华文化所具备的一种张力，正如李新烽的书中写道："经过近600年的沧桑巨变，虽与当地居民通婚，融为一体代代相传，这些华裔身上还顽强地保留着中国的血统和传统。除眼睛、皮肤和头发都像中国人外，他们重视学习和家教，懂一点中医；新一代不满足现状，自己走出孤岛闯荡；自家筑有院墙，室内还有土炕，这在当地独一无二；使用扁担挑水，而当地人用车运水桶或是用手提；就连当地的饮食习惯也深受中国影响，椰子面烙饼的制作方法、特别是必须运用小擀面杖，当地人也承认是从中国人那里学来的……"

(原载《非洲杂志》2010年第4期)

## 四　到东非找寻郑和沉船

### 邱利会

"很久以前，一艘中国船只因迷失方向驶入帕泰岛沿岸，在上加村附近不幸触礁下沉。慌忙之中，船上的数百人纷纷抛出载运的小船逃命，并从大船上快速搬下瓷器和丝绸等贵重物品。他们当中，有400名划向帕泰岛，沿着杂草丛生的海岸在上加村登陆，用随身携带的中国瓷器和丝绸与当地人交换食物和钱财。后来，除40人留在上加村外，其余的人分两路走了，100人向西来到了帕泰村，260人北上去了西游村……"

2002年的3月，帕泰村村长这样向探访者李新烽讲述当年郑和船队遇难的经过。

帕泰村、上加村、西游村是位于帕泰岛上的三个村落。帕泰岛、拉穆岛、恩多岛、基瓦尤岛、曼达岛，这五个大小不一的岛屿组成拉穆群岛，隶属于东非的肯尼亚。如今，当地的很多人相信，拉穆群岛海域埋藏有郑和的沉船。

虽然之前在当地见过不少的中国瓷器，但2003年5月，李新烽在拉穆城见到附近渔民从海里打捞出来的一只"双龙坛"，这让他相信"作为在拉穆群岛打捞出来的第一个完整的中国文物，为中国古代宝船沉没在帕泰岛附近海域提供了最有力的物证"。

这年的11月，在朋友和潜水员的陪同下，冒着烈日与风浪，李新烽驾着一叶扁舟，在帕泰岛附近的海域中来回巡视。整整4天的搜索，结果却一无所获。

"我们的搜索手段未免有些落后，每小时20千米的船速，即使整整四天，行驶的航程也非常有限。"李新烽告诉《科学新闻》。如今，一项由中国商务部出资2000万元人民币资助的中国与肯尼亚合作的考古项目可能会弥补这一缺憾。

虽然项目中包括了对于肯尼亚几个地区的陆上考古工作，但在肯尼亚拉穆群岛及其周边水域的水下考古工作则更加引发外界的好奇——有可能在600年后，找到郑和的沉船么？

**缘起郑和**

项目的启动与恰逢其时的"郑和热"有着直接的关联。

1994年，美国女作家雷瓦西出版郑和传——《当中国称霸海上》，其中描述了她在肯尼亚遇到了一名自称是数百年前帕泰岛上中国海船幸存者的后裔；此人向她讲述了当时沉船的经过。其后，1999年2月《纽约时报》的记者纪思道前往肯尼亚，亲自探访帕泰岛，接触到了外貌带有亚裔特征的当地人。而当时还是记者的李新烽则在2002年第一次深入肯尼亚，探访这些"中国人"以及与中国有关的一切事物，期待能追寻郑和的遗迹。

由于研究郑和下西洋的原始资料很不完整，而有关郑和访问非洲的史料就更少，因此李新烽的探访不仅能引起一般公众的兴致，也被相关研究的专家所认可。怀着强烈的好奇，李新烽在耶稣堡博物馆看到了展出中国瓷器；在上加村，见到了中国按摩的传人；在西游村，听到了当地的"中国人"讲述自己祖先的故事；在拉穆城，看到了类似于玉米面粥的"五加里粥"和双面饼，甚至在索马里看到了"麻将"。

一面探访，李新烽将所见所闻及时在报刊发表，引发了公众的无尽兴趣。2005年，随着郑和下西洋600周年纪念，再加之针对英国退役海军军官孟席斯关于郑和船队环球航行之说引发的争论，公众对于郑和的兴趣达到了顶点。

此时，一名被冠以肯尼亚"中国女孩"称呼的非洲姑娘自称是郑和所率领船队船员的后裔，并和肯尼亚马林迪市的市长来到南京寻根，应邀参加了当时的纪念活动。根据史料记载，马林迪国曾向明朝皇帝进献过麒麟，即长颈鹿。

一位高层领导为此指示文物局官员，希望学者也参与进来，不要仅仅是媒体在关注。

2005年，作为陶瓷考古专家，北大文博学院教授秦大树和国家文物局考古处、国家博物馆水下考古中心的有关人员赴肯尼亚进行前期的调查。之前，肯尼亚国立博物馆滨海考古部也曾与国家文物局联络，询问能否合作：其一是挖掘郑和沉船；其二是发掘上加遗址。

### 文化关联？

随着考察的深入，秦大树逐渐意识到，当地的文化和习俗与中国的关系并不紧密；而对于许多与中国相关的事物，其实都似是而非。

第一次的考察，即使在村长的带领下，也没有找到传说中的带中国字的墓碑；看到的三个珊瑚岩墓碑由于严重风化，只能在墓碑上看到文字，而且是阿拉伯文。对于穹顶的墓葬，秦大树表示，郑和时期已经不兴这样的墓葬了，而伊斯兰地区都有这样的穹顶墓葬。

作为陶瓷考古专家的秦大树也同样见到了那个著名的"双龙坛"，但他认为，虽然产地还不敢肯定，但很可能是印尼产的、元代的瓷器，和郑和没有任何关系。

"在东南沿海的广东福建，都生产这样的罐子，上面有很粗的贴错的龙纹，和皇家没有任何联系。元代以后，龙纹在民间也很普遍的出现，只不过分爪。五爪龙是皇家用的，三爪、四爪都是民间用的。"他说。

作为中国文化符号的一个代表，瓷器一直以来可以当做文化交流的有效证明。遗憾的是，尽管当地现藏的中国瓷器，覆盖了宋元明清，但属于郑和时代的却几乎没有。

"在当地的许多博物馆，收藏有过去几十年间出土的许多瓷器，英国的东非研究院曾进行了30多年的考古工作，所有的我看到的资料，属于永乐和宣德时期的东西几乎没有。"曾在当地调查的台湾"中央研究院"历史语言研究所研究员陈国栋告诉《科学新闻》。秦大树进一步指出，连号称是"中国女孩"的家中收藏的那个青花小碗，"虽然声称是郑和时期的，其实就是晚清的东西"。

除了实物，要从文化礼俗上断定和中国的关联也非常困难。

当地的语言是斯瓦希里语，曾为英国殖民地，但宗教上属于伊斯兰世界，学校使用英文课本，清真寺则每周也有1—2天施予可兰经的教育。况且经过了六百年，真有中国文化的痕迹也很难辨识。

对于当地人讲述的种种与中国人有关的传说，陈国栋提醒道："当地的人把外国参访者都叫做banker，随时愿意讲参访者想听的话，若有一些道听途说的话，也许重新加工一下就讲给外人听，所以，寻找准确的信息是至关重要的。"

**找寻沉船**

但是,郑和的船队究竟是否到过东非呢?打捞"沉船",究竟有几分把握呢?

陈国栋表示,郑和本人没有去过东非,但他的手下的确去过。证据至少有二:其一,郑和下西洋时代的文献,如《瀛涯胜览》《明实录》等,密集记载的许多非洲的地名在现在的东非都能找到对应。

其二,官方(意味着较为权威)的文献《明英宗实录》中记载,在1448年,三个下西洋遭遇船难的人在18年后归来到了南京,那么推算其离开的时间为1431年,正好是郑和第七次下西洋的时间。这些归来的人的带队太监是郑和重要的副手洪保,那艘船在海外失事,其地点是在今日的索马里,同时记载说当时有300人,有100人被救起。

"那么沉船就不会离开海岸很远,这就有可能在一个较小的范围内搜索。但是由于这一带海底都是珊瑚礁,而波浪的力量又很大,那么那艘沉船是否现在还能保存下来是一个疑问,我认为找到的机会不大。"陈国栋说。

而在之前的调研中,国家博物馆水下考古队对于当地的环境条件、区域状况做了考察,在经过主动式声呐的搜索后,却无功而返。对于是否有沉船,也只是停留在推测阶段,并没有确实的证据。

"在拉穆群岛一直有中国的瓷器被发现,因为海里有瓷片的密集分布,唯一可以解释的就是沉船的存在。整个的区域也不是很大,这么大的数量,如果仅仅是个人使用,不是船货的一部分,也不可能。肯尼亚的东海岸一直以来都是海上的贸易点,至于说沉船和郑和的关系,是我们开展工作后才能说明的。"国家博物馆水下考古中心主任赵嘉斌告诉《科学新闻》。

秦大树则猜测说,当时肯定是有一条船在这个海域沉了,但除非找到船,看到东西,才能断代。"这是好几百年之前的事情,也许不知道怎么就说是六百年以前了,正好就和郑和的航海事件有了联系,也许根本就没什么联系。"他说。

**更多目标**

虽然整个项目的立项是因郑和而起,但经过科学家严谨的调查后,现有的项目方案将不仅仅关注于郑和或者只是和中国相关的考古挖掘。整个项目的设计基于东非海岸一直以来是海上重要的贸易地而进行考古发掘，期待这些实物的证据能丰富人们对于航海史、贸易史以及中非交流史的认识。

对于传说中和郑和后裔有密切关系的上加遗址，原本肯尼亚方面提议挖掘传说中的中国人的墓地，看能否做进一步的 DNA 检验。但秦大树在阅读了剑桥大学 Mark Houton 教授的挖掘报告后意识到，如果继续挖掘上加遗址，将是"拾人牙慧"。

在长达 4 年的挖掘工作中，Mark Houton 调查了 1800 座墓葬，在上加遗址、拉穆沿海地区以及帕泰岛上最大的聚落中，把宫殿、贵族区、商店、平民区都发掘了，就剩下墓地没有发掘。"为什么不发掘呢？实际上，他也清理到了这些墓葬，但是因为都是穆斯林墓葬，并没有什么随葬品，只有一副白骨，没有什么研究价值。"秦大树说。

最后方案确定为放弃挖掘上加，转而挖掘马林迪，至少有三个唐代文献提到非洲，都有可能和马林迪有关。此外，将肯尼亚甚至整个东非地区已经发掘的遗迹里面出土的瓷器做一些调查。

放弃上加遗址还有一个重要原因，在于郑和的传说散布开之后，肯尼亚和中国使馆方面交流时，谈到"我们原来是朋友，现在我们是兄弟。""这么一说，郑和的后裔在非洲就变成了一个美好的传说了，如果挖完了一测 DNA，说没有血缘关系，不就是一个神话破灭么？"秦大树说。

对于水下考古来说，挖掘郑和的沉船也不是最终的目的。

"并不是把眼光只局限在郑和时代，而是在肯尼亚的领海之内，详细了解水下文化遗址的分布。这个遗址有可能上升到宋，也可能下落到清，我们也不强调一定发现中国人的船。我们把能见到的都统计回来，然后开展相关的研究。"赵嘉斌说。

（原载《科学新闻》2010 年第 6 期）

# 初版后记

"弱水三千，我取一瓢饮。"郑和七下西洋，历时28载，率船200多艘，人数超过27800名，遍历亚非30多个国家和地区。其时间之长、人数之众、规模之大、组织之严、技术之高、影响之深、贡献之多，绝无仅有。如果说郑和下西洋是一幅长卷的话，那么非洲仅是其中一部分。本书就是聚焦于这幅长卷的"非洲部分"，把历史与现实的距离接近，将历史事实与人物故事融为一体。从非洲内陆走向沿海，再延伸到岛国，美丽风光、风土人情尽在其中，友好交往、中非友谊从古到今，美妙传说、真实故事娓娓道来。

非常感谢著名书法家、中华全国新闻工作者协会主席、北京大学新闻与传播学院院长、《人民日报》原社长邵华泽教授为本书题写书名和著名画家、中国美术家协会会员、北京画院国家一级美术师韦江凡教授为本书作画。真诚感谢清华大学新闻与传播学院院长、第八届和第九届全国人大教科文卫委员会副主任委员、《人民日报》原总编辑范敬宜教授，全国人大教科文卫委员会委员、中国新闻摄影学会会长、《人民日报》原副总编辑于宁教授，中国非洲史研究会名誉会长、北京大学非洲研究中心主任陆庭恩教授，著名郑和研究专家、国家纪念郑和下西洋筹备领导小组顾问、中国科学院海洋研究所研究员郑一钧教授为本书作序。他们六人皆是作者尊敬的前辈，作为博导，工作十分繁忙，当我提出题写书名、作画和作序的请求后，他们欣然应允，拙著因之大为增色，使我深感荣幸，不胜感激。作者再次向各位老师深表谢忱！

本书在完成初稿后，我的两位同事王南和蒋安全博士在百忙中仔细通读了书稿，提出了宝贵的修改意见，避免了一些纰漏的出现。作者的感谢之情不言而喻。

我与晨光出版社周文林社长因大型图典《郑和史诗》的出版而相识，

彼此心有灵犀，相见恨晚。拙著能够在纪念郑和下西洋600周年之际出版，周社长和两位责任编辑张磊和周玥及本书的装帧设计者赵桂媛功不可没。在此，作者对他们深表感谢。

本书是在时间仓促的情况下完成的，对于书中可能存在的错误与纰漏，敬请读者批评指正。

作　者

2005年中秋节

于北京望京"好望园"

# 修订本后记

非常感谢中共中央政治局常委、国务院总理温家宝为拙著《非洲踏寻郑和路》题词。温总理语重心长的题词，不但是对我的深切关怀和热情鼓励，而且为我指明了前进方向和奋斗目标，时刻激发着我刻苦努力，鞭策着我深入实际，鼓舞着我战胜困难，勉励着我胸怀高远。我深知，这一高瞻远瞩的题词，不仅仅是给我个人的，而且是给广大新闻工作者、外交人员和专家学者的，寄托着共和国总理对我国新闻宣传、外交战线和社科研究的深切厚望和殷切期盼。我对温总理的感激，难以言表。

衷心感谢中共中央委员、中国社会科学院院长、党组书记、学部主席团主席王伟光为拙著作序和题词，王院长的题词和序言同时强调了郑和研究的重要性与宣传郑和的必要性，不但是对作者本人的关怀和鼓励，而且对郑和研究、非洲问题研究、乃至整个社会科学研究具有重要的指导意义。

真诚感谢著名诗人、中国文联荣誉委员、中国作协荣誉委员李瑛老师，中国亚非学会会长、浙江师范大学中非商学院院长、中国政府前非洲事务特别代表和达尔富尔问题特别代表刘贵今大使，中国报告文学学会常务副会长、中国作家协会创作研究室研究员、著名评论家李炳银老师为本书作序。他们三位老师的序言饱含着对作者的热情鼓励、对非洲的一往情深和对非洲研究的恳切期望。

拙著《非洲踏寻郑和路》2005年出版和2006年再版后，非常荣幸地得到温总理的题词，并相继获得全国"五个一工程"奖等全国性奖项。这些荣誉在不断鼓励着我对原书进行全面细致的修订，以便尽早弥补书中尚存的遗憾和不足。

呈现在读者朋友面前的这本新书是对初版和再版的大规模全面细致修订，主要变动的内容包括六个方面：（1）对全书进行了文字润色，更正了错别字，补充了相应字句，增加了必要段落，使语句更加流畅、表达更加准确、内容更加全面；（2）规范统一了书中所有的外国人名、地名、书名和物名，并加注了外文原名，使其更加精确，并方便于记者进一步采访、学者进一步研究、爱好者进一步查阅；（3）在原书的基础上增加了最后三章，对郑和下西洋在中非关系中的地位、郑和下西洋与华人移居非洲的关系、郑和下西洋四访非洲的贡献与影响进行了比较深入研究，以便读者能够进一步认识郑和与非洲的关系，郑和下西洋在非洲的影响，使内容更加深入、视野更加延伸、涉猎更加广泛；（4）新增了序曲和尾声，跟踪故事的最新进展，增加了 2006 年 12 月该书再版以来，继续踏寻郑和在非洲足迹的最新内容，特别是中肯联合考古队在肯尼亚沿海考古与发掘的成果，以及"中国学生"姆瓦玛卡·夏瑞馥在南京中医药学院学习和生活的情况；（5）新添并替换了相当数量的图片，扩大了新书的容量，加大了视角冲击力，让人耳目一新；（6）新增了修订本序言和附录，进一步帮助读者解读全书、认识郑和下西洋与非洲的关系、审视郑和下西洋的历史和现实意义。

喜闻新版忙修订，而今迈步从头越。修订是一次再创作，需要全身心投入。"曲终过尽松陵路，回首烟波十四桥"。修订期间，我的思绪一次次飞越印度洋，回到遥远的非洲大陆，跟随着郑和船队当年的航程一步步前行，脑海中的记忆不停地在采访本、日记本、图片和资料之间跳跃，在历史与现实之间切换，在中国与非洲之间飞驰……为完成这次修订重任，除研究大量历史资料外，作者重新翻阅了当年在非洲的 22 个采访本、11 个日记本和从南非带回十多箱外文资料和照片，对涉及到的人名、地名、物名逐一进行订正，对事实逐个进行核实。为选用合适、恰当、精美的图片，作者不但重新筛选了当年在非洲拍摄的大量图片，而且精选了近年出访亚、非、欧、美等大洲拍摄的许多照片。本书原计划 2011 年初出版，因修订工作任务重而一再拖延。作者以严肃认真的态度、尽善尽美的高标准对待这次修订，投入的时间、花费的心血一言难尽，可想而知。尽管如此，由于作者学识谫陋，这个修订本并非完美之作，其中一定存在不少缺点、错误、不足和遗憾，敬请读者朋友不吝批评指正。

身处物欲横流、灯红酒绿的花花世界，对任何一位学者和作家而言，无论是坐冷板凳潜心创作、矻矻探究，还是深入实际艰辛考察、体验民生，都需要定力、努力和毅力，都需要排除"负薪花下过、燕语似饥人"

的干扰，都需要进入"徐行不记山深浅"、"一径竹阴无犬吠"的境界，都需要"莫怪春来便归去"、"明日行人要早饮"的紧迫感，都需要"一年三百六十日，都是横戈马上行"的使命感。近年赴非洲的数次考察使我感到，全面深入考察郑和船队在非洲的遗迹，并其进行深入细致地研究，则是一个长期而艰巨的任务，凭一己之力难以胜任，短期内毕其功于一役更是幼稚之谈。进一步踏寻郑和在非洲的遗迹、深入研究郑和下西洋在非洲的影响、不断探讨郑和远航与非洲的关系，全面深入考察和挖掘郑和下西洋在非洲留下的丰厚遗迹，不但具有深远的历史意义，而且具有重大的现实意义，这既是学术发展的需要，更是伟大时代的呼唤。"臣心一片磁针石，不指南方不肯休"。我将把更多的精力投入到郑和研究和非洲研究的事业之中。

本书能够与读者见面，我要特别感谢中国社会科学出版社冯斌主任，他的细心策划和精心编排为拙著增色添彩，让修订本焕然一新，更加靓丽迷人。

在拙著修订本出版之际，我还要感谢为本书初版和再版付出一片热诚和辛勤劳动的晨光出版社社长周文林、责任编辑张磊和装帧设计赵桂媛。我们因郑和而结缘，因出书而交友，且这种友情与缘分因日久而弥深。在本书初版时，人民日报社资深编辑王南提出过宝贵的修改意见，这次他又认真通读了全稿，避免了可能出现的错误，让我再次感到友情的真诚与可贵！

作者

2013年"五一节"

于北京望京"好望园"

# 修订本再版后记

2017年5月14日上午，我在电视机前收看"一带一路"国际合作高峰论坛开幕式实况转播。当听到习近平主席在开幕式演讲中提到中外5大旅行家——张骞、杜环、马可·波罗、伊本·白图泰、郑和——的名字时，我激动的心情难以平静，这不仅因为拙著是研究郑和的，而且因为拙著中还写到其他几位旅行家，且不言杜环是史书记载的中国访问西亚非洲的第一人，伊本·白图泰是摩洛哥旅行家。习主席称赞这些陆地丝绸之路和海上丝绸之路的开拓者们，"架起了东西方合作的纽带、和平的桥梁"。

拙著《非洲踏寻郑和路》自2005年初版以来，承蒙读者厚爱，于2006年再版，2013年修订本问世，2017年英文版在南非付梓。在"一带一路"国际合作高峰论坛在北京举行之际，正值中国社会科学院喜迎建院40周年，拙著修订本此时再版，献给这一全球注目的盛会，献给中国社会科学院院庆，具有特殊的意义。

非洲感谢肯尼亚总统肯亚塔为拙著修订本再版作序。总统阁下在前往北京出席"一带一路"国际合作高峰论坛之际，在日理万机之中为拙著作序，这不仅是对作者极大的激励和鼓舞，而且是对中肯、中非友谊的高度称赞和褒扬。

借此机会，再次衷心感谢中国社会科学院院长王伟光教授和南非人文科学研究理事会总裁  教授为拙著英文版作序。他们的序言不但为拙著增光添彩，而且为读者作了精彩的导读。2005年拙著初版时，我刚结束8年常驻非洲的记者生涯回国，期间共采访报道了24个非洲国家。12年来，作为记者和学者，我又多次重返非洲大陆，除重访的国家外，又新去了16个国家，时至今日共访问过40个国家，54个非洲国家尚有14个等待着我……

在中国的非洲圈流行着这样一句话：没去非洲怕非洲，到了非洲爱非洲，离开非洲想非洲。遥远美丽的非洲大陆正在以其独特魅力吸引着越来越多的中国人。有朝一日，当我走遍非洲54个国家，我会情不自禁地续写非洲的故事，向读者朋友呈现一本《走遍非洲》。

2017年"五一节"
于北京望京"好望园"

# Contents

**Prefaces** ·················································································· (1)

    "The Story about Giraffe" Withstands the

Test of Time ····································· By Uhuru Kenyatta (1)

    Rewarding Cooperation with Think-tank

        —Foreword to Dr. Li Xinfeng's Following Zheng He's Footprints

           through Africa (English edition) ········ By Wang Weiguang (5)

    Another Kind of Discovery: Equality and Dignity

        —Foreword to Dr. Li Xinfeng's Following Zheng He's Footprints

           through Africa (English edition) ············ By Crain Soudien (8)

**Prologue   Four Visits Made Us "Relatives"** ····························· (1)

**Chapter Ⅰ   Northward Journey to Pate Island** ···················· (7)

    Section One   Fleet Seamen Descendants Living in Africa ············ (8)

    Section Two   "China Road and Bridge" an Access to the

                  Secluded Islet ·································································· (10)

    Section Three   The Mystery of "Zheng He Monument" ············· (14)

    Section Four   Visiting the Home of Kylin ································ (16)

    Section Five   Kylin's Journey to China by Sea ························· (20)

    Section Six   Chinese "Titanic" ······················································ (24)

    Section Seven   Captain Narration of Pate Island ······················ (27)

    Section Eight   Pate Village Head Relating a Shipwreck ············ (29)

Contents 529

**Chapter Ⅱ　Discovering "China Village"** ·················· (33)
　Section One　Starry Night at Siyu Village ·················· (34)
　Section Two　"You Are My Grandpa" ·················· (37)
　Section Three　Siyu Village Built by Chinese ·················· (39)
　Section Four　"Shanga" the "China Village" ·················· (44)
　Section Five　Chinese Massage at "Shanga" ·················· (46)
　Section Six　Three Requests from "China Village" ·················· (48)

**Chapter Ⅲ　Revisiting "Chinese"** ·················· (53)
　Section One　"Double Dragon Jar" Refloated from Sea ·················· (54)
　Section Two　Tracing Naming of Shanga Village ·················· (57)
　Section Three　Nostalgia of "Chinese Student" ·················· (62)
　Section Four　Loom in Memory ·················· (66)

**Chapter Ⅳ　Travelling Pate Island** ·················· (71)
　Section One　Part of the African Family ·················· (72)
　Section Two　All Named "China" ·················· (75)
　Section Three　Searching for "Dragon Jar" Salvager ·················· (81)
　Section Four　TCM Inheritor ·················· (85)
　Section Five　Hosted by "Chinese" ·················· (90)

**Chapter Ⅴ　Searching for a Sunken Ship** ·················· (97)
　Section One　Tiny Boat in Search of Sunken Ship ·················· (98)
　Section Two　"China" on Lamu Island ·················· (102)
　Section Three　Fascinating Folk Custom on "Donkey Island" ·················· (105)
　Section Four　Story of Shipwreck in Somalia ·················· (112)

**Chapter Ⅵ　Refugee Camps** ·················· (115)
　Section One　Chatting about Zheng He in a Border Town on a
　　　　　　　　Wet Night ·················· (116)
　Section Two　Seeking Information about Zheng He in a Refugee

Camp ·················································································· (118)
Section Three  Painstaking Management of Refugee Camps ········· (126)
Section Four  Endless "Refugee Cycle" ··················································· (129)

**Chapter Ⅶ  Insight into Somalia** ················································· (133)
Section One  "Official Seal" in Plastic Bag ··································· (134)
Section Two  "Escorting" Passengers to the Capital ················· (136)
Section Three  Shocking Gunfire at Midnight ····························· (139)
Section Four  Chinese Embassy Today ········································· (140)
Section Five  Absolute Freedom Worrisome ································ (144)
Section Six  China Hospital Reopened ········································· (147)
Section Seven  Intelligentsia Effort to Save the Nation ············· (149)
Section Eight  Carved up Ancient Pass ········································· (152)

**Chapter Ⅷ  Revisiting Somalia** ··················································· (157)
Section One  President Affectionate to China ····························· (158)
Section Two  Second Northward Search for Sunken Ship ········· (160)
Section Three  Arduous Southward Trip ······································· (163)
Section Four  Roadside Mahjong Game ········································· (168)

**Chapter Ⅸ  Exploring "Sufala"** ····················································· (173)
Section One  Decoding the "Double Dragon Jar" Mystery ·········· (174)
Section Two  Head-on "China Wind" ············································· (177)
Section Three  Chairman Mao in the Hearts of Africans ··········· (181)
Section Four  "The Place Most Distant from China" ·················· (184)

**Chapter Ⅹ  Visiting Four Island Countries** ································· (189)
Section One  Talking about Zheng He in Front of
               Guandi Temple ··············································· (190)
Section Two  Legend of "Paradise Island" ····································· (194)
Section Three  Living Biological Laboratory ································ (197)

Section Four　Great Contributions to Human Happiness ............... (199)
Section Five　Science-based Ocean Navigation ........................ (203)

**Chapter XI　Round the Cape of Good Hope** ........................ (207)
Section One　Africa in the Ming Dynasty World Map ................ (208)
Section Two　Zulu King Joking about Queens ........................ (214)
Section Three　Pleasant Story about "Zheng He Village" in South Africa ............................................................... (218)
Section Four　Who First Navigated round the Cape of Good Hope ............................................................. (221)

**Chapter XII　Northward Search for "Zheng He Monument"** ...... (227)
Section One　Hog Grunting beside Cape Cross ...................... (228)
Section Two　Flowing Oil and Glittering Diamond ................... (230)
Section Three　Slavery Museum by the Seashore .................... (233)
Section Four　Monument to the National Hero ...................... (236)
Section Five　"Zheng He Monument" on the Congo River Bank ... (242)

**Chapter XIII　Travelling African Inland** ........................... (245)
Section One　Chinese Porcelain in "Stone Town" .................. (246)
Section Two　China a Valuable Reference .......................... (249)
Section Three　Historical Tragedy to Remember .................... (252)
Section Four　Guards of Ancient Mausoleum ....................... (254)

**Chapter XIV　Railway Carrier of Friendship** ....................... (259)
Section One　"Monument to China-Africa Friendship" .............. (260)
Section Two　"Steel Zebra" Galloping over Hills and Rivers ........ (262)
Section Three　Lament at the Time of Parting ..................... (264)
Section Four　Freight Volume Insufficient and Equipment Outdated ................................................. (267)
Section Five　Improper Management by Elderly .................... (269)

Section Six　Privatized Tanzania-Zambia Railway ……………… (271)
Section Seven　"The East is Red" ……………………………… (273)
Section Eight　Eternal Road of Friendship ……………………… (275)

**Chapter XV　Searching Homeland for "Root"** ………………… (279)
Section One　Tracing Zheng He's Footprints at Home ………… (280)
Section Two　"Chinese Student" Happy at "Home" …………… (291)
Section Three　Deeply Affected by Traditional Chinese Medicine … (295)
Section Four　"China Threat" a Fallacy ………………………… (297)
Section Five　The Glorious Zheng He Epic …………………… (301)

**Chapter XVI　History of China-Africa Relations** ……………… (305)
Section One　Legends and New Discoveries …………………… (306)
Section Two　Formal and Informal Communication Channels ……… (320)
Section Three　Manipulation by Foreign Powers an Abnormality … (327)
Section Four　True Partners Independent and Friendly ………… (337)
Section Five　Characteristics of China-Africa Relations ………… (341)

**Chapter XVII　Chinese Living in Africa** ……………………… (345)
Section One　Distribution Map of Overseas Chinese …………… (346)
Section Two　Reviewing the Population of Chinese Africans ……… (349)
Section Three　Reviewing the History of Chinese Africans ……… (360)
Section Four　Earliest Chinese in Africa ………………………… (366)
Section Five　Chinese Not Colonists ……………………………… (370)

**Chapter XVIII　Significance of an Even Longer History** ……… (375)
Section One　European "Discovery" a Fallacy ………………… (376)
Section Two　Supporting "Looking East" of Africa ……………… (377)
Section Three　Brand-New Examples to Follow ………………… (380)
Section Four　Rebutting "Neocolonialism" Fallacy ……………… (382)

**Epilogue: This Sentiment Will Reside in Memory** ······ (395)

**First Edition Appendixes** ······ (405)
   Ⅰ Comments from Different Sources ······ (406)
   Ⅱ Feedback from Readers ······ (408)
   Ⅲ Information Gathering ······ (411)
   Ⅳ Route Map of Field Investigation ······ (420)
   Ⅴ Map of Lamu Archipelago ······ (421)

**Revised Edition Appendix Ⅰ** ······ (423)
   Ⅰ Records in History of the Ming Dynasty about Zheng He's
     Visits to Africa ······ (424)
   Ⅱ Years of Zheng He's Seven West Ocean Navigations and
     Countries he Visited ······ (426)
   Ⅲ Chinese Historical Periods in Christian Era ······ (428)
   Ⅳ Bibliography ······ (430)

**Revised Editon Appendix Ⅱ** ······ (439)
  Harmony over 600 Years
    —A Comparison between Zheng He's West Ocean
    Navigation and Diplomacy of
    Contemporary China ······ By Li Xinfeng (440)
  The Place "Far from China"
    —A Research Review of Relationship Between Zheng He
    and Africa ······ By Li Xinfeng (456)

**Revised Editon Appendix Ⅲ** ······ (471)
Researching Africa and Making Zheng
    He Well-Known ······ By Wang Weiguang (472)
Reading *Following Zheng He's Footprints Through Africa*
    ······ By Li Ying (478)

A Great Academic Work in African Studies to the
 Call of the Great Times ·················· By Liu Guijin（482）
Persuing Africa by Following
 Zheng He's Steps ·················· By Li Bingyin（485）

**Revised Editon Appendix Ⅳ** ·················· （489）
"Zheng He" in the Newspaper Industry
 ·················· By Fan Jingyi（490）
 Fascinating "Footstep Tracing" ·················· By Yu Ning（493）
 A Unique Perspective of Research ·················· By Lu Ting'en（496）
 A New Chapter 600 Years Later ·················· By Zheng Yijun（500）

**Revised Edition Appendix Ⅴ** ·················· （505）
 Ⅰ Continuation to Beautiful African Stories
  —An Interview with Dr. Li Xinfeng, Author of Following
   Zheng He's Footprints Through Africa ······ By Yang Hui（506）
 Ⅱ Author Inspiration and Social Responsibility
  —An Interview with Reportage Writer Li Xinfeng
   ·················· By Zeng Xiangshu（510）
 Ⅲ "Zheng He" in the Newspaper Industry
  —A Special Interview with Li Xinfeng, author of *Following*
   *Zheng He*'s Footprints Through Africa ···By Wang Yingying（512）
 Ⅳ Searching for Zheng He Fleet Sunken Ship in
  East Africa ·················· By Di Lihui（516）

**First Edition Postscript** ·················· （521）

**Revised Edition Postscript** ·················· （523）

**English Edition Postscript** ·················· （526）